Inspiration
durch Gottes Wort

16. Jahrgang

SCM

SCM

Stiftung Christliche Medien

SCM ist ein Imprint der SCM Verlagsgruppe,
die zur Stiftung Christliche Medien gehört, einer gemeinnützigen Stiftung,
die sich für die Förderung und Verbreitung christlicher Bücher,
Zeitschriften, Filme und Musik einsetzt.

MIX
Papier | Fördert gute Waldnutzung
FSC® C018236
FSC www.fsc.org

Max-Eyth-Straße 41 · 71088 Holzgerlingen
Internet: www.scm-verlag.de; E-Mail: info@scm-verlag.de

Redaktionsleitung: Daniel Aderhold, Erzhausen
Lektorat: Angela Mumssen, Elmshorn
Umschlaggestaltung & Satz: Dietmar Reichert, Dormagen
Titelbild: Dietmar Reichert
Druck und Verarbeitung: Drukarnia Dimograf
Gedruckt in Polen
ISBN 978-3-7893-4999-7
Bestell-Nr. 624.976.025

Täglicher Begleiter durch das Jahr

Zum Geleit

„Ihr aber seid das erwählte Volk, das Haus des Königs, die Priesterschaft, das heilige Volk, das Gott selbst gehört. Er hat euch aus der Dunkelheit in sein wunderbares Licht gerufen, damit ihr seine machtvollen Taten verkündet."

1. Petrus 2,9 (GNB)

Als unsere Kinder noch klein waren, haben wir gerne mit ihnen Wimmelbilderbücher angeschaut. Auf den Doppelseiten solcher Bücher „wimmelt" es von Menschen, Tieren und Dingen, die oft mit vielen Details gezeichnet wurden. In den kleinen Alltagsszenen, die zum Beispiel im Zoo spielen, in einer Stadt oder auf einem Bauernhof, gibt es immer wieder etwas zu entdecken. Meistens findet man auch Erzählstränge, die sich über das ganze Buch erstrecken, was natürlich die Spannung hebt. Wie oft haben wir gemeinsam die Nase in die Bücher gesteckt und uns gefreut, ein Detail zu finden, das uns vorher noch gar nicht aufgefallen war.

„Ihr aber seid ..."

Natürlich ist die Bibel kein Wimmelbuch, aber im Jahresspruch aus dem 1. Petrusbrief begegnen uns viele Begriffe und Bilder. Da ist vom „Volk", vom „Haus des Königs", von der „Priesterschaft" die Rede. Dunkelheit und Licht tauchen als Gegenpart auf. Gott wird uns als der Handelnde vorgestellt.

Petrus wandte sich mit diesem Brief an die Christen in Kleinasien, der heutigen Türkei, die unter einer zunehmenden Verfolgung zu leiden hatten. Ihnen stellte er Jesus Christus und damit die Hoffnung für alle Gläubigen vor Augen. Er zitierte dabei oft aus dem Alten Testament. Im obigen Vers verwendete Petrus Bilder aus Jesaja 43 sowie 2. Mose 19 und erinnerte damit an den Bundesschluss am Sinai. Dort hatte Gott seinem Volk dessen besondere Bestimmung erklärt. Sie sollten sein „Eigentumsvolk" sein, durch das er etwas deutlich machen wollte: An

Israel sollten die Nationen erkennen, dass es Gott gibt und wie er an den Menschen handelt.
Im Neuen Bund ist diese Aufgabe nicht mehr auf Israel beschränkt, sondern gilt ebenso der Gemeinde Christi. Wir sind diejenigen, an denen die Menschen um uns herum erkennen sollen, dass es einen lebendigen Gott gibt, der uns Versöhnung und Wiederherstellung anbietet. Aber nicht nur das – wir gehören zum Königshaus Gottes, was mit einer gewissen Würde verbunden ist. Mitglieder einer Königsfamilie treten mit Autorität auf. Sie wissen um ihren Einfluss auf ihre Umgebung und die damit einhergehende Verantwortung. Ohne arrogant sein zu wollen – wie gehen wir mit dieser Möglichkeit um? Nimmt mein Nachbar, mein Arbeitskollege wahr, dass ich zum „Haus des Königs" gehöre, dass ich Teil der „Priesterschaft" und des „heiligen Volkes Gottes" bin? Dabei geht es nicht um mich und meine Person, sondern darum, Gott groß zu machen und „seine machtvollen Taten" zu verkünden. All das beginnt dem Zuspruch: „Ihr aber seid …"

Immer wieder Neues entdecken

Je länger ich über dieses Bibelwort nachdenke, desto mehr Details werden mir bewusst. Das geht mir übrigens nicht nur an dieser Stelle so, sondern das passiert immer wieder, wenn ich die Bibel aufschlage. Mancher Zusammenhang fällt mir erst beim dritten Lesen auf, anderes habe ich bisher vielleicht noch nicht entdeckt. Neben dem, dass Gottes Wort ermutigt, inspiriert und hoffnungsstiftend ist, ist dies ein guter Grund, die Bibel regelmäßig in die Hand zu nehmen.
Dafür wollen wir auch in diesem Jahr mit dem Kalender ein täglicher Begleiter sein. Wieder haben rund 230 Autorinnen und Autoren in gewohnter Weise einzelne Bibelabschnitte ausgelegt und das eine oder andere Detail in den Vordergrund gerückt. Auf den folgenden Seiten finden Sie inspirierte und inspirierende Impulse, Gott und sein Wort immer wieder neu zu entdecken. Und sollten Sie das Andachtsbuch gerade einmal nicht zur Hand haben: Im Internet stellen wir die tägliche Andacht kostenlos zur Verfügung – kalender.bfp.de/tagesandacht.
Für jeden Tag dieses Jahres wünsche ich Ihnen Gottes Segen!

Daniel Aderhold
Leiter der Kalenderredaktion

Er hat euch aus der Dunkelheit in sein wunderbares Licht gerufen, damit ihr seine machtvollen Taten verkündet.

1. Petrus 2,9 (GNB)

Gnade und Friede von Gott, dem Vater, und Christus Jesus, unserm Heiland!

Titus 1,4

Bibellese: Titus 1,1-9

Ein neues Jahr liegt vor uns. Einiges habe ich schon geplant, etliche Termine im Kalender sind eingetragen. Noch ist das Jahr ganz am Anfang, aber die groben Umrisse sind erkennbar. Zu meiner Aufgabe als Präses des BFP gehören auch etliche Dienstreisen. Für kürzere Strecken nehme ich gerne das Auto, in bestimmten Fällen auch die Bahn. Aber wenn es ins Ausland geht, bin ich auf die Reise mit dem Flugzeug angewiesen.

Wie gut, dass es dafür Pläne gibt. Dann weiß ich, wann ich am Flughafen sein muss. Und ich kann meinen Gastgebern Bescheid geben, wann ich (ungefähr) ankommen werde. Ohne Fahr- beziehungsweise Flugpläne wären wir aufgeschmissen. Wir müssten uns auf gut Glück zum Flughafen begeben, ohne zu wissen, wann das nächste Flugzeug kommt. Wenn dann noch nicht einmal per Aushang oder Ansage das Ziel bekannt gegeben würde, wäre es ein ziemliches Wagnis. Und vermutlich kein Abenteuer, das wir regelmäßig suchen würden.

Gottes Fahrplan für uns ⇢ Die Bibel ist wie eine Art Fahrplan. Hier erfahren wir etwas über Details und Zeiten. Der Zielort wird uns ebenfalls genannt: das Leben, die ewige Gemeinschaft mit Gott. Außerdem erfahren wir vieles, was für unser Leben hier auf der Erde hilfreich ist sowie auch für ein gelingendes Miteinander mit unseren Mitmenschen sorgen kann. Neben der Orientierung für den Einzelnen enthält die Bibel zudem auch Vorgaben für die Gemeinde. Hier werden wir gerade bei Paulus oft fündig. Der Titusbrief, einer der Pastoral- oder Hirtenbriefe, enthält viele Informationen, wie Gemeinde – auch heute noch – funktionieren kann. Außerdem erfahren wir etwas über die Grundlage des Glaubens, wie Paulus ihn versteht.

Gnade und Friede ⇢ Wenn Paulus für den Gemeindealltag schreibt, geht es ihm nie zuallererst um Regeln und Ordnungen. Vielmehr müssen sich diese aus dem Fundament entwickeln und darauf aufbauen. Für den Apostel ist klar: Die Grundlage des Glaubens ist die Gnade Gottes.

Gnade – das ist die unverdiente Gunst und Liebe Gottes gegenüber uns Menschen. Es ist ein Geschenk, das wir – auch in diesem Jahr immer wieder – entdecken, annehmen und weitergeben dürfen. Verbunden mit dem Frieden Gottes, der viel mehr bedeutet als die Abwesenheit von Konflikten, können wir für die Menschen in unserem Umfeld etwas bewirken.

Friedhelm Holthuis

2 Donnerstag JANUAR

... damit sie gesund werden im Glauben und nicht achten auf die jüdischen Fabeln und die Gebote von Menschen, die sich von der Wahrheit abwenden.

Titus 1,13.14

Bibellese: Titus 1,10-16

Ein gesunder Glaube ist ein Glaube, der die orthodoxe Lehre der Apostel als Grundlage hat und so gesund bleibt. Was aber macht krank? Ein falsches Eingehen auf Fabeln und Menschengebote. Wenn das Unwichtige wichtig und das Falsche richtig wird, ist der Glaube in Gefahr.

Fabeln ⇢ Der Begriff beschreibt Mythen, erdichtete Geschichten, gern auch mit einem biblischen Bezug. Dabei ist eigentlich nicht die Fabel das Problem, sondern die davon abgeleiteten Schlüsse. Wenn wir bei Weihnachten an eine Krippe mit Ochsen und Esel und den Heiligen Drei Königen denken, so ist das ein Mythos. Die Bibel kennt keinen Ochsen und keinen Esel an der Krippe, und die Heiligen Drei Könige waren weder heilig noch drei noch Könige und kamen auch nicht zu Weihnachten. Dieser Mythos wird erst dann problematisch, wenn jemand die Geschichte nimmt und behauptet, dass man an Weihnachten nur Gold, Weihrauch und Myrrhe verschenken darf.

Gebote von Menschen ⇢ Irrlehrer verdrehen die Wahrheit und verkaufen ihre Lügen als Gebote Gottes. Vor dem jüdischen Hintergrund geht es hier darum, die Gebote des Alten Testaments für verbindlich zu erklären, die den Menschen rein – also passend für die Begegnung mit Gott – machen, und dabei völlig zu vergessen, dass diese Gesetze der kultischen Reinheit ein Schatten sind. Wie die Pharisäer. Sie waren Menschen, die es ernst meinten mit ihrem Glauben. Ihr Motto war: keine Kompromisse! Null Toleranz für Sünde, volle Hingabe an Gott. Besser 110 Prozent als 95.

Jesus selbst nahm diese Menschen ernst und beschäftigte sich intensiv mit ihnen. Warum aber sind die Pharisäer ein Beispiel für den Glauben an die Gebote von Menschen? Ganz einfach: weil sie das Erbarmen Gottes nicht mehr brauchten. Weil sie ohne seine Gnade wunderbar zurechtkamen. Sie haben so lange an ihrer eigenen Gerechtigkeit geschraubt, bis sie zu Selbstversorgern wurden. Damit braucht man Gott nicht mehr. Statt mehr von Gott ist da kein Gott mehr. Man ist von Gnade unabhängig – und genau da verliert man Gott. Darin liegt eine Tragik: Man dient Gott so aufrichtig und heftig, dass er einen nicht mehr mit dem beschenken kann, was sein größtes Geschenk an uns ist: Gnade, Vergebung und Wiederherstellung.

Nur aus Gnade ⇢ Nur aus Gnade, nur aus Glauben, nur durch Jesus Christus – dabei will ich bleiben!

Peter Bregy

Du aber rede, was der gesunden Lehre entspricht.

Titus 2,1 (SCH)

3
Freitag

Bibellese: Titus 2,1-10

JANUAR

Das zweite Kapitel beginnt und endet mit der Aufforderung an Titus, zu reden. Als Christen geben wir die Gedanken Gottes im persönlichen Gespräch, aber auch durch unser alltägliches Leben weiter. Gesund ist die Lehre dann, wenn Jesus Christus im Mittelpunkt steht und der Glaube gesund in Liebe und Geduld gelebt wird.

Dabei gilt:

1. Gesunde Lehre ist nicht menschliche Tradition. Es ist nicht etwas, das Menschen erfunden haben. Es ist das, was Gott in der Schrift durch seinen Heiligen Geist uns kommuniziert hat – wie er sich uns gezeigt hat.
2. Das Ziel der gesunden Lehre ist die Rettung von Menschen. In diesem Sinne ist das Evangelium – die Gute Nachricht – eine gesunde Lehre. Es lehrt uns, was wir notwendigerweise wissen müssen, um gerettet zu werden.

Ein wertvolles Erbe ⇢ Es ist extrem wichtig, dass wir diese apostolische Lehre so lassen, wie wir sie empfangen haben. Wer denkt, dieses Erbe kann ruhig an moderne Erwartungen angepasst werden, geht das Risiko ein, zu verfälschen. Die Konsequenzen wären tragisch: Das Evangelium würde nicht mehr retten. Gesunde Lehre ist nicht etwas, was wir uns ein für alle Mal erarbeitet haben. Sie steht mehr als zuvor unter gefährlichen Einflüssen, fremden Trends und kann sehr leicht abrutschen oder verloren gehen. Darum ist es uns wichtig, dieses wertvolle Erbe zu entdecken, zu entwickeln und zu bewahren.

Eine Notwendigkeit ⇢ Selbstverständlich ist der biblische Glaube alles andere als ein Kopfwissen und eine rein intellektuelle Beschäftigung. Wo er nicht im Zusammenhang mit Hoffnung und Liebe steht, ist er kein wahrer Glaube. Nichtsdestotrotz ist gesunde Lehre eine Notwendigkeit, weil es ohne sie keine richtige und damit rettende Glaubenspraxis geben kann. Der Glaube selbst bleibt letztendlich ein Geschenk Gottes; aber durch unser Reden und Handeln aus diesem Glauben können wir Gottes Liebe verkünden. Möge Gott uns dabei helfen!

Peter Bregy

....

4
Samstag

Denn es ist erschienen die heilsame Gnade Gottes allen Menschen und erzieht uns, dass wir absagen dem gottlosen Wesen und den weltlichen Begierden.

Titus 2,11.12

JANUAR

Bibellese: Titus 2,11-15

Die Gnade Gottes ist mit Jesus Christus auf diese Erde gekommen. Sie hat zwei Ziele: Menschen zu retten und sie zu verändern. Es gibt niemanden auf diesem Planeten, den Gottes Gnade nicht retten könnte. Entscheidend ist aber, dass diese Gnade nur durch Glauben erfahrbar ist. Rettung ist kein Verdienst für gutes Benehmen, sonst wäre sie eine Belohnung. Gott ist nicht in der Pflicht, uns Menschen zu retten, aber er tut es dennoch. Es gilt: Aus Gnade durch Glauben.

Gott will ⇢ Als Pastorensohn war ich lange der Meinung, dass Gott mit mir einen „guten Fang" gemacht hat. Ich hatte mir offensichtlich nichts zuschulden kommen lassen. Und dennoch erlebte ich eines Tages, wie entscheidend es ist, ein klares Ja für Jesus zu haben und im Glauben anzunehmen, was er für mich getan hat. Als ich das bewusst tat, begann ein Prozess der Veränderung.

Rettung und Veränderung ⇢ Die Gnade Gottes unterweist oder erzieht uns. Die Gnade in Person stirbt am Kreuz. Jesus wurde zu meinem Stellvertreter. Weil das so ist, unterweist mich die Gnade, das zu lassen, wofür Jesus gestorben ist. Es sind die Dinge, die mich kaputt machen und die aus einer ewigen Perspektive falsch sind. Christ zu sein heißt deshalb, das Falsche zu lassen und besonnen, gerecht und gottesfürchtig zu leben.

Mit Gott erlebt ⇢ Eines Tages wurde mir in meiner damaligen Tätigkeit als Finanzbeamter eine Mitarbeiterin zugeteilt, deren Leben aus den Fugen geraten war. Ihr ging es nicht gut, aber sie erlebte durch das Leben meines gläubigen Kollegen und mein Zeugnis, dass Gott sie liebt. Nach einiger Zeit gab sie ihr Leben Jesus Christus und ein Prozess der Heilung und Wiederherstellung begann. In allen Herausforderungen erlebte sie die Gnade Gottes und wurde verändert. Alte Gewohnheiten, Gedanken und Gefühle wurden Stück um Stück durch neues Handeln, Denken und Fühlen ersetzt.

Auch heute ⇢ Es war und ist immer noch so schön, zu sehen, wie Gott Menschen verändern kann. Und du und ich, wir sind Teil des größten Rettungsprogramms, das jemals stattgefunden hat, und dürfen Menschen davon erzählen und es vorleben. Wer erlebt heute durch uns die Gnade Gottes? Wie und wo können wir Hoffnung und Leben weitergeben?

Daniel Dallmann

… machte er uns selig – nicht um der Werke willen, die wir in Gerechtigkeit getan hätten, sondern nach seiner Barmherzigkeit.

Titus 3,5

Bibellese: Titus 3,1-8

Immer wieder stelle ich fest, dass viele Christen behaupten, sie würden an Gottes Barmherzigkeit glauben. Aber bei näherem Nachfragen stellt sich heraus, dass sie doch an eine Form der Errettung durch Werke glauben. „Gib dein Bestes und Gott wird den Rest machen" – so höre ich immer wieder. Es scheint eine Hoffnung zu sein, die darauf gerichtet ist, dass Gott gnädig sein wird. Aber diese Hoffnung ist nicht biblisch. Denn Gottes Barmherzigkeit steht im Gegensatz zu unseren Werken. Seine Barmherzigkeit gleicht nicht noch aus, was unseren Werken fehlt. Irgendwann habe ich schließlich verstanden, dass Gott mir seine Barmherzigkeit zeigt, indem er sie überhaupt nicht auf meine Werke gründet.

Nur so kann eine Kettenreaktion der Barmherzigkeit in Gang gesetzt werden: Gott ist mit mir barmherzig, jetzt soll und kann ich auch barmherzig leben. Als neuer Mensch. Als anderer Mensch. Als Gottes Mensch. In der Familie. In der Gemeinde. In dieser Welt. Der Begriff Barmherzigkeit stammt übrigens aus der gotischen Kirchensprache. „Armherzig" hieß es mal. Was damals bedeutete: „Ein Herz für die Armen haben." Für die Unglücklichen. Für die Notleidenden. Die Benachteiligten.

Der barmherzige Samariter → Eine der bekanntesten Geschichten in der Bibel ist die Geschichte vom barmherzigen Samariter (Lukas 10,30-37). Dieses Gleichnis war für die Schriftgelehrten eine krasse Provokation. Zunächst einmal hielt Jesus ihnen mit dem Priester und dem Leviten gewissermaßen einen Spiegel vor. Aber noch provokanter war, dass ausgerechnet ein Samaritaner das wichtigste Gebot erfüllte. Die Samaritaner frönten einem heidnischen Kult und waren nach jüdischem Gesetz definitiv nicht als Nächste zu betrachten. Im Grunde praktizierte dieser Samaritaner hier Feindesliebe, indem er einem jüdischen Mann das Leben rettete.

Barmherzigkeit heißt, Grenzen und alle denkbaren Vorurteile zu überwinden und das zu tun, was uns vielleicht sogar zuwider ist. Das erfordert Mut, die Bereitschaft, hinzusehen und vor allem Mitgefühl. Wir können theoretisch alles rechtfertigen, was wir tun oder auch nicht tun, und das alles vielleicht sogar biblisch belegen. Doch letztendlich werden wir leben, wenn wir mit anderen so barmherzig umgehen, wie Gott es mit uns tut.

Daniel Dallmann

6
Montag

Aber auch die Unseren sollen lernen, sich hervorzutun mit guten Werken, wo es nötig ist, damit sie nicht fruchtlos bleiben.

Titus 3,14

JANUAR

Bibellese: Titus 3,9-15

„Es gibt nichts Gutes, außer man tut es" (Erich Kästner). Ähnliches sagt uns der heutige Tagesvers. Wo immer es möglich und nötig ist, sollen wir mit guten Worten und Taten etwas bewirken, Licht und Salz für diese Welt sein. Lebendiger Glaube bleibt nicht bei einer inneren Haltung stehen, sondern drückt sich in tätiger Nächstenliebe aus (siehe Jakobus 2,14-17). „Befreit zu guten Werken" ist eines der großen Themen des Titusbriefes.

Doch Vorsicht! Denn gute Werke taugen nicht zur Erlösung. Erlöst sind wir allein durch die Gnade Gottes und das Opfer Jesu am Kreuz. Gute Werke machen uns auch nicht zu „besseren Christen" oder bringen uns in einem christlichen Ranking nach oben. Für Paulus war klar, dass es für einen Christen selbstverständlich sein muss, mit aller Kraft Gutes tun zu wollen. Schließlich ist es der Heilige Geist, der ihn dazu motiviert und befähigt. Gutes zu tun, ist dann keine lästige Pflicht, sondern ein tiefes geistgewirktes Bedürfnis.

Nicht müssen, sondern wollen ⇢ Man muss einen Mittelstürmer der Fußballnationalmannschaft nicht ständig dazu ermahnen, doch bitte Tore zu schießen. Nichts tut er lieber. Das ist sein Wunsch, sein Wille und seine Leidenschaft, selbst wenn er dafür hart trainieren und auf manches verzichten muss. Jesus, das Leben mit ihm und für ihn, soll unsere Leidenschaft sein, die uns immer wieder zu guten Werken anspornt. Dazu sind wir erlöst, nicht verdammt! Gott liebt fröhliche Geber, und das nicht nur in finanzieller Hinsicht. So sind unsere guten Werke einerseits Früchte unseres Glaubens, andererseits können sie aber auch ein Gradmesser dafür sein, wie es um unseren Glauben bestellt ist. Was lebt da noch in mir? Wenn wir spüren und zugeben müssen, dass unsere Dienstbereitschaft und unsere Lust, Gutes zu tun, nachgelassen haben, dürfen wir den Heiligen Geist bitten, uns neu mit seinem Feuer und seiner Leidenschaft zu erfüllen. Wir dürfen zur ersten Liebe und zu den ersten Werken zurückkehren.

„Wenn durch einen Menschen ein wenig mehr Liebe und Güte, ein wenig mehr Licht und Wahrheit auf der Welt war, hat sein Leben einen Sinn gehabt" (Alfred Delp). Verpassen und versäumen wir sie nicht, die guten Werke, die Gott heute für uns vorbereitet hat, die unserem Leben Sinn geben und unseren Herrn ehren.

Xenia Besenreuther

Aber die Hebammen fürchteten Gott und taten nicht, wie der König von Ägypten ihnen gesagt hatte, sondern ließen die Kinder leben.

2. Mose 1,17

7
Dienstag

Bibellese: 2. Mose 1,1-22

JANUAR

Waren wir schon einmal in einer Situation, wo es darum ging, aufzustehen und einzugreifen, Zivilcourage zu zeigen und Widerstand zu leisten? Die Hebammen in dieser Geschichte faszinieren mich. Sie bekommen eindeutige gesetzliche Vorgaben, denen sie sich klar widersetzen, weil sie das nicht mit ihrem Gewissen vereinbaren können. Stellen wir uns einmal vor, alle christlichen Gynäkologen, Krankenschwestern und Hebammen würden sich weigern, bei Abtreibungen mitzuhelfen. Wie würde das für Aufschreie sorgen!

Worum geht es? ⇢ Bei diesen Hebammen ging es um Leben und Tod. Darum geht es übrigens auch in unserem Glauben: um gerettet oder verloren sein, um Himmel oder Hölle. Man wagt es ja kaum mehr auszusprechen, um niemanden zu verängstigen. Aber Jesus ist der einzige Weg zum Leben, der einzige Weg zum Himmel, der einzige Weg zu Gott. Lasst es uns wieder öffentlich und laut verkünden und mutig persönlich weitersagen, auch wenn wir damit anecken und andere religiöse Gefühle verletzen könnten.

Leider lassen wir Christen uns oft von sinnlosen Widerstandsthemen anstecken, die immer wieder vom Eigentlichen ablenken (Verschwörungstheorien, die Gefahren durch soziale Medien, die Lügenpresse, Toxic Church, Weltuntergang, Pandemie, das Impfen und vieles andere. Wie oft lassen wir uns verleiten, mit in die Negativität und Lästerkultur unserer Zeit einzutauchen. Wir merken gar nicht, wie unsere Laune nach unten geht.

Für das Leben! ⇢ Lasst uns wie die Hebammen für das Leben kämpfen, und Menschen, die Jesus noch nicht kennen, in das Reich Gottes hineinlieben. Wir wollen hautnah dabei sein, wenn sie von Neuem geboren werden. Es gibt doch nichts Schöneres als den lauten Schrei eines Babys, wenn es aus dem Dunkeln des Mutterleibes in das Licht kommt. Das allein ist schon ein unbegreifliches Wunder, und Gott wird noch viel mehr folgen lassen. Reden wir sein Wirken nicht klein. Lassen wir das dauernde Hadern, jede christliche Depression hinter uns und überlassen das Lästern anderen.

Denn der Geist Gottes weht und die Ernte ist reif. Für wen können wir beten und fasten? Seien wir Geburtshelfer für das neue Leben. Was für eine Freude ist das, wenn in diesem Jahr in unserem Umfeld auch nur ein Sünder Buße tut. Die ganze Freude des Himmels wird auch unser Herz erfassen!

Benjamin Frank

Und als sie es auftat, sah sie das Kind, und siehe, das Knäblein weinte.

2. Mose 2,6

Bibellese: 2. Mose 2,1-10

Manchmal gibt es im Leben richtig schwierige Situationen, in denen man das Gefühl hat, wie der kleine Mose ausgeliefert zu sein. Hilflosigkeit oder ein Gefühl von Ohnmacht lähmt uns. Vielleicht ist es eine Krankheit, die uns so empfinden lässt, oder ein Nachbar, der uns das Leben schwer macht.

Wenn das Leben zum Heulen ist ⇢ Solch eine Wohnsituation erlebten wir vor ein paar Jahren mit einem Nachbarn, der uns das Leben buchstäblich zur Hölle machte. Er tobte beispielsweise und wurde aggressiv, wenn unsere kleinen Kinder schrien. Dabei verliefen alle Bemühungen um Frieden im Sand. Es war unerträglich. Wir beteten und trafen schließlich die Entscheidung, eine neue Wohnung zu suchen. Und dann passierte das Wunder …

Unerwartete Hilfe ⇢ Ein anderer älterer Nachbar stand plötzlich vor der Tür, nachdem es wieder zu einem Vorfall gekommen war. Er erklärte mir, dass er Ungerechtigkeit hasse und sich die Vollmacht vom Vermieter geholt habe, um uns zu helfen. Ich war sprachlos. Er schaffte es tatsächlich, dem „bösen" Nachbarn zu kündigen. Dieser andere Nachbar war ein Engel für uns. Ich sagte ihm dies einmal. Er lächelte und meinte, er sei weiß Gott kein Engel. Wir erzählten ihm von Jesus und beteten für ihn, denn er hatte selber Schweres erlebt. Nachdem er sich zuerst als Atheist bezeichnet hatte, fing er an, mit „dem da oben" immer mehr zu kommunizieren. Ich weiß nicht, ob er sich bekehrt hat. Nach ein paar Monaten starb er an einem Herzinfarkt in seiner Wohnung nebenan.

Gott hat Wege

Was ich sagen will, ist: Gott hat einen Plan für und mit unserem Leben. Manchmal sind wir scheinbar – wie der kleine Mose – ausgeliefert und das Leben ist zum Heulen. Aber der Herr hat immer einen Plan für seine Leute. Auch für dich! Gott schickte Mose Mirjam und seine Mutter, die sich kümmerten. Gemeinde sollte ein Ort sein, wo wir Geschwister haben, die sich kümmern. Welche Menschen tragen wir gerade durch eine Situation, in der sie sich ausgeliefert und meistens auch unverstanden fühlen? Treten wir heute vor Jesus für sie ein und tun etwas, um ihnen zu zeigen, dass wir an sie denken und Gott sie nicht vergessen hat!

Mirjam Frank

Und Gott sah auf die Israeliten und nahm sich ihrer an.

2. Mose 2,25

Bibellese: 2. Mose 2,11-25

Heute geht es um die Vorgeschichte des Mose. In der Apostelgeschichte, in der auch Moses Biografie nachzulesen ist, steht Folgendes über ihn: *„Mose wurde in aller Weisheit der Ägypter gelehrt und war mächtig in Worten und Werken“* (Apostelgeschichte 7,22). Er brachte also alle menschlichen Voraussetzungen mit, um ein herausragender Anführer zu werden. Darum mangelte es ihm auch nicht an Selbstvertrauen. Aber als Gott ihn schließlich berief, hatte Mose sofort einen Einwand: „Gott, wer bin ich denn schon? Das ist mir echt eine Nummer zu groß!“

Wie wurde er zu einem solch demütigen Menschen? Was war passiert? Es sind die hier geschilderten Ereignisse. Sie formten aus Mose den Mann, der zu einem mächtigen Werkzeug in Gottes Hand wurde. Dieser Mose baute nicht mehr auf Wortgewalt, Vermögen, Macht und Können. Er verließ sich völlig auf den „Ich bin!“ an seiner Seite.

Im Abseits ⇢ Gott hatte Mose von Anfang an als Retter für das Volk Israel vorgesehen. Aber durch Übereifer, Anmaßung und unkontrollierten Zorn lud dieser Schuld auf sein Gewissen. Er schoss sich quasi selbst ins Abseits. Ganz ehrlich, es geht doch nicht nur Mose so: Man möchte zwar das Richtige, steht sich so häufig aber selbst im Wege. Die eigene Persönlichkeit, der Charakter oder falsche Entscheidungen führen dazu, dass man irgendwo falsch abbiegt.

Mose musste fliehen, landete schließlich irgendwo im Nirgendwo. Ich bin nicht sicher, ob ich ihm nach dieser Story noch eine Chance gegeben hätte. Gott aber ist so anders. Er wendet den krummen Weg des Mose schließlich dennoch in Segen. Mitten in der Wüste findet Mose seine Frau, bekommt ein Heim und Kinder. Dort hat er eine Begegnung mit Gott und findet schließlich in seine Berufung.

Gott schreibt Geschichte ⇢ Am Ende unseres Textes lesen wir, dass Gott sich der Israeliten annahm. Ist uns bewusst, dass dies nicht erst geschah, nachdem diese zu Gott gefleht hatten? Seit Jahrzehnten hatte Gott Mose für diesen Tag vorbereitet und brachte ihn jetzt in Stellung. Ist es nicht tröstlich zu wissen, dass Fehler und Versagen nicht das Ende bedeuten müssen, dass Gott auch „auf krummen Linien gerade schreiben“ und Wüsten in Oasen verwandeln kann? Auch mit deinem und meinem Leben wird Gott Geschichte schreiben. Wir sollen ein Segen sein, ohne Zweifel!

Lars Jaensch

10
Freitag

Und das soll dir das Zeichen sein, dass ich dich gesandt habe: Wenn du mein Volk aus Ägypten geführt hast, werdet ihr Gott dienen auf diesem Berge.

2. Mose 3,12

JANUAR *Bibellese: 2. Mose 3,1-12*

Gott hören: Als ich noch jung im Glauben herausfinden wollte, was wohl der Plan Gottes mit meinem Leben sei, fiel mir dies sehr schwer. Ich war unerfahren und wusste nicht recht, wie ich Gottes Stimme vernehmen konnte. Da sagte mir ein reifer Christ etwas, was mich sehr erleichterte: „Lars, entspann dich! Gottes Interesse, dass du seine Stimme hörst, ist unendlich viel größer, als du es dir je vorstellen kannst. Er wird sich schon Gehör verschaffen!"

Genauso erging es auch Mose. Gott erregte seine Aufmerksamkeit durch einen brennenden Dornbusch, verschaffte sich unübersehbar Gehör. Als er die volle Aufmerksamkeit des Mose hatte, offenbarte Gott ihm dessen Lebensmission. Dabei kommt es zu einem typisch menschlichen, aber auch etwas witzigen Dialog.

Ich bin ja bei dir! ⇢ Mose hörte sich die Worte Gottes an, warf dann aber eine durchaus berechtigte Bemerkung ein: „Alles schön und gut, aber wer bin ich denn schon …?" Der Ruf Gottes war ihm einige Nummern zu groß. Gott aber wischt diesen Einwand ganz einfach beiseite: „Mose, das macht doch nichts! Ich bin ja bei dir!" Mose vernimmt den Auftrag Gottes und schaut erst einmal auf seine eigene Kraft und sein eigenes Können. Mit Blick darauf sieht er sich nicht in der Lage, den Auftrag zu erfüllen. Gott aber offenbart sich ihm einfach als der „Ich bin". Das ist völlig ausreichend. Der Auftrag mag zu groß erscheinen, aber der Name Gottes ist immer größer, weiser und machtvoller.

Zeichen leiten nicht – sie folgen ⇢ Ich möchte unsere Aufmerksamkeit noch auf ein kleines Detail lenken. Gott verspricht Mose ein Zeichen, an dem dieser die Echtheit seiner Berufung erkennen kann: „Eines Tages wird das Volk Israel an diesem Berg anbeten!" Ist uns aufgefallen, dass dieses Zeichen erst am Ende der Reise erkennbar sein wird? Wir wünschen uns oft ein Zeichen, das uns leitet und vorab den Weg weist. Wir hätten alles gerne wasserdicht und rundum abgesichert, möchten zuerst sehen und dann erst losgehen. Aber Zeichen leiten nicht, sie folgen. Zuerst ist da ein Gotteswort, dann trifft man eine Entscheidung und geht im Glauben los. Gott behandelt uns nicht wie kleine unmündige Kinder, er behandelt uns als reife Erwachsene, die sowohl zu eigenständigen Entscheidungen als auch zu Glaubensschritten in der Lage sind.

Lars Jaensch

Gott sprach zu Mose: Ich werde sein, der ich sein werde. Und sprach: So sollst du zu den Israeliten sagen: „Ich werde sein", der hat mich zu euch gesandt.

2. Mose 3,14

Bibellese: 2. Mose 3,13-22

In Ägypten gab es viele Götter. Die Israeliten wussten wohl um die besonderen Gottesbegegnungen der Erzväter Abraham, Isaak und Jakob, aber das war lange her. Nach vierhundert Jahren harter Sklavenarbeit in Ägypten erschienen die Erzählungen und Verheißungen der Vergangenheit wie Mythen. Wo war dieser Gott jetzt? Was sollte Mose dem unterdrückten Volk sagen? Wie heißt wohl dieser Gott, der ihm erschienen sein sollte und nun ihrer gedachte? Ist er einer der ägyptischen Götter? Ist er Elohim, der Schöpfer, oder El Schaddai, wie er sich den Erzvätern offenbarte?

Kein anderer Name ⇢ Welcher Name bezeichnet Gott am geeignetsten? Gott ist Licht – aber Licht ist nicht sein Name, weil Gott viel mehr ist als Licht. Gott ist Liebe, aber Liebe ist nicht sein Name, weil Gott viel mehr ist als Liebe. Gott ist allmächtig, allwissend, allgegenwärtig. Aber das ist nicht sein Name, weil er viel mehr ist als das. Es gibt keinen Namen, keine Bezeichnung, die die Würde, Heiligkeit, Gnade, Macht, ja die Person Gottes gebührend umfasst und beschreibt.

Einladung zur Entdeckung ⇢ Wie heißt dann dieser hocherhabene Gott, der so viel größer ist, als dass der menschliche Verstand ihn mit einem Wort erfassen und betiteln könnte? Gott selbst gibt Antwort: „Ich werde sein, der ich sein werde. Ich bin, der ich bin." Gott ist. Das genügt. Es liegt an uns Menschen, im Glauben zu diesem Gott zu kommen und zu entdecken, wie und wer er ist. Der Rest der Bibel ist eine Entdeckungsreise, wie er sich Menschen offenbarte und wie Menschen diesen großartigen Gott erlebten.

Er ist unser Arzt, Versorger, Friede, unsere Gerechtigkeit und unser Siegesbanner. Er ist der Herr der Heerscharen, ein fester Turm, eine Hilfe in der Not, ein Fels, der trägt. Dieser Gott ist heilig, gerecht, barmherzig und geduldig. Er ist das Licht, die Liebe, der Anfang und das Ende. Er ist der Weg, die Wahrheit und das Leben. Er ist der gute Hirte, der Erlöser, das Brot und Wasser des Lebens und die Auferstehung. Gott ist Schöpfer, König, Herr, Richter und Vater. Gott ist. Immer. Und er lädt uns ein, zu ihm zu kommen und ihn in seiner Vielfalt zu erleben. Der Weg lohnt sich! *„Wer zu Gott kommen will, der muss glauben, dass er ist und dass er denen, die ihn suchen, ihren Lohn gibt"* (Hebräer 11,6).

Steven Dunn

12
Sonntag

Nun aber geh hin: Ich will mit deinem Munde sein und dich lehren, was du sagen sollst.

2. Mose 4,12

JANUAR

Bibellese: 2. Mose 4,1-17

Ein persönliches Zeugnis: Ich kann mit Mose mitempfinden. Als Kind konnte ich bestimmte Laute nicht richtig aussprechen. Die Leute machten sich darüber lustig. Ich hatte große Angst, vor Menschen zu reden. Als ich zehn Jahre alt war, fand meine Mutter zum Glauben an Jesus. Sie fing an, zu beten, dass Gott mir helfen möge, meinen Sprachfehler zu überwinden. Das Gebet meiner Mutter wurde erhört. In der dritten Klasse während einer Sprachtherapie machte es plötzlich Klick in mir und ich konnte alle Laute ohne Probleme aussprechen.

Wege aus der Angst ⇢ Doch die Angst, vor Menschen zu reden, blieb tief in der Seele. Mit 16 Jahren entschied ich mich, Jesus nachzufolgen. Nach meiner Bekehrung fing ich an, zum ersten Mal das Neue Testament zu lesen. Ich stellte fest, dass die Jünger nach der Auferstehung Jesu und vor Pfingsten sehr viel Angst hatten und sich hinter verschlossenen Türen versteckten. So ging es auch mir nach meiner Bekehrung. Ich wusste, dass Jesus lebt, hatte aber wenig Mut, darüber zu sprechen. Dann las ich die Apostelgeschichte und war total beeindruckt, wie Petrus auf einmal Mut bekam, Jesus vor einer großen Menschenmenge zu bezeugen. Ich begriff, dass die Jünger nach Pfingsten anders waren als zuvor. Die ganze Apostelgeschichte faszinierte mich.

Schließlich kam ich zu dem Entschluss, dass diese *Verheißung vom Vater*, wie Jesus die Taufe im Heiligen Geist nannte, genau das war, was mir fehlte. Ich bat Gott darum, mich auch mit seinem Geist zu erfüllen. Wie zu Pfingsten fing ich an, Worte auszusprechen, die mir fremd waren. So begann der Fluss des Geistes, in und durch mein Leben zu fließen. Auch ich durfte wie Mose erleben, dass Gott mit meinem Mund ist und mich lehrt, was ich sagen soll.

Unsere Berufung ⇢ Immer wieder ruft Gott Menschen zu einem Auftrag, den sie in eigener Kraft und Fähigkeit nicht schaffen würden. Warum tut er das? Gott sucht unser Herz und unseren Gehorsam. Er will mit uns die Sache anpacken, dass wir tun, was wir tun können, und er das tut, was wir nicht tun können. Der Diener holt das Wasser – Jesus verwandelt es. Der Jünger bricht das Brot – Jesus vermehrt es. Wir beten – Gott heilt. Wir reden – Gott rettet. Wo wir schwach sind, ist er stark. Wir werden durch Gottes Geist befähigt und Gott wird geehrt. Er mit uns, wir mit ihm!

Steven Dunn

Und der HERR sprach zu Mose: Sieh zu, wenn du wieder nach Ägypten kommst, dass du alle die Wunder tust vor dem Pharao, die ich in deine Hand gegeben habe.

2. Mose 4,21

13
Montag

Bibellese: 2. Mose 4,18-31

JANUAR

Wen Gott sendet, den befähigt er auch. Diese Zusage galt nicht nur Mose, sie gilt auch uns Nachfolgern Jesu heute. Wir tun uns oft nur schwer damit, es auch zu glauben. Viel zu häufig halten uns Zweifel, Versagensängste und manches Mal auch Sünde zurück, den Weg zu gehen, den Gott uns weist.

Verpasste Chance ⇢ Man stelle sich einmal vor, Mose hätte in diesem Zustand der Selbstzweifel verharrt. Er hätte sich nicht von Gott gebrauchen lassen. Er hätte sich nicht auf das Abenteuer eingelassen. Er hätte all die Wunder verpasst, die Gott ihm in die Hände legen wollte. Er wäre nicht als Freund Gottes in die Geschichte eingegangen, und die ersten fünf Bücher Mose trügen vielleicht den Namen seines Bruders Aaron. Welch eine Tragödie wäre es, wenn Mose dann eines Tages vor Gottes Thron stehen würde und plötzlich all die verpassten Chancen wie ein Film vor seinem inneren Auge ablaufen.

Die besten Gelegenheiten im Leben erlauben keinen endlosen Aufschub. Auch der Ruf Gottes für bestimmte Dinge ist in unserem Leben begrenzt. So manch göttliche Intervention erfordert zügiges Handeln. Nicht, dass wir nach einer verpassten Chance unbrauchbar wären für Gott. Doch bestimmte Gelegenheiten haben ihren Zeitpunkt.

Selbstzweifel im demütigen Gewand ⇢ Unsere Selbstzweifel kommen oft nobel daher. Sie tragen den scheinbaren Anstrich von Demut: „Wie könnte ich denn wichtig genug sein, um von Gott gebraucht zu werden? Wie sollte Gott mich schon einsetzen? Wäre es nicht stolz, zu meinen, ich könnte etwas bewirken?" Vielleicht ist diese Art von Selbstgespräch uns nur zu vertraut. Viel zu oft geben wir diesem inneren Dialog recht, ohne uns der Konsequenzen bewusst zu sein. Welche Gelegenheiten verpassen wir womöglich dadurch? Welches Abenteuer gleitet uns gerade durch die Hände? Wie lange wollen wir noch warten? Gott hat uns bereits alles in die Hand gegeben, was wir brauchen!

Manuel Briem

14
Dienstag

Der Pharao antwortete: Wer ist der HERR, dass ich ihm gehorchen müsse und Israel ziehen lasse? Ich weiß nichts von dem HERRN.

2. Mose 5,2

JANUAR *Bibellese: 2. Mose 5,1-14*

Ungehorsam gegenüber Gott hat seinen Preis. Der Ungehorsam des Pharao war teuer: Plagen kamen über sein Land, über sein Volk und letztlich auch über seine eigene Familie. Sind diese Konsequenzen auch für unseren Ungehorsam heute zu erwarten?

„Ich weiß nichts von dem Herrn" ⇢ Zunächst einmal scheint der Pharao in unserer Geschichte keine Ahnung zu haben, mit wem er es hier zu tun hat. Er hielt den Gott Moses und Aarons vermutlich nur für einen von vielen Göttern. Doch dass er es hier mit dem lebendigen Gott Jahwe zu tun hat, dem Schöpfer des Universums, dem Allmächtigen, diese Realität trifft ihn erst sehr viel später.

Auch wenn wir vielleicht ein besseres und breiteres Verständnis von Gott haben, ist dennoch zu befürchten, dass selbst viele Christen sich der Heiligkeit und Ehrfurcht gebietenden Größe Gottes nur bedingt bewusst sind. Die Wahrheit des Heiligen Gottes wird in unserem Gottesbild oft von der Wahrheit des liebenden himmlischen Vaters regelrecht geschluckt. Diese Unwissenheit ist gefährlich, denn sie malt das Bild eines Gottes, der unseren Ungehorsam väterlich wohlwollend übersieht, ohne dass wir Konsequenzen fürchten müssten.

Die Freude des Gehorsams ⇢ Auch wenn im Falle unseres Ungehorsams sicherlich nicht die Wucht von zehn Plagen zu erwarten ist, sollte uns diese biblische Geschichte aufhorchen lassen. Ungehorsam gegenüber Gott hat Konsequenzen für unser Leben, auch wenn wir uns als Nachfolger Jesu verstehen. Letztlich müssen wir uns folgender Frage stellen: Ist der Preis des Gehorsams höher als der des Ungehorsams? Nun, das mag jeder für sich selbst beantworten.

Eines soll an dieser Stelle aber nicht unerwähnt bleiben: Gehorsam gegenüber Gott birgt eine nie da gewesene Freude. Wir können uns so sehr in Gedanken über den Preis der Nachfolge Jesu verlieren, dass die vor uns liegende Freude des Gehorsams aus dem Blick gerät. Es ist jedoch mit nichts auf der Welt zu vergleichen, die Gunst des heiligen, liebenden Vaters auf unserem Leben zu spüren!

Manuel Briem

Der Pharao entgegnete ihnen: „Ihr seid einfach nur faul! Deshalb sagt ihr: ‚Lass uns ziehen, damit wir dem HERRN Opfer bringen können.'"

2. Mose 5,17 (NLB)

Bibellese: 2. Mose 5,15-23

„Euch geht's wohl noch zu gut", antwortet der Pharao auf die Forderung der Israeliten nach ein paar Tagen Sonderurlaub (Drei-Tage-Reise). Statt ihrem Wunsch nachzukommen, erhöht er die Arbeitslast. Also nichts von „Work-Life-Balance". Stattdessen noch mehr Druck, noch mehr Stress, noch höhere Anforderungen. Da bleibt keine Luft mehr zum Atmen, die Last ist zu groß.

Kommt uns das bekannt vor? Beruf, Familie, Erwartungen aus dem persönlichen Umfeld, ja, auch vonseiten der Gemeinde – das alles kann zu viel werden. Ich bin mir aber nicht sicher, ob der Druck immer nur von „oben" oder von außen kommt. Kann es sein, dass es auch selbst auferlegte, vielleicht sogar falsche Ziele sind, die uns Zeit und Kraft rauben? Dinge, die wir tun, um andere zu beeindrucken, um unserem Ego zu schmeicheln, vielleicht auch, um den Maßstäben dieser Welt hinterherzulaufen? Nein, es ist nicht nur das noch größere Auto oder der exotischere Urlaub …

Zeit mit Gott → „Wir wollen unserem Gott dienen", so begründet Mose den vermeintlichen Urlaubswunsch. Damit macht er deutlich, wie wichtig die Beziehung zu Gott ist, wie wichtig es ist, sich Zeit zu nehmen fürs Gebet und fürs Hinhören auf Gottes Wort. „Ihr seid berufen zur Gemeinschaft mit Jesus Christus", sagt Paulus sinngemäß in 1. Korinther 1,9. Demjenigen, der über unsere Zeit und Energie bestimmen will – nämlich dem Feind –, gefällt es gar nicht, wenn wir Gott dienen und Gemeinschaft mit ihm pflegen wollen. Wie oft kommt etwas dazwischen, wie oft wirft Satan uns irgendwelche Knüppel zwischen die Beine, wie schnell werden wir abgelenkt. Manchmal muss man sich die Zeit abringen.

Ich gebe zu, es gelingt mir nicht immer. Deshalb ist Regelmäßigkeit wichtig, deshalb müssen wir die Zeit mit Gott in unseren Tagesablauf einplanen. Manchmal braucht es kreative Ansätze, und sei es eine App, die uns regelmäßig erinnert und unsere Aufmerksamkeit zu Jesus hinlenkt. Die Begegnung mit ihm ist so was von lohnend. *„Trachtet zuerst nach dem Reich Gottes und nach seiner Gerechtigkeit"*, fordert uns Jesus auf, und verspricht: *„… so wird euch das alles [was ihr zum Leben braucht] zufallen"* (Matthäus 6,33).

Hans Harter

16
Donnerstag

Da sprach der HERR zu Mose: Nun sollst du sehen, was ich dem Pharao antun werde; denn durch eine starke Hand muss er sie ziehen lassen.

2. Mose 6,1

JANUAR

Bibellese: 2. Mose 6,1-13

Was, wenn es anders kommt als erwartet? Man betet – und die Situation verschlimmert sich noch. Wir wollen jemanden ermutigen und Hoffnung verbreiten – stattdessen schlägt uns Skepsis und Resignation entgegen. Wir wollen jemandem die Gute Nachricht von Jesus weitergeben – und ernten Ablehnung und Spott. Wie schnell sind wir dann entmutigt und neigen dazu, aufzugeben?

Mose könnte uns Ähnliches erzählen. Nur zögernd war er auf den Ruf Gottes eingegangen. Als er den Pharao aufgefordert hatte: „Lass mein Volk ziehen!", erhöhte dieser den Druck. Daraufhin verlor Israel die Hoffnung ganz und wollte nicht mehr auf Mose hören vor lauter *„Kleinmut und harter Arbeit"* (Vers 9). Was nun, Mose? Seine Zweifel kehrten zurück: „Wie soll das gehen? Pharao blockiert, die Israeliten hören nicht mehr hin. Ich bin nicht redebegabt. Ich denke, ich bin der falsche Mann am falschen Ort." Hier half ihm nur ein erneutes Reden Gottes.

Rückbesinnung ⇢ Gott lässt sich durch die widrigen Umstände nicht einschüchtern. „*Ich* bin der Herr." Damit bekräftigt er, dass *er* die letzte Autorität besitzt und nicht der Pharao. „Ich stehe zu meinem Bund, den ich mit Abraham, Isaak und Jakob geschlossen habe." Das gilt auch über viele Jahrhunderte hinweg. „Ich werde meine Verheißung erfüllen, Israel aus der Sklaverei befreien und sie in das Land führen, das ich ihren Vätern versprochen habe. Jetzt erst recht." Dieses erneute Reden Gottes und die Erinnerung daran, wer Gott ist und was er vorhat, bestärkten Mose für sein weiteres Auftreten vor dem Pharao.

Wer Gefahr läuft, zu resignieren und aufzugeben, muss sich rückbesinnen auf den Auftraggeber, der sagt: *„Mir ist gegeben alle Gewalt im Himmel und auf Erden"* (Matthäus 28,18). Er, der gestern, heute und in alle Ewigkeit derselbe ist, sagt auch zu dir und mir: *„Ich bin bei euch alle Tage bis an der Welt Ende"* (Vers 20). Ähnlich sagt es auch Paulus in seinem Brief an die junge Gemeinde in Thessalonich: *„Treu ist der, der euch ruft; er wird's auch tun"* (1. Thessalonicher 5,24). Wenn das kein Rezept gegen Entmutigung ist!

Hans Harter

Ich bin der HERR; sage dem Pharao, dem König von Ägypten, alles, was ich mit dir rede.

2. Mose 6,29

17
Freitag

Bibellese: 2. Mose 6,14-30

JANUAR

Wenn jemand mir die Anweisung gibt: „Tu oder sag einfach, was ich dir sage", werde ich in aller Regel ziemlich nervös. Ich gebe nicht gerne eine Blankovollmacht. Ich habe ja keine Ahnung, was derjenige vorhat. Man kennt das doch: Am Ende steht man dann wahrscheinlich ziemlich dumm da und fragt sich, warum man sich bloß auf dieses Vorhaben eingelassen hat.

Hemmnisse ⇢ Im Fall des Mose sind die Randbedingungen denkbar ungünstig: Er soll hohe Forderungen stellen, hat aber keine Gegenleistung anzubieten. Außerdem schwebt über seinem Kopf noch die mögliche Anklage wegen Totschlags von vor 40 Jahren. Gut möglich, dass er im Gespräch mit dem Pharao seinen Kopf verliert – und zwar im wörtlichen Sinn! Da verwundert es nicht, dass er keine große Begeisterung für den Auftrag Gottes zeigt.

Definitiv anders ⇢ Allerdings muss ich sagen, dass ich mir, was Blankoschecks angeht, bei Gott tatsächlich eine andere Haltung angewöhnt habe. Das Problem mit Zusagen ins Blaue hinein ist ja, dass ich mir nie sicher sein kann, ob mein Gegenüber die Situation nicht ausnutzen wird. Bei Gott ist das definitiv anders. Er macht keine bösen Scherze. Er stellt Menschen nicht bloß oder nutzt sie aus. Er hat Gutes mit uns im Sinn und handelt ohne Arglist. Wenn es eine Person im Universum gibt, der ich mich bedingungslos anvertrauen kann, dann ist es Gott!

Immer wieder in meinem Leben musste ich weitreichende Entscheidungen treffen, und immer wieder habe ich dabei Gott um Rat gefragt. Warum? Weil er erstens absolut gut ist und seine Pläne für mich unübertroffen gut sind. Und weil er zweitens den absoluten Überblick hat. Er kennt nicht nur die aktuelle Situation, sondern auch meine Vergangenheit und vor allem die Zukunft. Nicht nur meine persönlich, sondern überhaupt die Zukunft.

Vielleicht ist das auch der Grund, warum an dieser Stelle der Stammbaum von Mose und Aaron dazwischengeschoben ist. Gott kannte Mose und dessen Vergangenheit ganz genau. Seine Stärken und seine Schwächen. Und sein Versagen. Und trotzdem wollte Gott ihn für diesen Auftrag. Eines habe ich in den Jahren gelernt, in denen ich mit Gott unterwegs bin: Wenn er mir eine Aufgabe zutraut, muss ich das nicht hinterfragen, sondern meine Selbstwahrnehmung an seine Wahrnehmung anpassen. Er weiß es besser – und er plant Gutes!

Dr. Wolfgang Hutter

18
Samstag

Aber das Herz des Pharao wurde verstockt, und er hörte nicht auf sie, wie der HERR gesagt hatte.

2. Mose 7,13

JANUAR

Bibellese: 2. Mose 7,1-13

Wie oft haben wir schon Menschen von Jesus erzählt und sie wollten nichts davon wissen? Wir standen auf der Straße und haben gesungen, Theater gespielt, Zeugnis gegeben – und die Menschen gingen achtlos vorbei. Oder wir haben unserem Arbeitskollegen erzählt, dass wir neues Leben in Jesus gefunden haben, und er hat nur ein mitleidiges Lächeln für uns gehabt. Kennst du solche Situationen?

Und dennoch ⇢ Mose und Aaron bekommen von Gott einen Auftrag. Einen nicht ganz ungefährlichen Auftrag. Wir haben gestern darüber gelesen. Aber nun setzt Gott noch eins drauf. Die Gespräche mit dem Pharao sind nicht nur gefährlich, ihr Ausgang ist sogar im Voraus bekannt: Er wird nicht auf sie hören. Na, vielen Dank auch – dann können wir es ja auch gleich bleiben lassen! Oder? Ich habe mir immer wieder überlegt, wie viel effektiver es wäre, sich nur mit den Menschen abzugeben und zu unterhalten, die sich dann später auch bekehren. Wahrscheinlich ziemlich deutsch – oder auch einfach nur menschlich. Wer möchte nicht lieber Erfolg haben mit dem, was er tut?

Und trotzdem schickt Gott Mose und Aaron in diese Situation. Trotzdem will er, dass der Pharao die Chance bekommt, das Richtige zu tun. Gott gibt auch dem eine Chance, der sie nicht ergreifen wird. Er wirbt auch um den, der so halsstarrig ist, dass er sich nicht von Gottes Liebe berühren lässt. Jesus erzählt einmal ein Gleichnis von einem Bauern, der Samen sät (siehe Matthäus 13). Ich glaube nicht, dass es zu Jesu Zeiten so viel anders war als heute. Man sät doch auf den Boden, bei dem man die beste Chance hat, dass der Same auch aufgeht. Aber nicht so dieser Bauer. Er sät auf den *Weg*, wo die frischen Pflänzchen zertrampelt werden. Er sät unter die *Dornen*, wo das Unkraut die gute Saat erstickt. Er sät auf den *felsigen* Boden, wo die Keimlinge zwar aufgehen, aber nicht genug Wasser zum Überleben finden.

So wie er ⇢ Gott geht mit seiner Liebe verschwenderisch um. Und ich denke, er möchte, dass wir das in seinem Auftrag auch tun. Wir müssen nicht effektiv sein. Auf was es bei uns ankommt, ist, dass wir aufrichtig und voll herzlicher Liebe sind. Den Rest macht dann Gott – wenn unser Gegenüber ihn lässt. Aber das ist nicht unsere Verantwortung. Wir führen Gottes Aufträge aus und er kümmert sich um den Rest.

Dr. Wolfgang Hutter

Und der Pharao wandte sich und ging heim und nahm sich auch dies nicht zu Herzen.

2. Mose 7,23

Bibellese: 2. Mose 7,14-25

„Nicht mit mir!" Der damals mächtigste Mann in der ganzen Region lässt sich nicht beeindrucken. Der Pharao, der als gottgleich angesehen wurde, ist nicht bereit, auch nur eine Handbreit zu weichen. Warum auch? Alle Macht liegt bei ihm. Und als seine Zauberer bei den Wundern mithalten konnten, gab es aus seiner Sicht auch keinen Grund, damit Zeit zu verschwenden. Nun war ihm in seiner Erziehung sicherlich immer wieder bewusst gemacht worden, wer er ist, in welche Rolle er einmal schlüpfen würde. Da begibt man sich natürlich nicht auf diese untere Ebene. Vertreter eines versklavten Volkes wollen hier die Rebellion starten? Das geht ja gar nicht! Und wirklich vorweisen können sie auch nichts.

Auf der einen Seite kann ich den Pharao verstehen, er war so erzogen und geformt worden. Aber auf der anderen Seite? Es war ja schon ein machtvolles Wunderzeichen, das da geschah. Ein Zeichen, das leider sein Herz nicht erreichen konnte. Wo man als Außenstehender denkt: „Hier muss man doch darauf reagieren!" Aber es ist nicht so. Das Wunder kann die Sichtweise des Pharaos nicht verändern.

Und da komme ich zu uns ⇢ Schauen wir doch mal in unser eigenes Leben. Wie viel Mühe muss Gott aufwenden, um zu uns reden zu können? Wie machtvoll müssen Zeichen und Wunder sein, damit wir bereit sind, unser Augenmerk darauf zu richten? Wie weit reicht unser Glaube, dass wir ihm zutrauen – und auch erlauben – mit Wundern zu uns zu reden? Nehmen wir Wunder überhaupt als solche wahr? Oder zerreden wir alles und versuchen, mit Argumenten des Verstandes alles kleinzureden?

In meiner Selbstbetrachtung muss ich immer wieder feststellen, dass ich dazu neige, die biblischen Personen schnell zu verurteilen. „Muss man doch erkennen! Wieso haben sie das nicht?"

Aber hätte ich das wirklich erkannt? ⇢ So aus der Ferne und im Gesamtzusammenhang ist das einfach zu beurteilen. Ich wünsche mir und dir die Demut, Gott Raum geben zu können und sein Handeln zu erkennen. Ich wünsche mir offene Herzen, dass Gott immer zu uns reden kann und wir bereit sind, darauf zu reagieren. Ich wünsche uns, keine Ausreden zu suchen, wenn wir Gottes Reden und Zeichen vernommen haben.

Fragen wir ihn heute neu: „Wo habe ich dein Reden oder deine Zeichen übersehen und nicht darauf geachtet? Wo bin ich dir ausgewichen?"

Fred Lenhart

Als aber der Pharao merkte, dass er Luft gekriegt hatte, verhärtete er sein Herz und hörte nicht auf sie, wie der HERR gesagt hatte.

2. Mose 8,11

Bibellese: 2. Mose 7,26-8,11

Schon früher hat mich das aufgeregt: Warum muss das ganze Volk leiden? Warum nicht nur der Pharao? Was können die Bauern dafür, dass der Pharao das Volk nicht ziehen lassen will? Nun, ich habe keine Antwort darauf, merke aber, dass ich das als ungerecht empfinde. Diese ganze Geschichte mit den zehn Plagen liegt mir irgendwie quer. Okay, am Ende wird alles so kommen, wie Gott es vorgesehen hat. Das Volk Israel darf Ägypten reich beschenkt verlassen. Aber wäre das nicht vielleicht auch mit einfacheren Mitteln möglich gewesen?

Gott, wo bist du in dieser Situation? ⇢ Ich weiß, dass mein Gott perfekt ist. Er macht keine Fehler. Er kann jederzeit seine Macht beweisen, damit sein Wille geschieht. Ich weiß, dass er absolut gerecht ist. Und dennoch komme ich nicht immer mit dem klar, was er tut oder zulässt. Und das nicht nur in den biblischen Geschichten. Auch in meinem Leben. Die Not ist groß und Gott handelt nicht – oder ich sehe es nicht. Wie müssen die Israeliten es empfunden haben, wenn nach jeder Plage keine positive Veränderung eingetreten ist. „Jetzt müssten die Ägypter uns doch ziehen lassen!", – und wieder eine Enttäuschung.

Nach welcher Freisetzung sehnen wir uns? Aus welcher unbequemen oder kritischen Situation möchten wir herauskommen? Ich war einmal in einer sehr herausfordernden Situation. Jeden Tag rang ich stundenlang vor Gott im Gebet. Aber meine Situation veränderte sich kaum. Ja, ich habe Gottes Macht bei anderen sehen dürfen. Toll! Aber was ist mit mir? Meine größte Angst war, mein Vertrauen auf Gott zu verlieren. Oder bitter zu werden oder stolz. Natürlich weiß ich, dass Gottes Pläne größer sind als meine. Ich weiß, dass er perfekt ist und mich in jeder Situation sieht. Und dennoch – es nagte am Herzen. Letztlich musste ich mich immer wieder entscheiden: für Gott, für Vertrauen und für das Festhalten an allen Verheißungen.

Wie ist das bei dir? ⇢ Stecken wir fest und anscheinend ändert sich nichts? Vielleicht ja bei anderen. Gottes Macht erweist sich immer wieder – aber irgendwie nicht bei uns. Sind wir bereit, ihm dennoch zu vertrauen? Sind wir auch jetzt noch bereit, dem ewigen Gott zu folgen? Sind wir bereit, unsere Enttäuschung zu formulieren und ihm zu geben? Wir dürfen wissen: Er hat schon lange einen Plan.

Fred Lenhart

Die Zauberer taten ebenso mit ihren Künsten, um Mücken hervorzubringen; aber sie konnten es nicht. Und die Mücken waren sowohl an den Menschen als am Vieh.

2. Mose 8,14

Bibellese: 2. Mose 8,12-15

Das Reich Gottes, seine Herrschaft, möchte sich gemäß der Bitte im Vaterunser: „Dein Reich komme" hier auf dieser Erde ausbreiten. In Ägypten geschah das durch Zeichen und Wunder, die Mose und Aaron im Namen Gottes vollbrachten. Aber gegen Gottes Reich in unserer Welt gibt es bis heute viele Widerstände. Zwei davon waren damals das Herz des Pharao sowie die Macht des Bösen, hier in Form der Zauberei.

Gottes Macht ⇢ Aber diese Macht ist, Gott sei's gedankt, begrenzt. Die Zauberer konnten durch ihre Magie viele Wunder Gottes nachahmen, aber eben nicht alle, wie hier mit den Stechmücken. Es gibt Grenzen für die Macht des Bösen, die Macht Gottes hingegen ist unbegrenzt! In Möttlingen im Schwarzwald lebte Mitte des 19. Jahrhunderts eine Frau, Gottliebin Dittus, die hochgradig belastet und besessen war. Mit ihr betete und für sie kämpfte Pfarrer Christoph Blumhardt annähernd zwei Jahre, bis sie frei wurde und dann in dem Dorf und der Umgebung eine Erweckung ausbrach. Tausende strömten in die Gottesdienste, Kneipen und Theater wurden geschlossen. Blumhardts Motto war stets: „Jesus ist Sieger!" In seinem Buch „Blumhardts Kampf" beschreibt er dieses Ringen, die Macht der Dämonie und des Okkulten.

Ein weiterer Widerstand gegen Gottes Herrschaft war das Herz des Pharao. Es wollte sich nicht beugen, es war *„böse von Jugend auf"* (1. Mose 8,21). So ist es bis heute. Aber Gottes Macht ist stärker, sie kann ein Herz verändern. Halleluja!

Unvergesslich ⇢ In meinem Dienst als Pastor durfte ich zwei Atheisten in Freudenstadt und Bretten auf ihrem Sterbebett zu Jesus führen. Während ihres ganzen Lebens hatten sie nichts von Gott wissen wollen und sich ihm widersetzt. Ich kannte sie selbst vorher gar nicht, aber Verwandte von ihnen baten mich, dorthin zu gehen. Sie wussten, dass es zu Ende ging, und ich erklärte ihnen mit einfachen Worten das Evangelium. Sie nahmen es wie Kinder ohne Widerstände und ohne Fragen mit offenem Herzen an – ein wunderbares Highlight in meinem Dienst. Gottes Macht war schlussendlich stärker als das Böse, hat alle Widerstände und harte Herzen überwunden. „Dass Jesus siegt, bleibt ewig ausgemacht, sein wird die ganze Welt" (Liedtext von J. C. Blumhardt).

Bernd Krebs

22
Mittwoch
JANUAR

Mach dich morgen früh auf und tritt vor den Pharao, … und sage zu ihm: So spricht der HERR: Lass mein Volk ziehen, dass es mir diene.

2. Mose 8,16

Bibellese: 2. Mose 8,16-28

Eine klare Trennung von Ägypten war nötig, um die Israeliten in die Lage zu versetzen, Gott zu dienen. In Ägypten war dies ganz und gar unmöglich. Zuerst musste das Rote Meer zwischen ihnen und dem Pharao liegen. Alle Plagen hatten dieses Ziel: Israel sollte weg von Ägypten, um Gott in der Wüste dienen zu können.

Eine klare Bekehrung war nötig ⇢ Als ich im Alter von 20 Jahren 1975 mit jungen Christen einer Teestube in Pforzheim in Kontakt kam, spürte ich bald, dass ich mich bekehren sollte. Das tat ich dann auch radikal. So bekannte ich meine Sünden, bezahlte eine Schwarzfahrt in die Schweiz bei der Bahn, entschuldigte mich bei Menschen und bekam durch einen Seelsorger, Walter Spitzer, Vater von Pastor Volkhard Spitzer, die herrliche Vergebung unseres Erlösers zugesprochen.

Ein neues Leben begann: keine Partys, keine schlechten Witze, keine Halbwahrheiten, keine Freundschaften mit jungen Frauen, keine Kneipenbesuche und vieles mehr. Mein Vater sagte zu mir: „Du bist einer Gehirnwäsche unterzogen worden!“ Die kleine Gemeinde der Volksmission unter Leitung von Pastor Gottlob Ling wurde nun mein geistliches Zuhause. Bald begann ich, Gott dort mit Freuden zu dienen.

Und heute? ⇢ Es war für mein junges Leben sehr wichtig gewesen, eine klare Linie zu ziehen und Abstand zum alten Leben zu gewinnen. Manches Mal habe ich für Gott geeifert, aber mit Unverstand und *„ohne Einsicht“* (Römer 10,2). Im Lauf der Zeit wurde ich etwas gemäßigter, auch vernünftiger, dennoch nicht weniger entschieden. Heute, nach 50 Jahren Nachfolge und pastoralem Dienst ist mein Glaube weiter geworden und hat sich verändert. Viele Begegnungen mit ganz unterschiedlichen Menschen, Glaubensrichtungen und Erfahrungen mit Gott kamen dazu und haben mich bereichert und inspiriert.

Nichtsdestotrotz möchte ich Jesus ganz und gar gehören, ihn und Menschen leidenschaftlich lieben, ihm von Herzen dienen, klar und deutlich reden, ein heiliges Leben führen und Mut zur Wahrheit haben. Diese Worte des Apostels Paulus fassen es für mich zusammen: *„Das Ziel der Unterweisung aber ist Liebe aus reinem Herzen und aus gutem Gewissen und aus ungeheucheltem Glauben“* (1. Timotheus 1,5). So möchte ich glauben und in dieser Welt dienen.

Bernd Krebs

Aber der HERR wird einen Unterschied machen zwischen dem Vieh Israels und Ägyptens, dass nichts sterbe von allem, was die Israeliten haben.

2. Mose 9,4

Bibellese: 2. Mose 9,1-7

Die Zeichen und Wunder geschahen einerseits für die Ungläubigen, damit sie sich von ihren falschen Göttern abkehrten, und andererseits für das Volk Gottes, damit es seine ganze Hoffnung in den lebendigen Gott setzte. Die Beulenpest tötete alle möglichen Tiere und damit den Besitz der Ägypter, auf den sie so stolz waren. Zugleich war diese Plage ein Schlag gegen die in Ägypten verehrte Muttergottheit Hathor, die einer Kuh ähnlich sah. Was würde geschehen, wenn heute ein Frontalangriff auf den in unserem Land so geschätzten Wohlstand passieren würde?

Bewahrung ⇢ Seuchen hat es oft gegeben. Aber diese Plage hier war dennoch etwas Außergewöhnliches. Denn sie wurde als Gottes Gericht angekündigt und breitete sich über die Tiere der Ägypter aus, traf aber nicht die der Israeliten. Der Pharao sandte extra Boten aus, um das Ausmaß dieser Plage zu erfassen, und musste feststellen: *„Es war von dem Vieh Israels auch nicht eins gestorben“* (Vers 7).

Durch die letzten Jahre sind wir für das Thema Seuchen, Epidemien und Pandemie sensibilisiert, Jesus hat sie als apokalyptische Zeichen benannt (Lukas 21,11), wie sie ja auch in der Offenbarung des Johannes für die letzte Zeit prophezeit werden. Angesichts dessen ist es wichtig, zu erkennen, dass der Herr einen Unterschied machen wird zwischen Menschen, die ihm oder etwa dem Mammon dienen. *„Dann sollt ihr wieder sehen, was für ein Unterschied ist zwischen dem Gerechten und dem Gottlosen, zwischen dem, der Gott dient, und dem, der ihm nicht dient“* (Maleachi 3,18).

Im Vertrauen auf Gott ⇢ Das heißt nicht, dass wir vor allem verschont werden, was in der Welt gerade in der letzten Zeit passiert. Oft müssen auch gläubige Menschen Notzeiten in ihrem jeweiligen Land mit durchleben. Aber weil sein Volk Israel und seine Gemeinde in Gottes Fokus sind, wird es dennoch eine „Sonderbehandlung“ geben. Das können wir auch jetzt schon vielfältig erleben durch seinen Schutz und seine Versorgung mitten in schwierigen Zeiten. Deshalb sagt Jesus uns zu: *„In der Welt habt ihr Angst; aber seid getrost, ich habe die Welt überwunden“* (Johannes 16,33). Wir wollen unser Vertrauen daher nicht auf materielle Sicherheiten und irdischen Besitz setzen und ihn zu unserem Gott machen, sondern auf den lebendigen Gott und seine Hilfe!

Andreas Eichberger

24
Freitag

Aber der HERR verstockte das Herz des Pharao, dass er nicht auf sie hörte, wie denn der HERR zu Mose gesagt hatte.

2. Mose 9,12

JANUAR

Bibellese: 2. Mose 9,8-12

Die sechste Plage ist noch schlimmer. Bei ihr brechen Geschwüre außer an Tieren direkt an den Menschen aus, sogar an den Zauberern. Der Teufel imitiert wie die Magier am Hof Pharaos das Handeln Gottes. Sie vermochten sogar Zeichen und Wunder hervorzubringen, aber nur bis zu einem gewissen Punkt. Nun konnten sie nicht einmal mehr vor Mose erscheinen oder gar Heilung von dieser Plage bewirken. Damit wurde der in Ägypten verehrte Gott der Medizin, Imhotep, geschlagen und als machtloser Götze entlarvt.

Falsche Götter ⇢ Wir dürfen für jede Errungenschaft in der Medizin dankbar sein. Nicht wenige gläubige Ärzte sind von Gott in diesen Beruf und auch zu für die Menschheit hilfreichen Erkenntnissen geführt worden. Aber man darf sie nicht zu „Göttern in Weiß" und zu Herren über Leben und Tod machen. Denn das ist Gott allein.

In der Offenbarung des Johannes gibt es einige Parallelen zu den Plagen in Ägypten. So ist bei der ersten Zornschale ebenfalls von schlimmen Geschwüren die Rede (Offenbarung 16,2). Auch Paulus zieht eine Parallele zwischen dieser Zeit des Gerichtes an Ägypten und den letzten schlimmen Zeiten, und schreibt über diese Zauberer: *„Auf dieselbe Weise aber wie Jannes und Jambres dem Mose widerstanden, so widerstehen auch diese Leute der Wahrheit; es sind Menschen mit völlig verdorbener Gesinnung, untüchtig zum Glauben"* (2. Timotheus 3,8 SCH 2000). Wir müssen also selbst bei der Verkündigung des Evangeliums mit Widerstand und der Verdrehung der Wahrheit rechnen.

Verstockung ⇢ Im heutigen Leitvers ist die Rede davon, wie Gott das Herz des Pharao hart machte. Hatte dieser überhaupt einen freien Willen oder ist das Gericht an ihm möglicherweise ungerecht? Diese Frage stellte sich auch Paulus an anderer Stelle (Römer 9,14-19). Der Wille des Menschen wirkt mit Gottes Willen zusammen. Tatsächlich war es nämlich so, dass Pharao zuvor selbst sein Herz *„verhärtete"* (2. Mose 8,11.28). Danach erst machte Gott dessen Herz wie eine Bestätigung seiner Entscheidung hart.

Wenn Menschen Gott gegenüber dauerhaft dichtmachen, kann es irgendwann einen „Point of no Return" geben. Daher wollen wir unser Herz weich und formbar in Gottes Hand bewahren. Selbst wenn es hart zu werden droht, können wir ihn darum bitten, dass er es wieder weich macht.

Andreas Eichberger

Aber dazu habe ich dich erhalten, dass meine Kraft an dir erscheine und mein Name verkündigt werde in allen Landen.

2\. Mose 9,16

Bibellese: 2. Mose 9,13-35

Der Auszug eines Sklavenvolkes aus Ägypten – beinahe ein Abenteuerroman. Zumindest bietet der biblische Bericht viele der dafür benötigten Zutaten. Wir lesen von Mord und Liebe, von Verrat und Flucht, von Lüge und Verfolgung. Es gibt auch Zeichen und Wunder und schließlich sogar ein Happy End.

Wie würde ich handeln? ⇢ Doch während des Lesens bemerke ich ein innerliches Unverständnis, aber auch ein Überraschtsein. Gott lässt dem Pharao viele Warnungen und Chancen zukommen, während dieser zur selben Zeit einen anhaltenden Starrsinn an den Tag legt. Wie wäre ich mit dieser Situation umgegangen? Jemand quasi Unbelehrbarem gegenüberzustehen oder, anders herum, beständig zu einer Umkehr im Denken und Handeln aufgefordert zu werden? Möglichweise wohl wissend, dass mein momentanes Verhalten und damit mein aktueller Weg nicht der beste ist?

Wagen wir einmal den Versuch, die Ungerechtigkeiten des damaligen Lebens der ägyptischen Sklaven auf die heutige Zeit zu übertragen. Ungerechtigkeit, Unterdrückung und Verfolgung sind keineswegs nur verblasste Erinnerungen einer längst vergangenen Zeit, sondern aktuell wie eh und je. Nun können wir uns entscheiden, wie wir diesen Umständen begegnen wollen. Gehorsam wie Mose, gleichbleibend unbelehrbar wie Pharao oder geduldig ausdauernd wie Gott?

Die Unbeständigkeit des Pharaos kann zum eigenen Spiegel in manchen Situationen werden. Es fällt gelegentlich allzu leicht, von einem jubelnden Stimmungshoch – wenn sich Dinge nach unseren Vorstellungen entwickeln – in eine tiefe Niedergeschlagenheit abzustürzen. Doch Gottes Gnade und Fürsorge gleichen nicht dem Auf und Ab einer Achterbahn. Sie sind beständig, dauerhaft, permanent und unabänderlich für dich und mich da. In diesem Licht betrachtet, dürfen und können wir unser Stimmungshoch beibehalten, selbst wenn die Umstände uns vom Gegenteil überzeugen wollen.

Berufen ⇢ Ich bin echt fasziniert, in welchem Ausmaß Gott uns Menschen seinen Auftrag anvertraut, um seinem Wirken in dieser Welt Gestalt zu verleihen. Keine Spur von dem oft zitierten Spruch: „Wenn du willst, dass etwas gut gemacht wird, mach es selbst!“ Ganz im Gegenteil: Er hat dich und mich zu Großem berufen. Lasst uns das nie vergessen, denn wie auch Mose sind wir alle *„Botschafter an Christi statt“* (2. Korinther 5,20).

Ben Keller

26
Sonntag

Aber der HERR verstockte das Herz des Pharao, dass er die Israeliten nicht ziehen ließ.

2. Mose 10,20

JANUAR *Bibellese: 2. Mose 10,1-20*

Unser Blick in der heutigen Andacht richtet sich auf die hartnäckige Ablehnung des Pharao, das Volk Gottes ziehen zu lassen, selbst angesichts überwältigender göttlicher Zeichen.

Gottes Zeichen annehmen ⇢ Der Pharao war Zeuge von beeindruckenden Wundern – Plagen, die die Natur auf den Kopf stellten. Doch trotz dieser mächtigen Manifestationen Gottes weigerte sich sein Herz, nachzugeben. Warum? Weil die Unbeugsamkeit des menschlichen Herzens oft tiefer verwurzelt ist als äußerliche Umstände. In unserem eigenen Leben können wir uns manchmal wie der Pharao fühlen, gefangen in unserer eigenen Sturheit oder selbst auferlegten Ketten. Sie umschließen uns so fest, dass wir starr sind. Manchmal erscheint es uns unmöglich, uns davon zu befreien.

Ketten sprengen mit Gottes Hilfe ⇢ Die Herausforderung besteht darin, zu erkennen, dass wahre Freiheit darin liegt, sich Gottes souveräner Herrschaft zu unterwerfen. Die heutige Bibellese kann uns dazu inspirieren, unser Herz vor ihm zu prüfen. Wo sind wir unnachgiebig? Wo widerstehen wir seinem Ruf zur Veränderung? Die Unbeugsamkeit unseres Herzens hindert uns, die wunderbare Freiheit in Christus zu erleben. Gott fordert uns auch heute auf, die Ketten der Welt zu sprengen und ein Leben in seiner Freiheit zu führen. Dazu müssen wir ehrlich in uns gehen und die Bereiche identifizieren, in denen wir uns Gott möglicherweise verweigern, in denen wir die Ketten akzeptieren und seine Freiheit nicht sehen können oder wollen. Lasst und Herausforderungen und Prüfungen annehmen und auf Gott vertrauen. Er wird auch uns aus unserem „Ägypten" herausführen.

Gebet ⇢ Lasst uns beten, dass Gott unsere Herzen erweicht und uns die Gnade schenkt, uns von allem zu lösen, was uns daran hindert, in seiner Freiheit zu wandeln. „Herr, öffne unsere Augen für die Bereiche in unserem Leben, in denen wir dir widerstehen. Schenke uns die Demut, uns vor dir zu beugen und hilf uns, uns von allem zu befreien, was uns gefangen hält. Möge dein Geist uns leiten und unsere Herzen formen. Amen."

Melanie Barth

Man konnte einander nicht sehen, und niemand stand von seinem Platz auf drei Tage lang; aber alle Söhne Israel hatten Licht in ihren Wohnsitzen.

2. Mose 10,23 (ELB)

Bibellese: 2. Mose 10,21-29

Finsternis oder Licht ist für den Menschen heute kein Problem mehr. Tausende LEDs erhellen jede Nacht unsere Umgebung. Ein Knopfdruck und jedes Handy wird zur Taschenlampe. Im Dunkeln tappen müssen wir schon lange nicht mehr. Damals war Dunkelheit ein echtes Problem.

Was bewirkt Finsternis? Sie nimmt uns unsere Orientierung. Sie erhöht das Risiko, zu Fall zu kommen. Auch macht sie vielen Menschen Angst, schüchtert ein oder lässt uns erstarren. Wenn man sich oder andere nicht sehen kann, beraubt Dunkelheit uns auch ein Stück weit unserer Identität. In unserem Bibeltext lesen wir, dass das ganze Land Ägypten von einer Finsternis erfasst wurde, die man greifen konnte und die den Menschen ihren Handlungsspielraum raubte.

Reale Finsternis – reales Licht ⇢ Auch wenn wir Menschen heute das elektrische Licht beherrschen, so ist doch eine andere Finsternis immer noch real. Es fehlt an Orientierung, Menschen fallen in Süchte oder Depressionen. Sie werden von Ängsten geplagt, fühlen sich handlungsunfähig oder suchen nach ihrer Identität. Eine Finsternis, mit der unsere Seele tagtäglich zu kämpfen hat.

Im heutigen Leitvers heißt es: *„… aber alle Söhne Israel hatten Licht in ihren Wohnsitzen.“* Das Volk Israel hatte durch die Verbindung zu Gott Licht, so, wie wir in Jesus Christus *„das Licht der Welt“* haben (Johannes 8,12). Ein Licht, das wir gegen die Finsternis in dieser Welt setzen dürfen. Ein Licht, das du und ich gerade auch in dunklen Stunden anrufen dürfen. Ein Licht, das uns den Weg zeigt und Kraft geben will, ihn zu gehen. Haben wir Jesus schon als Licht unseres Lebens angenommen? Wenn nicht, ist das heute die Gelegenheit, es zu tun. Jesus ist nur ein Gebet weit entfernt.

Wenn Jesus bereits der Herr in unserem Leben ist, möchte er uns daran erinnern, dass an vielen Orten immer noch Finsternis ist. Er lädt uns ein, sein Licht durch uns in diese Dunkelheit zu tragen. Unser Leben darf eine Laterne sein, die die dunkle Lebensrealität der Menschen in der Welt erleuchtet. Bitten wir doch den Heiligen Geist, dass er uns Situationen zeigt, in denen er durch uns leuchten kann. Dafür ist Jesus gekommen und dazu hat er uns gesandt: auf dass immer mehr Wohnsitze mit Licht erfüllt werden.

Björn Blana

Der HERR aber sprach zu Mose: Der Pharao wird nicht auf euch hören, auf dass meiner Wunder noch mehr werden in Ägyptenland.

2. Mose 11,9

Bibellese: 2. Mose 11,1-10

Wundern über Wunder – wundern über Wunder? Nein, das ist kein Rechtschreibfehler. Wenn ich diesen Text lese, wundere ich mich über zwei gegensätzliche Wunder.

Gott ist nichts unmöglich ⇢ Dieser Text ist ein Paradebeispiel dafür. So viele Jahre Gefangenschaft in Ägypten, doch schlussendlich befreit Gott sein Volk. Die Vorbereitungen für den letzten Akt laufen schon. Aber Sklaven, die abhauen, auch noch Gold- oder Silberschmuckstücke mitzugeben? Daran würde man doch nicht im Traum denken. Genau deswegen fordert Gott sein Volk dazu auf, die Ägypter danach zu fragen.

Gottes Geschichte mit seinem Volk fängt hier erst so richtig an. Er hat nicht nur die Befreiung aus der Gefangenschaft im Sinn, er will auch sein auserwähltes Volk zum Leben und Dienst ausrüsten. Auch bei uns hat Gott nicht nur die Rettung im Sinn, sondern möchte uns ebenfalls zum Leben und Dienst aus- und zurüsten. Bitten wir ihn doch heute darum, dass er uns neu ausrüsten und beschenken möge, um seine Werke zu tun.

Dem Menschen ist es möglich, es Gott „unmöglich" zu machen ⇢ Neun Zeichen – aber kein Einlenken, Nachdenken oder Umkehren beim Pharao. Wie ist das möglich? Gottes Handeln perlt an dessen verhärtetem Herzen ab. Er bleibt in seiner Entscheidung Gott gegenüber stur. Zwar nutzt Gott diese Sturheit, um sich zu verherrlichen, doch tragischerweise bewirken seine Wunder keine Erkenntnis, Reue oder Umkehr beim Pharao. Gott benutzt seine Allmacht nicht, um Menschen zum Glauben zu zwingen, sondern lässt ihnen den freien Willen.

Auch Jesus kann und konnte nur die gewinnen, die ein offenes Herz haben. Es bleibt mir ein Geheimnis, warum manche Menschen (auch Christen) ihr Herz im Angesicht göttlichen Handelns verhärten, anstatt dadurch ein weiches, vor Gott „bewegtes" Herz zu bekommen. Gott respektiert unsere Entschlusskraft zum Guten wie zum Schlechten. Ich wünsche mir für uns ein Herz, das sich von Gott so führen und lenken lässt, wie David in Psalm 139,23.23 betet: *„Erforsche mich, Gott, und erkenne mein Herz; … Und sieh, ob ich auf bösem Wege bin, und leite mich auf ewigem Wege."* Das hat nichts mit Unsicherheit zu tun, sondern mit dem innigen Wunsch, Gottes Wege zu gehen. Treffen wir doch heute die Entscheidung, immer Jesu Wege gehen zu wollen und bitten ihn um ein korrekturfreudiges Herz.

Björn Blana

Der HERR aber sprach zu Mose und Aaron in Ägyptenland: Dieser Monat soll bei euch der erste Monat sein, und von ihm an sollt ihr die Monate des Jahres zählen.

2. Mose 12,1.2

Bibellese: 2. Mose 12,1-20

Kurz vor dem Ende meines Studiums: Für mich, wie auch für viele, die mit mir studierten, war dies einer der Zeitabschnitte, die das bisherige Leben am stärksten geprägt hatten. Sprichwörtlich redet man dann auch gerne von dem „Ende einer Ära". Solch eine Zeit wird dann natürlich mit einer großen Abschlussfeier zelebriert, man bekommt ein schickes Abschlusszeugnis und es werden Bilder gemacht, die man später noch seinen Kindern zeigt. Auch wenn man eigentlich bei etwas mehr als drei Jahren nicht von einer Ära reden sollte, war diese Zeit so wichtig für uns, dass wir es trotzdem für angebracht hielten.

Das Ende einer Ära ⇢ Nach 400 Jahren der Sklaverei und Gefangenschaft steht das Volk Israel nun tatsächlich vor dem Ende dieser Ära. Mit Mose sollte das Volk ab jetzt seinen Weg in das verheißene Land beginnen. Und dieses Ende einer Ära lässt auch Gott gebührend feiern. Er setzt ein Fest ein, nennt es Passah und gebietet den Israeliten, sich dadurch immer an seine Wundertaten zu erinnern und auch ihren Kindern und Kindeskindern davon zu erzählen. Er setzt sogar den Beginn einer neuen Zeitrechnung an und sagt, dass der Monat des Auszuges ab jetzt der erste Monat des Kalenders sein soll. Für die Israeliten beginnt damit das Leben als Volk Jahwes. Sie wurden von Gott aus der Sklaverei freigekauft. Es ist der Beginn einer neuen Zeit, ja der Beginn einer neuen Zeitrechnung.

Neue Zeiten mit Gott ⇢ Im Leben mit Gott beginnen immer wieder kleinere wie auch größere neue Zeiten. Ob es nun der Beginn oder das Ende des Berufslebens ist, ein Ortswechsel – oder wie für die Israeliten der Beginn des Lebens als freies Volk. Es kann so klein sein wie der neue Tag morgen oder so einschneidend wie der Beginn unseres Lebens mit Gott. Das ist dann der Beginn unserer persönlichen neuen Zeitrechnung, die Wiedergeburt als Kind Gottes. Ich möchte uns ermutigen, sich an schon vergangene Zeitabschnitte zu erinnern. Feiern wir, was Gott in ihnen für dich und mich und auch durch uns getan hat, und schließen diese Andacht mit einem Dankgebet.

Jonas Zeiser

Und die Israeliten gingen hin und taten, wie der HERR es Mose und Aaron geboten hatte.

2. Mose 12,28

Bibellese: 2. Mose 12,21-28

Reden wir einmal über Gehorsam. Ein Wort, das selten gut bewertet ist. Mit Gehorsam verbinden wir vielleicht, uns dem Willen eines anderen gegen unseren eigenen Willen beugen zu müssen. Der Begriff „Gehorsam" hat als Wert in unserer Gesellschaft eine Wandlung erlebt. Während in frühen, eher vom Kollektiv geprägten Gesellschaften Gehorsam überhaupt nicht hinterfragt werden konnte, gilt heute nicht hinterfragter Gehorsam als verpönt. Jeder muss seinen eigenen Weg finden, jeder muss entscheiden, was und wer er sein will, jeder muss sich seine eigene Wahrheit bauen.

Die Antwort Gottes ⇢ In diese Gesellschaft hinein schallt die Antwort Gottes: „Ich bin die Wahrheit." Wenn er so etwas sagt, kann man das zwar hinterfragen, es ändert aber nichts an seiner Aussage. Die Israeliten in unserem Leitvers hinterfragten tatsächlich nicht wirklich. Auf der einen Seite vermutlich, weil Gott gerade in neun Plagen bewiesen hatte, dass er es ernst meinte. Aber auf der anderen Seite ging es ja auch um ihre Freiheit, die ihnen natürlich sehr wichtig war.

Wie schnell sind wir bereit, blind gehorsam zu sein, wenn man uns einen Weg zu einem sehnlich erwünschten Ziel verspricht? Leider sehen wir in der Geschichte der Israeliten aber auch, dass nicht mehr viel Gehorsam übrig war, als es ihnen halbwegs gut ging. An einer Stelle fragten sie Gott nach Anweisungen. Als ihnen die Antwort aber nicht passte, reagierten sie mit: *„Das Wort, das du uns im Namen des HERRN sagst – wir wollen dir nicht gehorchen"* (Jeremia 44,16).

Die Antwort der Liebe ⇢ Ich will uns mit dieser Andacht daran erinnern, dass das wichtigste Gebot der Bibel ist: *„Du sollst den Herrn, deinen Gott, lieben von ganzem Herzen, von ganzer Seele und von ganzem Gemüt"* (Matthäus 22,37). Ihn von ganzem Herzen zu lieben, heißt auch, ihm mit unserem ganzen Sein zu gehorchen. Lasst uns Menschen sein, die ihre Wahrheit immer wieder in Gott suchen, und nicht in Selbstverwirklichung. Lasst uns Gottes Wort studieren und zu ihm beten, nicht nur zur Ermutigung, sondern zur Möglichkeit, seinem Wort zu gehorchen. Lasst uns Gott von ganzem Herzen lieben. Amen.

Jonas Zeiser

Eine Nacht des Wachens war dies für den HERRN, um sie aus Ägyptenland zu führen.

2. Mose 12,42

Bibellese: 2. Mose 12,29-51

Viele kennen das: Nächte, in denen man nicht schlafen kann. Man kann einfach kein Auge zu tun, Sorgen und Gedanken halten uns dann wach. So geht es mir manchmal. Dann drehe ich mich im Bett von links nach rechts und wieder zurück und finde keinen Schlaf. Schlimm – denn die Sonne wird unerbittlich wieder aufgehen und ein neuer Tag beginnt mit seiner Arbeit. Da sollte ich doch beherzigen, was auf einem meiner T-Shirts steht: „Wenn du nicht schlafen kannst, zähl' keine Schafe, sprich mit dem Hirten" (Arno Backhaus).

Es gibt aber auch durchwachte Nächte, weil ich für andere da bin. Mein Kind fiebert und ich sitze am Bett und wache, ob es mich braucht, um ab und an die Stirn zu fühlen und immer wieder zu beten. Für wen bist du schon wach geblieben?

Schlaflos in Ägypten ⇢ Unser Text über den Auszug der Israeliten aus Ägypten spricht ganz schlicht davon, dass Gott genau das in dieser Nacht für sein Volk tat. Er wachte. Er wachte über sie, und um das zu tun, musste er eben wach bleiben. Alles musste schnell gehen in dieser Nacht, denn der Pharao und die Ägypter allgemein jagten die Israeliten aus ihrem Land. Jetzt wollten sie sie endlich loswerden, so schnell wie möglich. Und da hatte Gott sicher alle Hände voll zu tun, um schützend seine Hand über sein Volk zu halten. Er war wie ein Belagerungswall oder Schutzdach für sein Volk, denn auch für diese Begriffe wird das Wort „wachen" im griechischen Alten Testament an anderer Stelle benutzt.

Braucht Gott Schlaf? ⇢ Ist das nicht verrückt? Eigentlich dachte ich, Gott wäre sowieso immer wach, denn er ist ja immer und überall für uns da. Wenn hier also steht, dass er „wach" war, dann, weil er hier seinem Volk ein Vorbild gibt, dem sie jährlich beim Passahfest folgen sollten: nämlich ebenfalls wach zu bleiben in Erinnerung an das, was damals geschehen war. Ebenso, wie Gott sich am siebten Tag der Schöpfung ausgeruht hat, nicht, weil er selbst Ruhe gebraucht hätte, sondern weil wir einen Tag in der Woche ruhen sollen.

Halten wir die wahre Bedeutung der christlichen Feiertage bei uns „wach" und wir werden wirklich Grund zum Feiern haben. Nehmen wir uns Zeit zum Ruhen, zum besonderen Auf-Gott-Besinnen, an einem Tag der Woche. Der erste Gewinner dabei sind wir selbst. Gott hat es uns vorgemacht.

Kai Buch

Der HERR selbst zog vor ihnen her.
2. Mose 13,21

Alle männliche Erstgeburt unter deinem Vieh gehört dem HERRN. Die Erstgeburt vom Esel sollst du auslösen mit einem Schaf.

2. Mose 13,12.13

Bibellese: 2. Mose 13,1-16

Ein Sprichwort lautet: „Man befiehlt einem Pferd, bittet einen Esel und verhandelt mit einem Muli.“ Heute geht es um den Esel. Er ist Teil der Anweisungen für die Ankunft der Israeliten in ihrem Ziel, dem Land Israel. Da kommt dem erstgeborenen Esel eine besondere Rolle zu. Er darf ausgelöst werden – und nur er. Alle anderen erstgeborenen männlichen Tiere müssen geopfert werden, damit sich das Volk immer daran erinnert, mit welchem Wunder Gott sie aus Ägypten herausgeholt hat. Erst nämlich, als ihre erstgeborenen Söhne starben, ließen die Ägypter Israel ziehen.

Warum darf der Esel als einziges Tier – zusammen mit dem Menschen – ausgelöst werden und leben? Warum muss stattdessen ein Schaf dran glauben? Ich sehe den Grund darin: Wenn wir Jesus nachfolgen, seinem Vorbild nacheifern, werden wir ebenfalls Opfer bringen für ihn, denn auch im Opfern ist Jesus uns vorausgegangen. Wenn wir uns mit unserer Zeit, unseren Fähigkeiten und unserem Geld Jesus nicht zur Verfügung stellen, ist sogar etwas faul.

Der dumme Esel? ⇢ Der Esel nun steht dafür, dass uns bei aller unserer Opferbereitschaft die Grundlagen nicht fehlen werden, die wir *wirklich* zum Leben brauchen. Wir brauchen nämlich kein Schaf – das können wir opfern. Das Schaf steht für alles, was Luxus ist. Aber wir behalten den Esel. Er steht für alles, was notwendig ist. Zur Beruhigung: Es ist ja nur der erste Esel, ab dem zweiten geht es schon auf unser Konto, in unser Wohnzimmer, in unsere Garage oder etwas anderes.

Der Esel ist das Nutztier, das uns überall hinbringt – auch in grässlichem Gelände. Der unsere Lasten mitträgt, manchmal bis hoch aufgetürmt. Der genügsam ist, nicht der Schnellste und Schönste, der aber mit uns sicher ins Ziel geht. Jesus ritt auf einem Esel nach Jerusalem ein. Eine Eselin war es, die es besser wusste als Bileam und ihn rettete, als dieser den *„Engel des HERRN“* nicht sah (4. Mose 22,21-35).

Gott selbst sorgt für uns ⇢ „Ich weiß, dass ein feuriges Pferd auf eben dem Steig samt seinem Reiter den Hals brechen kann, über welchen der bedächtige Esel ohne zu straucheln geht“ (Gotthold E. Lessing). Jesus verspricht uns: *„Trachtet zuerst nach dem Reich Gottes und nach seiner Gerechtigkeit, so wird euch das alles zufallen“* (Matthäus 6,33). Gott will gerne für seine Kinder sorgen.

Kai Buch

....

2
Sonntag

Und der HERR zog vor ihnen her, am Tage in einer Wolkensäule, um sie den rechten Weg zu führen, und bei Nacht in einer Feuersäule, um ihnen zu leuchten.

2. Mose 13,21

Bibellese: 2. Mose 13,17-22

Gott führte die Israeliten nicht auf direktem Weg in ihr verheißenes Land, sondern durch die Wüste. Die Strecke durch das Gebiet der Philister wäre eigentlich kürzer gewesen, doch Gott kannte sein Volk gut und wusste, dass sie dort auf Schwierigkeiten und Kämpfe stoßen würden, für die sie noch nicht bereit waren. So leitete er sie stattdessen auf einen längeren Umweg, um sie vor diesen Herausforderungen zu schützen und auf zukünftige vorzubereiten.

Von Gott selbst geleitet ⇢ Während der Reise durch die Wüste zeigte er seine Gegenwart und Führung durch eine Wolkensäule bei Tag und eine Feuersäule bei Nacht. Sie galten als sichtbare Zeichen dafür, dass Gott bei ihnen war und sie den richtigen Weg führte. Er selbst ging auf dem ganzen Weg voran, sie brauchten nur nachzufolgen.

Ich habe mir schon häufig vorgestellt, wie es wohl sein möge, wenn Gott sichtbar um mich herum wäre. Meinetwegen gerne in Form einer Wolke oder als Feuersäule. Alternativ würde ich mich sonst auch wie Mose in einer Felsspalte verstecken und nur Gottes Schatten von hinten erspähen. Selbst die Gesellschaft des Engels des Herrn wäre vollkommen okay für mich. Lange war ich auch auf die Jünger Jesu neidisch, die ihn jeden Tag um sich hatten – Gott selbst war greifbar nahe und man brauchte ihm einfach nur nachzufolgen. Jedoch kündigte Jesus damals eine viel bessere Möglichkeit der Leitung für unser Leben an: den Heiligen Geist.

Ganz persönlich ⇢ Eine direktere Führung kann es wohl kaum geben als eine, die von innen heraus Einfluss auf uns nimmt. Gott selbst arbeitet durch seinen Geist an unserem Denken, Wollen und Fühlen und leitet unser Handeln dadurch. Das ist doch viel großartiger als etwas, das nur von außen an mich herankommt. Wir können Gottes Gegenwart so in einer viel dichteren und persönlicheren Form erleben, denn er selbst möchte mit seinem Geist in uns wohnen. Durch ihn ist Gott für seine Kinder auch jetzt noch immer gegenwärtig, genauso wie durch die Wolken- und Feuersäule, die die Israeliten damals begleitete. Und manchmal leitet er noch immer durch Umwege, um unsertwillen, denn er kennt ja auch unsere Schwächen. Wie gut, dass er in unserem Leben vorangeht.

Christian Turkat

Der HERR wird für euch streiten, und ihr werdet stille sein.

2. Mose 14,14

3
Montag

Bibellese: 2. Mose 14,1-18

FEBRUAR

Mit dem heutigen Bibelvers kommt die faszinierende Geschichte über den Auszug der Israeliten aus Ägypten zum Ende. Als sie vor dem Roten Meer standen und die ägyptische Armee ihnen folgte, schien es, als wären sie in einer ausweglosen Situation gefangen. Doch Gott verspricht ihnen, für sie zu kämpfen. Die Ägypter sollten sehen, mit wem sie es zu tun hatten. Mose sprach ihnen im Auftrag Gottes Mut zu und sagte: „*Fürchtet euch nicht, steht fest und seht zu, was für ein Heil der HERR heute an euch tun wird. Denn wie ihr die Ägypter heute seht, werdet ihr sie niemals wiedersehen*" (Vers 13).

Vertrauen ist nicht einfach ⇢ Dennoch lesen wir, dass die Israeliten sehr wohl Angst hatten und sich fürchteten. Gott hatte ihnen zwar mehrfach zugesagt, dass er mit ihnen ist, dass die Befreiung kommt und dass er sie schützt. An vielen Stellen hatte er sogar schon bewiesen, dass dies keine leeren Versprechen waren. Er war nachweislich dazu fähig, alles zu erfüllen. Und doch hatte das Volk Angst.

Das kann ich selber gut nachvollziehen, denn ich bin zwar überzeugt, dass Gott alles kann und mir auch zugewandt ist, und doch lebe ich nicht immer sorgenfrei. Gerade deshalb glaube ich, dass es wichtig ist, solche biblischen Berichte und auch persönliche Geschichten über Gottes Eingreifen miteinander zu teilen. So werden wir immer wieder daran erinnert, dass Gott einen Weg für uns bereithält, auch wenn wir uns in vermeintlich aussichtslosen Situationen sehen.

Gott selbst kümmert sich ⇢ Vor einigen Jahren brachte die Künstlerin Sefora Nelson ein Lied zu diesem Thema heraus. „Lege deine Sorgen nieder, leg sie ab in meiner Hand …", singt sie dort. Diese Aussage ist so ermutigend, denn wir dürfen unsere Nöte dem Schöpfer der Welt, Gott selbst, hinlegen, und er selbst nimmt sich ihrer an. Er ist ein Gott, der Wunder tut, und uns sogar aus unseren Ängsten und Sorgen befreien kann. So dürfen wir lernen, Ruhe zu bewahren, denn er selbst kämpft für uns.

Christian Turkat

4
Dienstag

Aber die Israeliten gingen trocken mitten durchs Meer, und das Wasser war ihnen eine Mauer zur Rechten und zur Linken.

2. Mose 14,29

Bibellese: 2. Mose 14,19-31

„Das Leben ist kein Ponyhof", lautet ein bekannter Spruch. Damit soll zum Ausdruck gebracht werden, dass unser Leben oft nicht so idyllisch verläuft, wie wir es uns gern ausmalen. Auf einem Ponyhof geht es den Ponys gut. Es wird sich um sie gekümmert. Sie haben alles, was sie brauchen.

Ganz anders erging es dem Volk Israel vor seiner Befreiung aus der ägyptischen Sklaverei. Zuerst waren sie zwar Gäste im Land gewesen, dann aber wendete sich das Blatt: Sie wurden als Sklaven von den Ägyptern unterdrückt. Eine Situation, die Gott nicht gefiel, und so beschließt er, einzugreifen. Durch Mose soll das Volk in das Land geführt werden, das vor *„Milch und Honig"* überfließt (2. Mose 3,8). Mit dieser Perspektive vor Augen darf nach langen Verhandlungen mit göttlichen Druckmitteln, den zehn Plagen, das Volk endlich ziehen.

In der Sackgasse ⇢ Nun könnte man meinen: „Ok, ab jetzt wird alles gut." Tatsächlich wird die Situation aber nicht besser, sondern eher bedrohlicher. Das Volk Israel gerät in eine Sackgasse: vor sich das Schilfmeer, hinter sich 600 Streitwagen mit Soldaten, die bis an die Zähne bewaffnet sind. Todesangst macht sich breit. Die Bedrohung wird schließlich durch Gottes Wunder aufgelöst: Das Volk entkommt durch das geteilte Schilfmeer; zwei Mal lesen wir davon, dass das Volk Israel trockenen Fußes auf der anderen Seite des Schilfmeeres ankommt.

Wie es dazu kommt, ist allerdings keine so simple Angelegenheit. Gott beamt das Volk Israel nicht aus dieser Situation heraus. Er schickt auch keinen Feuerhagel vom Himmel, um das Heer zu vernichten. Mitten in aller Bedrohung müssen die Israeliten darauf vertrauen, dass Gott in ihrer Sackgasse ihr einziger Retter ist. Hält er sein Wort nicht ein, ist alles umsonst. So ist es auch in unseren Lebenssackgassen. Egal, ob selbst verschuldet oder nicht – es gibt Momente in unserem Leben, da wissen wir: Ohne Gottes Eingreifen kommen wir hier nie heil und trockenen Fußes heraus.

Was bleibt uns übrig? ⇢ Darauf zu vertrauen, dass Gott seine Versprechen hält. Dass er einen Weg bahnt, wo vorher keiner zu sein schien. Und dann müssen wir da durch, voller Vertrauen darauf, dass die Wassermassen für uns eine Schutzmauer und für „unsere Feinde" das Ende sein wird. *„Ist Gott für uns, wer kann wider uns sein?"* (Römer 8,31).

Angelika Teickner

Der HERR ist meine Stärke und mein Lobgesang und ist mein Heil. Das ist mein Gott, ich will ihn preisen, er ist meines Vaters Gott, ich will ihn erheben.

2. Mose 15,2

Bibellese: 2. Mose 15,1-21

Wir sind unfassbar privilegiert: Denn als Kinder Gottes sind wir nicht den sogenannten Zufällen des Lebens ausgeliefert und auch nicht davon abhängig, wohin uns unsere eigenen Kräfte und Vorstellungen hinbringen können. Als Kinder Gottes gehören wir einem lebendigen Gott, der so viel größere Dinge in unserem Leben tut, als wir es uns in unseren kühnsten Träumen nur wünschen könnten.

Gott handelt mächtig ⇢ Ebenso erlebte es auch das Volk Israel bei seiner Befreiung aus der ägyptischen Sklaverei: Denn Gott ließ sie nicht einfach nur von A nach B ziehen. Er kreierte ein Setting, in dem sowohl sein Volk als auch die Ägypter erleben und erkennen konnten: Er ist lebendig, erlebbar und mächtig. Warum tat Gott das? Hätte er nicht einfach das Volk locker ins Gelobte Land ziehen lassen können? Ohne so viel Drama? Ich persönlich glaube, dass die Antwort darin liegt, wie das Volk Israel auf diese atemberaubende Befreiungsaktion reagiert: mit Lobgesang und der Anerkennung von Gottes uneingeschränkter Macht und Güte. Es geht Gott dabei nicht darum, dass er es bräuchte, von uns gelobt zu werden. Ich glaube viel mehr, dass es eine natürliche Reaktion von uns ist, weil wir wissen: Wir sind nicht allein!

Eines der stärksten Gefühle, das seit meiner Entscheidung in 2014 für ein Leben mit Jesus zugenommen hat, ist das Gefühl von Dankbarkeit. Früher gab es sicherlich Momente in meinem Leben, in denen ich dankbar bar, wenn ich Herausforderungen überwunden hatte. Aber ich war ständig unter Strom und Stress, weil ich wusste: Ich bin auf mich und meine Kräfte angewiesen. Wenn der nächste Sturm kommt, liegt es an mir, ihn durchzustehen.

Nie mehr allein ⇢ Mit der Entscheidung für ein Leben mit Jesus hat sich alles vollkommen verändert: Das Leben ist nicht unbedingt leichter geworden. Ich würde sogar sagen, es ist in einigen Aspekten herausfordernder. Aber allein das Wissen darum, dass ich nicht mehr für mich kämpfen muss, sondern einen Gott habe, der mir seine Treue schwört und mit mir durch den Sturm geht – das lässt in mir einfach Dankbarkeit aufkommen.

Denken wir einmal darüber nach: Hat Gott sich nicht schon viele Male in unserem Leben als mächtig und gnädig gezeigt? Dann wird er es auch wieder tun!

Angelika Teickner

6
Donnerstag

… so will ich dir keine der Krankheiten auferlegen, die ich den Ägyptern auferlegt habe; denn ich bin der HERR, dein Arzt.

2. Mose 15,26

FEBRUAR *Bibellese: 2. Mose 15,22-27*

Ehrlich gesagt: Ich beneide Mose und die Propheten des Alten Testamentes. Sie beteten – oder wie hier Mose, der schrie sogar – und Gott antwortete ihnen sehr klar und deutlich. Auch die neutestamentlichen Verfasser erlebten so etwas. Ebenso bestätigen Zeugnisse aus der Kirchengeschichte bis heute solch ein deutliches Reden Gottes. Wir nennen uns Pfingstgemeinden und erleben doch relativ selten ein sehr deutliches Reden unseres Herrn. Zumindest war es relativ selten in den Jahrzehnten meines Pastorendienstes. Die Sehnsucht danach ist vorhanden. Das ist schon einmal gut. Strecken wir uns immer wieder danach aus.

Dr. Gott ⇢ Neben dem Wunder hinsichtlich der Trinkwasserqualität, als durch Gottes Weisung an Mose aus bitterem Wasser süßes wurde, macht die Bemerkung stutzig, dass Gott Krankheiten auferlegt bei Treuebruch seinem Wort gegenüber. Ich denke auch an die Botschaft an die Gemeinde in Thyatira, wo es heißt: „*Darum werfe ich sie auf das Krankenbett, und alle, die mit ihr Ehebruch treiben, bringe ich in große Bedrängnis, wenn sie sich nicht abkehren vom Treiben dieses Weibes*“ (Offenbarung 2,22 EIN). Da wurde das Hurenbett durch Gottes Gericht zum Krankenbett. Wohlgemerkt, in beiden erwähnten Stellen geht es um die Zugehörigkeit zum Volk Gottes. Nicht wie bei Herodes, der sich an der Jerusalemer Gemeinde vergriff und dafür von Gottes Engel bestraft wurde (Apostelgeschichte 12,1.21-23).

Da erhebt sich die Frage: Sind deshalb so viele Kranke in den Gemeinden? Ich möchte diese Frage nicht mit einem generellen Ja beantworten, gipfelt doch unser Text in der Aussage: „*… denn ich, der HERR, bin dein Arzt.*“ Im Neuen Testament sind viele Heilungswunder durch Jesus bezeugt, von dem gesagt wird, dass er heute noch derselbe ist wie damals.

Kampf des Glaubens ⇢ Wer den Herrn und sein Wort liebt und trotzdem krank ist, sollte nie die Hoffnung auf Heilung aufgeben. Ich selbst bin an ALS erkrankt, wo Befehle an die Muskeln nicht mehr weitergegeben werden. So kämpfe ich den Glaubenskampf, knie drei Mal am Tag vor meinem Herrn nieder und erlebe täglich Ermutigungen durch sein Wort, durch Mitbeter und durch den Dienst der Ältesten nach Jakobus 5,14-16. Drei Mal – so wie man Medizin drei Mal am Tag nimmt. Ich möchte jeden dazu ermutigen, im Glaubenskampf nicht zu ermüden.

Dieter Hampel

Ich habe das Murren der Israeliten gehört. Sage ihnen: Gegen Abend sollt ihr Fleisch zu essen haben und am Morgen von Brot satt werden.

2. Mose 16,12

Bibellese: 2. Mose 16,1-21

Dicke Luft: Wer kennt das nicht, dass durch negative Äußerungen und Vorwürfe Gemeinschaft und Beziehungen plötzlich umschlagen und eine harmonische Atmosphäre zerstört wird. In vielen Situationen steigert es sich bis zum Mobbing. Das kommt in Betrieben, auf dem Arbeitsplatz oft vor, leider auch in Ehen, Familien, aber auch in Gemeindeleitungssitzungen und Jahreshauptversammlungen. Ich rede hier nicht vom grünen Tisch als Ahnungsloser.

Unser heutiger Bibelabschnitt ist förmlich gespickt mit der Vokabel *murren* (5-mal das Hauptwort, 3-mal das Tätigkeitswort). Schlimmer ist es, wenn sich ein ganzes Volk auflehnt. Die Geschichte der Menschheit ist voll davon, bis hin zu Kriegen und der zunehmenden Eskalation von Gewalt. Selbstjustiz ist auch an der Tagesordnung. Aber so etwas unter Gottes Volk? Hier in unserem Text murrt das ganze Volk Israel gegen Mose und Aaron. Arme Brüder, denen vorgeworfen wird, das Volk von den Fleischtöpfen Ägyptens weg in die Wüste geführt zu haben, wo der sichere Tod drohe. Ständig Zielscheibe zu sein, ist nicht einfach auszuhalten.

Entschärfung ⇢ Zwei Reaktionen fallen dabei im Text auf. Zunächst ist es Mose, der sich nicht verteidigt, sondern die ganze Situation mit Gott bespricht. Welch ein geistliches Vorbild! Und Aaron? Er ist mit Mose der Vermittler zwischen Gott und dem Volk. Beide Brüder verteidigen sich nicht vor dem Volk. Sie überlassen die Verteidigung Gott. Wie oft habe ich in solchen Situationen geschwiegen nach dem Wort: „*Der Herr kämpft für euch, ihr aber könnt ruhig abwarten*" (2. Mose 14,14 EÜ). Das bewahrt vor weiterer Eskalation und Verschärfung der Lage.

Ist dieses Verhalten der Brüder schon vorbildlich, staunt man, wie Gott sich verhält. Da gibt es kein Donnerwetter vom Himmel, keine Standpauke, keine Moralpredigt. Nein, er sieht die Notlage des Volkes und reagiert mit Taten und Lösungen, die wirklich an Wunder grenzen. Wer in Konfliktsituationen den Herrn handeln lässt, erlebt ihn als den, der immer die besten Lösungen hat. Wir aber wollen lernen, Friedensstifter und nicht Querulanten zu sein, und nicht stiften gehen, wenn es um den Frieden untereinander geht. Der Nigerianer Ignatius Kaigama hat gebetet: „Gewähre unserer zerbrochenen und leidenden Welt Frieden – einen Frieden, der die Frucht von Gerechtigkeit ist."

Dieter Hampel

8
Samstag

FEBRUAR

Und die Israeliten aßen Manna vierzig Jahre lang, bis sie in bewohntes Land kamen; bis an die Grenze des Landes Kanaan aßen sie Manna.

2. Mose 16,35

Bibellese: 2. Mose 16,22-36

Was war das Manna? Forscher sehen darin eine besondere Frucht, die durch den Wind um das Lager Israels getrieben wurde. Wir wissen es nicht; denn das Manna hörte auf, als Israel in Kanaan ankam. Vorher und nachher gab es das nicht. Natürlich könnte man darin eine Wüstenfrucht sehen, die Gott jeden Tag gewaltig vermehrte, eine Antwort haben wir trotzdem nicht.

Das Volk freut sich anfangs über das Manna. Dann jedoch kommen Zeiten, wo es lieber Knoblauch, Kürbis und Fleisch essen wollte wie in Ägypten, sodass sie über das Manna murrten. In der Sprache der Bibel ist das Rebellion gegen Manna, Mose und Aaron, aber vor allem gegen Gott.

Herausforderungen ⇢ Das Manna muss Israel jeden Tag sammeln. Dazu fällt Tau auf den Boden und offenbar auch auf das Manna, damit die Körner nicht im Sand versinken. Die Wachteln fallen einfach ins Lager, da haben sie noch weniger Arbeit. Die Versorgung ist eine gewaltige logistische Aufgabe. Selbst heute eine kleine Gruppe eine Woche lang durch die Wüste zu führen, bedeutet eine Menge Aufwand. Ich habe das einige Male in Israel erlebt, als wir uns mit Gruppen in die Wüste wagten. Wir waren zählbar mit rund hundert Personen. Wie viel mehr Aufwand ist für ein Volk von vielleicht sogar zwei Millionen Menschen nötig.

Diese Versorgung ist ganz eng mit der Sabbatverordnung verbunden. Wir können annehmen, dass der Sabbat schon in Mara zur Sprache kam. In Ägypten wird Israel den Sabbat wohl kaum gehalten haben – vielleicht nur wenige Israeliten. Haben sie ihn gekannt? Wir wissen es nicht. In der Wüste befindet sich das Volk in der Ursprünglichkeit der Schöpfung. Hier ist alles noch so, wie es einmal war, unverändert durch den Menschen. Hier führt Gott sie zurück zur Schöpfung, zum Tag der Ruhe, zum Sabbat, dem ersten vollen Tag des Menschen, um zur wahren Ruhe zu finden.

Ruhe ⇢ Schließlich ist die Erlösung, die Rettung eng verbunden mit der Sabbatruhe, wie uns der Hebräerbrief deutlich beschreibt. Alle Sorgen um die Versorgung, jeder Gedanke an die Mühe der Arbeit ist ausgeblendet. Wir sind in der wohltuenden Nähe Gottes. So habe ich es im Haus meiner Eltern gelernt. Bestes Essen, beste Kleidung, bestes Benehmen, kein Geschrei. Auch daran erinnert mich das Manna: den Tag der Ruhe, „des Sitzens“, wie es ursprünglich heißt, zu genießen.

Dr. Horst Krüger

Als aber dort das Volk nach Wasser dürstete, murrten sie wider Mose und sprachen: Warum hast du uns aus Ägypten ziehen lassen …?

2. Mose 17,3

Bibellese: 2. Mose 17,1-16

Wenn wir diese Geschichte lesen, fragen wir uns: Wie kann es sein, dass sie jetzt schon wieder murren? Sie haben doch in Mara und mit dem Manna und den Wachteln so herrlich die wunderbare Versorgung und Fürsorge Gottes erlebt! Was wollen sie denn noch?

Nun, man muss erst einmal in der Wüste gewesen sein, um die Leute zu verstehen. Wasser ist hier wirklich das Wichtigste. Ohne Wasser ist der Mensch nach nur wenigen Tagen tot. Er trocknet aus, die Zunge schwillt an, er stirbt einen qualvollen Tod. Zudem sind die übernatürlichen Eingriffe Gottes so neu für sie, dass sie diese noch gar nicht verarbeitet haben. Denken wir doch einmal an uns, wie es uns wohl gehen würde. Wir leben ja auch in einer Welt, in der übernatürliche Eingriffe Gottes äußerst selten sind. Und es erweist sich immer wieder, dass auch unser Glaube an die Wunder Gottes natürlicher, selbstverständlicher sein müsste, um ihm noch viel mehr für viele Dinge unseres Lebens zu vertrauen.

Vertrauen ist nicht immer leicht ⇢ Mit seiner Reaktion auf den Wassermangel versündigt sich das Volk erneut. Es zweifelt, dass Gott wirklich in seiner Mitte ist, und ob er es versorgen kann. Diese Haltung wird „Versuchung Gottes“ genannt und ist eine Sünde – dabei wollte Gott, wie er einige Male sagt, sein Volk prüfen, nicht versuchen. Das ist ein anderes Wort und bedeutet „hochheben“, sozusagen feststellen, wie viel jemand gelernt hat. Als Gott Abraham bat, Isaak zu opfern, wollte er ihn auf eine höhere Stufe stellen.

Israel macht daraus jetzt hier eine Versuchung. Die Rebellion ist nicht nur gegen Mose und Aaron gerichtet, sondern, wie Mose deutlich sagt: gegen Gott. Sie wollen Mose fast steinigen. Der Ort ist Refidim, ganz nahe am Horeb, dem Ziel ihrer Wanderung. Er bekommt den Namen „Versuchung und Streit“, *„Massa und Meriba“* (Vers 7). Stellen wir fest: Von nun an fehlt ihnen fast 40 Jahre lang kein Wasser mehr. Jedenfalls lesen wir nichts davon.

Vertrauen lohnt sich ⇢ Die dramatische Geschichte will uns lehren, dass wir uns bei aller modernen Erklärbarkeit von Dingen vom Herrn abhängig machen und ihm vertrauen. In meinem Leben habe ich auf diesem Gebiet unzählige Gnadenerweise Gottes erlebt und ähnliche Erfahrungen bei vielen Geschwistern beobachtet. Vertraue dem Herrn, auch in der Gefahr!

Dr. Horst Krüger

10
Montag

Und Jitro sprach: Gelobt sei der HERR, der euch errettet hat aus der Ägypter und des Pharao Hand, ja, er hat das Volk aus der Hand Ägyptens errettet.

2. Mose 18,10

FEBRUAR

Bibellese: 2. Mose 18,1-12

Jitro, Moses Schwiegervater, angesehener Priester in Midian, einem Stamm, der aus Abrahams zweiter Frau Ketura hervorgegangen und damit mit Israel verwandt ist, stattet seinen Verwandten einen Besuch ab. Er wohnt ja ganz in der Nähe, wo auch Mose 40 Jahre als Hirte Jitros zugebracht hat. Mose kennt sich hier gut aus. Die übernatürliche Rettung Israels aus der Macht der Ägypter unter der Führung des ehemaligen Hirten hat sich bis Midian herumgesprochen. Die Menschen müssen wahre Wundergeschichten verbreitet haben, sodass Jitro sich auf den Weg macht.

Verblüffende Wandlung ⇢ Erstaunlich ist seine Feststellung, dass der HERR (IHWH, Jahwe) Israel errettete aus der Hand der Ägypter und des Pharao. Offenbar hat er jetzt selbst schon eine Erfahrung mit dem lebendigen Gott gemacht und sich von den nichtigen Götzen abgewandt. Er bringt einen großen Teil seiner Familie mit. Die soll später in Kanaan inmitten Israels noch eine Rolle spielen. Jitro wird Mose den Rat geben, Verantwortung für rechtliche Aufgaben auf die Schultern von 70 Ältesten im Volk zu legen, um sich nicht aufzureiben. Später, nach Jahren, nimmt Gott in einer weiteren Verordnung diesen Rat auf. Jitro genießt schon jetzt im Volk hohes Ansehen. Immer noch preisen die Rabbiner diesen weisen Mann – ist er doch auch einer aus Abrahams „Samen" und damit in einer besonderen Segenslinie.

Wir fragen uns: Wie kommt es dazu, dass ein Priester Midians diese Wandlung erlebt? Ich bin mir sicher, er hat die Taten Gottes sowohl gesehen als auch erlebt. Mose wird in den 40 Jahren nicht über den ewigen Gott geschwiegen haben, vor allem aber wird er durch ein vorbildhaftes Leben seine Umgebung überzeugt haben. Die gewaltigen Ereignisse der Rettung Israels haben sicherlich Zusätzliches getan.

Wenn Gottes Kraft wirkt ⇢ Als wir in einer trostlosen Gegend im Süden Brasiliens Missionsarbeit begannen, waren die Menschen schon durch die Radioandachten angesprochen. Dann aber erlebten viele die übernatürliche Kraft Gottes so überzeugend, dass sie sich oft schon im ersten Gottesdienst bekehrten und selbst fantastisch überzeugende Zeugnisse für die Wahrhaftigkeit des Evangeliums wurden. Dazu gehörten Heilungen, Befreiungen von satanischen Mächten und viele mehr. Das überzeugte mehr als bloße fromme Worte – wie bei Jitro.

Dr. Horst Krüger

Als aber sein Schwiegervater alles sah, was er mit dem Volk tat, sprach er: Was tust du denn mit dem Volk?

2. Mose 18,14

11
Dienstag

Bibellese: 2. Mose 18,13-27

FEBRUAR

Was für ein Tag! Mose sitzt auf seinem Stein, vor ihm eine lange Schlange streitender Menschen. Stundenlang kleinliches Gezänk und Mord- und Totschlag. Er blickt in die Abgründe menschlicher Beziehungen und soll in wenigen Sätzen Krisen beseitigen, die jahrelang Zeit zum Wachsen gehabt hatten. Es scheint das normale Tagesgeschäft des Retters des Volkes Israel zu sein. Nur sein Schwiegervater, der auf Besuch ist, schüttelt mit dem Kopf und fragt seinen Schwiegersohn: „Was machst du da?" Dieser hebt zu einer langen Erklärung an und lässt keinen Zweifel an der Unabwendbarkeit dieses Rituals. Er, Mose, ist der Einzige, der den Frieden im Volk wiederherstellen kann.

Ich muss das machen! → Was am Anfang nach einem Beispiel für Pastoren und Gemeindeleiter aussieht und im Verlaufe des Textes eine sinnvolle Gemeinde- und Kleingruppenstruktur beschreibt, ist eigentlich eine Frage an jeden von uns. Was machen wir hier eigentlich? Jeder von uns hat mindestens eine Herausforderung, die ihn aufreibt. Wie der legendäre Sisyphus rollen wir unseren täglichen Stein Richtung Bergspitze, nur um ihm zum Feierabend auf seinem Weg zu Tale nachzusehen. Kindererziehung, Herausforderungen im Job, Familienbeziehungen, Gemeindeleben – unsere Sisyphusarbeit hat viele Namen.

Wie gut, dass es Schwiegerväter und Schwiegermütter gibt. Menschen, die uns vor dem Weg in ein Burn-out warnen, sind dünn gesät. Schon wegen unserer Standardreaktion: „Das ist nicht so leicht, wie du denkst!" Wie Mose kontern wir wohlgemeinte Fragen mit einer langen Liste von Gründen, warum nur wir diesen Job machen können. Und wie er haben wir häufig sogar recht. Doch manchmal hat der Schwiegervater das größere Bild.

Ich erlaube es mir → Lösungen für unsere Probleme begegnen uns nur selten. Erlauben wir es uns eigentlich, sie auch anzunehmen? Die Argumente stehen, wie bei Mose, Schlange. Von der eigenen Bedeutsamkeit bis zum Mangel an Helfern und Alternativen spricht eigentlich alles gegen den Vorschlag des Schwiegervaters. Manchmal fällt es uns gerade bei den größten Lasten schwer, sie loszulassen. Wir beten um Hilfe und gestatten uns am Ende doch nicht, sie anzunehmen. Falls das unser größtes Problem ist, wäre es relativ leicht zu lösen. Wo könnten wir heute nicht nur um Hilfe bitten, sondern sie auch annehmen?

Andreas Rückert

12
Mittwoch

Hütet euch, auf den Berg zu steigen oder seinen Fuß anzurühren; denn wer den Berg anrührt, der soll des Todes sterben.

2. Mose 19,12

FEBRUAR

Bibellese: 2. Mose 19,1-15

Drei Monate nach der Flucht mehrerer hebräischer Großfamilien aus der Sklaverei in Ägypten meldet sich Gott zu Wort, um dem Volk eine Struktur zu geben. Es soll sein Volk sein und er will es als König regieren. Dazu will er Priester als Mittler berufen. Die kürzeste Verfassung, die jemals vorgestellt wurde. Die Familienoberhäupter erklärten sich einverstanden. Israel hatte sein Grundgesetz. Mose hört auf dem Berg Sinai die Stimme Gottes und überbringt die Botschaft seinen Landleuten. Die Welt scheint in Ordnung, doch Gott kennt uns Menschen. Es ist ein Frieden, der nicht lange dauern wird.

Respekt ⇢ Aus vielen Predigten haben wir gelernt, dass Liebe der Kitt in jeder Beziehung ist. Ob Ehe, Gemeinde oder Familie, wenn wir uns nur lieben, läuft alles rund. Doch die Herausforderung beginnt viel früher. Das Erste, was in einer Beziehung geht, ist der Respekt. Noch ist Mose der Retter und Gottversteher. Schon bald werden Angriffe und Schuldzuweisungen folgen. Zu viel Schwieriges ist geschehen, um noch Respekt für den anderen zu empfinden.

Respekt feiert den Ehepartner und ermutigt den Pastor und die Ältesten. Respekt ist der Schlüssel zur Lebensweisheit der Älteren und zur Dynamik der Jungen. Wer niemanden mehr hat, den er respektiert, der hat auch niemanden mehr, der ihn segnen kann. Doch Gott weiß, wie flüchtig Respekt ist. Deshalb führt er eine persönliche Begegnung mit der Volksmenge herbei.

Ehrfurcht ⇢ Die Vorbereitung auf diese Gottesbegegnung ist eine Lektion in Sachen Ehrfurcht. Gott verdient nicht nur unseren Respekt, er erwartet unsere Ehrfurcht. Das ist ein Konzept, das in unserem Gottesbild kaum noch Platz hat. Jesus hat uns den liebenden Vater nahegebracht und das hat unser Bild von Gott verändert. Eindeutig zum Guten. Doch auch der Vater verdient Respekt. Er ist immer noch der heilige Gott, Schöpfer des Himmels und der Erde. Er wohnt in einem Licht, das uns in Sekundenbruchteilen zu Staub verwandeln würde. Für das Volk Israel gab es eine Sperrzone. Für uns zum Glück nicht mehr. Doch wenn wir glauben, dass Gott derselbe, gestern, heute und in Ewigkeit ist, dürfte uns Ehrfurcht vor ihm in unseren Gebeten und Gottesdiensten gut zu Gesicht stehen. Denn auch unter uns will er mehr tun, als wir erwarten und bitten können.

Andreas Rückert

Als nun der HERR herniedergekommen war auf den Berg Sinai, oben auf seinen Gipfel, berief er Mose hinauf auf den Gipfel des Berges, und Mose stieg hinauf.

2. Mose 19,20

Bibellese: 2. Mose 19,16-25

Vom Herrn gerufen. Mose war ein außergewöhnlicher Mann – und gleichzeitig ein Mensch wie du und ich. Sein Leben kann man in drei Phasen einteilen. In den ersten vierzig Jahren war er ein vielversprechender Prinz am Hofe Pharaos. In den nächsten vierzig Jahren war er Schafhirte im Auftrag seines Schwiegervaters. In den letzten vierzig Jahren war er wieder ein Staatsmann, aber im Auftrag Gottes, und sollte aus einer riesigen Sklavenmasse ein Volk formen. Gibt es extremere Gegensätze?

Ganz unten → Manchmal brauchen auch wir eine Phase, in der unsere Karriere – oder soll ich sagen, unser Höhenflug? – unterbrochen wird. Das alte Wissen steckte zwar in Mose, aber alle seine Ambitionen waren erstorben. Dann kam seine Berufung. „Nein danke, Gott, such dir einen anderen!“ So versuchte er, Gott davon zu überzeugen, dass er der absolut Falsche wäre. Aber Gott ließ nicht locker. Schließlich hatte er es ja auch so geführt, dass Mose alle Leiterambitionen verloren hatte.

Die wahre Stärke: Gehorsam → Doch obwohl Mose Gott nicht verstand, ging er im Gehorsam nach Ägypten. Er traf alles so vor, wie Gott es ihm angekündigt hatte. Sicherlich war es für ihn nicht leicht, all die Plagen in Gottes Auftrag zu „verursachen“, und ebenso auch, die Ablehnung der nun noch mehr gequälten Israeliten zu ertragen. Der Kämpfer in Mose war auf den Schafweiden Midians gestorben.

Aber seine Stärke war der Gehorsam Gott gegenüber. Gott hatte jemanden gefunden, der ihm nicht eigenwillig ins Handwerk pfuschte, sondern gehorchte und dabei erlebte, dass der Herr selbst der Wirkende war. Wie sehr Gott das schätzte, zeigte sich in der Art und Weise, wie Mose die Nähe des Herrn erleben durfte. Niemand durfte sich so intensiv in der Herrlichkeit des Herrn aufhalten wie er. *„Der HERR aber redete mit Mose von Angesicht zu Angesicht, wie ein Mann mit seinem Freund redet“* (2. Mose 33,11).

In welcher Lebensphase befinden wir uns? → Sind wir hoffnungsvoll auf dem Weg nach oben? Oder haben wir all unsere Träume, wie wir für Gott Erweckung verbreiten möchten, auf Eis gelegt oder uns schon gänzlich von ihnen verabschiedet? An diesem Punkt ruft Gott Mose. Und Mose lässt sich rufen. Er sagt Gott nicht, wo es seiner Meinung nach langgeht, sondern nun ist er bereit, zu hören. Sind wir das auch?

Gerhard Bieker

14
Freitag

Ich bin der HERR, dein Gott, der ich dich aus Ägyptenland, aus der Knechtschaft, geführt habe. Du sollst keine anderen Götter haben neben mir.

2. Mose 20,2.3

FEBRUAR *Bibellese: 2. Mose 20,1-3*

Jetzt kommen die Zehn Gebote mit all dem, was man machen muss/soll, bzw. nicht machen soll. Und Gott sieht alles – noch mehr als unsere Nachbarn. Na, da bleibt uns wohl nichts anderes übrig als „Kopfeinziehen und durch!“, oder? Was passiert, wenn man doch mal danebentritt? Kommt man dann direkt in die Hölle oder muss man sich später mit einer kleineren Belohnung zufriedengeben, obwohl man es vielleicht bereut?

Nur mit Druck? ⇢ In der griechischen Übersetzung des Alten Testamentes ist nicht von zehn Geboten, sondern von zehn Worten (Dekalog) die Rede. Sehe ich es richtig, dass da der Obrigkeitsdruck fehlt? So gibt es auch Bibelübersetzer, die statt „du sollst/sollst nicht“ mit „du wirst/wirst nicht“ übersetzen. Für mich beinhaltet „du sollst/sollst nicht“ auch „eigentlich würde ich ja gerne nicht/gerne“. Bei „du sollst“ kann ich mich am Riemen reißen, oft auch mit Erfolg. Das mit dem „du wirst“ ohne Druck haut bei mir hingegen seltener hin. Was ist nun richtig?

Den Himmel schmecken ⇢ Ein Erlebnis wurde mir zur Offenbarung. Im Fernsehen hatten meine Frau und ich eine Sendung über ein Restaurant in unserer Nähe gesehen. Wir waren neugierig geworden. Anlässlich unseres Hochzeitstages fuhren wir dorthin. Unterwegs machten wir uns Gedanken. Es sollte nicht ganz billig sein. Würden uns dann – sehr vornehm – auch nur Miniportionen erwarten? So etwas hatten wir schon einmal erlebt. Na ja, je nach Rückweg kamen wir ja noch an McDonald's oder Burger King vorbei.

Aber dann waren das Ambiente, die Bedienung und das Essen so großartig, wie wir es noch nie erlebt hatten. Wir fühlten uns im kulinarischen Himmel: zwei Vorspeisen, drei Hauptgänge, Nachtisch – alles vom Feinsten! Zwei Stunden wurden wir mit den leckersten Speisen verwöhnt. Die Portionen waren alles andere als homöopathisch. Alles schmeckte super, allerdings machte uns die Nacht noch Gedanken. Am nächsten Morgen waren wir erstaunt, wie gut wir trotz voller Mägen geschlafen hatten. Das war fantastisch. Im Nachhinein schämte ich mich sogar etwas wegen meiner Gedanken an Alternativen.

Keiner musste mir sagen: „Du sollst nicht an McDonald's denken!“ Ich habe nicht daran gedacht. *„Schmecket und sehet, wie freundlich der HERR ist. Wohl dem, der auf ihn trauet“* (Psalm 34,9). Wer Jesus geschmeckt hat, will nichts anderes!

Gerhard Bieker

Du sollst dir kein Bildnis noch irgendein Gleichnis machen, weder von dem, was oben im Himmel, noch von dem, was unten auf Erden ... ist.

2. Mose 20,4

15
Samstag

Bibellese: 2. Mose 20,4-6

FEBRUAR

Wer ist wer? Das 2. Gebot zeigt auf, dass der Mensch dazu neigt, Schöpfer und Schöpfung zu verwechseln. Das Bedürfnis, etwas zu verehren und anzubeten, kann dazu führen, dass der Mensch anstelle des Schöpfers die Schöpfung anbetet: Sonne, alte Bäume, Tiere oder auch Menschen. Heute sind es Sportler, Schauspieler, Popstars, Influencer und mancherorts auch erfolgreiche Prediger. Deswegen möchte Gott uns klarmachen: Er ist der Schöpfer des Himmels und der Erde. Alles andere – auch wir Menschen als finaler Akt der Schöpfung – ist Geschöpf.

Wer ist würdig, angebetet zu werden? ⇢ Als unser Schöpfer ist nur Gott allein würdig, von uns Ehre, Ruhm und Anbetung zu empfangen. Er hat uns Menschen für eine Beziehung zu sich geschaffen. In Beziehung zu ihm zu leben – ihm zu vertrauen, ihn zu lieben, ihm zu gehorchen, ihn zu ehren und anzubeten – ist unsere Bestimmung und bedeutet Leben.

Warum ist Gott unsere Anbetung und Ehrerbietung so wichtig? ⇢ Er möchte als der gesehen werden, der er ist: der Schöpfer des Himmels und der Erde. In dieser Wahrheit zu leben, bedeutet, dass wir uns keiner schlechten Gott-Kopie hingeben, sondern die wahre Quelle des Lebens kennen. Menschen, die diese Wahrheit nicht haben, sind auf der Suche nach einer Lebensquelle, die sie aber bei keinem Prominenten oder gefeierten Star finden können. Getrennt von Gott, der wahren Lebensquelle, sind wir verloren. Wenn wir das zweite Gebot leben, sind wir für diese Menschen ein Leuchtturm, da wir mit unserem ganzen Sein verkörpern: Wir kennen ihn, den wahren, lebendigen Gott. Wir ehren und beten ihn an – nichts und niemanden sonst.

Das bedeutet aber auch, dass wir achtsam sein sollen. Auch bei uns Christen kann sich der Schwerpunkt unserer Anbetung verlagern, hin zu einem charismatischen Prediger, hin zu einem bestimmten Lobpreisstil, hin zu einer Organisation oder Initiative, indem wir unsere Hoffnung, Kraft und Inspiration bei Menschen und Strukturen suchen anstatt allein bei Gott. Niemand und nichts soll Gott den ersten Platz, der ihm in unserem Leben gebührt, streitig machen. Dazu braucht es täglich die Entscheidung des Josua: „*Ich aber und mein Haus wollen dem Herrn dienen*“ (Josua 24,15).

Mark Abasolo

16
Sonntag

Du sollst den Namen des HERRN, deines Gottes, nicht missbrauchen; denn der HERR wird den nicht ungestraft lassen, der seinen Namen missbraucht.

2. Mose 20,7

Bibellese: 2. Mose 20,7

Das ist schon ein starkes Gebot, das bei Übertretung nicht ungestraft bleibt. Nun werden die meisten wahrscheinlich denken, dass sie den Namen Gottes weder missbrauchen oder verfluchen. Was meint dieses Gebot also für uns?

Gott ist heilig und seine Name ist heilig ⇢ Wenn man anderen den eigenen Namen nennt, öffnet man sich für Gemeinschaft, wird ansprechbar und in seiner Identität gekannt. Dass Gott – der Allmächtige, der Ewige, der Heiligste und Mächtigste – den Menschen seinen Namen bekannt gibt, eröffnet uns eine gewaltige Möglichkeit, ihn zu kennen und mit ihm in Beziehung zu treten. Sein Angebot für persönliche Gemeinschaft kann, wie jede andere Gemeinschaft auch, missbraucht werden. Darum schützt Gott seinen Namen.

Dieses Gebot soll uns helfen, den richtigen Umgang für den Gebrauch seines Namens zu haben. Wir werden aufgerufen, seinen Namen nicht für Trügerisches, Schlechtes, Falsches, ja nicht einmal für Nichtiges zu missbrauchen. Wie oft ist mir schon passiert, dass ich in plötzlichen Schreckmomenten, etwa bei Pandemie- oder Kriegsbeginn fassungslos: „Oh Gott! Oh Gott!“ murmelte, ohne bewusst an ihn zu denken. Oder bei freudigen Nachrichten ein „Gott sei Dank!“ zu sagen, ohne ihm gerade meine Dankbarkeit bewusst zu zeigen. Es sind Ausrufe, wo sein Name einfach so dahingesagt wird, ohne ihn wirklich zu meinen oder ihn einzubeziehen.

Die Namen Gottes offenbaren sein Wesen

- Jahwe – der in sich selbst Seiende und der, der ins Sein bringt.
- Adonai – der Herr, mein Herrscher und mein König.
- El Roi – der Gott, der mich sieht.
- Jahwe Jireh – der Herr ist mein Versorger.
- Jahwe Rapha – der Herr, der mich heilt.
- Jahwe Zidkenu – der Herr ist meine Gerechtigkeit.

Welche Offenbarungskraft liegt in seinen Namen, die unseren Glauben stärken, weil wir sein Wesen besser verstehen und ihn tiefer kennenlernen. Gott wünscht sich von uns als Antwort auf ihn Treue. Somit ist dieses Gebot, seine Namen nicht zu missbrauchen, ein Gebot der Treue, mit den kraftvollen Namen Gottes richtig umzugehen. Wir gebrauchen sie richtig, wenn wir ihn bei seinen Namen anbeten, in seinem Namen segnen, die Mächte des Bösen zurückweisen und ihn vor der Welt bezeugen.

Birgit Berchtold

Denn in sechs Tagen hat der HERR Himmel und Erde gemacht und das Meer und alles, was darinnen ist, und ruhte am siebenten Tage.

2. Mose 20,11

17
Montag

Bibellese: 2. Mose 20,8-11

FEBRUAR

Lange bevor es die erste Gewerkschaft gab, hat Gott geboten, dass sechs Tage Arbeit genug sind und wir am siebten Tage ruhen sollen. Ich bin davon überzeugt: Wenn ich auf einem bestimmten Gebiet besonders viel leisten will, werde ich darin nur sechs Tage lang aktiv sein. Ein Tag Ruhe bringt mich letztlich viel weiter, als würde ich dasselbe ununterbrochen jeden Tag tun.

Es geht jedoch hier nicht nur um eine Leistungsverbesserung und um unsere Gesundheit. Gott selbst ist uns Vorbild. Er war nach der Schöpfung bestimmt nicht müde oder wollte seine Fähigkeiten steigern. Er war vielmehr zufrieden und konnte sich am bisher Geschaffenen erfreuen, also „ruhen".

Wir haben es weitgehend verlernt, zufrieden zu sein ⇢ Wann haben wir je genug gearbeitet, geübt, geleistet und verdient? Vor allem: Wann waren wir je fromm genug, haben aufgehört, zu sündigen, könnten jetzt damit rechnen, in den Himmel zu kommen?

Weil Gottes Wort eine klare Mitte hat, nämlich Jesus, das fleischgewordene Wort Gottes, ist besonders auch dieses Sabbatgebot ein Hinweis auf ihn selbst. In Jesus Christus ist uns eine Erlösung geschaffen, die uns in die eigentliche Ruhe eingehen lässt. Es ist nicht unser eigenes Schaffen, Wollen und Können, das uns Frieden und Ruhe bringt; auf keinem Gebiet und besonders nicht, wenn es um unser ewiges Leben geht. In Hebräer 4,9.10 lesen wir: *„Es ist also noch eine Ruhe vorhanden für das Volk Gottes. Denn wer in seine Ruhe eingegangen ist, der ruht auch von seinen Werken so wie Gott von den seinen."*

Das Lieblingslied des einstmaligen Pastors Karl Griesfelder in Linz war: „Ich bin durch die Welt gegangen." In den letzten zwei Strophen heißt es dort: „Es ist eine Ruh vorhanden für das arme müde Herz; sagt es laut in allen Landen: Hier ist gestillet der Schmerz. Es ist eine Ruh gefunden für alle, fern und nah, in des Gotteslammes Wunden, am Kreuze auf Golgatha" (Text: Eleonore zu Stolberg-Wernigerode, 1867).

Anton Bergmair

Du sollst deinen Vater und deine Mutter ehren, auf dass du lange lebest in dem Lande, das dir der HERR, dein Gott, geben wird.

2. Mose 20,12

Bibellese: 2. Mose 20,12

„Keine Götter neben Gott" – selbstverständlich! „Nicht morden" – logisch! „Nicht stehlen" – klar! Aber wie passt „Vater und Mutter ehren" dazu? Und wieso eröffnet gerade dieses Gebot die Auflistung der Gebote, die das zwischenmenschliche Zusammenleben regeln? Zudem ist es das einzige Gebot mit einer Verheißung.

Die Grundlage ⇢ Vor dem Hintergrund des heute propagierten Idealbildes „jung, frisch, dynamisch" klingt das Gebot weder zeitgemäß noch attraktiv. Daher wundert es nicht, dass es auch in christlichen Kreisen kaum thematisiert wird. Die Anwendung des Gebots gegenüber pubertierenden Teenagern im Stil von: „Solange du deine Beine unter meinen Tisch stellst …", entpuppt sich als verdrehter Abklatsch des ursprünglichen Anliegens.

Die Grundlage des Gebots, Vater und Mutter zu ehren, liegt in der Feststellung „Ich bin der Herr, dein Gott". Gott ist der Schöpfer des Universums wie auch der Menschen, denen er das Leben geschenkt hat. Er liebt die Menschen, die er als seine Ebenbilder beauftragt, die Erde zu verwalten und gestalten. Seine Liebe gipfelte in Jesu Sterben und Auferstehen sowie der Ausgießung des Heiligen Geistes. Schon im Alten Bund sollten die Menschen ihn und ihre Mitmenschen lieben. Gott zu lieben, beinhaltet, ihm zu vertrauen, zu gehorchen und ihn zu ehren. Ihm haben wir das Leben zu verdanken – und, als seine „Werkzeuge", unseren Eltern. Deshalb wundert es nicht, dieses Gebot an so prominenter Stelle zu finden.

Warum tun wir uns damit so schwer? ⇢ Vielleicht, weil wir von Gott unabhängig sein und uns selbst verwirklichen wollen? Das wie ein Mantra vorgetragene: „Ich muss mich erst einmal um mich selbst kümmern!" fragt nicht danach, Gott oder die Eltern zu ehren. Es ist mit sich selbst, ohne Gott als Kraftquelle und Orientierung, beschäftigt.

Das Gebot richtet sich an Erwachsene. Die Eltern zu ehren, bedeutet, ihnen den Respekt, die Liebe und Aufmerksamkeit zukommen zu lassen sowie sich um ihr Wohlergehen zu kümmern, wie es ihnen als „Werkzeug" Gottes in unserem Leben gebührt. Ist das immer einfach? Gewiss nicht! Aber auf Gottes „Ich bin der Herr, dein Gott" können wir uns verlassen. Bei der Umsetzung des Gebotes, bei schwerwiegenden Entscheidungen und genauso bei einem Verhalten der Eltern, das eher dem Gegenteil von liebenswürdig gleicht.

Rudolf Borchert

Du sollst nicht töten.

2. Mose 20,13

Bibellese: 2. Mose 20,13

Was sollen wir unter diesem Gebot verstehen? Vielleicht denken wir an Jesu Worte dazu. Er sprach davon, dass bereits der Zorn gegenüber einer Person zum Bruch dieses Gebots führen kann. Und damit setzt Jesus eine wichtige Sache voraus: Der Vorsatz der Handlung macht den Unterschied. Wenn man den Zorn in eine konkrete Handlung kanalisiert, bricht man das Gebot. Wenn man den Zorn weiter brodeln lässt und ihn nicht von der heißen Herdplatte herunterzieht, bricht man das Gebot bestimmt. Wenn man den Zorn durch hässlichstes Fluchen gar noch entfacht, so bricht man das Gebot gewiss.

Auch im Kontext der Zehn Gebote wird dieses Gebot genauer erklärt. In Kapitel 21 kann man ab Vers 13 nachlesen, dass dem Menschen, der nicht vorsätzlich getötet hat, nicht die Strafe zugeteilt werden soll, die jemand bekommt, der es vorsätzlich getan hat. Diesem Menschen soll sogar ein Fluchtort bereitgestellt werden. „Du sollst nicht töten", heißt, dass man seinen Zorn nicht vorsätzlich in Taten umwandeln soll.

Wie erfüllen wir dieses Gebot? ⇢ Es gibt diesen Spruch, der lautet: „Einen kühlen Kopf bewahren!" Das funktioniert im Winter besser als im Sommer, doch darum geht es bei diesem Spruch nicht, auch wenn Hitze durchaus den Geduldsfaden verkürzen kann. Der Spruch bedeutet, sich in einem Gefühlschaos dadurch Orientierung zu verschaffen, indem man versucht, die Dinge sachlich zu betrachten, und auf diesem Weg eine gute Entscheidung für die Zukunft trifft. Wenn in uns also ein Gefühlschaos ausbricht, in dem Zorn hochkocht, sollten wir uns nicht von ihm leiten lassen, sondern ihn auf schnellstem Wege in einem Gebet zu Gott kanalisieren.

Jesus lehrt uns, dass der beste Weg am Zorn vorbei die Versöhnung ist. Denn wenn man die Versöhnung sucht, vermeidet man den potenziellen Zorn, der hochbrodeln kann, solange man noch zerstritten ist. Wenn etwa ein uns nahestehender Mensch wütend auf uns ist, können wir sogar unseren Dienst für Gott unterbrechen, um uns mit dieser Person auszusöhnen. Wie verhalten wir uns sonst, wenn sie ein paar Wochen später zu uns kommt und uns lautstark anbrüllt? Ohne Versöhnung ist die Gefahr groß, dass in uns ein unkontrollierbarer Zorn hochkommt, der schlimme Folgen hat. Zorn und Unversöhnlichkeit sind eine gefährliche Kombination, die wir unbedingt meiden sollten.

Tobias Bota

Du sollst nicht ehebrechen.

2. Mose 20,14

Bibellese: 2. Mose 20,14

Das Gebot ist eindeutig: Gott kann und wird Ehebruch nicht gutheißen. Sein Charakter steht für Treue. Er bleibt seinem Wort treu, dass die Welt durch seinen Sohn Jesus Christus gerettet wird. Möglich, dass nicht alle Menschen diese Rettung annehmen wollen. Gott bleibt aber treu darin, jeden, der zu ihm kommt und in seinem Herzen glaubt und mit seinem Munde bekennt, zu erretten. Man besiegelt so einen Bund mit Gott. Dieser Bund zwischen Gott und uns, der für unser natürliches Auge unsichtbar ist, wird durch Bündnishandlungen wie zum Beispiel einer Eheschließung in unserer Welt sichtbar. Es ist ein Abbild. Genauso ist die Taufe im Wasser eine äußere Handlung des Gehorsams Gott gegenüber als Folge einer inneren, für das Auge nicht erkennbare Transformation des Herzens. Anhand dieser Erklärung erkennen wir, dass Ehebruch somit dem Charakter Gottes widerspricht und als Sünde gewertet wird.

Wenn diese Schriftstelle auch klar über Ehe spricht, kann sie trotzdem auch im weiteren Sinne bedeuten, dass unsere persönliche Beziehung oder unser Bündnis mit Gott dem Vater durch seinen Sohn Jesus Christus nicht unterbrochen werden soll. Als Referenz sehen wir in der Schrift die Hinweise und Mahnungen der Propheten, dass das Volk Israel nicht anderen Göttern nacheifern sollte. Anderen Göttern nachzueifern wird hier nämlich genauso als Ehebruch bezeichnet. Deshalb: *„Du sollst nicht ehebrechen!“*

Was bezweckt Gott mit dem Gebot? ⇢ Wir sollen nicht, und wir dürfen nicht. Das kennen wir ja schon, oder? Wir sehen das Gebot, Gott sieht die Bewahrung. Wir sehen im Moment nur das Gebot, Gott sieht unsere Zukunft. Wir sehen die Strenge des Gebots, Gott aber unsere Berufung. Genauso wie diese Anweisung in der Schrift steht, stehen zahllose Zeugnisse und Erzählungen im Wort Gottes, die uns die leidvolle Konsequenz eines Bündnisbruches vor Augen führen. Gott möchte, dass wir das Ziel erreichen, unsere Berufung ausführen und vor Leid und Misserfolg bewahrt werden. Er zeigt uns den Weg, der zum Leben führt. Manchmal gilt es dabei nicht nur, Ziele zu erreichen, um Erfolg zu haben, sondern auch im übertragenen Sinne Fallstricke zu vermeiden, die uns in Wahrheit nur Zeit und Glaubwürdigkeit kosten würden. Gott ist gut. Er liebt uns.

Hubertus Brunner

Du sollst nicht stehlen.

2. Mose 20,15

Bibellese: 2. Mose 20,15

„Du sollst nicht lügen und nicht stehlen" – viele Eltern lehren diese Grundsätze ihren Kindern. Doch was genau ist mit diesen Ver- bzw. Geboten gemeint? Was fällt dort hinein und was nicht? Ich stelle mir das Verständnis dessen zunächst ganz einfach vor. Meinen eigenen Kindern sage ich immer wieder, sie sollen sich gegenseitig nicht einfach ihre Sachen wegnehmen und einander zuerst fragen, ob sie etwas haben dürfen. Im Kleinen beginnt es schon. Mit dem Gebot *„Du sollst nicht stehlen"* und den nächsten beiden Geboten soll der Besitz des Nächsten geschützt werden. Das markiert die Grenze, die nicht überschritten werden soll.

Verbindung von Glauben und Ethik → Was alles fällt in den Besitz des Nächsten? Gerne erwähnen wir an dieser Stelle falsche Angaben bei der Steuererklärung, natürlich zu Recht. Die Zehn Gebote insgesamt spielen im Zielhorizont christlich bestimmter ethischer Urteils-, Orientierungs- und Handlungsfähigkeit eine wichtige Rolle. Dabei geht es um eine unauflösliche Verbindung von Glauben und Ethik, weshalb eben so etwas wie stehlen gar nicht erforderlich ist. Der gläubige Mensch erfährt in seiner Gottesbeziehung, dass er um sein Wohl nicht fürchten muss. In der Bergpredigt erklärte Jesus seinen Zuhörern eindrücklich, dass sie sich nicht darum sorgen sollten, was sie zum Leben brauchten. Das gilt auch und vor allem für Menschen, die um das Überleben kämpfen.

Vom Stehlen zum Geben → In Epheser 4,28 findet sich folgende Aussage, der besonderes Gehör geschenkt werden soll: *„Wer gestohlen hat, der stehle nicht mehr, sondern arbeite und schaffe mit eigenen Händen das nötige Gut, damit er den Bedürftigen abgeben kann."* Auf diese Weise kann christliche Ethik und Nächstenliebe verstanden werden. Es geht um eine qualitativ andere Lebensführung und Ausrichtung. Ganz bestimmt kommt dabei niemand zu kurz. Gottes Willen liegt darin, Leben zu schützen und zu fördern.

Nicole Dungl

Du sollst nicht falsch Zeugnis reden wider deinen Nächsten.

2. Mose 20,16

Bibellese: 2. Mose 20,16

Hier in diesem Gebot geht es darum, nichts Falsches über jemand anderen zu sagen. In Bezug auf Gemeinschaft und dem Miteinander von Menschen werden in den Zehn Geboten vier Werte genannt, die jeweils durch Gebote geschützt werden: das Leben, die Ehe, das Eigentum und die soziale Ehre. Hier in unserem Text geht es darum, dass wir nichts Falsches über andere sprechen und damit ihre soziale Ehre untergraben oder zerstören. Wie schnell passiert es, dass man über jemanden negativ redet und ihn dadurch diskreditiert. Dabei sollten unsere Worte aufbauend und ermutigend sein. Es ist wichtig, auf unser Reden aufzupassen, denn wir können dadurch viel zerstören.

Die goldene Regel ⇢ Jesus sagte in der Bergpredigt: *„Alles nun, was ihr wollt, dass euch die Leute tun sollen, das tut ihr ihnen auch"* (Matthäus 7,12). Das ist die goldene Regel, die das ganze Gesetz und die Propheten, sprich das Alte Testament, zusammenfasst. Wer hätte gerne, dass über ihn negativ und hinter dem Rücken gesprochen wird? Haben wir uns an diesem Gebot nicht immer wieder schuldig gemacht?

Sammle die Federn ein ⇢ So schnell ist etwas Unüberlegtes oder Unwahres gesagt. Selten ist man sich der Folgen bewusst und dass man das niemals mehr zurückholen kann. Ein Mann kam zu seinem Nachbarn und sagte ihm, dass er negativ über ihn geredet hätte, und entschuldigte sich dafür. Der Nachbar sagte: „Ich verzeih dir gerne, aber es ist wichtig, dass du weißt, was negatives Reden macht!" So ging er ins Haus, nahm ein Kopfkissen mit Federn, schnitt ein Loch hinein und alle Federn flogen heraus. Der Wind trug die Federn in alle Richtungen. Dann sagte er zu seinem Nachbarn: „Jetzt sammle die Federn wieder auf!" Er sagte: „Das geht nicht! Sie sind überall hingeflogen." Genauso ist negatives Reden, man kann es nicht mehr einfach so zurückholen.

Es ist wichtig, auf die eigenen Worte zu achten, damit wir nichts Unwahres oder Halbwahrheiten über jemanden erzählen, denn damit schädigen wir dessen Ruf und machen uns schuldig. Das folgende Gebet aus Psalm 141,3 zeigt, worauf es ankommt: *„HERR, behüte meinen Mund und bewahre meine Lippen!"*

Markus Graf

Du sollst nicht begehren deines Nächsten Haus. Du sollst nicht begehren deines Nächsten Frau, Knecht, Magd, Rind, Esel noch alles, was dein Nächster hat.

2. Mose 20,17

Bibellese: 2. Mose 20,17

Das letzte der Zehn Gebote ist wohl das herausforderndste Gebot. Niemand sieht, wenn man es übertreten hat, niemand korrigiert, wenn man es übertritt. Ein Gedanke in diese Richtung reicht jedoch, um vor Gott schuldig zu werden. Irgendwie ist man mit seinem Begehren komplett allein gelassen.

Neid frisst ⇢ Ein gebräuchlicheres Wort für „begehren" ist „neiden". Wer hat noch nie jemandem etwas geneidet? Ich kann mich da nicht rausnehmen. Und unser Lebensstil, unsere Konsumkultur des „Mehr" macht es uns nicht gerade leichter, hier zu bestehen. Aber wieso sollen wir nicht neiden? Neid frisst unsere Zufriedenheit auf, ebenso die Dankbarkeit für all die guten Dinge, die wir bereits erhalten haben. Um nicht missverstanden zu werden: Es ist gut, sich höhere Ziele zu setzen. Es ist jedoch nicht gut, wenn diese Ziele durch Neid gezeugt wurden. Sie werden langfristig nichts Gutes gebären, da ihr Vater der Neid ist.

„Friss" beim Hirten ⇢ Über Geld spricht man nicht. Ich heute schon. Ich bin Pastor und arbeite gleichzeitig 25 Stunden in einer Bankfiliale. Dieses Wissen – dass ich im säkulären Job deutlich mehr Geld verdienen und Karriere machen könnte – ist eine ständige Versuchung. Neid könnte aufkommen – und kam in der Vergangenheit auch auf, wenn man an Geschwister aus der Gemeinde dachte, die sich voll ihrer Karriere widmen und sich einen deutlich höheren Lebensstil leisten können.

Volle Genüge ⇢ Was hilft, Neid entgegenzutreten, dieser Versuchung zu widerstehen? Zum einen hilft mir die Klarheit in meiner Berufung für meinen Dienst in Gottes Reich. Und eine zweite Sache hilft, die für jeden Christen gilt und wichtig ist: das tief verankerte Wissen, dass er dein und mein Hirte ist. Das Schaf kümmert sich nicht um die Weide. Es lässt den Hirten sein Versorger sein, es lässt den Erzhirten Jesus sich um die Weide kümmern. Und das Schaf, das genug hat, braucht auf keine andere Weide zu schauen. Jesus, er ist dieser gute Hirte. Er gibt mehr als genug. In Johannes 10,10.11 lesen wir: *„Ein Dieb kommt nur, um zu stehlen, zu schlachten und umzubringen. Ich bin gekommen, damit sie das Leben haben und volle Genüge. Ich bin der gute Hirte. Der gute Hirte lässt sein Leben für die Schafe."*

Florian Alois Gratz

24
Montag

Alles Volk sah den Donner und die Blitze und den Ton der Posaune und den Berg rauchen. Als sie aber solches sahen, flohen sie und blieben in der Ferne stehen.

2. Mose 20,18

FEBRUAR

Bibellese: 2. Mose 20,18-21

Ein gigantisches Ereignis! Das Volk Israel war am Berg Sinai angekommen, Mose erhielt die zehn Worte (Gebote) Gottes für sein Volk. Einzigartige Gebote, die bis heute an Gültigkeit nichts verloren haben. Israel war das einzige und einzigartige Volk unter allen Völkern, denen Gott persönlich begegnete und zu dem er sprach. Worte des Lebens. Gott manifestierte sich in Heiligkeit und Herrlichkeit. Die ganze Schöpfung bebte, als er seinem Volk begegnete. Und dann beginnt Gott, diese Worte an sein Volk zu sprechen. Wenn Gott spricht, dann bewegt sich etwas. So wie am Anfang der Schöpfung, als Gott sprach und es geschah.

Nicht bereit ⇢ Doch das Volk war nicht bereit für das Reden Gottes. Die Heiligkeit und Herrlichkeit Gottes war wie ein Schwert für sie. Sie erkannten ihre Unreinheit, ihre eigene Ungerechtigkeit und bekamen Angst, dass sie, von dieser Herrlichkeit geblendet, sterben würden. Doch Gott kam nicht, um sein Volk zu vernichten, sondern ihnen den Weg zum Leben zu zeigen. Es waren Worte zum Leben, nicht zum Tod. Gottes Reden zu seinem Volk sollte sie heilen und befreien, aber sie flüchteten vor seiner Gegenwart.

Durch Jesus können wir Gott ins Auge schauen ⇢ Jesus kam, um diese Kluft zu überwinden. Er ist die Brücke zum Vater Gott. Seine Worte sind Wahrheit und Leben. Die Worte Gottes sind heute ebenso aktuell wie zur Zeit der Wüstenwanderung Israels, aber durch Jesus Christus wurde diese Distanz gebrochen. Allein durch ihn ist es möglich, sich Gott zu nahen. Es braucht keinen anderen Mittler mehr wie Mose im Alten Bund. Jesus ist der einzige Mittler zum Vater. Durch den Glauben an ihn dürfen wir uns Gott nahen, wir brauchen nicht mehr von der Heiligkeit und Herrlichkeit Gottes zu fliehen. Welch eine Gnade! Christus hat den vollen Preis der Versöhnung bezahlt. Durch sein Blut, das er am Kreuz für uns vergossen hat, haben wir Vergebung und dürfen Gott in die Augen schauen. Voller Zuversicht, in Demut und voller Dankbarkeit.

Edwin Jung

Und der HERR sprach zu ihm: So sollst du den Israeliten sagen: Ihr habt gesehen, dass ich mit euch vom Himmel her geredet habe.

2. Mose 20,22

Bibellese: 2. Mose 20,22-26

Gott redete zum Wohle des Volkes. Seine Anweisungen sollten die Beziehung zu ihm, zu ihnen selbst und zu den Mitmenschen auf ein gesundes Fundament stellen. Auch beabsichtigte er, ihnen in Liebe zu zeigen, dass er der einzig wahre Gott ist und alle anderen Götter nur steinerne und hölzerne, ja leblose Götzen sind, die sie nicht anbeten und verehren sollen. Somit war seine Stimme vom Himmel her eine Einladung, ihn als einzig wahren Gott anzubeten.

Dies wurde im Alten Testament meist so praktiziert, dass man einen Altar errichtete und darauf dem lebendigen Gott Opfer darbrachte und ihn damit ehrte. In Vers 24 gibt er dann das Versprechen, dass er überall, wo er angebetet wird, kommen und segnen wird. Dies zeigt uns, nicht der Altar oder der Ort war wichtig, sondern die Anbetung und die damit verbundene Ehrfurcht vor Gott dem Allmächtigen.

Wo sind unsere „Altäre"? ⇢ In unserer Zeit bauen wir keine Altäre aus Stein und bringen keine Tieropfer mehr. Für uns heute sind die „Altäre" bestimmte Zeitpunkte, Ereignisse, Erfahrungen, in denen Gott uns ganz nahe ist und wir seine Stimme und seine Anweisungen hören und vernehmen. Immer wieder spricht er zu uns. Etwa, wenn wir die Bibel lesen, wenn wir im Gottesdienst eine Predigt anhören oder der Heilige Geist uns etwas in unserem Herzen offenbart. Man hört Gottes Stimme auch, wenn man durch die Natur wandert und seine Schöpfung, die er für uns Menschen erschaffen hat, bewundert.

Wenn wir auf dieses Reden Gottes, auf seine Stimme hören und ihm glauben und vertrauen, kommt er zu uns und segnet uns. Nicht immer werden alle Probleme, Nöte und Krankheiten beseitigt sein. Aber im Herzen und in unserer Seele wird Ruhe und Frieden einkehren, weil er versprochen hat, zu uns zu kommen. Der Heilige Geist, den Gott der Vater uns sendet, tröstet, heilt und stellt wieder her, was durch die Sünde zerstört wurde. Er zeigt uns den rechten Weg, er bewahrt unser Leben, er stärkt unseren Glauben. Wir dürfen gespannt sein, wo heute unser „Altar", unser Begegnungsort mit Gott dem Vater sein wird. Danken wir ihm, dass er in uns wohnt und zu uns spricht. Wenn wir seiner Stimme gehorchen, werden wir in unserem Leben, unseren Ehen und Familien sowie die Menschen um uns herum gesegnet sein.

Oskar Kaufmann

26
Mittwoch

Das war das wahre Licht, das alle Menschen erleuchtet, die in diese Welt kommen.

Johannes 1,9

FEBRUAR

Bibellese: Johannes 1,1-18

Was könnte das wichtigste Ereignis der Geschichte gewesen sein? Ein Wissenschaftler würde vielleicht denken, dass die Entdeckung der Atomenergie oder des Feuers ganz oben auf der Liste steht. Für einen Erfinder wäre es die Erfindung des Rades oder in jüngerer Zeit die der Elektrizität. Wenn wir Christen sind, ist der bedeutendste Moment in der Geschichte der Menschheit das Ereignis, von dem wir im heutigen Leitvers lesen: Der Herr, der allmächtige Gott, trat in der Person von Jesus Christus als das wahre Licht in die geschaffene Welt ein.

Das wahre Licht ⇢ Dieses Licht ist treu und zuverlässig; es ist echt und authentisch, denn es ist Gott selbst. Sein Licht ist das einzige ewig bleibende Licht. Wir sollten daran denken, dass das Licht in der Ausdrucksform des Johannesevangeliums für die geistliche Erleuchtung und die Erkenntnis Gottes steht. *Jesus* ist das einzige Licht, die Wahrheit, das lebendige Brot, der Weinstock, der Leben gibt, das lebendige Wasser. Jesus ist das vollkommene Licht, in dessen Schein alle anderen Lichter bestenfalls schwach und unvollständig sind.

Es mag Phänomene geben, die wie Lichter erscheinen. Doch häufig sind es schattenhafte Pseudolichter, eitle Philosophien, falsche Lehren und Evangelien, die versuchen, Erleuchtung zu bringen. Sie können jedoch die Menschen niemals zur Wahrheit Jesus führen. Ohne das *„wahre Licht“* werden die Menschen in der Finsternis bleiben. Jesus ist nichts anderes als Licht: In ihm ist überhaupt keine Finsternis (Vers 5).

Es kommt auch zu uns ⇢ Dieses rettende Licht habe ich vor vielen Jahren selbst erfahren. Als Hippie war ich tief in okkulte Praktiken und Drogen verstrickt. Immer wieder gab es die Erwartung, dass diese oder jene Erfahrung zum echten Licht, zur Erleuchtung führen würde, aber es wurde eher immer dunkler in meinem Leben. Bis ich dann in einer lebensbedrohlichen Situation um Mitternacht mitten im Wienerwald rief: „Jesus, wenn du wirklich lebst, komm und hilf mir aus diesem Wahnsinn heraus!“ Da umstrahlte mich plötzlich ein heller Lichtschein, und ich wusste, dass Jesus bei mir war. Er hat mein Leben neu und hell gemacht.

Brauchen wir Licht? Brauchen wir Erleuchtung? Laden wir Jesus in unser Leben ein! *„Wie viele ihn aber aufnahmen, denen gab er Macht, Gottes Kinder zu werden“* (Vers 12).

Gerhard Kisslinger

Er sprach: „Ich bin die Stimme eines Predigers in der Wüste: Ebnet den Weg des Herrn!", wie der Prophet Jesaja gesagt hat.

Johannes 1,23

27
Donnerstag

FEBRUAR

Bibellese: Johannes 1,19-28

Der heutige Bibelvers ist die Antwort des Johannes auf eine Frage, die uns letztlich alle betrifft: „Wer bin ich?" Unsere Antwort wird den Lauf unseres Lebens bestimmen. Es war die Frage, die ich in meiner jugendlichen Sinnsuche stellte und die mich letztlich zu Jesus, unserem Schicksal, führte. Ohne Antwort driften wir im Leben umher wie ein Blatt im Wind. Mit der falschen Antwort enden wir, wo wir nie hinwollten. Die richtige Antwort hingegen bildet die Grundlage dafür, dass unser Leben die göttliche Bestimmung entfalten kann.

Johannes der Täufer wurde mit dieser Frage konfrontiert, als er am Höhepunkt seines Dienstes stand – von Leuten, die nicht aus Bewunderung, sondern ärgerlicher Verwunderung fragten. Obwohl er in der Wüste von Heuschrecken und wildem Honig lebte, war sein Dienst kein Honiglecken. Sein Auftrag war es, Menschen zur Umkehr zu rufen. Er tat das nicht wie einst Elia durch Zeichen und Wunder, sondern rüttelte mit scharfen Worten am Gewissen der Menschen. Dennoch kamen sie in Scharen zu ihm. Jesus nannte ihn später den größten Propheten des Alten Bundes. Johannes hatte die große Aufgabe, die Bühne für Jesus vorzubereiten.

Wissen wer man ist – und wer nicht ⇢ Dazu musste Johannes fest stehen und wissen, wer er war. Mit der Frage nach Identität geht die Frage nach Bestimmung einher. Vorab: Johannes wusste, wer er nicht war. Er überhob sich nicht angesichts der Massen, die zu ihm strömten: „Ich bin nicht euer Erlöser (Guru)". Er glaubte auch nicht an Wiedergeburt, wie manche – die ihre eigene Herkunft so erklären möchten – das dem Wort unterstellen, denn obwohl er im Geist Elias kam, verneinte er, dessen Reinkarnation zu sein.

Seine Antwort lesen wir im heutigen Leitvers. Er hatte sich selbst in Gottes Wort gefunden – und darin seine Identität und Bestimmung erkannt. Bei Jesus war es auch so: *„Siehe, ich komme – in der Buchrolle steht von mir geschrieben"* (Hebräer 10,7 ELB).

In und durch ihn ⇢ Haben wir schon uns in dem gefunden, was Gott in seinem Wort über uns spricht? *In Christus* sind wir neu erschaffen. In der frohen Botschaft unserer Erlösung finden wir die Antwort, wer wir jetzt *in ihm* sind, was wir *durch ihn* haben und vermögen und wie sehr wir *in ihm geliebt* sind. Auf diesem Felsen werden auch wir Halt finden und unsere Bestimmung erfüllen.

Gottfried Knirsch

....

28
Freitag

FEBRUAR

Und ich habe es gesehen und bezeugt: Dieser ist Gottes Sohn.

Johannes 1,34

Bibellese: Johannes 1,29-42

Der Dienst des Johannes des Täufers läutete eine neue Epoche in der Geschichte Gottes mit den Menschen ein. Er sollte den Weg ebnen, das Volk vorbereiten, zur Buße rufen, damit der Messias, der Gesalbte, seinen Dienst unter dem Volk Israel tun konnte. Seine Aussagen waren zum Teil scharf und prägnant, sodass sie nicht immer auf Gegenliebe stießen. Er war eine prophetische Stimme in der Wüste, bereitete den Weg für den Herrn! Andere wurden aber gerade durch die klaren Aussagen des Johannes zu Gott gebracht. Sie kamen in Scharen, um ihn zu hören, umzukehren und sich taufen zu lassen. Einige Kennzeichen des Dienstes des Johannes waren, dass er die Gabe der Geisterunterscheidung hatte und Worte Gottes sagte, die sich stark vom Zeitgeist abhoben. Sünde sprach er direkt an.

Die Gemeinde des Herrn heute hat ebenfalls den Auftrag, eine Stimme Gottes zu sein und das zweite Kommen Jesu vorzubereiten. Gott möchte eine Braut ohne Flecken und Runzeln. Wie bereiten wir sie für ihn vor?

Ich kann mich noch gut an eine Begebenheit in den 90er-Jahren erinnern, als unser damaliger Pastor einen Gast im Gottesdienst vor der Gemeinde mit den Worten konfrontierte: „Bist du gekommen, um Gott zu suchen oder die jungen Mädchen der Gemeinde?“ Solch eine Ansage kann man nicht so leicht vergessen und veranlasste auch den Gast, eine Entscheidung zu treffen: Er verließ den Gottesdienst.

Klare Sicht In unserem Bibeltext sehen wir, dass Johannes Geister und Stimmen durch die Gabe der Geisterunterscheidung unterscheiden konnte. Er wusste, dass Gott ihn gesandt hatte, er erkannte Jesus als das Lamm Gottes, das die Sünde der Welt trägt, obwohl dieser noch keinen Dienst getan hatte. Johannes wusste, dass Jesus vor ihm war, er kannte seinen Auftrag, nämlich zu taufen, er sah den Geist herabfahren und auf Jesus bleiben. Er wusste, dass Jesus mit dem Geist taufen wird, und er sah und bezeugte, dass Jesus der Sohn Gottes ist. Was für eine klare Sicht in einer Zeit, als der Heilige Geist noch nicht über die Gemeinde ausgegossen war.

Lasst uns heute beten, dass Gott uns eine klare Sicht gibt für unser Leben: „Herr, wozu hast du mich berufen? Was sind meine Aufgaben im Reich Gottes? Welchem Freund, Bekannten, welchem deiner Kinder darf ich heute ein Wort von dir weitergeben?“

Irmgard Kristanell

Jesus antwortete und sprach zu ihm: Du glaubst, weil ich dir gesagt habe, dass ich dich gesehen habe unter dem Feigenbaum. Du wirst noch Größeres sehen als das.

Johannes 1,50

Bibellese: Johannes 1,43-51

In unserer heutigen Bibellesung ruft Jesus Philippus auf, ihm zu folgen. Auch wir hören seinen Ruf in unseren Herzen, mit dem er uns ermutigt, dasselbe zu tun. Voller Freude erzählt Philippus Nathanael von Jesus. Vielleicht beginnen auch wir, an Menschen in unserem Einflussbereich zu denken, die die gute Nachricht noch nicht gehört haben. Nathanaels abweisende Reaktion zeigt auf, dass es nicht immer leicht sein wird, die Herzen der Verlorenen zu erreichen. Philippus gibt aber nicht auf, und das sollten wir auch nicht. Er lädt Nathanael ein, zu Jesus zu kommen, um sich selbst ein Bild zu machen. Denken wir einmal an die vielen Gelegenheiten, die wir haben, um Menschen einzuladen, Jesus kennenzulernen. Ob in der Gemeinde, im Hauskreis, im Gebet oder bei einer Vielzahl anderer Möglichkeiten.

Woher kennst du mich? ⇢ Als Philippus und Nathanael schließlich zu Jesus kommen, geschieht etwas Übernatürliches. Jesus begrüßt Nathanael mit den Worten: *„Siehe, ein rechter Israelit, in dem kein Falsch ist"* (Vers 47). Nathanael will sofort wissen: *„Woher kennst du mich?"*(Vers 48). Jesus antwortet mit Worten, die Nathanael schockieren und in Ehrfurcht versetzen: Er erzählt ihm, dass er ihn unter dem Feigenbaum gesehen hat, noch ehe Philippus mit ihm gesprochen hatte. Nathanael ist sofort davon überzeugt, dass Gott am Werk ist. Er bekennt Jesus als den Sohn Gottes und Messias.

Woher wusste Jesus das über Nathanael? Jesus war mit dem Heiligen Geist und mit Kraft gesalbt. Dies war eine der neun Geistesgaben, die Paulus als das *„Wort der Erkenntnis"* bezeichnet (1. Korinther 12,8). Das Wort der Erkenntnis offenbart vergangene Ereignisse und Fakten über Menschen oder Dinge, die wir auf natürlichem Wege niemals hätten erfahren können. In diesem Fall offenbarte der Heilige Geist Jesus Fakten über Nathanael, um diesen davon zu überzeugen, an Jesus zu glauben.

Gott sei Dank für den Heiligen Geist ⇢ Jesus sagte, dass wir übernatürliche Kraft empfangen werden, um seine Zeugen zu sein. Die Gaben des Heiligen Geistes sind mächtig und überzeugend. Sie stehen jedem Gläubigen zur Verfügung. Die Kraft des Heiligen Geistes ist der wichtigste Faktor für erfolgreiche Seelengewinnung. Lasst uns eifrig nach den besten Gaben suchen, um unsere Welt für Jesus zu erreichen.

Fred Lambert

2
Sonntag

Jesus spricht zu ihr: Was habe ich mit dir zu schaffen, Frau? Meine Stunde ist noch nicht gekommen.

Johannes 2,4

MÄRZ

Bibellese: Johannes 2,1-12

Erwartungsdruck: Jesus steht am Anfang seines Dienstes – gerade erst getauft, noch bei der Wahl der Jünger – vor seinem ersten Wunder. Wahrscheinlich noch recht unbekannt und mit der Bürde, seinen Auftrag hier auf der Erde in nur drei Jahren zu erfüllen. Und jetzt kommt noch der Erwartungsdruck der eigenen Mutter dazu und vielleicht auch von einzelnen Jüngern. „Sie haben keinen Wein mehr – Jesus, mach was! Siehst du nicht die Not, die Blamage, dass die Hochzeit zu Ende ist? Hilf ihnen, schließlich sind sie Verwandte!" (Was anzunehmen ist, da auch Maria eingeladen war). Was wäre uns da durch den Kopf gegangen? Wie würden wir in solch einer Situation reagieren?

Jesus bleibt sich treu ⇢ Er kennt seinen Auftrag. Er weiß, dass sein Leben und seine Zeit in Gottes Hand liegen. Er weiß aber auch, dass er klare Grenzen ziehen muss. Er ist Sohn – aber er ist auch Messias, der Erlöser. Ihm ist bewusst, dass er seinen Auftrag nicht erfüllen kann, wenn er sich von Menschen manipulieren oder kontrollieren lässt. Und so reagiert er seiner Mutter gegenüber fast schon schroff. *„Was habe ich mit dir zu schaffen, Frau?"* ist eine klare Zurechtweisung, eine Klärung der Autoritätsverhältnisse. Diese hebräische Aussage drückt stets das Geschiedensein aus, und die Ansprache als *„Frau"* statt „Mutter" betont das zusätzlich.

Diese klare Abgrenzung wird nur im Kontext der Sendung Jesu klar. Ein von Menschen gesteuerter Jesus kann nicht der Erlöser sein. Die völlige Abhängigkeit vom himmlischen Vater und der absolute Gehorsam ihm gegenüber sind die Bestätigung der göttlichen Sohnschaft Jesu. Hier kann er keine Kompromisse eingehen. Das macht er Maria klar.

Ein Vorbild ⇢ Und sie reagiert nicht beleidigt, sie schießt nicht zurück. Nein, Maria nimmt diese schroffe Klarstellung mit einem demütigen Herzen auf, erkennt die Autorität des Sohnes Gottes an und ordnet sich dem eigenen Sohn unter. „Tut, was er euch sagt", ist nicht eine manipulative Anweisung an die Diener im Sinne von: „Er wird schon was tun." Sondern ein völliges Akzeptieren der Autorität Jesu: „Was immer er sagt, ist richtig – handelt danach!" Damit ist sie uns ein großes Vorbild.

Wie reagieren wir auf Druck? Und vor allem – wie ist unsere Reaktion, wenn Gott Dinge anders tut, als wir sie uns wünschen?

Markus Marosch

Er aber redete von dem Tempel seines Leibes.

Johannes 2,21

Bibellese: Johannes 2,13-25

Was für eine Leidenschaft! Jesus *„machte eine Geißel aus Stricken"* (Vers 15). Dafür nahm er sich Zeit. Es war also kein Ausbruch von Jähzorn, sondern eine bedachte, leidenschaftliche Aktion. Und sie wurde richtig laut und heftig: Man kann sich den Lärm vorstellen, als er die Tische umstieß, und den Unmut, als er den Wechslern das Geld ausschüttete. Es muss einen ordentlichen Tumult gegeben haben, in dem sich seine Jünger wohl fragten, wo der sanftmütige Jesus geblieben war, der Frieden und Versöhnung verkündet hatte. Eifer um das Haus Gottes, das fiel ihnen dazu ein, musste sein Antrieb sein.

Dass es nicht um irgendein Gemäuer geht, deutete Jesus schon damals an: *„Er aber redete von dem Tempel seines Leibes."* Der Alte Bund ging zu Ende und mit ihm der Tempel aus Stein, in dem Opfer dargebracht wurden. Der Neue Bund in Jesus Christus begann. Und mit ihm wurde ein großes Geheimnis offenbar: Gott selbst lebt in uns!

Wir sind Gottes Tempel ⇢ Der Apostel Paulus erklärt dazu: *„Wisst ihr nicht, dass ihr Gottes Tempel seid und der Geist Gottes in euch wohnt? Wenn jemand den Tempel Gottes zerstört, den wird Gott zerstören, denn der Tempel Gottes ist heilig – der seid ihr"* (1. Korinther 3,16.17). Darf Jesus uns heute fragen: „Was machst du mit dem Haus meines Vaters?" Darf er uns zur Umkehr rufen? Du und ich, wir sind der Tempel, der gereinigt werden muss. Wir alle dürfen Platz für Gott schaffen, in unserem Inneren, das oft einer Markthalle gleicht. Da sind negative Gedanken, sündige Begierden, so viele störende Geräusche. Jesus hat uns für einen hohen Preis erkauft, damit er selbst in uns wohnen kann. Er ist kein „lieber" Gott, sondern ein „liebender" Gott. Es ist ihm ein Anliegen, dass es uns gut geht, dass wir rein und heilig sind und er selbst durch uns Ausdruck finden kann. Reinigen wir heute mit Leidenschaft unser inneres Haus!

Gebet ⇢ Jesus, ich ehre dich dafür und danke dir, dass du selbst in mir wohnst. Ich will dein Haus rein und heilig halten und mich heute von Gedanken und Verhaltensweisen trennen, die es verunreinigen. (Was wir konkret wissen, sollten wir hier benennen). Fülle jeden Winkel dieses Hauses mit deiner kostbaren Gegenwart, heilige mich für deine guten Absichten, damit ich heute ein klares Licht für die Menschen um mich herum sein kann. Amen.

Petra Plonner

4
Dienstag

MÄRZ

Jesus antwortete und sprach zu ihm: Du bist Israels Lehrer und weißt das nicht?

Johannes 3,10

Bibellese: Johannes 3,1-21

Nikodemus fühlt sich etwas überrumpelt: „Von Neuem / von oben / noch einmal geboren werden", so lautet Vers 3 in verschiedenen Übersetzungen. Das war nicht die alltägliche Redeweise jener Zeit vom Sehen und Eingehen in das Reich Gottes. Darum hilft Jesus dem Kenner der heiligen Schriften gerne weiter: *„Wenn jemand nicht geboren wird aus Wasser und Geist, so kann er nicht in das Reich Gottes kommen"* (Vers 5).

Da müsste doch einem Lehrer Israels die Besonderheit der jüdischen Gottesbeziehung in den Sinn kommen, dass nämlich mit dem Bund vom Sinai durch Mose noch nicht alles gesagt ist. Denn sogar schon bei Mose selbst – und noch deutlicher bei den Propheten – ist von einer Erneuerung und der eigentlichen Verwirklichung der Gemeinschaft mit Gott in der Zukunft die Rede. So spricht etwa Hesekiel von einem *neuen Herzen*, in das Gott *seinen Geist* geben will, und sagt zuvor: *„Und ich will reines Wasser über euch sprengen, dass ihr rein werdet; von all eurer Unreinheit und von allen euren Götzen will ich euch reinigen"* (Hesekiel 36,25-27).

Wie mag das zugehen? ⇢ Das ist die Frage, die nicht nur für Nikodemus kommen muss. Das „reine Wasser" lässt manche an die christliche Taufe denken, aber die gab es zum Zeitpunkt dieses Gespräches noch gar nicht. Mehr Sinn erschließt sich für die Beziehung der Stelle aus Hesekiel zum Johannesevangelium, wenn wir darunter die Verkündigung des Wortes Gottes verstehen, wodurch Gott sein Volk in die rechte Beziehung zu sich selbst lenken will. Jesus fasste dies gegenüber seinen Jüngern so zusammen: *„Ihr seid schon rein um des Wortes willen, das ich zu euch geredet habe"* (Johannes 15,3). *„Gereinigt durch das Wasserbad im Wort"* nennt Paulus diesen Vorgang in Epheser 5,26. Und Petrus betont das Ja in der Antwort des Menschen, wodurch Gott *„ihre Herzen durch den Glauben"* gereinigt hat (Apostelgeschichte 15,9).

Wenn Gottes Wort offenes Gehör findet, klärt es unsere ganze innere Einstellung und Ausrichtung, und der Geist schenkt das neue Leben aus Gott – die Geburt „von oben". Im Aufblick auf den, der für unsere Sünden gekreuzigt und von den Toten auferweckt worden ist, „sehen wir" und werden einmal, unseres Heils gewiss, in Gottes Reich eingehen!

Alfred Schweiger

Er muss wachsen, ich aber muss abnehmen.

Johannes 3,30

Bibellese: Johannes 3,22-36

Heute ist der 5. März – die ideale Zeit, mit dem Training zu beginnen, um für die Badesaison 2025 in Form zu kommen. Oder vielleicht wollen wir doch nicht anstrengenden, schweißtreibenden Sport betreiben, womöglich verletzen wir uns noch dabei. Dann bleibt uns nur noch, Diät zu halten. Ein bisschen zurückhalten und auf bestimmte Nahrungsmittel verzichten, andere bevorzugen, dann wird das mit dem Abnehmen schon hinhauen.

Abnehmen ⇢ Für mich beschreibt der heutige Vers eine „geistliche" Diät, die allerdings nichts mit physischem Abnehmen zu tun hat. Vielmehr geht es darum, dass Jesus immer mehr Raum einnehmen soll, und wir immer weniger. Johannes ist uns hier ein gutes Vorbild. Er zeigt uns, wie ein Leben aussehen kann, wenn es von Jesus berührt worden ist. Da soll man selbst mehr und mehr in den Hintergrund treten, damit er mehr und mehr in den Vordergrund treten kann. Da macht es nichts, wenn Jesus mehr Follower, mehr Applaus und mehr Likes bekommt. In der heutigen Zeit werden wir mit der entgegengesetzten Behauptung bombardiert: „Mach dich groß, werde berühmt. Bestimme deinen Weg! Behaupte dich, sei du das Zentrum! Du kannst alles sein und werden, was du willst. Hol du dir die Aufmerksamkeit!" Johannes schien dieses Denken komplett fremd zu sein (seinen Jüngern aber nicht).

Zunehmen ⇢ Wie gut, dass Johannes uns ein solch deutliches Vorbild ist. Er hat seine Augen auf Gott gerichtet und weiß um seinen Auftrag, in dem es nicht darum geht, selbst groß zu sein, sondern Jesus groß zu machen. Johannes will nicht seinen Platz behaupten, sondern Platz für Jesus machen. Paulus beschreibt dies so: *„Denn Christus ist mein Leben, und Sterben ist mein Gewinn"* (Philipper 1,21). Jesus nahm in seinem Leben den ganzen Raum, Platz und die bestimmende Rolle ein. Im Römerbrief führt Paulus es noch weiter aus: *„Leben wir, so leben wir dem Herrn; sterben wir, so sterben wir dem Herrn. Darum: wir leben oder sterben, so sind wir des Herrn"* (Römer 14,8).

Jesus, sei du das Zentrum! ⇢ Wollen wir uns und unser Herz daran erinnern, dass Jesus in uns und unserem Leben groß werden soll? Dann wird es Zeit, sich bewusst zu machen, dass wir in unserem Leben abnehmen sollen. Klingt wie eine Diät – aber halt nach biblischer Art.

Philip Sinning

6
Donnerstag

Aber es kommt die Stunde und ist schon jetzt, dass die wahren Anbeter den Vater anbeten werden im Geist und in der Wahrheit.

Johannes 4,23

MÄRZ

Bibellese: Johannes 4,1-26

Mein Mann Michael hat wunderschön definierte schwarze Locken und ein wunderschönes Lächeln. Außerdem kocht er besser als ich. In all das habe ich mich verliebt. Aber meine Beziehung zu ihm blieb nicht auf dieser Ebene. Sie blieb nicht oberflächlich.

Ungeschminkte Wahrheit ⇢ Am Anfang unserer Ehe war ich mir nicht sicher, wie das funktionieren kann. Ob er mich schön findet, wenn ich morgens neben ihm aufwache und noch kein Make-up trage. Mein Haar noch nicht gestylt und meine Zähne nicht geputzt sind. Aber trotz meiner Unsicherheiten und Ängste habe ich mich auf unser gemeinsames Leben eingelassen, weil die Liebe größer war als meine Angst, abgelehnt zu werden.

Über die Jahre wurde unsere Beziehung immer „echter". Wir sind füreinander da, egal ob meine Haare sitzen (seine Haare sitzen immer perfekt) oder wie mein Atem riecht (trotzdem lutsche ich gerne starke Pfefferminzbonbons). Unsere Verbindung wurde enger, besonders durch herausfordernde Zeiten, die wir durchlebt haben. Dies waren Phasen, in denen wir mit Krankheit oder finanziellen Engpässen zu kämpfen hatten. Aber gerade diese Täler haben unserem Miteinander mehr Höhe verliehen.

Wahrhaftige Anbetung ⇢ Gott möchte eine richtig echte Beziehung zu uns haben, nicht nur eine Wochenendbeziehung. Unser Leben als Christ soll nicht einer Fernbeziehung gleichen, in der wir uns nur bei passender Gelegenheit mit unserem Gott treffen. Er möchte mit „Sack und Pack" in unser Leben einziehen und uns in jeder Sekunde nahe sein.

Was bedeutet Anbetung *„im Geist und in der Wahrheit"* für mich? Es bedeutet, dass die Anbetung echt ist, und dass der Heilige Geist dieses Feuer in mir immer wieder neu anfacht. Er ermutigt uns, nicht aufzugeben, sondern immer wieder in die Arme unseres liebenden Vaters zu laufen. Bei ihm ist unser wirkliches Zuhause, wo wir bedingungslos geliebt werden. Anbetung ist so viel mehr, als Lieder zu singen. So viel mehr als eine oberflächliche Beziehung. So viel mehr, als in den Gottesdienst zu gehen. Anbetung ist echt – und sie ist leidenschaftlich. Anbetung hält nichts zurück und gibt sich Gott ganz hin.

Sabine Unterberger

Es glaubten aber an ihn viele der Samariter aus der Stadt um des Wortes der Frau willen, die bezeugte: Er hat mir alles gesagt, was ich getan habe.

Johannes 4,39

Bibellese: Johannes 4,27-42

Ein Zeugnis mit erstaunlicher Wirkung: Eine ganze Stadt ist in Bewegung. Das Zeugnis einer Frau, die am Rande der Gesellschaft steht, bewirkt, dass die Leute ihrer Stadt ebenfalls die Begegnung mit Jesus suchen und ihn auch erleben. Was war geschehen und was ist der Inhalt dieses Zeugnisses?

Wenn Jesus uns begegnet

1. Die Frau am Jakobsbrunnen erfährt, dass Jesus ihre Geschichte kennt. Es ist eine Geschichte, die von Enttäuschungen und unerfüllten Hoffnungen gekennzeichnet ist. Es ist ein Leben, das alles andere als in Erfüllung gegangen ist.
2. Sie erlebt, dass Jesus an ihr interessiert ist. Das ist bezeichnend in diesem Kapitel, in dem der Evangelist Johannes ausführlich von dieser Frau berichtet. Es beweist, dass Gott am Einzelnen interessiert ist. Bei ihm gibt es keine Massenabfertigung und auch keine gesellschaftliche Stellung. Bei ihm zählt der Mensch, gleichgültig, wie dessen Leben aussieht oder wie groß seine Last auch sein mag. Jesus ist jedermanns Heiland. Er reicht jedem die Hand, will ihm Gnade erweisen und ihn in seine Erlösung ziehen.
3. Jesus kommt mit einem Angebot. Seine Worte haben Ewigkeitswert. Er bietet ein Leben an, das in die Ewigkeit führt. Es ist die Rede von einem erfüllten Leben. Jesus enttäuscht nie. Als der große Seelsorger weiß er, was ein Mensch braucht. Er bietet ein erfülltes Leben unter seiner Führung und unter seinem Segen an. Das hatte die Samariterin offensichtlich verstanden und ging darauf ein.

Kommt und seht! → Gleichzeitig erkannte die Frau, dass sie hier dem Messias, dem Christus, gegenübersteht. Mit dieser Erkenntnis lief sie in die Stadt. Ihre Botschaft lautete: „Kommt und seht!" Dabei ist es erstaunlich, dass die Samariter mit ihrer Mischreligion doch so viel von der biblischen Wahrheit in ihrem religiösen Empfinden mitbekommen hatten. Das Zeugnis jener Frau hat die Leute von Sichar neugierig gemacht, und das führte ihrerseits zu einer Begegnung mit Jesus – und so wird Jesus auch Teil ihrer Geschichte.

Die Botschaft unserer heutigen Bibellese lautet: Jesus will Teil auch unserer Geschichte werden. Er ermöglicht ein Leben unter Gottes Führung, ein erfülltes Leben. Ein Leben, das in uns eine lebendige Quelle entspringen lässt, die bis ins ewige Leben fließt. „Kommt und seht!"

Klaus Winter

8
Samstag

Jesus spricht zu ihm: Geh hin, dein Sohn lebt! Der Mann glaubte dem Wort, das Jesus zu ihm sagte, und ging hin.

Johannes 4,50

MÄRZ

Bibellese: Johannes 4,43-54

Was für eine Geschichte! Ich weiß nicht, wie ich als Vater des im Sterben liegenden Sohnes von Jesus weggegangen wäre. Ob mit so viel Glauben und Vertrauen, trotz, menschlich gesehen, noch sehr großer Ungewissheit? Wahrscheinlich hätte ich eher noch versucht, Jesus zu drängen, doch lieber mitzukommen und die Hände aufzulegen.

Wir wissen nicht, wie es dem Hauptmann auf dem Weg nach Hause zu seinem Sohn ging. Aber ich kann mir gut vorstellen, dass er kämpfte. Auf der einen Seite spürte er den Glauben, den er nach dem Hören der Worte Jesu bekommen hatte. Vermutlich kamen aber auch Gedanken der Angst, wie: „Was ist, wenn es doch nicht geklappt hat? Was, wenn ich meinen Sohn nicht lebend finde?"

Wie oft geht es uns so? ⇢ Wir erleben eine schlimme oder schwierige Situation. Also beten wir zu Jesus und hoffen, dass er uns ein klares Wort dazu gibt. Dann bekommen wir eventuell ein klares Wort (preist den Herrn) – und auf einmal folgt allerdings ein „Weg", den wir im Vertrauen und Glauben gefühlt doch oft alleine gehen müssen. Auch wenn wir Gemeinschaft mit anderen Christen haben, gut in eine Gemeinde eingebettet sind und so weiter, sind diese Wege doch Wege, die jeder persönlich alleine gehen muss. Niemand kann sie für einen gehen, aber sie sind gut und wichtig und werden unseren Glauben stärken.

Wir dürfen vertrauen, dass Gott seine Zusagen, wenn wir sie klar gehört haben, sicher halten wird. Halten wir fest an der Hoffnung und suchen wir seine Stimme! Die anderen Stimmen werden auch da sein, das ist normal. Und natürlich können Themen auftreten, bei denen man sich fragt, was wohl mit dem eigenen Glauben passiert, wenn Gott nicht so handelt, wie man es sich sehnlichst wünscht. Aber auch damit dürfen wir zu Gott kommen.

Weitergeben ⇢ Eine andere Sache aus der Geschichte möchte ich noch gerne beleuchten: *„Und er glaubte mit seinem ganzen Hause"* (Johannes 4,53). Wenn Gott Wunder tut und wir aus dem Staunen nicht mehr herauskommen, dürfen das andere Menschen mitbekommen. Gott nutzt es, damit auch sie seine Freundlichkeit und Güte schmecken und sich ihm öffnen. So hoffen wir auf sein Wort. Machen wir uns bereit, unseren Familien und Freunden von dem zu erzählen, was Gott getan hat. Schauen wir, wie Gott unser Erlebtes gebraucht, um andere Menschen zu sich zu führen.

Benjamin Bläsius

Als Jesus ihn liegen sah und vernahm, dass er schon so lange krank war, spricht er zu ihm: Willst du gesund werden?

Johannes 5,6

Bibellese: Johannes 5,1-18

38 Jahre bettlägerig – 38 Jahre auf die Hilfe und Almosen anderer angewiesen. 38 Jahre die mitleidigen Blicke gehender Menschen auf sich gerichtet und überwiegend Gemeinschaft mit solchen, die vermutlich genauso oder vielleicht noch bedauernswerter, arm, verzweifelt, enttäuscht, vielleicht hoffnungslos oder verbittert unter ihrer Behinderung leiden. Viele Jahre, vermutlich Jahrzehnte, liegt er nun schon dort: der Gelähmte, der irgendwie zwar noch auf ein Wunder hofft und doch glaubt, dass allein menschliche Hilfe ihm im wahrsten Sinne des Wortes den Weg zur Heilung ebnen kann.

Die Frage aller Fragen ⇢ Und dann richtet Jesus seinen Blick auf den Gelähmten und bahnt sich seinen Weg durch die vielen, vielen Menschen. Es wäre ihm doch ein Leichtes gewesen, mit einer segnenden Armbewegung alle Kranken auf einmal zu heilen, oder? Aber Jesus sucht den Einzelnen und kommt – wie so oft – ins Gespräch mit ihm, aus lauter Wertschätzung, Fürsorge und Liebe. Schließlich fragt er die Frage, die ein wenig seltsam anmutet: *„Willst du gesund werden?“* – „Na klar! Warum fragst du das überhaupt? Was denkst du denn, warum ich hier schon so lange liege?“

Wie ist unsere Antwort? ⇢ Jesus möchte es aus dem Mund des geliebten Gegenübers hören: „Ja, ich will! Nein, ich habe mich nicht an diesen Zustand gewöhnt! Meine Beine tun nicht das, wozu sie geschaffen wurden. Ich will stehen, gehen und lernen, selbst für meinen Lebensunterhalt zu sorgen. Raus aus der Opferhaltung – rein in die Eigenverantwortung!“

Ich bete viel am Telefon mit Menschen, die körperliche, psychische, beziehungsmäßige oder finanzielle Nöte haben. Es sind auch Anrufer dabei, die vielleicht mehr die menschliche Zuwendung als die Hilfe Gottes suchen. Und es scheint so, als ob sich trotz wiederholter Gebete ihre Lebenslage nicht wirklich verändert und die Nöte immer wieder dieselben bleiben. Doch da sind auch die Anrufer, die mit jeder Faser ihres Herzens Gottes Eingreifen erwarten, die festhalten und sich auf Gottes Wort stellen, die Veränderung suchen und bereit sind, wenn Jesus sagt: „Steh auf und geh!“, selbst wenn es dann unbequem wird. Nicht selten erlebe ich gerade bei diesen Menschen, wie ihre Not sich wendet und Heilung sich Bahn bricht.

Und so fragt Jesus auch heute: „Willst du gesund werden?“ Wie antworten wir?

Marion Ruchelka

10
Montag

MÄRZ

Da antwortete Jesus und sprach zu ihnen: Wahrlich, wahrlich, ich sage euch: Der Sohn kann nichts von sich aus tun, sondern nur, was er den Vater tun sieht.

Johannes 5,19

Bibellese: Johannes 5,19-29

Ein Vers, der mich seit langer schon Zeit fasziniert und über den ich öfter nachsinne: *„Der Sohn kann nichts von sich aus tun, sondern nur, was er den Vater tun sieht."* Wir haben einen dreieinigen Gott, und je mehr wir versuchen, in diese Thematik einzutauchen, sprengt es irgendwann unsere Vorstellungskraft.

Die heutige Bibellese beschäftigt sich nicht nur mit den Themen Einheit, Vater-Sohn-Beziehung und Vollmacht, sondern auch damit, geleitet zu sein, mit Gehorsam und dem Absolutheitsanspruch Gottes. Wie sehr lieben es viele von uns, vom Vater im Himmel geführt zu werden und dadurch Sicherheit in kleinen und großen Lebensfragen zu erlangen.

Doch wie geschieht das praktisch?

- Wenn wir ein kleines Kind vor Augen haben, das sicher über die Straße geführt werden soll, sehen wir innerlich, wie es von seinem Vater an die Hand genommen wird. Er hat den Überblick und die Verantwortung und bringt sein unmündiges Kind sicher auf die andere Seite. Das Kind tut nichts weiter, als sich vom Vater liebevoll in die richtige Richtung ziehen zu lassen.
- Wenn wir in den 23. Psalm schauen, wo Gott sich uns als der gute Hirte vorstellt, geht es um ein sicheres Durchwandern angsteinflößender, dunkler Lebensabschnitte: „*… dein Stecken und Stab trösten mich*" (Psalm 23,4). Das Klicken des Stabes – die Ohren in Richtung des Hirten auf Empfang geschaltet – geben Sicherheit und Orientierung, wo das Auge nicht weit kommt.
- Und nun lesen wir, dass Jesus ausschließlich das tat, was er den Vater hatte tun sehen. Leiten durch Vorbild! Jesu Augen waren unablässig auf den Vater gerichtet. Er hat ihn beobachtet und sich an dem, was er sah, orientiert.
- Schließlich gibt es noch die Königsdisziplin aus Psalm 32,8: „*… ich will dich mit meinen Augen leiten.*" Hier geht es nicht darum, bei der Hand genommen zu werden, zu hören oder zu beobachten – nein! Hier geht es um eine innige Verbindung und tiefe Vertrautheit zum Vater. Ohne Worte – allein durch Herzensverbindung und Augenkontakt – erkennt das Kind, welchen Weg es gehen kann, damit der Segen Gottes fließt und reiche Frucht entsteht.

Möchten wir Gottes Führung erkennen? Erwarten wir immer noch die Hand, die uns über die Straße zieht? Oder sind unser Herz und unsere Augen schon unablässig auf den Vater gerichtet?

Thomas Ruchelka

Ich kann nichts von mir aus tun. Wie ich höre, so richte ich, und mein Gericht ist gerecht; denn ich suche nicht meinen Willen.

Johannes 5,30

11
Dienstag

Bibellese: Johannes 5,30-47

MÄRZ

Jesus tut nur das, was der Vater auch will! Er sagt es deutlich: *„Ich kann nichts von mir aus tun."* Hat er denn nicht alle Macht im Himmel und auf Erden? Ist er nicht der Herrscher aller Heerscharen? Warum beschränkt er sich auf die Taten, die er den Vater tun sieht? Hier liegt ein Geheimnis des Evangeliums: Nur in Einheit sind wir wirklich stark und werden Wunder sehen. Der Vater handelt, der Sohn sieht es und tut es ebenso, und der Heilige Geist sagt es uns.

Warum in dieser Reihenfolge? ⇢ Damit auch wir uns in diese Reihenfolge einordnen können. Der Vater handelt, er sieht und spricht, und sein Sohn Jesus Christus tut es genauso. Der Heilige Geist macht keine Ausnahme, er spricht dasselbe und möchte, dass wir es ebenso tun. Dann geschehen Zeichen und Wunder! Dann ist es wirklich Gott, der gesprochen hat. Dann geschieht es. Mein ganzes Leben ist genau diese Reihenfolge: Ich höre den Heiligen Geist, er sagt mir genau, was ich tun soll, und ich gehorche sofort seinem Wort. Dann geschieht das Wunder.

Leider habe ich einige Male auf den „weisen Rat" von wohlmeinenden Christen gehört. Bei einer Gelegenheit wollten sie alles erst genau analysieren und prüfen. Als wir am Ende alles wussten, was passieren könnte, und für alle Notwendigkeiten eine Lösung hatten, war das Wunder beendet, weil der Investor einen schnelleren Käufer gefunden hatte.

Er hält sein Wort ⇢ Ich durfte lernen: Wenn Gott einen vertrauenswürdigen Menschen gefunden hat, schenkt er tatsächlich alles, was nötig ist. Was meine ich damit? Gott hatte mir gesagt, er habe in jedem Bundesland ein gutes, völlig fertiges Haus für MISSION FREEDOM, das wir einfach mieten sollen. Er würde für alle Kosten aufkommen. Die Frauen und Kinder aus dem Menschenhandel würden aufgenommen und alle werden gerettet werden.

Genauso kam es: Wir dürfen bereits drei große Häuser mieten und viel Land in Afrika finanzieren für über 1000 Frauen und Kinder, die alle Betroffene von Menschenhandel und Zwangsprostitution sind. Und wir staunen, wie Gott rettet. Jede Person wurde wie durch ein Wunder mit viel Gebet gerettet. Jedes Gebäude ist eine Wundergeschichte, weil sogar alle Möbel perfekt dazu geschenkt wurden. Ich glaube, Gott möchte immer noch so handeln. Sagen wir ja zu seiner Anweisung – wir werden reich gesegnet sein.

Gabriele Wentland

12
Mittwoch

Jesus aber nahm die Brote, dankte und gab sie denen, die sich gelagert hatten; desgleichen auch von den Fischen, so viel sie wollten.

Johannes 6,11

MÄRZ

Bibellese: Johannes 6,1-15

Jesus liebt es, Wunder zu tun. Das ist eine seiner Gaben für uns Menschen. Dazu brauchte er keine Helden oder reiche Leute, er nimmt, was wir ihm anbieten. Er nahm die wenigen Brote und dankte. Sicher war es viel zu wenig für die vielen hungrigen Menschen, aber das störte ihn nicht. Er war dankbar für ein Kinderessen, und so bat er seine Jünger, das wenige zu verteilen. Sie tun es – und nun erleben sie, was wir alle erleben dürfen: Das wenige wird viel und reicht aus für Tausende. Es vermehrt sich so sehr, dass genau zwölf Körbe voller Brote und Fische übrig bleiben.

Auch heute ⇢ Wer mit Jesus lebt und mit ihm Gemeinschaft pflegt, der wird dasselbe erleben. Eine gute Freundin in Frankfurt kochte während der Coronazeit täglich für 200 obdachlose Menschen Essen. Die Not war so groß. Jeden Tag aßen bis zu 500 Personen davon und es reichte für alle. Meine Organisation MISSION FREEDOM hat enorme Kosten für unsere Sicherheitshäuser in Deutschland für Frauen und Kinder aus dem Menschenhandel und der Zwangsprostitution. Jeden Monat vertrauen wir Gott, dass er die Spender bewegt, wie er schon vierzehn Jahre lang alle Kosten mithilfe von Spendern bezahlt hat.

Gott ist treu ⇢ Dankbarkeit ist ein riesengroßer Schlüssel. Sie verhindert Zweifel und Unglauben. Gott ist treu, was er verspricht, das hält er immer. Egal wie die Umstände sind, lernen wir, alles dankbar aus seiner Hand zu nehmen. Geben wir ihm unser weniges Geld und vertrauen wir ihm! In Sprüche 3,5 lesen wir: *„Verlass dich auf den Herrn von ganzem Herzen, verlass dich nicht auf deinen Verstand, sondern gedenke an ihn auf allen deinen Wegen, so wird er dich recht führen.“* Und in Matthäus 6,33 heißt es: *„Trachtet zuerst nach dem Reich Gottes und nach seiner Gerechtigkeit, so wird euch das alles zufallen.“* Probieren wir es aus – Gott ist treu!

Die Wunder in der Bibel sind so zahlreich und so deutlich geschrieben. Mein Mann Winfried war über elf Mal dem Tod nahe und wurde von Ärzten aufgegeben. Jedes Mal durften wir mit Gebet und Flehen einfach ein Wunder erleben, und wir wissen heute: Gott ist immer größer und stärker als unsere Nöte und Probleme. Er will und wird uns immer beistehen. Er liebt uns über alles. Das wird er auch in deinem Leben gerne zeigen.

Gabriele Wentland

Da wollten sie ihn ins Boot nehmen; und sogleich war das Boot am Land, wohin sie fahren wollten.

Johannes 6,21

13
Donnerstag

Bibellese: Johannes 6,16-21

MÄRZ

Die Jünger sind auf einem Boot unterwegs nach Kapernaum. Wir lesen, dass sie schon einiges mit ihrem Meister Jesus erlebt hatten. Man könnte meinen, nach der Speisung der 5000 sitzen die Jünger im Glauben und Prozedere des neuen Bundes sicher im Sattel. Aber hier werden sie konfrontiert mit einem Problem der alltäglichen Art: Es wird dunkel und Jesus ist noch nicht da. Zu allem Überfluss kommt auch noch ein starker Wind auf und das Umfeld der jungen Glaubensgemeinschaft ist ordentlich aufgewühlt.

Wir lesen, dass die Jünger rudern mussten. Der Wind stand ihnen also offensichtlich entgegen. In Vers 19 lesen wir die noch zu rudernde Distanz und man wird als Leser ganz unruhig bei dem Gedanken, dass sie noch 25 bis 30 Stadien (etwa 5 Kilometer) zu rudern hatten, und zwar gegen den Wind. Ein gutes Zusammenspiel ist nun vonnöten und man könnte meinen, dass eine Gemeindearbeit viele Parallelen bietet. Ich glaube, diese Geschichte bis hier kann uns aufzeigen, dass Christsein kein Schwierigkeits-Vermeidungsprogramm ist. Vielmehr kann die Nachfolge Jesu zu Schwierigkeiten führen. Oft kommen da ganz pragmatische Überlebensmechanismen auf wie: „Wer rudert, der bleibt“ oder „Mit Ach und Krach dem Lamme nach“.

Es braucht Jesus ⇢ Mühen und Dienstbeflissenheit in allen Ehren, aber es braucht etwas viel Größeres, um Gottes Reich zu bauen und zu erleben: Jesus Christus. Die Jünger sehen jetzt ihren Meister auf dem Wasser laufen – *„und sie fürchteten sich“* (Vers 19). Natürlich taten sie das. Würden wir auch. Wir erwarten Jesus doch im Alltag auch in ganz anderen Situationen und anderen Plätzen, aber nicht, dass er auf einem aufgewühlten Meer spaziert. Jetzt kommt Jesus nah ans Boot und erbaut sie: *„Ich bin's; fürchtet euch nicht!“* (Vers 20). Herrlich, unser Herr, oder?

Er spricht seinen Nachfolgern Mut zu: „Habt keine Angst in dieser Situation! Ich bin da und helfe euch. Ich helfe dir jetzt in dieser Situation – ganz konkret.“ Die Reaktion der Jünger ist in unserem Vers für heute so beschrieben: *„Da wollten sie ihn ins Boot nehmen; und sogleich war das Boot am Land, wohin sie fahren wollten.“*

Er ist da ⇢ Gehen wir heute mit der Bereitschaft in den Tag, unseren Gott mit ins Lebensboot zu nehmen. Ist er heute unser Kapitän? Ich wünsche uns allen einen gesegneten Tag.

Hanjo Gäbler

14
Freitag

MÄRZ

Denn das ist der Wille meines Vaters, dass, wer den Sohn sieht und glaubt an ihn, das ewige Leben habe; und ich werde ihn auferwecken am Jüngsten Tage.

Johannes 6,40

Bibellese: Johannes 6,22-40

Was will Gott eigentlich? Diese Frage stellen sich in der Regel zwei Gruppen von Menschen: zum einen diejenigen, die das Evangelium ablehnen. Zum anderen jene, die Nutznießer und Nachfolger der rettenden Botschaft geworden sind.

Menschen, die Gottes Ruf gehört und dann abgelehnt haben, sind häufig desillusioniert und abgeklärt bezüglich des Angebotes der Bibel. Manche hegen Zweifel an der Glaubwürdigkeit des Gottes, der vermeintlich zu ihnen sprechen will, weil sie schlechte Erfahrungen mit Christen machten. Sie mögen Scheinheiligkeit erlebt haben. Andere lehnen es schlichtweg ab und fragen folglich eher zynisch: „Was will Gott eigentlich?", mit dem Unterton, dass man sein eigener Herr sein sollte. Ganz nach dem Motto: „Was kann Gott, was ich nicht kann?"

Unvorstellbar – und dennoch wahr ⇢ Diejenigen, die sich diese Frage allerdings ergebnisoffen und aufgeschlossen stellen, weil es ihnen ein Bedürfnis ist, nach Gottes Willen zu fragen, bekommen hier eine wunderschöne Antwort, die *alle* erreichen will. Sowohl die Ablehner als auch die Annehmer. Denn Gott möchte, dass jeder Mensch, der Jesus erlebt und an ihn glaubt, ewig lebt. Jesus erklärt in unserem Leitvers unmissverständlich, dass Gott jene am Jüngsten Tag auferwecken wird. Ich kann mich gar nicht satt denken an dem Gedanken, dass wir eine Ewigkeit mit ihm leben dürfen. Das muss man sich mal vorstellen!

Unendliche Liebe ⇢ Wer heiratet, gelobt seinem Partner Treue bis zum Tod. So eine Eheschließung ist ja schon mal eine echt schwerwiegende Entscheidung. Aber hier lesen wir, dass Gott noch viel mehr und intensiver lieben und leben kann. Bei ihm gibt es nicht einmal den Tod, der diese Beziehung beenden kann. Im Gegenteil. Bei ihm geht es erst richtig los, wenn wir dieses Gelöbnis feiern werden.

Ich glaube von Herzen, dass Gottes Liebe *der* Motor einer funktionierenden Beziehung mit Christus ist. Und wer das erlebt, wird offen und ehrlich für sein Angebot. Ich bete, dass ich ein Segen bin für Leute, die auf dem Weg sind, und kein Hinderungsgrund. Gott will, dass Menschen gerettet werden – und du und ich folglich auch. Doch damit ist bei ihm noch lange nicht Schluss. Sein Segen geht weiter!

Hanjo Gäbler

15
Samstag

Wer von diesem Brot isst, der wird leben in Ewigkeit. Und das Brot, das ich geben werde, ist mein Fleisch – für das Leben der Welt.

Johannes 6,51

Bibellese: Johannes 6,41-59

MÄRZ

Brot ist ein Grundnahrungsmittel seit Menschengedenken. Im Film „Die Abenteuer des Robinson Crusoe" wurde in einer Szene gezeigt, wie dieser mit viel Mühe Weizen anbaute. Aus dem daraus gewonnenen Mehl stellte er einen Teig her und wartete begierig vor seinem selbst gebauten Ofen, um endlich wieder Brot zu essen. Viele zeitaufwendige Arbeitsschritte stecken in einem Laib Brot.

Das tägliche Brot zum Leben ⇢ Meine Mutter zeichnete beim ersten Anschnitt mit dem Messer drei Kreuze auf die Unterseite des Laibes. Ein Ausdruck der Dankbarkeit Gott gegenüber. Sie sah nach dem Zweiten Weltkrieg als Teenager viele kleine Kinder im Flüchtlingslager sterben. Täglich satt zu werden ist nichts Selbstverständliches. Menschen hungern und verhungern aus Mangel an Nahrung. Ich glaube, dass die Ursachen die gleichen sind wie damals, nur globaler. Für Gott ist es wichtig, dass wir täglich genügend zum Essen haben. Das lesen wir im Vaterunser und sehen es in der Brotvermehrung am See Genezareth. Wenn wir lange Zeit keine Nahrung zu uns nehmen, sind wir kraftlos: So heißt es in einem Spruch: „Ohne Mampf kein Kampf".

Das Brot zum ewigen Leben ⇢ Im Bibeltext fordert Jesus die Menschen auf, sein Fleisch zu essen und sein Blut zu trinken. Sehr anstößig, wenn man die Rede wörtlich nimmt. Möglich, dass Jesus dies erreichen wollte. Einige Hörer stritten sich darüber. Das, was er zum Volk sprach, wurde auch von seinen engsten Vertrauten nicht immer verstanden, dennoch nahmen sie daran keinen Anstoß. Manchmal fragten sie nach, wie Nikodemus im Gespräch mit ihm, als es darum ging, von Neuem geboren zu werden (Johannes 3). Die Apostel folgten Jesus nach, nicht allein wegen seiner Werke und Worte. Sie waren von ihm beeindruckt. Einiges erschloss sich ihnen jedoch erst, nachdem er gestorben und auferstanden war.

In 1. Korinther 1,18 steht: *„Denn das Wort vom Kreuz ist eine Torheit denen, die verloren werden; uns aber, die wir selig werden, ist es Gottes Kraft."* Jesus ließ sein Fleisch an unserer Stelle ans Kreuz schlagen und starb durch den hohen Blutverlust. Diese Strafe hätten wir Menschen für unsere Sünden verdient. Nur wenn wir Jesu Tat im Glauben für uns in Anspruch nehmen, können wir ein Leben führen, das im Himmel wiedergefunden wird. Mögen es auch heute viele erfahren.

Elisabeth Braun

16
Sonntag

Da antwortete ihm Simon Petrus: Herr, wohin sollen wir gehen? Du hast Worte des ewigen Lebens.

Johannes 6,68

MÄRZ

Bibellese: Johannes 6,60-71

Der heutige Bibelabschnitt zeigt eindrucksvoll auf, dass es Jesus zeitlebens nie um Sympathiewerte oder Anerkennung ging. Er hielt eine Rede, die kompromissloser und herausfordernder nicht sein konnte. Das Resultat war, dass ihn viele Interessierte und nicht wenige seiner Jünger verließen. Nur logisch die an seinen innersten Zirkel gestellte Frage: *„Wollt ihr auch weggehen?“* (Vers 67). Die Antwort des Petrus als einer der zwölf Apostel hielt Jesu Herausforderung im Glauben stand: *„Herr, wohin sollen wir gehen? Du hast Worte des ewigen Lebens.“* Damit brachte er zum Ausdruck: Ein Leben ohne Jesus war für sie nicht mehr vorstellbar.

Jesus, der unbequeme Heiland ⇢ Woran aber stießen sich so viele Menschen, sodass sie ihm die Gefolgschaft verweigerten? Dies hatte mit Jesu Betonung seines Menschseins zu tun. Mit dem Auftrag, den er vom Vater erhielt. Er beinhaltete vor allem Jesu Leiden und Sterben am Kreuz sowie die Auferstehung und die Rückkehr zum Vater. Das jedoch ging den meisten Menschen zu weit. Ein Messias, der Brot vermehrt oder Kranke heilt, ist willkommen. Auch einer, der steile Glaubensthesen aufstellt oder moralische Lehrsätze verkündigt. Aber ein Heiland, der ankündigt, für die Sünden der Menschen am Kreuz zu sterben, findet wenig Beifall. Das würde ja heißen, dass wir zugeben müssten, moralisch versagt zu haben und den Anforderungen Gottes nicht zu genügen. Dazu waren und sind bis heute die wenigsten bereit. Das Eingeständnis von Schuld und Versagen fällt uns nicht leicht. Zu sehr rebelliert das stolze, alte Ich und verweigert Jesus die Nachfolge.

Jesus, der alternativlose Heiland ⇢ Aber haben wir eine echte Alternative? Weiterleben wie bisher und hoffen, dass am Ende alles gut wird? Diese Rechnung wird leider nicht aufgehen. Zu groß ist die Kluft zwischen dem heiligen Gott und uns sündigen Menschen. Das Resultat finden wir in Römer 6,23: *„Denn der Sünde Sold ist der Tod.“* Petrus bringt diese Alternativlosigkeit gut zum Ausdruck: *„Herr, wohin sollen wir gehen? Du hast Worte des ewigen Lebens; und wir haben geglaubt und erkannt: Du bist der Heilige Gottes“* (Johannes 6,68.69). Nur Jesus allein kann aus der Sündenfalle befreien und uns ewiges Leben schenken. Das Angebot steht bis zum heutigen Tag. Welch Gnade und Geduld des Gottes, der die Menschen liebt!

Helmut Braun

Geht ihr hinauf zum Fest! Ich will nicht hinaufgehen zu diesem Fest, denn meine Zeit ist noch nicht erfüllt.

Johannes 7,8

17
Montag

Bibellese: Johannes 7,1-13

MÄRZ

In diesem Abschnitt des Johannesevangeliums dürfen wir lernen, wie Jesus Erfolg, Bekanntheit und Gottes Timing einordnet. Seine Brüder hatten ein weltliches Verständnis von Erfolg. So drängten sie ihn dazu, sich zu zeigen und sich nicht zu verstecken. Ihrer Meinung nach bot das Laubhüttenfest für Jesus eine gute Gelegenheit, noch bekannter und berühmter zu werden. Er hingegen sah die Sache ganz anders und sagte seinen Brüdern, dass es noch nicht die Zeit für ihn war. Sie könnten vorgehen, er musste nicht unbedingt Wunder in der Öffentlichkeit vollbringen, um sich erfolgreich zu fühlen.

Wir sehen hier, wie Jesus in sich selbst ruhte. Er hatte weder Angst, nicht wahrgenommen zu werden, noch benötigte er die Aufmerksamkeit der Masse. Er lebte nicht für den weltlichen Erfolg, den Applaus und das Lob der Menschen, um sich bedeutend zu fühlen. Nein, Jesus brauchte weder die Bestätigung seiner Jünger, seiner Stadt, seiner Kultur, noch brauchte er die Bestätigung der Pharisäer. Von alledem war er frei.

Fest verankert in Gott ⇢ Jesus ließ sich allein vom Geist Gottes leiten, nicht von dem, was andere sagten oder von ihm wollten. Das, was sein Vater über ihn sagte, war seine Identität (der geliebte Sohn Gottes). Für Jesus bedeutete Erfolg, in dem Willen seines Vaters zu leben. Sein Ruhm und seine Bekanntheit waren direkt mit dem Vater verbunden. Seine Erfüllung (Leben, Erfolg, Ruhm, Timing, etc.) fand er aus seiner Identität als geliebter Sohn des Vaters. Seine Identität war fest in Gott verankert, gesichert und unantastbar.

Das ist es, was wir alle als Kinder Gottes brauchen. Unterm Strich ist es das, was man als Erfolg und „die Welt prägen" bezeichnen kann. Das klingt nach lebendigem Wasser, nach unserem täglichen Brot. Das macht und hält uns zufrieden.

Wirkliche Freiheit ⇢ In Christus finden wir die Freiheit, die er hatte. Er kann uns freisetzen. Frei von der Tyrannei der Zeit, frei vom ängstlichen Bedürfnis, bekannt, populär, berühmt zu sein. In ihm finden wir dieses befreite Leben, in dem wir bewegt und bevollmächtigt sind durch die Kraft des Heiligen Geistes. Lasst uns Jesus folgen, ihm vertrauen als demjenigen, der gekommen ist, um die Menschen in die Freiheit zu führen. Denn wen der Sohn frei macht, der ist wirklich frei!

Rosine Jäger

18
Dienstag

Aber viele aus dem Volk glaubten an ihn und sprachen: Wenn der Christus kommen wird, wird er etwa mehr Zeichen tun, als dieser getan hat?

Johannes 7,31

MÄRZ

Bibellese: Johannes 7,14-32

Jesus war jetzt doch zum Laubhüttenfest nach Jerusalem gekommen. Ohne Aufsehen, man kann sagen, zuerst mal inkognito. Er beobachtete und schaute sich um. Und dann ging er in den Tempel und lehrte. Es war den Zuhörern sofort klar: Hier ist einer, der kennt die Schrift. Er spricht in Weisheit, obwohl er nicht gebildet ist. Jesus war es wichtig, den Menschen mitzuteilen, in wessen Auftrag er unterwegs war. Wer ihm die Vollmacht gegeben hatte. Nicht menschliches Wissen stand hier an erster Stelle – es war die Weisheit Gottes, die aus ihm sprach. Und er tat alles, um den Willen des Vaters zu erfüllen.

Widerstand – und Annahme ⇢ Wir erkennen im Text auch den Widerstand von einigen. Sie waren immer noch aufgebracht, weil Jesus am Sabbat einen Gelähmten geheilt hatte. Und Jesus nahm Bezug darauf und machte deutlich, warum es richtig war, auch am Sabbat zu heilen. Nun gab es immer noch einige, die ihn ablehnten und ihn am liebsten festgenommen hätten. Dennoch – und das begeistert und ermutigt mich – lesen wir im heutigen Leitvers: *„Aber viele aus dem Volk glaubten an ihn."* In einer anderen Übersetzung heißt es: „Aus dem Volk kamen viele zum Glauben."

Die Botschaft des Evangeliums bringt Rettung ⇢ Jesus predigte, lehrte und verkündigte die gute Botschaft, auch bei allem Widerstand. Er wusste, dass einiges auf guten Boden fällt und dann Frucht hervorbricht. Auch wir stoßen auf Widerstand, auf Ablehnung, wenn wir Zeugnis von unserem Glauben geben, wenn wir Jesus Christus als den Retter und Erlöser verkündigen. Jesus selbst hat uns vorausgesagt, dass es so sein wird. Doch er hat uns ausgesandt, die gute Botschaft wie ein Sämann großzügig auszustreuen, sie weiterzusagen. Weil er wusste, diese Botschaft des Evangeliums bringt auch heute noch Segen und Frucht.

Lassen wir uns nicht entmutigen, wenn Ablehnung und Widerstand kommen. Freuen wir uns vielmehr darüber, dass es immer wieder Menschen gibt, die voller Freude diese Botschaft im Herzen annehmen und sich für ein Leben mit Jesus entscheiden.

Hans-Jürgen Angerbauer

Wen da dürstet, der komme zu mir und trinke! Wer an mich glaubt, von dessen Leib werden, wie die Schrift sagt, Ströme lebendigen Wassers fließen.

Johannes 7,37.38

19
Mittwoch

Bibellese: Johannes 7,33-44

MÄRZ

Jesus sprach diese Worte am letzten Tag des Festes. Es heißt: am „höchsten Tag" oder auch „am großen Tag". Dieser Tag war also der Höhepunkt der Festlichkeiten. An diesem Tag wurde ein Wasserritual vollzogen, das eine besondere Bedeutung hatte. Es hatte mit dem Regen zu tun, den man im folgenden Jahr brauchte. Wasser für das Wachstum, das Reifen der Früchte, für die Ernte. Wenn Jesus nun sagt, wir sollen zu ihm kommen – und dann gibt er dieses Wasser, das fließt, sodass andere gesegnet werden – so wissen wir, dass er vom Heiligen Geist spricht.

Leben in Fülle ⇢ „Wer zu mir kommt" – zu Jesus kommt. Sich für ein Leben mit ihm zu entscheiden, bedeutet für dich und mich, dass er uns beschenkt. Er erfrischt uns mit allem, was wir brauchen. Ja, er erfüllt uns mit dem Heiligen Geist. Er erfüllt uns, sodass wir empfangen, gestärkt und gesegnet werden. In uns aufnehmen, was er für uns vorbereitet hat, um dann von diesem Segen weiterzugeben. Es werden *„Ströme lebendigen Wassers fließen"*, so heißt es hier – nicht nur Tropfen oder ein kleines Rinnsal. Diese Zusage gilt nicht für ein paar wenige oder besonders ausgewählte Personen. Sie gilt jedem, der an ihn glaubt. Sie gilt für jeden, der Jesus annimmt und sein Leben von ihm bestimmen lässt.

Für uns und durch uns ⇢ Wenn ich unsere Welt heute betrachte, erkenne ich auch, wie „geistlich" ausgetrocknet wir in unserer Gesellschaft sind. Wie wichtig es ist, dass wir, die wir Jesus kennen, beständig zu ihm an die Quelle kommen, um uns füllen zu lassen. Nur so ist es möglich, dass von seiner Fülle Ströme in unsere Gesellschaft fließen. Ich merke in meinem Leben, wie wichtig es ist, an dieser Quelle zu bleiben, mich immer neu füllen zu lassen. Denn diese Quelle versiegt nie.

Deshalb will ich uns ermutigen, täglich an der Quelle aus dieser Fülle zu nehmen und sich stärken und segnen zu lassen. So wird auch durch dich und mich von dieser Fülle Segen auf die Menschen um uns herum fließen.

Hans-Jürgen Angerbauer

20
Donnerstag

Die Knechte antworteten: Noch nie hat ein Mensch so gesprochen.

Johannes 7,46

MÄRZ

Bibellese: Johannes 7,45-53

Wieder einmal hatte sich Jesus mit seiner Lehre bei den führenden Männern des Volkes unbeliebt gemacht. Das war für ihn nichts Neues, da er ja häufiger mit seinen Reden aneckte. Vielleicht kennen wir das auch, dass selbst bei Gläubigen das Predigen der Wahrheit nicht immer Jubelschreie auslöst und Kritik oder Korrektur nicht so gern gehört werden. In den Versen davor lesen wir, dass Jesu Reden das Volk spaltete. Die einen reagierten positiv, andere kritisierten ihn. Das hat sich bis heute nicht geändert. Jesus betonte immer wieder, dass er nicht im eigenen Auftrag sprach, sondern das redete, was der Vater ihm sagte. Aber das wollen die Menschen oft nicht hören.

Nicht nur mit dem Verstand ⇢ Auch die führenden Juden wollten es nicht hören. Sie verstanden seine Reden nicht. Sie gingen das alles allein mit ihrem Verstand an, und dazu war ihnen noch ihr Stolz im Weg. Wie oft versuchen wir, Geistliches über den Verstand zu verstehen. Wir sind oft rational eingestellt, alles soll seine Richtigkeit haben. Dann wundern wir uns, wenn wir innerlich leer bleiben. In Sprüche 3,5 heißt es: *„Verlass dich auf den HERRN von ganzem Herzen, und verlass dich nicht auf deinen Verstand.“* Denn Jesus kann man nicht nur mit dem Verstand erfassen. Seine Reden und sein Wirken gehen tiefer.

Mit dem Herzen ⇢ Jesus will unser Innerstes, unser Herz, ansprechen. Dort will er Veränderung hervorbringen. Denn Gott sieht unser Herz und das, was es hervorbringt. Jesus sprach in einfachen Worten, nicht, weil es ihm oder uns an Verstand fehlt, sondern weil unser Herz darauf reagiert. Die Knechte der Tempelwache hatten es gespürt. Sie wurden in ihren Herzen angesprochen und das hatte ihr Verhalten bestimmt. Sie konnten Jesus nicht verhaften. Sie spürten es mehr als sie wussten, dass es nicht richtig wäre.

Wovon werden wir bestimmt? ⇢ Kann Jesus noch unser Herz ansprechen? Lassen wir unser Handeln davon bestimmen, was der Geist Gottes in unser Innerstes spricht? Oder sind wir so vom Verstand gesteuert, dass es mehr darum geht, was nach außen gut wirkt, was gut ankommt oder ob wir gut dastehen? Vielleicht ist heute der Tag, an dem wir in uns gehen und umkehren dürfen. Uns neu ausrichten und mit den Ohren des Herzens hören.

Sabine Angerbauer

Sie aber sprach: Niemand, Herr. Jesus aber sprach: So verdamme ich dich auch nicht; geh hin und sündige hinfort nicht mehr.

Johannes 8,11

Bibellese: Johannes 8,1-11

Sie hörten nicht auf, Jesus in die Falle locken zu wollen. Erst gestern haben wir gelesen, dass es Jesus um unser Herz geht. Dass wir seinen Heiligen Geist mit dem Herzen empfangen und uns von ihm führen lassen sollen. Aber die damaligen geistlichen Leiter achteten mehr darauf, wie sie ihre Position verteidigen und festigen könnten.

Mit dem Gesetz ⇢ Natürlich waren sie im Recht, wenn sie Ehebrecher bestrafen wollten. Aber darum ging es ihnen nicht, denn wo war der dazugehörige Mann? Die Schriftgelehrten und Pharisäer wollten Jesus öffentlich in einen Konflikt bringen, um ihn bei den Menschen in Misskredit zu bringen. Wie würde er das Gesetz, das Mose gegeben hatte, auslegen? Wie würde er sich zu Gottes Geboten stellen?

Jesus war zu sehr mit seinem Vater verbunden, um sich hier ins Bockshorn jagen zu lassen. Er durchschaute die Taktik sehr schnell. Er wusste auch, dass es unserem Vater im Himmel nicht darum geht, gesetzlich zu handeln. Viel wichtiger ist ihm, das Herz nicht außer Acht zu lassen, um Menschen zu gewinnen. So drehte Jesus den Spieß um und zeigte den Männern ihre eigene Scheinheiligkeit und ihr eigenes Gewissen. Der Blick Jesu, der den geistlichen Führern vermutlich dann doch bis ins Herz ging, brachte sie dazu, wegzugehen.

Barmherzig und heilig ⇢ Jesus war mit der Frau allein. Er wusste um ihr Vergehen und doch zeigte sich hier Gottes Barmherzigkeit. Er will bis heute nicht Strafe um jeden Preis. Er ist an Vergebung und Veränderung interessiert. Trotzdem wurde in der Ermahnung „*Sündige hinfort nicht mehr*" auch seine Heiligkeit sichtbar. Nicht der Fehler, die Sünde an sich, ist das eigentliche Problem, denn dafür hat Jesus sein Leben gegeben. Sondern das Verharren, die Wiederholung der Sünde ist es, die unser Leben zerstört.

Vergebung auch heute ⇢ Das ist die gute Botschaft, damals und auch heute: Wir dürfen Vergebung annehmen und dann, durch den Heiligen Geist verändert, leben. Wir brauchen nicht mehr zu sündigen, denn Christus hat die Macht der Sünde zerbrochen. Lassen wir uns nicht durch falsches Denken oder Stolz daran hindern, unser Herz Gott ganz hinzugeben.

Sabine Angerbauer

22
Samstag

Ich bin das Licht der Welt. Wer mir nachfolgt, der wird nicht wandeln in der Finsternis, sondern wird das Licht des Lebens haben.

Johannes 8,12

MÄRZ

Bibellese: Johannes 8,12-30

Ob intellektuell oder schlicht intuitiv, jeder von uns weiß es: Licht ermöglicht Leben. Sobald sich morgens die ersten Sonnenstrahlen durch die Rollladenöffnungen drücken, erlebt mein Sohn, wie ihn Lebensenergie durchflutet. Bei jeder Sonnenstunde am Tag freue ich mich, dass meine kleine Photovoltaikanlage so viel Strom erzeugt, dass meine Cola im Kühlschrank erfrischend kühl bleibt.

Licht in der Stadt ⇢ Zum Zeitpunkt unserer heutigen Bibellese ist Laubhüttenfest. Es ist ein mehrtägiges Freudenfest zur Ernte. Viele Juden pilgern nach Jerusalem zum Tempel. Groß und Klein wohnen dabei in einfachen Hütten. So erinnert man sich an die Zeit der Wüstenwanderung, als Gott aus der Versklavung in das verheißene Land führte. Zum Fest strahlen vier goldene Leuchter aus dem Tempel über die Tempelmauer und erleuchten die ganze Stadt.

Licht der Welt ⇢ Mitten in dieser Situation bezeichnet sich Jesus am Jerusalemer Tempel als *„das Licht der Welt"* und trifft damit einen Nerv unter den Festteilnehmern. Das Leben von vielen Menschen damals war geprägt von Unsicherheit und fehlender Perspektive. Die politische Lage war kompliziert, wirtschaftlich ging es vielen schlecht. Man sehnte sich nach „Lichtstrahlen", die neue Kraft und Erfrischung bringen. Einige Menschen suchten Hoffnung im Fanatismus radikaler Bewegungen. Andere waren durch ihre Lebenserfahrung enttäuscht.

Und dann ist da plötzlich diese Stimme zu hören: *„Ich bin das Licht der Welt."* Mit dieser Hoffnungsbotschaft wendet sich Jesus an die Menge. „Bei mir ist Leben für die ganze Welt", sagt er. Sein Licht erhellt diese Stadt und alle anderen Orte dieser Welt mit neuer Lebensenergie.

Auch für dich ⇢ Jesus lädt dazu ein, die Rollläden hochzuziehen und sich von seinen Lichtstrahlen treffen zu lassen. Wer das tut, der wird Leben haben. Vielleicht fühlen wir uns heute auch leer, ohne Energie für den Tag. Vielleicht auch unsicher angesichts der Ereignisse in dieser Welt. Vielleicht sind einige wirtschaftlich am Ende. Ich will uns ermutigen, die Rollläden hochzuziehen und zu spüren, wie das Licht der Welt uns zum Licht des Lebens wird – heute und für immer.

Johannes Vogt

Wenn ihr bleiben werdet an meinem Wort, so seid ihr wahrhaftig meine Jünger und werdet die Wahrheit erkennen, und die Wahrheit wird euch frei machen.

Johannes 8,31.32

Bibellese: Johannes 8,31-45

„Die Wahrheit wird euch frei machen" – dieser großartige Satz hat Strahlkraft hinein bis in unsere Zeit. Auch mein eigenes Herz wird durch diese Worte mit so viel Hoffnung bewegt. Die Bilder von Freiheit mögen bei jedem im Kopf etwas anders ausgestaltet sein, und doch beflügelt die Hoffnung auf ein Leben in Freiheit unsere Sehnsucht.

Sehnsucht nach Wahrheit ⇢ Große Bewegungen haben diesen hoffnungsvollen Gedanken für sich beansprucht. Starke Persönlichkeiten haben Vorstellungen von Wahrheiten formuliert und so Gruppen und ganze Völker in eine aufregende Zukunft geführt. Wertvolle Veränderungen konnten durch die verstandesmäßige Suche nach Wahrheit errungen werden. Aber auch manches dunkle Kapitel in der Geschichte begann mit der menschlichen Sehnsucht nach Freiheit.

Wahrheit erkennen ⇢ Wahrheit ist bei Jesus aber keine Formel, durch die eine bessere Gesellschaft errichtet werden soll. Die Wahrheit ist nicht etwas, das ein Mensch in Büchern oder Seminaren findet. Sondern die Wahrheit erkennen wir in der Beziehung zu Jesus selbst. Es ist ein Ergriffenwerden von der Liebe des Vaters zu uns persönlich. Zu mir, einem begabten und doch zerbrochenen Geschöpf. Die befreiende Wahrheit ist also das gütige Wirken Gottes an seiner Schöpfung.

Befreit durch Gottes Güte ⇢ Es ist eine Kraft, die uns umgestaltet und Leben unter Gottes Segen ermöglicht. Ich werde unverdient hineingenommen in die herrliche und verwandelnde Gemeinschaft mit Gott. Eine Gemeinschaft, die jeden Tag durch den Heiligen Geist garantiert ist. Wenn Jesus also sagt: *„Die Wahrheit wird euch frei machen"*, so ist das eine Zusage an alle Menschen, die ihm nachfolgen. Er verdeutlicht, dass seine Gegenwart uns Leben schenkt. Nicht aufgrund unserer Erkenntnisse, sondern weil er uns durch sein Leben vom Tod freigesprochen hat.

Auch an diesem Tag dürfen wir als Gottes Kinder leben, weil sein Geist uns innerlich erkennen lässt: „Du bist frei, weil Jesus dir neues Leben schenkt!"

Johannes Vogt

24
Montag

Jesus sprach zu ihnen: Wahrlich, wahrlich, ich sage euch: Ehe Abraham wurde, bin ich.

Johannes 8,58

MÄRZ

Bibellese: Johannes 8,46-59

Datenabgleich: Vor einiger Zeit telefonierte ich mit einer Versicherungsgesellschaft. Am anderen Ende war eine sehr nette Dame. Bevor sie mir Informationen zu meinem Anliegen geben konnte, bat sie mich um einen Datenabgleich. „Sind Sie Herr Heinz Dockter? Wann sind Sie geboren, wo wohnen Sie?" Erst als ich diese Fragen übereinstimmend mit ihren Unterlagen beantwortet hatte, durfte sie mir weiterhelfen.

Um eine ganz ähnliche Datensicherheitsabfrage beziehungsweise Klärung der Identität geht es in unserem heutigen Text. Auf der einen Seite sind da wieder mal die „oberschulmeisterlich schlauen" Juden, auf der anderen ist Jesus. Ganz allgemein begeistert mich in diesen Gesprächen immer wieder die Ruhe, aber auch die Autorität Jesu. Er lässt sich nicht aufs Glatteis führen und bleibt konsequent und bestimmt bei seinen Aussagen und Antworten.

Ich bin ⇢ In diesem Gespräch jedenfalls gilt die Streitfrage der Identität von Jesus – und damit im Grunde auch seiner Vollmacht. „Bist du ein Samariter und von einem Dämon besessen? Bist du mehr als unser Vater Abraham? Was machst du aus dir selbst, was bildest du dir ein?" Und nun kommt Jesus und trifft eine überwältigende Aussage: „Ich bin. Schon ehe Abraham wurde, bin ich." Einfach so, einfach nur: „Ich bin."

Bei Jesus gibt es keinen Anfang. Im Gegensatz zu uns, die wir unser eigenes, festes Geburtsdatum haben, war Jesus schon immer, bereits vor Grundlegung der Welt. In Offenbarung 22,13 steht: *„Ich bin das A und das O, der Erste und der Letzte, der Anfang und das Ende."* Er war am Anfang, als die Welt noch finster und leer war und noch kein Gestirn am Himmel stand. Aber er *war* nicht nur, sondern er *ist* auch jetzt in diesem Augenblick nahe bei uns. Mit seinem Heiligen Geist möchte er uns gerade heute durch diesen Tag leiten. Er hat uns einen genialen Beistand gegeben. Wir sind nicht allein.

Das Beste kommt zum Schluss ⇢ Er *war* und *ist* nicht nur, sondern er *ist* auch *bis zum Ende unser Begleiter*. Jesu Aussage „Ich bin" ist für mich eine ganz starke Beruhigung. Es gibt nichts, was Jesus noch nicht mit durchlebt hat. Er kennt deinen und meinen Anfang, er kennt unser Jetzt und Heute, und er kennt auch unser Ende. Schenken wir ihm unser Vertrauen auch für diesen heutigen Tag. Sein „Ich bin" gilt immer.

Heinz Dockter

Wir müssen die Werke dessen wirken, der mich gesandt hat, solange es Tag ist; es kommt die Nacht, da niemand wirken kann.

Johannes 9,4

Bibellese: Johannes 9,1-41

In unserem Textabschnitt lesen wir die spannende Geschichte, wie Jesus einen Blindgeborenen heilte. Die Pharisäer und Schriftgelehrten diskutierten mit dem Geheilten, sie wollten es nicht wahrhaben, dass ein Wunder geschehen war. Lieber wäre es ihnen gewesen, der Blinde wäre blind geblieben und Jesus wäre nicht in Erscheinung getreten. Herzlos und heuchlerisch. Bis es dem Ex-Blinden zu bunt wurde und er die hohen religiösen Führer belehrte: „*Von Anbeginn der Welt an hat man nicht gehört, dass jemand einem Blindgeborenen die Augen aufgetan habe. Wäre dieser nicht von Gott, er könnte nichts tun*" (Vers 32,33). Daraufhin jagten sie ihn weg.

Gottes Werke wirken ⇢ Ich möchte auf eine kurze, aber wichtige Aussage Jesu an seine Jünger aufmerksam machen: „*Es sollen die Werke Gottes offenbar werden an ihm*" (Vers 3). In diesem Fall war es die Wunderheilung und Wiederherstellung. Gottes Werke, seine Macht und seine Barmherzigkeit sollten an dem Blinden sichtbar werden. Daraufhin heilte Jesus den Mann. Jetzt war klar: Der Allmächtige kann alles tun! Und noch etwas gab Jesus seinen Jüngern und uns mit: „*Wir müssen die Werke dessen wirken, der mich gesandt hat, solange es Tag ist; es kommt die Nacht, da niemand wirken kann.*"

Solange es Tag ist ⇢ Da ist eine Dringlichkeit und Leidenschaft in Jesu Worten zu spüren. Er hat die Werke Gottes bewirkt und seine Jünger später auch. Und wir? Auch wir sind berufen, die Werke Gottes zu tun. Jetzt ist es noch „Tag", jetzt ist es noch möglich. Seine Kraft, sein Wort, seine Verheißungen sind in uns, und wir können in Jesu Namen seine Werke vollbringen. Sooft stehen wir Situationen gegenüber, in denen wir im Natürlichen keine Lösung sehen und fragen uns: „Wie soll das nur werden?" Aber wir dürfen, ja wir sollen glauben und vertrauen, dass im Namen Jesu Änderungen geschehen! Die Werke Gottes sind göttliche, übernatürliche Lösungen. Lasst uns vertrauensvoll und mutig in Jesu Namen beten und erwarten, dass Krankheiten weichen, Menschen befreit werden und Nöten begegnet wird.

„*Ihr habt nichts, weil ihr nicht bittet*", lesen wir in Jakobus 4,2. Bitten wir, solange es noch Tag ist. Wir wissen nicht, wann Jesus wiederkommt, wie lange wir noch die Möglichkeit haben. Nutzen wir doch die Zeit, um Gottes Werke zu tun.

Günther Seidt

....

26
Mittwoch

Wenn er alle seine Schafe hinausgelassen hat, geht er vor ihnen her, und die Schafe folgen ihm nach; denn sie kennen seine Stimme.

Johannes 10,4

MÄRZ

Bibellese: Johannes 10,1-21

Das 10. Kapitel des Johannesevangeliums enthält viele bekannte Verse und markante Aussagen. Da fällt die Auswahl für eine Andacht schwer. Hängen geblieben bin ich dann an einem Satzteil aus Vers 4: „… *und die Schafe folgen ihm nach.*"

Immer nur nachfolgen? ⇢ Vielleicht denken da einige: „Wie langweilig! Da hat man jetzt die Chance, aus dem Schafstall herauszukommen, und dann soll man einfach nur dem Hirten hinterherlaufen? Wie stumpfsinnig ist das denn? Es gibt doch so viele Wege, die erkundet werden wollen, so viele spannende kleine Pfade, die nach links oder rechts abzweigen. Wenn ich immer nur dem Hirten nachfolge, dann ist das doch voll öde. Was ist, wenn der Weg gerade gar nicht zu meiner aktuellen Gefühlslage passt? Dann werden meine individuellen Bedürfnisse doch gar nicht berücksichtigt!"

Und mancher sagt: „Ständig muss man immer nur folgen! Andauernd soll ich nur das machen, was andere sagen – ich will auch mal was zu sagen haben. Ich habe doch auch Gaben und Talente. Wenn ich immer nur nachfolge, kann ich meine tollen Fähigkeiten vielleicht gar nicht ausleben oder mich richtig entfalten. Folgen ist nicht mehr modern!" Folgen im Sinne von gehorsam sein fällt nicht nur Kindern schwer, sondern auch zunehmend den Erwachsenen. Wer will schon zum Mainstream gehören und der breiten Masse hinterherlaufen? Individualismus ist angesagt. Gehorsam ist uncool.

Mehr als Zeichen und Wunder ⇢ Jesus zu folgen, bedeutet nicht nur, bei den Zeichen und Wundern dabei zu sein. Das fällt uns ja nicht schwer. Sobald irgendwo auf dem Globus in der Christenheit etwas Spektakuläres geschieht, pilgern andere Christen dort hin. Aber Jesus zu folgen, bedeutet nicht nur „werbewirksame Events", sondern eben auch ganz Unspektakuläres. Und vielleicht auch Unangenehmes: für die Armen und Kranken da zu sein, auch wenn kein Wunder geschieht; die Schwachen zu tragen; verlacht und verspottet zu werden; Geld und Besitz zu investieren; im Geringen treu zu sein.

Oft fliegen wir viel lieber über den Ozean, um einen Segen zu empfangen, anstatt über die Straße zu gehen, um dort ein Segen zu sein. Jesus kam, um den Menschen zu dienen (siehe Markus 10,45). Das ist auch der Auftrag für alle, die ihm folgen.

Harald Reiser

Meine Schafe hören meine Stimme, und ich kenne sie und sie folgen mir.

Johannes 10,27

Bibellese: Johannes 10,22-42

Schafe haben in Deutschland alle eine Kennzeichnung. Damit kann ein Schaf eindeutig zugeordnet werden und man weiß, wem es gehört. Jesus braucht keine Ohrmarken, um zu wissen, welches seine Schafe sind. Hier im Text erwähnt er drei Eigenschaften oder Kennzeichen *seiner* Schafe: hören, kennen, folgen. Das ist ein einfacher, aber doch wichtiger Dreiklang. An diesen drei Merkmalen kann man feststellen, ob es ein Schaf aus der Herde Jesu ist.

Hören ⇢ Das „*Höre, Israel*" aus 5. Mose 6,4 gehört heute noch zu den wichtigsten Gebeten des Judentums. Hören ist enorm wichtig. Das Auge ist das am leichtesten zu täuschende Sinnesorgan und trotzdem verlassen wir uns sehr stark auf das, was wir sehen. Unser Hörvermögen ist erstaunlich präzise. Wir können zum Beispiel hören, ob heißes oder kaltes Wasser in eine Tasse gegossen wird. Wir haben einen Gott, der redet – aber leider haben wir immer wieder Mühe mit dem Zuhören. Um gut zuhören zu können, muss man selber aufhören, zu reden, und still werden.

Kennen ⇢ Hier geht es aber nicht darum, dass *wir* Jesus kennen, sondern dass *er uns* kennt. Wie tragisch ist doch die Passage, in der Jesus sagt: „*Es werden viele zu mir sagen an jenem Tage: Herr, Herr, haben wir nicht in deinem Namen … viele Machttaten getan? Dann werde ich ihnen bekennen: Ich habe euch nie gekannt; weicht von mir, die ihr das Gesetz übertretet*" (Matthäus 7,22.23). Wenn wir große Taten in seinem Namen tun, scheint das noch keine Garantie zu sein, dass Jesus *uns* kennt. Als die 72 Jünger von ihrem Einsatz zurückkamen, sagte Jesus zu ihnen: „*Doch darüber freut euch nicht, dass euch die Geister untertan sind. Freut euch aber, dass eure Namen im Himmel geschrieben sind*" (Lukas 10,20).

Nachfolgen ⇢ Und wieder das Thema Nachfolge: „Mögest du bedeckt sein vom Staub deines Rabbis", ist ein sehr schöner Wunsch für einen Jünger, den Nachfolger eines Rabbiners. Der Rabbi geht voran und auf den trockenen Straßen wirbelt beim Gehen viel Staub auf. Je dichter wir hinter dem Rabbi hergehen, umso mehr bekommen wir von dem Staub, den er aufwirbelt, ab. Vom Staub des Rabbis bedeckt zu sein, ist ein starker Hinweis auf eine sehr innige Nachfolge. Das wünsche ich mir für jeden von uns: dass wir Jesus, unserem guten Hirten, dicht auf den Fersen sind!

Harald Reiser

28
Freitag

MÄRZ

Als er nun hörte, dass er krank war, blieb er noch zwei Tage an dem Ort, wo er war.

Johannes 11,6

Bibellese: Johannes 11,1-16

Jesus liebte Marta, Maria und Lazarus, so lesen wir es in den Versen zuvor. Trotzdem rennt er nicht sofort los, um ihnen zu helfen. Er wartet noch volle zwei Tage, bevor er sich zu ihnen aufmacht. Vielleicht denkst du genauso wie ich: „Hey, Jesus, was soll das? Die drei sind deine Freunde und du lässt sie warten? Warum? Was soll das jetzt?"

Und dennoch ⇢ Vor einem Jahr stellte ich Jesus die gleichen Fragen. Ich bekam aus heiterem Himmel gesundheitliche Probleme. Nichts schien zu helfen. Nach drei kleinen Operationen stand ich angeschlagen in der morgendlichen Leiterrunde auf dem Bundescamp der Rangers. Wir sangen ein Lied und alle lobten Gott. Ich stand auf meinem Platz und mir liefen die Tränen in Strömen über meine Wangen. Genau diese oben erwähnten Fragen kreisten durch meinen Kopf und ich schrie sie Jesus innerlich entgegen. Ich war so sicher, dass Gott nur ein Wort sagen müsste, und ich wäre gesund geworden – aber nichts passierte. In diesem Moment, zwischen Hunderten von anderen Menschen, geschah ein ganz persönliches Wunder. Nicht die Heilung, auf die ich wartete, sondern eine Begegnung mit dem Gott, der mich über alles liebt. Plötzlich wurde mein Herz still und ein tiefer Friede machte sich breit. Ich wusste, dass Jesus mich nicht übersah, sondern direkt an meiner Seite war.

In welcher Situation steckst du gerade? ⇢ Einige haben vielleicht auch das Gefühl, Gott habe sie in der Warteschleife vergessen. Ihnen möchte ich zurufen: „Jesus ist schon auf dem Weg zu dir, nein besser, er ist die ganze Zeit über an deiner Seite. Nimm dir gerade jetzt Zeit und fange an, zu ihm zu rufen. Du brauchst dich nicht verstellen. Sag ihm das, was dir auf der Seele brennt, und warte auf seine Antwort. Ich bete für dich, dass du merkst, dass seine Liebe da ist – tiefer und stärker als je zuvor. Dass sein Frieden sich in deinem Herzen ausbreitet und diese schmerzenden Fragen nichtig werden."

Gott sieht weiter, als du und ich sehen können. Er hat unser Leben in seiner Hand. Unumstößlich.

Janita Pauliks

Viele nun von den Juden, die zu Maria gekommen waren und sahen, was Jesus tat, glaubten an ihn.

Johannes 11,45

29
Samstag

Bibellese: *Johannes 11,17-45*

MÄRZ

Eine Begebenheit – und so unterschiedliche Reaktionen. Jesus hat hier gerade einen Toten auferweckt. Einen Toten, der schon drei Tage lang im Grab gelegen hatte. Was für ein Wunder! Und doch steht hier: *„Viele glaubten an ihn."* Ist uns das beim Lesen aufgefallen? Es steht hier nicht: „Und alle glaubten an ihn." Viele – das bedeutet, einige sahen dieses Wunder und glaubten trotzdem nicht. Warum fällt es den Menschen so schwer, an Jesus als den Erretter zu glauben? Ich denke, kein noch so spektakuläres Wunder könnte alle Menschen überzeugen, dass Jesus alle Macht hat. Wenn unsere Herzen hart sind, werden wir immer blind sein für das, was Gott tut.

In welchem Zustand ist unser Herz? ⇢ Ist es weich und empfangsbereit oder hart und abweisend? Ich glaube, auch wenn man noch so lange mit Gott unterwegs ist – man kann die Bibel intensiv studiert haben oder die wunderschönsten Lobpreislieder dichten, egal ob man 15 Jahre oder 99 Jahre alt ist – unsere Aufgabe ist es, immer wieder auf unser Herz zu achten. Ist es bereit, Gott zu lieben und ihm zu vertrauen? Ist es offen, um auf seine Stimme zu hören?

Wenn mein Mann unterwegs ist und nach einigen Tagen wiederkommt, geht es mir oft so, dass ich mich gar nicht freuen kann. „Warum", fragt da mancher vielleicht. „Hast du Eheprobleme?" Nein, überhaupt nicht. Ich liebe meinen Mann so sehr, dass mir jede Minute ohne ihn wehtut. Ich vermisse ihn so sehr, dass ich die Zeit nur überstehen kann, wenn ich mein Herz hart mache. Das mag sich merkwürdig anhören, ist aber in dem Moment echt hilfreich. Ich entwöhne mein Herz, damit es nicht so wehtut. Mein Mann hat dann erst mal wieder die Aufgabe, mir zu zeigen, wie sehr er mich liebt; und ich taue dann nach und nach auf. Von einem gefrorenen Eisherz zu einem pulsierenden, vor Liebe spritzenden Herz.

Es ist gut, sein Herz immer wieder zu überprüfen: Ist es noch weich, liebend und pulsierend? Kann Gott zu uns reden und uns berühren? Oder ist unser Herz eingefroren, durch welche Umstände auch immer? Ein hartes Herz ist nichts, wofür man sich schämen muss, es ist nur etwas, woran wir erkennen, dass wir mehr von Gottes Liebe und Kraft brauchen. Wenn es hart ist, lassen wir Gott eine Chance, uns zu zeigen, wie sehr er uns liebt.

Janita Pauliks

30
Sonntag

MÄRZ

Denn Jesus sollte sterben für das Volk und nicht für das Volk allein, sondern auch, um die verstreuten Kinder Gottes zusammenzubringen.

Johannes 11,51.52

Bibellese: Johannes 11,46-57

Unsere Familie lebt in Mitteldeutschland, genauer gesagt, in Sachsen. Wir leben unter vielen *„verstreuten"* Kindern Gottes. Schon zu Jesu Zeiten war klar, dass Gott alle Menschen als seine Kinder ansieht. Israel hatte eine besondere Aufgabe, die Grundlage für die Verbreitung der guten Nachricht zu legen. Aus ihnen wuchs der Eine hervor, der für das ganze Volk und für alle verstreuten Kinder sterben sollte.

Eine heilige Aufgabe ⇢ Durch den Tod Jesu geschieht genau das, bis zum heutigen Tag. Viele Gesandte sind ausgegangen und riefen die Menschen nach Hause, aus allen Völkern und Nationen. Was für eine herrliche Ernte diese Welt schon gesehen hat. Wach bleiben bedeutet, diesen heiligen Auftrag nie zu vernachlässigen. Unsere Aufgabe ist nicht, ängstlich auf die schlimmen Zeiten zu achten, um uns dadurch noch mehr von den geliebten Kindern Gottes zurückzuziehen. Manchmal frage ich mich, mit welchem Recht wir – auf das Böse fixiert und nur Böses erwartend – uns aus der Welt ziehen, anstatt mit brennendem Herzen die Menschen zu lieben, wie Gott es schon immer getan hat. Er liebt jedes einzelne seiner Kinder und gab Jesus dafür hin.

Eine frohe Botschaft ⇢ Ich habe mich wirklich gefreut, dass wir so eine bunte Truppe zu unserer Silberhochzeitsfeier hatten. Das Gemeindehaus war voll mit Freunden, Geschwistern, Verwandten, Nachbarn und Sportkollegen. Querbeet. Es war ein Riesenspaß, mit allen zu reden, zu essen, zu tanzen und am Ende sogar noch so eine Spezialform von Dunkelversteck zu spielen. Meine Frau ließ sich nicht davon abbringen, und das war gut so! Besonders die fröhlichen Nachbarn quiekend und lachend durch die Dunkelheit laufen zu hören, war einfach wunderbar. Menschen, die Jesus noch nicht kennen, aber zumindest uns schon mal.

Ich glaube, eines machte Jesus nicht: Er lief nicht mit sorgenvollem und bedrücktem Gesicht durch die Gegend und versuchte, den Menschen bittere Pillen zu verkaufen. Er war ein lebensfreudiger Mensch, mit dem man gerne zusammen war, aus dem aus jeder Pore Liebe zu den Menschen um ihn herum quoll. Gott hat sich noch nicht geändert. Falls wir hier Veränderung brauchen, sollten wir uns heute neu von ihm mit überströmender Freude beschenken lassen. Davon hat er genug. Denn die Botschaft, die ihn alles kostete, ist immer noch froh machend!

Rainer Pauliks

Da nahm Maria ein Pfund Salböl ... und salbte die Füße Jesu und trocknete mit ihrem Haar seine Füße; das Haus aber wurde erfüllt vom Duft des Öls.

Johannes 12,3

Bibellese: Johannes 12,1-11

Alle vier Evangelien erzählen diese Geschichte. Eine Frau, die ihre Liebe zu Jesus verschwenderisch zum Ausdruck bringt. Eine kleine Episode in Jesu Leben – aber alle mussten davon erzählen. Jeder sollte davon hören. Nicht nur, weil die vermeintliche Geldverschwendung so riesig war. Nicht nur, weil kulturelle Normen so erschreckend überschritten wurden. Nicht nur, weil es irgendwie unangenehm und deshalb unvergesslich blieb.

Nein, ich glaube, alle mussten davon erzählen, weil hier die Liebe zu Jesus auf so greifbare und ergreifende Weise ausgedrückt wurde. Und weil jeder, zumindest im Rückblick, verstand, wie richtig es war, was Maria getan hatte. Jesus empfing das, was ihm wirklich gebührt. Er ist so viel mehr, so viel würdiger, so viel herrlicher und anbetungswürdiger, dass es einfach nichts geben könnte, was zu wertvoll wäre, um es ihm nicht zu schenken.

Wo wäre ich ohne ihn? ⇢ Ich war noch jung, gerade mal zweiundzwanzig Jahre alt. Hatte noch keine lange Lebenserfahrung und konnte nicht auf Jahre des Erlebens der Treue Gottes zurückschauen. Einfach ein junger Kerl, der mit Jesus unterwegs war und versuchte, ihn besser kennenzulernen. Gerade war ich von einer Lobpreiskonferenz mit zehntausend Leuten zurückgekehrt. Doch bis heute habe ich immer noch nicht vergessen, wie die Tränen damals über mein Gesicht liefen, als ich ganz allein in meinem Zimmer darüber nachsann und sang: „Wo ich wohl wäre ohne ihn, was ich wohl täte ohne seine Liebe, wie ich wohl leben könnte, ohne dass er mich die Wahrheit lehrte?“

Und genauso laufen mir auch heute die Tränen bei den Gedanken, was ich ihm alles schulde und wie dankbar ich dafür bin, was er in meinem Leben getan hat. Gedanken darüber, was er mir alles bedeutet und wie wertvoll er für mich ist. Da ist wirklich nichts zu viel und nichts zu wertvoll, als dass ich es ihm nicht geben möchte. Er ist so viel mehr. Ihm gebührt das Lob und unsere innigste Liebe. Mögen wir das nie aus den Augen verlieren.

Es ist tatsächlich eine bedeutende Geschichte.

Rainer Pauliks

„Gelobt sei Gott! Gepriesen sei, der im Namen des Herrn kommt! Heil dem König Israels!“

Johannes 12,13 (NLB)

[Da] nahmen sie Palmzweige und gingen hinaus ihm entgegen und schrien: Hosianna! Gelobt sei, der da kommt im Namen des Herrn, der König von Israel!

Johannes 12,13

Bibellese: Johannes 12,12-36

Im heutigen Text wird von einem der ganz großen Feste des Judentums berichtet: vom Passahfest. Ein Fest, das sie an einen wichtigen Teil ihrer Geschichte, den Auszug aus Ägypten, erinnern sollte. Dieser Exodus war durch übernatürliche Plagen eingeleitet worden und gipfelte darin, dass Gott alle Erstgeburt bei Menschen und Tieren in Ägypten schlug, während die Häuser der Hebräer verschont blieben.

Feststimmung ⇢ Die Pilger waren in großer Zahl angereist und Jerusalem füllte sich mit Menschen aus dem ganzen Land. Es war ein Event, bei dem man sich nach längerer Zeit wieder begegnete, um miteinander die großen Taten Gottes zu feiern. In Israel wurde überhaupt viel gefeiert. Hier frage ich mich, ob wir die Tatsache unserer Erlösung durch Jesus genügend würdigen und feiern?

Eine eigenartige Spannung lag in der Luft. Die Menschen fragten sich: „Kommt er, Jesus, auf das Fest oder nicht?" Als sie hörten, dass er käme, setzten sich viele in Bewegung, um ihm, der noch in Bethanien war, entgegenzugehen. Die Auferweckung des Lazarus war ein Höhepunkt der vielen Wunder, die Jesus tat. Die Menschen, die sie miterlebt hatten, waren begeistert und rühmten Jesu Tat. Mit Palmenzweigen gingen sie ihm entgegen und schrien: *„Hosianna! Gelobt sei, der da kommt im Namen des Herrn, der König von Israel!"*

Gegenstimmen ⇢ Doch inmitten des Freudentaumels gab es Gruppen, die sich keineswegs mitfreuten über das, was Jesus tat. Es waren die neiderfüllten, strenggläubigen Pharisäer und Hohenpriester. Nach dem Motto: „Es kann nicht wahr sein, was nicht wahr sein darf", wollten die Gesetzeshüter ganze Sache machen und in einem Aufwasch nicht nur Jesus, sondern auch Lazarus umbringen. Aber nichts ist so hartnäckig wie die Wahrheit. Das Wort des Propheten Sacharja sollte zuvor in Erfüllung gehen: *„Fürchte dich nicht, du Tochter Zion! Siehe, dein König kommt und reitet auf einem Eselsfüllen"* (Vers 15).

Mehr als Euphorie ⇢ Nach dem glorreichen Einzug in Jerusalem nahm die Geschichte ihren tragischen Verlauf. Binnen einer knappen Woche kippte die positive Stimmung. Die begeisterten Hosiannarufe wurden von einem hasserfüllten „Kreuzige ihn!" abgelöst. Diese Begebenheit muss uns heutige Christen lehren, dass es mehr bedarf als einer kurzfristigen Euphorie. Wir brauchen eine echte Jesusnachfolge.

Günther Kaupp

2
Mittwoch

APRIL

Und obwohl er solche Zeichen vor ihren Augen getan hatte, glaubten sie doch nicht an ihn.

Johannes 12,37

Bibellese: Johannes 12,37-50

Es waren nur noch wenige Tage bis zur Kreuzigung und zum Tod unseres Herrn Jesus Christus. Er zog sich von der Menge zurück, um mit seinen Jüngern eine Zeit alleine zu verbringen. Vermutlich beschäftigte sie eine Frage, die wir uns sicherlich auch schon oft gestellt haben: „Warum glauben die Menschen nicht an Jesus?“ So viele Zeichen und Wunder waren vor ihren Augen geschehen – und dennoch glaubten sie nicht. Die große Zahl und die große Vielfalt der Wunder zeigten die Macht Jesu und gaben den Menschen viele Gelegenheiten, sie zu beobachten und zu untersuchen. Diese Wunder geschahen auch nicht in der Ferne oder im Verborgenen, sondern direkt vor ihren Augen. Heute hätte man sie wahrscheinlich auch über YouTube, Instagram und andere Medien verfolgen können.

Warum geschieht nichts? ⇢ Der Evangelist Johannes bringt seine große Bestürzung und sein Bedauern darüber zum Ausdruck, dass trotz der Fülle der Wunderzeichen viele Menschen in ihrem Unglauben verharrten. Man sollte meinen, alles zusammen sollte einen so überwältigenden Beweis für die Wahrheit der Aussagen Jesu liefern, dass niemand mehr zögern würde, an ihn zu glauben. Doch leider ist es oft so, dass – wenn sich sich jemand anfangs geweigert hat, an Jesus Christus zu glauben – sein Herz sich noch mehr gegenüber dem Evangelium verhärtet.

Dranbleiben und vertrauen ⇢ Wir kennen sicherlich alle Menschen in unserem Umfeld – Familienangehörige, Freunde, Nachbarn – die leider auch zu dieser Gruppe gehören. Sie haben schon viel in christlichen Kreisen gesehen und miterlebt. Sie haben Gottesdienste besucht, bei denen wir dachten: „Heute werden sie sich sicherlich bekehren!“ Und wieder ist nichts geschehen. Sie gingen ohne Entscheidung nach Hause. Wie gehen wir damit um? Werden wir müde oder gleichgültig? Ich hoffe nicht.

In Vers 44 heißt es, dass Jesus *„rief“* und seine Stimme erhob, damit jeder hören konnte, was er sagen wollte: *„Ich bin als Licht in die Welt gekommen, auf dass, wer an mich glaubt, nicht in der Finsternis bleibe“* (Vers 46). Noch ist die Gnadenzeit nicht zu Ende. Beten und glauben wir weiter. Gott kann und will auch das härteste Herz durch seine Liebe gewinnen und verändern.

Paul Liedtke

Als er nun ihre Füße gewaschen hatte, nahm er seine Kleider und setzte sich wieder nieder und sprach zu ihnen: Wisst ihr, was ich euch getan habe?

Johannes 13,12

Bibellese: Johannes 13,1-20

Jesus fragte seine Jünger, ob sie verstanden, was er gerade getan hatte. Wie oft möchten wir die Dinge verstehen, die gerade passieren. Manche Menschen können erst dann handeln, wenn sie verstanden haben. Verstehen ist eines der wichtigsten Dinge in ihrem Leben. Für andere ist das nicht so wichtig. Sie können Dinge, Umstände und Situationen einfach annehmen oder umsetzen. Im Alten Testament lernen wir die Propheten so kennen. Der Herr offenbart ihnen etwas, und sie gehen einfach los und sind gehorsam gemäß dem Wort Gottes. Da gibt es keine Fragen nach dem Verstehen, da gibt es großes Vertrauen zum Herrn.

Jesus war bereit, zu dienen ⇢ Jesus war es in diesem Fall jedoch wichtig, dass seine Freunde verstanden, was er gerade getan hatte. Warum? Weil er wollte, dass sie ebenso handeln. Er erklärte ihnen: „Ich bin Meister und Herr und habe die niedrige Arbeit, den niedrigsten Dienst getan, der getan werden soll, wenn man in ein Haus kommt und Gastfreundschaft lebt." Jesus wusste, wer er war, und war bereit, an diesem Abend das zu tun, was sonst keiner tun wollte. Er hatte ein starkes Selbstbewusstsein und gerade deshalb konnte er diesen Dienst tun. Er war bereit, in Demut zu handeln, er war bereit, seinen Freunden zu dienen, sie zu lieben, ihnen zu zeigen, worauf es wirklich ankommt. Er war bereit, jedem seiner Freunde zu dienen, auch dem, der ihn später verraten würde. Welch eine Größe!

Sind wir bereit? ⇢ Verstehen wir, was Jesus getan hat? Und sind wir bereit, genauso zu handeln wie er? Jesus liebt – sind wir bereit, zu lieben? Egal, was der andere tut oder nicht tut? Egal, ob der andere es gut mit uns meint oder nicht? Können wir lieben, wie Jesus liebt? In 1. Korinther 13,4-7 steht: *„Liebe ist geduldig, Liebe ist freundlich. Sie kennt keinen Neid, sie spielt sich nicht auf, sie ist nicht eingebildet. Sie verhält sich nicht taktlos, sie sucht nicht den eigenen Vorteil, sie verliert nicht die Beherrschung, sie trägt keinem etwas nach. Sie freut sich nicht, wenn Unrecht geschieht, aber wo die Wahrheit siegt, freut sie sich mit. Alles erträgt sie, in jeder Lage glaubt sie, immer hofft sie, allem hält sie stand"* (NGÜ).

Ich möchte uns Mut machen, dem Beispiel Jesu zu folgen und die Menschen zu lieben. Er selbst wird uns helfen.

Esther Schmiegel

4
Freitag
APRIL

Ein neues Gebot gebe ich euch, dass ihr euch untereinander liebt, wie ich euch geliebt habe, damit auch ihr einander lieb habt.

Johannes 13,34

Bibellese: Johannes 13,21-38

Die Ankündigung neuer Inhalte war für mich währende meiner Schulzeit der Horror. Meist kam ich mit dem alten Stoff noch nicht klar. Neues und Veränderung sind aber nicht nur meine Probleme, sondern machen vielen Schwierigkeiten. Weil Neues auch mit Umdenken und Veränderung zu tun hat, fällt es nicht immer leicht, sich dafür zu öffnen. Ich kann mir gut vorstellen, dass es den Jüngern ähnlich erging wie mir in der Schule, als Jesus beim Abendmahl ein neues Gebot ankündigte. Sie kämpften noch mit der Umsetzung der Zehn Gebote – und jetzt noch ein neues Gebot.

Bemerkenswert ist, zu welchem Zeitpunkt Jesus dieses neue Gebot einführte. Gerade erst war Judas gegangen. Wollte Jesus mit Blick auf sein bevorstehendes Ende die verbleibenden Jünger zum Zusammenhalt aufrufen? Oder ihnen zum Schluss ein neues Erkennungszeichen wahrer Jüngerschaft mitgeben?

Vorgelebt ⇢ Fakt ist, dass Jesus diese Liebe selbst vorlebte, bevor er das Gebot einführte. Bildlich gesprochen hielt er Judas durch das Dienen bei der Fußwaschung die andere Wange hin, denn er wusste, was dieser ihm antun würde. Jesus hakte nicht die Zehn Gebote ab, um dann seinen Jüngern ein neues Gebot aufzuerlegen. Sondern er erfüllte die Zehn Gebote durch das Leben des Liebesgebots bis zum Tod, ja zum Tode am Kreuz.

Nachahmer gesucht ⇢ Jesus fordert im heutigen Tagesvers seine Jünger – und damit auch uns – gleich zweimal auf, das Liebesgebot nicht im Sinn einer Pflichterfüllung abzuhaken, sondern Nachahmer zu werden. Wenn wir verstehen, wie sehr Jesus uns liebt, dass er sogar sein Leben für uns gab, warum ist dann oft so wenig von dem Erkennungszeichen der Liebe zwischen uns Geschwistern und Geschwistern anderer Gemeindebewegungen zu spüren? Warum gibt es Spaltungen? Warum fällt es so schwer, unser Haus gastfreundschaftlich für Geschwister aus anderen Kulturen zu öffnen? Warum fällt es uns nicht leicht, in der Ehe die zweite Meile zu gehen? Für mich ist beeindruckend, dass Jesus Judas nicht ein Stück vom Abendmahlsbrot zuwarf. Vielmehr versuchte er, Judas durch den Liebesdienst des Eintauchens und Reichens vom Brot nochmals zum Umdenken, zur Umkehr zu bewegen. Er stellte ihn nicht vor den anderen Jüngern bloß.

Gebet ⇢ „Herr, vergib, wo die erste Liebe in mir erkaltet ist, rüste mich mit einem willigen Geist aus.“

Martin Lütjohann

In meines Vaters Hause sind viele Wohnungen. Wenn's nicht so wäre, hätte ich dann zu euch gesagt: Ich gehe hin, euch die Stätte zu bereiten?

Johannes 14,2

5
Samstag
APRIL

Bibellese: Johannes 14,1-14

Vor Jahren stand für unsere sechsköpfige Familie ein Umzug ins Haus. Wohnungsmarkt? Mies! Die Einwanderungswelle hat sich schon dort bemerkbar gemacht. In mir machten sich Sorgen breit, dass wir als Familie zum Schuljahresbeginn und Arbeitsplatzwechsel leer ausgehen würden. Doch irgendwann schaffte ich es, meine Sorgen auf Gebetsspaziergängen dem Herrn abzugeben. Als Antwort bekam ich ein inneres Bild von einer Parklücke. Dieses Bild war mir wohlvertraut, weil ich als Autofahrer regelmäßig in der Stadt für eine passende Parklücke dicht zur Location betete und Gottes fürsorgende Hand erlebte. Welchen Unterschied macht es für Gott, ob ich für eine Parklücke oder eine Wohnung bete? Jesus sagt in unserem heutigen Bibeltext: *„Was ihr mich bittet werdet in meinem Namen, das will ich tun"* (Vers 14).

Irdische Hütte ⇢ Wie eine Parklücke genau maßgeschneidert sein muss, bekamen wir gleich fußläufig neben den Schulen unserer Kinder mittig zwischen Arbeitsplatz und Gemeinde ein Haus, das allen Anforderungen unserer Familie entsprach. Wir waren Jesus so dankbar, dass er uns hier auf Erden eine Wohnstätte bereitet hatte. Doch Jahre später ging ein Kind nach dem andern aus dem Haus. Das Haus war weiterhin da, aber leer und ich spürte das „Empty-Nest-Syndrom".

Himmlische Heimat ⇢ Bei den Jüngern schien es umgekehrt zu sein. Nicht sie gingen, sondern Jesus verließ sie. Das erschreckte ihre Herzen. Für sie schien die herzliche Gemeinschaft vorüber. Wie würde es weitergehen? Jesus spürte ihre Not. Er sprach ihnen Hoffnung zu: dass er eine himmlische Heimat bereiten würde.

Auch uns als Gläubigen gilt dieser Zuspruch. Jesus ist vorausgegangen. Aber er wird wiederkommen, um uns zu sich holen. Wir werden bei ihm sein, wo es keine Tränen, kein Geschrei und Schmerzen mehr gibt. Wir werden immer bei ihm sein! Diese himmlische Heimat muss nicht mehr beheizt oder abgezahlt werden. Nichts kann uns aus seiner Hand rauben oder unsere Wohnung zerstören, weder Natur- noch Menschengewalt kann sie uns nehmen. Das Beste aber wird die Gemeinschaft mit Christus und den Heiligen aus allen Nationen sein. Denn: *„In meines Vaters Haus sind viele Wohnungen."* Er hat kein Problem mit „Einwanderungswellen". Im Gegenteil, er wünscht sich sogar, dass noch mehr bei ihm sein werden.

Martin Lütjohann

6
Sonntag

Es ist noch eine kleine Zeit, dann sieht die Welt mich nicht mehr. Ihr aber seht mich, denn ich lebe, und ihr sollt auch leben.

Johannes 14,19

APRIL

Bibellese: Johannes 14,15-31

Jesus wusste, dass er nur noch wenige Stunden mit seinen Jüngern zusammen hatte. Diese Zeit nutzte er, um ihnen letzte wichtige Verheißungen mit auf den Weg zu geben. So versprach er ihnen, dass er den Vater bitten werde, ihnen einen anderen Tröster zu senden, den Heiligen Geist. Außerdem wies er sie darauf hin, dass die Liebe zu ihm sich darin zeigt, dass man sein Wort hält. Zu sagen, dass man Jesus liebt, ohne auch sein Wort zu halten, passt nicht zusammen.

In diesen Stunden gab er seinen Jüngern auch eine große Verheißung, die mich tief berührt, und zwar, dass nicht nur er lebt, sondern auch seine Jünger leben sollen.

Ich lebe ⇢ Welch eine Aussage! Jesus stand Stunden vor seinem leiblichen Tod. Das Wort, das Johannes hier benutzte, steht im Neuen Testament für das Auferstehungsleben. Jesus hat durch seinen Tod und seine Auferstehung dem Tode die Macht entrissen. Gegenüber Martha sagte er: „*Ich bin die Auferstehung und das Leben*" (Johannes 11,25). Der Tod hat keine Macht über ihn. Jesus ist der Fürst des Lebens, wie Petrus in Apostelgeschichte 3,15 bekannte.

Ihr sollt auch leben! ⇢ Doch Jesus sagte nicht nur, dass er lebt, sondern gab auch seinen Jüngern die große Zusage, dass sie ebenfalls leben werden. Diese Zusage gilt auch uns: Wir dürfen Anteil haben an seinem Leben. Im hohepriesterlichen Gebet sagte Jesus: „*Das ist aber das ewige Leben, dass sie dich, der du allein wahrer Gott bist, und den du gesandt hast, Jesus Christus, erkennen*" (Johannes 17,3). Wir werden einmal für immer und ewig bei ihm sein. Dort wird weder Leid noch Geschrei, weder Schmerz noch Tod sein. Welch eine Verheißung und welch eine Hoffnung!

Aber wir dürfen auch schon hier etwas von diesem Leben erfahren. Jesus ist bei uns alle Tage. Wir dürfen uns in jeder Situation – in den freudigen, aber auch in denen, die uns herausfordern oder zu überfordern drohen – an ihn wenden. Er ist bei uns. Er hilft uns. Er gibt uns seinen Frieden. Dieses neue Leben verdient, dass wir ihm die oberste Priorität einräumen. Es lohnt sich, alles dafür einzusetzen. Behalten wir diese Verheißung nicht für uns, sondern geben wir sie an andere weiter, die Jesus noch nicht angenommen haben und offen für ihn sind. Ringen wir darum, dass auch sie von diesem Angebot Gottes hören.

Edmund Lohmann

Ich bin der Weinstock, ihr seid die Reben. Wer in mir bleibt und ich in ihm, der bringt viel Frucht; denn ohne mich könnt ihr nichts tun.

Johannes 15,5

Bibellese: Johannes 15,1-8

Abhängigkeit. Jesus arbeitete gerne mit Begriffen, die uns Menschen verständlich sind. Ich kann mir gut vorstellen, dass er wieder einmal mit seinen Jüngern an einem Weinberg vorbeikam. Sofort ergriff er die Gelegenheit, um ihnen daran das Verhältnis zu ihrem Herrn deutlich zu machen. Die Rebe hat eine organische Verbindung mit dem Weinstock, wenn sie nicht vertrocknen will. Damit zeigt er auch uns heute, was entscheidend dafür ist, ein Christ zu sein. Da wird sofort klar, dass Christ zu sein etwas anderes ist, als die richtigen Aussagen über die Person Jesus Christus zu machen oder die erbaulichen und sakralen Kultelemente herauszustellen.

Brennholz ⇢ Wenn Jesus sagt: *„Ich bin der Weinstock, ihr seid die Reben"*, stellt er uns in einen lebendigen Lebenszusammenhang mit sich. Eben das, was Weinstock und Reben zu *dem* machen, was sie sind: eine organische Verbindung. Nur durch diese Verbindung mit Christus entsteht etwas Lebendiges. Deshalb sagte Jesus: „Du musst von Gott, also von oben geboren sein, sonst kannst du nicht bestehen und in den Himmel kommen. Ohne die Verbindung durch den Heiligen Geist mit mir bist du nur Brennholz."

Ewige Werte ⇢ *„Ohne mich könnt ihr nichts tun."* Egal, wie fleißig und tüchtig Menschen sind, wer sich auf das eigene Handeln beruft, ohne durch den Heiligen Geist die Verbindung mit Jesus zu haben, wird wie Totholz sein. Man mag denken: „Ich habe schon so viele Dinge ohne Jesus gemacht, das geht offenbar doch, also mache ich weiter so." Das kann auch so scheinen. Wir müssen aber bedenken, dass der Bibeltext deutlich macht: Was wir ohne Jesus tun, ist eben nichts. Denn es bleibt nicht. Es ist nicht von Dauer. Nach dem Tod sind diese Dinge nichts mehr wert. Dagegen möchte ich Paulus zitieren, der sagte: *„Denn Christus ist mein Leben, und Sterben ist mein Gewinn"* (Philipper 1,21).

Das klingt richtig gut. Warum? Weil Paulus die Verbindung mit Jesus kannte und lebte, die da heißt: „Mein Leben ist Christus!" Wie die Rebe eine organische Verbindung zum Weinstock braucht, brauchen wir durch den Geist Gottes eine lebendige Verbindung mit Jesus. Der Rhythmus unseres Lebens muss sich nach dem Beispiel Jesu richten. Dann werden wir geistliche Frucht bringen, die den Tod überdauert.

Heinz Krebs

Nicht ihr habt mich erwählt, sondern ich habe euch erwählt und bestimmt, dass ihr hingeht und Frucht bringt und eure Frucht bleibt.

Johannes 15,16

Bibellese: Johannes 15,9-17

Lebensrhythmus. In der heutigen Bibellese wird wieder der lebendige Zusammenhang mit Jesus deutlich. Reben können sich nicht durch eigene Kraft mit dem Weinstock organisch verbinden. Die Verbindung ist durch den Weinstock geschehen, er bringt die Reben hervor. Deshalb sagt Jesus: „Nicht *ihr*, sondern *ich* habe mich für euch entschieden!" Das dürfen wir als Nachfolger Jesu nie vergessen, sonst stimmt unser Lebensrhythmus mit Jesus nicht mehr. Woran erkenne ich aber, dass ich noch im lebendigen Rhythmus mit Jesus bin? Die Antwort ist: durch meine Verbindung mit ihm.

Verbindung zum Leben ⇢ Ein kleines Beispiel soll das verdeutlichen. Eine Mutter hatte ihrem kleinen Jungen immer wieder gesagt: „Sei sehr vorsichtig mit dem kleinen jungen Apfelbaum im Garten!" Aber nun war es trotzdem passiert, der Ball hatte das kleine Bäumchen zu hart getroffen und einer der wenigen Äpfel war heruntergefallen. Der Junge wollte den Schaden wiedergutmachen und band den Apfel mit einem Zwirnsfaden an den Ast. Aber damit war der Schaden nun wirklich nicht behoben. Der Apfel war bald so verschrumpelt, dass er nun erst richtig auffiel. Es bestand eben keine organische Verbindung zum Baum mehr. Solche Verbindung aber meint Jesus mit dem Bild vom Weinstock und den Reben. (Aus: „Guten Morgen" von Rolf Sättler.)

Drei Hilfen ⇢ Unsere Bibellese zeigt uns drei Hilfen, wie wir diese Verbindung leben können:

1. Bleibt im Gebet. Wir wollen ja den Willen Gottes tun. Und alles, was im Willen Gottes ist, wird er auch tun. Zum Beispiel darf ich um Frucht beten. Welch ein Vorrecht, darauf will ich mich einlassen. Allerdings gibt es auf diesem Gebetsweg immer wieder Zeiten, in denen ich nichts anderes tun kann, als zu warten. Und solange ich warten kann, also Geduld im Glauben habe, bin ich immer noch auf der Seite des Sieges.
2. Bleibt in seiner Liebe. Liebe wird hier als ein Gebot beschrieben. Damit wird wieder die innere Verbindung zu Jesus betont. Wer liebt, der tut gerne, was die Liebe erwartet.
3. Ich darf ein Freund Jesu sein. Das ist etwas ganz Besonderes, denn Freunde haben sehr viel mehr Gemeinsamkeiten als Knechte.

Und zum Schluss: Ein weiser Mensch hat einmal gesagt: „Wenn unser Leben sich neigt, so sollen wir sein wie die Bäume des Herbstes, voller reifer Früchte."

Heinz Krebs

Wenn euch die Welt hasst, so wisst, dass sie mich vor euch gehasst hat.

Johannes 15,18

Bibellese: Johannes 15,18-27

Jesus nahm nie ein Blatt vor den Mund, auch nicht in Bezug auf Nachfolge. So sprach er nicht nur vom Lohn der Nachfolge, sondern sagte ebenso deutlich, dass sie ihren Preis hat. Damals wie heute war dies für den Menschen nicht einfach. Dabei stelle ich – vor allem bei mir persönlich – fest, dass es einfach ist, ein „Ja" zur Christusnachfolge zu haben, solange sie mit meinen Lebenswünschen und Vorstellungen einigermaßen übereinstimmt. Doch was geschieht, wenn ich dabei auf Widerstand stoße? Was ist, wenn Jesu „Fußspuren" mich einen anderen Weg führen wollen, als mir lieb ist? Wenn dieser Weg mir keinen persönlichen Nutzen bringt, ja sogar Nachteile? Lohnt sich Nachfolge dann überhaupt?

Ich, mich, meiner, mir – Herr, segne diese vier! ⇢ In unserer Zeit steht der persönliche Nutzen sehr hoch im Kurs. „Was habe ich davon, wenn ich Jesus folge, und was ist mein Gewinn?" Ich bin froh, dass Jesus sich diese Frage nicht gestellt hat, als er am Kreuz für mich starb. Wie gut, dass er nicht seinem Willen folgte, sondern im Willen seines Vaters blieb. Seine Liebe zu uns ist selbstlos und schaut nicht auf den eigenen Vorteil. Sie verschenkt sich, da sie nicht sich, sondern uns im Blick hat. Welch starker und wohltuender Kontrast zum Zeitgeist dieser Welt. Jesus folgte dem Vater und es kostete ihn alles! Die Frucht, die aus dieser selbstlosen Hingabe und dem absoluten Gehorsam entstand, veränderte die Welt.

Bleibende Frucht ⇢ Das ist es, was bei echter Nachfolge geschieht. Nehmen wir unseren Willen zurück und folgen dem Willen Gottes, so werden wir Frucht bringen, die bleibt. Wir werden zu Menschen, die Jesus immer ähnlicher werden. Ja, es kann unangenehm werden, man kann uns hassen, ausgrenzen, belächeln und verfolgen. Doch Gottes Geist als Tröster, Beistand und Kraft wird mit uns sein. Darum brauchen wir uns vor dieser Welt nicht zu fürchten, denn der in uns *„ist größer als der, der in der Welt ist"* (1. Johannes 4,4). Echte Nachfolge wird somit auch immer siegreich sein, sie wird Frucht bringen und dein und mein Leben stark bereichern.

Beobachten wir doch einmal, was geschieht, wenn wir unseren Willen zurückstellen und bewusst dem Willen Jesu Raum geben. Ich bin davon überzeugt: Wir werden erleben, wie das Reich Gottes in unserem Umfeld mehr und mehr Raum gewinnt!

Christian-Jonathan Lehne

10
Donnerstag

APRIL

Dies habe ich zu euch geredet, damit ihr keinen Anstoß nehmt.

Johannes 16,1 (SCH)

Bibellese: Johannes 16,1-15

Jesus richtet seinen Appell an die Jünger, damit sie trotz aller Herausforderungen ihre Beziehung zu Gott aufrechterhalten. Die heutige Bibellektüre kann uns erschüttern, denn der Ausblick ist eher düster. Jesus beschreibt die bevorstehende Verfolgung, Verleumdung sowie den Ausschluss aus der geliebten Gemeinschaft und spricht von tiefgreifenden Glaubensprüfungen. Vieles davon kenne ich persönlich – sowohl Verleumdungen als auch Glaubensprüfungen. Es sind Situationen, in denen Wut, Mutlosigkeit oder Verzweiflung aufkommen möchten. Momente, in denen sämtliche Alarmglocken in mir läuten und impulsive Reaktionen meine Gedanken und Gefühle beherrschen wollen.

Erschütterungen

- Wir erinnern uns an den Jünger, der Jesus verteidigen wollte. Er kannte diese impulsiven Reaktionen nur zu gut, als er mit seinem Schwert dem Soldaten das Ohr abschlug. Der Evangelist Lukas zeigt uns das Wesen Gottes: Jesus heilte den Verletzten, indem er das Ohr wiederherstellte. Auf diese Weise zeigt uns der Herr, wie er in solchen Situationen reagieren würde.
- Ähnlich erging es Thomas. Wir wissen nicht, wie alt er war, aber wir wissen, dass er mindestens drei Jahre seines Lebens mit Jesus gegangen war, geglaubt und gehofft hatte. Und dann musste er das schreckliche Ende von Jesu Leben erleben. Haben wir nicht auch schon einmal ähnliche Zweifel erlebt wie dieser junge Thomas, dessen Glaube so tief erschüttert wurde?

Vielleicht stellen sich manche gerade die Frage, ob alles umsonst war, das jahrelange Engagement in der Gemeinde und für die Menschen. Lassen wir uns von Jesus ermutigen, der am Kreuz rief: „*Mein Gott, mein Gott, warum hast du mich verlassen?*“ (Matthäus 27,46). Dieser Jesus ist auferstanden und lebt! Deshalb gilt diese Zusage: „*Aber ich sage euch die Wahrheit: Es ist gut für euch, dass ich hingehe; denn wenn ich nicht hingehe, so kommt der Beistand nicht zu euch. Wenn ich aber hingegangen bin, will ich ihn zu euch senden*“ (Johannes 16,7).

Wir sind nicht allein ⇢ Jesus sendet uns seinen Heiligen Geist. Wir dürfen ihn um Beistand bitten, und er wird uns helfen. Er ist bei uns, wenn unser Glaube schwankt. Möge der Heilige Geist uns stärken, während wir fest an unserer Verbindung zu Gott halten und durch mancherlei Prüfungen gehen.

Sebastian Kressin

Dies habe ich mit euch geredet, damit ihr in mir Frieden habt. In der Welt habt ihr Angst; aber seid getrost, ich habe die Welt überwunden.

Johannes 16,33

Bibellese: Johannes 16,16-33

Manche Christen finden unheilvolle Prophetien ganz toll. Da kann man so schön spekulieren und verborgene Verbindungen zu unserer heutigen Zeit herstellen. Man entdeckt Geheimwissen, wodurch man sich anderen Christen überlegen fühlt. Aber das ist nicht das Wesen biblischer Prophetie.

Jesus bereitet seine Jünger auf schwierige Zeiten vor ⇢ Es geht um seine Verhaftung und seinen Tod am Kreuz. Es geht aber auch um den Verrat des Judas und die Verleugnung durch Petrus. Die Jünger werden sich in einem Chaos wiederfinden. Sie werden sich fühlen wie in einem kleinen Boot, das hilflos im Wasser treibt und von den Wellen unbarmherzig hin und her geworfen wird. Jesus sagt seinen Jüngern dies voraus. Aber nicht, damit sie Angst bekommen, sondern damit sie Frieden haben. Frieden mitten im Chaos.

Die Jünger wurden trotz der Vorbereitung durch Jesus von der Wirklichkeit kalt erwischt. Sie hatten noch nicht wirklich verinnerlicht, was er ihnen gesagt hatte. Doch nach seiner Auferstehung begriffen sie, dass er diese Welt mit all ihren Ängsten, Sorgen und Problemen überwunden hat. In all den Herausforderungen, die sie in ihrem Leben noch zu meistern hatten, wussten sie: „Unser Jesus hat alle Macht im Himmel und auf Erden. Selbst im größten Sturm dürfen wir seinen Frieden haben."

Wir haben einen direkten Draht nach oben! ⇢ Vor einiger Zeit brauchte ich dringend eine Information von meiner Krankenkasse. Ich stellte mich ein auf lange Warteschleifen, Anrufbeantworter, Computerstimmen, Zahlenfolgen, die ich eingeben muss, und wieder Warteschleifen. Doch mein Anruf wurde umgehend angenommen. Am anderen Ende war ein richtiger Mensch! Ich konnte der Person mein Problem schildern und mir wurde sofort geholfen. Das Gespräch dauerte keine fünf Minuten und alle meine Fragen waren geklärt. Ich hatte sofort direkten Zugang zu einer kompetenten Person.

Jesus sagt seinen Jüngern, dass sie unmittelbaren Zugang zum Vater haben: *„Wenn ihr den Vater um etwas bitten werdet in meinem Namen, wird er's euch geben"* (Vers 23). Auch wir haben direkten Zugang zu Gott. Wir können mit unseren Ängsten und Problemen zu ihm kommen. Er hat keine Warteschleife. Manchmal nimmt Gott das Problem sofort weg, manchmal ist es ein Prozess. Wenden wir uns mit unseren Nöten an Gott. Er gibt dir und mir seinen Frieden.

Matthias Krebs

12
Samstag
APRIL

Ich habe dich verherrlicht auf Erden und das Werk vollendet, das du mir gegeben hast, damit ich es tue.

Johannes 17,4

Bibellese: Johannes 17,1-5

Das hohepriesterliche Gebet, um das es hier geht, ist schon etwas ganz Besonderes. Jesu Zeit auf dieser Erde geht dem Ende entgegen. Er steht kurz vor seinem schwersten Gang, dem Weg ans Kreuz. Und nun erleben wir ihn in seinem ganz persönlichen Gespräch mit seinem Vater. Wir hören, was ihn bewegt. Es sind nicht seine letzten Worte, aber es ist so etwas wie ein Vermächtnis. Und schon im vierten Vers sagt er etwas, das auf einem Grabstein stehen könnte: *„Ich habe das Werk vollendet, das du mir gegeben hast, damit ich es tue.“* Was kann man mehr sagen am Ende eines Lebens? Das ist das höchste Ziel, das wir im Leben erreichen können. Mehr verlangt Gott nicht von uns.

Wenn man die Evangelien liest, kann es so scheinen, als ob hier viele Geschichten und Begebenheiten von Jesus beliebig aneinandergereiht sind. Doch nichts im Leben von Jesus war beliebig. Er war sich seines Auftrags immer bewusst. Schon als kleiner Junge im Tempel wusste er das. Es gibt jedoch keinen blinden Aktionismus bei ihm. Er konnte es sich leisten, mit dem wichtigsten Auftrag, den ein Mensch nur haben kann, bis zu seinem dreißigsten Lebensjahr zu warten. Dann war seine Zeit gekommen.

Kein Erfolgsdruck ⇢ In Epheser 2,10 schreibt der Apostel Paulus: *„Denn wir sind sein Werk, geschaffen in Christus Jesus zu guten Werken, die Gott zuvor bereitet hat, dass wir darin wandeln sollen.“* Es geht nicht darum, möglichst *viel* für Gott zu tun und Großes zu leisten. „Aber müssen wir nicht die Zeit auskaufen? Dann dürfen wir doch keine Minute verschwenden!“ Solche Gedanken erzeugen großen Druck, ein permanent schlechtes Gewissen und am Ende womöglich Depressionen oder andere Krankheiten.

Gott hat schon großartige Dinge vorbereitet, die wir tun sollen. Die nötigen Begabungen dazu hat er uns gleich mitgegeben. Jetzt geht es darum, seine Gedanken für unser Leben zu entdecken. Dafür brauchen wir einen guten Kontakt zum Vater, eine persönliche Beziehung. Dann geraten wir nicht unter Druck, das zu tun, was andere Menschen von uns erwarten. Wir werden nicht gelebt, sondern wir leben das Leben, das Gott für uns vorbereitet hat. Ich muss mich nicht ständig mit anderen vergleichen. Auch wenn ich mich gerne von anderen Menschen inspirieren lasse, möchte ich nicht ihr Leben leben. Ich lebe *meinen* Auftrag!

Matthias Krebs

Wie du mich gesandt hast in die Welt, so habe auch ich sie in die Welt gesandt.

Johannes 17,18

Bibellese: Johannes 17,6-19

Im hohepriesterlichen Gebet betet Jesus für seine Jünger und für alle, die durch sie zum Glauben kommen würden – also auch für uns. Seit seiner Auferstehung betet Jesus jeden Tag für uns. Er betet, dass wir Einheit mit Gott und dadurch mit anderen Christen erleben. Er betet für vollkommene Freude in uns. Er betet um Bewahrung vor dem Bösen. Er betet, dass wir durch sein Wort geheiligt werden, also Jesus immer besser kennenlernen und seinen Willen erkennen. Und dann betet er, dass wir uns senden lassen, wie er sich hat senden lassen.

Was bedeutet das? Der Christushymnus aus Philipper 2 beschreibt uns in den schönsten Worten, wie Jesus seine Göttlichkeit aufgab, sich erniedrigte bis ans Kreuz, um uns all das, wofür er betete, zu ermöglichen.

Christen und das Tote Meer ⇢ Als Christen sind wir in der Lage, unzählige himmlische Segnungen zu empfangen. Die Frage ist, ob wir etwas davon weitergeben. Oder sind wir wie das Tote Meer? Das Tote Meer ist ein See, der durch den Jordan gespeist wird, aber keinen Abfluss hat. Das Wasser bleibt im See und verdunstet. Dadurch entsteht ein hoher Salzgehalt, wodurch quasi kein Leben möglich ist. Ich glaube, dass das auch Christen passieren kann, wenn bei ihnen der „Abfluss“ fehlt. Sie beten zum lieben Gott (Verdunstung zieht ja in der Regel nach oben), aber das Leben in ihnen selbst und um sie herum schwindet. Natürlich sollen sie Salz (und auch Licht) sein, aber zu viel Salz ist ungesund und bisweilen sogar tödlich.

In Hesekiel 47 lesen wir, wie der Strom Gottes eines Tages vom Tempel aus in das Tote Meer fließen und es lebendig machen wird. Die Liebe Gottes ist durch den Heiligen Geist in unsere Herzen ausgegossen und macht uns lebendig. Schon heute. Lassen wir es heute zu, dass diese Liebe durch uns hindurchfließt. Das wird nicht nur uns selbst erfrischen und lebendig machen, sondern auch Leben bringen für unsere Umgebung.

Lassen wir uns senden ⇢ Übernehmen wir Verantwortung für uns und unser Umfeld. Bitten wir Gott, uns heute zu zeigen, wo wir ein Segen sein können: Wem können wir etwas Gutes tun? Wem Mut zusprechen? Für wen können wir beten? Wem von unserer Hoffnung erzählen? Wenn wir uns das zu eigen machen, jeden Tag wieder, werden wir und unser Umfeld neu aufblühen und lebendig werden.

Michael Leppert

14
Montag

Dass sie alle eins seien. Wie du, Vater, in mir bist und ich in dir, so sollen auch sie in uns sein, auf dass die Welt glaube, dass du mich gesandt hast.

Johannes 17,21

APRIL

Bibellese: Johannes 17,20-26

Das hohepriesterliche Gebet Jesu gibt uns einen tiefen Einblick in sein Herz, als er vor seinem Leiden und seiner Auferstehung steht. In diesem Gebet betont er immer wieder die Einheit unter den Gläubigen. Diese Einheit erstreckt sich über die Jahrhunderte und umfasst alle, die durch die Botschaft der Apostel zu Christus finden. Doch Jesus betet nicht für eine oberflächliche Einheit oder für eine bloße organisatorische Einigung der Kirchen und Gemeinden. Er bittet um eine Einheit, die auf Liebe gegründet ist, auf Gehorsam gegenüber Gott und seinem Wort.

Die Einheit, für die Jesus betet, ist tiefgreifend und spiegelt die Einheit zwischen dem Vater und dem Sohn wider. Sie dient einem klaren Zweck: Zeugnis für die Welt zu sein. Unsere Einheit als Christen sollte so lebendig und greifbar sein, dass die Welt erkennt, dass Jesus wirklich vom Vater gesandt wurde. Unsere Liebe zueinander und unsere Hingabe an Gottes Willen sollten so offensichtlich sein, dass sie zu einem überzeugenden Zeugnis für die Liebe Gottes werden.

Überrascht, wen wir im Himmel treffen werden ⇢ Gerade unter uns Pfingstlern müssen wir uns eingestehen, dass wir uns häufig in dem Gedanken verfangen haben, es besser zu wissen als andere Christen. Der Grund dafür lag in der Überzeugung, den Heiligen Geist zu haben. Leider hat diese Haltung über die Jahrzehnte hinweg zu Hochmut und dadurch zu Entzweiungen geführt. Glücklicherweise kann man bei vielen beobachten, dass das Interesse an echter Einheit inzwischen gewachsen ist. Dennoch bleibt der Hochmut eine immer wiederkehrende Herausforderung, die uns voneinander entfremdet. Oft neigen wir dazu, zu glauben, die richtige Lehre, die richtige Methode oder die wahre Erkenntnis zu besitzen.

Ein alter Pfarrer betonte immer wieder in seiner Predigt: „Wir werden noch überrascht sein, wen wir alles im Himmel treffen werden." Denken wir doch einmal darüber nach, wie wir – du und ich – aktiv zur Einheit im Leib Christi beitragen können. Welche Ängste müssen wir dafür loslassen? Wo müssen wir lernen, zuzuhören? Wo, Gott zu vertrauen, dass sein Reich größer ist als unsere Gemeinde, unsere Konfession und unsere Erfahrung? Möge der Heilige Geist uns leiten und stärken, wenn wir danach streben, das Gebet Jesu in unserem eigenen Leben zu verwirklichen.

Michael Leppert

Als nun Jesus zu ihnen sprach: Ich bin's!, wichen sie zurück und fielen zu Boden.

Johannes 18,6

Bibellese: Johannes 18,1-27

Bei einer Anwesenheitsüberprüfung, sei es in einer Reisegruppe, bei Meetings oder in Sportmannschaften, hat sicher schon jeder einmal auf den Aufruf seines Namens mit „Hier!“ geantwortet. Normalerweise geschieht daraufhin nichts weiter als der Aufruf des nächsten Namens. Doch als Jesus mit *„Ich bin's“* antwortete, wichen die Soldaten zurück und fielen zu Boden. Johannes beschreibt alle Ereignisse mit dem Ziel, dem Leser zu zeigen, dass Jesus der Sohn Gottes ist. Sein Bericht ist mehr als eine bloße Chronik – er ist eine kunstvoll verwobene Erzählung, in der eine Verbindung zum Garten Eden angedeutet wird.

In göttlicher Autorität ⇢ In dieser Situation sind die Rollen umgekehrt. Menschen, gezeichnet von Sünde und Gewalt, nähern sich nachts, bewaffnet und auf der Suche nach einer bestimmten Person. Diese Person ist niemand Geringeres als das fleischgewordene Wort Gottes. Ohne es zu wissen, suchen diese Menschen nach Gott, obwohl sie denken, lediglich ihrer Arbeit nachzugehen. Jesus hingegen versteckt sich nicht. Er gibt sich als der zu erkennen, der er ist, und ruft mit seiner Antwort die Aussage Gottes: „Ich bin“ wach (siehe 2. Mose 3,14). Die Wirkung lässt keinen Zweifel daran, dass hier der Schöpfer des Universums spricht.

Simon Petrus hingegen versteckt sich hinter seiner Waffe, ja mehr noch, er verwendet sie auch und verletzt Malchus. Und während Jesus – der wahre Hohepriester – im weiteren Verlauf der Ereignisse zum Verhör vor den amtierenden Hohepriester geführt wird, der aus falschen Motiven handelt, spitzt sich die Auseinandersetzung zwischen Licht und Finsternis weiter zu. Petrus wollte loyal sein, wollte stark sein – und doch versagte er vollständig. In Anbetracht der Herausforderung verwundert uns das nicht. Hier fand eine Auseinandersetzung zwischen der Finsternis und dem Licht statt.

In Verbindung mit ihm ⇢ Auch wir können mit unseren menschlichen Möglichkeiten die Finsternis nicht aus unserer Kraft, sondern nur in Verbindung mit dem Licht siegreich überwinden. Jesus gibt sich auch heute als der „Ich bin“ zu erkennen. Menschen werden heute noch von der Autorität Jesu überwältigt. Die Verbindung mit ihm, als dem Licht der Welt, stattet jeden – also auch dich und mich – mit seiner Autorität aus. Glücklich, wer sich zu ihm stellt.

Thomas Inhoff

16
Mittwoch

Jesus antwortete: Du sagst es: Ich bin ein König. Ich bin dazu geboren und in die Welt gekommen, dass ich die Wahrheit bezeuge.

Johannes 18,37

APRIL

Bibellese: Johannes 18,28-40

Ich liebe es, Aussichtsplattformen zu ersteigen. Auch wenn es dafür nötig ist, einige Hundert Treppenstufen zu bewältigen. Der Ausblick ist immer wieder ein Genuss. Doch es ist nicht nur der beeindruckende Fernblick und das herrliche Panorama, sondern die Dynamik der Weite, die mich inspiriert und zu einer neuen Sicht auf bestimmte Sachverhalte anregt.

Auf der Suche ⇢ Der Dialog zwischen Pilatus und Jesus fügte der langen Diskussion und Suche nach Wahrheit eine völlig neue Dimension hinzu. Dieses Gespräch und die berühmte Frage nach der Wahrheit geht weit über die Grenzen der Weltliteratur hinaus und berührt fundamentale Fragen der Philosophie, Ethik und Theologie, die seit Jahrtausenden im Zentrum menschlichen Nachdenkens stehen. Welch gewaltige Anstrengungen haben die Menschen unternommen – dagegen sind einige Hundert Treppenstufen unbedeutend – um den richtigen Blick auf die Wahrheit zu finden. Und doch sind viele an der Frage nach der absoluten Wahrheit verzweifelt. Robert Musil wird die Aussage zugeschrieben „Wir irren alle vorwärts!“; und er meint damit, dass wir zwar immer weiter neue Erkenntnisse gewinnen, aber auf der Suche nach der Wahrheit trotzdem im Dunkeln tappen.

Pilatus hätte die Wahrheit in den Worten Jesu leicht erkennen können. Nötig gewesen wären lediglich ein aufmerksames Zuhören und das Anerkennen dessen, was Jesus wirklich getan hat. Die Vorwürfe standen in keinem Verhältnis zu den Fakten. Das Paradoxe ist, dass gerade ein Richter so unglaublich blind für das Offensichtliche war. Warum begegnet uns solch ein Verhalten mit Blick auf die Wahrheit auch heute noch? Warum lehnen wir so oft das deutlich Erkennbare ab und wenden uns dem Falschen zu?

Da ist mehr ⇢ Jesus lädt uns ein, bei der Suche nach der Wahrheit nicht allein unserem Verstand und scheinbaren Fakten zu folgen, sondern auf ihn zu hören. Seine Worte und seine Lehre können nur mit einem offenen Herzen erfasst und aufgenommen werden. Auch säkulare Menschen würden anerkennen, dass es neben der Logik noch eine weitere Ebene, das Bewusstsein, gibt. Diese Offenheit hatte Pilatus nicht. Er steht als Sinnbild für eine Person, die ganz auf ihre Macht und das Hier und Jetzt fokussiert ist. Doch die Aufforderung Jesu gilt auch heute noch: „Wem es um die Wahrheit geht, der höre auf mich.“

Thomas Inhoff

Als ihn die Hohenpriester und die Diener sahen, schrien sie: Kreuzige! Kreuzige!

Johannes 19,6

17

Donnerstag

Gründonnerstag

APRIL

Bibellese: Johannes 19,1-15

Jesus war von dem Hohenpriester und den Pharisäern in Gewahrsam genommen worden. Er musste sich vor Pilatus der Anklage der Gotteslästerung stellen. Seine Ankläger verlangten die Höchststrafe: Tod durch Kreuzigung.

Taten haben Folgen ⇢ Unsere Worte und Taten haben Macht und können uns auf sowohl positive als auch negative Wege lenken. Im Leben Jesu sehen wir, dass seine Worte und Taten enorme Folgen mit sich brachten, in Form einer massiven Anzahl von Anhängern, aber auch in der Gewaltbereitschaft seiner Gegner. Pilatus versuchte, herauszufinden, wer recht hatte: Jesu Gegner oder seine Anhänger. Jesus hatte nichts falsch gemacht. Im Gegenteil: Er war und ist ein großer Segen für viele Menschen. Und dennoch stand er hier – blutig geschlagen und erniedrigt – kurz vor seiner Verurteilung.

Keine Schuld? ⇢ Auf einer Fahrt in die Schweiz wurde ich einmal geblitzt, als ich mit 120 km/h in einer 120er-Zone fuhr. Ich war sehr verwundert, weil ich in meinen Augen nichts falsch gemacht hatte. Würde ich nun einen Strafzettel bekommen? Vielleicht war ich ja doch schneller gefahren, als erlaubt war. Möglicherweise hatte ich ein Temposchild übersehen. Taten haben Folgen, selbst wenn wir uns unseres Handelns nicht immer bewusst sind.

Keine Schuld! ⇢ Vermutlich haben wir alle schon Situationen erlebt, wo wir uns diese Aussage gewünscht hätten. Ob es eine zerbrochene Beziehung war, ein Rechtsstreit, ein Problem auf der Arbeit, egal was, wir wünschten uns, die Schuld läge nicht bei uns. Pilatus machte folgende Aussage in Bezug auf die Anklage gegen Jesus: keine Schuld. Waren das nun die befreienden Worte?

Das, was Jesus hier für uns gemacht hat, ist undenkbar für uns Menschen. Er nimmt als unschuldiger Mensch deine und meine Schuld auf sich und lässt sich stellvertretend für unsere Verfehlungen hinrichten. Er tat es, damit du und ich dieses Geschenk des Freispruchs annehmen, damit er uns zusprechen kann: „Ich sehe keine Schuld in dir!" Das Einzige, was für uns zu tun bleibt, ist, Jesus mit einem persönlichen Gebet in unser Leben einzuladen.

Joshua Braman

....

18
Freitag
Karfreitag

APRIL

Pilatus antwortete: Was ich geschrieben habe, das habe ich geschrieben.

Johannes 19,22

Bibellese: Johannes 19,16-24

Alle Evangelien berichten ausführlich vom Leiden Jesu. Sie sind deswegen sogar schon als „Kreuzigungsberichte mit Einleitung" bezeichnet worden. Was Jesus am Kreuz aus Liebe zu uns, für uns und anstelle von uns getan hat, ist das Zentrum der guten Botschaft. Darum wird bis ins Einzelne davon erzählt. Johannes betont dabei andere Details als die drei anderen Evangelisten.

Das Kreuz ⇢ So berichtet er beispielsweise nicht davon, dass Simon von Kyrene gezwungen wurde, Jesu Kreuz zu tragen. Stattdessen wird die Aufmerksamkeit auf das erste Stück des Weges gerichtet, bevor Jesus zusammenbrach: Er trug selber sein Kreuz auf dem Weg zum Ort, wo er hingerichtet werden sollte. Das war damals so üblich. Teil der Hinrichtung war es, unter Schande und Spott den Querbalken zum schon aufgerichteten stehenden Balken zu tragen. Dies war die grausamste Hinrichtungsart der Zeit – sie durfte nur unter besonderen Umständen an römischen Bürgern ausgeführt werden. Johannes erzählt grausame Details und betont damit: Weil es Gottes Plan war, ging Jesus aus Liebe in Gehorsam bis zum Äußersten.

König Jesus ⇢ Nur bei Johannes lesen wir von der Diskussion um die Aufschrift auf dem Kreuz: *„Jesus von Nazareth, der Juden König"* (Vers 19). Pilatus lässt sich nicht dazu überreden, diese Aussage abzuschwächen. Er ist anscheinend überzeugt: Jesus behauptet nicht nur, König der Juden zu sein, er ist es. Beim Einzug nach Jerusalem war er als König gefeiert worden. Doch selbst die Jünger begriffen damals noch nicht, was für ein König Jesus war und welchen Weg dorthin er noch abzulegen hatte. Im Moment der Kreuzigung zerbricht die Hoffnung der Jünger – aber Pilatus verkündigt: Jesus ist der König der Juden.

Das erinnert mich an eine Aussage Jesu: Wenn die Menschen schweigen, so werden die Steine schreien, dass er der König ist (siehe Lukas 19,40). Mich fordert das zur Selbstreflexion auf. Zeigt und verkündigt alles, was ich denke, sage und tue wirklich genügend, dass er der König ist?

Helene Wuhrer

Da nun Jesus den Essig genommen hatte, sprach er: Es ist vollbracht. Und neigte das Haupt und verschied.

Johannes 19,30

Bibellese: Johannes 19,25-42

„Es ist vollbracht", sind die letzten Worte Jesu, von denen Johannes berichtet. Er bringt damit die Kernbotschaft seines Evangeliums auf den Punkt: Jesus vollbringt den Willen Gottes. Sein Leiden und sein Tod sind keine Fehler, es ist der Plan Gottes, an den sich Jesus gehorsam hält. Mehr als die anderen Evangelisten betont Johannes das mit Blick auch auf das Leiden Jesu: Es geschah, *„damit die Schrift erfüllt würde"* (Verse 24.28.36).

Der zweite Teil des heutigen Leitverses lautet wörtlich übersetzt: „Jesus gab den Geist auf." Mit dieser Formulierung betont Johannes, dass der Tod freiwillig geschah, das Leben wurde Jesus nicht geraubt. Nach Lukas 23,47 war es dieses Sterben, das dem anwesenden römischen Hauptmann zeigte, dass hier *„ein Gerechter"* starb. Für Johannes reicht es, zu erzählen, dass Jesus sein Leben gab im Gehorsam gegenüber dem himmlischen Vater.

Gott hält die Fäden in der Hand ⇢ Er regiert das Geschehen. Auch die Peiniger Jesu folgen Gottes Plan, indem sie die Kleider Jesu unter sich verlosen. In ihrem Fall geschieht das jedoch unbewusst. Es ist Gott kein Fehler unterlaufen, den er dann mit der Auferstehung wiedergutmachen müsste – das Leiden und selbst der Tod Jesu waren notwendig und sind das Kernstück des Erlösungsplanes Gottes.

Liebe bis zum Äußersten ⇢ Viele Kinder sind mit der Bilderbuchgeschichte vom kleinen und großen Hasen aufgewachsen, die einander ihre Liebe bekunden: „Weißt du, wie lieb ich dich hab?" Johannes führt uns vor Augen, wie Jesus uns im Gehorsam zeigt: „So lieb habe ich dich; ich bin aus Liebe bereit, bis zum Äußersten zu gehen." Aus vielen anderen neutestamentlichen Texten wissen wir, dass das bedeutet: „Ich gebe mein Leben für dich und an deiner Stelle."

Ein faszinierendes Detail noch: Alle Evangelien berichten davon, dass Jesus durch Josef von Arimathäa zu Grabe gelegt wurde. Doch nur Johannes erwähnt, dass Josef ein geheimer Jünger Jesu war. Aus Furcht vor den Juden hatte er es bis zu dem Zeitpunkt nicht gewagt, sich öffentlich zu seinem Glauben zu bekennen. Mich macht das demütig, denn es hilft mir, nicht über Geschwister zu urteilen, die ihren Glauben meiner Meinung nach zu wenig offenbar machen. Josef konnte Jesus wahrscheinlich nur deswegen diesen letzten Dienst erweisen.

Helene Wuhrer

20
Sonntag
Ostersonntag

APRIL

Maria Magdalena geht und verkündigt den Jüngern: „Ich habe den Herrn gesehen", und was er zu ihr gesagt habe.

Johannes 20,18

Bibellese: Johannes 20,1-18

Das ist Ostern: Der Tod wird vom Leben besiegt!

- **O** = Offenes Grab – Hoffnung für eine hoffnungslose Welt. Die Auferstehung zeigt: Gott ist durch Jesus zu uns gekommen. Mitten hinein in unsere Lebensstürme. Deshalb ist Rettung möglich.
- **S** = Schau Gottes Realität an. Die Wahrheit ist: Gott hat das letzte Wort. Nicht die Umstände, nicht Gefühle, nicht die Meinung der Experten. Das leere Grab, die säuberlich zusammengelegten Leichentücher, der entfernte 1000 kg Stein und über 500 Augenzeugen – das sind die Fakten von Ostern. Und bis heute bewegt Gott Menschen.
- **T** = Toter steht auf! Jesus ist die einzige Hoffnung auf ein Leben nach dem Tod. Kein anderer besiegte den Tod – nur Jesus.
- **E** = Erzähl den Menschen die gute Nachricht: Der Tod ist besiegt! Es gibt Hoffnung! Auferstehung ist möglich!
- **R =** Ruhig bleiben – es kommt noch besser. Jeder von uns hat schon Karfreitag-Tage erlebt. Aber bleib ruhig – der dritte Tag wird kommen. Auferstehung kommt. Garantiert!
- **N =** Nichts ist unmöglich im Angesicht des leeren Grabes – Schuld muss nicht das letzte Wort in unserem Leben haben. Ungerechtigkeit muss nicht das letzte Wort haben; Süchte und Abhängigkeiten müssen nicht das letzte Wort haben. Leid muss nicht das letzte Wort haben; Verzweiflung muss nicht das letzte Wort haben. Mit der Auferstehung Jesu haben wir die feste Gewissheit: nichts, keine böse Macht kann uns von der Kraft Jesu trennen, die am Ostermorgen zum Durchbruch kam.

In der Schule ⇢ Die Drittklässler sind gepackt, als ich die Ostergeschichte erzähle. „Was glaubt ihr, waren die ersten Worte von Jesus, als er aus dem Grab ins Tageslicht trat?" Einen Jungen hält es kaum noch auf dem Stuhl und er winkt hektisch mit seiner Hand: „Ich weiß es!" – „Okay", sage ich, „dann erzähl uns: Was waren die ersten Worte von Jesus?" Er steht auf, reckt beide Arme in die Höhe und ruft laut: „Ta-da!"

Ehrlich, das ist für mich eine der besten Erklärungen. Ostern ist das göttliche „Ta-da" in der Weltgeschichte. Gott zeigt in Jesus, dass er alle Macht im Himmel und auf der Erde hat. Er liefert das größte Comeback aller Zeiten. Und er eröffnet für jeden die Chance zu einem Leben mit Gott. Der Stein ist weggerollt. Das Grab ist leer! Jesus ist auferstanden und will dir und mir ein Comeback – zurück zu Gott – geben!

Matthias Brandtner

Da sprach Jesus abermals zu ihnen: Friede sei mit euch! Wie mich der Vater gesandt hat, so sende ich euch.

Johannes 20,21

Bibellese: Johannes 20,19-31

Ostermontag: Für die Jünger war es eine ungewisse Zeit. Würden sie „wachsen“ oder „welken“? Mitten in diese Spannung kommt der Herr selber und sagt zu ihnen: *„Friede sei mit euch! Wie mich der Vater gesandt hat, so sende ich euch.“*

Dieser Zuspruch trifft die verängstigten Jünger abends in ihrem selbst verhängten Lockdown, eingesperrt in ihrer Furcht. Wie ist das bei uns: Machen wir Jesus zum Zentrum unseres Lebens, unserer Familie, unseres Alltags oder sperren wir ihn „aus“? Statt der Selbstbeschäftigung hinter verriegelten Türen zeigt uns unser Herr unsere wahre Bestimmung: „Ich sende euch!“ Wenn Jesus wirklich das Zentrum bildet, haben wir auch in dieser Zeit zwei Aufträge: Unsere Furcht zu überwinden und den Menschen in dieser Welt zu dienen.

Rettung ist möglich ⇢ Unser Herr überwand damals die Raum-Zeit-Barriere und trat einfach in die selbst beschlossene Ausgangssperre seiner Nachfolger ein, um ihnen alle Furcht zu nehmen. Er wird auch dich und mich nicht verlassen und hat uns mit dem Geist der Kraft ausgestattet. Ehren wir ihn mit Vertrauen! Der Missionar Hudson Taylor sagte: „Gottes Liebe hat uns bis hierher erhalten und gesegnet. Wir wissen nicht, was die Zukunft bringen wird, aber wir kennen den, der gestern, heute und in Ewigkeit derselbe ist. Wir legen unsere Hand erneut in seine und bitten: Herr, führe uns!“

Ein Schiff befand sich auf dem offenen Meer, als ein furchtbarer Sturm losbrach. Nachdem die Mannschaft eine Zeit lang versucht hatte, dem Sturm zu trotzen, erkannte sie ihre ausweglose Lage und alarmierte die Seenotrettung. Diese machten sich unverzüglich startklar. Doch ein junger Matrose schaute ängstlich in die schwarze Nacht und die tobenden Wellen. Panik ergriff ihn und er ging zu seinem Kapitän: „Käpt'n, wir können doch jetzt nicht rausfahren. Wir kommen nie lebend zurück!“ Der Alte schaute den Jungen ernst an und sagte: „Da draußen sind Menschen, die ohne uns verloren sind; sie kämpfen um ihr Leben und warten verzweifelt auf Hilfe. Wir müssen rausfahren – wir sind ihre letzte Chance. Und – wir müssen nicht zurückkehren!“

Die Auferstehung zeigt: Gott ist durch Jesus zu uns gekommen – mitten hinein in unsere Lebensstürme. Deshalb ist Rettung möglich.

Matthias Brandtner

....

22
Dienstag

APRIL

Danach offenbarte sich Jesus abermals den Jüngern am See von Tiberias.

Johannes 21,1

Bibellese: Johannes 21,1-14

Nach seiner Auferstehung von den Toten zeigte sich Jesus Maria Magdalena. Sie erkannte ihn nicht sofort, doch dann wurden ihr die Augen geöffnet. Ein anderes Mal begleitete Jesus zwei Jünger auf ihrem Weg nach Emmaus und unterhielt sich mit ihnen. Sie wussten nicht, wer dieser „Fremde" war, der mit ihnen ging, bis sie später mit ihm aßen. Als er ihnen das Brot brach, wurden ihre Augen geöffnet und sie erkannten, wer er war.

Momente der Erkenntnis ⇢ So war es auch mit den Jüngern am See Tiberias: Jesus zeigte sich abermals, nun das dritte Mal nach seiner Auferstehung. Anfänglich waren sie sich nicht sicher, wer er war, und zögerten, ihn zu fragen. Vielleicht waren sie auch verwirrt. Einerseits wussten sie, wer es war, andererseits waren sie unsicher. All das war irgendwie geheimnisvoll. Wenn er nun etwas Spektakuläres gemacht hätte, aber er offenbarte sich eben nach und nach, Stück für Stück.

Ist es nicht kostbar, dass der Herr sich seinen Jüngern selbst offenbaren wollte? Er wollte, dass sie sich sicher waren: Er war wahrhaftig von den Toten auferstanden, lebte und hatte sie nicht allein gelassen. Und er möchte, dass auch wir das wissen! Kennen wir diese Aha-Momente, wenn einem ein Licht aufgeht? Genau diese Erfahrung müssen wir alle machen: Dass das Licht kommt und uns Jesus Christus als den offenbart, der wirklich lebt und sich danach sehnt, Gemeinschaft mit uns zu haben. In der Bibel lesen wir, dass niemand zu ihm kommen kann, es sei denn, der Vater zieht ihn. In diesen Versen zog Jesus sie langsam zu sich. Jeder von ihnen hatte seinen eigenen Moment der Offenbarung, einen eigenen Moment der Erkenntnis und wusste dann, wer vor ihm stand.

Es geht um eine Beziehung ⇢ Einer der häufigsten Wege, wie der Herr sich uns zeigt, ist, wenn wir uns mit der Heiligen Schrift befassen, indem wir sie lesen und darüber nachdenken. Nach und nach, Tag für Tag erhalten wir „Mini-Offenbarungen" darüber, wer und wie er ist. Er redet zu uns und wir lernen, seine Stimme zu erkennen. Wir können Gemeinschaft mit ihm haben. Er öffnet uns die Augen unserer Herzen, damit wir ihn sehen und wahrnehmen können. Durch den Heiligen Geist tröstet, korrigiert und leitet er uns. Ist es nicht das, was eine Beziehung ausmacht?

Pamela Giehl

Jesus spricht zu ihm: Wenn ich will, dass er bleibt, bis ich komme, was geht es dich an? Folge du mir nach!

Johannes 21,22

Bibellese: Johannes 21,15-25

Auf unserem Weg mit dem Herrn müssen wir lernen, zu begreifen, dass er mit jedem Menschen individuell umgeht. Es haben nicht alle denselben Ruf, dieselben Gaben, dieselbe Vorbereitung und/oder Verfolgung. Er verlangt nicht von jedem dasselbe.

In diesem Kapitel befasst sich Jesus mit Petrus in einer sehr besonderen Weise. Er nimmt ihn zur Seite, beauftragt ihn, ihm nachzufolgen und sich nicht darum zu sorgen, was er mit den anderen Jüngern vorhat – oder auch nicht. Vermutlich machen wir alle irgendwann diese Erfahrung, dass Gott uns nach und nach von manchen Dingen wegführt. Andere mögen die Freiheit dazu haben, wir jedoch nicht. Als Johannes der Täufer im Gefängnis war, ließ Jesus ihm durch die Jünger von all den übernatürlichen Wundern und Heilungen, die durch ihn geschahen, berichten. Johannes dachte sicherlich, Jesus würde ihn durch ein Wunder aus dem Gefängnis holen – er tat es nicht. Aber er sagte, dass Johannes unter den von Frauen Geborenen der Größte sei. Das war ein hohes Lob von Jesus, doch es bedeutete nicht Befreiung.

Jesus geht tiefer ⇢ In unserer Bibellese gibt Jesus Petrus die Chance, ihm seine Liebe zu zeigen. Liebe führt dazu, zu helfen, zu dienen und auch oft zu einem persönlichen Verzicht. Dann spricht Jesus vom Dienst, davon, dass Petrus seine Lämmer weiden und für sie sorgen soll. Er stellte Petrus wieder her, damit dieser dienen konnte. Er ermöglichte es Petrus, zu erkennen, dass er ihn nicht ablehnte, weil dieser ihn verleugnet hatte.

Einer meiner Freunde erlebte Folgendes, als er betete: Irgendwie wurde ihm die Verleugnung Jesu durch Petrus sehr bewusst. Es war fast so, als ob er es direkt miterlebe. Er sagte, als er das vor seinem inneren Auge sah, habe er geweint. Für ihn war es, als ob er Petrus' Weinen und dessen Trauer, dass er Jesus verleugnet hatte, selber fühlte.

Jesus ging mit Petrus noch viel tiefer und bereitete ihn auf die Zukunft und sogar seinen Tod vor. Er sollte den Herrn mit seinem Sterben verherrlichen – in diesem Fall mit dem Tod als Märtyrer. Natürlich wollte Petrus wissen, was mit den anderen Jüngern geschehen würde: „Und was ist mit Johannes?" Jesus lenkte seinen Fokus weg von Johannes und zurück auf sich selbst: *„Wenn ich will, dass er bleibt, bis ich komme, was geht es dich an? Folge du mir nach!"*

Pamela Giehl

So komm nun, ich will dir einen Rat geben, dass du dein Leben und das Leben deines Sohnes Salomo errettest.

1. Könige 1,12

Bibellese: 1. Könige 1,1-31

Der große Held und König David ist mittlerweile alt geworden und hochbetagt. Die Frische der jungen Jahre ist dahin. Der Mann, der in seinem Leben unzählige Kämpfe geführt, Niederlagen erlebt und Siege errungen hatte, musste nun umsorgt werden. Der Bericht über Abischag von Schunem unterstreicht die Bedürftigkeit des Königs.

Zur richtigen Zeit ⇢ Die Handlungsunfähigkeit des Königs führte dazu, dass Adonija aktiv wurde. Er war der Sohn, der auf Absalom folgte, und betrachtete sich daher als der legitime Thronfolger. Er war überzeugt, dass seine Zeit gekommen war, und schritt zur Tat. Verbündete wurden versammelt, Opfer gebracht. Sein Handeln zeugt von Entschlossenheit. Alles schien seinen Lauf zu nehmen.

Doch zur richtigen Zeit gab es noch einen anderen Mann, der handelte: den Propheten Nathan. Er wusste um die Zusage Gottes, die David erhalten hatte (siehe 1. Chronik 22,9.10). Im Gegensatz zu David hatte Nathan in diesem Moment wache Sinne und spürte, dass es wichtig war, die Ereignisse nicht nur geschehen zu lassen, sondern einzugreifen – was er ohne zu zögern tat. Er gab Batseba, der Mutter des Salomo, einen Rat, der allem Geschehenem eine neue Richtung geben sollte.

Mit Entschlossenheit handeln ⇢ Beim Lesen dieser Geschichte kann schnell die Frage aufkommen, warum sich alles so zutrug, wie es hier berichtet wird. Wenn Gott die Zusage, dass Salomo König werden sollte, schon längst gegeben hatte, warum geschah es nicht von allein? Sollte Gottes Wille nicht automatisch in Existenz kommen? Scheinbar nicht. Gott bezieht uns Menschen in die Umsetzung seiner Pläne in einer fast schon dramatischen Weise mit ein. Die ganze Bibel macht deutlich, dass er es liebt, Dinge mit uns zu tun. Mit seinem Zuspruch im Rücken dürfen und sollen wir entschlossen handeln. Das tat Nathan. Der Prophet wusste, jetzt ist die Zeit, etwas zu tun. Zugucken und hoffen war fehl am Platz.

Als Glaubende sind wir mitunter versucht, zu abwartend zu sein. Wir erwarten, dass Gott alles tut. Doch vielleicht wartet er auf uns? Gott möchte seine Zusagen wahr werden lassen. Ist vielleicht auch für uns die Zeit gekommen, entschlossen zu handeln?

Mark Schröder

Da antwortete Benaja, der Sohn Jojadas, dem König und sprach: So sei es! Der HERR, der Gott meines Herrn und Königs, bestätige es!

1. Könige 1,36

25
Freitag

Bibellese: 1. Könige 1,32-40

APRIL

Nachdem König David zu Beginn des Kapitels als handlungsunfähig dargestellt wurde, wendet sich nun das Blatt. Er handelt und gibt genaue Anweisungen, wie die Salbung von Salomo durchgeführt werden soll. Nun scheint er hellwach und rege zu sein. Mit seinen Anordnungen bahnt er den Weg, damit die Zusagen Gottes in die Realität kommen.

Begeisterung stellt sich ein ⇢ Benaja, der Sohn Jojadas, einer der Helden Davids, verstand sofort, was hier geschah. Er sprach sogleich ein Amen – „So sei es!" – aus. Er begriff, dass er einen besonderen Moment der Geschichte erlebte. Die Begeisterung weitete sich so stark aus, dass die Erde vom Geschrei des Volkes regelrecht bebte.

Hinter den königlichen Befehlen stand das Wirken Gottes. Die Zusagen erfüllten sich nicht durch ein spektakuläres Wunder, sondern durch beherztes Handeln. Dies zu registrieren, ist wichtig. Viel zu oft sehen wir nur auf die Wunder, die durch Gottes Handeln geschehen, und übersehen die, die durch unser Handeln zustande kommen. Wo wir im Glauben mutige Schritte gehen, stellt sich Gott dazu. Davon wurde Benaja Zeuge.

Durch den Anstoß von anderen ⇢ Der König brauchte Unterstützung von anderen: praktische Hilfe durch Abischag sowie den inneren Anstoß durch Batseba. So unscheinbar der Anteil dieser beiden Frauen auch wirken mag, sie trugen mit dazu bei, dass Gottes Wille geschah. Abischag gab David äußere Kraft, und Batseba gab ihm innere Stärke. In diesem scheinbar kleinen, aber entscheidenden Moment spielen beide eine wichtige Rolle.

Die Unterstützung von anderen und die Ermutigung, die Zusprüche Gottes nicht aus den Augen zu lassen, machen Wunder möglich. Auch in deinem und meinem Leben. Haben wir Menschen um uns herum, die uns stärken? Sind in unserer Umgebung vertraute Menschen, die uns guttun? Haben wir Freunde, die uns daran erinnern, was Gott uns zugesagt hat? In Davids Leben waren sie da und führten zu einem Ausgang, der von unüberhörbarem Jubel begleitet war.

Mark Schröder

26
Samstag

Und Adonija hörte es und alle, die er geladen hatte und die bei ihm waren, und sie hatten schon gegessen.

1. Könige 1,41

APRIL

Bibellese: 1. Könige 1,41-53

Hätte der alte König David es einfach laufen lassen, wäre Adonija König von Israel geworden. Alles sprach dafür: Er war der älteste noch lebende Königssohn, gut aussehend und hatte sich bereits einen Teil der militärischen Macht gesichert. Namhafte Priester unterstützten ihn als Thronanwärter. Die Sache war so gut wie gelaufen. David war zu diesem Zeitpunkt bereits so hinfällig, dass man zu drastischen Mitteln griff, um seine Vitalfunktionen einigermaßen aufrechtzuerhalten. Adonija sah also gute Gründe, schon mal zu feiern und das eine oder andere Glas auf eine wunderbare Zukunft zu erheben.

Das hinderte David nicht daran, im letzten Moment seine Nachfolge noch bewusst zu gestalten. Er berief entgegen dem vorgegebenen, natürlichen Verlauf der Dinge Salomo zum Thronfolger. Das ist erstaunlich, denn David war nicht berühmt dafür, Familienangelegenheiten entschieden zu regeln. In diesem Fall schon. Seine Entschiedenheit zog Kreise: Jerusalem jubelte, das Lager Adonijas wurde von Furcht gepackt – er und seine Getreuen verloren alle Lust an weiteren Putschversuchen.

Welches Erbe hinterlassen wir? ⇢ Für mich ist diese Geschichte Ermutigung und Mahnung gleichzeitig: Auch mein Erbe soll bewusst geregelt sein – und nicht einfach irgendwelchen „natürlichen" Verläufen folgen. Ein Vermächtnis ist zu wertvoll, um es einfach den Umständen zu überlassen. Zur Regelung seines Erbes brauchte David allerdings etwas Nachhilfe durch seine Umgebung.

Hier einmal ein paar Gedankenanstöße zum Nachdenken: Auf welcher Seite der folgenden beispielhaften (und etwas provozierenden) Gegensätze können uns Menschen, die sich an uns orientieren, sehen? Was werden sie wohl als Vermächtnis für sich mitnehmen?

- „Gealtert wie guter Wein" oder „Unglück und Missgunst haben ihren Tribut gefordert"?
- „Hat sich seinen Dämonen gestellt, sie besiegt und ist daran gewachsen" oder „Seine Dämonen haben ihn gelenkt und getrieben"?
- „Wurde mit den Jahren milder und angenehmer" oder „Wurde gezähmt durch Lebensabrieb und Erschöpfung"?

Gewählt wurden bewusst Gegensätze, bei denen direkt klar ist, wohin es führt, wenn wir es schleifen lassen. Welche wären das in unserem Leben? Nehmen wir es als Ermutigung: Unser Vermächtnis ist viel zu wertvoll, um die Dinge einfach laufen zu lassen.

Bernd Kollmann

Und bewahre den Dienst des HERRN, deines Gottes, dass du wandelst in seinen Wegen ..., wie geschrieben steht im Gesetz des Mose, damit dir alles gelinge.

1. Könige 2,3

Bibellese: 1. Könige 2,1-12

Glauben, Gehorsam, Gelingen. Kann man aus diesen Sätzen herauslesen: Wer sich richtig „durcharbeitet", also in Gottes Sinn oder biblisch korrekt, der hat Erfolg? Dem ist Gelingen geschenkt? Mit anderen Worten: Gibt es einen direkten Zusammenhang zwischen „Tun" und „Ergehen"? Lebe recht und es wird dir gut gehen? Mit dieser Frage umzugehen, ist nicht einfach, aber sehr spannend – wir versuchen es in der Kürze dieser Andacht: Was kam denn bei Salomo, dem Erbe des Verheißungsvermächtnisses Davids, am Ende heraus? Er hat uns als Ergebnis seines Lebens drei monumentale Werke hinterlassen, in denen er seine Erfahrungen schildert und mit der Frage nach Tun und Ergehen ringt. Alle drei zusammengenommen leuchten das Spannungsfeld aus, um das es geht, und eröffnen Perspektiven und Möglichkeiten.

Die Sprüche ⇢ Sie stehen für „Tun und Ergehen": Seite um Seite wird der geneigte Leser löffelweise aufgepäppelt für ein gelingendes Leben. 31 Kapitel lang, eines für jeden Tag des Monats – lebensspendende Medizin. Ideal für junge Menschen. Treibt Zynismus aus und hilft, die Ärmel hochzukrempeln und mit jugendlicher Kraft für das Richtige einzutreten.

Das Buch des Predigers ⇢ Es zeigt, wie schal der Erfolg schmeckt, wenn es das ist, worum sich unser Leben dreht. Ideal für reifere Menschen, die schon wissen, was Ernüchterung und Depression ist, die darin aber nicht verharren wollen.

Das Hohelied ⇢ Es zieht uns charmant auf die Spielwiese des Lebens, zu der auch die (liebevolle) Interaktion mit anderen gehört, einschließlich ihrer Sehnsüchte und Leidenschaften. Die ihre Entscheidungen treffen und damit unser Leben mit beeinflussen – oft mit geringer Gestaltungsmöglichkeit unsererseits. Ideal für Menschen, die davon wegkommen sollten, sich selbst und das Leben allzu ernst zu nehmen. Es wird Zeit, die spielerischen und romantischen Seiten des Seins zu entdecken!

Salomo hat sein selbstbestimmtes Leben als Herrscher angefangen mit dem Vermächtnis der Verheißung auf Erfolg durch Glaubensgehorsam. Am Ende hat er drei Werke hinterlassen, die geeignet sind, uns durch ihr Zusammenspiel auf die richtige Spur zu bringen in Sachen „Leben, Glauben, Gehorsam, Tun, Ergehen und Gelingen". Also: keine einfachen Antworten – eher ein spannender Weg unter einem offenen Himmel voller Überraschungen.

Bernd Kollmann

28
Montag

APRIL

Aber nun hat sich das Königtum gewandt und ist meinem Bruder zugefallen – von dem HERRN ist's ihm zugefallen.

1. Könige 2,15

Bibellese: 1. Könige 2,13-27

Adonija wurde hingerichtet – warum? Er hatte vorgegeben, König Salomo zu unterstützen, hatte in Wahrheit aber selbst ein Auge auf den Thron geworfen. Er wollte auf unwürdige Weise den Thron besteigen, was ihn, als es offenbar wurde, schließlich das Leben kostete.

Harmlos? ⇢ Am Anfang sieht alles noch ganz harmlos aus: Adonija wendet sich an Batseba in ihrer Rolle als Königsmutter, eine ehrenvolle Position am königlichen Hof, und bittet um das Mädchen Abischag als seine Frau. Abischags Status war der einer königlichen Konkubine, und wenn ein Mann sich eine solche Konkubine zu eigen machen wollte, so konnte das einem Streben nach königlicher Macht gleichkommen.

Als diese Bitte an Salomo weitergeleitet wird, ist diesem die Bedeutung nicht entgangen. Er interpretiert es sehr richtig als den ersten Schachzug in einem neuen Versuch, den Thron zu erobern. Im Gegensatz zu seinem Vater David, der in Familienkonflikten eher zögerlich war, lässt Salomo nicht lange auf sich warten: Adonija wird noch am selben Tag getötet. Salomo geht deshalb mit rascher Entschlossenheit vor, um alle anderen Versuche des Widerstands gegen seine Herrschaft im Keim zu ersticken.

Falsche Loyalität ⇢ Weil er Adonija unterstützt hatte, wurde Abjatar von seiner Rolle als Priester ausgeschlossen und in ein internes Exil nördlich von Jerusalem verbannt. Abjatars Rückzug aufs Land scheint die früheren Worte eines anonymen Propheten über die Linie Elis zu erfüllen, als dessen Nachkommen der Verlust des Priestertums angekündigt wird. Der Platz Abjatars wird daraufhin von Zadok eingenommen.

Ähnliche Situationen passieren auch heute in Gemeinden und Kirchen, wenn jemand versucht, die Leitung mit üblen Mitteln zu diskreditieren, um ihren Platz einzunehmen. Wie viele Spaltungen sind schon durch solche Situationen entstanden. Lasst uns lieber für unsere Gemeindeleitungen und die Förderung der Gemeinde beten und sie unterstützen. Gott segne uns mit Einheit und Weisheit im Herrn!

Dr. Palmer Appiah-Gyan

Ihr Blut komme auf das Haupt Joabs und seiner Nachkommen für immer; aber David und seine Nachkommen, sein Haus und sein Thron sollen Frieden haben ewiglich.

1. Könige 2,33

29
Dienstag

Bibellese: 1. Könige 2,28-46

APRIL

Joabs Tod: Als Joab von Adonijas Tod erfährt, erkennt er die Gefahr für sich und flieht in das Zelt des Herrn, um an den Hörnern des Altars Zuflucht zu suchen. Es ist jedoch nicht seine Unterstützung für Adonija, die sein Leben so sehr gefährdet, sondern die Anweisungen, die David auf dem Sterbebett an Salomo gab.

Alte Rechnungen ⇢ Während Benaja einige Bedenken hat, Joab am Altar zu töten, hat Salomo keine Bedenken, dies Benaja zu befehlen. Er scheint der Ansicht zu sein, dass das Unrecht, das David angetan wurde, Vorrang vor dem Gesetz des Heiligtums hat. Er erklärt, dass er durch die Tötung Joabs göttliche Vergeltung vollzieht und Gottes Segen des Friedens für immer auf dem Haus Davids ruhen wird. So tötet Benaja Joab und übernimmt dessen Platz als Heerführer.

Gegen Schimi ergreift Salomo die relativ milde Maßnahme, ihn in Jerusalem einzusperren und ihm unter Androhung der Todesstrafe zu verbieten, das Land zu verlassen. War das alles, was Solomo vorhatte oder hoffte er von Anfang an, dass dieser Zustand irgendwann einen Grund dafür liefern würde, Schimi zu töten? Wahrscheinlich Letzteres, denn Davids Anweisung bestand darin, Schimi blutüberströmt ins Grab zu stürzen. Als Schimi nach drei Jahren die Bedingung bricht, offenbart Salomo, dass er dessen Tod als göttliche Vergeltung für das Unrecht ansieht, das David angetan wurde. Wieder einmal verkündigt Salomo, dass seine Herrschaft gesegnet sein und Davids Dynastie für immer bestehen wird.

Nachdem nun Davids unerledigte Geschäfte erledigt und alle Widerstände unterdrückt waren, erweist sich Salomo als pragmatischer, kluger und entschlossener Monarch, der zuversichtlich ist, dass er Gottes Urteile vollzieht und dessen Segen erhalten wird. Es ist kein besonders attraktives Bild, aber wir haben keinen Zweifel daran, dass das Königreich nun fest in Salomos Händen verankert war.

Nicht aus eigener Macht ⇢ Versuchen wir, uns in unseren Führungsaufgaben in der Gemeinde stärker auf Gott zu verlassen und die Dinge nicht selbst in die Hand zu nehmen, wie Salomo es in unserem heutigen Abschnitt tat. Lassen wir uns stattdessen in allem von Gott führen, leiten und begleiten.

Dr. Palmer Appiah-Gyan

30
Mittwoch

Nun, HERR, mein Gott, du hast deinen Knecht zum König gemacht an meines Vaters David statt. Ich aber bin noch jung, weiß weder aus noch ein.

1. Könige 3,7

APRIL

Bibellese: 1. Könige 3,1-15

Das Leben verlangt mitunter schwierige Entscheidungen von uns. Die Wahl eines Studiums, die Wahl eines neuen Jobs. Den perfekten Weg zu gehen, scheint unmöglich. In einem Vorstellungsgespräch mag der künftige Chef einen guten Eindruck machen, aber wie werden die Kollegen sein? Herrscht ein herzliches oder ein frostiges Klima in der Kaffeeküche? Sind die Aufgaben interessant und herausfordernd? Kann ich sie bewältigen? Wie Salomo habe ich mich in meinem Leben schon oft an Gott gewandt: *„Ich bin jung, ich weiß weder ein noch aus."*

Gottes übernatürliche Führung in Studium und Beruf ⇢ Umso dankbarer bin ich, wie ich immer wieder Gottes Führung erleben durfte. Auf einer Jobmesse lief ich als Schülerin genau auf einen Stand zu, der einen interessanten Studiengang anpries. Ich war Feuer und Flamme, bis ich erfuhr, dass der Studiengang Hunderte Kilometer entfernt von meinem Zuhause angeboten wurde. Sollte ich umziehen und das elterliche Nest schon mit 18 Jahren verlassen? Dafür fühlte ich mich nicht bereit. So suchte ich nach anderen Studiengängen, hilflos und verloren im Dschungel von Angeboten. Ein paar Monate später erzählte mir ein Freund, dass seine Professorin in einem Wahlfach ein neues Studienfach anbot. Ich fiel aus allen Wolken, als ich begriff, dass es genau mein Traumstudiengang war. Genau ein Jahr vor meinem Abitur hatte er in meiner Stadt begonnen.

Vertraue Gott dein Leben an ⇢ Der Studiengang erwies sich als genau richtig für mich. Danach ging es jedoch mit der Jobsuche weiter. Nach 17 geschriebenen Bewerbungen, vielversprechenden Vorstellungsgesprächen, die sich zerschlugen, merkwürdigen Gesprächen, die ich selbst absagte, fühlte ich mich wieder hilflos. Doch der Job, den ich am Ende bekam, war wieder einmal perfekt für mich. Mein Chef beförderte mich innerhalb von wenigen Jahren und schickte mich beruflich auf einen spannenden und erfolgreichen Weg, auf den ich ohne ihn nie gekommen wäre.

Bis heute bin ich erstaunt, wie gut es Gott mit mir gemeint hat. Ich habe gelernt, wie gut es ist, mein Vertrauen bedingungslos auf ihn zu setzen. Auch wenn es schwierig und aussichtslos scheint, sieht er schon die Zukunft, und zwar in jeder Hinsicht. Wie Salomo dürfen auch wir Gott um ein Herz bitten, das auf ihn hört, – er wird sich darüber freuen.

Sylvia Barron

Und ganz Israel hörte von dem Urteil, das der König gefällt hatte, und sie fürchteten den König; denn sie sahen, dass die Weisheit Gottes in ihm war.

1. Könige 3,28

Bibellese: 1. Könige 3,16-28

1. Mai – Tag der Arbeit. Doch was genau wird da gefeiert? Geht es an diesem Tag darum, dankbar zu sein, dass wir Arbeit haben? Weit gefehlt. Seinen Ursprung hat der 1. Mai im 19. Jahrhundert, als die Arbeiterbewegung erstarkte und für gerechte Arbeitsbedingungen kämpfte. Acht Stunden statt zwölf Stunden am Tag arbeiten. Faire Löhne. Arbeitsumgebungen, bei denen man nicht stirbt, wenn man kurz unvorsichtig ist. Schutz vor Kündigung. Krankheitstage. Wie dankbar können wir heute sein, dass das für uns inzwischen in Deutschland normal ist. Denn das ist es längst nicht überall.

Lektionen aus unserer Geschichte ⇢ Doch nicht alle, die sich für die Rechte der Arbeiter eingesetzt haben, waren immer gerechte, gute Menschen. Gewaltvolle Aufstände, brutale Enteignungen oder Massenmorde wurden von so einigen Vertretern der Arbeiterschaft angeführt. Vor allem, wenn sie an die Macht kamen, wie zum Beispiel in kommunistischen Ländern. Mit Sprüchen wie: „Wo gehobelt wird, da fallen Späne!“, entschuldigt man seine Verbrechen. Bei der Recherche für meine historischen Romane habe ich mich immer wieder gefragt, was wohl ein gutes Staatssystem ausmacht. Am Ende bin ich zu dem Schluss gekommen: Entscheidend ist vor allem, ob ein guter Herrscher an der Spitze steht oder ein schlechter.

Ein guter König ⇢ Salomo war solch ein guter König, vor allem zu Beginn seiner Regierungszeit. Er fällte weise Urteile wie mit den beiden Müttern und dem verstorbenen Baby im heutigen Bibeltext. Und warum? Weil die Weisheit Gottes in ihm war. Wo auch immer wir in Verantwortung stehen, sei es in Beruf, Kirche oder Politik, sollten wir Gott um seine Weisheit bitten. Es ist nicht entscheidend, was wir für gerecht und ungerecht halten, Gottes Maßstab ist entscheidend. Mit seiner Hilfe können wir gute Leiter sein. Es ist in Gottes Sinn, sich für Gerechtigkeit einzusetzen. So dürfen wir auch an unseren Wohnorten, in unseren Städten und Dörfern ein Licht sein und uns ehrenamtlich und sozial engagieren. Gott kann seine Kinder überall gebrauchen.

Sylvia Barron

2
Freitag

Asarja, der Sohn Nathans, stand den Amtleuten vor; Sabud, der Sohn Nathans, war des Königs Freund.

1. Könige 4,5

MAI

Bibellese: 1. Könige 4,1-20

Die Hörkassetten von „Freddy der Esel" waren für uns als Familie ein großer Segen. Biblische Werte wurden hier für Kinder anschaulich vermittelt. Die Hauptrolle in der christlichen Hörspielserie spielt ein Esel namens Freddy. In einer der Folgen verglich sich Freddy mit seinen scheinbar viel begabteren Mitbewohnern auf dem Bauernhof wie dem starken Arbeitspferd, den Eier produzierenden Hühnern und der Milch gebenden Kuh. Was konnte er da schon im Vergleich bieten? Als jedoch der kleine Sohn des Bauern schwer erkrankte, gab es für den Jungen nur einen Trost – den Beistand des Esels Freddy. Und da erkannte Freddy seine Berufung – „Freund sein".

Salomo und Sabud ⇢ König Salomo führte das Volk Israel in eine nie zuvor gekannte Epoche von Wohlstand, Ansehen und Frieden. Einer der Gründe für diese Glanzzeit war, dass Salomo es offensichtlich verstand, sehr begabte und verlässliche Persönlichkeiten für wichtige Schaltstellen der Macht zu gewinnen. Sie machten ihren Job einfach gut. 22 „Große" werden in der heutigen Bibellese namentlich erwähnt. Jeder hatte eine wichtige Aufgabe.

Und dann fällt im Zusammenhang noch ein 23. Name: Sabud, der Sohn Nathans. Er hatte keine wichtige Aufgabe. Er war weder Schreiber noch Feldhauptmann. Er war einfach *„des Königs Freund"*. Seine Berufung war – wie bei Freddy dem Esel – „Freund sein".

In der Gemeinde gibt es viele wichtige Aufgaben ⇢ Da sind die Personen, die wunderschön Instrumente spielen können. Es gibt Männer und Frauen, die in der Kinderstunde die biblischen Geschichten so packend erzählen können, dass man eine Stecknadel fallen hören kann. Und dann gibt es die „ganz wichtigen" predigenden Personen. Manchmal sagen mir Geschwister aus der Gemeinde, dass sie sich so wertlos fühlen, weil sie im Vergleich nicht so viel leisten können wie die anderen.

Unsere erste Berufung ⇢ Meine erste Berufung ist, Freund des Königs Jesus zu sein. Meine zweite Berufung ist, Freund für einen Bruder oder eine Schwester in der Gemeinde zu sein. Oder für jemand, der neu in die Gemeinde kommt. Und dann darf ich offen sein, die eine oder andere Aufgabe zu übernehmen. Sabud wird als Freund des Königs in einem Atemzug genannt mit Joschafat, dem Kanzler, oder Benaja, dem Feldhauptmann. Ich werde also gesehen, einfach, weil ich ein Freund bin.

Markus Pfitzer

Denn er herrschte im ganzen Lande diesseits des Euphrat, von Tifsach bis nach Gaza, über alle Könige ..., und hatte Frieden mit allen seinen Nachbarn ringsum.

1. Könige 5,4

3
Samstag

Bibellese: 1. Könige 5,1-14

MAI

Ein Mann geht in einem Lebensmittelgeschäft einkaufen. Er arbeitet exakt die Einkaufsliste ab, die ihm seine Frau mitgegeben hat. Als diese zu Hause die Einkaufstasche dann ausräumt, ringt sie nach Worten: eine Möhre, zwei Äpfel, drei große Pakete Hackfleisch, vier Melonen, fünf Brote und sechs Meerrettiche. Hatte der Mann etwas falsch verstanden? Ja. Die Frau hatte keine *Mengenangabe* der Lebensmittel auf den Zettel geschrieben. Sie hatte die Zahlen als *Nummerierung* gemeint – also: 1. Möhren, 2. Äpfel, 3. Hackfleisch usw.

Notwendig ⇢ Es ist manchmal nicht ganz unwichtig, welche Mengen genau an Lebensmitteln wirklich gebraucht werden. In der heutigen Bibellese finden wir eine detaillierte Auflistung, welche Mengen an Lebensmitteln jeden Tag im Königspalast Salomos benötigt wurden. Allein die Vorstellung, dass dort jeden Tag 100 Schafe in der Küche zubereitet wurden, lässt mir fast den Atem stocken. Aber weniger reichte wohl nicht, damit der ganze Hofstaat täglich satt wurde. Und das wusste der Küchenmeister.

Weiß ich, was ich wirklich brauche, damit ich in Gott gesättigt bin? Achte ich auf eine gute Balance von Diensteinsatz und persönlichem Auftanken in Gottes Nähe? Sind meine persönlichen Zeiten mit Gott ein Ergebnis von zufälligem Leerlauf in meinem Zeitplan? Oder entsprechen sie meinem persönlichen Bedarf?

Grenzen erkennen ⇢ Salomo *kannte* seine Grenzen genau. Auf der einen Seite war ein Fluss, auf der anderen Seite das Mittelmeer. Salomo bewegte sich *innerhalb* der Grenzen, die Gott ihm gesetzt hatte. Das brachte ihm verständlicherweise Frieden mit seiner Umgebung ein. Kennen wir unsere persönlichen Grenzen und nehmen wir sie an? Oder meinen wir, unsere seelischen oder körperlichen Grenzen ignorieren und häufiger oder sogar durchgehend überschreiten zu können?

Salomo *herrschte* innerhalb seiner Grenzen. Er ließ nicht zu, dass er die Kontrolle über Gebiete innerhalb seiner Grenzen verlor, auch nicht am Rand seines Königreiches. Wie sieht es bei uns aus mit der Selbstkontrolle? Herrschen wir über unsere Gedanken und Gefühle – anderen gegenüber zum Beispiel? Oder werden wir beherrscht? Ich möchte mich heute neu entscheiden, Verantwortung zu übernehmen für das, was Gott mir anvertraut hat – für nicht mehr, aber auch nicht für weniger.

Markus Pfitzer

4
Sonntag

Wie der HERR zu meinem Vater David gesagt hat: Dein Sohn, den ich an deiner statt auf deinen Thron setzen werde, der soll meinem Namen das Haus bauen.

1. Könige 5,19

MAI

Bibellese: 1. Könige 5,15-32

Staffellauf – wer kennt ihn nicht? In der Schule selbst erlebt oder zumindest einmal bei einer Sportübertragung gesehen. Während der eine Läufer seine Strecke läuft, so schnell er kann, übergibt er in einem Moment die Staffel und ein anderer muss seinen Weg laufen. So lesen wir, wie auch David seinen Weg im Glauben vollendete.

Die nächste Generation ⇢ David gab Salomo noch etliche Anweisungen und Hinweise, segnete ihn und gab ein großes Erbe an ihn weiter. Das Erstaunliche an David war seine Herzenshaltung. Er wollte so gern für Gott einen Tempel als einen Ort der Gegenwart Gottes in der politischen Mitte seines Reiches bauen. Gott erklärte ihm, dass dies so nicht möglich sei, weil doch zu viel Krieg und Blut an Davids Händen klebte. David zog sich jedoch nicht beleidigt zurück. Er machte sich auch kein schönes Leben, indem er sich sagte: „Was soll's? Dann müssen das eben andere machen." Nein, er plante, er sparte, er legte zurück, er organisierte. In all seiner Schwachheit und seinen Fehlern wollte er seine Staffel möglichst gut übergeben.

Salomo berichtet davon und schickt zu Hiram, dem König von Tyrus, einem alten Freund Davids. Er bittet ihn, das Anliegen seines Vaters mit zu unterstützen, und wir sehen, wie sehr selbst dieser ungläubige König David geschätzt hat und das Bündnis gern mit Salomo fortführen wollte.

Was geben wir weiter? ⇢ Wie laufen wir eigentlich unseren Lauf? In unseren Familien, unserer Nachbarschaft, unserem Freundeskreis und natürlich auch in der Gemeinde und unseren Diensten? Sehen wir wie David, dass vielleicht nicht wir jede Vision und jedes Glaubensziel erreichen werden, aber eine wichtige Rolle auf dem Weg der Vorbereitung, des Planens, der Grundlagen und auch des Gebetes übernehmen? Mich begeistert Davids Haltung. Salomo konnte und durfte auf etwas aufbauen, was David mit Freuden und Weitsicht im Glauben gern an die nächste Generation weitergab. Er verstand voll Demut und Erkenntnis über das Wirken und den Bau des Königreiches Gottes, dass manche säen, andere begießen und wieder andere ernten. Dass letztendlich Gott aber das Wachstum gibt und so auch Generationen ineinandergreifen, ist sehr wichtig. Wissen wir, welches Erbe wir nach uns weitergeben können und wollen? Möge es doch ein segensreiches Erbe sein.

Michael Mierich

So will ich mein Wort an dir wahr machen, das ich deinem Vater David gegeben habe, und will wohnen unter Israel und will mein Volk Israel nicht verlassen.

1. Könige 6,12.13

Bibellese: 1. Könige 6,1-13

In der Bibel lesen wir, mit wie viel Liebe und Hingabe, mit welchen Schätzen und Kostbarkeiten Salomo nach den Plänen Davids und Vorgaben Gottes diesen Tempel baute. Immer weiter wuchs der Bau, bis er schließlich fertig wurde. Das Neue Testament zeigt uns, dass wir nun einen anderen Tempel haben, ein geistliches Haus. Gottes Kinder sind dabei die lebendigen Steine, die sich bereitwillig einbauen lassen sollen. Unser Bauherr ist Jesus selber, der seine Gemeinde baut.

Das Wesentliche am Tempel Salomos waren nicht der Bau und die Kostbarkeiten an sich. Es war derjenige, der dieses Haus erfüllen würde: Gott selber mit seiner Gegenwart. Und so machte er Salomo deutlich: *„Wirst du in meinen Satzungen wandeln und nach meinen Rechten tun und alle meine Gebote halten und in ihnen wandeln, so will ich mein Wort an dir wahr machen."* Was für eine wunderbare Verheißung, die auch in unseren Tagen für jeden Einzelnen als Tempel wie auch für die Gemeinde Jesu gilt.

Der Inhalt ist entscheidend ⇢ An diesem Punkt wird deutlich, dass es Gott um Beziehung geht. Es ist nicht so, dass er dieses Haus bräuchte oder darauf angewiesen wäre. Nein, er selbst in seiner Souveränität entscheidet sich, in Liebe bei uns zu sein. Durch Jesus Christus ist dies für jeden Menschen möglich. Aber es ist nicht selbstverständlich. Gott macht Salomo – und auch uns bis heute – deutlich, ihn dabei im Zentrum zu haben. Wir sollen ihn als Gott auch in der Mitte unseres Lebens und der Gemeinde wollen. Nicht in dem, was wir uns denken und wünschen und was an Segnungen angenehm wäre. Nein, entsprechend seinen Vorstellungen, seinen Gedanken, seinen Pläne sollen wir leben. Gott will nicht eine Randfigur in unserem Leben oder auch in der Gemeinde sein. Nein, er will das Zentrum sein, und dann wird er auch das Haus erfüllen.

Leider kamen auch Zeiten, in denen der Tempel zwar noch da war, aber die Gegenwart Gottes war es nicht mehr. Hier müssen wir uns immer wieder selber prüfen. Wie ist es bei uns? Paulus fragte einmal die Gemeinde in Korinth: *„Oder wisst ihr nicht, dass euer Leib ein Tempel des Heiligen Geistes ist"* (1. Korinther 6,19). Ein Geschenk kann von außen toll aussehen – entscheidend ist aber der Inhalt. Lasst uns das nicht vergessen!

Michael Mierich

6
Dienstag

Und Salomo baute das Haus und vollendete es.

1. König 6,14

MAI

Bibellese: 1. Könige 6,14-38

Der Herr wollte inmitten seines Volkes Israel wohnen. Darum baute Mose die Stiftshütte, das Zelt der Zusammenkunft, genau gemäß den Plänen und Anweisungen Gottes. Nach der Fertigstellung bestätigte Gott es bei der Einweihung durch seine Gegenwart.

Nach etwa einem halben Jahrtausend wurde die Stiftshütte durch den Bau des Tempels abgelöst. Es war König David, dem Gott die genauen Pläne und Bauanweisungen gab. Doch David durfte den Tempel nicht bauen. Diese Aufgabe fiel an seinen Sohn Salomo, den späteren König. In sieben Jahren wurde er durch viele Bauleute und Künstler überaus beeindruckend und herrlich ausgestaltet. Nach der Einweihung und dem Gebet Salomos fiel das Feuer vom Herrn und die Herrlichkeit Gottes erfüllte den Tempel. Es war der sichtbare Beweis seiner Gegenwart unter seinem Volk. Hier durfte das Volk Israel sich durch Priesterdienst, Opfer und Gebete dem ewigen und heiligen Gott nahen.

Der wahre Tempel ⇢ Doch Gott wohnt letztlich nicht in von Menschen gemachten Tempeln. Sowohl Stiftshütte als auch Tempel sind Vorbilder des wahren Tempels vom Himmel. Die Menschwerdung des Sohnes Gottes ist die wahre Offenbarung und der Wohnort Gottes unter uns. Sein Leib ist der Tempel. Er selbst ist der Hohepriester, sein Leben das Sühneopfer. In ihm und durch ihn enden alle blutigen Opfer. In Jesus Christus ist alles vollendet.

Als mit Gott versöhnte, durch sein Blut gereinigte Kinder Gottes sind wir der Leib Christi. Er ist das Haupt, wir sind die Glieder. Zugleich sind wir Tempel Gottes. In den Briefen der Apostel wird das immer wieder stark betont. *„Wisst ihr nicht, dass ihr Gottes Tempel seid“*, schreibt Paulus an die Gemeinde zu Korinth (1. Korinther 3,16). „Lasst auch ihr euch als lebendige Steine zu einem Haus Gottes bauen“, ermahnt und ermuntert Petrus die Christen selbst in Zerstreuung und Verfolgung. „Bringt eure Leiber Gott als ein lebendiges ihm wohlgefälliges Opfer dar“, spornt Paulus die Gläubigen in Rom an.

So soll und darf der Tempel Gottes, seine Gemeinde, auch heute gebaut und vollendet werden. Bei der Entrückung der Gemeinde, der Lebenden und der Toten in Christus, wird die überaus große Herrlichkeit dieses Tempels offenbar werden.

Richard Krüger

Aber an seinem eigenen Haus baute Salomo dreizehn Jahre, bis er es ganz vollendet hatte.

1. Könige 7,1

7
Mittwoch

Bibellese: 1. Könige 7,1-12

MAI

Nach Vollendung des Tempels baute Salomo sein eigenes Haus. Seinen Regierungspalast und seine Residenz. Prächtig und repräsentativ mit sorgfältig behauenen Steinen und ausgewähltem Holz aus dem Libanon. Ebenso erlesen die Innenausstattung. Dreizehn Jahre arbeiteten die Handwerker und Künstler bis zur Fertigstellung. Warum diese ausführlichen Bauberichte mit Materialien und Bauzeiten? Ein deutlicher Hinweis auf ein Gott wohlgefälliges Bauen. Erst der Tempel, dann das eigene Haus – erst das Reich Gottes, dann die eigenen Belange.

Das gilt auch für uns ⇢ Wir sind als Gemeinde der Tempel des lebendigen Gottes. Zugleich ist aber auch jeder von uns persönlich ein Tempel des Heiligen Geistes, des Christus in uns. Darum lehrt Jesus seine Jünger: *„Trachtet zuerst nach dem Reich Gottes"* (Matthäus 6,33). Danach kommen alle anderen Belange unseres Lebens. Aber auch diese dürfen nicht vernachlässigt werden. Sie sollen und dürfen sorgfältig und zur Ehre Gottes gebaut werden. Das Haus unseres Lebens ist wichtig. Wir sind lebendige Steine, die sich zubereiten lassen zum Bau des Tempels Gottes. Da geht es um den Alltag im persönlichen Leben, in Ehe und Familie, in Ausbildung und Beruf, im Urlaub und auf Reisen, im Umgang mit Nachbarn und Freunden – eben um „alles andere", von dem Jesus nach dem Reich Gottes spricht.

Herausforderungen heute ⇢ Paulus ermahnte Timotheus, bei der Auswahl von Leitern und Mitarbeitern darauf zu achten, dass diese *„ihrem eigenen Haus gut vorstehen"* (1. Timotheus 3,12). Das eigene Haus der Ehe und Familie gut zu bauen, ist die Voraussetzung für den guten Bau der Gemeinde. Familie darf auch bei größten Herausforderungen nicht vernachlässigt werden. Dieser sensible Bereich muss immer wieder beachtet werden, gerade auch in unserer Zeit. Ehe und Familie werden als Schöpfungsordnung massiv infrage gestellt. Hier sind wir herausgefordert. Paulus schreibt der Gemeinde in Korinth: *„Ein jeder aber sehe zu, wie er darauf baut"* (1. Korinther 3,10). Auch wir!

Richard Krüger

8
Donnerstag

Als Nächstes ließ König Salomo Hiram aus Tyrus kommen, einen erfahrenen und äußerst geschickten Bronzeschmied.

1. Könige 7,13.14 (NLB)

MAI

Bibellese: 1. Könige 7,13-26

Beim ersten Durchlesen fand ich diesen Bibelabschnitt voller Details über die Ausstattung des salomonischen Tempels ziemlich mühselig und wenig inspirierend. Welche tiefere Wahrheit kann ich hier für mein Leben und meinen Alltag finden? Es brauchte mehrere Durchgänge, bis mir Verschiedenes auffiel. Einiges möchte ich besonders hervorheben.

Für Gottes Haus nur das Beste → König Salomo wollte nur das Beste für den Tempel Gottes. Deshalb verwendete er die wertvollsten Materialien und suchte die begabtesten Handwerker – so auch Hiram aus Tyrus, von dem er offensichtlich gehört hatte. Doch warum war Hiram so begabt? Seine Mutter war eine Witwe aus dem Stamm Naftali, sein Vater war ein Bronzegießer aus Tyrus. In Hiram kamen die Fähigkeiten eines Handwerkers aus Tyrus und die Liebe einer Israelitin zum Haus Gottes zusammen. In seiner Person vermischte sich sozusagen das Blut beider Völker und befähigte ihn zu der Arbeit, die er tun sollte.

Das ist ein wunderschönes Bild für uns Gläubige: In uns fließt menschliches Blut, aber auch der Geist Gottes. Das befähigt uns zur Mitarbeit an Gottes Reich und an seinem Haus, der Gemeinde von Jesus Christus. Die Mischung aus menschlichen Begabungen und göttlich-übernatürlichen Befähigungen macht unseren Dienst so wirkungsvoll und einzigartig. Das gilt übrigens für jeden Christen – auch dann, wenn wir meinen, keine besonderen Gaben oder Fähigkeiten zu haben.

Hiram ließ sich rufen → *„Er kam und erklärte sich bereit, für König Salomo zu arbeiten“* (1. Könige 7,14). Hiram hat es sich gut überlegt und geprüft, bevor er seine verantwortungsvolle Aufgabe als Gestalter am Haus Gottes übernommen hat. Doch schließlich folgte er dem Ruf des Königs. Leider ist das in unserer Gemeinderealität nicht immer so. Mir bricht es jedes Mal das Herz, wenn ich begabten Menschen begegne, die ihr Potenzial auf dieser Erde liegen lassen oder einfach verschwenden. Sie entscheiden für sich, dem Ruf des Königs aller Könige nicht zu folgen.

Wo setzen wir unsere Talente, unsere Lebensenergie, unsere Kreativität und unsere natürlichen Ressourcen ein? Aus eigener Erfahrung kann ich sagen: Es lohnt sich, sein Leben für die Sache Jesu einzusetzen. Folgen wir dem Ruf des Königs!

Michael Becker

So wurde das ganze Werk vollendet, das der König Salomo gemacht hatte am Hause des HERRN.

1. Könige 7,51

Bibellese: 1. Könige 7,27-51

Der Tempel Salomos war ein ganz besonderes Bauwerk: Es war der Ort der Anbetung und der Gegenwart Gottes. Dort kamen die Israeliten hin, um Tiere zu opfern und Sündenvergebung zu empfangen. Und weil dieser Ort so heilig war, durften gewöhnliche Israeliten nur den Vorhof betreten. Allein die Priester hatten Zutritt zum Haupthof.

Der Weg ins Heiligtum war den meisten verschlossen → Deshalb verstehe ich auch, warum die Tempelausstattung in diesem Kapitel so genau bis ins kleinste Detail beschrieben wird. Nachdem der Tempel fertiggestellt und eingeweiht wurde, bekam niemand mehr all diese Herrlichkeit zu Gesicht. Keiner konnte die goldenen Leuchter sehen, den Schaubrottisch oder den Räucheraltar. Dieser Ort war so heilig, dass ausschließlich der diensthabende Priester das Heiligtum betreten und dort seinen Dienst verrichten durfte. Ins Allerheiligste durfte nur der Hohepriester einmal im Jahr am Jom Kippur Tag.

Heute ist der Weg ins Allerheiligste frei! → In Hebräer 10,19.20 lesen wir: *„Wir haben jetzt also, liebe Geschwister, einen freien und ungehinderten Zugang zu Gottes Heiligtum; Jesus hat ihn uns durch sein Blut eröffnet. Durch den Vorhang hindurch – das heißt konkret: Durch das Opfer seines Leibes – hat er einen Weg gebahnt, den bis dahin noch keiner gegangen ist, einen Weg, der zum Leben führt“* (NGÜ).

Wir müssen nicht mehr draußen bleiben, sondern haben Zugang ins Heiligtum und Allerheiligste. Durch seinen Tod und seine Auferstehung hat uns Jesus diesen Weg freigemacht. Wir können uns gar nicht glücklich genug schätzen, dass wir jederzeit und ungehindert an den Ort gehen können, wo Gott wohnt. Wir müssen keine Tiere mehr opfern, weil Jesus sich ein für alle Mal für uns geopfert hat.

Im Heiligtum niederknien → Wir können jederzeit niederknien und überall unsere Gebete und unsere Anbetung wie ein Rauchopfer im Heiligtum vor Gott ausbreiten. Dazu brauchen wir keinen Räucheraltar mehr. Das, wofür die goldenen Leuchter standen, ist Jesus selbst für uns geworden: Er ist das Licht, das die ganze Welt erhellt. Und statt des Schaubrottisches im Tempel, von dem kein normaler Mensch essen durfte, haben wir jederzeit Zugang zum Brot des Lebens. Die Gegenwart Gottes ist überall und jederzeit zugänglich für diejenigen, die durch das Blut Jesu gereinigt sind.

Michael Becker

10
Samstag

Als aber die Priester aus dem Heiligtum gingen, erfüllte die Wolke das Haus des HERRN, sodass die Priester nicht zum Dienst hinzutreten konnten wegen der Wolke.

1. Könige 8,10.11

Bibellese: 1. Könige 8,1-11

Der junge Salomo sammelt die führenden Männer Israels nach Jerusalem, um die Bundeslade ins Allerheiligste des neu gebauten Tempels zu holen. Er erfüllt damit das Vermächtnis seines Vaters David. Alle Repräsentanten des Volkes kommen und mit ihnen das ganze Volk. Was eint sie? Die wiedererweckte Sehnsucht nach der Gegenwart Gottes inmitten seines Volkes. Die Bundeslade stand für diese Gegenwart Gottes. Sie beinhaltete die großartigen Erfahrungen des Volkes in der Vergangenheit unter Mose, repräsentiert durch die zwei steinernen Gesetzestafeln. Diese waren in der Bundeslade aufbewahrt.

Aus dem Weg gehen, damit Gott kommen kann ⇢ Die Priester, Männer, deren Aufgabe es war, zwischen Gott und dem Volk zu vermitteln, hatten das Ihrige im Vorfeld getan. Sie hatten es nach dem Willen Gottes geordnet. Alles stand an seinem Platz. Alles war vorbereitet, sodass Gott kommen konnte. Nur eines fehlte noch. Spannend — dieses eine finden wir nun in Vers 10: Die Priester gingen aus dem Heiligen hinaus. Sie traten praktisch in den Hintergrund, um Gott Platz zu machen, dass ihm allein die volle Aufmerksamkeit geschenkt werden konnte. Und tatsächlich, Gott kam, als sie ihm Raum machten. Und wie er kam: Seine Gegenwart war so dicht, dass die Priester nicht mehr hinzutreten konnten, um den Dienst zu verrichten, den sie normalerweise taten, denn Gottes Herrlichkeit erfüllte alles.

Und wir als das neutestamentliche Priestertum? ⇢ Das Neue Testament nennt nun uns alle, die wir zu Gottes Volk gehören, Priester. Maria, die es wählte, in der Gegenwart von Jesus nicht zu dienen, ist mir ein großartiges Beispiel im Neuen Testament. Ich lerne von ihr, es zu ertragen, missverstanden zu werden, wenn ich von der Bühne zurücktrete, um Gott Raum zu schaffen. Dass er im Zentrum steht und ihm alle Aufmerksamkeit geschenkt wird, darf unser höchstes Ziel sein.

Fragen wir uns einmal selbst: Haben wir Sehnsucht, dass Gott neu kommen und uns seine manifeste Gegenwart schenken kann? Können wir zurücktreten, Jesus Platz machen und ihm vertrauen – z. B darin, dass er auch mit der nachfolgenden Generation seine Geschichte schreiben wird? Gott segne dich und mich dazu!

Manfred Obst

Da sprach Salomo: Die Sonne hat der HERR an den Himmel gestellt. Er hat aber gesagt, er wolle im Dunkel wohnen.

1. Könige 8,12

Bibellese: 1. Könige 8,12-40

Gott und die Dunkelheit – das will für uns nicht so recht zusammenpassen. Ist er denn nicht der *„Vater des Lichts"*, wie es in Jakobus 1,17 heißt? Einmal mehr zeigt sich Gott hier als der Allmächtige, der dort wohnt, wo er wohnen will, und sei es eben die Dunkelheit. Für das Volk Israel war das übrigens gar nicht so neu. Schon bei Mose lesen wir: *„So stand das Volk von ferne, aber Mose nahte sich dem Dunkel, darinnen Gott war"* (2. Mose 20,21).

Das Besondere ist, dass für Gott die Dunkelheit nicht anders ist als der Tag. So heißt es in Psalm 139,11.12: *„Spräche ich: Finsternis möge mich decken und Nacht statt Licht um mich sein –, so wäre auch Finsternis nicht finster bei dir, und die Nacht leuchtete wie der Tag. Finsternis ist wie das Licht."* Für solch einen allmächtigen Gott einen Tempel zu bauen – war das nicht vermessen?

Allmächtig – und doch ganz nah ⇢ Salomo wusste sehr wohl, dass Gott viel größer was als der erhabene Tempel, den er ihm gebaut hatte. Dennoch hatte er es im Vertrauen darauf gemacht, dass es das war, was Gott seinem Vater David gesagt hatte. Bei der Einweihung, von der wir heute lesen, dankte Salomo Gott dafür, dass er unter ihnen wohnen wollte, obwohl nicht einmal *„der Himmel und aller Himmel Himmel"* ihn fassen konnten (1. Könige 8,27). So bat Salomo Gott, Tag und Nacht auf den Ort zu schauen, von dem dieser gesagt hatte: *„Da soll mein Name sein"* (Vers 29).

Dieser große und allmächtige Gott hört auch heute noch auf diejenigen, die seinen Namen anrufen und sich vor ihm beugen. Er sandte seinen Sohn Jesus Christus, das Licht der Welt, das zu uns kam. Ohne ihn wären wir der Finsternis hilflos ausgeliefert. Doch mit ihm leben wir in seinem Licht.

Er ist der gute Vater ⇢ Was aber ist mit denen, die er uns anvertraut hat, wie Kinder und Kindeskinder? Gehören sie auch dazu? Kann man sie einfach dazu erziehen? Ein Wort an alle Mütter (und auch Väter): Das größte Gut, das wir den Unsrigen schenken können, ist eine intakte Beziehung zu Gott. Aus ihr schöpfen wir das, was wir im Umgang mit unseren Lieben brauchen: Liebe, Geduld, Weisheit, die Bereitschaft, neue Chancen zu geben, Freundlichkeit, Klarheit und vieles mehr. Hinter jeder guten Mutter, jedem guten Vater steht der gute Vater im Himmel. Als Mütter, Väter und Kinder dürfen wir dafür dankbar sein.

Angela Mumssen

12
Montag

So wollest du hören im Himmel, an dem Ort, wo du wohnst, und alles tun, worum der Fremde dich anruft, auf dass alle Völker auf Erden deinen Namen erkennen.

1. Könige 8,43

MAI

Bibellese: 1. Könige 8,41-53

Bei der Einweihung des Tempels spricht Salomo ein Gebet, das ein wenig wie ein Vertrag mit Bedingungen klingt. „Wenn – dann." Das Besondere ist, dass Salomo nicht nur für sein eigenes Volk betet, sondern auch für Menschen, die von weit herkommen, um Gott anzurufen. Diese für das Volk Israel Fremden möge Gott genauso erhören, wenn sie zu ihm beten.

Eine Frage der Herzenshaltung ⇢ Zu keiner Zeit hat Gott jemanden hinweggestoßen, der ihn suchte. Die Bibel berichtet von vielen Menschen, die nicht das Vorrecht hatten, zu Israel zu gehören, aber dennoch vor ihm Gnade fanden. Wo auch immer sie herkamen, eines hatten sie gemeinsam: Sie beteten zu dem lebendigen Gott. Salomo bat also für Menschen, die Gott suchten, respektierten und liebten. Sollten die Israeliten vergessen, wer ihr Gott war, und sich dadurch an ihm versündigen, sollte Gott sie wieder annehmen, wenn sie sich bekehrten. Hier kann man erkennen, dass es nicht nur um eine Volkszugehörigkeit ging, sondern darum, wie wichtig man Gott nahm. Wie ein Mensch in seinem Herzen dachte, danach sollte Gott ihm tun.

Teilhabe pur ⇢ Teilhabe ist keine Erfindung unserer Zeit. Spätestens als Jesus Christus kam, wurde deutlich, dass Gott alle Menschen meint. Jesus redete mit Juden und Nichtjuden. Mit Männern und Frauen. Mit Dienern wie auch mit Herren. Mit Kindern. Mit Sündern, die von anderen verachtet wurden. Sein Angebot gilt allen und ist für alle gleich: Wer an ihn glaubt, hat Teil am Reich Gottes.

Noch immer ist das Herz das Entscheidende. Dort, wo ein Mensch sich für Jesus öffnet, will er kommen und bei ihm wohnen. Schon in Sprüche 8,17 lässt Gott die Menschen wissen: *„Ich liebe, die mich lieben, und die mich suchen, finden mich."*

Ohne Glauben geht es nicht ⇢ So heißt es im Hebräerbrief: *„Aber ohne Glauben ist's unmöglich, Gott zu gefallen; denn wer zu Gott kommen will, der muss glauben, dass er ist und dass er denen, die ihn suchen, ihren Lohn gibt"* (Hebräer 11,6). In seinem Gebet machte Salomo deutlich, dass sich in den Handlungen zeigt, wie es um den Glauben steht. Dass er weder sich noch seine Zeitgenossen überschätzte, zeigt sich darin, dass er sagte: *„Denn es gibt keinen Menschen, der nicht sündigt"* (1. Könige 8,46). Deshalb baute er auf Gottes Gnade und Vergebung – und wer Jesus Christus annimmt, tut das ebenso.

Angela Mumssen

Mögen diese Worte, ... nahe sein dem HERRN, unserm Gott, Tag und Nacht, dass er Recht schaffe seinem Knecht und seinem Volk Israel, wie es jeder Tag erfordert.

1. Könige 8,59

Bibellese: 1. Könige 8,54-66

Der Tempel ist erbaut. Die Bundeslade hat im Tempel ihren Platz gefunden. Ein großes Fest beschließt ein jahrelanges, einmaliges Projekt: ein fester Platz für den allmächtigen Gott. Die zahlreichen Opfertiere, die Gebete zu Gott, der Segen für das Volk – all das zeigt, dass es nicht einfach um ein prachtvolles Bauwerk geht, sondern um eine feste Anbindung an Gott. Salomo betete in den vorangegangenen Versen zu Gott, dass er höre, vergebe und sich erbarme. Dann betete er zum Volk gewandt, dass diese Verbindung bestehen bleibt.

Ein Gott in Mauern? ⇢ Wir wissen aus der Geschichte, dass Israel sich immer wieder versündigte, auch Salomo. Gott lässt sich nicht in einem Tempel oder einem Dom oder einer Kathedrale einmauern. Wir wissen ebenso, dass der Tempel keinen Bestand hatte. Er wurde geschändet, zerstört, wieder aufgebaut und wieder zerstört.

Orte der Anbetung ⇢ Der Tempel Salomos wurde als fester Ort der Anbetung gebaut. Durch Jesu Leiden, Sterben und Auferstehen wurde die Gemeinde der Ort der Anbetung. Vieles von dem, was Salomo betete, kann man auch auf heute beziehen. Wir haben ein „neues Testament" durch Jesus. Die Schuld ist uns vergeben, wir sind frei von der Macht der Sünde. *„Er neige unser Herz zu ihm"* (Vers 58), und *„euer Herz sei ungeteilt bei dem HERRN"* (Vers 61). Wohin richtet sich mein Herz? Salomos Gebete beeindrucken mich. Er hat Gott mit dem Tempel nicht eingefangen, sondern der Tempel war ein sichtbares Zeichen für die Begegnung mit Gott.

Wie es jeder Tag erfordert ⇢ In Jesus Christus bin ich mit meinem Gott einen festen Bund eingegangen. Ich erhoffe und bete jeden Tag um seinen Segen. Meine Nöte und Sorgen halte ich ihm hin, in der Hoffnung und dem Glauben, dass er eingreift und sein Handeln dem Schicksal seine Grenzen zeigt. Ich bin nicht ausgeliefert, sondern stehe in einem Bündnis mit dem lebendigen Gott. Jeden Tag mache ich mir auch bewusst: Es geht nicht um mich. Sondern es geht darum, dass Gott in seiner Größe bekannt wird, für alle Völker! Ich bin ein ganz kleiner Stein in einem großen Bauwerk, aber dieser große Gott liebt und kennt mich. Mit ihm möchte ich sein, Tag für Tag. Danke, Jesus!

Günter Jordan

14
Mittwoch

Und dies Haus wird eingerissen werden, sodass alle, die vorübergehen, sich entsetzen werden ...: Warum hat der HERR diesem Lande und diesem Hause das angetan?

1. Könige 9,8

MAI

Bibellese: 1. Könige 9,1-9

Warum? - Ein ehrliches Fragen, eine versteckte Anklage oder ein Aufschrei in der Not? Es fällt auf, dass dieses „Warum" selten gestellt wird in guten Zeiten und bei schönen Ereignissen. „Warum geht es uns in Deutschland äußerlich so gut?" „Warum wurde ich vor Unfall und Schaden das ganze Jahr hindurch bewahrt?" „Warum durfte ich die Goldene Hochzeit in unserer Ehe erleben?" „Warum gelang die deutsche Einheit ohne Blutvergießen?" In der Regel klingt das „Warum" anders: „Warum ist wieder Krieg in Europa (Ukraine)?" „Warum lässt Gott die Klimakatastrophe zu?" „Wenn es einen barmherzigen Gott gibt, warum müssen so viele Menschen durch Hunger, Kriege und Katastrophen sterben?"

Schwarzseherei? ⇢ Salomo hatte eine gute Regierungszeit. Es herrschte Frieden und Wohlstand. Er diente Gott, betete und baute den Tempel in Jerusalem. Die gute Zeit für das Volk und den König war der sichtbare Segen Gottes. Die Gebete Salomos hatte Gott erhört und auch den Tempel durch seine Gegenwart bestätigt und geheiligt. Das hatte das Volk alles wohlwollend angenommen, ohne zu fragen: „Warum?"

Nun spricht Gott noch einmal zum König und mahnt, dass auch andere Zeiten kommen mit Not, Krieg und der Zerstörung des Tempels, wo Menschen von außen ihre Fragen dazu haben. Unvorstellbar, Schwarzmalerei, Pessimismus würden wir heute zu solchen Gedanken sagen. Doch es ist Gott, der in einer guten Zeit diese Worte zu Salomo sagt.

Gott lässt uns nicht im Unklaren ⇢ Es ist Gottlosigkeit, die Boshaftigkeit, Selbstüberschätzung und Krieg nach sich zieht, alles ins Wanken bringt und zerstört, so erklärt Gott es Salomo. In Sprüche 14,34 lesen wir: *„Gerechtigkeit erhöht ein Volk; aber die Sünde ist der Leute Verderben."*

Ein „Warum" in unserem persönlichen Leben bewegt sicher jeden Menschen. Auch ich kenne dieses Fragen, ohne gleich eine Antwort zu bekommen. Auch im Zeitgeschehen in unserem Land und in den vielen Krisen der letzten 20 Jahre haben wir viele Fragen. Doch in vielen Fällen haben wir die Antworten, wenn wir sie wissen wollen. Gott hat es bereits im Voraus gesagt. Er redet und lässt uns nicht im Unklaren! Dafür sollten wir ihm danken.

Gerhard Oertel

Dazu hatte Hiram, der König von Tyrus, Salomo Zedernbäume und Zypressen und Gold ... gegeben –, da gab der König Salomo Hiram zwanzig Städte im Lande Galiläa.

1. Könige 9,11

15
Donnerstag

Bibellese: 1. Könige 9,10-28

MAI

Zwanzig Jahre Bauzeit für Salomos Paläste und für den Tempel. Das erforderte viel Material, Arbeitskräfte und Finanzen. Gut, wenn man in solchen Zeiten Freunde hat, die unterstützen, mithelfen und mit denen man zusammenarbeiten kann. Solch eine Verbindung gab es offensichtlich zwischen den Königen Salomo und Hiram. Dass Gott solche Beziehungen auch heute schenkt, ist eine froh machende Erfahrung vieler Christen. Im persönlichen Leben beim Hausbau oder im Geschäft, in der Gemeinde oder in der Mission haben gute Verbindungen viel Hilfe und großen Segen gebracht. Man kann sie nicht einfach planen oder organisieren, sie sind ein Geschenk.

Vergängliches und Bleibendes → Salomos Regierungszeit wird als Goldenes Zeitalter bezeichnet. Vierzig Jahre Frieden, Wohlstand, Aufbau, Handel sowie Achtung und Anerkennung Israels und seines Königs prägten diese Epoche. Das passiert nicht einfach so, sondern ist Fügung und Segen. Gott erhörte die Gebete Salomos und schenkte ihm Weisheit, Klugheit und Anerkennung, wie der Bericht vom Besuch der Königin von Saba zeigt. Es war die Zeit, in der die zwölf Stämme Israels lernten, sich in Jerusalem und im Tempel vor Gott zu versammeln und zu vereinen. Hier im Tempel, in der Gegenwart Gottes und dem Erleben der Priesterdienste beim Opfer wurde aus den zwölf Stämmen ein Volk. Vieles, ja fast alles ist in den folgenden Jahrtausenden kaputtgegangen, aber das Volk, das Gott sich als Zeugnis in der Völkerwelt erwählt hat, lebt auch heute noch.

Für mich hat das heute folgende Bedeutung:

- Gott sucht Menschen, wie hier Salomo, die willig und bereit sind, und gibt ihnen eine Berufung für ihre Epoche. Auch David war ein erfolgreicher König, aber in ganz anderen Zeitumständen und Herausforderungen.
- Bereitschaft zur Zusammenarbeit, zur Demut und zum Dienst. Die Arbeit miteinander sowie die gegenseitige Hilfe, wie bei Salomo und Hiram sichtbar, ist ein Grundprinzip im Reich Gottes und ein Grund für Erfolg und Segen.
- Gott schafft die Rahmenbedingungen in den unterschiedlichen Epochen bei Frieden und Sicherheit, aber auch in Flucht und Not oder Erweckung oder Verfolgung.
- Was wir aufbauen – damals Tempel, Paläste, befestigte Städte usw. – heute Werke, Einrichtungen, Gemeinden usw. – mag alles vergehen. Was aber Gott gewirkt hat, das bleibt.

Gerhard Oertel

16
Freitag

Und ich hab's nicht glauben wollen, bis ich gekommen bin und es mit eigenen Augen gesehen habe. Und siehe, nicht die Hälfte hat man mir gesagt.

1. Könige 10,7

MAI

Bibellese: 1. Könige 10,1-13

Anleitung für Suchende: Der Besuch der Königin von Saba bei König Salomo in Jerusalem ist eine treffende Illustration für jeden nach Wahrheit suchenden Menschen. Diese Suche beginnt zunächst mit dem Hören. Die Königin hatte in ihrem Land von Salomos Ruhm gehört. Die Kunde von seiner Macht, Weisheit und dem unbeschreiblichen Reichtum erreichte die ganze damalige Welt. Was hätte es aber der Königin gebracht, wenn sie nur davon gehört hätte?

Hören, suchen und das Gehörte erleben ⇢ Die Botschaft von Jesu Macht und Herrlichkeit wird in unserer Zeit in alle Länder getragen. Viele Menschen hören diese Botschaft, ohne einen persönlichen Nutzen daraus zu ziehen, denn dem Hören muss ein Suchen folgen. Die Königin von Saba hörte die Kunde von Salomos Herrlichkeit und machte sich auf, um mit eigenen Augen zu sehen, was sie vernommen hatte. Wer die Botschaft von Jesu Erlösung, seiner Macht, Kraft und Herrlichkeit zwar hört, aber nicht sucht, wird nie in den Genuss der Segnungen Gottes kommen. Nur wer sich aufmacht und sich Jesus anvertraut, wird das Gehörte erleben.

Mehr als gesagt wurde ⇢ Als die Königin nach Jerusalem kam, wird sie Augenzeugin von der größten Pracht, die ein Mensch jemals sah. Sie war außer sich vor Staunen über den Reichtum, aber besonders über die Weisheit Salomos. Nun wurde ihr das Gehörte und noch viel mehr bestätigt.

Wer die Botschaft von Jesu Gnade und Liebe hört, sich aufmacht und ihr im Glauben folgt, wird eine Erfahrung machen, die ihresgleichen sucht. Die Sünden werden vergeben, eine neue Kreatur entsteht und man wird in die Familie Gottes aufgenommen. Über solch einem Leben steht dasselbe, was die Königin bezeugte: *„Und siehe, nicht die Hälfte hat man mir gesagt."* Sie hatte mehr gesehen und erlebt, als sie gehört hatte. Dieselbe Erfahrung macht ein Mensch, der Jesus Christus in sein Leben aufnimmt. Haben wir ganz persönlich diese Entscheidung getroffen?

Peter Kierner

So war der König Salomo größer an Reichtum und Weisheit als alle Könige auf Erden.

1. Könige 10,23

Bibellese: 1. Könige 10,14-29

In diesem Bibelabschnitt offenbart uns Gottes Wort die Vielfalt an Reichtum und Weisheit des Königs Salomo. Es ist unvorstellbar, welch ein Glanz diesen gesalbten König umgab. Sein Prunk war so gewaltig und faszinierend, dass alle Welt wünschte, Salomo zu sehen und seine gottgeschenkte Weisheit zu erleben.

Reicher als Salomo ⇢ Und dennoch ist dies alles nur ein Abglanz dessen, was Gott seinen Kindern in Jesus Christus gegeben hat. Der Glaube an Gottes Herrlichkeit ist köstlicher und wertvoller als das reinste Gold und alle Schätze dieser Welt. Wer im Glauben lebt, darf mehr sehen und erleben als die Königin von Saba. Sie sah zeitlich begrenzten und vergänglichen Reichtum. Kinder Gottes aber haben ewige, bleibende Werte, die köstlicher sind als aller Glanz der Welt, welcher der Vergänglichkeit unterworfen ist. Mit der wertvollsten Perle und dem hochkarätigsten Edelstein kann man vergänglichen Reichtum erwerben – doch mit lebendigem Glauben ist ein Christ für alle Ewigkeit Himmelsbürger.

Die Königin von Saba sah Salomo in aller seiner Pracht und Majestät. Der gläubige, wiedergeborene Christ aber wird den Sohn Gottes, Jesus Christus, in Glanz und Schönheit sehen, die alle Herrlichkeit Salomos in den Schatten stellt. Ein bettelarmer Mensch, der Jesus Christus im Herzen trägt, ist reicher als Salomo und alle Milliardäre unserer Zeit. Wenn wir zu Gottes Kindern gehören, dürfen wir uns immer wieder ganz neu bewusst machen, welch ein Segen und welch ein Privileg es ist, erlöst zu sein. Durch diese Erkenntnis wird alles menschlich Erstrebenswerte blass und nichtig. Danken wir Gott und suchen das, was im Himmel ist.

Gottes Angebot steht ⇢ Es gibt jedoch Menschen, die an diesem Privileg noch keinen Anteil haben. Wer noch kein Kind Gottes ist, den bitten wir an Christi statt: „Nimm heute Jesus als deinen persönlichen Erlöser in Herz und Leben auf. Lass dir deine Schuld und Sünde vergeben, und du darfst an allem, was der Himmel zu bieten hat, Anteil haben.“ Wissen wir, welche Zukunftsperspektive wir haben?

Peter Kierner

18
Sonntag

Und als er nun alt war, neigten seine Frauen sein Herz fremden Göttern zu, sodass sein Herz nicht ungeteilt bei dem HERRN, seinem Gott, war.

1. Könige 11,4

MAI

Bibellese: 1. Könige 11,1-13

Als Salomo von Gott gefragt wurde, was dieser ihm geben sollte, bat er um ein verständiges Herz, um das Volk weise regieren zu können. Weil Gott diese Wahl gefiel, gab er ihm zu außergewöhnlicher Weisheit auch Reichtum und Ehre. Salomo baute den Tempel für den Herrn und war weit über seine Landesgrenzen für seine Weisheit und seinen Verstand bekannt. Bis dahin war sein Leben eine einzige Erfolgsstory. Wie konnte er am Ende seines Lebens trotzdem an diesen Punkt gelangen?

Alles eine Frage des Herzens ⇢ In den ersten Versen lesen wir mehrfach etwas über den Zustand seines Herzens. Dass Salomo anfing, anderen Göttern zu dienen und Anbetungsstätten für sie errichten, war eine Folge der Veränderung seines Herzens. Wir lesen, dass seine Frauen sein Herz fremden Göttern zuneigten. Sünde ist im Grunde immer ein Problem des Herzens. An irgendeinem Punkt schien Salomo zu glauben, sich über Gottes Gebote hinwegsetzen zu können, ohne dass dies eine Auswirkung hatte. Was als kleiner Kompromiss begonnen hatte, weitete sich zu etwas aus, das sein Herz verleitete und ihn bis an den Punkt brachte, sich vor anderen Göttern zu verneigen und sie anzubeten.

Was können wir aus seiner Geschichte lernen? ⇢ Egal wie eng unsere Beziehung zu Gott ist, egal wie „erfolgreich" unser Dienst für Gott bisher verlaufen ist: Die Geschichte und das Ende Salomos zeigen uns, dass wir alle aktiv und lebenslang unser Herz bewahren lernen müssen. Niemand ist davor gefeit, sein Herz von den falschen Menschen oder Dingen verleiten zu lassen, in Sünde zu geraten und sich von Gott zu entfernen. Selbst ein Salomo war es nicht, den Gott doch mit so viel Weisheit beschenkt hatte. In Sprüche 4,23 heißt es: *„Behüte dein Herz mit allem Fleiß, denn daraus quillt das Leben."* Letztlich ist alles eine Frage des Zustandes unseres Herzens. Wir müssen es lernen – besonders wenn wir erfolgreich sind –, nicht selbstzufrieden, undankbar oder stolz zu werden und uns über Gottes Wort zu erheben.

Katharina Helbig

Und der HERR erweckte Salomo einen Widersacher, Hadad, den Edomiter, vom königlichen Geschlecht in Edom.

1. Könige 11,14

Bibellese: 1. Könige 11,14-25

Das will irgendwie nicht so richtig in mein Bild von Gott passen. Gott erweckte Salomo einen Widersacher? Am Ende des Textes sogar noch einen weiteren Feind? Ein Gedanke, der mir im ersten Moment etwas fremd vorkommt. Dass uns in unserem Leben Widerstände verschiedenster Art durch unterschiedlichste Ursachen begegnen, erlebt jeder einmal in der einen oder anderen Weise und Intensität. Aber dass Gott einen Widersacher erweckt als Konsequenz für die Abwendung von ihm und die Hinwendung zu anderen Göttern, das regt mich zum Nachdenken an.

Gott widersteht dem Hochmütigen ⇢ In Jakobus 4,6 steht: „*Gott widersteht den Hochmütigen, aber den Demütigen gibt er Gnade.*“ In dem Moment, als Salomo sich über die Gebote und Gesetze Gottes erhebt, als er hochmütig wird und sich bewusst dafür entscheidet, entgegen dem zu handeln, was Gott zu ihm gesprochen hatte, geschieht nicht nur etwas in seinem Herzen. Die Widersacher treten auf als eine Folge dessen, dass Salomo den Bund mit Gott und seine Gebote gebrochen hatte. Gott begegnet ihm zwei Mal und spricht sehr deutliche Worte über das Verbot, andere Götter anzubeten. Dennoch tut Salomo es an diesem Punkt in seinem Leben. Er wendet sein bis dahin ungeteiltes Herz von Gott ab.

Sich in Acht nehmen ⇢ Das Auftreten der Widersacher steht für mich in diesem Fall in einem direkten Zusammenhang mit dem Hochmut Salomos. Was genau passiert, wenn Gott jemandem widersteht, vermag ich nicht einzuschätzen. Aber Stolz ist etwas, vor dem wir uns in Acht nehmen sollten, weil der Vers sehr klar über die Konsequenzen spricht. Ich möchte nicht, dass Gott mir widersteht. Ganz im Gegenteil. Ich möchte es lernen, demütig zu leben, weil ich seine Gnade mehr als alles andere in meinem Leben haben möchte. Widerstände sind nicht immer eine Folge von Sünde oder Stolz, aber wir sollten auch nicht vergessen, genau hinzusehen, ob es Gott ist, der uns widersteht, weil wir uns falsch verhalten.

Katharina Helbig

20
Dienstag

Wirst du nun gehorchen allem, was ich dir gebieten werde, und in meinen Wegen wandeln und tun, was mir gefällt, ... so will ich mit dir sein.

1. Könige 11,38

Bibellese: 1. Könige 11,26-43

Im heutigen Bibeltext erfahren wir vom Tod des Königs Salomo. Rückblickend kann man sagen, dass Salomo ein Mann war, der mit Weisheit gesegnet wurde, aber dennoch leider nicht immer die besten Entscheidungen traf.

Geteilte Herzen ⇢ Zuvor lasen wir von Salomos vielen politischen Bündnissen sowie seinen zahlreichen Frauen. Doch Gott sprach zu Salomo und warnte ihn vor den Konsequenzen seines Handelns. Trotz dieser göttlichen Warnung wandte sich Salomo von Gott ab und betete andere Götter an. In den heutigen Versen wird uns die Konsequenz dieser Abkehr deutlich. Gott erweckt Gegner gegen Salomo, und einer davon ist Jerobeam. Wir erfahren von Gottes Verheißung: Wenn Jerobeam in den Wegen Gottes wandeln wird, so wird Gott mit ihm sein.

So wird Jerobeam von Gott erwählt, zehn Stämme Israels zu regieren, während Salomo nur einen Stamm behalten darf. Es ist interessant, zu sehen, wie sich hier die Prophezeiung Gottes erfüllt und das Reich geteilt wird. Jerobeam wird König, trifft später jedoch leider genauso falsche Entscheidungen. Rückblickend ist die zentrale Botschaft des Kapitels die Gefahr der geteilten Herzen. Salomo hatte eine Anfangszeit voller Hingabe an Gott. Aber im Laufe der Zeit ließ er zu, dass andere Dinge sein Herz eroberten. Seine Entscheidungen hatten nicht nur persönliche Konsequenzen, sondern beeinflussten das Schicksal des gesamten Volkes Israel.

Prüfe dein Herz ⇢ Auch für uns heute hat diese Botschaft ihre Relevanz. In einer Welt voller Ablenkungen und Versuchungen ist es leicht, unser Herz zu teilen. Wir geben unserem Beruf, unseren Beziehungen oder unseren Vergnügungen oft mehr Raum als Gott. Doch die Bibel ermahnt uns, Gott mit ganzem Herzen zu lieben und nachzufolgen. Lasst uns daher innehalten und unser Herz prüfen. Welche Dinge haben in unserem Leben möglicherweise einen höheren Stellenwert als Gott? Welche Entscheidungen beeinflussen nicht nur unser eigenes Leben, sondern haben auch Auswirkungen auf unser Umfeld? Möge die Geschichte von Salomo und Jerobeam uns mahnen und ermutigen, unserem Gott treu zu bleiben. Lasst uns danach streben, ein Herz zu haben, das ganz und gar für Gott schlägt. Denn mit einem ungeteilten Herzen finden wir Frieden, Freude und Erfüllung bei Gott.

Tobias Roth

So hörte der König nicht auf das Volk; denn so war es bestimmt von dem HERRN, auf dass er sein Wort wahr machte, das er durch Ahija von Silo geredet hatte.

1. Könige 12,15

Bibellese: 1. Könige 12,1-19

Im heutigen Text begegnet uns ein Geschehen voller Kontraste und Brisanz. Was anfänglich mit dem wohl feierlich geplanten Einzug des künftigen Königs beginnt, endet 72 Stunden später in dessen heilloser Flucht. Dort an historischer Stätte bei Sichem versprach Gott Abraham einst das Land zu dessen Eigentum. Ebenfalls genau hier erlebte Israel einen Höhepunkt des Glaubens, als Josua seine berühmte Erklärung abgab: *„Ich aber und mein Haus wollen dem HERRN dienen"*, und das gesamte Volk darauf antwortete: *„Wir wollen dem HERRN, unserem Gott, dienen und seiner Stimme gehorchen"* (Josua 24,15.24).

Nun aber spalten Machtgelüste und reine Willkür das Volk Israel und treiben die Einheit des Königreiches in die Katastrophe. Wies Rehabeam den Rat der Älteren deshalb ab, weil er sich selbst die Entscheidungsgewalt bewahren wollte? Oder war der Ratschlag der Jüngeren genau das, was er hören wollte?

Ausgeliefert? ⇢ Nun mag man vielleicht meinen, dass der König gar keine andere Wahl hatte – weil Gott es ja so bestimmt und durch den Propheten Ahija angekündigt hatte. Sind wir Menschen also doch dem Schicksal hilflos ausgeliefert? Ohne Frage hatte Rehabeams Vater, König Salomo, im späteren Alter sein Herz von Gott entfernt, den Bund mit dem Gott des Volkes Israel auf vielen Ebenen des Lebens übertreten und so auch eine Tür für Ungehorsam gegenüber Gottes Reden in seiner Familie geöffnet. Es mag deshalb nicht verwundern, wenn der durchaus nicht mehr junge Rehabeam – nach 1. Könige 14,21 war er immerhin 41 Jahre alt – vom Götzen „Macht" korrumpiert wurde und nun mit starker Hand seinen vermeintlichen Anspruch durchzusetzen gedenkt. Entsprechend werden Demut und Sanftmut gegen Hochmut und Machtgelüste ausgetauscht. All das geschieht vonseiten Rehabeams sehr bewusst und ohne Skrupel. Doch wir erfahren, dass der Versuch, das Volk einzuschüchtern, kläglich misslingt.

Auf Jesus schauen ⇢ Was können wir aus dieser Geschichte lernen? Schauen wir auf Jesus, der so anders agiert. Er kam nicht, um sich bedienen zu lassen, sondern um zu dienen. Deshalb kann uns Jesus auch sagen: *„Wer groß sein will unter euch, der soll euer Diener sein"* (Markus 10,43). Beten und fragen wir jetzt, wie wir heute dem Beispiel von Jesus folgen können.

Matthias Poller

22
Donnerstag

Und Jerobeam dachte in seinem Herzen: Das Königtum wird nun wieder an das Haus David fallen.

1. Könige 12,26

MAI

Bibellese: 1. Könige 12,20-33

Ein gut bekanntes Bibelwort lautet: *„Ein Mensch sieht, was vor Augen ist; der HERR aber sieht das Herz an“* (1. Samuel 16,7). Doch weil uns Menschen der Blick ins Herz eines anderen selten möglich ist, kann uns der heutige Bibeltext helfen, für unsere persönlichen Herzensgedanken Klarheit zu finden. Denn im Herzen, gemeint ist unser Inneres, werden Gedanken bewegt und Entscheidungen vorbereitet, die wir dann später umsetzen. Hier entsteht falsches oder gutes Reden, segensreiches, aber auch sündiges Tun.

Herzensgedanken haben Macht → Aus Jerobeam, der einst vor König Salomo flüchtete, ist für die zehn Nordstämme Israels dessen Nachfolger geworden. Nun ist er König. Aber sofort beginnt er in seinem Herzen zu überlegen, wie er seine Macht sichern kann. Denn sein Herz signalisiert die Befürchtung, dass sich das Volk von ihm wieder abwenden könnte.

Herzensgedanken haben Kraft und wirken wie Befehle. Es sind genau diese Gedanken, die Jerobeam anweisen, übergriffig zu werden. So greift er nach dem vielleicht Kostbarsten, was uns andere Menschen geben können: Vertrauen und ihre Liebe. Und noch etwas Schreckliches geschieht: Der irdische König wendet das Herz seines Volkes vom wahren König Israels, dem lebendigen Gott, ab. Nein, es ging Jerobeam nicht um untertanenfreundliches Verhalten. Er wollte Herz und Verhalten seines Volkes steuern und dafür standen ihm Gott und dessen Wort im Wege. Entsprechend wird Gott auf Statuen reduziert und der Weg zum wahren Heiligtum abgekürzt. Wahre Vergebung war auf diese Weise nicht mehr zu finden und Menschen blieben in ihrer Sünde. Herzensgedanken sind halt mächtig.

Schaffe in mir Gott ein reines Herz → Jesus lehrt uns, dass wir ehrlich zu den Gedanken unseres Herzens stehen. Er sagt: *„Denn aus dem Herzen kommen böse Gedanken, Mord, Ehebruch, Unzucht, Diebstahl, falsches Zeugnis, Lästerung“* (Matthäus 15,19). Bitten wir deshalb: *„Schaffe in mir Gott ein reines Herz und gib mir einen neuen, beständigen Geist“* (Psalm 51,12). Und wie gut ist es, wenn wir mit Psalm 19,15 beten: *„Lass dir wohlgefallen die Rede meines Mundes und das Gespräch meines Herzens vor dir, HERR, mein Fels und mein Erlöser.“*

Matthias Poller

Als aber der König das Wort von dem Mann Gottes hörte, ... streckte er seine Hand aus auf dem Altar und sprach: Greift ihn! Und seine Hand verdorrte.

1. Könige 13,4

Bibellese: 1. Könige 13,1-10

Von Gott gesegnet, wandte sich König Jerobeam später eigenen Götzen zu. Ein guter Glaubensstart garantiert leider keinen gesegneten Zieleinlauf. Jerobeam begegnete dem Weckruf Gottes unbelehrbar und wütend: „Greift den Mann Gottes!" Augenblicklich war Jerobeams ausgestreckter Arm gelähmt.

Gott lässt sich nicht spotten → Als die Nazis im Mai 1933 unliebsame Bücher in Deutschland verbrannten, warf einer der NS-Schergen eine Bibel mit vollmundiger Ankündigung in die Flammen. Diesem Mann fehlte bei Kriegsende die rechte Hand, so berichtete es mir ein Augenzeuge. Als Helmut Kohl 1982 durch ein konstruktives Misstrauensvotum Kanzler wurde, verfolgte ich als damaliger Journalist bei einem großen Nachrichtenmagazin mit etlichen Arbeitskollegen im Großraumbüro seine Ansprache vor dem Fernseher. Kohl versprach eine politische Kehrtwende „mit Gottes Hilfe". Einer meiner Kollegen spottete lauthals: „Es gibt keinen Gott! Was soll dieser Unsinn?" Der Spötter stürzte am selben Abend mit schweren Kopfverletzungen und kam nie mehr ins Büro.

Gottes „Schläge" sollen zur Umkehr leiten → Dass Gott jemanden per Blitz erschlägt, passiert selten. Nach Hiob 38,25 lenkt er den Weg aller Blitze. Seit ich das glaube, bleibe ich bei Gewitter ruhig. Martin Luther änderte sein Leben schlagartig während eines Gewitters nahe Erfurt und gelobte: „Ich will Mönch werden!"

In meinem Leben gab es ebenfalls Einschläge. Sofort wusste ich: Gott erwartet meine Umkehr von falschen Entscheidungen. Und: Er wird heilend eingreifen. Manch einer hat schon solche heilsamen Momente erlebt, die zur Umkehr leiten. Auch Jerobeam trifft spontan die richtige Entscheidung und sagt zu dem Mann Gottes: *„Besänftige doch den HERRN, deinen Gott, und bitte für mich, dass ich meine Hand wieder an mich ziehen kann"* (1. Könige 13,6). Gott erhörte diese Fürbitte, aber Jerobeam änderte sein Leben nicht dauerhaft. Sind wir bereit, unser Leben für einen gesegneten Zieleinlauf radikal zu ändern? Heute?

Heinz Egleder

24
Samstag

So spricht der HERR: Weil du dem Mund des HERRN ungehorsam gewesen bist und nicht gehalten hast das Gebot, das dir der HERR, dein Gott, geboten hat.

1. Könige 13,21

MAI

Bibellese: 1. Könige 13,11-22

Wer von Gott persönlich einen Auftrag bekommt, hat eine besondere Verantwortung: Eben noch mit klarer Wegweisung für sich und andere, kann uns ein vermeintlich geistvoller Ratschlag vom rechten Weg abbringen. Für den Mann Gottes in unserer heutigen Bibellese hatte das tödliche Folgen.

Das Reden Gottes soll unseren Lebensweg bestimmen ⇢ Nicht unsere eigenen Wunschvorstellungen, und auch nicht die Ratschläge anderer, seien sie noch so fromm. Deshalb sollten wir genau prüfen, wenn jemand prophetisch zu uns redet. Auch die eigenen Visionen bedürfen einer Prüfung. Besonders bei den wichtigen Weichenstellungen unseres Lebens – „Wen heirate ich? Was arbeite ich? Wo wohne ich? Welcher Gemeinde gehöre ich an?“ – hilft das biblische Prinzip von zwei oder drei Zeugen.

Unsere Restlebensspanne liegt immer wie ein unbeschriebenes Blatt vor uns. Ein Punkt darauf gibt noch keine Richtung vor. Zwei Punkte können durch eine richtungsgebende Linie verbunden werden. Kommt ein dritter Punkt hinzu und passt auf die vorhandene Gerade, liegt eine eindeutige Wegweisung vor.

Gottes Reden erkennen ⇢ Mein inzwischen verstorbener Glaubensbruder Gerd, als Laienprediger ein mitreißender Evangelist, kannte das Reden Gottes. Als Brüder aus Brasilien die unvorstellbare Vision hatten, er möge als Pastor zu ihnen kommen, antwortete Gerd: „Wenn Gott das wirklich will, wird er mich aus meinem Rollstuhl holen und meine Frau wird zustimmen.“ Gott gab ein Heilungswunder, Gerds Frau kam mit und beide wurden zum Segen im deutschsprachigen Pomerode. 1978 besuchten mein bester Freund und ich die beiden. Gerd berichtete von klarer Wegweisung Gottes, auch davon, dass er eines Tages in Brasilien beerdigt werden würde. Beide zogen schließlich doch nach Deutschland zurück. Wegen seines Hausverkaufs in Pomerode löste Gerd dann noch einmal ein Ticket von Deutschland nach Brasilien und zurück. In Brasilien starb er dann unerwartet und musste vor Ort begraben werden – so, wie Gott es ihm angekündigt hatte.

Lasst uns darin gehorsam sein, was der Mund des Herrn an uns persönlich an Berufungen, Verheißungen und Wegweisungen gegeben hat.

Heinz Egleder

Als das der Prophet hörte, der ihn zurückgeführt hatte, sprach er: Es ist der Mann Gottes, der dem Mund des HERRN ungehorsam gewesen ist.

1. Könige 13,26

Bibellese: 1. Könige 13,23-34

Vor dem König: Ein junger Prophet wurde von Gott zu König Jerobeam gesandt, um diesem eine wichtige Botschaft zu überbringen. Er gehorchte mutig der Stimme Gottes und verkündete dem König die Konsequenzen seines Ungehorsams und seiner Sünden. Der junge Mann war ein Werkzeug in Gottes Händen, um den König zu warnen und ihn zur Umkehr aufzurufen. Durch seinen Gehorsam demonstrierte der Prophet den Einfluss des Heiligen Geistes in seinem Leben.

Vor Gott ⇢ Als der Mann seine Aufgabe erfüllt hatte, wurde er vom König zu einem Festmahl eingeladen. Er blieb jedoch standhaft und lehnte das Angebot ab. Damit folgte er den klaren Anweisungen Gottes, dass er weder essen noch trinken und denselben Weg zurückgehen sollte. Auf seinem Weg nach Hause begegnete er dann einem alten Propheten, der ihn dazu drängte, mit ihm zu essen und zu trinken. Der junge Prophet ließ sich überreden und brach somit seine göttliche Anweisung.

Hierin liegt eine Lektion für uns, dass wir stets vorsichtig sein sollten, wem wir Gehör schenken, und dass wir Gottes Wort über alles andere stellen sollten. Die Konsequenz aufgrund seines Ungehorsams war für den jungen Mann tragisch. Obwohl dies eine traurige Wendung der Ereignisse war, zeigt es uns die Wichtigkeit von Gehorsam gegenüber Gottes Wort.

Durch seinen Geist ⇢ In dieser Geschichte erkennen wir die Rolle des Heiligen Geistes. Er befähigte den jungen Propheten. Er gibt auch heute die Kraft und Weisheit, Gottes Willen zu erkennen und ihn zu tun. Er lebt in uns und ermächtigt uns, indem er Gaben gibt, damit wir das Evangelium verbreiten und Zeugnis von Jesus Christus ablegen können. Er befähigt uns, gehorsam und hingegeben zu sein.

Lasst uns also inspiriert sein von der Geschichte des jungen Propheten aus unserer heutigen Bibellese. Möge der Heilige Geist in uns wirken, damit wir mutig das Wort Gottes verkünden und gehorsam auf seine Führung antworten. Lasst uns in jedem Moment unseres Lebens danach streben, im Einklang mit seinem Willen zu leben und seine Botschaft zu verkünden. Jesus sagte: *„Wer mich liebt, der wird mein Wort halten; und mein Vater wird ihn lieben, und wir werden zu ihm kommen und Wohnung bei ihm nehmen“* (Johannes 14,23).

Möge der Heilige Geist uns leiten und stärken, damit wir zu kraftvollen Zeugen für Jesus Christus werden.

Alexander Mulholland

26
Montag

Aber der HERR sprach zu Ahija: Siehe, Jerobeams Frau kommt, um dich wegen ihres Sohnes zu befragen; denn er ist krank. So rede nun mit ihr so und so.

1. Könige 14,5

Bibellese: 1. Könige 14,1-20

Können wir uns noch daran erinnern, als was wir uns als Kind gerne verkleidet haben? Vielleicht als Pirat, Prinzessin, Cowboy oder Indianer? Sich zu verkleiden, bringen wir meist mit Fasching und verschiedensten Kindheitserinnerungen in Verbindung. Hier im Text verkleidet sich auch jemand. Es ist jedoch nicht ein spielendes Kind, sondern die Frau des Königs Jerobeam. Unauffällig soll sie, so der Plan, den Propheten Ahija aufsuchen, um ihn zum Ergehen ihres schwerkranken Sohnes zu befragen. Würde der Prophet, der ihnen einst gute Nachrichten weitergeben hatte, auch dieses Mal sagen, was sie gerne hören wollten? Alles war gut vorbereitet.

Doch es kommt ganz anders: Schon bevor die Frau zur Tür hereinkommt, ja schon beim *„Geräusch ihrer Tritte"* (Vers 6), wusste der alte, blinde Ahija Bescheid. Er wusste genau, wer zu ihm kommt und was er zu sagen hat. Keine Täuschung, keine Überraschung, keine Unsicherheit, keine Verwirrung.

Gott bereitet auf Situationen vor ⇢ Gott hatte Ahija detailliert auf diese anstehende Begegnung vorbereitet. Und Ahija? Er war geübt darin, auf Gottes Stimme zu hören. Und: Er hatte den Mut, Gottes Botschaft weiterzugeben – auch wenn es absolut nicht das war, was die Frau hören wollte. In diesem Fall war er *„gesandt als ein harter Bote"* (Vers 6). Dennoch war er bereit, ein Botschafter Gottes zu sein, Sünde beim Namen zu nennen und nichts von Gottes Reden zu beschönigen.

Gott möchte auch uns auf Situationen und Begegnungen mit anderen Menschen vorbereiten. Er möchte uns göttliche Offenbarung schenken, damit auch wir hinter Verkleidungen und Fassaden blicken und seine Worte weitergeben können.

Gott hat uns seinen Heiligen Geist gegeben ⇢ Pfingsten steht vor der Tür. Wir feiern, dass Gott seinen Heiligen Geist ausgegossen hat. Er möchte uns durch seinen Geist leiten, befähigen und gebrauchen. *„Bemüht euch um die Gaben des Geistes, am meisten aber darum, dass ihr prophetisch redet"*, heißt es in 1. Korinther 14,1. Bitten wir Gott daher konkret darum, für anstehende Begegnungen und Gespräche klare, treffende Worte von ihm zu empfangen. Haben wir den Mut, Gottes Botschafter zu sein – auch dann, wenn es unbequem und herausfordernd ist. Lassen wir uns in unserem Alltag von ihm führen und gebrauchen.

Acima Knitz

Und Juda tat, was dem HERRN missfiel; und sie reizten ihn mehr, als alles ihn reizte, was ihre Väter getan hatten mit ihren Sünden, die sie taten.

1. Könige 14,22

Bibellese: 1. Könige 14,21-31

Rehabeam, der Sohn und Nachfolger Salomos, regierte rund 16 Jahre als König von Juda. Am Anfang im Segen (siehe 2. Chronik 11,17), stiegen ihm Erfolg und Macht zu Kopf und er verdrängte Gott aus seinem Leben. Ob er den Götzendienst bewusst förderte oder einfach nur geschehen ließ, wird uns nicht näher berichtet. Tatsache ist aber, dass die Abwendung von Gott das ganze Volk erfasste – mit entsprechenden Konsequenzen.

Wenn ich die Berichte über die Könige in Israel und Juda lese, bin ich im ersten Moment verwundert. Warum ist es scheinbar so einfach, Gott und sein Handeln zu vergessen? Immerhin hatte Rehabeam in seiner eigenen Familie erlebt, dass der Gott Israels ein lebendiger Gott ist. Und zudem nicht nur eine „Gottheit“, die für ein Gebiet oder ein Volk zuständig ist (wie bei den umliegenden Völkern üblich), sondern seinem Großvater in fast schon intimer Weise begegnet war. Die Antworten Davids in den Psalmen geben uns einen schönen Einblick. Auch der Tempelbau und die Einweihung unter Rehabeams Vater Salomo waren besondere Erlebnisse, von denen sicherlich noch jahrelang gesprochen wurde.

Die „Sache mit Gott“ ist kein Selbstläufer ⇢ Aber meine Verwunderung hält nicht lange an. Wenn ich in mein eigenes Leben schaue, so ist die „Sache mit Gott“ kein Selbstläufer. Aufgewachsen in einem christlichen Elternhaus war für mich schon früh klar: Jesus soll Herr in meinem Leben sein! Inzwischen sind es über 40 Jahre, die ich mit Gott unterwegs bin.

Aber damit ich Gott – auch nach all den Jahren – nicht aus den Augen verliere, nehme ich mir immer wieder Zeit für ihn und seine Angelegenheiten. Das heißt, ich lese täglich in der Bibel und bringe meine Bitten, Sorgen und meinen Dank zu ihm im Gebet. Für mich gehört auch dazu, offen für sein Reden zu sein. Wo gibt es Menschen in meinem Umfeld, die eine Ermutigung oder einen Zuspruch brauchen oder eine Handreichung, die Gottes Liebe in dieser Welt sichtbar macht?

Der Lohn von allem? ⇢ Ich habe eine absolute Gewissheit, dass Gott real ist und Jesus Christus alle meine Schuld bezahlt hat. Ja, auch mein Leben ist unruhig und ich habe manche Sorge, an der ich immer noch trage. Aber in alldem bin ich nicht allein, sondern weiß, dass meine Sehnsucht nach Ewigkeit in Gott ihre Antwort gefunden hat.

Daniel Aderhold

28
Mittwoch

Doch um Davids willen gab der HERR, sein Gott, ihm eine Leuchte in Jerusalem, indem er seinen Sohn ihm nachfolgen und Jerusalem bestehen ließ.

1. Könige 15,4 (SCH)

Bibellese: 1. Könige 15,1-15

Abijam wurde König – und wandelte in allen Sünden … Das kommt mir aus meinem eigenen Leben so bekannt vor. Nur zu erstaunlich ist, dass es nun heißt: *„Doch um Davids willen gab der HERR, sein Gott, ihm eine Leuchte in Jerusalem, indem er seinen Sohn ihm nachfolgen und Jerusalem bestehen ließ, weil David getan hatte, was recht war in den Augen des HERRN“* (Vers 4.5).

Am Abgrund ⇢ Unsere Vergangenheit ist nicht entscheidend, sondern die Reaktion darauf. Mit 21 Jahren war mein eigenes Leben am Ende. Sünde beherrschte mich. Allerlei Dinge, Süchte und Ähnliches hatten mich gefangen genommen und ich konnte nicht frei werden. Hoffnung – nein, die hatte ich verloren. Doch andere hatten Hoffnung für mich, beteten und luden mich ein. An einem Montagabend ließ ich mich darauf ein. Fünf junge Menschen saßen zusammen, lasen einige Verse aus der Bibel und knieten nieder zum Gebet. Ich tat es ebenso, doch nicht aus Überzeugung, sondern aus Höflichkeit.

In diesem Augenblick kam die Gegenwart Gottes über mich. Ich sah mich selbst an einem Abgrund. Es schien, als ob eine Macht mich hinabstürzen wollte. Ich wusste, es ist das Ende. Doch dann sah ich auf der anderen Seite ein Kreuz aufgerichtet und die Hand Jesu streckte sich mir entgegen. Alles wurde neu – und mein Leben, entleert von Sünde, nun mit der Kraft des Heiligen Geistes erfüllt. In der Begegnung mit Jesus, mit seiner Vergebung, war meine Vergangenheit um *seinetwillen* nicht mehr entscheidend für meine Zukunft.

Um seinetwillen ⇢ Egal, wie deine oder meine Vergangenheit aussieht, durch ihn kann nicht nur unser Heute und Morgen verändert werden, sondern Generationen nach uns werden den Segen Gottes erleben. Damit es bei unseren Kindern und Kindeskindern heißen wird: „Um meinetwillen ist Jesus gestorben, damit ich um seinetwillen leben kann.“ Ja, „um Gottes willen“ ist dann nicht eine Floskel, sondern eine unveränderliche Tatsache. Sein Segen kommt durch unser Leben auf kommende Generationen, denn so verheißt es sein Wort. *„Nachdem er nun zur Rechten Gottes erhöht worden ist und die Verheißung des Heiligen Geistes empfangen hat von dem Vater, hat er dies ausgegossen, was ihr jetzt seht und hört“* (Apostelgeschichte 2,33 SCH 2000). Gott hört nicht auf, zu wirken!

Siegfried Tomazsewski

Er aber sprach zu ihnen: Es ist nicht eure Sache, die Zeiten oder Zeitpunkte zu kennen, die der Vater in seiner eigenen Vollmacht festgesetzt hat.

Apostelgeschichte 1,7 (SCH)

Bibellese: Apostelgeschichte 1,1-11

Nicht unsere Sache. So oft habe ich in über 45 Jahren Dienst erlebt, dass ich mir Gedanken machte, mich einmischte und Dinge tat, die nicht meine Sache waren. Wir verschwenden kostbare Zeit, Arbeit und schaden oft auch unserer Gesundheit damit. Die Jünger hatten drei Jahre Zeit gehabt, sich mit dem zu beschäftigen, was er, der Meister, ihnen beizubringen versuchte. Doch es scheint, als ob sie nicht wirklich zuhörten. Ihre eigenen Gedanken, Visionen, Träume kreisten um Freiheit von den Römern, um die Macht über Menschen, angesehen und erfolgreich zu sein. Bis heute hat sich da nicht viel geändert.

Was ist unsere Sache? ⇢ Nicht selten erlebe ich, dass, wenn Gott mir einen Auftrag gibt, mein „Aber" dazukommt. „Ja, Herr – aber ich habe keine Zeit, keine Möglichkeit, keine Finanzen." Oder: „Aber der Arzt sagt"; „aber der Kontostand"; „aber meine Freunde …" Als eine unserer Töchter vom Arzt attestiert bekam, sie würde keine Kinder bekommen können, beteten wir. Der Herr sprach und ich sagte ihr, dass sie übers Jahr ein Kind haben werde. Sie war glücklich, weil sie meinte, es ginge um ein Kind, das sie adoptieren wollten. Ich machte ihr klar, dass es um ein leibliches Kind ging. Mit Tränen in den Augen sagte sie: „Ja, Dad, aber …" – „Halt", erwiderte ich, „nicht dein Aber zählt, sondern Gott sagt sein Aber." – „Aber ich bin der Herr" – und es geschah.

Himmelfahrt ist Hoffnung ⇢ Es ist so gut, zu wissen, dass er in allen Umständen das letzte Aber hat. Wir haben unsere Sorgen, Probleme, Umstände, die wir ihm vorhalten. Und gerade da sagt er: „Aber ich bin der Herr, dein Arzt; aber ich bin dein Versorger; aber ihr werdet Kraft empfangen." Fangen wir doch heute an, uns mit *seiner* Sache zu beschäftigen.

Himmelfahrt ist nicht der Zustand des Verlassenseins, sondern der Hoffnung auf seine Kraft. Die Frage der Engel an die Jünger: „Was schaut ihr in den Himmel?", erinnert mich an Jesu Auferstehung. Auch da standen Engel und fragten: „Was sucht ihr?" Es hört sich fast so an wie: „Was steht ihr hier noch rum und schaut so belämmert drein? Auf geht's, kümmert euch nun um meine Sache, verkündigt den Menschen, warum ich starb, dass ich auferstanden bin, wozu ich in den Himmel fuhr (damit der Heilige Geist kommen kann) und dass ich wiederkomme!" Das ist deine und meine Sache!

Siegfried Tomazsewski

30
Freitag

MAI

Diese alle hielten einmütig fest am Gebet samt den Frauen und Maria, der Mutter Jesu, und seinen Brüdern.

Apostelgeschichte 1,14

Bibellese: Apostelgeschichte 1,12-14

Vor den Augen der Jünger fuhr Jesus in den Himmel auf. Mit wie vielen Eindrücken und Fragen kehrten sie wohl in die Stadt zurück? Auch wussten sie nicht, wann oder wo sie Jesus wiedersehen würden. Käme er schon zu ihren Lebzeiten zurück? In Jerusalem versammelten sie sich wieder im Obergemach, dort, wo sie mit Jesus das Abendmahl gefeiert hatten. Zusammen mit ein paar Frauen hielten sie einmütig am Gebet fest. Festhalten kann man auch mit ausharren, dableiben oder warten übersetzen. Wie können wir uns das vorstellen?

Hoffnung und Vertrauen → Wenn wir eine Reise mit der Bahn unternehmen, kaufen wir als Erstes ein Ticket und warten dann am Bahnsteig auf den Zug. Wir tun das mit der Zuversicht, dass der Zug kommen wird. Die Anzeigetafel bestätigt dies. Niemandem käme es in den Sinn, die Existenz des Zuges und seine Einfahrt infrage zu stellen. Niemand löst ein Ticket und denkt dabei: „Es ist unwahrscheinlich, dass es Züge gibt." Niemand harrt am Bahnsteig mit dem Gedanken aus, der Zug käme nicht. Nein, wir alle glauben dem, was angekündigt ist. Da zweifelt niemand. So ist biblische Hoffnung zu verstehen. Es ist ein Nichtzweifeln an dem, was Jesus seinen Jünger versprochen hat. Was er zusagt, hält er gewiss!

Darum konnten sie so einmütig am Gebet festhalten. Sie warteten miteinander, sie waren auf ihn und sein Versprechen ausgerichtet. Sie warteten mit Sehnsucht darauf. Keiner von ihnen wusste den Zeitpunkt, wann die Kraft Gottes auf sie käme. Das Einzige, was sie hatten, war das Wort Jesu. Aber dieses Wort war glaubwürdig. Ob sie vielleicht beteten: „Oh, Herr, erhör' unser Flehen, sieh unsere Angst"? Ich denke nicht, dass sie so gebetet haben. Vielmehr werden sie ihm gedankt haben. Sie waren ja voller Glauben und Hoffnung.

Beten → Unser Gebet verändert sich, wenn wir mit Hoffnung und Danksagung beten. Sobald ich dankbar werde, werden Sorgen und Nöte kleiner. Sie werden auf die Größe reduziert, dass ich dahinter Jesus erkennen kann. Er ist immer größer als alles, was mir begegnet. Am Beispiel der Jünger im Obergemach sehen wir, dass es sich lohnt, festzuhalten. Machen wir es doch genauso. Halten wir fest an seinen Verheißungen und Zusagen. Danken wir ihm für all das Gute, das wir aus seiner Hand empfangen. Gerade heute ist der richtige Tag dafür!

Markus Gygli

Und sie beteten und sprachen: Du, Herr, Herzenskenner aller, zeige von diesen beiden den einen an, den du auserwählt hast.

Apostelgeschichte 1,24 (ELB)

Bibellese: Apostelgeschichte 1,15-26

Der Verräter Judas hatte sich selbst gerichtet. Drei Jahre war er mit Jesus und den anderen unterwegs gewesen, hatte viele Wunder gesehen und die Reden von Jesus gehört. Trotzdem verriet er ihn. Für Petrus und die anderen war klar, dass die Lücke, die Judas hinterlassen hatte, wieder gefüllt werden musste. Nun ging es darum, einen geeigneten Nachfolger zu finden. Als Erstes trafen sie eine Vorauswahl. Die Kriterien dazu waren klar: einer, der von Anfang an mit Jesus und ihnen unterwegs war. Warum war das wichtig?

Die Person, die neu zu den Aposteln gerechnet würde, musste für diese Aufgabe vorbereitet sein. Sie musste Jesus gekannt haben, all die Dinge, die er getan hatte, selbst miterlebt haben und auch die Auferstehung bezeugen können. Es ging darum, glaubwürdig zu sein.

Glaubwürdig sein ⇢ Die zwei Kandidaten waren glaubwürdig. Einer von ihnen wurde per Los der zwölfte Apostel. Für uns ist das ungewohnt, aber damals war diese Art der Erwählung gang und gäbe. Glaubwürdigkeit ist etwas vom Wichtigsten in unserem Leben. Die Menschen um uns herum – und wahrscheinlich wir selbst auch – wünschen sich Glaubwürdigkeit. Sie gibt uns in Beziehungen Sicherheit. Das war bei den Jüngern und Jesus so und ist heute ebenso.

Jesus ist glaubwürdig – und wir als seine Nachfolger sollen es ebenfalls sein. Es geht nicht darum, perfekt zu sein oder immer alles klar zu sehen und möglichst alles zu wissen. In unserem Leben gibt es viele Fragezeichen. Aber in alledem können wir glaubwürdig sein. Wenn mein Umfeld mir glaubt, meine ich damit nicht nur einzelne meiner Aussagen. Vielmehr ist meine Haltung gefragt. Was ich sage und denke, soll mit meinen Handlungen übereinstimmen. Mein Leben soll von Christus und seinen Gedanken durchdrungen sein. Das will ich leben.

Nachfolger ⇢ Jeder neue Tag bringt neue Möglichkeiten. Ich entscheide mich immer wieder für diesen Lebensweg. Der Herr kennt mein Herz. Er weiß, womit wir uns manchmal herumschlagen und selbst plagen. Aber seine Erwählung für uns steht fest. Heute ist ein guter Tag, Jesus in unserem Leben neu zu entdecken. Zu sehen, wie er sieht, zu lieben, wie er liebt, und zu vergeben, wie er vergibt. Weil er wirklich glaubwürdig ist, will ich ihm glauben. Ich will das für mich annehmen und auf jeden Menschen in meinem Leben so anwenden.

Markus Gygli

Ich aber und mein Haus,
wir wollen dem HERRN dienen!
Josua 24,15 (ELB)

Da nahm Asa alles Silber und Gold, das noch übrig war im Schatz des Hauses des HERRN und im Schatz des Hauses des Königs, und gab's in die Hände seiner Boten.

1. Könige 15,18

Bibellese: 1. Könige 15,16-24

Die Könige von Israel und Juda lebten im Kriegszustand, und das während ihrer gesamten Regentschaft. Unter König Asa hatte das Reich Juda zunächst zwar zehn Jahre lang Ruhe. Er war der erste König Judas, über den gesagt wurde, dass er recht handelte wie sein Vorfahr König David. Er schaffte die Götzen weg und widerstand sogar seiner Mutter. Sie hatte seine Kindheit als Regentin überbrückt und Götzenbilder der Aschera aufstellen lassen. Asa war rechtschaffenen Herzens und diente dem Gott Israels in Treue.

Als jedoch Bascha, der König von Israel, anfing, Jerusalem zu isolieren, indem er Rama befestigte und ausbaute, verlor Asa tragischerweise sein Gottvertrauen. Er versuchte, das Problem mit den Tempelschätzen zu lösen. So lesen wir in 2. Chronik 16,7-9: *„Zu der Zeit kam der Seher Hanani zu Asa, dem König von Juda, und sprach zu ihm: Weil du dich auf den König von Aram verlassen hast und nicht auf den HERRN, deinen Gott, darum ist das Heer des Königs von Aram deiner Hand entronnen. Hatten nicht die Kuschiter und Libyer eine große Heeresmacht mit sehr vielen Wagen und Reitern? Doch der HERR gab sie in deine Hand, da du dich auf ihn verließest. Denn des HERRN Augen schauen alle Lande, dass er stärke, die mit ganzem Herzen bei ihm sind. Du hast töricht getan, darum wirst du auch von nun an Krieg haben."*

Ein gottesfürchtiges Leben hält uns in Widerständen auf Kurs ⇢ Asa kann uns vieles lehren – und ich glaube, wenn er gekonnt hätte, hätte er die Uhr nochmals zurückgedreht und sein Vertrauen nicht weggeworfen. Ein gottesfürchtiges Leben ist keine Vorschussgarantie, sondern hält uns inmitten von Lebensstürmen und Widerständen auf dem Glaubenskurs. Wird es ruhig, neigen auch wir dazu, unser Leben selbst in die Hand zu nehmen und die sich anbahnenden Konflikte eigenhändig zu regeln. Asa schreckte dabei selbst vor der Zweckentfremdung der Tempelgelder und Schätze nicht zurück.

Es gibt Zeiten, in denen auch uns gewaltige Steine in den Weg gelegt werden oder das Wasser abgegraben wird. Bleiben wir dabei, auf Gott zu vertrauen. Er wird unseren Kampf für uns kämpfen, wenn wir nicht Mittel suchen und Wege einschlagen, die ein deutlicher Ausdruck mangelnden Gottvertrauens sind. Vergessen wir nie: Gott stärkt diejenigen, *„die mit ganzem Herzen bei ihm sind."*

Daniel Strack

2
Montag

Nadab aber, der Sohn Jerobeams, wurde König über Israel im zweiten Jahr Asas, des Königs von Juda, und regierte über Israel zwei Jahre.

1. Könige 15,25

JUNI

Bibellese: 1. Könige 15,25-34

Mangelnde Demut und Bußfertigkeit sowie deren nachhaltige Folgen: König Bascha war bestimmt, über das ehemalige Königtum Jerobeams Gericht zu halten und alle Prophezeiungen des Propheten Ahija in die Tat umzusetzen. In 1. Könige 13 und 14 ist aufgelistet, mit welchen Vergehen sich Jerobeam, der König Israels, den Zorn Gottes zugezogen hatte und was die grausamen Folgen sein würden. Darunter waren schwere gotteslästerliche Vergehen am Altar Gottes und an Propheten, die ihn wegen seines gottlosen Wandels warnen sollten. Jerobeams Familie samt seinem Sohn Nadab, der nur zwei Jahre regierte, wurden gerichtet und mussten einen qualvollen Tod sterben.

Es sind grausame Berichte damaliger Zeiten. Aber im Wesen bleibt das Ergebnis heutiger Gottlosigkeit gleich: Sie führt in eine nie endende Qual der ewigen Verdammnis. Paulus ruft dazu auf, sich Gott mit Geist, Seele und Leib hinzugeben: „*So lasst nun die Sünde nicht herrschen in eurem sterblichen Leibe, und leistet seinen Begierden keinen Gehorsam. Auch gebt nicht der Sünde eure Glieder hin als Waffen der Ungerechtigkeit, sondern gebt euch selbst Gott hin als solche, die tot waren und nun lebendig sind, und eure Glieder Gott als Waffen der Gerechtigkeit. Denn die Sünde wird nicht herrschen über euch, weil ihr ja nicht unter dem Gesetz seid, sondern unter der Gnade*“ (Römer 6,12-14).

Was wollen wir hinterlassen? ⇢ König Jerobeam war ein schlechtes Vorbild für sein Volk und schlimmer noch: seiner eigenen Familie. So trat auch sein Sohn in die Fußstapfen seines Vaters und erfuhr das harte Gericht Gottes.

Es ist nicht egal, welches Erbe wir unseren Kindern hinterlassen. Ich wünsche mir, dass mein Leben Spuren des Segens hinterlässt, die meine Kinder und Kindeskinder segnen. Ich denke, dass die meisten, die Jesus nachfolgen, diesen Wunsch haben. Prüfen wir unsere Herzen und entfernen – wo es nötig ist – die fremden Götter aus unserem Leben, um dem Herrn aufrichtig zu dienen. So wird Gott unsere Familien, Kinder und Kindeskinder segnen. Ein wertvolleres Erbe können wir ihnen nicht hinterlassen. In diesem Sinne wünsche ich uns allen einen gesegneten Tag.

Daniel Strack

Und als er König war und auf seinem Thron saß, erschlug er das ganze Haus Bascha und ließ nichts übrig.

1. Könige 16,11

3
Dienstag

Bibellese: 1. Könige 16,1-14

JUNI

Es war eine unsichere und unberechenbare Zeit damals. Das Königreich Israel war nach nicht einmal 100 Jahren in ein Nordreich und das Südreich Juda aufgeteilt worden. In beiden Reichen gab es kaum einen vernünftigen König, der Gott wohlgefällig lebte und handelte. Abgötterei, Intrigen, Bruderkrieg, Mord und Totschlag an Königen und ihren Familien waren an der Tagesordnung. So erstaunt es nicht, dass die Propheten Gottes alle Hände voll zu tun hatten, um im Auftrag ihres Herrn die jeweiligen Herrscher an die Gebote Gottes sowie sein gütiges und gnädiges Handeln zu erinnern. Sie sollten wenn immer möglich zur Umkehr von ihren bösen Wegen bewegt werden. Die Warnungen nützten wenig bis nichts, darum müssen wir heute von einem Putsch im Königreich Israel lesen.

„Ich will König sein!" ⇢ Simri war ein Offizier in der Armee des israelitischen Königs Ela. Er befehligte einen machtvollen Teil der Streitkraft. Mit dieser Macht in seinem Rücken zettelte er eine Verschwörung an und ermordete den Herrscher, als dieser nach einer zünftigen Zecherei betrunken war. Dann tötete Simri dessen ganze Familie. Durch diesen gewaltsamen Umsturz wurde er zum Willensvollstrecker von Gottes Gericht, das der Prophet Jehu Baschan, dem Vater Elas, angekündigt hatte. Leider ist dieses schreckliche Ereignis kein Einzelfall, weder in den Erzählungen der Bibel noch in den Ereignissen der Weltgeschichte bis in die heutige Zeit. Schon viele Menschen wollten König sein!

Jesus, König der Könige! ⇢ Wie anders ist es doch bei Jesus und seinem Anspruch, König zu sein. Herodes glaubte zwar, seinen Thron mit einem Kindermord verteidigen zu müssen. Der Teufel als Fürst der Welt versuchte alles, um Jesus von der Machtübernahme abzuhalten. Die Obersten des Volkes Israel sahen ihre Autorität gefährdet und ließen Jesus zum Tod verurteilen. Aber Jesus ging seinen königlichen Weg der Gewaltlosigkeit bis zum bitteren Ende. Die Auferstehung zeugt vom Sieg des Königs aller Könige. Gewaltig, aber gewaltlos triumphierte Gottes Barmherzigkeit über alle Gewalt im Himmel und auf Erden. Wo immer sich das Königreich Gottes ausbreiten will, geschieht dies in Liebe und Gnade. Gott zwingt es keinem Menschen auf, sondern leitet in seiner Güte zur Umkehr (siehe Römer 2,4). Darf Jesus heute der König in deinem Leben sein?

Oliver Affolter

4
Mittwoch

Und Ahab machte eine Aschera, sodass Ahab mehr tat, den HERRN, den Gott Israels, zu erzürnen, als alle Könige von Israel, die vor ihm gewesen waren.

1. Könige 16,33

JUNI

Bibellese: 1. Könige 16,15-34

Kann es wirklich noch schlimmer werden? Unwillkürlich taucht bei mir diese Frage auf, und zwar bei jedem neuen König, von dem wir in diesen Kapiteln der Bibel lesen. Trotz gegenteiliger Hoffnung werde ich leider enttäuscht: Ja, es wurde immer schlimmer! Gottlosigkeit, Unglaube, Ungehorsam und Bosheit bei den jeweiligen Herrschern nahmen mit einer unheimlichen Dynamik zu. Das Volk Israel entfernte sich in rasantem Tempo von den Geboten Gottes. Einen vorläufigen Höhepunkt erreichte diese Entwicklung, als Ahab den Thron bestieg. Er heiratete Isebel aus Sidon, baute ihrem Fruchtbarkeitsgott Baal einen Tempel und betete ihn an. Zudem machte er ein Standbild für die Glücksgöttin Aschera.

Je schlimmer, desto näher der Abgrund ⇢ Die Geschichte der Menschheit lehrt uns, dass ein Volk dann zugrunde zu gehen droht – und oft auch zugrunde ging – wenn es in seiner Selbstsicherheit überheblich wurde. Gute Werte und gesellschaftliche Errungenschaften sowie ein soziales Miteinander verschwanden dann. So schlitterte auch das Volk Israel immer tiefer in diese dunkle Krise, die im Gericht Gottes gipfelte: der Eroberung von Jerusalem durch Nebukadnezar und der Verschleppung des Volkes nach Babylon. Schauen wir heute in die Welt, müssen wir feststellen, dass der Mensch aus der Geschichte nichts gelernt zu haben scheint.

Hoffnung am Abgrund ⇢ In diese Welt hinein kam Jesus Christus und offenbarte die Herrlichkeit des Himmelreichs. Wo diese Königsherrschaft Gottes in den Herzen der Menschen Raum findet, können sich Glaube, Hoffnung und Liebe entfalten und bestehen bleiben – auch in tiefster Dunkelheit, am äußersten Abgrund und im Angesicht des Todes.

Es gab eine Zeit in meinem Leben, als vieles, was mir lieb war, zusammenbrach. Freunde verließen mich und ich fühlte mich von ihnen verraten. Mein Körper versagte seinen zuverlässigen Dienst und ich musste krankgeschrieben werden. In diesem finsteren Tal, nahe am Abgrund, erlebte ich trotz Schmerz, Trauer und Finsterns die Gegenwart Gottes. Er hielt mich fest, und ich durfte hoffnungsvoll an ihm festhalten. Ich wurde nicht enttäuscht, denn *„Gott ist unsre Zuversicht und Stärke, eine Hilfe in den großen Nöten, die uns getroffen haben“* (Psalm 46,2). Jesus Christus ist die Hoffnung für jeden Menschen und für eine Welt am Abgrund!

Oliver Affolter

Und du sollst aus dem Bach trinken, und ich habe den Raben geboten, dass sie dich dort versorgen sollen.

1. Könige 17,4

5
Donnerstag

JUNI

Bibellese: 1. Könige 17,1-7

Die Nachricht, die Elia überbringt, gefällt dem mächtigen König nicht. Der Zorn richtet sich an den Überbringer der Botschaft. Gott sorgt dafür, dass Elia in Sicherheit ist. Eine karge, einsame und ausgemergelte Gegend. Da überlebt man nicht lange. Doch dies ist der Schutzraum Gottes für Elia. Hier vermutet ihn niemand, hier wird Gott ihn versorgen, natürlich und übernatürlich. Mit Wasser und durch den „Dienst" von Raben. Aasfresser, unreine Tiere; ein Unding für Juden, in Kontakt mit diesen Vögeln zu kommen. Ausgerechnet sie versorgen im Auftrag Gottes den Propheten.

Gott, der Versorger in der Wüstenzeit → Die Bibel ist voll mit Beispielen von Gottes Versorgung. Ob sein Volk in der Wüste, David auf der Flucht oder Jesu Zusage, dass Gott sich um die kümmert, die nach seinem Reich trachten. Gerade in den unwirtlichen Zeiten des Lebens, wo wir uns wie in der Wüste vorkommen, wird unser Glaube geformt. Das gilt nicht nur bei Essen und Trinken, sondern auch in den Zeiten, in denen wir geistlich hungern und dürsten. Zeiten der Anklage, Konflikte, Kämpfe und so vieles mehr, was uns im Leben ausmergelt. Jeden, dem es so geht, möchte ich ermutigen: „Glaube Gott, gerade dort in deiner Wüstenzeit versorgt er dich!"

Rocky, steh auf! → Eines Nachts, mitten in einer schweren Zeit meines Lebens, konnte ich nicht schlafen. Eine Wüstenzeit, in der ich mit Gedanken des Aufgebens und der Hoffnungslosigkeit kämpfte. Beten wollte ich nicht – die Befürchtung, dass Gott nicht spricht und nichts tut, war zu groß. Ich lenke mich ab und schalte das TV-Gerät ein. Ein alter Film: Rocky Balboa prügelt sich mit dem Boxweltmeister. Ein ungleicher Kampf. Schlag auf Schlag, Rocky geht mehrmals zu Boden. Die Kraft reicht nicht mehr, der Ringrichter zählt, gleich ist es aus.

Da sehe ich mich selbst im Ring des Lebens voller Schmerzen am Boden. Niedergeprügelt, verletzt, kraftlos. Plötzlich ruft der Heilige Geist durch diesen Film mitten in meine Seele. „Rocky, steh auf!" Rockys Frau, sein Trainer, das Publikum schreien ihm zu. Es geht mir durch Mark und Bein, Gott spricht mit mir. Er feuert mich an: „Steh wieder auf! Steh auf!" Es wurde der Wendepunkt aus meiner Niedergeschlagenheit. Gott gebrauchte Raben für Elia und einen Kinofilm für mich. Sei gewiss, auch dich wird Gott versorgen!

Marco Hofmann

6
Freitag

Elia sprach zu ihr: Fürchte dich nicht! Geh hin und mach's, wie du gesagt hast. Doch mache zuerst mir etwas Gebackenes davon und bringe mir's heraus.

1. Könige 17,13

JUNI

Bibellese: 1. Könige 17,8-16

Als Elia in die Stadt kam, sah er die Witwe, die am Stadttor Holz sammelte. Er bat sie um Wasser und Brot. Doch die Frau erwiderte, dass sie nur noch eine Handvoll Mehl und etwas Öl habe und sich und ihrem Sohn noch ein letztes Mahl zubereiten wolle, bevor sie sterben. Die Dürre hatte auch sie hart getroffen. Trotz dieser schwierigen Situation bat Elia die Witwe, ihm zuerst etwas Brot zu machen und danach für sich und ihren Sohn zu sorgen. Er versprach, dass das Mehl und das Öl nicht ausgehen würden. Die Witwe tat, was er sagte, und tatsächlich geschah das Wunder.

Herausgefordert, alles zu geben ⇢ Was wäre wohl geschehen, wenn sie die Aufforderung Elias ignoriert hätte? Aus verständlicher Fürsorge für ihr Kind, für eine letzte Mahlzeit? Unser Glaube an einen barmherzigen, unterstützenden und fürsorglichen Gott wird enorm herausgefordert, wenn wir Mangel haben. Aus unserem Überfluss heraus andere zu unterstützen und großzügig zu sein, ist für viele schon schwer, braucht aber keinen Glauben. Erst wenn die „Fische und Brote" nicht für uns selbst reichen, zeigt sich unser Vertrauen in Gott. Oder denken wir an den Glauben, den Jesus bei der armen Witwe, die Gott ihr letztes Erspartes gab, als Beispiel für seine Jünger nannte. Gott gehört doch alles! „Trachtet nach dem Reich Gottes" – und er wird sich um uns kümmern.

Im Überfluss leben ⇢ Geben allein hat jedoch keine geistliche Gesetzlichkeit in sich. Nur weil ich meine Gabe „einwerfe" – seien es Finanzen, Kraft, Zeit, Gebet, Hingabe – reagiert Gott nicht mit einem Bonusprogramm wie für eine Rendite. Solch eine berechnende Haltung macht ihn zum Erfüllungsgehilfen unserer eigenen Vorstellungen. Großzügigkeit, Barmherzigkeit, Hingabe sind immer an unseren Glauben an den großzügigen, barmherzigen und sich hingebenden Gott gebunden. Das fröhliche Geben, von dem der Apostel Paulus in 2. Korinther 9,7 spricht, entspringt aus der Herzenshaltung, die Gott zugewandt ist. Oder anders ausgedrückt: Ich glaube Gott, dass er der Versorger ist. Weil er großzügig ist, bin ich es auch.

Marco Hofmann

Ich aber und mein Haus wollen dem HERRN dienen.

Josua 24,15

Bibellese: Josua 24,14-18

Familienvorbilder: Wie unsere Eltern in unserer Kindheit gelebt haben, wie sie sich verhielten und welche Entscheidungen sie getroffen haben, hat uns als ihre Kinder stark geprägt und beeinflusst. Ob und wie unsere Eltern für Gott gelebt und ihm gedient haben, hat uns und unsere Sicht von Gott und von Kirche beeinflusst. Viele von uns sind inzwischen selbst in der Elternrolle und prägen wiederum eigene Kinder. Und wenn wir keine eigenen Kinder haben, so haben wir doch in der Gemeinde mit Eltern, Kindern oder Jugendlichen zu tun.

Eltern brauchen Unterstützung ⇢ Was hätten wir uns von unseren Gemeinden für unsere Eltern gewünscht? Was hätte die Kirche für sie tun sollen? Als Leib Christi haben wir ein unglaubliches Potenzial, Familien, in denen die nächste Generation heranwächst, zu unterstützen. Denn Eltern brauchen und wünschen sich Unterstützung. Die Frage ist, wo sie danach suchen können.

Was wäre, wenn eine Kirche oder Ortsgemeinde der erste Ort ist, zu dem sie gehen, wenn sie Hilfe brauchen, weil sie wissen, dass sie dort Ermutigung und Unterstützung erhalten? Was wäre, wenn wir als Kirchen in Deutschland dafür bekannt wären, dass Familien in unseren Gemeinschaften Halt, Stabilität, Ermutigung und Unterstützung finden können? Was wäre, wenn es in den nächsten Jahren wieder mehr gesunde und stabile (immer noch unperfekte) Familien gäbe, weil Kirchen es sich zur Aufgabe machen, bewusst in Familien zu investieren? Wie die nächste Generation die Kirche sieht, ist entscheidend mit davon geprägt, was die Kirche für deren Eltern tut. Das kann im ganz Kleinen anfangen.

Wie gehen wir mit Eltern und Familien um? ⇢ Wenn Eltern die Entscheidung treffen, dass sie und ihre Familie für Gott leben und ihm dienen wollen, finden sie dann bei uns Unterstützung? Der Autor Reggie Joiner sagte: „The most strategic thing you can do to influence the next generation is to help parents win with their own kids." Zu Deutsch: „Das Strategischste, das du tun kannst, um die nächste Generation (mit Gottes Liebe) zu erreichen, ist, den Eltern zu helfen, Gewinner im Leben ihrer eigenen Kinder zu sein" (von Nora Wendt). Es beginnt im Gebet – und geht weiter im Handeln.

Febe Olpen

....

Und sie wurden alle erfüllt von dem Heiligen Geist und fingen an zu predigen in andern Sprachen, wie der Geist ihnen zu reden eingab.

Apostelgeschichte 2,4

Bibellese: Apostelgeschichte 2,1-13

Das Pfingstereignis brachte die Stadt Jerusalem in Aufruhr. Der Obersaal, in dem man sich versammelt hatte, wurde zum Zentrum einer Bewegung. Wenn es wirklich der Saal war, den wir mal in Israel besuchten, muss er gefühlt ganz schön voll gewesen sein. Erweckungsversammlung, sozusagen. Und wie bei solchen Versammlungen fast üblich, geschieht es auch hier: Man bekommt in Jerusalem mit, dass im Obersaal was los ist – und das will man sich nicht entgehen lassen. Also laufen alle zusammen, die in der Stadt sind. Die Frommen, die Einheimischen und die Touristen.

Wind, Feuer, Brausen ⇢ Kraftwirkungen des Heiligen Geistes, dazu kommt das Schlüsselkennzeichen: Gebet oder Sprechen in nicht erlernten Sprachen. Eine übernatürliche Erfahrung für die Jünger selbst, aber auch für die Schaulustigen. Sie entsetzten und wunderten sich. Hier wurden sie von den Hinzugelaufenen verstanden, teilweise zumindest, denn die Bibel sagt an anderer Stelle, dass solche Art von Gebet verständlich oder unverständlich, in Menschen- oder Engelssprachen sein kann.

Pfingsten neu erleben ⇢ Das Fest im Kalender darf für uns zum neuen Pfingsterlebnis werden. Als ich erstmalig die Erfahrung des Sprachengebets machte, war das für mich schon gewöhnungsbedürftig. Aber es war eine Krafterfahrung, die überzeugend war, ähnlich wie bei den Jüngern zu Pfingsten. Wenn wir dem Heiligen Geist Raum geben, führt er uns in das Übernatürliche hinein. Lassen wir uns nicht davon irritieren, wenn das andere irritiert oder sie es nicht verstehen (wollen). Beim Pfingstfest war es nicht anders. Aber es wurde dadurch eine weltweite Bewegung des Heiligen Geistes initiiert, die bis heute wächst und weitergeht. Du und ich, wir sind ein Teil davon!

Der Heilige Geist ist eine Person ⇢ Er ist nicht nur eine Kraft. Er lädt uns ein in die „Gemeinschaft des Heiligen Geistes“, wie der Apostel Paulus sagt. Wenn wir unser Herz für diese Gemeinschaft öffnen, wird Kraft freigesetzt und prägt unseren Alltag. In dieser Gemeinschaft erleben wir Führung durch Impulse des Heiligen Geistes. Öffnen wir uns neu für diese Kraft, die etwas bewegt und Menschen manchmal in Aufruhr bringt. Und das ist gut so! Skepsis gegenüber der Person des Heiligen Geistes ist nicht angebracht. Es ist Gott selbst, der in übernatürlicher Weise wirkt.

Frank Uphoff

Du hast mir kundgetan die Wege des Lebens; du wirst mich erfüllen mit Freude vor deinem Angesicht.

Apostelgeschichte 2,28

Bibellese: Apostelgeschichte 2,14-36

Petrus predigt anlässlich des ersten Pfingstfestes in der Kraft des Heiligen Geistes. Aus dem Versager, der Jesus verleugnet hat, wird ein kraftvoller Erweckungsprediger. Dabei zitiert er leicht abgewandelt den König David: *„Du tust mir kund den Weg zum Leben: Vor dir ist Freude die Fülle und Wonne zu deiner Rechten ewiglich“* (Psalm 16,11). Dieser Bibelvers ist gut geeignet für Geburtstagskarten, deswegen finden wir ihn dort auch oft. Aber dass er in der Pfingstpredigt des Petrus zu finden ist? Interessant!

Petrus bringt es hier auf den Punkt: Der Heilige Geist ist es, durch den der Herr uns den Weg des Lebens und der Freude weist. Die Gaben des Heiligen Geistes sind wirksame Instrumente, die wir auf diesem Weg einsetzen dürfen. Nicht für uns selbst, sondern zum Wohl und Nutzen der Gemeinde.

Leben in seiner Kraft ⇢ Es gibt für mich keine Alternative zum Leben in der Kraft des Heiligen Geistes. Wenn wir den Heiligen Geist nicht ernst nehmen, ihm nicht den Raum geben, verfällt geistliches Leben nicht selten zur religiösen Zeremonie. Was aber kennzeichnet ein Leben im Heiligen Geist? Schauen wir dazu in unsere heutige Bibellese in die Verse 25-28:

- **Den Herrn vor Augen.** Der Heilige Geist verherrlicht Jesus. Deswegen haben wir Jesus vor Augen. Und dazu haben wir ihn an unserer Seite. Das hilft, in den Stürmen des Lebens nicht zu wanken, sondern fest zu stehen.
- **Ein fröhliches Herz.** Wie gut tun uns Menschen, die das haben. Und aus deren Mund ermutigende („frohlockende“) Worte kommen. Das bewirkt der Heilige Geist in uns, das Gebet in Sprachen hilft uns dabei.
- **Freude vor deinem Angesicht.** Diese Freude kommt von Gott direkt, gewirkt durch den Heiligen Geist.
- **In innerer Ruhe.** Auch das ist ein starkes Kennzeichen für ein Leben im Geist. Selbst im Sumpf des Lebens kann man diesen himmlischen Frieden spüren und die Kraft erfahren, die unser Leben durchträgt.
- **Pfingsten neu erleben.** Das Evangelium von Jesus Christus rettet Menschen. *„Jeder, der den Namen des Herrn anruft, wird gerettet werden“* (Apostelgeschichte 2,21 ELB). Das ist einer der Aspekte in der Pfingstpredigt des Petrus. Aber nicht weniger führt uns die Kraft des Heiligen Geistes dazu, ein Leben in der Gemeinschaft mit Gott, mit einem fröhlichen Herzen und in einer großen inneren Ruhe zu führen.

Frank Uphoff

10
Dienstag

JUNI

Alle aber, die gläubig geworden waren, waren beieinander und hatten alle Dinge gemeinsam.

Apostelgeschichte 2,44

Bibellese: Apostelgeschichte 2,37-47

Was macht uns so richtig glücklich? Ein gutes Essen, ein Abend mit Freunden? Vielleicht feiern wir gerne? Zum Feiern waren die Menschen nach Jerusalem gekommen. Doch was sie erlebten, war ganz anders als ihre Erwartungen. Tausende hatten sich versammelt und hörten der Predigt des Petrus zu. Da war etwas, das sie fesselte, was sie tief bewegte und ihre Herzen erreichte – der Heilige Geist wirkte in ihnen.

Auf ihre Frage hin, was denn nun zu tun sei, gab Petrus eine klare Anweisung: Umkehren, sich Jesus Christus zuwenden und sich taufen lassen. 3000 Menschen taten es und empfingen den Heiligen Geist. Wie mag das praktisch abgelaufen sein? Wie lange wird es gedauert haben, bis die Apostel alle getauft hatten? Was wäre, wenn das heute in deiner und meiner Gemeinde geschehen würde? Wären wir bereit für 3000 Neubekehrte?

Der Heilige Geist wirkt ⇢ Das ist das Entscheidende. Die Kraft des Heiligen Geistes befähigt die Apostel, das zu tun, was Jesus ihnen aufgetragen hatte. Sie dienen nicht mehr nur mit ihren menschlichen Möglichkeiten. Die 3000 frisch Getauften sind ebenfalls erfüllt mit dieser Kraft. Welche Auswirkungen hat das? Der Heilige Geist tut, was er immer tut, wenn er Raum bekommt: Er bewirkt Liebe und Freude. Er ist es, der die Einheit in der neu entstandenen Gemeinde schafft. Die Gläubigen sind von Liebe erfüllt. Sie haben einen Blick füreinander und sind bereit zu teilen. Sie verkaufen sogar ihren Besitz, damit Bedürftige unter ihnen versorgt werden können. Sie möchten zusammen sein, gemeinsam Gott loben und von den Aposteln sowie Gottes Wort lernen. Es ist die Kraft des Heiligen Geistes, die das Herz überfließen lässt und so das Miteinander zur Freude macht. Der Heilige Geist führt nicht nur zur Liebe untereinander, sondern vor allem in die Gemeinschaft mit Jesus und unserem himmlischen Vater.

So richtig glücklich ⇢ Das Erleben von Gott selbst, seiner Fülle und Kraft übertrifft alles. Dabei geht es nicht um Gefühlsduselei, sondern um grundlegende Veränderung, um Liebe und einen wirksamen Dienst. Wo die Kraft des Heiligen Geistes ist, da beginnen Menschen an Jesus zu glauben, da entsteht liebevolle Gemeinschaft. Da ist Begeisterung, Leidenschaft und tiefe Anbetung Gottes. Und das Beste ist, dass jeder mit dieser Kraft beschenkt wird, der sich dafür öffnet.

Petra Uphoff

Und er legte sich auf das Kind drei Mal und rief den HERRN an und sprach: HERR, mein Gott, lass das Leben in dieses Kind zurückkehren!

1. Könige 17,21

Bibellese: 1. Könige 17,17-24

Was für ein Geschenk ist es doch, durch Jesus Christus mit Gott verbunden zu sein. Ich fühle mich da absolut privilegiert. In Lukas 4,25.26 steht, dass es viele Witwen zu dieser Zeit gab, aber Elia nur zu dieser Witwe in Sarepta geschickt wurde. Gott wusste, dass sie tun würde, was er ihr durch Elia sagte. So erlebte sie das Wunder der Versorgung mit Nahrung.

Ein Mensch wie du und ich ⇢ Sie bleibt für uns namenlos. Wir persönlich haben ebenfalls schon Wunder erlebt, wenn auch auf andere Art. Wir beteten und Gott hat geantwortet und erhört. Es lief richtig gut und wir wurden durch Jesus reich beschenkt. Doch plötzlich kommt die Herausforderung. Wie reagieren wir dann? In unserem Text ist es ein furchtbares Geschehen, das die Zukunft der Witwe völlig infrage stellt: Der Sohn der Witwe wird krank und stirbt.

Warum? ⇢ Diese Frage beantwortet sie sehr schnell nach der Denkweise, die sie kennt: Gott sei ein strafender Gott. Durch Elia sei er ihr nahegekommen und habe sich nun an ihre Schuld erinnert. Seine Strafe dafür sei der Tod und Verlust ihres Sohnes. Vielleicht haben wir uns auch schon die Frage gestellt, warum es in unserem Leben Leid gibt. Die Antwort darauf kann wie bei der Witwe aus einer Prägung kommen, aus dem, was Leute über das Leid in Verbindung mit Gott gesagt haben. Meistens jedoch finden wir die wahre Antwort auf das Warum nicht heraus.

Gott ist gut ⇢ Interessant ist, dass auch Elia die Verantwortung für den Tod des Jungen bei Gott sieht. Aber er kennt dessen Güte und Gnade. Er ruft zu Gott und legt sich auf das Kind, sodass seine Körperwärme es wärmt. Als beim ersten Mal nichts passiert, gibt Elia nicht auf. Beim dritten Mal macht Gott den Jungen wieder lebendig. Die Mutter ist glücklich. Das Wunder der Versorgung mit Mehl und Öl, das sie vor dem Verhungern gerettet hatte, hatte sie Gott noch nicht wirklich nahegebracht. Aber jetzt erkennt sie, dass Gott durch Elia zu ihr persönlich spricht.

Auch wir dürfen unseren Gott immer mehr erkennen. Je mehr wir mit unserem Herzen erfassen, wie er ist, desto mehr vertrauen wir ihm. Wie Elia lasst uns nicht aufgeben, wenn Gott nicht beim ersten und zweiten Hilferuf eingreifen sollte. Trauen wir unserem Herrn zu, dass er uns zur richtigen Zeit und auf seine Weise hilft.

Petra Uphoff

12
Donnerstag

Nach einer langen Zeit kam das Wort des HERRN zu Elia, im dritten Jahr: Geh hin und zeige dich Ahab, denn ich will regnen lassen auf die Erde.

1. Könige 18,1

JUNI

Bibellese: 1. Könige 18,1-20

Wie es dem Propheten Elia wohl in dieser langen Zeit ergangen sein mag? Vermutlich war er bis zu Gottes neuem Auftrag für ihn weiterhin Gast bei der Witwe aus Sarepta. Wir erfahren nach den Ereignissen aus 1. Könige 17 nichts über seine weitere Zeit dort. Elia verbrachte Monate und Jahre im „Stand-by" im heidnischen Ausland unter Fremden. Das war sicherlich nicht einfach für ihn: Trennung von seinem Volk, eintöniges Essen (tagein, tagaus Brot aus Mehl und Öl). Dazu noch die Ungewissheit. Wann würden endlich Gottes „Go" und der erlösende Regen kommen, die ein Ende der weitverbreiteten Not und seines persönlichen Exils bedeuteten?

Gott versorgt und schützt ⇢ Bei aller Ungewissheit erlebt Elia in dieser Wartezeit während einer Dürre mit Hungersnot Gottes Versorgung. Gott hatte ihm versprochen, dass Mehl und Öl bis zum ersehnten Regen reichen würden. Aber nicht nur das: Von König Ahabs Hofmeister Obadja erfährt Elia in unserem heutigen Kapitel, dass er vor Entdeckung bewahrt wurde: *„Es gibt kein Volk noch Königreich, wohin mein Herr nicht gesandt hat, dich zu suchen"* (Vers 10). Sarepta war selbst zur damaligen Zeit nicht „aus der Welt" – und doch war Elia unauffindbar. Gott verbirgt ihn vor allen böswilligen Verfolgern, bis der von ihm geplante, richtige Zeitpunkt da ist, aktiv zu werden. Die Phase des Versteckens und Wartens ist vorbei: Elia soll sich Ahab zeigen und seinen Dienst weiterführen.

Gott wirkt ⇢ Er ist fürsorglich und schenkt seinem Propheten nach dessen Auszeit zuerst die vorbereitende Begegnung mit Obadja. Elia ist nicht direkt dem mächtigen Ahab mit dessen Vorwürfen ausgesetzt. Stattdessen bekommt er Hintergrundinformationen von einem gottesfürchtigen Mann, der sich als Elias *„Knecht"* bezeichnet (Vers 9) und mit Gottes Eingreifen rechnet: *„Wenn ich nun hinginge von dir, so könnte dich der Geist des Herrn wegnehmen, und ich wüsste nicht wohin"* (Vers 12).

Es kann immer wieder passieren, dass wir Zeiten der Eintönigkeit erleben, in denen gefühlt gar nichts bis wenig passiert und Gott weit weg scheint. In solchen Phasen braucht es Gottvertrauen und Geduld. Aber beides dürfen wir haben: Gott vergisst uns nicht! Er bereitet im Hintergrund liebevoll den nächsten Schritt für uns vor und hat einen guten Plan für und mit uns.

Karin Steinkamp

Da trat Elia zu allem Volk und sprach: Wie lange hinkt ihr auf beiden Seiten? ... Und das Volk antwortete ihm nichts.

1. Könige 18,21

Bibellese: 1. Könige 18,21-40

Elia hatte die Propheten Baals und das gesamte Volk am Karmel zusammenrufen lassen. Schon immer waren Berge Orte von Macht und Herrschaft – sind sie doch ein mythologisches Bild eben dafür. Und so wird auch dieser zu einem Schauplatz für Vollmacht und Gottesherrschaft. Elia stellt dem *„auf beiden Seiten"* hinkenden Volk die entblößende Frage, nach dem bzw. ihrem wahren Gott. Wie bezeichnend, dass daraufhin niemand den Mund aufbekommt. Keine Antwort ist oft auch eine Antwort. So widerspricht niemand, als Elia das Volk bezichtigt, Anhänger Baals zu sein. Im Gegenteil schallt es noch: *„Das ist recht"* (Vers 24).

Nichts Halbes und nichts Ganzes ⇢ Der Prophet erkennt das grundlegende Problem: Die Herzen Israels sind nicht (ganz) bei Gott. Sie sind umgeben und durchsetzt von fremden religiösen Kulten. Man hat sich arrangiert. Aber kann es einen „halben" Glauben geben? Einen Glauben an „Gott plus etwas anderes"? Mein Glaube oder Vertrauen in Gott mag klein sein. Verzagt. Vielleicht sogar geplagt von Unsicherheit und Zweifel – gerade angesichts herausfordernder Umstände. In jedem Moment darf ich aber rufen: *„Ich glaube; hilf meinem Unglauben!"* (Markus 9,24).

Frisches Feuer statt heißer Luft ⇢ Der Wendepunkt am Berg Karmel: das erhörte Gebet Elias. Feuer fällt vom Himmel, verzehrt das Opfer und alles darum herum. Wo zuvor religiöser Enthusiasmus zu nichts führte, macht ein Gebet den Unterschied. Der lebendige Gott zeigt, dass *er* nicht *„in Gedanken"* ist oder *„schläft"* (Vers 27). Er reagiert. Er schreibt sie nicht ab, die Wankelmütigen, die Zweifler und Kleingläubigen. Er (er)hört das eine Gebet, mit dem Elia um das Herz seines Volkes ringt. Gottes Feuer kommt! Nicht zufällig fühlen wir uns an Pfingsten erinnert; auch hier bezeugt Feuer von oben die Herrschaft und das Wirken Gottes mitten unter den Wartenden.

Wie gehen wir mit „schwachen Momenten" um? Bauen wir darauf, dass es nur eine Phase ist, die wieder vergeht? Singen wir unseren Lobpreis lauter? Knien uns noch mehr rein? Vielleicht ist das, was unser Herz in solchen Momenten am Fuße des Berges braucht, einfach eine frische Begegnung mit dem Feuer Gottes. Einem Feuer, das alles Störende unaufhaltsam verzehren und wegnehmen kann. Und zugleich ein Herz so sanft berührt, dass es belebt wird und neu Richtung findet.

Michael Steinkamp

14
Samstag

Und Elia sprach zu Ahab: Zieh hinauf, iss und trink; denn es rauscht, als wollte es sehr regnen.

1. Könige 18,41

JUNI

Bibellese: 1. Könige 18,41-46

„Mehr von dir" – das ist der Titel eines Lobpreisliedes. Das ist ebenfalls der Wunsch in unseren Herzen, den wir auch oft so bekennen. Unser aufrichtiges Verlangen ist es, unseren Herrn besser kennenzulernen, immer mehr in sein Ebenbild verwandelt zu werden und ihm in Vollmacht zu dienen. Doch sind wir auch bereit, den Preis dafür zu bezahlen?

Glaubensschritte ... ⇢ Gott lehrte Elia, ihm in allen Lebenssituationen zu vertrauen. Beispielsweise versorgte er ihn übernatürlich am Bach Krit. Raben brachten ihm dort Fleisch und Brot. Elia lernte aber nicht nur, dass Gott sein Versorger ist, sondern auch viel größer ist als Elias eigene Begrenzungen. Raben galten nach 3. Mose 11,15 eigentlich als verabscheuungswürdige, unreine Tiere. Dennoch gebrauchte Gott sie am Bach Krit.

... in schwierigen Zeiten ⇢ Gerade in schmerzvollen Phasen oder in Momenten, die uns besonders herausfordern, können wir mit der Hilfe des Heiligen Geistes einen geistlichen Wachstumsschub erleben. Schwierige Zeiten helfen uns, im Glauben zu wachsen und damit auch, mit mehr Autorität zu beten. Die Freude daran, einen Siegespokal in den Händen zu halten, ist oft mit Mühe, Leid und Arbeit verbunden. Davon sprach auch Paulus, wenn er vom *„guten Kampf"* des Glaubens und der *„Krone der Gerechtigkeit"* redete, die für ihn bereitliegt (2. Timotheus 4,7.8). Bevor wir einen Riesen fällen können, müssen wir uns erst im Kampf gegen Löwen und Bären bewähren. Gott knüpft an unsere Glaubenserfahrungen an. Es gibt keinen theoretischen Glauben, sondern nur einen, der sich im Alltag in allen Situationen bewährt. Einen Glauben, der die nächsten Schritte im Vertrauen auf Gott annimmt und weiterwächst.

Gebet im Vertrauen auf Gott ⇢ Elia wusste, dass Gott den Regen senden würde, er hatte mit seinen geistlichen Ohren bereits das Rauschen gehört. Er betete weiter, sieben Mal schickte er seinen Diener – bis der Durchbruch da war und der große Regen kam.

Mein Gebet ⇢ Herr, hilf mir, dass ich die Gelegenheiten nicht verpasse, um in meinem Glaubensleben weiterzuwachsen.

Stefan Wenzel

Er aber ging hin in die Wüste eine Tagereise weit und kam und setzte sich unter einen Ginster und wünschte sich zu sterben und sprach: Es ist genug.

1. Könige 19,4

15
Sonntag

Bibellese: 1. Könige 19,1-8

JUNI

Irgendwann reicht es – Elia kann und mag nicht mehr. An Leib und Leben bedroht, legt er sich zum Sterben nieder – doch Gott hat noch etwas mit ihm vor. Ein Engel rührt Elia an und sagt zu ihm: *„Steh auf und iss!"* (Vers 5). Elia folgt dieser Aufforderung, legt sich nach der Mahlzeit erschöpft wieder schlafen und die Szene wiederholt sich. Er wird so sehr gestärkt, dass er anschließend vierzig Tage Fußmarsch bis zum Berg Gottes, dem Horeb, durchhält. Wer hätte das gedacht?

Vergeblich? ⇢ Manchmal scheint alles vergeblich zu sein. Ein Fahrschüler hat ausdauernd für die Theorie gepaukt, hat in der Fahrprüfung eine Panikattacke und fällt durch. Ein Ehepaar hat sich sehnlichst ein Kind gewünscht und erlebt eine Fehlgeburt. Ein traditionsreiches Restaurant geht in der Coronazeit in die Insolvenz. Ein Mitarbeiter hat jahrelang sein Bestes für die Firma gegeben, doch sein Arbeitsplatz fällt den Umstrukturierungen zum Opfer. Mit derart schwierigen Situationen umzugehen, kann uns völlig überfordern und zu Resignation führen, wie bei Elia. „Was hat das Leben da noch für einen Sinn?"

Im Deutschen gibt es die Redewendung, jemanden oder etwas „beim Schopf zu packen". Wenn ein Mensch am Untergehen ist, im Moor oder im Wasser, gelingt es vielleicht gerade noch, ihn bei den Haaren zu erwischen. Schmerzhaft – aber lebensrettend. Wie gut, wenn in diesem entscheidenden Moment einer da ist! Als Elia aufgibt, schickt Gott einen Engel. Elia ergreift die Chance.

Gott greift ein ⇢ Vor Jahren hatte ich angesichts des Verlusts meines Arbeitsplatzes Angst vor der Zukunft. Nach dem Verlassen der Firma bat ich Gott auf meinem Nachhauseweg flehentlich um einen klaren Kopf und dass er mir zeigen möge, in welche Richtung ich beruflich weitergehen sollte. Manchmal antwortet Gott schnell: Bereits nach wenigen Tagen konnte ich meinen neuen Arbeitsvertrag unterschreiben. Gott hat mir einen guten Platz gegeben, an dem ich meine Gaben und Talente weiterhin ihm zur Ehre und mit Freude einsetzen darf. Manchmal dauert es länger, aber Gott packt uns beim Schopf. Wir sind gefordert, seine Chancen zu erkennen und zu ergreifen. Vielleicht sehen seine Wege anders aus, als wir sie uns vorstellen, doch er lässt uns nicht allein. Gott sei Dank!

Claudia Volkmann

16
Montag

JUNI

Und er kam dort in eine Höhle und blieb dort über Nacht. Und siehe, das Wort des HERRN kam zu ihm: Was machst du hier, Elia?

1. Könige 19,9

Bibellese: 1. Könige 19,9-18

Elia findet mit Gottes Hilfe Schutz. Schon im Alten Testament wird Gott mit einem Hirten verglichen. Jesus bezeichnet sich selbst in Johannes 10,11 ebenfalls als *den* guten Hirten.

Ein Hirte hat unterschiedliche Aufgaben

- Er sollte die Herde und ihren Zustand kennen. Gott kennt Elia mit seiner Verzweiflung und Treue. Der Herr sieht das Herz an.
- Zugehörigkeit und Schutz bieten: Der Prophet, der Gott gehorchend einen weiten Weg gewandert ist, findet Geborgenheit in einer Höhle.
- Die Schafe achtsam führen: In unserem Bibelabschnitt sagt Gott Elia, dass er zwei Könige und Elisa, seinen Nachfolger, salben soll.
- Liebevoll und klar korrigieren: Gott lehrt Elia, dass er die Dinge nicht aus eigener Kraft bis zur Erschöpfung tun soll. Er stellt ihm Menschen zur Seite.

Schafe sind auf einen guten Hirten angewiesen, sonst verkommen sie oder sterben sogar aus Mangel an Fürsorge. Auch Menschen benötigen gute Führung. Wer unter seinen Chefs gelitten hat, weiß das. Dass Eltern, Lehrkräfte und Erzieher in Führungsverantwortung stehen, liegt auf der Hand. Dass wir – unabhängig von unserer Profession – Verantwortung für das Miteinander tragen, vielleicht weniger.

Liebe und Klarheit ⇢ Nach einem langen Tag wollte ich am Hamburger Hauptbahnhof den überfüllten Zug zurück nach Hause nehmen. Als routinierte Pendlerin hatte ich gute Strategien, um eventuell einen Sitzplatz zu ergattern, doch gleich hinter der Tür ging es nicht weiter – noch eine Minute bis zur Abfahrt. Draußen standen mindestens vierzig drängelnde Menschen. Eine Jugendliche saß lesend auf den Stufen zum oberen Zuggeschoss. Der Weg war versperrt. Auf die freundliche Bitte hin aufzustehen, erklärte sie mir, sie säße gerade so schön. Inzwischen standen sechzig Leute vor der Tür – noch dreißig Sekunden bis zur Abfahrt.

Ich teilte der Schülerin mit, sie solle augenblicklich den Durchgang freimachen, und warum. Sie sah sich zu einer Diskussion eingeladen, doch ein jegliches hat seine Zeit. Nach einer knappen Ansage begriff sie, dass beiseite gehen gefragt war. Sie erhob sich zügig und die Fahrgäste strömten in den abfahrbereiten Zug. Manchmal sind wir gefordert, Hirtenfunktion einfach als Teil der Gesellschaft wahrzunehmen. Dies braucht Liebe und Klarheit, die wir als Nachfolger Jesu von ihm lernen können.

Claudia Volkmann

Mit dem Holz des Jochs machte er ein Feuer, kochte das Fleisch und gab es seinen Leuten als Abschiedsmahl. Dann ging er mit Elija und wurde sein Diener.

1. Könige 19,21 (GNB)

Bibellese: 1. Könige 19,19-21

Elisas Berufungsgeschichte ist beeindruckend. Sie geschieht mitten im Alltag. Elisa weiß sofort, was es bedeutet, als Elia ihm im Vorbeigehen den Prophetenmantel überwirft. Plötzlich ist alles anders: Gott ruft ihn.

Die Brücken hinter sich niederbrennen → Bevor Elisa Haus und Hof verlässt, möchte er sich von seinen Eltern verabschieden. Dies war ein ehrlicher, aufrichtiger Gedanke und keine Ausrede wie in der Geschichte in Lukas 9. Er teilte seiner Familie seinen Entschluss mit, von nun an dem Herrn zu dienen, und organisierte ein Abschiedsmahl.

Elisa opferte dafür das zwölfte Paar Ochsen, mit denen er gepflügt hatte. Das bedeutet, er opferte das Arbeitsgerät, mit dem er bisher seinen Lebensunterhalt verdient hatte. Seine Entscheidung war somit unwiderruflich. Elisa „brannte" die Brücken hinter sich ab und diente fortan dem Propheten Elia, solange dieser noch lebte, und danach dem Herrn als Prophet. Mir gefällt die Entschlossenheit, mit der Elisa den Ruf Gottes annimmt.

Den Sprung wagen → Meine Beobachtung ist, dass heute viel mehr Menschen eine Berufung von Gott zum geistlichen Dienst (etwa als Pastor) vernommen haben, als tatsächlich im Dienst sind. Sie haben den Sprung nicht geschafft. Ich vergleiche den Sprung in den Dienst gerne mit einem Sprung vom 10-Meter-Turm. Für so etwas muss man sich überwinden. Er kostet einen Preis. Wenn man zu lange wartet, ist die Chance irgendwann vorbei. Schaut man zu oft hinunter, verliert man den Mut. Es fühlt sich (immer!) schlimmer an, als es ist. Oben auf dem Sprungturm sieht man nicht nur die 10 Meter Höhe bis zum Beckenrand, sondern bis auf den Beckenboden. Das wirkt bedrohlich. Die Sprunghöhe scheint viel höher, als sie tatsächlich ist. Es braucht daher Mut und Risikobereitschaft – beim Sprung vom 10-Meter-Turm und auch im Leben. Damit Gottes Berufung in unserem Leben Wirklichkeit wird, müssen wir den Sprung wagen. Jeder Pastor und Leiter im Reich Gottes hat eine individuelle Berufungsgeschichte. Es ist noch keiner vom Himmel gefallen. Es galt immer, es zu wagen.

Elisa springt. Er nimmt Gottes Berufung an. Geliebtes lässt er zurück. Ungewisses kommt auf ihn zu. Seine Zielstrebigkeit soll uns heute eine Ermutigung sein und uns anspornen, auf Gottes Reden in unserem Leben entschlossen zu reagieren.

Marc Brenner

18
Mittwoch

JUNI

So spricht der HERR: „Du siehst doch dieses riesige Heer? Ich gebe es heute in deine Hand. Du sollst erkennen, dass ich der HERR bin!"

1. Könige 20,13 (GNB)

Bibellese: 1. Könige 20,1-21

König Ahab hat ein großes Problem: Der syrische König Ben-Hadad macht Druck und bietet sein ganzes Heer auf. Israel war militärisch klar unterlegen. Die naheliegende Strategie war daher, nachzugeben und sich den Forderungen zu beugen, was Ahab auch direkt tat. Doch damit nicht genug: Neue Forderungen werden laut. Der Druck wächst, auch innenpolitisch. Hatte Ahab bisher ohne Rücksprache entschieden, so bezieht er in dieser neuen Situation die Ältesten und Männer der Stadt mit ein. Die haben eine klare Meinung: „Weigere dich! Lass dich nicht darauf ein!" Nach zwei weiteren Botengängen mit Informationsaustausch eskaliert die Situation. König Ben-Hadad reagiert mit Übereifer. Er glaubt, Israel bereits besiegt zu haben.

Es kommt anders, als es scheint ⇢ Inzwischen war ein Prophet zu König Ahab gekommen und hatte ihm eine Botschaft vom Herrn überbracht: „Siehst du, wie mächtig das Heer der Feinde ist? Und doch gebe ich es heute in deine Hand. Daran sollst du erkennen, dass ich der Herr bin." Es folgen weitere konkrete Anweisungen. Schließlich zieht der König von Israel aus, vernichtet das Wagenheer und bringt den Syrern so eine schwere Niederlage bei.

Mit Gottes Möglichkeiten rechnen ⇢ Oft stehen wir wie König Ahab vor einem übermächtigen Feind und sind bereit, die weiße Fahne zu hissen und aufzugeben. Wenn wir nur auf die Umstände schauen, scheint es aussichtslos. Aber wir glauben an einen Gott, der Wunder wirkt. Er schafft Auswege, wo es nach menschlichem Ermessen keine gibt. So war es zum Beispiel bei David und Goliath. Der Hirtenjunge David besiegte den Riesen Goliath mit einer Schleuder und ein paar Steinen. So war es auch bei Gideon. Mit 300 Soldaten, ausgerüstet mit Fackeln und Hörnern, gewinnt er den Kampf gegen die übermächtigen Midianiter. Und so ist es auch hier bei Ahab.

Entscheidend ist, dass wir in schwierigen Lebenssituationen nicht auf das „große Problem" schauen und uns nur mit dieser Not beschäftigen, sondern vor allem auf die Größe Gottes und seine Möglichkeiten sehen. Die Nähe Gottes zu suchen, hilft uns, die irdischen Dinge in der richtigen Perspektive zu erkennen. Egal, vor welchem großen Problem wir heute auch stehen, vergessen wir nie, dass Gott für uns ist. Er ist mit dir und mir. Rechnen wir mit seinem Eingreifen und seinen Wundern.

Marc Brenner

Weil die Aramäer gesagt haben, der HERR sei ein Gott der Berge und nicht ein Gott der Täler, so habe ich diese große Menge in deine Hand gegeben.

1. Könige 20,28

Bibellese: 1. Könige 20,22-30

Der Gott Israels ist der Gott der Berge und der Täler. Israels Feinde dachten, er könne nur auf den Bergen den Sieg schenken. Wir alle brauchen die Erfahrungen mit dem Herrn auf dem Berg. Höhepunkte, eine neue Begegnung mit dem Herrn, neue Erfüllungen mit dem Heiligen Geist. Ähnlich wie Petrus, Jakobus und Johannes auf dem Berg der Verklärung. Aber sie konnten nicht ewig auf dem Berg bleiben und dort ihre Hütten bauen. Sie mussten wieder hinunter ins Tal, wo sie eine schwere Konfrontation mit dem Feind erlebten.

Im Tal ⇢ Im Tal lernen wir, wie abhängig wir vom Herrn sind. Dass wir ohne ihn nichts tun können. Dort erfahren wir buchstäblich, dass unser Herr, „*… eine Lilie der Täler*" ist (Hoheslied 2,1 ELB). Wir fühlen uns oft „unten im Tal", schwach, müde, leer, weit weg von der Welt und der Gegenwart Gottes. Täler sind Teil unseres Lebens. Es ist wahr, dass der Feind verwirrt ist, wenn wir uns auf den Gipfeln befinden. Unser Herz schlägt dann mit Begeisterung für den Herrn und für die Sache Gottes. Nehemia hatte solch eine Siegeshaltung, als er ausrief: *„Die Freude am HERRN ist eure Stärke"* (Nehemia 8,10).

Gott ist mit dir! ⇢ Egal, in welchem Tal wir uns heute befinden, kämpfen wir den guten Kampf des Glaubens! Ob es im Tal der Tränen, der Krankheit, der Trübsal ist. Gottes Wort verheißt uns in Psalm 84,7-8: *„Wenn sie durchs dürre Tal ziehen, wird es ihnen zum Quellgrund … Sie gehen von einer Kraft zur andern und schauen den wahren Gott in Zion."* Gott ist mit uns, auch im Tal des Trauerns, der Verzweiflung und sogar im Tal der Depression. Elia erlebte im Tal, dass der Herr auch dort gegenwärtig ist. Auch David erfuhr: *„Auch wenn ich wandere im Tal des Todesschattens, fürchte ich kein Unheil, denn du bist bei mir; dein Stecken und dein Stab, sie trösten mich"* (Psalm 23,4).

Er geht mit uns hindurch ⇢ Es gibt für Gottes Geliebte keinen Umweg um das dunkle Tal, aber es gibt einen von Gott gebahnten Weg hindurch. Christus ist für uns dieser Weg „durch das dunkle Tal" geworden. Dieser Ort ist nur zum Durchschreiten, nicht zur Wohnung gegeben. Der Herr ruft uns schon vor dem Tal freundlich zu: „Du bleibst nicht im Tal. Ich hole dich bald heraus." Er ist der allgegenwärtige Gott. *„Seid stark in dem Herrn und in der Macht seiner Stärke"* (Epheser 6,10).

Christian Krumbacher

20
Freitag

Aber der König von Israel zog heim, voller Unmut und Zorn, und kam nach Samaria.

1. Könige 20,43

JUNI

Bibellese: 1. Könige 20,31-43

Es bleibt unglaublich spannend im Leben der Hauptpersonen unserer aktuellen Bibellese. Heute steht der König des Nordreiches Israel, Ahab, im Fokus. Von ihm wissen wir, dass er selbst kein Interesse am Gott Israels hatte. Seine Ehefrau, Königin Isebel, phönizischer Abstammung, hat wesentlichen Einfluss auf das religiöse Leben in Israel genommen, indem sie eine andere Religion förderte. Propheten des Gottes Israels ließ sie verfolgen und umbringen.

Sieg trotz Rebellion ⇢ Umso überraschender ist der militärische Sieg Ahabs über seinen Feind, den der Gott Israels trotz allem ermöglicht hatte. Aufgrund politischer Gedankenspiele ließ Ahab seinen Feind entgegen dem Willen Gottes am Leben. Das sollte sich später rächen. Gott machte Ahab durch eine prophetische Zeichenhandlung klar, dass er falsch gehandelt hatte. Er hatte eine Chance verpasst, sich Gott zuzuwenden. Alle Begeisterung über den unglaublichen militärischen Sieg war verflogen. Ahab *„zog heim, voller Unmut und Zorn"*.

Blick in den Spiegel ⇢ Nun ist es in unserem Leben sicher schon vorgekommen, dass wir wider besseres Wissen gehandelt haben. Ich vermute, das passiert nicht nur mir. Als Christ durfte ich schon sehr viel von Jesus lernen. Deshalb möchte ich immer ein Lernender bleiben. Natürlich sind die Lebenssituationen schmerzhaft, in denen man scheitert. Es schmerzt doppelt, wenn der Spiegel, in dem man sich plötzlich siehst, von einer nahestehenden Person gehalten wird. In unserer Geschichte heute wird König Ahab der Spiegel von einem Propheten vorgehalten. Seine Reaktion war, wütend und zornig nach Hause zu gehen.

Ich möchte heute Mut machen, sich nicht vor dem Blick in den Spiegel zu fürchten. Lassen wir keine Wut, auch nicht negative Gefühle oder Hass auf den zu, der den Spiegel hält. In unsere Zeit übertragen, hält heute jemand den Spiegel, der uns bedingungslos liebt – Jesus Christus. Ja, er wird bei jedem Menschen, wo notwendig, den Finger in die Wunde legen. Seine Absicht ist jedoch nicht, uns Schmerz zuzufügen, sondern Heilung an Geist, Seele und Körper zu schenken. So lernen wir die Abwesenheit von Wut, negativen Gefühlen und Hass kennen. Das macht hoffnungsvoll.

Reinhard Oesterling

Da kam Ahab heim voller Unmut und Zorn um des Wortes willen, das Nabot, der Jesreeliter, zu ihm gesagt hatte: Ich will dir meiner Väter Erbe nicht geben.

1. Könige 21,4

Bibellese: 1. Könige 21,1-16

In diesem Bibelabschnitt stehen König Ahab, seine heidnische Ehefrau Isebel und Nabot, ihr Nachbar, im Mittelpunkt. Das Ereignis um den Weinberg des Nabot zeigt ein weiteres Mal den schlechten Charakter von Ahab und Isebel auf. Das Urteil über die zweiundzwanzigjährige Regierungszeit Ahabs ist deshalb äußerst negativ.

Ein harmloser Anfang ⇢ Nabot und Ahab waren Nachbarn und besaßen angrenzende Landstücke. Der König wollte seine Residenz erweitern und dafür den benachbarten Weinberg von Nabot kaufen. Das Angebot, das Ahab Nabot machte, war durchaus gut, aber dieser lehnte ab. Die Reaktion des Königs war sehr kindisch. Er legte sich ins Bett und aß kein Brot. Er konnte Widerspruch und Grenzen seiner Macht nicht ertragen, obwohl er wusste, dass sein Nachbar im Recht war.

Machtmissbrauch ⇢ Im Gegensatz zum König hatte Isebel keine Hemmungen. Für sie war dieser Nabot ein Spielverderber, den es zu beseitigen galt, und dies ohne Skrupel. Ihre Aussage: *„Du bist doch der König über Israel“* (Vers 7), bedeutete für sie, dass Ahab als König absolute Macht hatte. So schmiedete sie einen Plan, um ihren Nachbarn zu vernichten, was ihr auch gelang. Die Ältesten und die Oberen halfen mit, diesen Plan umzusetzen. Sie waren Mitläufer, nur so war der Missbrauch der Macht durch den König und die Königin möglich. Auf diese Weise kam Nabots Weinberg in den Besitz der königlichen Familie, indem der König und seine Helfer gegen eine Vielzahl von Gottes Geboten verstießen. Für Ahab und Isebel waren sie selbst und die eigenen Interessen wichtiger. Darum ließen sie lügen, töten und stahlen letztlich Nabots Weinberg, der eigentlich dessen Nachkommen zustand.

Für Werte einstehen ⇢ Was können wir in diesem Abschnitt von Nabot lernen? Warum hatte er den Weinberg nicht einfach gegen gutes Geld an den König verkauft? Er wusste doch um die Macht Isebels, die heidnisch lebte und nicht nach dem Gott Israels fragte. Wir lesen, dass er gottesfürchtig war und es ablehnte, sein väterliches Erbe zu verkaufen. Er war gehorsam gegenüber dem mosaischen Gesetz. Nabots Verhalten verstehe ich als Vorbild, für unseren Glauben und unsere Werte einzustehen sowie sie zu leben, auch wenn es einen Preis kostet. Dazu möchte ich uns ermutigen.

Thomas Dörflinger

22
Sonntag

Weil er sich nun vor mir gedemütigt hat, will ich das Unheil nicht kommen lassen zu seinen Lebzeiten, aber zu seines Sohnes Lebzeiten.

1. Könige 21,29

JUNI

Bibellese: 1. Könige 21,17-29

Wer überbringt schon gerne schlechte Nachrichten? Niemand. Das ist unangenehm, denn man weiß nicht, wie die Person reagieren wird. Der Prophet Elia hatte von Gott eine sehr schlechte Nachricht an König Ahab zu überbringen. Tod und Schrecken sollten über dessen ganze Familie kommen. Der König hatte schwere Schuld auf sich geladen, gemordet, geraubt und andere Götter angebetet. Gott hatte sein Urteil über ihn und seine Frau gefällt. Bis ins Detail spricht der Prophet Elia die schrecklichen Dinge aus, die passieren werden. Ahab ist erschüttert, zerreißt seinen Königsmantel und zieht ein Bußgewand an, das er nicht einmal nachts auszieht, und beginnt zu fasten. Gottes Herz ist bewegt durch die Umkehr und Reue von Ahab.

Wenn Gott sein Gerichtsurteil ändert ⇢ In dieser Geschichte offenbart sich Gottes Vaterherz. Tiefe Reue, echte Herzensumkehr von uns Menschen können völlig aussichtslose Situationen verändern und eine neue Lebensperspektive geben. Was für eine Ermutigung, ein Leben zu führen mit der Herzenshaltung, unsere Fehler und Sünde nicht zu rechtfertigen, sondern uns vielmehr vor Gott zu beugen und unsere Schuld zu bekennen. Wie sehr Gott an einem demütigen Herzen interessiert ist, wird nach der Umkehr Ahabs deutlich.

Wie gnädig ist doch Gott! ⇢ Interessant ist auch, wie sich Gott nun ein zweites Mal mit einer Frage an den Propheten Elia wendet: „*Hast du nicht gesehen, wie sich Ahab vor mir gedemütigt hat?*" (Vers 29). Nicht immer nehmen wir Menschen wahr, was im Herzen von anderen passiert. Manchmal fällt es auch uns Gläubigen leichter, an der Verurteilung festzuhalten, anstatt jemandem eine zweite Chance zu geben. In unserem ganzen Tun und Verhalten zementieren wir das Versagen und die Schuld des anderen. Auch der Apostel Petrus greift diesen Gedanken der Geduld Gottes mit uns Menschen im 2. Petrusbrief mit folgenden Worten auf: „*Sondern er [Gott] hat Geduld mit euch und will nicht, dass jemand verloren werde, sondern dass jedermann zur Buße finde*" (2. Petrus 3,9). Wie sehr sehnt sich Gott danach, seine verlorenen Kinder zu sich zu ziehen! Lassen wir uns von seinem Herzen inspirieren, speziell wieder für die Menschen in unserem Umfeld zu glauben und zu beten, die „gefühlt" so weit weg von ihm sind. Er kann das Unmögliche möglich machen.

Michael Knospe

Micha sprach: So wahr der HERR lebt: Ich will reden, was der HERR mir sagen wird.

1. Könige 22,14

23
Montag

JUNI

Bibellese: 1. Könige 22,1-28

Einer der übelsten Könige Israels, von denen die Bibel berichtet, war König Ahab. Er herrschte über das Nordreich mit der Hauptstadt Samaria. Im Südreich, mit Jerusalem als Hauptstadt, war Joschafat König. Als Joschafat Ahab besucht, besprechen sie einen möglichen gemeinsamen Feldzug gegen Ramot in Gilead. Dabei besteht Joschafat darauf, dass zuerst Gott durch die Propheten befragt werden soll, bevor sie diesen Krieg anzetteln.

Wer sagt die Wahrheit? ⇢ Ahab hatte sicherheitshalber gleich 400 Propheten unter Vertrag, die ihm sagen sollten, wo es langgeht. Aber hier erfahren wir, dass Propheten nicht immer das sind, was sie sein sollten, denn am Ende stellt sich heraus, dass sie alle „falsche Fünfziger" waren. Joschafat war irgendwie nicht wirklich überzeugt. Und obwohl Ahab nicht begeistert ist, lässt er schließlich Micha rufen, der als aufrichtiger Mann und Prophet Gottes gilt. Der hatte beschlossen, niemals etwas anderes zu sagen als das, was Gott ihm zeigt und eingibt. Er ist gegen alle anderen Einflüsse immun und gibt nur das weiter, was er von Gott als Schau bekommen hat. Die Geschichte gibt Micha am Ende im Ergebnis recht und bestätigt ihn als wahren Propheten Gottes.

Bei der Betrachtung dieser Geschichte drängt sich mir der Vergleich mit der Gegenwart auf. In der heutigen Zeit ist für viele nicht mehr Gott mit seinen Aussagen über das Leben und die Zukunft maßgebend, sondern beispielsweise die Naturwissenschaft. Auch hier gibt es äußerst unterschiedliche Propheten. Wie viele Voraussagen so mancher Wissenschaftler haben sich im Nachhinein als falsch erwiesen? Aber auch in unseren christlichen Kreisen sind Leute unterwegs, die uns mit angeblich göttlichen Aussagen auf falsche Wege führen können.

Als Menschen, die Jesus als persönlichen Retter und Chef im Leben angenommen haben, sind wir gut beraten, wenn wir uns nicht verunsichern lassen. Hören wir vor allem auf Jesus, unseren Propheten, und seine Aussagen! Er hat uns beizeiten ermahnt, auf der Hut zu sein und auf ihn zu hören: *„Meine Schafe hören meine Stimme, und ich kenne sie und sie folgen mir"* (Johannes 10,27). Auf welche Stimme(n) hören wir? Ich will jedenfalls täglich auf die Stimme von Jesus hören.

Herbert Banholzer

24
Dienstag

Und der König von Israel sprach zu Joschafat: Ich will mich verkleiden und in den Kampf ziehen, du aber behalte deine königlichen Kleider an.

1. Könige 22,30

JUNI

Bibellese: 1. Könige 22,29-40

„Gute Bewertungen bringen gute Umsätze" – so einfach lautet ein Grundsatz im eCommerce. Bevor es zu Käufen oder Besuchen in Geschäften oder Praxen kommt, lesen sich potenzielle Kunden vor allem die Rezensionen anderer Nutzer durch. Erhalten Produkte positive Bewertungen, werden sie eher gekauft. Doch nicht immer fallen diese Beurteilungen positiv aus. Entsprechend wirkt sich das auf das Google Ranking aus.

Welche Bewertung ist für uns ausschlaggebend? ⇢ Wenn wir das Leben von König Ahab anschauen, gibt es zwar kein Google Ranking, aber die Bibel positioniert sich unmissverständlich. Ahab *„tat, was dem HERRN missfiel, mehr als alle, die vor ihm gewesen waren"* (1. Könige 16,30). Miserabler kann die Bewertung eines Lebens wohl nicht ausfallen! Die Frage ist, ob Gottes Ansagen bei Ahab zu einer nachhaltigen Veränderung in dessen Leben führten oder nicht. In Kapitel 21 wird uns berichtet, dass sich Ahab vor Gott demütigte, was ein guter Anfang war. Gott lenkte auch ein. Doch an Ahabs späterem Verhalten sieht man, dass die Veränderung nicht tiefgreifend genug war.

Täuschung bringt nichts ⇢ In unserem heutigen Text wird Ahabs tragisches Ende beschrieben. Er probierte noch einen letzten Trick, der ihm allerdings nichts nützte. Er wollte sich offensichtlich Gottes Ankündigung entziehen, indem er sich verkleidete. Zudem war er feige, denn dadurch, dass er Joschafat königliche Kleidung tragen ließ, lenkte er das Augenmerk der Feinde bewusst von sich weg auf ihn. Geradezu ironisch erscheint es dann, dass Ahab von einem Pfeil getroffen wird, der anscheinend einfach in die Menge geschossen wurde. Seine Verkleidung hatte überhaupt nichts genützt.

Aber Ahab ist nicht sofort tot. Nutzte er diese Zeit, um nun das eigene Leben zu überdenken? Nein! Er verlor immer mehr Blut und starb. Das Wort des Herrn erfüllte sich präzise: Die Hunde leckten sein Blut (siehe 1. Könige 21,19). Auch wenn Ahab so reich gewesen war, dass er sich ein Elfenbeinhaus und viele Städte bauen konnte, was sicher von vielen sehr positiv bewertet wurde, hatte er letztendlich in seinem Leben auf falsche Bewertungen gesetzt. Es wäre besser gewesen, wenn er auf Gott gehört und dessen Willen getan hätte, denn Gott meinte es gut mit ihm.

Gott meint es auch mit uns gut – seine Stimme ist wirklich ausschlaggebend!

Sven Brenner

Und er wandelte in allen Wegen seines Vaters Asa und wich nicht davon ab und tat, was dem HERRN wohlgefiel. Doch entfernte er nicht die Höhen.

1. Könige 22,43.44

Bibellese: 1. Könige 22,41-54

Charakter ist das Fundament, Überzeugung der Antrieb. Joschafat war der vierte König von Juda. Er folgte dem Vorbild seines Vaters, indem er den Götzendienst bekämpfte. Vollständig abgeschafft hat er ihn allerdings nicht. Joschafat hatte einen guten Start, aber sein Eifer ließ nach und die Götzenanbetung kehrte zurück. Joschafat gilt immer noch als guter und gottesfürchtiger König, aber seine Regierungszeit endete nicht gut.

Charakter ohne Überzeugung ⇢ Man kann ein Mensch sein, der Gott wirklich liebt und aufrichtig danach strebt, dass allein er verherrlicht wird. Es ist auch möglich, ein Mensch von Charakter zu sein. Fügt man dem Charakter jedoch keine Überzeugung hinzu, wird er nicht lange anhalten.

Überzeugung treibt uns an ⇢ Überzeugung ist das, was uns antreibt, das Richtige zu tun, auch wenn es schwierig ist. Es ist das, was uns dazu bringt, für das einzustehen, woran wir glauben, auch wenn es unpopulär ist. Überzeugung gibt uns die Kraft, unseren Glauben zu leben und unsere Werte in die Tat umzusetzen. Ein Mensch von Charakter, aber ohne Überzeugung ist wie ein Haus ohne Fundament. Es mag für eine Weile stehen bleiben, wenn jedoch die Stürme des Lebens kommen, wird es zusammenbrechen. Ein Mensch von Charakter und *mit* Überzeugung hingegen ist wie ein Haus auf einem festen Fundament. Er mag geprüft werden, aber er wird standhaft bleiben.

Wie können wir also Überzeugung zu unserem Charakter hinzufügen? Indem wir uns täglich mit Gottes Wort beschäftigen und beten. Indem wir uns mit anderen Gläubigen umgeben und uns gegenseitig ermutigen. Indem wir uns bewusst dafür entscheiden, das Richtige zu tun, auch wenn es schwierig ist.

Seien wir also Menschen von Charakter *und* Überzeugung. Lieben wir Gott von ganzem Herzen und streben wir danach, dass allein er verherrlicht wird. Leben wir unseren Glauben mutig und standhaft, so werden wir ein Leben führen, das wirklich zählt. Erinnern wir uns immer daran, dass wir nicht alleine sind. Gott ist stets bei dir und und mir. Er gibt uns die Kraft, die wir brauchen, um standhaft zu bleiben. Auch wenn der Weg manchmal steinig ist, Gott will uns helfen, mit Charakter und Überzeugung unser Ziel zu erreichen.

Jürgen Justus

Petrus aber sprach: Silber und Gold habe ich nicht; was ich aber habe, das gebe ich dir: Im Namen Jesu Christi von Nazareth steh auf und geh umher!

Apostelgeschichte 3,6

Bibellese: Apostelgeschichte 3,1-11

Diese Geschichte fängt an mit einem Mann, der gelähmt war. Wir wissen nicht, wie alt er war, aber eines ist klar: Er war gelähmt vom Mutterleibe an. Das bedeutet, dass er abhängig war von Menschen, die ihn jeden Tag herbeitrugen, damit er im Tempel betteln konnte. In unserer heutigen Zeit sind viele Menschen ebenfalls gelähmt, doch nur nicht physisch, sondern auch auf mentale, soziale oder gar geistliche Art. Sie sind nicht fähig, alleine auf den Beinen zu stehen, ständig brauchen sie Menschen um sich herum. Sie erwarten, dass der Staat oder ihre Partner oder Familien ihre Aufgaben für sie machen, anstatt das tun zu können, wofür Gott sie berufen hat.

Ein trauriges Bild ⇢ Der gelähmte Mann verbrachte viel Zeit in Gottes Haus. Er war nicht in der Lage, es allein zu schaffen und zurechtzukommen. Dann kamen Petrus und Johannes um 3 Uhr am Nachmittag zur Gebetsstunde – und das Schicksal dieses gelähmten Mannes veränderte sich schlagartig. Der Bettler sah sie an mit der Hoffnung, Geld von ihnen zu bekommen. Das ist auch, was nicht wenige „Gelähmte" denken: dass Geld ihr Problem lösen könnte. „Wenn ich nur mehr Geld verdienen würde oder mehr Geld hätte, dann …"

Im Namen Jesu ⇢ Es gibt jedoch etwas, was man mit Geld nicht kaufen kann. Hier sind zwei Diener Gottes, die dem Gelähmten aus ihrer Verbindung mit Gott das geben, was er wirklich braucht. Gott ist nicht daran interessiert, unser Gelähmtsein im Takt zu halten, er möchte es durch Jesus Christus von Nazareth verändern! Namen haben in der Bibel bekanntlich eine Bedeutung. Sie sagen etwas über den Charakter einer Person aus. Namen werden auch assoziiert mit Kraft. So lesen wir, als Petrus und Johannes im Verhör befragt wurden: *„Aus welcher Kraft oder in welchem Namen habt ihr das getan?"* (Apostelgeschichte 4,7).

Sicherlich glauben viele Christen an die Wirksamkeit und Kraft des Namens Jesu. Die Frage ist, ob sie auch wirklich verbunden sind mit der Person, die Jesus Christus aus Nazareth heißt. Nur in der Verbindung mit ihm fließt die Kraft, die sich in seinem Namen verbirgt, durch Männer und Frauen, die mit ihm verbunden sind. Lasst uns wie Petrus und Johannes sein, damit wir Menschen um uns herum, die unseren Herrn Jesus Christus brauchen, dienen können!

Philip Ngoei

Tut nun Buße und bekehrt euch, dass eure Sünden getilgt werden, auf dass Zeiten der Erquickung kommen von dem Angesicht des Herrn.

Apostelgeschichte 3,19.20

Bibellese: Apostelgeschichte 3,12-26

Buße tut so gut? An einem Samstagsabend geboren und am Sonntagmorgen schon im Gottesdienst, habe ich das Wort Gottes wie die Muttermilch „inhaliert". Darunter waren auch unzählige Predigten über Buße. Und irgendwie, warum auch immer, waren da ebenfalls häufig Beklemmung und eine gewisse Schwere. Ich kann hier nicht wörtlich wiedergeben, was der TV-Pfarrer Jürgen Fliege einmal sagte. Aber nach einer halben Stunde in einem evangelikalen Gottesdienst verließ er diesen oft deprimierter, als er gekommen war, und fühlte sich meist grundlos schuldig.

Nach dem Abitur gönnte ich mir mit einem Freund eine Reise nach Portugal. Dabei besuchten wir Born Jesus, einen bekannten Wallfahrtsort bei Braga. Besucher rutschen dort die 600 Treppen auf den Knien hoch. „Darum will ich mit deinem Glauben nichts zu tun haben", sagte mein Freund. Unser heutiger Text und Kontext ist auch sehr schuldbeladen. Petrus spricht seine Landsleute schuldig, Barnabas, den Verbrecher gewählt und den Sohn Gottes getötet zu haben, auch wenn es aus Unwissenheit geschah. Aber inmitten von alledem kommt er zu dem, was Reue und Umkehr immer zur Folge haben soll: *„Zeiten der Erquickung"*. Das Wort „Erquickung" bedeutete so viel wie Atemholen, Aufatmen.

Deshalb tut Buße so gut ⇢ Weil die Zeit einer bewussten oder unbewussten Schwere in unserer Seele vorbei ist. Stattdessen können wir wieder durchatmen – himmlische Luft durchströmt unsere Seele und unseren Körper. Meine Frau und ich erlebten im Sommer 2022 eine Situation, die uns buchstäblich den Boden unter den Füßen wegzog. Obwohl wir es zuerst nicht wahrhaben wollten, war der einzige Schlüssel, zu vergeben und selbst um Vergebung zu bitten. Aber da war dieses Aufwiegen: „Warum müssen denn wir um Vergebung bitten? Die anderen wurden doch an uns schuldig!" Trotzdem blieb der Heilige Geist hartnäckig: „Auch ihr sollt um Vergebung bitten!" (Kleiner Tipp: Die Ratschläge des Heiligen Geistes immer befolgen.) Als wir das taten, war die Zeit des Kampfes vorbei und Erfrischung kam. Ich merke so etwas ganz konkret an der Qualität meines Schlafes. Ich konnte wieder durchatmen, auch wenn meine Frau meinte, dass ich etwas dabei geschnarcht hätte.

Übrigens, mein Freund fand Jahre später zu Gott und ich durfte seine Trauung durchführen.

Micha Siebeneich

28
Samstag

Und in keinem andern ist das Heil, auch ist kein andrer Name unter dem Himmel den Menschen gegeben, durch den wir sollen selig werden.

Apostelgeschichte 4,12

JUNI

Bibellese: Apostelgeschichte 4,1-12

„Alle Wege – oder viele Wege – führen nach Rom." Wer hat diesen Satz noch nicht gehört? Dieses beliebte Sprichwort suggeriert, dass es immer mehrere Wege oder Möglichkeiten gibt, ein Ziel zu erreichen. Das klingt gut, aber die Realität holt uns schnell ein. Wenn man in seinem Navigationssystem beim Eingeben des Zielortes nicht auf die Postleitzahl achtet, kommt man vermutlich nicht dort an, wo man hin will. Es gibt z.B. allein in Deutschland sieben Orte mit dem Namen Schönberg, wobei die beiden entferntesten 950 km auseinanderliegen.

Der richtige Weg ⇢ Der richtige Weg ist wichtig, um ans Ziel zu kommen. Gott, der Schöpfer aller Dinge, hat uns einen Namen gegeben, in dem wir Vergebung der Sünde, Freisetzung von Lasten und ihn selbst als Vater empfangen können. Dieser Name ist Jesus Christus, der Sohn Gottes. Jesus selbst bekräftigt dies, als er sagt: *„Ich bin der Weg und die Wahrheit und das Leben; niemand kommt zum Vater denn durch mich*" (Johannes 14,6).

Die Tatsache ⇢ Das Wissen, dass Jesus der einzige Weg zu Gott ist, fordert uns heraus. Zum einen, weil es andere Wege zu Gott und andere Namen zum Heil ausschließt. Hier sind wir ganz persönlich gefordert, für unseren Glauben an die Wahrhaftigkeit der Bibel einzustehen. Oft habe ich diese oder ähnliche Worte gehört: „Gott ist doch Liebe! Glaubst du wirklich, dass er dann nur einen Weg in den Himmel geschaffen hat? Glaubst du nicht, dass jeder, der versucht, sein Leben als guter Mensch zu leben und an eine höhere Macht glaubt, in den Himmel kommt? Was ist mit den anderen Religionen, sollte der liebende Gott die wirklich alle ausschließen?" Ich würde gerne eine andere Antwort geben. Aber es gibt nur *einen Namen*, nur *einen Weg*: Jesus Christus.

Zum anderen fordert es uns heraus, gerade weil Jesus der einzige Name, der einzige Weg zum Heil ist. Jeder um uns herum, der Jesus nicht als persönlichen Erlöser kennenlernt, ist verloren. Jeder, dem du und ich von Jesus erzählen, hat die Möglichkeit, ihn als Erlöser kennenzulernen. Ist uns bewusst, dass ein Mensch von Jesus hören muss, um sich für ihn entscheiden zu können? Der Herr gebe uns den Mut, die Gelegenheit und die Worte, um allen um uns herum von Jesus zu erzählen. Möge er dafür sorgen, dass unsere Worte auf den richtigen Boden fallen und Frucht bringen.

Eugen Crisan

Sie sahen aber den Freimut des Petrus und Johannes und wunderten sich; denn sie merkten, dass sie ungelehrte und einfache Leute waren.

Apostelgeschichte 4,13

Bibellese: Apostelgeschichte 4,13-22

Versager Petrus – derjenige, der vor Kurzem Jesus verraten hatte. So könnte der Titel lauten, nach der Verleugnung seines Meisters Jesus. Doch was sehen wir in dieser Geschichte? Petrus, der gemeinsam mit Johannes einen Mann heilt und somit zum Ärgernis der jüdischen geistlichen Elite wird, tritt voller Mut auf. Wir sehen einen völlig anderen Petrus, der mutig die frohe Botschaft teilt und sich nicht einschüchtern lässt.

Veränderung ⇢ Dieser Begebenheit ging die Erfüllung durch den Heiligen Geist an Pfingsten voraus. Das veränderte das Verhalten aller Jünger maßgeblich. Fortan zieht Gottes Freimut in die Herzen ein! Aus den geknickten Jüngern sind mutige Nachfolger geworden, was der Hohe Rat voller Erstaunen bemerkt. Trotz der Tatsache, dass ihnen Negatives droht, wenn sie weiterhin in Jesu Namen lehren würden, können sie nicht anderes, als Gott mehr zu gehorchen als den Menschen. Sie vertrauen mehr auf die Kraft Gottes, die sie gerade erst erlebt haben, als dass ihnen Einschüchterungen wichtig sind.

Er rüstet uns aus ⇢ Auch wir sind möglicherweise nicht die gebildetsten, mutigsten Personen, wenn wir von unserer menschlichen Natur ausgehen. Doch sehen wir, wie Gott seine Nachfolger befähigt und es nicht an unseren Fähigkeiten liegt. Auch die Vergangenheit unseres Versagens dürfen wir hinter uns lassen, damit sie nicht unsere Gegenwart bestimmt. Vielmehr wissen wir, dass mit der Ausgießung des Heiligen Geistes ein neues Zeitalter angebrochen ist. Unser Fürsprecher tritt in schwierigen Situationen für uns ein, insbesondere dann, wenn wir menschlich gesehen an unsere Grenzen kommen. Er rüstet uns mit Kraft und Mut aus.

Heute an diesem Tag dürfen wir wissen, dass diese Kraft dieselbe ist wie zu den Zeiten der Apostel. Wir müssen uns nicht fürchten, sondern dürfen in jeder Situation wissen, dass der Heilige Geist durch uns wirken möchte. Wir dürfen gewiss sein, dass Gott jedem von uns eine zweite oder dritte Chance und noch viele mehr geben möchte – wie dem Versager Petrus. Denn es kommt nicht auf unsere menschliche Stärke an, sondern auf Gottes Wirken. Er will uns wieder neu gebrauchen!

Manuel Dongus

30
Montag

JUNI

Und nun, Herr, sieh an ihr Drohen und gib deinen Knechten, mit allem Freimut zu reden dein Wort.

Apostelgeschichte 4,29

Bibellese: Apostelgeschichte 4,23-31

Die Redefreiheit ist bekanntlich ein hohes Gut. Niemand muss die staatliche Autorität um Erlaubnis bitten, bevor er zu Menschen redet oder im Internet Stellung zu einem Thema bezieht. Diese Freiheit, zu predigen, nahmen sich zwei führende Apostel besonders zu Herzen. Die Folge war, dass in der frühen Phase der Urgemeinde bereits 5000 Männer zur Gemeinde gezählt wurden. Diese erweckliche Dynamik missfiel der religiösen Elite Jerusalems natürlich, sodass der Rat der Oberen nur ein Mittel sah, wie diese Bewegung Gottes aufgehalten werden kann: Sie wollten den Aposteln verbieten, zu predigen. Dabei wollten die Schriftgelehrten sie nicht einfach mundtot machen. Sie wollten ihnen verbieten, in *Jesu* Namen zu reden. Kein Name ist mächtiger als der Name Jesu!

Der Heilige Geist schenkt Freimütigkeit ⇢ Wir erleben das „Drohen" der Feinde Gottes in unserem Leben ganz unterschiedlich. Das Ziel des Widerstands ist aber immer gleich: Wir sollen durch Entmutigung und Menschenfurcht zum Schweigen gebracht werden. Erst neulich sah ich einen Mann mittleren Alters von Ferne auf einer geraden Strecke auf mich zulaufen. Ich war gerade im Gespräch mit Gott und nahm einen deutlichen Impuls wahr, diesem Mann das Evangelium zu erzählen. Sofort kamen mir Zweifel: „Was wird er von mir denken? Ist das nicht albern?"

Nun stand ich vor der Wahl, ob ich dem göttlichen Impuls oder meinen eigenen Gefühlen der Unzulänglichkeit folge. Schließlich hatte ich nur ein paar Momente Zeit, um eine Entscheidung zu treffen. Ich bin so dankbar, dass der Heilige Geist Freimütigkeit schenkt! *Kühnheit* oder *Unerschrockenheit,* das Evangelium zu predigen, ist mehr als eine Charaktereigenschaft. Sie ist eine direkte Auswirkung der Taufe mit dem Heiligen Geist. Die Erfüllung mit dem Heiligen Geist hat das Ziel, dass wir befähigt werden, ein Zeuge Jesu zu sein. Wie herrlich!

In seiner Kraft ⇢ Dieser Heilige Geist wirkt so mächtig in uns, dass wir lernen, manchmal auch gegen den Strom zu schwimmen. Schlussendlich durfte ich für diesen Mann beten und ihn zu einer lebendigen Beziehung mit Jesus Christus einladen. Von der Reaktion der Jünger können wir alle lernen. Widerstände müssen uns nicht länger einschüchtern. Sie können uns sogar beflügeln, weil wir zur Erkenntnis gelangen, dass die Kraft Gottes größer ist.

Benjamin Siegel

Es war auch keiner unter ihnen, der Mangel hatte; denn wer von ihnen Land oder Häuser hatte, verkaufte sie und brachte das Geld für das Verkaufte.

Apostelgeschichte 4,34

Bibellese: Apostelgeschichte 4,32-37

Damit kein Mangel bestand, übergaben die Reichen ihre Güter direkt den Aposteln, die als Vermittler eingesetzt wurden. Damit vermied der Heilige Geist von vornherein, dass in ihren Herzen Züge einer gönnerhaften Großzügigkeit gepaart mit frommem Stolz Einzug nahmen. So stärkte er die Reichen, ein uneigennütziges und liebendes Geberherz zu bewahren. Gleichzeitig zeigt er hier sein wunderbares Feingefühl gegenüber den Herzen der Bedürftigen. So manch einem Menschen fällt es in der Not schwer, Hilfe anzunehmen. Niemand musste sich bloßgestellt fühlen. Und zuletzt wurde das Amt der Apostel und auch das Vertrauen der Gemeinde zu ihnen gestärkt. Es zeigt einmal mehr, wie vielschichtig Gott Segen freisetzt, der jedem Beteiligten – in den unterschiedlichen Positionen – dient.

„Beim Geld hört die Freundschaft auf" ⇢ Nicht bei Gott und seinen Kindern! Not umgibt uns überall, auch in unseren Gemeinden. Der gilt es, zu begegnen. *„So lasst uns nun, wo wir Gelegenheit haben, an allen Gutes tun, besonders aber an den Hausgenossen des Glaubens"* (Galater 6,10 SCH). Gott wünscht sich praktische Nächstenliebe auch von uns. Jeder von uns hat in seinem Leben die Großzügigkeit Gottes in vielerlei Weise genießen dürfen. Ist es nicht ein wunderschöner Gedanke, dass wir seine empfangene Großzügigkeit in Großzügigkeit gegenüber anderen widerspiegeln können? Und dabei ist es gar nicht wichtig, dass der andere die Quelle seiner Hilfe unbedingt kennen muss.

Er hilft uns ⇢ Gott weiß, dass es uns oft nicht so leicht fällt, über unsere Komfortzone hinaus Freigiebigkeit zu praktizieren. Besonders dann, wenn das Konto nicht üppig gefüllt ist. Legt der Heilige Geist uns aber einen bedürftigen Menschen aufs Herz, so hilft er uns auch: *„Die Liebe Gottes ist ausgegossen in unsre Herzen durch den Heiligen Geist"* (Römer 5,5). Er ist es, der uns noch tiefere Liebe ins Herz legen möchte zum Dienst für andere. Er wird uns nicht das Wollen und Vollbringen mit knirschenden Zähnen schenken, sondern eines mit Dankbarkeit und Freude.

Ich wünsche uns, dass wir wie Josef auch den Beinamen Barnabas erhalten und zu Ermutigern durch Wort und Tat werden. Vielleicht ist es ja heute unser Gebetsanliegen: „Herr, wen möchtest du heute durch meine Worte und Taten segnen?"

Amy Tumat

2
Mittwoch

Als Hananias diese Worte hörte, fiel er zu Boden und gab den Geist auf. Und es kam eine große Furcht über alle, die dies hörten.

Apostelgeschichte 5,5

JULI

Bibellese: Apostelgeschichte 5,1-16

Erziehung: Im Alter von drei Jahren versuchte unser jüngster Sohn oftmals, uns als Eltern zu widersprechen und die Limits zu testen. Unsere Liebe zu ihm bringt uns dazu, ihn zu erziehen und ihm aufzuzeigen, was richtig und was falsch ist. Würden wir dies nicht tun, würde er weder Grenzen noch die Ernsthaftigkeit unserer Liebe für ihn verstehen. Lügen, Ungehorsam, Rebellion muss man einem Menschen nicht beibringen. Unsere Aufgabe ist es, unsere Kinder zu erziehen, damit sie gottesfürchtig werden und verstehen, dass Ungehorsam und Sünde immer Konsequenzen und einen Preis haben. Warum wollen wir das unseren Kindern beibringen? Weil wir sie lieben!

Unsere sündhafte Natur steht in ständiger Rebellion gegen Gott ⇢ Die Geschichte, die wir in der heutigen Bibellese vorfinden, bezieht sich auf die Gläubigen der Gemeinde und die Ernsthaftigkeit der Gottesfurcht. Manchmal vergessen wir in unserer westlichen Welt, dass Sünde und Ungehorsam Konsequenzen haben. Wir leben in einer Gnaden- und Liebestheologie, die ja auch völlig gerechtfertigt und wahr ist. Wir sollten uns jedoch davor hüten, dass der Teufel das Übermaß an Gnade und Liebe dazu benutzt, uns zu verführen, indem er versucht, uns durch Gleichgültigkeit, Kompromisse, Heuchelei und religiöses Handeln von der Ernsthaftigkeit und Heiligkeit Gottes wegzuführen. Hananias hörte die Worte, die Petrus zu ihm sagte. Man könnte auch sagen: Hananias hörte die Wahrheit, die er vorher im Herzen durch den Heiligen Geist gespürt hatte, und wusste, dass er bewusst dem Geist Gottes widerstanden hatte.

Gottes Ruf ernst nehmen ⇢ Der berühmte Geigenbauer Stradivari sagte einmal: „Ich würde Gott berauben, wenn ich mit nachlässiger Hand arbeiten wollte.“ Ich bin völlig davon überzeugt, dass Gott ein Gott der Gnade und Liebe ist, und genau aus diesem Grund sollten wir sein Reden, seine Versprechen und seine Gaben ernster nehmen als alles andere in dieser Welt. Meine Worte und mein Wirken sollen für meine Mitmenschen ein Bild von der Herrlichkeit Gottes malen. Lassen wir es nicht zu, dass dieses schöne Bild durch Heuchelei, Angst oder durch Religiosität (Handeln ohne Glauben und Liebe) verunstaltet wird. Deshalb ermutige ich uns, Gottes Reden in unserem Alltag ernst zu nehmen. Haben wir den Mut, es auch umzusetzen. Es lohnt sich!

Lukas Reichör

Petrus aber und die Apostel antworteten und sprachen: Man muss Gott mehr gehorchen als den Menschen.

Apostelgeschichte 5,29

Bibellese: *Apostelgeschichte 5,17-33*

Anklage, Bedrohung, Einschüchterung, Misshandlung – wer will das schon? Wir mögen Sicherheit, Bestätigung, Anerkennung, Wohlbefinden. Gerade dem Gefängnis entronnen, stehen die Jünger wieder vor dem Hohen Rat. Trotz eines strengen Verbots hatten sie im Namen Jesus gelehrt. Sie sehen in finstere Mienen von eifersüchtigen, zornigen Menschen, die bereit sind, alle Ärgernisse aus der Welt zu schaffen, notfalls mit Mord. Petrus und die Apostel machen klar: *„Man muss Gott mehr gehorchen als den Menschen.“* Sie trachten nach Gottes Reich und seiner Gerechtigkeit, erfüllen den Kernauftrag eines jeden Jüngers: die Verkündigung des Evangeliums.

Damals wie heute ist das nicht immer gerne gesehen. Es gibt Länder, wo die Verkündigung explizit verboten ist. Das Evangelium ist manchem ein Stein des Anstoßes, anderen ein Licht in der Finsternis, Gottes Kraft zur Errettung. Als Christen sind wir aufgefordert, den Obrigkeiten untertan zu sein, aber unser Vers macht es ganz klar: Steht ein menschliches Gebot dem Auftrag Jesu entgegen, so sind wir herausgefordert, den Willen Gottes umzusetzen und gegebenenfalls die Strafe dafür zu erleiden. Dies ist Teil der Leiden Christi, die wir in unserem Leib ergänzen. Als Jünger Jesu sollen wir nicht versuchen, Menschen zu gefallen, sondern Gott. Es gilt, seinen Auftrag umzusetzen, auch wenn es uns etwas kostet.

Sind wir bereit? ⇢ Viele Jahre habe ich in Ländern gelebt, wo das Evangelium unbeliebt ist, und kenne die damit verbundenen Opfer. In Deutschland braucht man für die Verkündigung des Evangeliums keine strafrechtliche Verfolgung zu befürchten. Doch auch die Ablehnung durch Menschen, indem man als Fanatiker abgestempelt wird, kann sehr herausfordernd sein. Schöner ist es doch, wenn man geliebt und geehrt wird. Aber nur die Ehre bei Gott ist von bleibendem Wert. Mit Christus in uns können wir uns des Trostes in Schwierigkeiten sicher sein. Wie Jesus dürfen wir über die Leiden hinaus auf den Lohn sehen.

Darum lasst uns mutig und weise das Evangelium verkündigen! Jeder Mensch soll die Gelegenheit haben, es zu hören. Wenn nötig, lasst uns den Preis dafür bezahlen, unser Kreuz auf uns nehmen und Gottes Lohn und Ehre empfangen. Die Jünger haben ihre Entscheidung getroffen. Die Frage geht nun an jeden von uns: „Wie wirst du dich entscheiden?“

Richard und Kitty Ingwer

4
Freitag

Steht aber Gott dahinter, könnt ihr ohnehin nichts dagegen unternehmen. Oder wollt ihr am Ende als Leute dastehen, die gegen Gott kämpfen? Das überzeugte alle.

Apostelgeschichte 5,39 (HFA)

Bibellese: Apostelgeschichte 5,34-42

Gamaliel, der ja bekanntlich Theologiedozent des Saulus von Tarsis gewesen war, spielt wieder einmal in der heutigen Bibellese eine wichtige Rolle. Wie sollte man mit diesen Jesusleuten umgehen? Gamaliel weiß Rat und führt zwei Beispiele an, mit denen er zur Umsicht mahnt: Theudas mit einer Anhängerschaft von 400 Leuten sowie den Aufstand durch Judas von Galiläa mit großer Gefolgschaft.

Unnötig oder zwecklos? ⇢ Sollten sich die Apostel mit ihrer Botschaft und Nachfolgern als ähnlicher Flop wie die Genannten herausstellen, sei ein Vorgehen gegen sie ohnehin unnötig. Es wären ja dann ebenfalls rein menschliche Initiativen, die sich automatisch in Luft auflösten, sollten sie dem Zahn der Zeit oder dem Druck von außen nicht standhalten. Sollten die Apostel jedoch göttliche Autorität haben und von ihm beauftragt sein, wäre jeglicher Widerstand seitens des jüdischen Hohen Rates zwecklos, da er ein Kampf gegen Gott selbst sein würde. Umsicht und Vorsicht waren also geboten.

Wenn sich das Blatt auch nicht völlig wendete, wurden die Apostel doch einstweilig mit einer Tracht Prügel sowie einem Verbot entlassen, ohne weiteres Vorgehen gegen sie. Ihre Reaktion: Freude über die Würdigung durch Gott, gedemütigt zu werden, dazu Fortsetzung ihrer unablässigen Verkündigung!

Jetzt erst recht! ⇢ Letztlich waren alle Aktionen gegen die Jesusleute tatsächlich sinnlos und entpuppten sich als Kampf gegen den Gott, dem der Hohe Rat doch zu dienen vorgab. Vielmehr spornte es die Jünger an, Jesus weiterhin bekannt zu machen. Ein Pastor in einer Stadt in Mali, in der wir viele Jahre als Bibelübersetzer arbeiteten, versuchte nach und nach, alle später entstandenen Gemeinden zu schließen bzw. in seine Gemeinde zu überführen. Auch uns machte er durch seine Ambitionen das Leben schwer. Wir stellten ihn zur Rede und bekamen als Antwort sinngemäß: „Wenn Gott mit den Gemeinden oder euch ist, dann kann ich nichts ausrichten, aber das hindert mich nicht am Versuch, meine Gemeinde als die einzige anzusehen." Wenig später verließ er Mali, wir konnten bleiben und die Übersetzung ungehindert fortsetzen. Uns hat die Situation angespornt, unser Vertrauen nicht auf Menschen, sondern auf den Herrn Jesus zu setzen. Er hat weit mehr Anhänger als alle Theudasse und Judasse jemals haben werden!

Matthias Liebrecht

In diesen Tagen aber, als die Zahl der Jünger zunahm, erhob sich ein Murren unter den griechischen Juden in der Gemeinde gegen die hebräischen.

Apostelgeschichte 6,1

Bibellese: Apostelgeschichte 6,1-7

Ins Wasser geworfen. Eine Mitarbeiterin in unserem Freiwilligenteam ist unmotiviert und launisch, ein Kollege geht auf Ideen grundsätzlich nicht ein. Ein Mitglied unserer Kleingruppe unterbricht andere und kann die Verletzlichkeit anderer nicht stehen lassen. Im Alltag ist es oft ein zwischenmenschliches Geschehen, das unsere ganze Aufmerksamkeit einfordert. So auch in der frühen Gemeinde in der heutigen Passage.

Die Gemeinde war unzufrieden. Vielleicht gab es Beschwerden: „Josef verteilt nicht gerecht! Bei Mirjam bekommen unsere Witwen Gemüse und nur die jüdischen Witwen Fleisch …" Die Gemüter waren erhitzt. Vermutlich kennen wir solche Situationen auch aus unserer Gemeinde oder Kleingruppe. Sie können wie ein See sein, in den uns Menschen mit verschiedenen Anschuldigungen hineinziehen und in dem wir innerlich untergehen können.

Wir aber … ⇢ Im heutigen Leitvers erkennen wir, was zu dieser Situation geführt hatte: Die Gemeinde war gewachsen. Wachstum ist für die Zwölf in dieser Geschichte der Anfang der Probleme und fordert sie zu einer Neuausrichtung auf. Wir lieben Wachstum – aber oft geht es Hand in Hand mit neuen Herausforderungen. Wir mögen uns zwar sträuben, doch es ist sicher: Veränderung wird nötig.

Wachstum birgt in sich immer eine Einladung zur Veränderung, zur Anpassung an die neuen Umstände unter der Leitung des Heiligen Geistes. Die zwölf Apostel mussten sich neu entscheiden, was ihre zentralen Aktivitäten waren. Die Gläubigen hatten ein Bedürfnis. Die Apostel als Leiter sollen sich des Problems persönlich annehmen, sich tief in den See hineinbegeben. Doch was tun die Zwölf? Sie lassen sich nicht in die kontinuierliche Bearbeitung der Situation hineinziehen, sondern schaffen Raum, damit andere in Verantwortung kommen und die Herausforderung mittragen können. Sie gehen voran, wissen aber, was in ihrem Leben trotz neuer Probleme Bestand haben soll: *„Wir aber wollen ganz beim Gebet und beim Dienst des Wortes bleiben"* (Vers 4).

In jeder Situation dürfen wir neu etablieren, was unser „Wir aber …" oder „ich aber …" ist. Was ist der Ruf Gottes in deinem und meinem Leben in dieser Lebensphase? Eines ganz gewiss: in Gott zu bleiben und aus der Gemeinschaft mit ihm heraus zu leben.

Ina Müller

Und alle, die im Hohen Rat saßen, blickten auf ihn und sahen sein Angesicht wie eines Engels Angesicht.

Apostelgeschichte 6,15

Bibellese: Apostelgeschichte 6,8-15

Eine Geschichte voller Leidenschaft und Fanatismus – bei der man nicht sagen kann, dass am Ende die Gerechtigkeit siegt, und in der von Fairness keine Rede ist. Auf der anderen Seite zeigt sich, was Redlichkeit und Charakterstärke bewirken können, wenn jemand am Bekenntnis festhält und die Reaktion in keiner Weise positiv ist.

Am Anfang schien noch alles gut, denn eigentlich wollte Stephanus nur Gutes tun und dem Ruf folgen, den Gott in sein Leben hineingelegt hatte. Gott selbst bestätigte dies durch sein allmächtiges Wirken. Nur leider sind nicht immer alle einig, selbst diejenigen, die es eigentlich besser wissen müssten und eine besiegelte Freiheit genießen. Das erinnert mich daran, wie Jesus sagte, dass jeder, der die Kraft des Heiligen Geistes empfängt, sein Zeuge sein wird. Aber auch daran, dass er seine Jünger *„wie Schafe mitten unter die Wölfe“* sendet (Matthäus 10,16).

Was damals galt, gilt auch heute noch ⇢ Stephanus war der Erste, der sein Leben wegen seines Glaubens aufgrund von Vorurteilen und Verblendung lassen musste. Zwei Dinge fallen mir dabei auf. Einmal dürfen wir uns nicht dazu verleiten lassen, alles hinzunehmen oder ungeprüft in dasselbe Horn blasen. Zweitens gibt es auch heute noch Menschen, die wegen ihres Glaubens verfolgt, ausgegrenzt und diskriminiert werden. Oft bekommen wir ihre Geschichten erst viel später oder gar nicht mit, da sie weder eine Stimme noch ein Gesicht haben. Deshalb sollten wir auch an diesem Tag diesen leidenden Frauen, Männern und Kindern eine Stimme verschaffen und im Gebet für sie eintreten.

Ehrensache ⇢ Leid und Freude gehören untrennbar zum Alltag dazu und machen das Leben erst zu dem, was es ist. Als Christen, die in Freiheit ihren Glauben ausleben können, ist es eine Ehrensache, unseren verfolgten Glaubensgeschwistern zur Seite zu stehen. Der Apostel Paulus hat es so formuliert: *„Brüder und Schwestern, im Namen unseres Herrn Jesus Christus und bei der Liebe, die der Heilige Geist schenkt, bitte ich euch inständig: Betet für mich zu Gott! Setzt euch in euren Gebeten mit mir dafür ein, dass ich von den Nachstellungen der Ungläubigen in Judäa gerettet werde und dass meine Hilfe für Jerusalem von den Gläubigen dort gut aufgenommen wird … Gott, der Frieden schenkt, sei mit euch allen!“* (Römer 15,30.31.33 GNB).

Karsten Mantei

Es kam aber eine Hungersnot über ganz Ägypten und Kanaan und eine große Bedrängnis, und unsre Väter fanden keine Nahrung.

Apostelgeschichte 7,11

Bibellese: Apostelgeschichte 7,1-16

Die Rede des Stephanus ist der Auslöser für die bedeutendste geistliche Wende im Neuen Testament. Wir können sogar behaupten, dass wir ohne Kenntnis dieser Worte den Rest der Bibel nicht verstehen.

Ausgangslage ⇢ Stephanus war Jude, der allerdings kulturell von griechischer Denk- und Lebensweise geprägt war. Als die erste Gemeinde in Jerusalem wuchs, kamen nicht nur Juden aus Israel dazu, sondern auch Juden mit anderen Hintergründen. Zwischen den Gruppen kamen Spannungen auf. Die geistliche Reife des Stephanus wurde von den Aposteln bemerkt; sie setzen sie ihn als Diakon und Versöhner ein. Er diente also auch als ein Mittler zwischen Menschen unterschiedlicher kultureller Prägung.

Wen Gott alles liebt ⇢ Diese Predigt ist kein Schwanengesang, sondern eine mutige Perspektive des Handelns Gottes. Was Stephanus eigentlich sagt, ist, dass Gott alle Menschen liebt. Der Herr ist mehr als der Gott eines Stammes! Deswegen betont Stephanus wiederholt ausländische Elemente im Handeln Gottes mit seinem Volk. Der lebendige Gott kann von niemandem vereinnahmt werden; keine Kultur und kein Ort hat einen alleinigen Anspruch auf Erlösung. Parallel zu den Werken Gottes gibt es die Geschichte des Ungehorsams, die für Stephanus in der Verwerfung Jesu ihren traurigen Höhepunkt erreicht.

Weitreichende Folgen ⇢ Die Zuhörer waren so erbost, gerade weil sie Stephanus verstanden. Er hatte ihr geistliches Monopol angegriffen, sie gleichzeitig in eine Reihe mit Menschen gestellt, die sich Gott widersetzen. Vor dem Tod betet Stephanus um Vergebung für seine Henker. Der Herr erhörte dieses Gebet kurze Zeit später. Saulus von Tarsus beaufsichtigte den lynchenden Mob, aber vor Damaskus erscheint ihm Jesus. Paulus wird danach zum Vollstrecker des geistlichen Testaments des Stephanus. Stephanus starb für die Botschaft, dass Gott alle Völker liebt – Paulus hatte das Vorrecht, dafür viele Jahre zu leben.

In der Apostelgeschichte wirkt der Heilige Geist vor allem an der Ausweitung der Gnade Gottes. Gottes Werk unter den Samaritern, die ersten Missionare von Zypern und die Ausgießung des Heiligen Geistes auf den Haushalt des Cornelius: all das steht für die uneingeschränkte und vorurteilsfreie Liebe Gottes. Stephanus war der Erste, der dies so umfassend verstanden hatte – und dafür sein Leben gab.

Dr. Ulf Strohbehn

8
Dienstag

Als nun die Zeit der Verheißung nahte, die Gott dem Abraham zugesagt hatte, wuchs das Volk und mehrte sich in Ägypten.

Apostelgeschichte 7,17

JULI

Bibellese: Apostelgeschichte 7,17-29

Wachstum: Gott wird endlich erfüllen, was er versprochen hat. Aber das Glück wendet sich, als sich die Regierung gegen das Volk stellt und es herrscht Leid. Ein Kind, Mose, dem Gesetz nach dem Tod geweiht, überlebt auf wundersame Weise. Endlich ein Mann geworden, tritt er für das Recht ein. Doch alles endet abrupt – Mose erfährt Ablehnung, flieht, lebt als Fremdling in Midian und zeugt zwei Söhne.

Zeiten und Verheißungen ⇢ Moses Eltern und seine großen Geschwister bleiben zurück. Der Rest des Volkes ist eifersüchtig, bitter, misstrauisch und hat ihn verworfen. Das Versprechen Gottes gerät in den Hintergrund, zu real ist die Gegenwart, zu dunkel und das Leid überwältigend. Tagein und tagaus. Geht es uns nicht manchmal auch so? Doch wir haben das Glück, dass wir, so wie Stephanus, wissen, wie diese Geschichte ausging. Moses Zeitgenossen wussten das nicht. Wirklich nicht? Es heißt: *„Als nun die Zeit der Verheißung nahte …"*

Zeit ist der Moment, das Wann. Die Zeit Josefs – Rettung vor Hungersnot. Die Zeit des Mose – Sklaverei. Die Zeit Josuas – Sieg und Eroberung. Die Zeit Daniels – Entwurzelung. Die Zeit des Petrus – Jesus in die Augen sehen. Die Zeit jetzt – Jesus erwarten.

Gott hatte Abraham die Unterdrückung angekündigt. Ebenso, dass sie glorreich enden sollte. Sie wussten es – im Prinzip. Und heute? Die Verheißungen: „Ich komme bald"; „Ich bin bei euch alle Tage"; „Ich habe die Welt überwunden, so auch ihr!" Wir wissen es – im Prinzip.

Der Erlöser kommt ⇢ In der Welt finden wir oft wenig Sinn. Da sind Leid und Schmerz. Gottes scheinbares Zögern, Zulassen und Wegsehen. Ist das Gottes „Nahe"? Nahe heißt: fast da, aber noch nicht ganz. Angebrochen oder begonnen, aber noch nicht fertig. In Sicht, aber noch nicht zum Anfassen. Der Moment, dass Gott Israel in Freiheit führen würde, war nicht mehr weit. Er war am Werk, als Mose meilenweit entfernt sein Leben lebte und das Volk in Leid versank. Unverständlich, unerklärlich, undurchsichtig.

Der Moment, dass Jesus wiederkommt und uns ins ewige Leben führt, ist nicht mehr weit. Gott ist am Werk, auch wenn wir Jesus jetzt nicht leiblich sehen und die Welt in Leid versinkt. Unverständlich, unerklärlich, undurchsichtig – aber wahr: Die Zeit der Verheißung naht!

Katharina Bösch

Der Himmel ist mein Thron und die Erde der Schemel meiner Füße; was wollt ihr mir denn für ein Haus bauen, spricht der Herr.

Apostelgeschichte 7,49

Bibellese: Apostelgeschichte 7,30-53

Was hatte die jüdischen Zuhörer so aufgebracht, dass sie am Ende zu Steinen griffen, um das Leben des mutigen Diakons Stephanus auszulöschen? Ich meine, es war ähnlich wie damals, als Jesus in seiner Heimatstadt Nazareth predigte. Da erinnerte er die Gottesdienstbesucher daran, dass es zur Zeit des Propheten Elia viele Aussätzige in Israel gab, aber keiner von ihnen geheilt wurde, sondern nur ein Nicht-Israelit (Naaman aus Syrien). Nach diesen Worten wurden die Anwesenden so zornig, dass sie versuchten, Jesus die Klippen hinabzustürzen.

Auch Stephanus predigte darüber, dass Gott nicht nur in Israel, sondern an vielen anderen Orten Wunder getan hatte. Er erwähnte Abraham, der aus dem heutigen Irak stammte, durch den Gott alle anderen Völker segnen wollte. Mose wurde in Ägypten geboren und empfing das heilige Gesetz Gottes am Sinai, also außerhalb des verheißenen Landes.

Gott möchte in 8 Milliarden Tempeln wohnen ⇢ Gott ist der Herr der ganzen Erde und er arbeitet an jedem Ort unter jeder Volksgruppe. Seine Ehre ist global und nicht auf ein Land oder ein Volk begrenzt. Stephanus hat das den nationalistisch geprägten Juden glasklar dargelegt: *„Aber der Höchste wohnt nicht in Tempeln, die mit Händen gemacht sind"* (Vers 48). Der salomonische Tempel war damals für das Volk Gottes so heilig, dass sie in ihrem religiösen Eifer vergaßen, worauf es Gott eigentlich ankommt: Er möchte in uns Menschen wohnen, in zurzeit über 8 Milliarden Tempeln weltweit. Wir reden heute vom „heiligen Land" und der „heiligen Stadt Jerusalem". Aber Gott möchte sich als heilig unter allen Völkern dieser Erde erweisen.

Jesus Christus ist das Zentrum ⇢ Das Evangelium verbreitete sich nach der Steinigung von Stephanus explosionsartig: Es kam zur Erweckung in Samaria mit mächtiger Ausgießung des Heiligen Geistes. Ein sudanesischer Beamter ließ sich taufen und brachte als Erster diese wunderbare Botschaft nach Afrika. Stephanus konnte nicht aufhören, davon zu reden, dass die ganze Erde von Gottes Herrlichkeit erfüllt sein würde. Ich möchte auf keinen Fall dem Heiligen Geist widerstreben wie die Gegner des Stephanus und so leben, als sei meine Kirche, meine Familie, mein Leben der Mittelpunkt der Welt. Jesus Christus allein soll das Zentrum sein!

Reinhard Leistner

10
Donnerstag
JULI

Er fiel auf die Knie und schrie laut: Herr, rechne ihnen diese Sünde nicht an! Und als er das gesagt hatte, verschied er.

Apostelgeschichte 7,60

Bibellese: Apostelgeschichte 7,54-60

Was passiert hier? Stephanus wird zu Unrecht getötet. Dennoch findet sich in den Berichten kein Groll über seine Peiniger, er hat Jesus im Blick. Er eifert ihm im letzten Moment seines Lebens nach – er ist treu bis in den Tod. In der frühen Kirche gab es viele Märtyrer. Je nachdem, zu welcher Zeit und an welchem Ort man Christ wurde, war es nicht nur ein Risiko, sondern sogar wahrscheinlich, dafür in den Tod zu gehen. Die Bereitschaft dieser Nachfolger war ein Grund dafür, warum die Kirche in den ersten Jahrhunderten so gewachsen ist. Da sind Menschen für ihren Glauben in den Tod gegangen, ohne ihre Peiniger zu hassen. Das ließ andere stutzen, denn wenn jemand so etwas tut, muss da ja was dran sein. Es zieht sich durch die gesamte Kirchengeschichte und ist bis heute noch so, dass der Glaube an Jesus lebensgefährlich sein kann.

Nach Pfingsten war es nicht verwunderlich ⇢ Es war noch nicht mal erwähnenswert, zu äußern, dass ein Christ mit dem Heiligen Geist erfüllt ist. Denn das ist es doch, was einen Christen ausmacht, oder? Jeder Mensch, der Jesus Christus als seinen Erlöser und Herrn angenommen hat, bekommt den Heiligen Geist. Der Heilige Geist ist Gott in uns, er wohnt in uns. In jedem Christen. Also auch in Stephanus. Aber wenn man sich das Neue Testament genauer anschaut, merkt man, dass es möglich ist, dem Geist Gottes mehr oder weniger Raum in seinem Leben zu geben. In Matthäus 5,44 sagt Jesus: *„Ich aber sage euch: Liebt eure Feinde und bittet für die, die euch verfolgen."* Genau das tut Stephanus hier. Er folgt damit den Worten Jesu, der dies am Kreuz vorgelebt hat. In Lukas 23,34 steht: *„Jesus aber sprach: Vater, vergib ihnen; denn sie wissen nicht, was sie tun!"* Stephanus wird diese Worte gekannt haben, da bin ich mir sehr sicher. Und er handelt hier genauso, wie es sein Herr vorgelebt hat.

Das nenne ich Nachfolge vom Feinsten! ⇢ Ich hoffe und bete, dass auch ich in der Anfechtung, bei allen möglichen Angriffen und im Angesicht des Todes so Feuer und Flamme bin wie Stephanus. Falls es einmal so weit kommen sollte, so treu zu sein wie er. Von seinem Vorbild zu lernen. Eines möchte ich aber jetzt schon sein wie er: Feuer und Flamme für Jesus!

Tom Wert

Die nun zerstreut waren, gingen umher und predigten das Wort.

Apostelgeschichte 8,4

Bibellese: Apostelgeschichte 8,1-25

Die Ausbreitung der Gemeinde: Unmittelbar nach der Steinigung des Stephanus beginnt die erste große Missionsbewegung der Kirche. Während Saulus noch durch die Straßen wütet, ziehen schon die ersten der Jünger quer durchs Land und verkündigen das Heil durch Christus. Obwohl einer ihrer Besten gerade umgebracht worden war, haben sie übernatürlichen Mut. Oder vielleicht gerade, weil sie sahen, *wie* er starb? Im Aufschauen auf Jesus – die Herrlichkeit Gottes vor Augen, so hat Stephanus die bösen Pläne des Widersachers zunichtegemacht.

Vor diesem Hintergrund beginnt die Expansion des Reiches Gottes auf dramatische Weise. Die Jünger sind von nun an so viele, dass sie nicht mehr mit Namen erwähnt werden können. Der Herr kennt sie alle, so, wie er dich und mich kennt. Denn so funktioniert die Gemeinde Jesu. Es sind nicht nur die großen Vertreter des Reiches Gottes mit Rang und Namen, sondern auch die einfachen Väter und Mütter, die Brüder und Schwestern. Die unterwegs sind mit Jesus, um die Werte des Evangeliums zu leben und über sie zu sprechen, die das Saatgut des Königreiches Gottes weitertragen.

Wie reagiere ich auf Opposition? ⇢ Die normale Reaktion auf Verfolgung wäre, sich ängstlich wegzuducken und auf Zeit zu spielen. Die Werte im Königreich Gottes sind aber nicht angepasst an die Werte der Welt. Dazu kommt eine Leidenschaft, die ebenfalls nicht normal ist. Der auferstandene Christus hatte die Menschen derart fasziniert, dass sie nicht aufhören konnten, über ihn überall und zu jeder Zeit zu reden. Und an jedem Ort, an den sie kamen, wurden Menschen angesteckt von dem Feuer, das sie in sich trugen. Sie waren nicht bereit, über das, was sie gesehen und gehört hatten, zu schweigen. Der Herr verherrlichte sich durch sie, indem Menschen angesteckt wurden und Falsches zum Vorschein kam, wie bei Simon dem Zauberer. Es war eine Zeit großer Erweckung und der Konfrontation zwischen dem Reich Gottes und dem Reich der Finsternis.

Wir werden uns positionieren müssen ⇢ Wir mögen nicht die gleiche Erweckungsluft um uns herum atmen wie damals Stephanus und Philippus. Aber als Kinder Gottes positionieren wir uns, indem wir die Werte des Evangeliums leben und über die Botschaft von Jesus sprechen. Lasst uns zusammen unterwegs sein mit Jesus – mit Freude und ohne Angst.

Tommes Riener

12
Samstag

Der Geist aber sprach zu Philippus: Geh hin und halte dich zu diesem Wagen!

Apostelgeschichte 8,29

JULI

Bibellese: Apostelgeschichte 8,26-40

Der Heilige Geist hat besondere Aufträge für uns. In der heutigen Geschichte spricht Gott zwei Mal zum Apostel Philippus. Er gibt ihm die konkrete Anweisung, auf der Straße von Jerusalem nach Gaza zu laufen, ohne dass Philippus weiß, was ihn dort erwartet. Als ihm auf einmal die Wagen des äthiopischen „Finanzministers" begegnen, fordert ihn der Geist Gottes auf, neben dem Gefährt des Schatzmeisters herzulaufen. Philippus gehorcht und tut, wie ihm befohlen wurde. Dadurch kommt er in Kontakt mit einem Menschen, der auf der Suche nach Jesus ist. Dieser Mann liest im Buch des Propheten Jesaja über ein Schaf, das zum Schlachten geführt wird und seinen Mund nicht aufmacht. Der Äthiopier versteht nur Bahnhof. Er fragt sich, wie er das Gelesene verstehen soll, wenn es ihm niemand erklärt. Hier beginnt der Dienst des Philippus. Er kann dem Suchenden die frohe Botschaft von der Versöhnung, die uns Jesus durch seinen Opfertod am Kreuz gebracht hat, erklären und darf im gleichen Moment miterleben, wie sein Gegenüber zum Glauben an Jesus findet. Halleluja!

Der Heilige Geist will auch uns gebrauchen, damit Suchende Jesus finden ⇢ Beim Verfassen dieser Andacht befand ich mich etwa 50 Kilometer von Jerusalem entfernt, als gerade das islamische Opferfest zu Ende ging. In diesen Tagen waren Tausende von Schafen und Böcken in Erinnerung an Abrahams Opferbereitschaft geschlachtet worden. Dabei konnte man einen erstaunlichen Unterschied beobachten: Während die Böcke gegen ihr Schicksal ankämpften, gaben die Schafe vor ihrem Schlächter keinen Mucks von sich. Sie wehrten sich nicht und verletzten damit auch niemanden.

Der Heilige Geist ist am Wirken. Sowohl im „Gelobten Land" wie auch im Westen und anderswo. Menschen in unserem Umfeld sind auf der Suche nach Jesus und wollen wissen, was es mit seinem Tod und seiner Auferstehung auf sich hat. Die Frage, die wir uns jeden Tag neu stellen müssen, lautet: „Gehorche ich Gottes Stimme? Höre ich auf sein Reden und darf er bestimmen, wo es in meinem Leben hingeht?" Von ganzem Herzen wünsche ich uns, dass wir dazu ein volles „Ja" haben und erleben, wie der Heilige Geist uns gebraucht, um Suchende zu Jesus zu führen.

Steffen Martini

Steh auf und geh in die Stadt; da wird man dir sagen, was du tun sollst.

Apostelgeschichte 9,6

Bibellese: Apostelgeschichte 9,1-9

Wenn ich an Städte denke, dann denke ich an die vielen Menschen, die dort leben und ihr Leben auf unterschiedliche Art und Weise gestalten. Städte sind in der heutigen Zeit multikulturelle Orte mit unzähligen Subkulturen. So faszinierend sie auch sind, sie sind auch große Herausforderungen für die Gemeinde. Tausende dieser Orte haben kein lebendiges Zeugnis Jesu in Form einer Gemeinde in ihrer Mitte. Und doch ist es der Plan Gottes, dass seine Gemeinde diesen Platz findet.

Im Glauben voran ⇢ Ich mag diesen Bibelvers, da er von dem einfachen Plan Gottes spricht, wie er die Menschen in vier Etappen erreichen möchte:

- Die erste Etappe ist immer eine Glaubensentscheidung.
- Aufstehen heißt, sich auf den Weg machen. Immer wieder hoffe ich, dass der Herr mir vorher zeigt, wohin ich gehen soll und was ich genau tun soll, aber das Einzige, was er von mir erwartet, ist, loszugehen. Ich treffe also die Entscheidung aufzustehen, eine weitere Kleingruppe zu starten oder eine weitere Kirche zu gründen.
- Immer wieder stelle ich fest, dass spätestens jetzt der Impuls kommt, wohin wir gehen sollen.
- Auch wenn ich noch nicht weiß, wie die Strategie genau aussieht, bin ich mir sicher, dass ich sie durch den Heiligen Geist bekommen werde, wenn ich einmal in der Stadt angekommen bin.

Was sich so einfach anhört, ist für viele Christen so schwer. Aufstehen, gehen, hören und tun werden zum Stolperstein, wenn man immer erst alles verstehen, einen genauen Plan und wenig Schwierigkeiten haben möchte. Das Problem ist, dass wir nur die Diener sind und Jesus seine Gemeinde baut, und zwar mit Menschen, die seiner Berufung folgen und in ihr nicht eine Einladung zur Diskussion mit Gott sehen.

Wo soll ich hingehen, Herr? ⇢ Ich möchte uns ermutigen, nicht auf den perfekten Moment zu warten, um das Zeugnis Jesu in jeden Ort unseres Landes zu bringen. Lasst uns stattdessen mit Zuversicht und Glauben den einfachen Weg gehen. Haben wir den Mut, Jesus zu fragen, an welchen Ort er uns schicken möchte? Wir können damit beginnen, dort regelmäßig hinzugehen und zu beten, damit der Geist Gottes uns zeigt, wie wir diesen Ort erreichen können. Halten wir durch, um Menschen mit der Botschaft von Christus zu erreichen, die sie wiederum an andere weitergeben.

Björn Lütke

14
Montag

Es war aber ein Jünger in Damaskus mit Namen Hananias; dem erschien der Herr und sprach: Hananias! Und er sprach: Hier bin ich, Herr.

Apostelgeschichte 9,10

JULI

Bibellese: Apostelgeschichte 9,10-22

Im hier angesprochenen Kapitel finden wir einen der spannendsten Berichte in der Bibel. Er beginnt damit, dass Saulus diejenigen, die glaubten, mit grenzenlosem Hass verfolgte und ihnen mit dem Tod drohte. In unserem Abschnitt heute wird Hananias von Jesus selbst auf Saulus hingewiesen: *„Denn siehe, er betet"* (Vers 11). Saulus fastet hier bereits und wird von Jesus selbst unterwiesen, wie er später den Galatern berichtet.

Hier bin ich, Herr! ⇢ Hananias scheint in diesem Kapitel nur eine Nebenrolle einzunehmen. Allerdings ist diese so bezeichnend, dass sie mir bei jedem Lesen neu ins Auge sticht. Seine ersten Worte sind: *„Hier bin ich!"* Diese hebräische Redewendung ist bekannt aus verschiedenen Stellen in der Bibel. Sie drückt eine offene, vertrauensvolle Hingabe aus. Hananias ist offensichtlich ein Jude, der in Jesus seinen Messias erkannt hat und mit ganzem Herzen seinem Gott dient. Er kennt dessen Stimme, und als dieser ruft, zögert Hananias nicht einen Moment, um sich zur Verfügung zu stellen. Wenn meine Frau mich ruft, rufe ich gewöhnlich zurück in dem Sinn: „Ja, mein Schatz, was gibt es?" Hananias' Antwort beinhaltet diese Frage auch, aber seine Bereitschaft geht viel tiefer: „Was immer du willst, Herr!" Und so fragt er nicht im Zweifel, vielmehr im Sinn von: „Wie umfassend ist dein Auftrag? Wird es Leid mit einschließen?"

Wir nehmen oft an, dass Hananias zunächst einmal Angst vor dem Verfolger der Gemeinde Jesu und deshalb Mühe hatte, sich senden zu lassen. War das tatsächlich so? In dem vertrauensvollen Gespräch erklärt Jesus den Auftrag an Hananias genauer und weist darauf hin, dass es Saulus ist, der leiden wird. Damit ist nicht ausgeschlossen, dass Leiden auf Hananias zukommen könnte. Jesus stellt lediglich klar, dass der Fokus hier auf Saulus liegt.

Die Fakten

- Jesus ruft.
- Hananias antwortet, bereit zum Dienst.
- Hananias fragt zurück, um sich zu vergewissern.
- Jesus bestätigt den Auftrag und die vertrauensvolle Beziehung zu Hananias.

Kennen wir die Stimme Gottes? Haben wir die Hörbereitschaft? Wenn wir Zweifel haben, dürfen wir wissen, dass er seinen Auftrag bestätigt. Lasst uns unserem Herrn Jesus vertrauen! Wenn er uns einen Auftrag gibt, bestätigt er ihn und befähigt uns, ihn auszuführen.

Gottfried Schittek

[Er erzählte], wie Saulus auf dem Wege den Herrn gesehen und dass der mit ihm geredet und wie er in Damaskus im Namen Jesu frei und offen gepredigt habe.

Apostelgeschichte 9,27

Bibellese: Apostelgeschichte 9,23-31

Saulus predigt frei und offen im Namen Jesu. In diesem Vers sehen wir, was eine einzelne Begegnung mit Jesus im Leben eines Menschen machen kann. Saulus hatte die Christen verfolgt, eine persönliche Offenbarung Jesu brachte ihn jedoch dazu, öffentlich und frei von diesem Jesus, den er vorher verfolgt hatte, zu predigen. Die Reaktion der Menschen war dieselbe wie die des Saulus früher: Sie wollten ihn töten. Das hinderte Saulus allerdings nicht daran, Jesus weiterhin frei und öffentlich zu verkünden.

Ist das echt? ⇢ Im Kontext dieses Verses können wir lesen, dass die Jünger in Jerusalem nicht glaubten, dass Saulus wirklich ein Jünger Jesu geworden war. Sie hatten Angst. Barnabas jedoch war ein Augenzeuge vom öffentlichen, freien Proklamieren des Saulus im Namen Jesu. Es war für ihn ein Beweis, um den Jüngern und Aposteln zu bezeugen, dass dieser wirklich Jesus begegnet und jetzt ein Jünger war. Mit diesen Gedanken möchte ich uns heute ermutigen.

Wenn wir Jesus predigen ⇢ Einerseits sollten wir dann mit Ablehnung, Drohungen, Widerstand rechnen – aber auch mit einem starken Wirken Gottes! Warum? Weil das Evangelium *„eine Torheit“* für den Menschen ist (1. Korinther 1,18). Es ist ein Anstoß und gleichzeitig eine geistliche Kraft, um die zu retten, die glauben. Jesus wurde mit Mord gedroht, als er die Wahrheit öffentlich predigte. Die Jünger, die Apostel später und Paulus wurden mit Mord und Folter bedroht, weil sie Jesus öffentlich predigten. Wenn unsere Vorbilder solche Reaktionen auf das Proklamieren des Evangeliums hatten und uns Paulus später sagt, dass genau diese Botschaft eine Torheit für die Intelligenten dieser Welt ist, warum sollte es bei uns dann anders sein?

In Europa ist Menschenfurcht und Anerkennung eine sehr große Sache. Oft teilen Christen das Evangelium nicht, aus Angst abgelehnt, bedroht oder verurteilt zu werden. Doch das gehört dazu. Wenn nichts passiert, würde ich mich eher fragen, ob ich wirklich das Evangelium predige. Wir müssen nicht versuchen, das Evangelium für die Menschen „attraktiver“ zu machen. Wenn wir es ändern, verliert es die übernatürliche Kraft. Proklamieren wir es stattdessen frei und offen, auch heute. Die Kraft Gottes wird durch uns fließen, damit andere Personen – wie ein Saulus – eine Begegnung mit Jesus erleben.

Manuel Reichör

16
Mittwoch

JULI

Und Petrus sprach zu ihm: Äneas, Jesus Christus macht dich gesund; steh auf und mach dir selber das Bett. Und sogleich stand er auf.

Apostelgeschichte 9,34

Bibellese: Apostelgeschichte 9,32-43

Es lohnt sich, sich mit dem heutigen Bibeltext auseinanderzusetzen. In diesen Versen steht so viel von der Kraft Gottes, was uns richtig Mut machen sollte, für die Gesundheit anderer zu beten. Hier hat Gott nicht durch Jesus geheilt, sondern er benutzte Petrus als Werkzeug.

Kann ich das tun? ⇢ Bestimmt geht es vielen immer wieder so, dass sie gerne für Kranke beten möchten. Aber am Ende hat man doch oft Angst. „Was ist, wenn Gott die Person nicht heilt?" Ich selbst würde mich als sehr extrovertiert bezeichnen, und Angst auf Menschen zuzugehen, habe ich auch nicht. Auch meinen Glauben gebe ich gerne weiter. Wenn Leute auf mich zukommen und um Gebet bitten, würde ich nicht Nein sagen. Wenn ich hingegen einen Kranken sehe oder erfahre, dass jemand krank ist – vielleicht sogar richtig schwer mit Krebs – sieht das etwas anders aus. Dann bete ich doch lieber im „Kämmerlein". Aber aktiv auf Menschen zugehen und ihnen die Hände auflegen? Das fällt ja selbst den „großen" Pastoren in Deutschland oft schwer, einige erzählen in ihren Predigten manchmal von solchen Situationen.

Klar, Jesus hat sehr viele Menschen geheilt und sogar von den Toten auferweckt. In der Bibel ermutigt er uns wiederholt, es ihm gleichzutun. Ich denke mir dann mitunter: „Als Teil der Dreieinigkeit und Sohn Gottes hat er leicht reden …" Deshalb finde ich diese Verse so stark, Petrus heilt hier eine Person – und ein wenig später lässt er im Namen Gottes eine andere Person von den Toten auferstehen, einfach mal so.

Gott heilt auch noch heute! ⇢ Die Menschen reagierten darauf, als Aeneas geheilt wurde: *„Da sahen ihn alle, die in Lydda und in Scharon wohnten, und bekehrten sich zu dem Herrn"* (Vers 35). Ebenso kamen nach Tabitas Auferstehung von den Toten *„viele"* zum Glauben (Vers 42). Die Bekehrung vieler Menschen zum Glauben finde ich noch viel schöner als alles andere. Deshalb möchte ich uns an dieser Stelle Mut zusprechen: Wenn der Geist Gottes uns ermutigt, für Menschen zu beten, sollten wir dies tun. Es ist ja nicht unsere Kraft, die den Menschen heilen wird. Gottes Kraft wird ihn heilen, wenn es sein soll. Aus meiner Sicht sind wir nur dafür verantwortlich, ob wir mit der Person beten und dass wir an die Kraft Gottes und den Heiligen Geist glauben.

Torben Baden

So steh auf, steig hinab und geh mit ihnen und zweifle nicht, denn ich habe sie gesandt.

Apostelgeschichte 10,20

17
Donnerstag

Bibellese: Apostelgeschichte 10,1-20

JULI

Das zehnte Kapitel ist für Gottes Geschichte, die er in der Apostelgeschichte schreibt, entscheidend. Es geht um die Entwicklung des Evangeliums hin zu den Nationen. In Kapitel 2 sahen wir, wie Petrus den Juden die Tür zum Reich Gottes öffnete, in Kapitel 8 waren es die Samaritaner. Und jetzt sendet ihn Gott, um die Nationen hineinzubringen. Dies fand circa zehn Jahre nach Pfingsten statt.

Gottes Wunder ⇢ Gott hat die Fäden in der Hand und bringt sie zusammen. Eine absolute Wunder- und Glaubensgeschichte. Weder wusste Petrus von Kornelius, noch wusste Kornelius von der Begegnung Gottes mit Petrus. „*Während aber Petrus nachsann über die Erscheinung, sprach der Geist zu ihm: Siehe, drei Männer suchen dich*“ (Vers 19). Parallel wurden beide vorbereitet, Petrus, die Botschaft zu bringen, und Kornelius, die Botschaft zu hören. „*Zweifle nicht*“, lässt Gott Petrus wissen, „ich wirke und bringe zusammen, was zusammengehört.“ Gott arbeitet immer mit und durch menschliche Kanäle, was ein enormes Vorrecht ist und gleichzeitig einhergeht mit der Verantwortung, ein angemessener Verwalter der uns gegebenen Gnade zu sein.

Es ist faszinierend, zu sehen, wie Kornelius für ein Modell religiöser Ehrenhaftigkeit stand und nicht errettet war. Er beachtete das Gesetz Gottes, fastete und war großzügig im Geben. Und dennoch spürte er, dass all das nicht ausreichte, um ihn zu retten. Sein Gutsein ebnete ihm nicht den Weg zum Himmel. Das Großartige war, dass Gott um die Sehnsucht des Kornelius wusste und ihm genau dort begegnete! Später lesen wir, dass er Gott bat, ihm den Weg der Rettung aufzuzeigen.

Verlorene nach Hause führen ⇢ Für Petrus waren die Nationen erst einmal Fremde und Ausgeschlossene. Doch Gott durchbrach in ihm diese Herzensmauer und gab ihm ein umfänglicheres Verständnis darüber, dass kein Unterschied zwischen Juden und Heiden existierte, weder, was die Übertretung noch die Errettung betraf. Beide waren vor Gott unrein. Durch diese Begegnung mit Gott wurde die Überzeugung des Petrus sanft revidiert und korrigiert. Das führte dazu, dass sich durch ihn die Verbreitung des Evangeliums ganz entscheidend veränderte. Gottes Plan ist immer perfekt!

Andrea-Mara Massar

18
Freitag

Darum habe ich mich nicht geweigert zu kommen, als ich geholt wurde. So frage ich euch nun, warum ihr mich habt holen lassen.

Apostelgeschichte 10.29

JULI

Bibellese: Apostelgeschichte 10,21-33

Eine beeindruckende und richtungsweisende Begebenheit, die uns Lukas an dieser Stelle so nüchtern und unspektakulär schildert. Bis zu diesem Punkt waren in der Apostelgeschichte die Nachfolger Jesu aus dem jüdischen Volk. Tatsächlich war es so, dass sie nicht daran dachten, dass es möglich sein würde, Christ zu werden, ohne Jude zu sein.

Eine neue Dimension → Petrus hatte eine Ahnung, dass Gott seine Heilsgeschichte weiter entfaltet. Er ließ sich in seinem Verständnis erweitern. „Eigentlich und menschlich nicht möglich“, so dachte Petrus. Gleichzeitig ließ er sich einladen, seine gewohnten Pfade zu verlassen, um eine neue, von Gott inspirierte Sicht über die Dimension und Tragweite des Kommens Jesu zu erhalten. Petrus blieb nicht bei dem menschlichen „Das ist doch nicht möglich“ stehen, sondern machte sich auf den Weg. Gott selbst hatte ihn ermutigt, ohne Zweifel mitzugehen, weil er die Männer gesandt hat.

Erst im Laufe der Begegnung mit Kornelius erschließt sich für Petrus die ganze Dimension dessen, was Gott hier deutlich macht. Auch wir kommen an solche Stationen, in denen wir herausgefordert sind, weiter und neu zu denken, das Unmögliche zu umarmen und es gleichzeitig nicht dabei zu belassen.

Die Tür zum Heil – auch heute → Kornelius hatte eine Sehnsucht und Ahnung, einer himmlischen Lebensrealität zu begegnen. Ein außerordentlicher Mensch, dieser Kornelius, der ein gutes Zeugnis von der ganzen Nation der Juden hatte (Vers 22) und von einem Engel besucht wurde, der ihm durch seine Anweisungen die Tür zum Heil in der ganzen Fülle aufschloss. Kornelius hatte eine riesige Erwartung, seine Familie und Freunde waren eingeladen, um durch Petrus zu hören, was diesem von Gott aufgetragen worden war. Gott schreibt seine Wundergeschichte und macht klar, dass er jeden Menschen im Blick hat und das Evangelium für alle ist, die es haben wollen. Heute möchte Jesus dir und mir in unserer Sehnsucht begegnen und Dinge und Umstände wundersam zusammenführen, dass sich sein Heil in unserem Leben ausbreitet.

Andrea-Mara Massar

19
Samstag

Da Petrus noch diese Worte redete, fiel der Heilige Geist auf alle, die dem Wort zuhörten.

Apostelgeschichte 10,44

Bibellese: Apostelgeschichte 10,34-48

JULI

Das Lukasevangelium und die Apostelgeschichte werden Lukas, dem Arzt und zeitweiligen Begleiter des Apostels Paulus, zugeschrieben. Lukas ist ein begnadeter Sammler von christlichen Überlieferungen, ein kluger Historiker und wunderbarer Schriftsteller. Sein Doppelwerk gestaltet und komponiert er so inspiriert und inspirierend, dass man sich als Hörer und Leser schnell mit hineingenommen fühlt. Folgt man der altkirchlichen Zuschreibung, so könnte Lukas auch streckenweise Augenzeuge der Berichte in der Apostelgeschichte sein – immer dann etwa, wenn die so genannten „Wir-Berichte" zu lesen sind.

Das Evangelium durchbricht alle Schranken ⇢ Das zehnte Kapitel beschreibt, wie der römische Hauptmann Kornelius, ein gottesfürchtiger und wohltätiger Mann, zum Glauben an Jesus Christus findet. In gewisser Weise ist dies ein Wendepunkt in der christlichen Mission, denn der Heilige Geist wird – wie zu Pfingsten in der Jerusalemer Urgemeinde – ausgegossen. Jetzt aber auf eine Gruppe von Menschen, die nicht aus dem jüdischen Kontext kommen.

Das grenzenlose Wirken des Heiligen Geistes ist eines der Schwerpunktthemen des Lukas. Der gute Heilige Geist spielt durchgängig eine zentrale Rolle, und es lohnt sich sehr, das Werk des Lukas einmal unter diesem Gesichtspunkt zu studieren. Der Heilige Geist hält sich nicht unbedingt an unsere theologischen Vorstellungen, sondern er weht, wo und wie er will. *„Da Petrus noch diese Worte redete, fiel der Heilige Geist auf alle, die dem Wort zuhörten."* Ohne den Heiligen Geist ist in der Kirche nichts von Bestand. Aber mit dem Heiligen Geist ist (fast) alles möglich!

Wenn der Heilige Geist fällt ... ⇢ Es war im Sommer 1975. Schon einige Monate lebte ich in der christlichen Drogenrehabilitation in Eininghausen bei Herford. Ich konnte die Finger nicht von den Drogen lassen, immer wieder zog es mich zum Heroin zurück. Eines Morgens bei der Andacht war es mir, als wenn der Raum plötzlich in Flammen stand. Der Boden bebte, und ich wurde mit einer Freude und Kraft erfüllt, die jede Drogenerfahrung überstieg. Ich weinte und lachte, und plötzlich brach es aus mir heraus: Ich dankte Gott in einer Sprache, die ich nie gelernt hatte. Diese Erfahrung, mein persönliches Pfingsten, war ein Wendepunkt. Nie wieder habe ich seitdem Heroin gespritzt!

Ulrich Schulte

20
Sonntag

Der Geist aber sagte mir, ich solle ohne Bedenken mit ihnen gehen.

Apostelgeschichte 11,12 (ELB)

Bibellese: Apostelgeschichte 11,1-18

Die ersten christlichen Gemeinden waren sich in vielen ihrer Glaubensüberzeugungen nicht so einig, wie wir das heute allgemeinhin annehmen. Nach der Ausgießung des Heiligen Geistes in Cäsarea im Haus des römischen Hauptmanns Kornelius musste sich Petrus vor den Leitern der Gemeinden in Jerusalem und Judäa für sein Verhalten verantworten. Warum war er denn überhaupt in das Haus eines nicht-jüdischen Hauptmanns gegangen und hatte zudem noch mit den „unbeschnittenen Männern" gegessen? Für seine Gesprächspartner aus dem sogenannten judenchristlichen Kontext war das ein nahezu unverzeihlicher Fehler.

Es geht um Jesus ⇢ Petrus aber beruft sich auf ein klares Reden des Heiligen Geistes: *„Der Geist aber sagte mir, ich solle ohne Bedenken mit ihnen gehen."* Der Heilige Geist, sein Wirken, Reden und Leiten hat in den ersten christlichen Gemeinden eine überragende Bedeutung. Petrus scheint eine intensive Beziehung zum Heiligen Geist gehabt zu haben. Er spricht von ihm wie von einer nahestehenden vertrauten Person.

Ja, es geht um Jesus, den gekreuzigten und auferweckten Herrn. Für alles, was die ersten Christen glaubten und lehrten, war die Verankerung in den heiligen Schriften maßgeblich. Aber nur durch den Heiligen Geist, nur durch das Hören auf seine Stimme, nur durch sein Wehen und Wirken kann sich das Evangelium ausbreiten und die Königsherrschaft Gottes wachsen. Ich bin davon überzeugt, dass auch heute die Betonung und die Offenheit für das Wirken des Heiligen Geistes ein Schlüssel dafür ist, unsere Mitmenschen mit der guten Nachricht zu erreichen und die Königsherrschaft Gottes wachsen zu sehen!

Durch den Geist ⇢ Auf die Frage, wie man gute und heilsame Glaubensüberzeugungen ausprägen kann, entwickelten John Wesley und seine Nachfolger unter anderem vier Fragestellungen, die mir auch für unsere Zeit als hilfreich erscheinen – auch im Blick auf die Einschätzung des Wirkens und Redens des Heiligen Geistes.

1. Entspricht es der Bibel – finde ich genügend Referenzen in der Heiligen Schrift?
2. Entspricht es der Tradition meiner Kirche, dem, was sich als hilfreich herausgestellt hat?
3. Entspricht es der Erfahrung, die sich für mich bewährt hat?
4. Entspricht es der Vernunft, ist es in Übereinstimmung zu bringen mit klugem, differenziertem Denken?

Ulrich Schulte

Es waren aber einige unter ihnen, Männer aus Zypern und Kyrene, die kamen nach Antiochia und redeten auch zu den Griechen und predigten das Evangelium.

Apostelgeschichte 11,20

Bibellese: Apostelgeschichte 11,19-30

Aufgrund der Verfolgung, die nach dem Tod des Stephanus entstanden war, hatte Gott Philippus benutzt, um das Evangelium über die Grenzen Judäas hinaus nach Samaria zu tragen, bis ihn der Geist des Herrn nach Cäsarea sandte. Unter der direkten Leitung des Geistes Gottes stand auch Petrus, als er in das heidnische Haus des Kornelius ging – alles ohne apostolische Anordnung.

Wort und Geist ⇢ Ein weiteres Beispiel für die freie Wirksamkeit des Geistes kam von Leuten, die einfach von der Liebe Christi zu Ungläubigen gedrängt wurden. Schon zu Anfang der Verfolgung hatten die aus Jerusalem Geflohenen in Judäa und Samarien das Wort verkündigt. Jetzt aber gingen sie erheblich weiter bis nach Antiochia. Bis dahin sprachen sie zu niemand als nur zu Juden. Ihr Thema war der Herr, der der persönliche Retter eines jeden Menschen sein möchte. Das ist das, was die Menschen brauchen, bis heute.

Aber dann erstaunt, dass einige dieser Männer nun in Antiochia auch den Nicht-Juden das Evangelium verkündeten. Das war etwas absolut Neues, eine Fortsetzung dessen, was Petrus in Cäsarea getan hatte. Lukas betont, wie souverän der Geist Gottes wirkte. Diese Kombination aus Wort und Geist ist unschlagbar. Das Wort gewann immer mehr an Bedeutung und bezeugte seine Kraft dadurch, dass es sein Werk an den Herzen der Menschen ausrichtete. Diese Männer besaßen keine Vollmachten, keine menschlichen Vorbilder, sie waren einfache „Privatpersonen", hingebungsvolle Nachfolger, deren Antrieb war, bekannt zu machen, dass Jesus für alle Menschen gestorben ist. Und obwohl in Antiochia die berühmten Tempel des Apollo und der Diana standen, hören wir nirgends, dass die Christen dort in der Ausübung und Verbreitung ihre Glaubens gehindert wurden – das Christentum blühte in dieser Stadt, in der Paulus seine Missionsreisen startete.

Bis heute wirksam ⇢ Als Flüchtlinge aus 14 verschiedenen Ländern über die Hälfte unserer Gäste ausmachten, waren wir überwältigt. Auf die Frage: „Was hat euch denn dazu gebracht, jeden Sonntag zu kommen, auch als ihr noch kein Wort verstanden hattet?", war ihre Antwort: „Wir haben die Liebe Gottes gespürt." Viele wurden gläubig und ließen sich taufen. Ihr Hunger nach Gottes Wort war groß, wir kamen uns vor wie die Träumenden und waren Zeugen des Wirkens unseres Gottes.

Petra Thalmann

So wurde nun Petrus im Gefängnis festgehalten; aber die Gemeinde betete ohne Aufhören für ihn zu Gott.

Apostelgeschichte 12,5

Bibellese: Apostelgeschichte 12,1-17

Es war eine schwierige Zeit für die Christen in Jerusalem. Während sich das Evangelium schnell über die Grenzen von Jerusalem ausbreitete, musste die Gemeinde vor Ort durch tiefe Ängste und Leiden gehen. Jakobus, ein Leiter der Gemeinde, war bereits getötet worden – und nun wurde Petrus, der nächste Leiter der Gemeinde, festgenommen. Menschlich gesehen eine aussichtslose Situation.

Petrus musste damit rechnen, dass ihm das gleiche Schicksal wie Jakobus zuteilwird – war er doch im Gefängnis angekettet an Händen und Füßen. Rund um die Uhr wurde er persönlich von römischen Soldaten bewacht. Ein Entkommen oder eine Flucht war unmöglich. Dennoch erkennen wir in dieser Erzählung, wie Petrus anscheinend trotz der Umstände gelassen wirkt. Er hatte in dieser Situation ein tiefes Vertrauen zu Jesus. Egal, wie übel die Umstände oder wie hart und unfair das Leben momentan war, Petrus vertraute ihm. Für ihn war es wichtig, seinen Glauben an Jesus zu leben, auch im tiefsten Kerker, ausweglos und den Tod vor Augen.

Gebet verändert ⇢ Was machen wir bei Angriffen, Anfechtungen, Sorgen und Problemen? Kämpfen wir mit der geistlichen Waffenrüstung Gottes oder versuchen wir, mit eigener Kraft und eigenem Vermögen die Dinge zu regeln? Sehen wir das Gebet nur als letzte Hilfe, wenn sonst nichts mehr hilft? Trauen wir Gott zu, dass er unser Gebet erhört und auch Wunder tun kann? Rechnen wir damit, dass er Unmögliches möglich machen kann?

Die Gemeinde betete und Veränderung geschah. Gott sandte einen Engel. Er musste Petrus, der tief schlief, durch einen Stoß in dessen Seite wecken. Dann geht alles ganz schnell: Ketten lösen sich, Petrus verlässt das Gefängnis. Er geht direkt zur Gebetsversammlung, um sich zu zeigen. Die Magd bringt den Betern die gute Nachricht, dass Petrus vor dem Tor steht, und sie antworten: „*Du bist von Sinnen*" (Vers 15), quasi: „Das kann nicht sein, das bildest du dir nur ein!"

Ihm gebührt alle Ehre ⇢ Gott hört und erhört, handelt und wirkt durch Gebet. Aber er handelt auf seine Weise. Alles geschieht nach seinem Willen. „Dein Wille, Herr, geschehe!" Was durch unser Gebet geschieht, liegt in seiner Hand. Ich wünsche uns viele Gebetserhörungen, bei denen wir und unser Umfeld sagen: „Das kann eigentlich nicht sein – doch bei dir, Herr, ist alles möglich!"

Wolfgang Mayr

Und das Wort Gottes wuchs und breitete sich aus.

Apostelgeschichte 12,24

Bibellese: Apostelgeschichte 12,18-25

Gott hört und erhört, handelt und wirkt durch Gebet. Gestern lasen wir, wie er das Gebet der Gemeinde gebrauchte, um Petrus vor dem sicheren Tod zu bewahren. Krisenzeiten können das Wort Gottes und das Reich Gottes nicht aufhalten. Diese Zeiten sind eigentlich Indikatoren für Wachstum.

Macht und Verfall ⇢ Die Wachen konnten Petrus am Morgen nicht finden. Daraufhin ließ Herodes sie hinrichten. Das Letzte, was über Herodes berichtet wird, ist sein irdisches Ende. Er lässt sich vom Volk als Gott verehren. Deshalb vollstreckte der Engel des Herrn das Urteil über ihn, es heißt, Herodes brach noch auf der Tribüne zusammen. Von schwerer Krankheit befallen, starb er einen qualvollen Tod. Gott sieht und kennt alles, und eines Tages wird alles offenbar werden.

Aus dem Leben ⇢ Jemand berichtete mir Folgendes: Ein Pastor konnte immer wieder mal mit einem befreundeten Ehepaar über das Evangelium reden und es erklären. Jedoch der Mann sagte: „Weißt du, ich finde es stark, wie du mit Gott lebst, diese Beziehung hast und diesen Glauben. Das ist gut für dich, aber ich brauche was Handfestes, muss es greifen können. Glauben ist nicht so meine Sache.“ Dann kam diese Familie in eine tiefe Ehekrise, in der der Feind heftig wütete. Genau in dieser Krise erinnerte sich der Mann an die Gespräche über Gott. Er sagt: „Ich wusste nicht mehr, wie es weitergehen soll. Ich war am Ende – am Boden liegend, zerstört, und auch unsere Ehe war eigentlich am Ende. Keine Chance, keine Hoffnung mehr. Ich bin auf meine Knie gegangen, habe Gott angefleht, zu ihm geschrien. Dann passierte dieses Wunder: Gott kam. Ich erlebte seine Gegenwart, seine Nähe und Liebe. Er kam persönlich zu mir und hat mit mir gesprochen, mir Trost und Hilfe gegeben! Nun weiß ich: Gott ist real!“

Gott ist mit uns ⇢ Auch wenn der Feind versucht, unser Leben anzugreifen oder zu zerstören, Gott wird und kann aus allem Gutes hervorbringen. Kommen wir zu ihm, bitten wir ihn um Vergebung, nichts ist zu groß für ihn, er wartet bereits auf dich und mich. Und das Wort Gottes wächst und breitet sich weiter aus.

Wolfgang Mayr

24
Donnerstag

JULI

Während sie aber dem Herrn dienten und fasteten, sprach der Heilige Geist: Sondert mir nun Barnabas und Saulus zu dem Werk aus, zu dem ich sie berufen habe!

Apostelgeschichte 13,2 (ELB)

Bibellese: Apostelgeschichte 13,1-12

In unserer heutigen Bibellese werden wir mit hineingenommen, wie die Gemeinde in Antiochia bereit wird, die Ausbreitung des Evangeliums aktiv zu fördern. Es ist mir ein Beispiel, das uns in unserem Gemeindebund im Gemeindegründungswerk wiederbegegnet. Auch bei der Gründung unserer Gemeinde in Dresden oder bei der Aussendung einzelner Mitglieder unserer Gemeinde zum geistlichen Dienst erlebten wir den Beistand des Heiligen Geistes als entscheidenden Impuls.

Die Gerufenen ⇢ Saulus und Barnabas hatten sich bisher in Einsatzbereitschaft und Treue in der Mitarbeit in den Gemeinden bewährt. Saulus erhielt sogar bereits bei seiner Bekehrung durch den Dienst des Hananias einen Zuspruch zu seiner besonderen Berufung. Für Menschen, die Gott in den geistlichen Dienst rufen will, ist es eine Zeit der Zurüstung und Erprobung, wenn sie in ihren Gemeinden aktiv mitarbeiten dürfen. Es ist auch eine geistliche Verantwortung für die Gemeindeleitung, Menschen auf dem Weg zu ihrer Berufung zu erkennen und sie in ihrer Mitarbeit in der Gemeinde zu fördern.

Die Sendenden ⇢ Über die Leitung der Gemeinde in Antiochia wird uns berichtet, dass sie in ihrem Leitungsdienst miteinander durch Gebet und Fasten die Gegenwart Gottes suchten und erlebten. In unserer Bibellese wird uns nichts von ihren aktuellen Anliegen berichtet. Aber in ihr Beisammensein hinein erlebten sie das Reden des Heiligen Geistes. Dieser führte sie über ihre aktuellen Gemeindeanliegen hinaus in eine für sie neue Dimension, und diese hieß: „Sendet aus!“ Vor solche Herausforderungen wird jede Gemeinde gestellt, die Mitarbeiter in ihre besondere Berufung entlässt oder neue Gemeinden gründet. Das erlebten auch wir als Gemeinde mit jeder neuen Gemeindegründung. Oft wurden mehrere Mitarbeiter in die Gründungsmitarbeit mitgegeben und erhebliche finanzielle Mittel eingesetzt. Aber im Rückblick hat sich das für die eigene Gemeinde nicht als Verlust, sondern als geistlichen Gewinn erwiesen.

Geistliche Begleitung ⇢ Segnung und Sendung durch die Leiterschaft von Antiochia war ein wichtiger Dienst für Barnabas und Saulus. Und wie wir aus der Fortsetzung der Apostelgeschichte wissen, kehrten sie auch zu ihrer sendenden Gemeinde zurück, um von ihrem Dienst zu berichten.

Ekkehardt Rückert

Und von allem, wovon ihr durch das Gesetz Moses nicht gerechtfertigt werden konntet, wird durch diesen jeder Glaubende gerechtfertigt.

Apostelgeschichte 13,38.39 (ELB)

Bibellese: Apostelgeschichte 13,13-41

Paulus und Barnabas betreten auf ihrer ersten Missionsreise Neuland. Sie beginnen die Verkündigung der Heilsbotschaft von Jesus bei den Juden. In der Mitte des jüdischen Volkes hatte Jesus gelebt. Bei ihnen war er auch gekreuzigt worden und bei ihnen war er auferstanden. Welch eine machtvolle Bestätigung, dass Jesus der verheißene Messias ist. Paulus öffnet in seiner weit in in die Geschichte Israels zurückgreifende Botschaft seinen Zuhörern den Blick für die Heilsgeschichte. Gott hatte mit Israel begonnen und sie waren eingeladen, die gute Nachricht von Jesus Christus zu allen Völkern zu tragen.

Was dem Gesetz des Mose unmöglich war ⇢ Die Zuhörer in der Synagoge wussten, wie unerfüllbar das Gesetz des Mose war und dass der jüdische Opferkult keine Rechtfertigung des jüdischen Volkes schaffen konnte. Er war ein von Gott angebotener Notbehelf. Nun bot Gott in Jesus Christus die Vergebung aller Sünden und die Gerechtigkeit an, die vor ihm Gültigkeit hat. Aber jedes Angebot bedarf der Annahme, wenn es wirksam werden soll. Paulus bot das Heil den Juden als den Erwählten Gottes zuerst an. Sie sollten es annehmen und es auch zu den Nationen tragen.

Legitim? ⇢ Ist es denn legitim, den Juden das Evangelium von Jesus Christus zu predigen? Diese Frage wird heute von liberalen Christen diskutiert und oft verneint. Ein Blick in das Neue Testament zeigt jedoch, dass die Juden die Ersten waren, denen das Heil in Christus angeboten wurde. Und damit waren sie auch die Ersten, die es annahmen und an die Menschen aus den Nationen weitergaben. Gottes Heilsangebot geht jedoch dennoch weiter, wenn Israel sich verweigerte. So hat er es den Nationen anvertraut, sein Evangelium zu predigen.

Noch nicht am Ende ⇢ Aus der Offenbarung des Johannes können wir erkennen, dass Gott mit seinem erwählten Volk noch nicht am Ende ist, sondern dass es in seiner Heilsgeschichte noch eine bedeutende Rolle übernehmen wird. Wir als Christen aus den Nationen dürfen Israel segnen und dafür beten, dass sie Jesus Christus als ihren Messias erkennen und annehmen.

Ekkehardt Rückert

26 Samstag

JULI

Euch musste das Wort Gottes zuerst gesagt werden; da ihr es aber von euch stoßt [...], siehe, so wenden wir uns zu den Heiden.

Apostelgeschichte 13,46

Bibellese: Apostelgeschichte 13,42-52

Ab dem 13. Kapitel folgt die Apostelgeschichte dem Apostel Paulus, um von seinen atemberaubenden Missionsreisen zu berichten. Er zieht los wie ein Hirte, der die verlorenen Schafe Israels in der Fremde sucht, um ihnen von dem gekommenen Messias zu berichten. Man kann in seinem Dienst viele Parallelen zu Jesus finden, der auch von Ort zu Ort reiste und nicht wenig Aufsehen dabei erregte.

Doch Jesu Dienst hielt sich immer sehr nah an seinem Volk, obwohl sein Auftrag noch viel größer war. In Jesaja 49,6 lesen wir über ihn: *„Es ist zu wenig, dass du mein Knecht bist, die Stämme Jakobs aufzurichten und die Zerstreuten Israels wiederzubringen, sondern ich habe dich auch zum Licht der Völker gemacht, dass mein Heil reiche bis an die Enden der Erde."* Als Jesus sein Leben am Kreuz in die Hände Gottes zurückgab, war von diesem Licht für die Heiden noch nicht viel zu sehen, aber das sollte sich durch Paulus ändern.

Die Verheißung wird erfüllt ⇢ Als Paulus in Antiochia die ganze Stadt mit dem Evangelium erreichte, veränderte sich sein Dienst grundlegend. Die Juden, die sich eigentlich freuen sollten, wurden neidisch und die Heiden jubelten über ihre Rettung. Man sieht den Wert dieses Volkes, wenn selbst ihr Scheitern solch einen Segen bringt. Denn an diesem Punkt erfüllte sich die Prophezeiung des Jesaja und das Licht des Messias begann, hell für alle Menschen der Welt zu scheinen. An diesem Tag ist ein Stein ins Rollen gekommen, der selbst nach 2000 Jahren nicht zu stoppen ist und nicht nur den Weg einzelner Menschen verändert, sondern ganze Länder auf den Kopf stellt.

Zum Mitnehmen ⇢ Was können wir aus dieser Geschichte lernen? Selbst Jesus hatte Verheißungen auf seinem Leben, die erst nach seinem Tod Erfüllung fanden. In der Stunde seines Sterbens konnte man noch daran zweifeln, ob er wirklich der Messias war, doch nur wenige Zeit später ist es unbestreitbar. Wenn wir die Erfolge unseres Lebens betrachten, sind wir vielleicht auch unsicher, ob wir den Plan Gottes erfüllen konnten. Die wahren Früchte zeigen sich jedoch erst vollständig in der kommenden Generation, nicht in der jetzigen.

Daniel Schulze

Und sie nannten Barnabas Zeus und Paulus Hermes, weil er das Wort führte.

Apostelgeschichte 14,12

Bibellese: Apostelgeschichte 14,1-18

Menschen lieben Geschichten sehr. Da liest jemand gerne das Märchen von Dornröschen und malt sich vor den inneren Augen den rettenden Prinzen aus. Andere schauen sich alle Teile von Marvel an und würden gerne so gut ausgerüstet sein wie etwa Ironman. Wieder ein anderer hat alle Bücher von Reinhard Bonnke gelesen und bittet um die gleiche Salbung. Wie sehr Geschichten und Berichte unsere Reaktion auf Gottes Wirken beeinflussen können, wird deutlich, als Paulus und Barnabas die gute Nachricht nach Lystra brachten.

Das Missverständnis ⇢ Als sie durch die Kraft Gottes den Gelähmten heilten, wussten sie noch nicht, dass die Menschen dieser Stadt eine ganz besondere Geschichte kannten. Aus ihrer Mythologie war überliefert worden, dass einmal die Götter Zeus und Hermes in Gestalt von Menschen ihre Stadt besucht hatten. Doch weil sie diese nicht erkannt hatten und somit der angemessenen Ehre schuldig geblieben waren, waren sie bestraft worden. Als plötzlich wieder zwei fremde Menschen kamen und vor aller Augen einen Gelähmten heilten, war alles klar: Zeus und Hermes mussten zurückgekommen sein. Und obwohl man sagt, dass man aus der Geschichte lernen soll, war es natürlich fatal, dieses Ereignis so zu interpretieren. Nur mit größter Mühe konnten Paulus und Barnabas die Menschen davon abhalten, ihnen Opfergaben zu bringen. Sie taten es, indem sie ihnen eine neue Geschichte erzählten. Sie berichteten von ihrem Gott, der die Welt erschaffen hat, und wie er nun allen Menschen Rettung anbot.

Ein blinder Fleck? ⇢ Es ist leicht anzunehmen, dass uns solch ein Missverständnis nicht passieren kann. Natürlich kennen wir die Geschichten der Bibel und würden das Handeln Gottes richtig interpretieren. Doch ist das wirklich so? Oder haben wir vielleicht an dieser Stelle einen blinden Fleck? Wenn wir Heldengeschichten lieben und Gott uns anspricht, ist es leicht zu glauben, dass jetzt unserer eigene Heldengeschichte beginnt. Vielleicht würden wir uns dann selbst überschätzen und versuchen, die Bühne unseres Lebens auszufüllen wie Ironman die Kinoleinwand. Genauso können wir unseren Glaubenshelden nacheifern und verstehen nicht, dass Gott ihre Erlebnisse nicht wiederholen will, sondern mit uns eine ganz eigene Geschichte schreiben will. Seien wir offen dafür.

Daniel Schulze

[Sie] stärkten die Seelen der Jünger und ermahnten sie, im Glauben zu bleiben, und sagten: Wir müssen durch viele Bedrängnisse in das Reich Gottes eingehen.

Apostelgeschichte 14,22

Bibellese: Apostelgeschichte 14,19-28

Gerade noch hatten die Einwohner von Lystra sie für Götter gehalten und wollten ihnen opfern. Wenige Tage später schleppten sie Paulus vor die Stadt, steinigten ihn und ließen ihn liegen, da sie dachten, er sei tot. *„Als ihn aber die Jünger umringten, stand er auf und ging in die Stadt"* (Vers 20). Haben wir richtig gelesen? Er kehrt wieder zurück in die Stadt, deren Einwohner ihn gerade steinigen wollten? Das ist verrückt. Am nächsten Tag geht die Reise weiter nach Derbe. Auch dort verkündigen sie das Evangelium und viele Menschen kommen zum Glauben.

Und dennoch ⇢ Dann beginnt der lange Heimweg, auf dem sie noch einmal die Städte Lystra und Ikonion betreten. In beiden Städten mussten sie um ihr Leben bangen, denn auch aus Ikonion hatten sie zuvor fliehen müssen, weil sowohl Heiden als auch Juden sie hatten steinigen wollen. Und dennoch gehen sie dahin zurück, um die Neubekehrten zu ermutigen und geistliche Leiter einzusetzen.

Oft schauen wir auf das Ergebnis und sehnen uns danach, dasselbe zu erleben. Dass Menschen zu Christus finden, dass Heilungen geschehen, dass Gemeinden sowohl zahlenmäßig als auch geistlich wachsen. Aber sind wir bereit – wie Paulus und Barnabas – unser ganzes Leben dafür einzusetzen? Sind wir bereit, Opfer zu bringen? Oder geht es um unser Ansehen und unsere Wichtigkeit? Häufig wird versucht, in Gemeinden oder bei Missionaren Erfolg in Zahlen zu erfassen. „Wir haben x Neubekehrte oder x neue Mitglieder!" Und dann wird verglichen. Aber wenn die Zahlen nicht passen, ist es dann nicht gesegnet? Worum geht es denn wirklich?

Auch in Bedrängnis ⇢ Wann haben wir das letzte Mal in einer Predigt gehört, dass wir Bedrängnis erleiden müssen? Von Gottes Liebe und Vergebung zu sprechen, ist natürlich wichtig. Aber wenn wir Christus ernsthaft nachfolgen und seine Jünger sein wollen, werden wir auf Widerstand stoßen. Nicht bei Ideen oder Projekten, sondern bei der grundlegenden Wahrheit des Evangeliums. In Matthäus 16,24 lesen wir: *„Da sprach Jesus zu seinen Jüngern: Will mir jemand nachfolgen, der verleugne sich selbst und nehme sein Kreuz auf sich und folge mir."* Wenn das geschieht, sollten wir vorbereitet sein. Dafür ist die Gemeinde da, die Gemeinschaft der Christen, die sich gegenseitig unterstützt, einander hilft und ermutigt.

Rita Kappel

Als man sich aber lange gestritten hatte, stand Petrus auf und sprach zu ihnen: Ihr Männer, liebe Brüder ...

Apostelgeschichte 15,7

Bibellese: Apostelgeschichte 15,1-21

Zugegeben – dies ist ein äußerst ungewöhnlicher Vers, um darüber eine Andacht zu schreiben. Hatte Jesus nicht um die Einheit der Jünger und aller zukünftigen Gläubigen gebetet? *„Ich in ihnen und du in mir, auf dass sie vollkommen eins seien"* (Johannes 17,23). Doch dann wird uns beschrieben, dass die Apostel und Ältesten lange gestritten haben. Wie passt das zusammen?

Wer hat recht? ⇢ Auf der einen Seite sehen wir hier Paulus und Barnabas, die voller Begeisterung von vielen neuen Gläubigen unter den Heiden berichten. Auf der anderen Seite stehen Judenchristen, die meinen, dass auch Heidenchristen für die Errettung die Beschneidung benötigen und das Gesetz des Mose halten müssen. Hierüber streiten alle dermaßen, dass sie für eine Klärung Unterstützung bei den Ältesten und Aposteln in Jerusalem suchen. Doch auch diese streiten darüber, wer recht hat.

Kennen wir das auch? „Gott hat mir das gezeigt", „Nein, das sehe ich anders", „Meine Erkenntnis ist so", „Zu mir hat Gott direkt geredet", „Ich habe ein Bild gehabt", „Gott hat im Traum zu mir gesprochen." Oft versuchen wir dann, andere von unserer Meinung zu überzeugen. Weil es uns ja so klar ist. Und wir wundern uns, wieso andere nicht dieselbe Erkenntnis haben. Das ist gefährlich. Es könnte durchaus sein, dass wir unsere eigene Meinung für das Reden Gottes halten. Vielleicht meinen wir, Gott sei nicht in der Lage, den anderen die gleiche Erkenntnis zukommen zu lassen. In beiden Fällen stellen wir uns über andere und über Gott.

Jesus ist Herr ⇢ Aber wie können wir denn dann eins werden, wie Jesus es erbittet? Sollen wir alle Diskussionen unter den Teppich kehren? Keinesfalls. Unterschiedliche Meinungen müssen diskutiert werden, in Demut und Liebe. Sie müssen vorhanden sein und ausgehalten werden, auch in den Gemeinden und der Gemeindeleitung. Aber sie dürfen weder zu Verletzungen und Spaltung führen noch über das Wesentliche gestellt werden: Jesus Christus als Retter, Erlöser und Herr des Einzelnen und der Gemeinde.

Unser Miteinander spricht lauter zu unseren Mitmenschen als unsere Worte. Achten wir also auf unseren Umgang mit unseren Geschwistern. Wie es in Johannes 17,23 steht: *„... auf dass sie vollkommen eins seien und die Welt erkenne, dass du mich gesandt hast und sie liebst, wie du mich liebst."*

Rita Kappel

30
Mittwoch

Wir, die Apostel und Ältesten, eure Brüder, grüßen die Brüder aus den Heiden in Antiochia und Syrien und Kilikien.

Apostelgeschichte 15,23

Bibellese: Apostelgeschichte 15,22-29

„Vertrauen ist gut, Kontrolle ist besser" - wer kennt diesen Spruch nicht? Steckt dort nicht viel Wahrheit drin? Vor Jahren hatte ich als Bildungsreferent eine sehr starke Auseinandersetzung mit einem BFP-Regionalleiter. Der Streit eskalierte und ich wurde vor einen Ausschuss mit dem Präses geladen. Während der Fahrt dorthin war ich felsenfest der Meinung, richtig zu liegen. Doch dieser Eindruck verflüchtigte sich, je näher ich dem Ort der Aussprache kam. Es ist gut, Brüder zu haben, die Obacht geben über unser Handeln. *„Gehorcht euren Lehrern und folgt ihnen, denn sie wachen über eure Seelen – und dafür müssen sie Rechenschaft geben –, damit sie das mit Freuden tun und nicht mit Seufzen; denn das wäre nicht gut für euch*" (Hebräer 13,17).

Leiten bedeutet Verantwortung ⇢ Es war gut für mich, meine Meinung vorbringen zu können und doch eine liebevolle Korrektur der Brüder zu bekommen. Im Laufe der Jahre habe ich meine Entscheidungen oftmals in die Hände der leitenden Brüder gelegt und Gott vertraut, dass sie mich richtig beraten. Allerdings habe ich unseren damaligen Pastor auch darauf aufmerksam gemacht, dass er eine hohe Verantwortung hat, denn er muss einmal über seinen Ratschlag für mich vor Gott Rechenschaft ablegen. Aber das muss ich als Leiter eines Werkes auch.

Wie viel Verantwortung liegt in meiner Beratung einer jüngeren Generation? ⇢ Manchmal ergeben sich aus meinem Rat Entscheidungen von Lebenswegen. Seit meiner Erfahrung als junger Christ bin ich bedeutend behutsamer geworden, Menschen auf ihrem Lebensweg zu beraten, denn wir müssen darüber vor Gott Rechenschaft ablegen. Wir sollen ja nicht nur unsere Meinung weitergeben, sondern den Ratschluss Gottes. Dieser Ratschluss ist immer der Beste, aber es bedeutet auch, dass wir als Ratgeber sehr eng mit Jesus verbunden sein sollten. *„In ihm sind wir auch zu Erben eingesetzt worden, die wir dazu vorherbestimmt sind nach dem Vorsatz dessen, der alles wirkt nach dem Ratschluss seines Willens; damit wir etwas seien zum Lob seiner Herrlichkeit, die wir zuvor auf Christus gehofft haben*" (Epheser 1,11.12).

Knut Adler

Judas aber und Silas, die selbst Propheten waren, ermahnten die Brüder und Schwestern mit vielen Reden und stärkten sie.

Apostelgeschichte 15,32

Bibellese: Apostelgeschichte 15,30-41

„Das ist nicht gut – nicht gut für deinen Glauben, das solltest solltest du nicht essen, diesen Beruf nicht ergreifen, und, und, und …“ Wenn wir uns das gesamte jüdische Gesetz mit allen seinen Forderungen anschauen – wer kann es einhalten? Ich bin froh, dass ich durch Jesus aus der großen Menge der Heiden errettet wurde. Allein durch Jesus, und durch Menschen, die ihren Auftrag ernst nahmen und das Evangelium verkündigten. Doch allein Jesus rettet.

Jesus genügt ⇢ Wie oft habe ich erfahren, dass er mich durch seinen Geist liebt, tröstet, ermahnt und mir Wegweisung gibt. Gerade mir, der nicht mit viel Selbstvertrauen aufwuchs, oft ungeliebt und oft am Leben verzweifelnd. *„Zu der Zeit fing Jesus an und sprach: Ich preise dich Vater, Herr des Himmels und der Erde, weil du dies den Weisen und Klugen verborgen hast und hast es den Unmündigen offenbart“* (Matthäus 11,25). Unmündig zu sein bedeutet, nicht Alleingestalter seines Lebensentwurfes zu sein, sondern als Unmündiger einen Vormund zu haben. Eigentlich ist das die Aufgabe der Eltern, aber manchmal können Eltern diese Aufgabe nicht übernehmen. In einem solchen Fall beauftragt ein Gericht eine andere erwachsene Person damit, die Verantwortung zu übernehmen. In unserem Fall beauftragt Gott als Vater und gerechter Richter seinen Sohn Jesus, für uns die Vormundschaft, die Verantwortung zu übernehmen. Und er beauftragt Menschen, mit ihm diese Vormundschaft auszuführen.

Es gibt ein Danach ⇢ Da kann es auch mal zu Auseinandersetzungen kommen. Paulus wollte Markus nicht mitnehmen, weil er sie in Pamphylien verlassen hatte. Barnabas geriet mit Paulus deshalb so scharf aneinander, dass sie sich trennten, und nahm Markus dann mit nach Zypern. Hier könnte die Auseinandersetzung enden, doch Jesus als unser Vormund hatte einen besseren Plan: Später verlangte Paulus von Timotheus, Markus mitzubringen, und schreibt über ihn: *„… denn er ist mir nützlich zum Dienst“* (2. Timotheus 4,11). Doch nicht nur das: Markus durfte sogar das Evangelium schreiben, das den Herrn Jesus als vollkommenen Diener zeigt. Selbst wenn wir eine negative Meinung über Personen haben, Gott hat immer eine positivere. Seine Hoffnung gilt bis ans Lebensende.

Knut Adler

Ich will mich in Frieden hinlegen und schlafen, denn du allein, HERR, gibst mir Geborgenheit.
Psalm 4,9 (NLB)

Glücklich zu preisen ist, wer Verlangen hat nach dem Gesetz des HERRN und darüber nachdenkt Tag und Nacht.

Psalm 1,2 NGÜ

Bibellese: Psalm 1

Grünen oder vertrocknen? Der Psalmist spricht in den Anfangsversen des ersten Psalmes von zwei Wegen, die zur Wahl stehen. Der Baum, der immer grünt und regelmäßig Früchte trägt, weil er am Wasser steht, wird aber als der Weg hervorgehoben, über den man am Ende glücklich sein wird.

Die Psalmen halten uns einen Spiegel vor und fordern uns heraus, uns mit dem Unaufgeräumten in unserer Seele, mit dem inneren Durcheinander auseinanderzusetzen, um einen inneren Frieden zu finden. In diesem Psalm werden wir herausgefordert, eine Entscheidung für das Nachdenken – oder anders gesagt: Meditieren – über Bibelworte zu treffen.

Wie kann das aussehen? ⇢ Über Bibelworte nachzudenken oder zu meditieren, heißt, in eine liebende Begegnung mit Gott zu kommen. Die Bibelworte laut zu lesen und immer wieder zu wiederholen, dabei den Oberkörper zu bewegen, wie es damals üblich war, kann es möglich machen, dass sie sich mit unserem Leben verbinden und uns neue Möglichkeiten aufzeigen, mit den Herausforderungen in unserem Alltag umzugehen. Dadurch kann es geschehen, dass Gottes Wort sich immer tiefer einprägt und so das Gottvertrauen immer tiefer in unserer Seele verankert wird. Der heutige Leitvers ist eine etwas andere Seligpreisung. Glücklich ist, wer sich nach dem Wort Gottes sehnt und sich ihm hingibt. Er wird grünen und fruchtbar sein.

Manche jüdischen Mitbürger lernen bis heute ganz schlicht Texte auswendig und wiederholen sie ständig. Das führt zur Weisheit, zum besseren Verständnis. Auch die Mönche des Mittelalters haben das so gelebt. Eine Theologin des 20. Jahrhunderts, Dorothee Sölle, sprach zum Beispiel vom „Psalmen essen". Sie stellte für sich fest: „Psalmen sind für mich wie Brot. Ich esse sie. Ich kaue auf ihnen herum, immer wieder neu." Es ist eine Art „Wiederkäuen". Das Wort ist ihr dadurch in Fleisch und Blut übergegangen.

Heilsame Horizonte ⇢ Im Laufe der Zeit werden sich die Worte der Bibel immer mehr einprägen und Einfluss auf unsere innere Haltung nehmen. Wir werden uns dann weniger um uns selbst und unsere Probleme drehen. Die Worte der Bibel können uns neue heilsame Horizonte eröffnen, zu einer neuen inneren Stimme werden. Sie schenken dann Orientierung und Kraft.

Andrea Schmidt

2
Samstag

AUGUST

Lasset uns zerreißen ihre Bande und von uns werfen ihre Stricke!

Psalm 2,3

Bibellese: Psalm 2

Der heutige Psalm enthält wohl von allen Psalmen die deutlichsten Prophetien auf Jesus. So bezieht sich beispielsweise Hebräer 1,5 auf Vers 7 der heutigen Bibellese: *„Du bist mein Sohn, heute habe ich dich gezeugt."* Und das wurde ungefähr 1000 Jahre vor Christus geschrieben!

Frei sein! ⇢ Aber unser Psalm beginnt mit dem Versuch eines Umsturzes: Die Völker toben und murren, die Mächtigen dieser Erde lehnen sich auf gegen Gott und seinen Gesalbten, Jesus Christus. Worum geht es bei diesen Umsturzgedanken? *„Lasset uns zerreißen ihre Bande und von uns werfen ihre Stricke"*, das ist interessant und bestürzend zugleich. Interessant, weil sich diese „Befreiungsrufe" in der Geschichte wiederholen. In der Französischen Revolution genauso wie in der 1968er-Zeit der Studentenbewegung. Man wollte frei sein von den Moralvorstellungen der Kirche, frei von biblischen Vorgaben, frei sein von Gott. Anstelle der christlichen Lehre traten dann menschliche Ideologien, fernöstliche Religionen, oft auch neue Zwänge und Gewalt.

Frei in ihm ⇢ Es bestürzt mich, wie sehr Gott und sein Wort missverstanden werden. Seine Absicht war es doch nie, uns zu binden und uns die Freiheit zu nehmen. Im Gegenteil: Er hat uns als sein Gegenbild erschaffen, mit einem hohen Maß an kreativer Entfaltung und Selbstbestimmung. Jesus sagt: *„Wenn euch nun der Sohn frei macht, so seid ihr wirklich frei"* (Johannes 8,36); und Paulus schreibt: *„Wo aber der Geist des Herrn ist, da ist Freiheit"* (2. Korinther 3,17).

Wenn wir wissen wollen, was uns die Freiheit raubt, brauchen wir nur die Augen öffnen: Drogen, Alkohol und vieles andere, was die Menschen süchtig macht. Ängste, Gewalt in Familien und der Welt, Sünde in jeder Form. Jesus ist gekommen, um uns davon zu befreien, um uns wieder in unsere ursprüngliche Bestimmung zu bringen – Töchter und Söhne Gottes zu sein. Gestalter anstatt Opfer, Friedensbringer statt Kriegstreiber, wobei Letzteres besonders an die Könige und Herren der Erde gerichtet ist.

Deshalb möchte ich die Bande mit Jesus noch enger schnüren, anstatt sie zu zerschneiden.

Martin Thalmann

Ach, HERR, wie sind meiner Feinde so viel und erheben sich so viele wider mich!

Psalm 3,2

Bibellese: Psalm 3

Dies war wohl der Tiefpunkt im Leben Davids: Sein eigener Sohn Absalom hatte eine Verschwörung gegen ihn angezettelt und wollte ihn aus dem Amt jagen. Es heißt: *„So stahl Absalom das Herz der Männer Israels"*, indem er ihnen falsche Versprechungen machte und gleichzeitig seinen Vater mobbte (2. Samuel 15,6). Das war nicht nur bitter, sondern auch gefährlich, weil es viele Feinde waren. David musste mit seinen Getreuen aus Jerusalem fliehen. Aber was bewegt ihn jetzt in seinem Inneren? Schmiedet er politische Pläne, neue Allianzen, Kriegsvorbereitungen? Kann er mit seinen Feinden verhandeln?

Nichts von alledem! Obwohl viele sagen: „Es gibt keine Rettung für ihn bei Gott!", setzt er sein ganzes Vertrauen in seinen Herrn. Und dieses Vertrauen trägt: Gott antwortet auf Davids Hilfeschrei, dieser kann ruhig schlafen – was für ein Geschenk! –, er hat keine Angst.

Eine Beziehung des Vertrauens ⇢ In diesem Psalm spürt man die vertrauensvolle Beziehung, die David zu Gott hat. Das war kein statischer, sondern gelebter Glaube, der sich aus unzähligen Erfahrungen speiste. David hatte schon oft erfahren, dass es sich lohnt, wenn man die Hilfe von Gott erwartet, anstatt auf Menschen oder Militär zu setzen. Er wusste: „Gott ist mein Schild! Ich kann mich ruhig niederlegen, denn er stützt mich", und proklamierte: *„Bei dem HERRN ist die Rettung"* (Vers 9).

Können wir das auch so bekennen? ⇢ Auf wie viele Versicherungen, Rücklagen, Freunde können wir uns stützen? Wir können dankbar dafür sein. Aber was wäre, wenn sie wegbrechen, wenn sich sogar unsere eigene Familie gegen uns wendet? Trägt uns dann der Glaube? Ja, er kann uns tragen, wenn er so eng und vertrauensvoll ist wie bei David. Die Revolution Absaloms war eine schwere Prüfung. Gott lässt manchmal solche Situationen zu, um unseren Glauben zu testen. Deshalb fordert uns dieser Psalm heraus, unsere Beziehung zu Gott zu stärken. Wie man das macht? Indem man sich Zeit nimmt, mit Gott spricht, ehrlich und ohne Schnörkel. Er freut sich, wenn wir ihm alles sagen, denn er liebt uns von ganzem Herzen!

Martin Thalmann

4 Montag

Du erfreust mein Herz mehr als zur Zeit, da es Korn und Wein gibt in Fülle. Ich liege und schlafe ganz mit Frieden.

Psalm 4,8.9

Bibellese: Psalm 4

In zahlreichen Psalmen wird deutlich gemacht, dass es in herausfordernden Zeiten hilfreich sein kann, vor dem Herrn zu klagen. Auch in Psalm 4 wendet sich David an Gott und bittet darum, in seiner Angst getröstet zu werden. In den folgenden Versen wird deutlich, weshalb er Gottes Trost braucht: Ihm nahestehende Menschen ziehen seine Ehre in den Schmutz, indem sie Lügen über ihn verbreiten.

Angriffe ⇢ An dieser Stelle kann man sich als Leser des Psalms durchaus mit David identifizieren. Immer wieder kann es passieren, dass Unwahrheiten über einen gesagt werden. Nicht selten werden dabei bewusst falsche Tatsachen in den Umlauf gebracht, um uns zu schaden. Wenn es aber von Menschen kommt, die uns nahestehen, ist es besonders schmerzhaft.

Wie geht David mit dieser Situation um? Zunächst einmal macht er sich bewusst und spricht aus, wer er ist. Die Neue Genfer Übersetzung gibt Vers 4 mit den folgenden Worten wieder: *„Begreift doch, dass sich der HERR für mich entschieden hat. Er selbst hat mich berufen als einen Mann, der ihm die Treue hält."* Das bedeutet, dass er sich seiner Berufung und der Entscheidung Gottes für ihn bewusst ist. Auch wenn Menschen ihn infrage stellen oder diskreditieren, weiß er sich von Gott als treuer Diener berufen.

Frieden haben ⇢ Dann wiederum macht David klar, dass es ihm nicht lediglich darum geht, von den Vorwürfen freigesprochen zu werden. Er hat ein Herz für seine Opponenten und möchte sie zur Buße bewegen, indem er einen Satz ausspricht, der auch im Neuen Testament zitiert wird: *„Zürnet ihr, so sündiget nicht"* (Vers 5). Schließlich ermutigt er sie, ihre Hoffnung auf den Herrn zu setzen.

Was hat David davon, dass er seinen Anklägern auf diese Weise begegnet? Er schlägt eine Brücke der Versöhnung zu seinen Gegenspielern und öffnet sich dadurch für den Frieden Gottes. So kann er, obwohl die Situation offensichtlich noch nicht gelöst ist, sagen: *„Du erfreust mein Herz mehr als zur Zeit, da es Korn und Wein gibt in Fülle."* Damit macht er klar, dass sein innerer Friede nicht von den äußeren Umständen abhängt. Und schließlich legt er sich mit diesem Frieden im Herzen schlafen: *„Ich liege und schlafe ganz mit Frieden; denn allein du, HERR, hilfst mir, dass ich sicher wohne"* (Vers 9).

Albert Stein

Denn du, HERR, segnest die Gerechten, du deckest sie mit Gnade wie mit einem Schilde.

Psalm 5,13

5

Dienstag

AUGUST

Bibellese: Psalm 5

Und wieder geht es um Gottes Gnade und Güte – es gibt Tage, da frage ich mich, ob ich nicht schon genug darüber gehört habe. Doch gerade in diesem Psalm wird dem Gnadengedanken eine besondere Note verliehen, die es wert ist, gehört zu werden. Erneut klagt David über die Ungerechten und gibt Gott fast schon Ratschläge, wie dieser mit ihnen umgehen soll. Im gleichen Zug stellt er ihnen die Gerechten gegenüber und spricht aus, was er von Gott erwartet, dass er ihnen tun soll. Also nichts Neues unter der Sonne: Den Ungerechten soll es schlecht und den Gerechten gut gehen.

Doch inmitten all dieser Gut-böse-Diskussion macht David in zwei Versen jeweils scheinbar überraschende Aussagen. Schauen wir zunächst in Vers 8: *„Ich aber darf in dein Haus gehen durch deine große Güte und anbeten vor deinem heiligen Tempel in deiner Furcht.“* Es ist also nicht seine Gerechtigkeit, die es David erlaubt, im Haus des Herrn zu sein, sondern Gottes Güte. Heute, einige Tausend Jahre später wissen wir, dass auch David mit mehr als einer Sünde in seinem Leben zu kämpfen hatte. Wie gut, dass Gott ihm gegenüber weitaus gnädiger war, als David es seinerseits für Menschen gefordert hatte, die sich so verhalten.

Durch seine Gnade ⇢ Auch der Tagesvers geht in eine ähnliche Richtung: *„Denn du, HERR, segnest die Gerechten, du deckest sie mit Gnade wie mit einem Schilde.“* Aber müssen denn Gerechte mit Gnade zugedeckt werden? Wenn sie doch gerecht sind, wofür ist denn noch Gnade notwendig? Aus Römer 3,10 wissen wir: *„Da ist keiner, der gerecht ist, auch nicht einer.“* Wir müssen die Anordnung dieser Aussagen ändern, um wieder neu zu begreifen, welches Ausmaß Gottes Gnade hat. Nicht ein gerechtes Leben bewirkt, dass Gott uns seine Gnade erweist, sondern Gottes Gnade bewirkt, dass wir zu Gerechten werden.

Wieder einmal wird mir bewusst, wie groß Gottes Gnade und seine Güte sind, dass ich in seinen Augen ein Gerechter sein darf. Durch den Tod seines Sohnes, der meine Schuld auf sich nahm, darf ich jeden Tag aufs Neue seine Vergebung empfangen und weiß, dass ich in seinen Augen gerecht bin! Mit diesem Zuspruch und der Gewissheit, dass Gottes Gnade und Güte mit mir sind, darf ich das Leben eines Gerechten leben und Stück für Stück Jesus ähnlicher werden. Danke, Jesus!

Albert Stein

Der HERR hört mein Flehen; mein Gebet nimmt der HERR an.

Psalm 6,10

Bibellese: Psalm 6

Am Anfang steht die Not. In diesem Psalm ist die Rede von einer Gebetserhörung, die am Endpunkt einer schwierigen Entwicklung steht. Der größere Teil des Psalms ist davon geprägt, dass der Beter zu Gott schreit und ihn um Hilfe anfleht. Warum? Er scheint von körperlichen und seelischen Nöten geplagt zu sein. In solchen Situationen suchen wir fast reflexartig nach Hilfe. Ich erinnere mich, dass ich das als Kind oft gemacht habe, da ich immer wieder Probleme mit Bauchschmerzen und Krämpfen hatte. Ich flehte Gott um Hilfe an, weil ich die Hoffnung hatte, dass er mir helfen kann. Diese Hoffnung hatte auch der Beter in diesem Psalm. Und so beginnt er, zu beten.

Am Ende steht Gott → Beim Beten kommt es nicht auf die richtige Formulierung an. Nein, es geht um eine Reise: hin zum eigenen Herzen und zum Herzen Gottes. Am Anfang dieser Reise stehen in diesem Psalm Schmerz, Frustration und Erschöpfung. Wie gut ist es, dass uns die Bibel dazu einlädt, solche Gefühle mit Gott zu besprechen. Wie schrecklich ist es andererseits, dass manche Christen meinen, es sei ein Zeichen von fehlender Frömmigkeit, wenn wir genau das tun. Jesus selbst hat am Kreuz gerufen: „*Mein Gott, mein Gott, warum hast du mich verlassen?*" (Markus 15,34).

So fühlte sich der Beter in diesem Psalm. Er kann den Schmerz nicht übersehen. Und er geht damit auf eine Reise, hin zum Herzen Gottes. Er öffnet sein Herz vor ihm. Gleichzeitig hält er es vor Gott aus, dass er durch dieses tiefe Tal gehen muss. Und am Ende dieser Reise kommt er zu dem Punkt, dass er sagen kann: „*Der HERR hört mein Flehen.*" Diese Überzeugung ist so stark, dass er sogar bekennen kann, dass seine Feinde fliehen müssen, die inneren oder auch äußeren Stimmen, die uns von Gott in solchen Situationen wegziehen und entmutigen wollen.

Er hört uns → Kennen wir das aus eigener Erfahrungen? Haben wir Menschen erlebt und begleitet, die durch solche Täler gehen mussten? Egal, ob wir selbst betroffen sind oder andere begleiten: Es ist nötig, dass wir unseren Schmerz wahrnehmen, vor Gott aushalten, in seiner Gegenwart bleiben und hoffend warten – um dann am Ende des Tales sagen zu können: „Der Herr hat mein Gebet erhört!"

Egbert Warzecha

Steh auf, HERR, in deinem Zorn, erhebe dich wider den Grimm meiner Feinde! Wache auf, mir zu helfen, der du Gericht verordnet hast.

Psalm 7,7

Bibellese: Psalm 7

Menschliche Ungerechtigkeit. Manchmal finden wir uns in Situationen wieder, die uns alles andere als schmecken. Wir fühlen uns zum Beispiel ungerecht behandelt – Menschen erheben Vorwürfe, die möglicherweise völlig aus der Luft gegriffen sind oder zumindest nicht ganz der Wahrheit entsprechen. So etwas kann harmlos ablaufen, kann aber auch ein Risiko für den persönlichen Ruf darstellen. In einer Zeit, in der Bashing über Social Media an der Tagesordnung ist, sind solche Erfahrungen leider keine Ausnahme. Auch Kinder und Jugendliche erleben das in erheblichem Maße. Wie reagieren wir? Indem wir uns ins Schneckenhaus zurückziehen? Oder zurückschlagen? Über die Zeit Groll und Bitterkeit in unserem Herzen kultivieren? Alle diese Reaktionen helfen nicht weiter und schaden zudem unserem Herzen.

Himmlische Gerechtigkeit → David, der Autor dieses Psalms, hatte es gelernt, mit solchen Dingen umzugehen. Er geht mit seiner Situation zu Gott und bittet ihn um Hilfe. Er setzt sich mit ihm über den Sachverhalt auseinander. Dabei ist eines wichtig: Nicht er selbst übt Rache, sondern bittet Gott darum, die Sache in die Hand zu nehmen und ihm Gerechtigkeit zu verschaffen. Auch Jesus erlebte dies: Er wurde zu Unrecht verurteilt – zum Tode. Als er am Kreuz hing, bat er Gott sogar um Vergebung für seine Feinde. Und gleichzeitig wusste er, dass er dort gerade einen Kampf gegen die Sünde, den Tod und die Finsternis ausfocht. Diesen Kampf gewann er mit der Hilfe seines Vaters, der ihn von den Toten auferweckte.

Was wir von David und Jesus lernen können, ist: Wir kämpfen nicht gegen Menschen, sondern gegen Mächte und Gewalten der Finsternis (siehe Epheser 6,12). Wir verlassen uns dabei auf den Sieg Jesu über die dämonischen Mächte. Gleichzeitig streben wir danach, anderen mit ehrlichem Herzen vor Gott und vor uns selbst zu vergeben, wie Jesus es tat. Dies ist eine tröstende und große Botschaft: Gott will für uns kämpfen! Ich möchte uns dazu ermutigen, die eigenen Waffen niederzulegen und Gott zu bitten, dass er für uns kämpft und Gerechtigkeit schafft – weil Jesus es schon für uns vollbracht hat.

Egbert Warzecha

8
Freitag

So bringe ihn sein Herr vor Gott und stelle ihn an die Tür oder den Pfosten und durchbohre mit einem Pfriemen sein Ohr, und er sei sein Sklave für immer.

2. Mose 21,6

AUGUST

Bibellese: 2. Mose 21,1-11

Die Zehn Gebote sind berühmt und bekannt. Selbst Menschen, die nicht viel mit dem Glauben zu tun haben, können zumindest einige dieser Gebote nennen. Gott hatte seinem Volk damals jedoch nicht nur die Zehn Gebote gegeben, sondern noch viele andere verschiedene Gesetze, die ihr Leben und ihr Verhalten regeln sollten. So auch in den heutigen Versen. In unserer heutigen Kultur können wir allerdings oft nur wenig damit anfangen.

Ein Zeichen der Zugehörigkeit ⇢ Hatte ein Hebräer sich stark verschuldet oder wollte er einen Diebstahl wiedergutmachen, so konnte er Sklave werden. Er konnte dabei für sechs Jahre verpflichtet werden, doch im siebten Jahr musste er freigelassen werden. Wenn er aber während seiner Zeit als Sklave heiratete, gehörten die Frau sowie ihre gemeinsamen Kinder seinem Herrn. In solch einem Fall konnte er sich dazu entscheiden, Sklave zu bleiben. Dann wurde sein Ohr an einem Türpfosten durchbohrt. Auf diese Weise identifizierte er sich freiwillig mit dem Haus seines Herrn. Von der Zeit an hatte er gewissermaßen eine Ohrmarke, die für alle sichtbar war und seine Zugehörigkeit verdeutlichte.

Wunden verheilen im Normalfall nach einer gewissen Zeit. Was jedoch oft bleibt, sind Narben. Sie weisen auf ein Ereignis und einen Schmerz hin, die in der Vergangenheit liegen. Manchmal ist das, was geschehen ist, entscheidend und lebensverändernd gewesen.

Sichtbare Liebe ⇢ Die Narben, die für die Welt eine entscheidende Veränderung brachten, trägt Jesus Christus. An seinem perfekten Auferstehungsleib waren die Narben an Händen und Füßen für seine Jünger erkennbar. Diese Narben erinnern an seine Kreuzigung, an das, was er für uns Menschen aus Liebe freiwillig erduldete. Ich finde es faszinierend, dass Jesus diese Narben behielt, obwohl man sich doch den „neuen Leib“ oft so perfekt und unversehrt vorstellt. Sein Opfer am Kreuz wird uns stets vor Augen gemalt werden. Seine Liebe zu uns wird für immer sichtbar bleiben.

Anna Mann

Wer einen Menschen schlägt, so dass er stirbt, muss getötet werden.

2. Mose 21,12 (ZÜ)

Bibellese: 2. Mose 21,12-36

Der heutige Bibelabschnitt könnte auch in einem unserer Strafgesetzbücher stehen. Wir lesen hier von zwischenmenschlichen Beziehungen, die nicht nach dem Willen Gottes verlaufen. Wir lesen von fahrlässiger Körperverletzung, von Tötung, sogar von Mord. Alles Straftaten, die sich auch heute täglich ereignen. Unsere Rechtsprechung verhängt nicht so starke Strafen, wie es uns hier beschrieben wird. Die Todesstrafe gibt es bei uns in Deutschland nicht. Jedoch werden die Täter in Gerichtsverfahren zu Freiheitsstrafen verurteilt, die sie dann in Strafanstalten oder psychiatrischen Einrichtungen abzusitzen haben.

Unser Bibelabschnitt legt auch großen Wert auf den Umgang mit unseren Eltern. Auch hier sieht Gott harte Strafen bei Verstößen vor. Die Verse regeln sogar den Schadenersatz, der bei groben Handlungen zu erbringen ist. Es drängt sich schon fast der Verdacht auf, dass unsere Gesetze hier ihren Ursprung gefunden haben.

Und doch geht es darum, dass Gott eine besondere Beziehung zu seinem Volk hat und deutlich macht, dass ihm der Mensch sehr wichtig ist. Es wird uns aufgezeigt, welch große Bedeutung die zwischenmenschlichen und familiären Beziehungen bei ihm haben. Die Ankündigung des Todesurteils sollte die Menschen dazu bewegen, keine Straftat zu begehen und ihre Mitmenschen zu achten. Ebenso sollte die familiäre Ordnung respektiert werden. Wie dieses Zusammenleben gedacht ist, können wir in Matthäus 22,37-39 lesen: *„Jesus aber sprach zu ihm: Du sollst den Herrn, deinen Gott, lieben von ganzem Herzen, von ganzer Seele und von ganzem Gemüt. Dies ist das höchste und erste Gebot. Das andere aber ist dem gleich: Du sollst deinen Nächsten lieben wie dich selbst.“*

Gott hilft ⇢ Wie bereits erwähnt, sind auch heute Straftaten an der Tagesordnung. Unsere Richter versuchen, anhand der geltenden Gesetze ein gerechtes Urteil zu sprechen. Die Verletzungen, die in zwischenmenschlichen oder auch familiären Beziehungen entstanden sind, können die Gerichte jedoch nicht heilen. Hier müssen die Beteiligten selbst einen Weg finden. Mögen uns diese Verse zum Nachdenken bringen, wie unsere Beziehungen zu unseren Mitmenschen und zu unserer Familie aussehen, und wie die Worte aus Matthäus in unserem Leben neu Gestalt gewinnen können. Gott segne dich und mich dabei.

Jörg Kappel

10
Sonntag

Findet sich das Gestohlene, sei es Rind, Esel oder Schaf, noch lebend in seiner Hand, muss er doppelten Ersatz leisten.

2. Mose 22,3 (ZÜ)

AUGUST

Bibellese: 2. Mose 21,37 - 22,14

In der gestrigen Bibellese ging es um die zwischenmenschlichen und familiären Beziehungen und welche Strafen bei Vergehen zum Tragen kommen. Heute lesen wir viel über den sogenannten Schadenersatz. So werden in den Versen neben dem Umgang mit Diebstahl auch die alltäglichen Dinge geregelt. Welcher Schadenersatz bei Diebstahl, beim Abweiden eines Feldes, bei Brandstiftung usw. geleistet werden muss. Klare Anweisungen, die für jeden gelten und so auch zur Abschreckung für eine Straftat dienen sollen. Gott stellt seine Regeln nicht aus Willkür auf, sondern möchte damit das Eigentum schützen und ein friedliches Miteinander ermöglichen.

Mehr als nur Regeln ··› Diese Regeln und Vorgaben finden im fünften Buch Mose bei den Zehn Geboten, die Gott seinem Volk am Berg Sinai gab, ihre Wiederholung. Gott greift die Regeln nochmals auf und fasst sie in kurze Sätze zusammen. Bei all diesen Regeln und Verordnungen ging es nicht um Einschränkungen, sondern um den Schutz und das Wohlergehen des Menschen. Diese göttlichen Regelungen, die in unseren Gesetzen teilweise wiederzufinden sind, zeigen, wie wichtig wir Gott als seine Schöpfung sind. Als Menschen benötigen wir Regeln, Verordnungen und Gesetze, damit unser Zusammenleben funktioniert. Wenn wir dann doch gegen Regeln oder Gesetze verstoßen, müssen wir mit Strafe rechnen.

Es geht um Gemeinschaft ··› Viel wichtiger jedoch als diese Regelungen gegenüber dem Nächsten ist unser Verhalten gegenüber Gott. Dass wir Menschen sündig leben, brauche ich nicht zu erwähnen. Dass wir den Ansprüchen Gottes nicht gerecht werden können, ist uns ebenfalls bekannt. Dieses Entfernen von Gott entsprach und entspricht nicht dessen Willen. Er will Gemeinschaft mit uns Menschen und hat daher seinen Sohn Jesus Christus gesandt. In Johannes 3,16 lesen wir: *„Denn so hat Gott die Welt geliebt, dass er den einzigen Sohn gab, damit jeder, der an ihn glaubt, nicht verloren gehe, sondern ewiges Leben habe.“* Mit Jesus Christus wurde unsere Schuld ans Kreuz genagelt und wir wurden freigesprochen. Daraus entsteht die Möglichkeit zur Gemeinschaft mit Gott und zu einem neuen Miteinander mit Menschen.

Jörg Kappel

Einen Fremdling sollst du nicht bedrücken und bedrängen; denn ihr seid auch Fremdlinge in Ägyptenland gewesen.

2. Mose 22,20

Bibellese: 2. Mose 22,15-30

„Wer hat's erfunden?" – dieser Werbeslogan eines Hustenbonbon-Herstellers hat sich tief in mein Gedächtnis eingenistet. Ich stelle immer wieder fest, noch bevor irgendeine neuzeitliche, humane Leitlinie des menschlichen Zusammenlebens verfasst wurde, hatte Gott seine Gedanken für ein Zusammenleben bereits als Standard verankert. Oftmals werden eine Charta, zwischenstaatliche Resolutionen oder ein Abkommen als Errungenschaft zäher menschlicher Verhandlung gepriesen. Doch wie oft zwingen uns erst sichtbares Leid und Not zum Helfen oder Einschreiten? Die Bibel macht uns hier darauf aufmerksam, dass der Schutz für Schwache ein zutiefst göttliches Anliegen ist und aus der Beziehung mit Gott kommt, unabhängig von politischer, gesellschaftlicher oder persönlicher Meinung.

Wie nah ist uns das Fremde? ⇢ In Deutschland leben etwa 86 verschiedene Nationalitäten, 30 % der Bevölkerung hat Migrationserfahrung, von 13,5 Millionen Kindern unter 18 Jahre haben 5,3 Millionen einen Migrationshintergrund; und jedes zweite dieser Kinder ist einem erhöhten Armutsrisiko ausgesetzt.

„Wir leben seit 2 Jahren in Deutschland und zum ersten Mal wurden wir eingeladen!", sagte Yamina bei einem Kaffeebesuch. Sie ist verheiratet, Mutter dreier Kinder, Uni-Absolventin und spricht fließend drei Sprachen. Sie ist gläubige Muslima, ohne Angehörige und wirkliches soziales Netz. Ihre Worte überraschten und beschämten mich. Mit Gastfreundschaft kann man Herzen und vielleicht sogar neue Freunde gewinnen. Wie viele Nationalitäten wohnen in unserem direkten Umfeld? Wie viele Eltern der Mitschüler unserer Kinder kommen aus einem anderen Land, haben eine andere Muttersprache? Nebenbei gesagt, Deutsch gilt weltweit als eine der schwersten Sprachen.

Meine Erfahrung ist, dass die meisten Menschen aus einem anderen Land dankbar sind für erlebte Gastfreundschaft, eine helfende Hand und vielleicht ein freundliches „Hallo" in ihrer Muttersprache. Das hat schon so manches Gesicht zu einem überraschten Lächeln gebracht. Vielleicht ermutigt uns der Bibelvers, bewusst durch die Nachbarschaft oder am Arbeitsplatz über die Gänge zu gehen und vor dem Kindergarten oder am Elternabend unsere Mitmenschen zu sehen. Formulieren wir das Bibelwort einmal positiv: „Einen Fremden sollst du unterstützen und ermutigen!"

Dirk Glaser

12
Dienstag
AUGUST

Alles, was ich euch gesagt habe, das haltet. Die Namen anderer Götter sollt ihr nicht anrufen, und aus eurem Munde sollen sie nicht gehört werden.

2. Mose 23,13

Bibellese: 2. Mose 23,1-13

Ja, dann ist ja alles gesagt. Sich einfach an das halten, was Gott gesagt hat. Ich gestehe, dass ich überlegt habe, an diesem Punkt die Andacht zu beenden. Doch der heutige Bibelabschnitt enthält eine Fülle von Geboten Gottes. Sie sind von so grundlegender Bedeutung für das Zusammenleben, dass wir sie nicht einfach übergehen können. Da heißt es zum Beispiel, dass wir den Fremden nicht unterdrücken sollen. Wir sehen: Die Aufforderungen sind schlicht und gelten im Wesentlichen auch heute noch.

Eine wichtige Frage ⇢ „Und *warum* tue ich etwas nicht?" Dies ist eine der wichtigsten Fragen überhaupt. Wir wissen, was wir tun sollten, und tun es nicht. Uns ist bewusst, wir sollten weniger essen, mehr Bewegung haben, uns weniger aufregen und vielleicht noch regelmäßiger schlafen. Aber wir schaffen es nicht. Wir schieben Dinge auf die lange Bank, gehen bestimmte Konflikte nicht an, bekommen keine Struktur in den Alltag. Die Liste ließe sich fortsetzen. Und was haben wir nicht schon alles ausprobiert? Die passende Predigt hat nicht geholfen, Gebete scheinen nicht erhört worden zu sein und die Tipps aus der Kleingruppe haben auch nicht motiviert.

Da hilft nur die eine Frage weiter: „Warum tue ich das nicht?" Hier gilt es, eine ehrliche Antwort zu finden. Warum ist mir etwas zu schwierig? Warum will ich das nicht tun? Was für Gefühle und Ängste kommen in mir hoch? Manch einer schämt sich vielleicht oder sieht keinen Sinn darin. Gehen wir doch einmal auf Spurensuche, lassen wir uns vom Heiligen Geist leiten. Er führt uns zu den Tiefen unseres Herzens.

Was mache ich mit dem Grund? ⇢ Nehmen wir die Fakten an und stellen wir uns ihnen. Überlegen wir, was gerechtfertigt ist. Wenn ja, müssen wir überlegen, wie wir damit umgehen wollen. Gott ist immer noch bei uns. Falls nein: Suchen wir nach Wegen hinaus. Lassen wir uns zeigen, welche Möglichkeiten wir haben, vielleicht auch mithilfe von außen. So kann man sich Stück für Stück vorarbeiten. Bei der Suche nach dem Grund wird Gott uns begegnen. Wir werden erleben, wie er uns führt und begleitet. Nicht mit einem strafenden Blick, denn er kennt ja schon das Ziel. Er weiß, was dich und mich erwartet. Gott schämt sich nicht für uns. Im Gegenteil. Jeder Schritt auf unserer Spurensuche ist ein Schritt nach vorne in die Freiheit hinein.

Oliver Fuß

Dreimal im Jahre soll erscheinen vor dem HERRN, dem Herrscher, alles, was männlich ist unter dir.

2. Mose 23,17

13
Mittwoch

AUGUST

Bibellese: 2. Mose 23,14-19

Im gestrigen Bibeltext ging es um Regeln für unser persönliches Leben. Heute wird der Einzelne als Teil einer Gemeinschaft angesprochen. Weil jeder denselben Auftrag hat und dasselbe Ziel bekommt – vor Gott zu erscheinen – entsteht eine große Bewegung. Aus dem Du wird so ein Wir.

Mehr als eine Privatsache ⇢ Das scheint mir eine wichtige Erinnerung in unserer Zeit zu sein. Christsein ist nicht nur eine Privatsache. Es geht nicht nur um mich und um mein Seelenheil. Wie schon beim Volk Israel drückt sich auch heute der Glaube im Miteinander aus. So entstand diese Andacht während einiger Gebetswochen in unserer Gemeinde. Jede Woche nahmen wir uns einen der Wallfahrtspsalmen vor und trafen uns zu einem Online-Gebet. Wir beteten miteinander und gemeinsam zu Gott für unsere Gemeinde. Der Rabbiner Jakob Neusner schreibt: „Wir sind doch nicht nur als einzelne von Bedeutung, sondern auch als Gemeinschaft, als gemeinsames Ganzes. Heiligkeit ist nicht für dich und mich, sondern für uns alle“ (aus: „Ein Rabbi spricht mit Jesus“, S. 108).

Gemeinsam ⇢ In Israel fand das zweite der drei Wallfahrtsfeste im Anschluss an die Ernte statt. In dem damals landwirtschaftlich geprägten Land war man also zunächst gemeinsam mit der Ernte beschäftigt und ging anschließend zum Heiligtum. Man arbeitete und man feierte gemeinsam. Das beschreibt eine sehr intensive Lebensgemeinschaft, die über die Familie hinausging. Während man bei der Ernte mit einer überschaubaren Anzahl von Leuten zusammenarbeitete, traf man am Heiligtum eine viel größere Gemeinschaft von Menschen. Einige von ihnen kannte man, die meisten jedoch nicht. Diese Leute konnte man sich auch nicht aussuchen.

Ebenso ist es in der Gemeinde: Man kommt mit den Menschen zusammen, die Gott zusammenruft. Sonntag für Sonntag – aber nicht nur sonntags. In jeder Kleingruppe und jedem Mitarbeiterteam sind unterschiedliche Menschen zusammen. Das macht es nicht immer einfach. Doch wenn wir uns darauf einlassen, wird es uns zusammenschweißen. Jesus sagt: *„Daran wird jedermann erkennen, dass ihr meine Jünger seid, wenn ihr Liebe untereinander habt“* (Johannes 13,35). Ja, das kostet Kraft und Zeit. Aber es bereichert dich und mich und wir ehren Gott. Was können wir heute in einem anderen Menschen als besonders erkennen?

Oliver Fuß

....

14
Donnerstag

Du sollst ihre Götter nicht anbeten noch ihnen dienen noch tun, wie sie tun, sondern du sollst sie umreißen und ihre Steinmale zerbrechen.

2. Mose 23,24

AUGUST

Bibellese: 2. Mose 23,20-33

Eine finstere Atmosphäre umfängt einen, wenn man den Chief in seinem Palast besucht. Gut sichtbar steht der Stein, auf dem Opfer dargebracht werden, in der Nähe des Throns. Auf diesem Thron sitzt der Häuptling, in Ghana „Chief" genannt, um seine Amtsgeschäfte abzuwickeln, Streit zu schlichten, Recht zu sprechen und Strafen zu verhängen. Oft wird er unterstützt durch einen okkulten Priester. Bevor eine Amtshandlung beginnt, wird hochprozentiger Schnaps auf den Boden gegossen. Ein sichtbares Zeichen dafür, dass die Ahnen, die unsichtbaren Geister, gerufen werden, um an der Zeremonie, der Amtshandlung, teilzunehmen. Wenn jemand krank wird, glaubt man an die Verfluchung durch eine Hexe. Jeder hat Angst vor Verfluchung. Egal, ob die Person gebildet oder Analphabet ist, diese Angst wird geschult und gefördert, fast jeder kennt sie. Diese Angst führt oft sogar zu Tod. Mithilfe der Ahnen soll herausgefunden werden, wer jemanden verflucht hat. Häufig eine unschuldige, wehrlose Person.

Nur Gott gibt Leben ⇢ Wie ernst meint Gott doch die Warnung an sein geliebtes Volk, die Götter nicht anzubeten, ihnen nicht zu dienen. Ihnen keine Macht zu verleihen, indem man an sie glaubt. Er möchte uns vor der Finsternis, dem Bösen bewahren. Er hat das Beste für sein geliebtes Volk im Sinn und möchte, dass es ihnen gut geht. Er warnt sie, und diese Warnung gilt auch heute für seine geliebten Kinder. Gott zeigt das Gute auf, das er für uns bereithält, und ermutigt uns, in der Nachfolge immer treu zu bleiben.

Warum fällt es uns Menschen nur so schwer, diesem Gott der Liebe die Treue zu halten? Warum sind diese anderen Götter so attraktiv? Götter haben viele Gesichter. Für die einen ist es ein teures Auto oder Fußball, für den anderen sein gutes Aussehen. Vieles kann zu unserem Gott werden. Doch eines sollte uns bewusst sein: Diese Götter sind auf einer Lüge gegründet. Satan, der Vater der Lüge, steht dahinter. Götter wirken anziehend auf uns, doch ihr Ziel ist es, uns ins Verderben zu stürzen, damit wir umkommen.

Wie anders ist Gott. Er möchte uns ewiges Leben geben. Er sandte seinen Sohn, um uns Rettung zu schenken. Und dieser Sohn bezahlte mit seinem Sterben für uns, damit wir Leben haben: *„Ich bin gekommen, damit sie das Leben haben und volle Genüge"* (Johannes 10,10).

Dr. Kingsley Arthur

Da antwortete alles Volk mit einer Stimme: Alle Worte, die der HERR gesagt hat, wollen wir tun.

2. Mose 24,3

Bibellese: 2. Mose 24,1-11

Was muss das für eine gewaltige Atmosphäre gewesen sein! Dort am Fuße des Berges, die vielen Menschen, nicht weit davon das riesige Lager des Volkes Gottes. Es muss ein Gefühl der Anwesenheit und Nähe Gottes gewesen sein. Ein Gefühl der Geborgenheit, der Sicherheit, ein Aufatmen. Alle Not lag hinter ihnen. Freiheit und Friede lagen vor ihnen. Alle Verantwortlichen waren so einmütig. Gewaltig! Da kommt sicher ein Wunsch auf, dieses live mitzuerleben.

Aber eigentlich sollte es uns bekannt sein. Wie war das noch, als wir Gott unser Leben übergaben? Standen wir nicht auch staunend und ehrfürchtig vor ihm? Haben wir nicht auch aus vollem Herzen Ja gesagt? Haben wir nicht auch freudig den neuen Weg zum Vaterherzen Gottes beschritten? Alle Ketten wurden gesprengt. Friede und Freude pur. Sicherlich waren wir fest entschlossen, diesen Weg weiterzugehen, niemals zurück!

Doch wie sieht es heute in unserem Leben aus? Sagen wir noch in vollem Umfang Ja zu Gott? Oder haben wir das Steuer unseres Lebens wieder selber übernommen? Beschweren uns über so manchen Sturm in unserem Leben? Die Geschichte Israels zeigt uns bis heute die Treue Gottes, aber auch die Untreue seines Volkes.

Gott bleibt treu ⇢ In 2. Timotheus 2,13 steht: „*Sind wir untreu, so bleibt er treu; denn er kann sich selbst nicht verleugnen.*“ Wie gut ist es, dass solch ein wunderbarer, treuer Gott uns liebt, immer wieder um uns wirbt und alles dransetzt, um sein Volk, um seine Kinder zur Umkehr zu bewegen. Nicht ein launischer, unstabiler, „Null-Bock!“-Gott. Er zeigt sich als ein Gott, der seinem Volk begegnet. Er gibt Regeln für ein gutes Zusammenleben, die Stiftshütte wird gebaut, sodass Menschen seine Nähe wahrnehmen können.

Gott in seiner Weisheit sieht, was der Mensch braucht. Dieser Gott ist auch heute noch unverändert. Er sorgt für dich und mich, zeigt uns immer wieder seine Liebe, schenkt uns Schutz und Geborgenheit. Vertraue ihm, auf dass es dir gut geht. „*Aber das ist meine Freude, dass ich mich zu Gott halte und meine Zuversicht setze auf Gott den HERRN, dass ich verkündige all dein Tun*“ (Psalm 73,28).

Dr. Kingsley Arthur

16
Samstag

Komm herauf zu mir auf den Berg und bleib daselbst, dass ich dir gebe die steinernen Tafeln, Gesetz und Gebot, die ich geschrieben habe, um sie zu unterweisen.

2. Mose 24,12

AUGUST

Bibellese: 2. Mose 24,12-18

Israel – ein Volk im Ausnahmezustand. Gerade aus Ägypten entronnen, mit Hab und Gut und Vieh mitten im Dazwischen. Ägypten noch in Herz und Gepäck, das verheißene Land als Versprechen im Kopf. Wann, wenn nicht jetzt, braucht es einen starken Leiter wie Mose, um Richtung und Orientierung zu geben? Doch genau dahinein geht Gottes Ruf an Mose: „Komm herauf zu mir auf den Berg – und bleibe!" Mose lässt alles zurück und begibt sich in die Einsamkeit des Berges. Gott begegnet ihm in einer Tiefe und Weise wie nie zuvor. Er lässt Mose nahekommen und übergibt ihm seine Weisungen, um das Volk zu leiten. Rückblickend wissen wir, wie nötig diese Zeit der Begegnung sowie Ausrichtung für Mose und auch das Volk sein würde, weit über seine Zeit hinaus.

Und heute? ⇢ Auch wenn kein ganzes Volk nach mir ruft, Job, Familie, Hobbys, auch mein Engagement in der Kirche zerren an meiner Zeit. Doch auch hier ruft Gott mitten hinein: „Komm zu mir, und bleibe! Komm in ungeteilte Aufmerksamkeit für mich und mein Wort, in Austausch mit mir. Ich möchte so gern von dir hören, deine Gedanken ordnen, dir meine Sicht auf dich und deine Themen zeigen. Mein Ja zu dir, meine Orientierung, mein Frieden fließen dir zu. Du wirst mich tiefer kennen, Kraft empfangen und klarer sehen."

Gott ist bei uns ⇢ Die Geschichte von Mose ermutigt uns, diesem Rufen Gottes den Vorrang zu geben. Auch wenn in Moses Abwesenheit nicht alles reibungslos lief, das Geschenk, Freund und Vertrauter Gottes zu sein, wog für Mose so viel mehr. Es trug ihn durch die folgenden Herausforderungen. Noch heute ist das, was Mose dabei empfing, weithin anerkannte Richtschnur des Zusammenlebens.

Doch wir – du und ich – genießen zudem das Vorrecht, Gottes Heiligen Geist in uns zu tragen. Wir brauchen keinen heiligen Berg und keinen Tempel mehr, um Gott nahezukommen. Er wohnt durch seinen Heiligen Geist in uns! Fortwährend hilft er, sein Gesetz mehr und mehr in unser Herz zu prägen. Als seine Kinder dürfen wir jederzeit kommen – und allezeit bleiben. Lasst uns seine Gemeinschaft in Zeiten der Stille suchen und mit ihr heute im Alltäglichen rechnen. Laden wir ihn ein, diesen Tag gemeinsam mit uns zu leben. Die Gnade unseres Herrn Jesus Christus und die Liebe Gottes und ebendiese Gemeinschaft des Heiligen Geistes sei mit uns!

Hendrik Glups

Und sie sollen mir ein Heiligtum machen, dass ich unter ihnen wohne.

2. Mose 25,8

Bibellese: 2. Mose 25,1-9

Gottes Sehnsucht. Mose ist bei Gott auf dem Berg, um Gesetz und Gebot zu empfangen. Nach Tagen der Stille beginnt Gott, zu sprechen. Das Thema, das er zuallererst anspricht, ist Gemeinschaft. Er sehnt sich danach, seinem Volk nahe zu sein, unter ihnen zu wohnen. So sendet er Mose zu ihnen, dass sie ihm ein Heiligtum errichten.

Für den Bau seiner Wohnstätte will Gott äußerst wertvolle Gaben. Wertvoll macht sie nicht nur ihre erlesene Beschaffenheit, Gott legt Wert darauf, dass es freiwillige Gaben sind. Als ein Volk ehemaliger Sklaven verfügt Israel nicht über eigene Reichtümer. Dennoch hat es alles, was es braucht: Durch Gottes Handeln beschenkt mit den Reichtümern Ägyptens beim Auszug von dort, kann es aus Geschenktem zurückschenken.

Die neue Wohnung ⇢ Hunderte Jahre nach Mose sendet Gott seinen Sohn Jesus zu seinem Volk mit einer viel größeren Mission: die Schuld der ganzen Welt zu tragen, damit Gott direkt bei uns, sogar *in* uns wohnen kann! Jedes einzelne seiner Kinder ist Tempel, ist Wohnort seines Heiligen Geistes. Gottes Wunsch, unter den Menschen zu wohnen, geht über Einzelne hinaus. Er sieht eine neue Art von Heiligtum, einen Tempel der Herrlichkeit Gottes, erbaut von Jesus selbst aus lebendigen Steinen, aus Menschen, die sich ihm zur Verfügung stellen – seine Gemeinde.

Und auch hier sucht Gott sehnsüchtig nach den Schätzen, mit denen er uns zuvor individuell beschenkt und begabt hat und die er zur Entfaltung bringen möchte. Er hat dir und mir eine Persönlichkeit gegeben. Das, was wir sind, auch die „Ägypten-Erfahrungen", wird in der Hand unseres guten Baumeisters Jesus zu wertvollem Baustoff. In uns wohnend mit seinem Geist möchte er wirksam werden, an uns und aus uns heraus. Gottes Wort stellt fest: Wenn ihr zusammenkommt, so hat ein jeder etwas. Gott hat dich und mich ergänzungsfähig gemacht, im Geben wie im Nehmen.

Gerade heute, wenn sich dieser neue Tempel in Gottesdiensten begegnet, können wir Gott fragen, was er sich von uns wünscht. Sei es Begabung, eine geistliche Gabe, Finanzen oder Zeit, aus unserem Beschenktsein zu geben, ehrt Gott. Das ist Lobpreis seiner Herrlichkeit, dazu sind wir bestimmt. Darin möchte er wohnen, sich präsent zeigen. Gott schenke uns offene Augen des Herzens, die Schönheit dieser Wohnung Gottes zu sehen.

Hendrik Glups

Dort will ich dir begegnen und mit dir reden von dem Gnadenstuhl aus, der auf der Lade mit dem Gesetz ist, zwischen den beiden Cherubim ...

2. Mose 25,22

Bibellese: 2. Mose 25,10-22

Der ganze Bau der Stiftshütte und auch des späteren Tempels Salomos zielen auf diesen Ort, dieses *„Dort“*. Gott gab Mose eine klare Ortsangabe, wo er zu sprechen sein würde. So vieles hatte Mose mit Gott zu beraten, weil das Volk ihn vor so viele Herausforderungen stellte, denen er als Mensch allein gar nicht gewachsen war. Immer wieder heißt es in der Geschichte der Wüstenwanderung, dass Mose in das „Zelt der Begegnung“ ging, um sich Weisung von Gott zu holen, wie er mit den Menschen und Situationen umgehen sollte.

Heilig und besonders ⇢ Dieser besondere Ort war ein vollkommen dunkler Raum im hinteren Teil des Zeltes, in dem ein vergoldeter Kasten aus Akazienholz stand. In diesem Kasten wurden die steinernen Tafeln mit den Zehn Geboten aufbewahrt. Sein goldener Deckel war aus einem Stück mit zwei Engelgestalten gearbeitet, deren Flügel sich berührten. Cherubim-Engel waren es auch, die nach dem Sündenfall den Garten Eden mit dem Baum des Lebens bewachten, sodass die Menschen nicht mehr hineingelangen konnten. Offensichtlich sind sie Wächter, und hier bewachen sie das Wort Gottes, das in Gestalt der Gesetzestafeln in der Bundeslade lag. Mose hatte als Einziger das Privileg, an diesen heiligen Ort zu kommen und mit Gott zu sprechen wie mit einem Freund.

Seit Jesus durch seinen Tod am Kreuz die Trennung zwischen dem heiligen Gott und dem sündigen Menschen überwunden hat, haben wir, die wir Jesus nachfolgen, freien Zugang (gemäß Hebräer 10,19-22). Und da wir, wie es in 1. Korinther 6,19 steht, *„ein Tempel des Heiligen Geistes“* geworden sind, tragen wir nun diesen besonderen, heiligen Ort immer mit uns herum!

In uns ⇢ Dieses *„Dort“*, wo Gott uns begegnet und mit uns redet, ist kein physischer Ort mehr, zu dem wir hinpilgern müssten. Sondern Gott, der Vater und der Sohn, hat in uns Wohnung genommen, die der Heilige Geist mit seiner Gegenwart erfüllt. Wo wir auch sind, dürfen wir mit Gott kommunizieren und damit rechnen, dass er alles mit uns redet, was für unser Leben wichtig ist. Dies tut er auf der Basis seines niedergeschriebenen Wortes, das sein Heiliger Geist uns erklärt. Es geht also nicht um einen Holzkasten in einem Zelt, sondern um das unschätzbare Privileg, mit Gott persönlich unterwegs zu sein!

Bettina von Bracken

Und du sollst auf den Tisch Schaubrote legen, die vor meinem Angesicht sind allezeit.

2. Mose 25,30

Bibellese: 2. Mose 25,23-30

Im Allerheiligsten der Stiftshütte befand sich allein die Bundeslade, das Symbol der Gegenwart Gottes. In dem Vorraum, der „Heiligtum" genannt wurde, standen der siebenarmige Leuchter, der Räucheraltar und der Tisch mit den sogenannten Schaubroten. Dies war ein relativ kleiner Beistelltisch, auf den jeden Sabbat 12 frische Brote aufgeschichtet wurden, – für jeden Stamm Israels eines. Wörtlich übersetzt heißen sie „Brot des Angesichts". Das „Angesicht" bedeutet im Hebräischen die Zuwendung, die Präsenz, die Gegenwart einer Person. So waren die Brote zum Anschauen da, und um sich zu vergegenwärtigen, dass Gott Israel vor Augen hat und versorgt.

Gnade und Wahrheit ⇢ So weit, so gut. Aber es gibt da eine Geschichte, auf die Jesus Bezug nimmt, um etwas sehr Wichtiges zu verdeutlichen: Der designierte König Israels, David, floh vor Saul, dem amtierenden König, der ihn umbringen wollte. Er gelangte zur Stiftshütte und bat um Brot. Da nur die Schaubrote vorhanden waren, gab der Priester sie ihm – entgegen allen Regeln. Als ca. 1000 Jahre später Jesus am Sabbat mit seinen Jüngern an einem Kornfeld vorbeikam und diese Hunger hatten, pflückten sie Ähren ab, was jedoch am Sabbat verboten war. Die Pharisäer empörten sich darüber, aber Jesus verwies sie auf die Geschichte mit David und sagte: *„Der Sabbat ist um des Menschen willen gemacht und nicht der Mensch um des Sabbats willen"* (Markus 2,27). So gibt er ein lebendiges Beispiel, wie das Gesetz zu verstehen ist, nämlich nicht als Regel um der Regel willen, sondern als etwas, das dem menschlichen Zusammenleben dient. *„Denn das Gesetz wurde durch Mose gegeben; die Gnade und die Wahrheit ist durch Jesus Christus geworden"* (Johannes 1,17).

Auf noch etwas deutet dieser Tisch mit den Schaubroten hin. Als Jesus sich als *„das Brot des Lebens"* bezeichnet (Johannes 6,35), erwähnt er zwar nicht diesen Tisch, sondern eher die Versorgung des Volkes Israel durch das Manna auf der Wüstenwanderung. Aber da er sich auch als das Licht der Welt vorstellt, passt dies zu dem anderen Inventar des Heiligtums, dem goldenen Leuchter. Auch andere Elemente der Stiftshütte symbolisieren Jesus. So kann man erkennen, dass sie eine Vorausschau auf das Kommen des Sohnes Gottes waren, der unter seinem Volk *„zeltete"*, wie es in Johannes 1,14 heißt.

Bettina von Bracken

Du sollst auch einen Leuchter aus feinem Golde machen, Fuß und Schaft in getriebener Arbeit, mit Kelchen, Knäufen und Blumen.

2. Mose 25,31

Bibellese: 2. Mose 25,31-40

Gold und Blumen: Der siebenarmige Leuchter, die Menora, ist einzigartig, wie auch die anderen Gegenstände für die Stiftshütte. Er musste dem Plan entsprechen, den Gott Mose auf dem Berg gezeigt hatte. So trennte Gott hier das Heilige vom Gewöhnlichen. Der Leuchter musste aus Gold sein – Gold ist kostbar. Es rostet nicht, hält „ewig". Der Leuchter war nicht nur ein Zweckgegenstand, damit seine Lampen in der Nacht die Stiftshütte erhellten, er musste auch schön sein! An seinen Armen und am Schaft sollten Blumen und Kelche wie Mandelblüten ausgearbeitet werden. Gott erfüllte Menschen extra mit dem Heiligen Geist, damit sie das Heiligtum und dessen Geräte seinem Willen entsprechend herstellen konnten (2. Mose 31,1-11).

Schönheit liegt im Auge des Betrachters. Die Schöpfung ist schön, auch in unseren Augen. Ein Grund, Gott immer wieder zu danken, für Farben, Formen, Licht, Düfte und vieles andere mehr. Und wenn schon diese Welt so schön sein kann – wie viel schöner wird die neue Welt sein, die er erschaffen wird! „*Was kein Auge gesehen hat und kein Ohr gehört hat und in keines Menschen Herz gekommen ist, was Gott bereitet hat denen, die ihn lieben*" (1. Korinther 2,9).

Neue Lampen ⇢ Bis heute steht ein siebenarmiger Leuchter in vielen Wohnungen und Gotteshäusern als Erinnerung. Er ist ein Symbol für den Alten Bund, den Gott mit Israel geschlossen hatte. Er ist aber auch im Neuen Bund mit Jesus zu finden. So werden im Buch der Offenbarung Leuchter als Symbol für Gemeinden verwendet (Offenbarung 1,20 und 2,5).

Jesus beruft Menschen, das Licht der Welt zu sein. Licht gehört auf einen Leuchter und nicht unter einen Scheffel. Andere sollen unsere guten Werke sehen und den Vater im Himmel preisen. Unsere Schönheit ist die Frucht des Geistes: Liebe, Freude, Friede, Geduld, Freundlichkeit, Güte, Treue, Sanftmut und Keuschheit. Wenn wir für Jesus leuchten wollen, lade ich zu folgendem Gebet ein: „Herr, du bist das Licht der Welt. Lass auch mich heute leuchten und ein Zeichen für dich sein!"

Bernd Brückmann

Die Wohnung sollst du machen aus zehn Teppichen von gezwirntem feinen Leinen, von blauem und rotem Purpur und von Karmesin.

2. Mose 26,1

Bibellese: 2. Mose 26,1-14

Es war ein lebensverändernder Abend im Jahr 2015. Ein Vers aus dem ersten Korintherbrief wurde fleißig in unsere pubertierenden Jugendherzen gepredigt: *„Oder wisst ihr nicht, dass euer Leib ein Tempel des Heiligen Geistes ist, der in euch ist und den ihr von Gott habt, und dass ihr nicht euch selbst gehört?“* (1. Korinther 6,19). Sollte doch unser Körper, unser Geist, unser Leben vor Gott so supersauber sein. Rein wie ein weißes Schaf, das gerade aus einem klaren Bach steigt. Ohne die uns verdreckende Sünde.

Die Bibel vergleicht unsere Körper mit einem Tempel, der zu Moses Zeiten die Stiftshütte war. Gott ließ Mose diese Wohnung damals nicht als tristen Raum bauen. Nein, er stattete ihn mit vielen dekorativen Elementen aus. Teure Stoffe, schöne Schleifen, vergoldete Haken – alles, um Gott als Schöpfer und Retter seines Volkes zu verherrlichen. So dürfen wir mit unserem Körper und unserem Leben als Tempel des Heiligen Geistes unserem Gott Ehre bringen.

Eine vermüllte Wohnung ⇢ Doch mein damaliges Leben, mein Tempel, hatte nur das Gegenteil vorzuweisen. Wo schöne Schleifen von Nächstenliebe und Geduld im Tempel Gottes hängen sollten, waren in meinem Leben nur Schilder mit Begriffen wie „Egoismus“ oder „Habgier“ zu sehen. Zudem fand ich keinen Sinn im Leben und hatte mit Depression zu kämpfen. Meine geistliche Wohnung glich mehr der eines Messies, der nicht die Kraft aufbieten konnte, seinen Müll aus dem Haus zu werfen. An besagtem Abend saß ich als niedergeschlagener 19-Jähriger in den vorderen Reihen eines kleinen Gottesdienstes am Ende einer Jugendfreizeit. In meinem Herzen spürte ich, wie der Heilige Geist mich von meiner eigenen Unzulänglichkeit überführte, was mich dazu bewegte, die wichtigste Entscheidung meines Lebens zu treffen.

Gott kann jede Wohnung sauber machen! ⇢ Ich ging auf jemanden zu, der bis heute zu meinem engsten Freundeskreis zählt. Ich beschloss, vor ihm und Gott alle meine Sünden zu bekennen, Jesus ernsthaft um Vergebung zu bitten und mein ganzes Leben in seine Hand zu geben. Ich durfte das Wunder der Vergebung erleben, und Gott begann, meine Lebenswohnung auf seine liebevolle Art aufzuräumen und zu säubern. Er kann aus unseren inneren Wohnungen den sündigen Müll entsorgen und ihn durch liebevolle Eigenschaften austauschen.

Daniele Greco

22
Freitag

AUGUST

Acht Bretter sollen es sein mit ihren silbernen Füßen; sechzehn Füße sollen es sein, je zwei unter einem Brett.

2. Mose 26,25

Bibellese: 2. Mose 26,15-25

Gestern haben wir davon gelesen, dass Gott unseren sündigen Müll aus unserer Lebenswohnung entsorgen möchte. Durch den Glauben an Jesus Christus wird mein „Tempel“ nach und nach gereinigt. Aber nur das? Heiligung ist ein lebenslanger Prozess, in dem es nicht nur darum geht, sich von der Sünde abzuwenden, wie man es von stinkendem Müll tun würde. Gott möchte auch, dass wir neue, himmlische Eigenschaften und Verhaltensweisen in unser Lebenshaus einbauen, wie man es mit modernen Möbeln tun würde. Als Gott das Volk Israel aus der Sklaverei führte und Mose die Stiftshütte bauen ließ, plante er, ihnen damit zu ihrer neu gewonnenen Freiheit zusätzlich eine neue Identität zu geben.

Wo ist noch Austauschbedarf? → Oft entdecke ich in meinem Charakter noch viele dunkle, dreckige Stellen, die dringend eine Grundreinigung durch Gottes Geist brauchen. Zu Beginn meines Theologiestudiums sprach mich ein Mitstudent darauf an, dass ich häufig zu schnell das Wort ergreife und die anderen nicht wirklich ausreden lasse, geschweige denn ihnen wirklich einmal „nur“ zuzuhören. Ich war frustriert über diese unvollkommene Eigenschaft, die mir schon oft gespiegelt worden war. Doch anstatt wieder in Selbstverdammnis und Frustration zu versinken, beschloss ich, zwei meiner Mitbewohner für mich beten zu lassen.

Die Vergebung Jesu fand wieder neu in mein Herz und ich ließ Gott wieder neu an den Stellen meines Herzens arbeiten. Die Lebenswohnung aufzuräumen, kann anstrengend sein. Doch Jesus ist nicht der Mitbewohner, der nörgelnd danebensteht, – nein, er packt mit an und hilft uns, mit unseren Schwächen umzugehen.

Jedes Zimmer Gott geben → Gibt es vielleicht noch Zimmer in unserem Lebenshaus, in denen Gott noch nicht aufräumen durfte? Egal, ob es das Schlafzimmer, das Büro für Finanzen oder das tiefer liegende Untergeschoss unserer Seele ist, in jeden dieser Räume möchte Gott sein liebevolles Wesen hineinlegen. Jesus Christus stellte die vollkommene Stiftshütte, den vollkommenen Tempel Gottes dar und dient uns als ultimatives Vorbild. Er will uns nicht für unsere Fehler verurteilen, sondern lädt uns ein, ihm nachzufolgen. Und ich will ihm von ganzem Herzen nachfolgen. Du auch?

Daniele Greco

So sollst du die Wohnung in der Weise aufrichten, wie du sie auf dem Berge gesehen hast.

2. Mose 26,30

Bibellese: 2. Mose 26,26-30

Gott baut mit uns – so lesen wir es auch in unserem heutigen Bibelabschnitt. Er gibt präzise Anweisungen, wie die Stiftshütte gemacht werden soll. Sehr detailliert wird beschrieben, wie jeder Balken, jedes Brett, jedes Teil auszusehen hat. Sogar, welche Maße es haben soll und welches Holz benutzt werden muss, wird hier beschrieben. Also wie gesagt, eine sehr genaue Bauanleitung.

Hier im ersten Teil geht es um das Grundgerüst der Stiftshütte. Im zweiten Teil nachher kommt die „Inneneinrichtung". Aber mit dem Grundgerüst, dem Fundament eines Bauwerkes, fängt alles an. Ohne dieses Grundgerüst ist ein Bauen nicht möglich. So wird bei einem Haus zuerst ein Fundament gegossen und darauf dann das eigentliche Haus gebaut.

Ohne Fundament geht es nicht ⇢ Genauso ist es in unserem Leben auch. Gott baut mit uns daran, und dazu braucht es ein Grundgerüst, ein Fundament. Das Grundgerüst sollte aber eine bestimmte Eigenschaft haben. Es muss sehr stabil sein und allem standhalten, denn darauf soll ja das ganze Bauwerk stehen. In unserem Leben ist das Grundgerüst Jesus Christus. Er ist unser stabiles Fundament, auf dem wir unser Leben mit ihm zusammen aufbauen. Gott hat einen Plan für unsere Leben, er baut mit uns zusammen an unserem „Bauwerk des Lebens". Dafür benötigt es das stabile Fundament.

Gottes Plan in unserem Leben ⇢ Ob wir das stabile Fundament in unserem Leben haben, ist unsere eigene persönliche Entscheidung. Es geht darum, ob wir Jesus Christus im Glauben annehmen und so als Fundament für unser Lebensbauwerk haben. Wenn wir ihn annehmen, bekommen wir – genau wie in der Textpassage – eine sehr präzise Anleitung für alles, was Gott zusammen mit uns bauen möchte. Er hat eine sehr genaue Vorstellung davon, wie es aussehen soll. Durch sein Wort, aber auch durch sein persönliches Reden zu uns zeigt er, wie wir unser Leben bauen und gestalten sollen. Lassen wir das zu, dass Gott in unserem Leben mit uns gemeinsam baut, wird das Ganze eine sehr gute und spannende Geschichte und hat Stabilität. Gott hat mit uns als seinen Kindern Großes vor. Fangen wir an, mit ihm zu bauen!

Sascha Burg

24
Sonntag

AUGUST

Und du sollst den Vorhang an die Haken hängen und die Lade mit dem Gesetz hinter den Vorhang setzen, dass er euch eine Scheidewand sei.

2. Mose 26,33

Bibellese: 2. Mose 26,31-37

Heute geht es um die Inneneinrichtung der Stiftshütte. Auch hier gibt Gott wieder klare und präzise Anweisungen, wie alles auszusehen hat. Farbe, Möbelstücke sowie Stoffe werden genau beschrieben. So auch in unserem Leben. Wie schon erwähnt, baut Gott mit uns unser Lebenswerk, unsere Wohnung in seinem Reich. Und auch dafür gibt es genaue Anweisungen.

Ein Leben lang ⇢ Wenn man ein Haus baut oder eine Wohnung einrichtet, ist man nach einer gewissen Zeit fertig und kann sein Werk bewundern. Das dauert meistens nur Wochen oder Monate, manchmal aber auch Jahre. Bei unserem Lebenswerk dauert es allerdings unser ganzes Leben lang. Wir bauen unser ganzes Leben an unserer Wohnung und werden das Endergebnis erst am Ende sehen können.

Ich will das einmal bildlich mit einem Puzzle vergleichen. Jeder von uns kennt vermutlich Puzzles, hat vielleicht auch schon mal das eine oder andere gemacht. Es gibt Puzzles mit Tausenden von Teilen, und das Ganze scheint kein Ende zu nehmen. Aber auch da ist man irgendwann mal fertig und kann das ganze große Bild betrachten. Die Herausforderung – wie bei dem Bau in unserem Leben – ist, dass wir für den Moment immer nur das eine Puzzlestück sehen und suchen, wo es hinpasst. Puzzlestücke haben die Eigenart, das sie nicht überall passen, sondern dass man den richtigen Platz dafür finden muss. Oft nicht so einfach. Das erfordert Geduld und Ausdauer und kann zeitweise sehr herausfordernd sein. Doch ist man dann am Ende angekommen und hat das letzte Puzzlestück verarbeitet, sieht man das ganze große herrliche Bild.

Es wird sich lohnen ⇢ Übertragen auf unser Thema zum Bau unseres Lebens ist es ähnlich. Auch wir sehen manchmal nur ein kleines Stück vom Ganzen, aber nicht das Endergebnis, was teilweise sehr frustrierend sein kann. Ich möchte uns ermutigen, dranzubleiben, auch wenn es noch so herausfordernd ist, und weiterzubauen. Puzzeln wir weiter an unserem großen Bild, geben wir nicht auf. Denn es wird sich lohnen!

Sascha Burg

Als einen Kasten von Brettern sollst du ihn machen, dass er inwendig hohl sei, wie er dir auf dem Berge gezeigt wurde.

2. Mose 27,8

25
Montag

AUGUST

Bibellese: 2. Mose 27,1-8

Lesen wir die Verse des heutigen Bibelabschnittes nur beiläufig, könnten wir uns die Frage stellen, was all diese detaillierten Anweisungen zum Bau eines Brandopferaltars für uns, die wir heute im 21. Jahrhundert leben, bedeuten.

Ein wahres Bild ⇢ Zunächst einmal ist es wichtig, zu verstehen, dass Gott dem Volk Israel durch seinen Diener Mose zeigte, dass die Praxis, perfekte Tiere auf dem Brandopferaltar zu opfern, dem Volk Israel den Weg freimachen würde, um vor den einen und einzigen wahren Gott zu treten. Gott wollte, dass sein Volk in enger Gemeinschaft mit ihm lebte, indem es seinen Geboten gehorchte und so seinen Bund hielt. Das Tieropfer war ein Mittel für das Volk, sicherzustellen, dass es die Gemeinschaft mit Gott (und untereinander) wiederherstellen konnte, wenn sie versagt hatten.

Die Opfer, die das Volk Israel im Alten Bund bringen musste, sind ein wahres Bild, das auf das Kommen Jesu im neuen Bund hinweist. Jesus, unser Erlöser, sollte ein für alle Mal das perfekte Opfer sein und am Kreuz sterben, damit unsere Sünden vergeben werden können. All die Details in diesem Teil der Schrift sollten uns das Werk Christi, das am Kreuz vollendet wurde, noch mehr schätzen lassen.

Auf seinen Wegen gehen ⇢ Zweitens bin ich beeindruckt, wie deutlich Gott auf dem Berg Sinai zu Mose sprach, und dass Mose genau das tat, was Gott ihm zeigte. Mose war allein in der Gegenwart seines Gottes auf dem Berg, während das Volk unten als lärmende, widerspenstige Menge versammelt war. Das sagt uns sehr deutlich, wie wichtig es ist, mit Gott allein zu sein, fernab von allem Lebenslärm. Hoffentlich folgen auch wir wie Mose den Anweisungen, die der Herr uns gibt. In unserer stillen Zeit allein mit dem Herrn, wo auch immer das sein mag, hat er uns gezeigt und wird uns weiterhin zeigen, was wir für ihn tun müssen.

Lasst uns wie Mose immer Gottes Anweisungen befolgen. Egal, womit wir uns heute in unserem Leben beschäftigen, lasst uns heute das Gebet Davids beten: „*HERR, zeige mir deine Wege und lehre mich deine Steige! Leite mich in deiner Wahrheit und lehre mich! Denn du bist der Gott, der mir hilft; täglich harre ich auf dich*“ (Psalm 25,4.5).

Dr. Paul Clark

26
Dienstag

In der Stiftshütte, außen vor dem Vorhang, der vor der Lade mit dem Gesetz hängt, sollen Aaron und seine Söhne den Leuchter zurichten, dass er brenne.

2. Mose 27,21

AUGUST

Bibellese: 2. Mose 27,9-21

Im gesamten Kapitel 27 gibt der Herr Mose detaillierte Anweisungen, wie der Brandopferaltar und der Vorhof für die Stiftshütte gebaut werden sollten. Die letzten beiden Verse dieses Kapitels enden damit, wie das *„allerreinste Öl aus zerstoßenen Oliven"* im Leuchter vor der Lade mit dem Gesetz brennen soll (Vers 20). Die Priester haben die Verantwortung, dafür zu sorgen, dass der Leuchter Tag und Nacht brennt.

Dazu kommen mir zwei Gedanken in den Sinn:

- Wie wir aus der ganzen Bibel wissen, ist Öl immer ein Symbol und Bild für den Heiligen Geist. Diese Bibelstelle sollte prophetisch betrachtet werden, denn der Heilige Geist ist in uns, und wir als Gottes Leuchter müssen immer wieder mit dem Geist neu gefüllt werden. Jesus hat in der Bergpredigt sehr deutlich darauf hingewiesen: *„So lasst euer Licht leuchten vor den Leuten, damit sie eure guten Werke sehen und euren Vater im Himmel preisen"* (Matthäus 5,16). Aber wenn das Öl – der Heilige Geist in unserem Leben – ausgeht, wird es für uns sehr schwierig sein, Licht in einer sehr dunklen Welt zu sein. Gott möchte, dass wir wie der Leuchter in der Stiftshütte Tag und Nacht für ihn brennen, damit alle die gute Nachricht des Evangeliums von Jesus Christus sehen und hören können.
- Wir müssen proaktiv handeln, damit das Öl des Heiligen Geistes in unserem Leben nicht versiegt. Der Apostel Paulus, der sich der Lehre in der obigen Schriftstelle sehr bewusst war, wollte sicherstellen, dass jeder Christ ständig mit dem Heiligen Geist neu erfüllt wird. So gibt er konkrete Ratschläge, wie wir das erreichen können: *„Ermuntert einander mit Psalmen und Lobgesängen und geistlichen Liedern, singt und spielt dem Herrn in eurem Herzen und sagt Dank Gott, dem Vater, allezeit für alles, im Namen unseres Herrn Jesus Christus"* (Epheser 5,19.20).

Komm. Heiliger Geist! ⇢ Hier sehen wir, wie wichtig es ist, dass Anbetung nicht nur am Sonntag stattfindet, sondern ein alltäglicher Teil unseres Lebens ist. Anbetung und Lobpreis machen den Weg frei, um uns für die ständige Ausgießung des Heiligen Geistes in unserem Leben zu öffnen. Unser heutiges Gebet ist ein Lied, das ich vor vielen Jahren gelernt habe: „Komm, Heiliger Geist, ich brauch dich. Komm, erfülle mich. Komm in deiner Kraft, deiner Vollmacht. Komm, ich warte auf dich."

Dr. Paul Clark

Und du sollst Aaron, deinem Bruder, heilige Kleider machen zur Ehre und als Schmuck.

2. Mose 28,2

Bibellese: 2. Mose 28,1-14

Mose war von Gott eingeladen worden, ihm auf dem Berg Sinai ganz nahe zu sein. 70 Älteste aus dem Volk Israel sowie Aaron mit dessen Söhnen sollten ihn begleiten und Gott anbeten. Aber das letzte Stück Weg war Mose allein vorbehalten, um weit oben 40 Tage in der Gegenwart Gottes zu verbringen und Weisung zu empfangen. Der versprochene Bund Gottes mit seinem Volk und die Gebote waren markante Ereignisse. Aber Mose hatte von Gott auch eine umfangreiche „To-do-Liste" mitbekommen: „Du sollst dies und jenes tun, und zwar ganz genau so und so." Nicht irgendwie, sondern exakt im Detail sind Ausfertigung, Schmuckelemente und Qualität beschrieben. Es geht um die Stiftshütte, die Einrichtung der Stiftshütte, die Darreichung der Gaben und vieles mehr.

Gott legt Wert auf sorgfältige Arbeit ⇢ Erstaunlich, wie Gott hier auch künstlerische Vorstellungen zur Ausstattung äußert. Gut soll es sein, schön und würdig. Vielleicht ist das auch eine Inspiration für unsere gemeindlichen Gebäude? Und dann geht Gott noch einen Schritt weiter und das scheint noch wichtiger.

Aaron soll zu Gottes Priester geweiht werden ⇢ Er und seine Nachkommen. Gottes Anweisung an Mose lautet: *„Mache deinem Bruder Aaron heilige Kleider zur Ehre und zum Schmuck."* Dieser schlichte Vers bewegt mich: „Ehre deinen Bruder, schmücke ihn, mache ihm heilige Kleider." Was für ein Impuls auch für uns heute! Wo kann ich heute meinem Bruder oder meiner Schwester alle Ehre geben? In unserem Text drücken Kleider ein Amt und eine Berufung aus. Heilige Kleider, die schmücken und ehren. Wo kann ich heute meinen Bruder und meine Schwester in der Gemeinde ehrenvoll in eine neue Berufung oder Aufgabe begleiten? Mit Ehre, mit Schmuck, mit Segen?

Der folgende Vers 3 hat noch eine weitere Komponente: *„[Rede] mit allen, die weisen Herzens sind, die ich mit dem Geist der Weisheit erfüllt habe, dass sie Aaron Kleider machen zu seiner Weihe."* Nicht nur Mose alleine, sondern alle sollten in Einheit gemeinsam hinter Aaron stehen, damit er Gottes Priester sei. Auf Einheit liegen große Verheißungen. Einheit unter uns Christen ist Jesu Herzenswunsch. Auch wenn wir Menschen in die Mitarbeit berufen – wir wollen das in Einheit tun und gemeinsam heilige Kleider der Ehre und des Schmucks mitgeben.

Andreas Claus

So soll Aaron die Namen der Söhne Israels in der Brusttasche auf seinem Herzen tragen, wenn er in das Heiligtum geht.

2. Mose 28,29

Bibellese: 2. Mose 28,15-30

Mose hatte von Gott den Auftrag bekommen, seinem Bruder Aaron ein heiliges Kleid zu machen. Zur Ehre und zum Schmuck, denn Aaron würde zum Priester Gottes geweiht werden. Aber Mose sollte nicht alleine agieren, sondern auch mit allen reden, die Gott mit dem Geist der Weisheit erfüllt hatte, damit sie Aaron Kleider für seinen Dienst machten. In unserem heutigen Bibeltext finden wir viele exakte Anweisungen, wie diese Kleider zu fertigen und auszuschmücken sind.

Auf das Herz kommt es an ⇢ Was aber nützen die schönsten Kleider, wenn es keine Inhalte gibt? Letztendlich bleiben Kleider dann doch Äußerlichkeiten, denn auf das Herz kommt es an. Interessant: Deshalb sollte Mose auch Taschen an den Kleidern anbringen, Taschen, die sich nicht lösen lassen. Darauf bezieht sich unser heutiger Bibelvers: Immer, wenn Aaron ins Heiligtum ging, sollte er in der Brusttasche die Namen der Söhne Israels auf dem Herzen tragen, um sie vor Gott ständig in Erinnerung zu bringen.

Das ist Fürbitte ⇢ Fürbitte bedeutet, Menschen auf dem Herzen zu tragen und sie immer wieder vor Gott in Erinnerung zu bringen. Vor ihm für sie priesterlich einzustehen. Mit konkreten Namen, als echtes Herzensanliegen. Immer wieder, treu, regelmäßig. Gott hört und wird erhören. Fürbitte verändert und segnet Menschen.

Gute Entscheidungen treffen ⇢ Noch etwas sollte in der Brusttasche und auf dem Herzen getragen werden, wenn Aaron in die Gegenwart Gottes ging: die Lose „Licht und Recht“, auf Hebräisch „Urim und Tummim“. Man kann auch übersetzen: „Lichter und Vollkommenheit“. Mithilfe der beiden Lose sollte Aaron den Willen Gottes erfahren, um dann gute richterliche Entscheidungen für das Volk Israel zu treffen. Diese Lose bleiben geheimnisvoll und als Handhabe für das Volk Israel bestimmt.

Aber auch wir müssen Entscheidungen treffen, kleine und große, für uns selbst wie auch für andere. Das nehmen wir mit aus diesem Vers: Unsere anstehenden Entscheidungen tragen wir auch auf unserem Herzen, wir bringen sie täglich vor Gott und bitten ihn um Weisheit und Leitung. Entscheiden müssen wir, aber in der Kraft des Heiligen Geistes, der uns gegeben ist und der uns erfüllt. Und dann dürfen wir gewiss sein: Vorbereitet im Gebet werden wir gute Entscheidungen treffen.

Andreas Claus

Du sollst auch ein Stirnblatt machen aus feinem Golde und darauf einschneiden, wie man Siegel schneidet: Heilig dem HERRN.

2. Mose 28,36

Bibellese: 2. Mose 28,31-38

Wenn meine Geschwister und ich früher sonntags in die Kirche gingen, war es meiner Mutter sehr wichtig, dass wir unsere sauberen Sachen anhatten. Wir hatten Werktagskleidung und es gab Sonntagskleidung. Meistens sahen wir aus wie aus dem Ei gepellt, und wir mussten uns Mühe geben, dass nichts dreckig wird. Ich lernte damals, dass der Sonntag ein besonderer Tag ist; ein Tag, an dem man gebadet hatte und sich fein und schick machte. Ein Tag, an dem es mittags einen Braten und selbst gemachte Klöße gab und nachmittags Kaffee und Kuchen. Warum? Weil Gott in unserer Familie wichtig war, weil dieser eine Tag in der Woche einfach für ihn reserviert war. Und bestimmt auch ein bisschen, weil man das halt so machte.

„Heilig dem HERRN" ⇢ In unserem heutigen Abschnitt können wir lesen, wie wichtig Gott die Kleidung seines Hohenpriesters Aaron und dessen Söhne war. Bis hinein ins kleinste Detail gibt er Mose genaueste Anweisungen; Farbe, Material, Anordnung, nichts sollte dem Zufall überlassen bleiben. Ganz besonderes Augenmerk legt er dabei auf das Stirnblatt – gearbeitet wie ein Siegel – mit der Inschrift: *„Heilig dem Herrn."*

Neues Leben – neue Kleider ⇢ Aus der Bibel wissen wir, dass wir als Christen heute ebenfalls Priester sind für Gott. Natürlich unterscheiden sich unsere Aufgaben stark von denen Aarons und seiner Söhne. Auch unterliegen wir keiner einheitlichen Kleiderordnung und sind auch nicht mit einem Kopfschmuck unterwegs, wie Aaron ihn getragen hat, wenn er in der Stiftshütte Dienst tat. Und doch will unser Vers auch zu uns heute sprechen. Denn als Christen haben wir bei unserer Bekehrung von Gott „neue Kleider" bekommen und tragen nun ebenfalls das Siegel *„Heilig dem Herrn"*. Wir haben unser altes Leben abgelegt wie alte Kleider und ein neues Leben angezogen. Jetzt gehören wir Gott. Wir sind abgesondert für ihn und berufen, ein Leben für ihn, zu seiner Ehre und in Heiligkeit zu führen. Unserem Vater im Himmel ist es nicht egal, wie wir unterwegs sind. Unser ganzes Leben soll von unserer Zugehörigkeit zu ihm zeugen und in diesem Sinne etwas Besonderes sein. Dass wir *„Heilig dem HERRN"* sind, soll für andere erkennbar sein: durch unseren Glauben, unsere Liebe und unsere Hingabe.

Jutta Dünnebier

30
Samstag

Und sollst sie deinem Bruder Aaron samt seinen Söhnen anlegen und sollst sie salben und ihre Hände füllen und sie weihen, dass sie meine Priester seien.

2. Mose 28,41

AUGUST

Bibellese: 2. Mose 28,39-43

Der Dienst der Priester in Stiftshütte und Tempel des Alten Bundes war etwas, das nur für eine ganz bestimmte Gruppe von Menschen vorgesehen war. Es waren Aaron, der Bruder des Mose, und seine Söhne. So hatte es Gott in seiner Weisheit beschlossen und so wurde es dann auch umgesetzt und gehalten. Sie wurden ganz offiziell in ihr Amt eingesetzt, gesalbt und geweiht. Ihre Aufgabe war es, stellvertretend für das Volk in den Riss zu treten, um vor Gott zu vermitteln. Dazu gab es umfangreiche Opfervorschriften und besondere Feiertage.

Eine große Sache ⇢ Wer in einer katholischen Umgebung aufgewachsen ist, dem ist der Begriff Priesterweihe wahrscheinlich schon einmal begegnet. Ein solches Ereignis ist eine große Sache. In meiner Verwandtschaft gab es einen katholischen Priester und ich kann mich erinnern, wie bei seiner Priesterweihe der ganze Ort auf den Beinen war. Der Bischof und andere Priester waren zum Festgottesdienst gekommen und die Straßen waren mit Fahnen geschmückt. Unter der Begleitung der örtlichen Blaskapelle zog der neue Pfarrer in die bis auf den letzten Platz gefüllte Kirche ein. Alle wollten dabei sein bei diesem außergewöhnlichen Ereignis und dann auch den ersten Segen empfangen, den der neu geweihte Priester spendete.

Wir alle! ⇢ Wenn wir so etwas lesen, kann das bei uns ein Gefühl erzeugen oder verstärken, das ganz und gar nicht im Sinne Gottes ist. Wir könnten denken, dass Gott nur etwas für ganz besonders ausgesuchte und studierte Leute ist, die dann einen entsprechend besonderen Draht zum Himmel haben. Wir könnten den falschen Eindruck bekommen, dass Gott für uns gar nicht so leicht erreichbar ist und er entsprechend mit unserem Leben nichts Bedeutendes anfangen kann.

Deshalb ist es wichtig, dass wir verstehen und glauben, was in der Bibel über uns steht: Im Neuen Bund sind alle, die an Jesus glauben, Priester unseres Gottes. Der Heilige Geist lebt in jedem Gläubigen. Wir alle sind von Gott in seine Gemeinschaft und in seinen Dienst berufen. *„Ihr aber seid ein auserwähltes Geschlecht, ein königliches Priestertum, ein heiliges Volk, ein Volk zum Eigentum, dass ihr verkündigen sollt die Wohltaten dessen, der euch berufen hat aus der Finsternis in sein wunderbares Licht"* (1. Petrus 2,9).

Jutta Dünnebier

Nimm einen jungen Stier und zwei Widder ohne Fehler, ungesäuertes Brot und ungesäuerte Kuchen, mit Öl vermengt, und ungesäuerte Fladen, mit Öl bestrichen.

2. Mose 29,1.2

Bibellese: 2. Mose 29,1-14

Im neuen Bund sind wir ein königliches Priestertum – all diejenigen, die an Jesus, den Messias, glauben. Deshalb sprach der Apostel Petrus von einem auserwählten Geschlecht und einem königlichen Priestertum und nannte die Gemeinde *„ein heiliges Volk, ein Volk zum Eigentum"* (1. Petrus 2,9), dessen Aufgabe es ist, Gottes große Taten auf dieser Erde zu verkündigen.

Die Vorzeichen des Alten Bundes ⇢ Im Alten Bund, den Mose am Berg Sinai von Gott empfing, gab es ebenfalls eine Priesterschaft. Damals waren es ausschließlich Aaron und seine männlichen Nachkommen, die für den Dienst an der Stiftshütte auserwählt waren. Bei ihrer Einsetzung wurden Opfertiere ohne äußerliche Fehler geopfert sowie ungesäuertes Brot und ungesäuerte Kuchen mit Öl bestrichen. Dann wurden Brot und Kuchen zunächst vor Gott als Schwingopfer dargebracht und schließlich auf dem Altar verbrannt. Obwohl uns als Gemeinde von Jesus diese Rituale nicht automatisch einleuchten, sind sie faszinierende Vorzeichen dessen, was Christus für uns – für Juden und Nationen – getan hat, und was nun unsere Aufgabe ist.

Die Erfüllung der Vorzeichen im neuen Bund ⇢ Das Opfer ohne Fehler ist im neuen Bund Christus selbst, der sein Leben stellvertretend für uns am Kreuz gegeben hat. Er nahm unsere Sünde mit in den Tod, er wurde in unser Grab der Sünde gelegt. Damit hat er für alle, die an das Erlösungswerk des Kreuzes glauben, unsere Sünde von uns entfernt, wie es in den Psalmen steht: *„So fern der Morgen ist vom Abend, lässt er unsre Übertretungen von uns sein. Wie sich ein Vater über Kinder erbarmt, so erbarmt sich der HERR über die, die ihn fürchten"* (Psalm 103,12.13). Das Brot und der Kuchen ohne Sauerteiganteil stehen für eine reine Speise und zeigen uns, was wir als Botschaft in unserem Leben wie ein Schwingopfer in Bewegung halten sollen. Durch das Weitertragen der unverfälschten Lehre des Evangeliums in unserem persönlichen Umfeld wird unser Leben zu einem Wohlgeruch – vorgezeichnet durch den lieblichen Geruch der Brandopfer, zu dem die Brote und Kuchen bei der Priesterweihe des Alten Bundes schließlich wurden. Unser Leben soll, vom Öl des Heiligen Geistes „bestrichen", solch ein kraftvoller Duft des neuen Lebens sein, das wir durch Jesus empfangen haben.

Bernd Ellwanger

Alles, was gut und vollkommen ist,
wird uns von oben geschenkt, von Gott,
der alle Lichter des Himmels erschuf.

Jakobus 1,17

Und du sollst von dem Blut auf dem Altar nehmen und Salböl und sollst Aaron und seine Kleider, seine Söhne und ihre Kleider damit besprengen.

2. Mose 29,21

1
Montag

Bibellese: 2. Mose 29,15-28

SEPTEMBER

Das Alte Testament ist voll von detaillierten Anweisungen der priesterlichen Gesetze und den dazugehörigen Opferritualen. Über welch große Erleichterung dürfen wir uns freuen, dass wir heutzutage so unkompliziert wie möglich zu unserem Gott kommen können. Das verdanken wir unserem Hohepriester Jesus Christus, der jede dieser detaillierten priesterlichen Anforderungen erfüllt hat.

Das Bild vom Alten ins Neue ⇢ Wir können in unserem Text eine klare Übertragung zum Neuen Testament erkennen. Im Kontext geht es um insgesamt vier Opfer – einen Korb mit ungesäuerten Gaben aus Weizengrieß, einen Stier und zwei Widder. Alle Opfer sind in Jesus erfüllt und eine spannende Frage ergibt sich für uns persönlich.

- Der Stier ist ein Sündopfer, das für den rechten Stand vor Gott notwendig ist. Allein durch das Opfer Jesu können wir vor Gott treten und einen Dienst für ihn verrichten, der ihm gefällt. Denn ohne den rechten Stand vor Gott kann kein Opfer gebracht sowie angenommen werden.
- Der erste Widder wird zwar zerlegt, aber als Feueropfer als Ganzes geopfert. Zum Wohlgeruch vor Gott geschieht es.
- Der zweite Widder wird genutzt, um die Priester zu heiligen. Von seinem Blut soll auf deren rechtes Ohrläppchen, den Daumen der rechten Hand und den großen Zeh des rechten Fußes getan werden. Der ganze Mensch wird mit dem Blut des Opfers von Kopf bis Fuß in seinem Denken, Handeln und Wandeln in seinen Kleidern vor Gott geheiligt. Daraufhin werden das Fett des Widders und die Weizengaben aus dem Korb, der vor dem HERRN steht, in die Hände des Priesters gelegt, was er als Schwingopfer vor Gott bringt. Zudem erhält er Anteile vom Opfer.
- Die Besprengung an uns mit dem Blut Jesu wirkt Sühne von Schuld, und das Salböl ist ein Zeichen für den Heiligen Geist, der uns heiligt. Die verschiedenen Opferungen wurden in Jesus komprimiert (Hebräer 10,14).

Gott dienen ⇢ Jesus hat sich als Ganzes für den Willen des Vaters hingegeben und Gaben des Heiligen Geistes erhalten, sodass er in dessen Kraft wirken konnte. Die spannende Frage für dich und mich lautet: Wollen wir Jesus auch in diesem Sinne folgen? *„Ich ermahne euch nun, Brüder und Schwestern, durch die Barmherzigkeit Gottes, dass ihr euren Leib hingebt als ein Opfer, das lebendig, heilig und Gott wohlgefällig sei“* (Römer 12,1).

Sven Endörfer

2
Dienstag

Sieben Tage sollst du an dem Altar die Sühnung vollziehen und ihn weihen; so wird er ein Hochheiliges. Wer den Altar anrührt, der ist dem Heiligtum verfallen.

2. Mose 29, 37

SEPTEMBER *Bibellese: 2. Mose 29,29-37*

Gott ist heilig – eine große, kaum greifbare Aussage. Was bedeutet das nun? Es bedeutet, dass Gott vollkommen ist. Es gibt in ihm nichts Falsches, keine Ungerechtigkeit und keine bösen Absichten. Er ist absolut rein und vollkommen. Seine Heiligkeit wird auch in seiner Trennung von allem Bösen und Unreinen deutlich. Er ist so heilig, dass seine Gegenwart die Gegenwart von Sünde ausschließt. „Heilig“ betont die moralische Vollkommenheit, Einzigartigkeit und absolute Souveränität Gottes.

Mir persönlich fiel der Gedanke und das Verständnis von „heilig“ nie schwer. Ich bin mit dem Islam aufgewachsen. Mir wurde in meiner Kindheit viel erklärt, dass Allah ein unnahbarer, heiliger Gott ist. Mächtig und kompromisslos. In seine Nähe sollten nur „heilige Menschen“ kommen. Und wie beurteilt jetzt Allah, wer heilig ist? Er beurteilt es durch gute Taten, tadelloses Verhalten und Hingabe. So trachtet jeder Gläubige im Islam nach dieser Heiligkeit. Diese wird durch Gebet, Hingabe, Einhaltung religiöser Pflichten und moralisches Handeln angestrebt. Das hört sich nach viel Druck an.

Was sagt aber Gott dazu? ⇢ Wer den geheiligten Altar berührte, wurde ebenfalls heilig. Was ist, wenn unsere Heiligkeit nicht von unserer Leistung abhängig ist? Wenn der Zugang zu Gott nicht durch Taten und Worte kommt? Genau diesen Weg hat Gott für dich und mich geschaffen. Durch seinen einzigen Sohn, Jesus Christus, bekommen wir die Möglichkeit, in Gottes heilige Gegenwart zu kommen!

Durch Jesu Werk am Kreuz werden du und ich ebenfalls heilig, denn unsere Sünden werden uns vergeben. Allein durch Gottes Liebe können wir in seine Gegenwart kommen. Allein durch Gottes Gnade werden wir heiliggesprochen. Was für ein starker Gedanke!

Gottes Geschenk ⇢ Ich persönlich hörte diese Botschaft zum ersten Mal, als ich 18 Jahre jung war. Ich verstand: Nicht meine Leistung bringt mich näher zu Gott. Heiligkeit muss nicht erkämpft werden, sondern sie wird uns geschenkt, weil Gott uns liebt und gnädig ist. Vielleicht ist einigen diese göttliche Wahrheit noch fremd. Doch in 1. Petrus 2,9 lesen wir: *„Ihr aber seid … ein heiliges Volk, ein Volk zum Eigentum, dass ihr verkündigen sollt die Wohltaten dessen, der euch berufen hat aus der Finsternis in sein wunderbares Licht.“* Heilig zu sein, ist Teil unserer Identität!

Nadia Fetzer

Das soll das tägliche Brandopfer sein bei euren Nachkommen am Eingang der Stiftshütte vor dem HERRN, wo ich euch begegnen und mit dir reden will.

2. Mose 29,42

Bibellese: 2. Mose 29,38-46

Von Generation zu Generation – in der Neues Leben Bibel lautet der heutige Leitvers so: „*Dies soll ein tägliches Brandopfer sein, von Generation zu Generation ...*“ Beim Lesen dieser Passage und auch all der vorherigen Passagen stach mir immer wieder ins Auge, dass die Israeliten die Anweisungen Gottes von Generation zu Generation weitergeben sollten.

Mittendrin oder nur Statist? ⇢ Während meiner Zeit in Jerusalem war dies eines der eindrücklichsten Dinge, die ich persönlich miterleben durfte: An jedem Schabbat sowie an allen jüdischen Festtagen saßen die Kinder mit am Tisch. Sie saßen nicht nur stumm dabei, sondern waren Teil der Gemeinschaft. Selbstverständlich haben sie ebenso wie die Erwachsenen vom dem Challah (Schabbatbrot) abgebrochen, und auch von dem Saft getrunken. An bestimmten Festtagen wie z. B. dem Purimfest hatten sich die Kinder verkleidet. Am Pessachfest ist es Aufgabe der Kinder, das zerbrochene und versteckte Mazzenstück (Brotstück) zu suchen.

Wie sehr liebte ich es, wenn ich in diese leuchtenden Kinderaugen sah, die am Schabbatabend darauf warteten, dass der Vater seinen Segen über sie aussprach. Und wehe, er hatte es vergessen. Die Kinder erinnerten ihn mit Sicherheit daran. Am Pessachfest, wenn die Israeliten des Auszugs aus Ägypten gedachten, fragten die Kinder den Vater: „*Was bedeutet dieser Brauch?*“ (2. Mose 12,26 NLB), und der Vater erklärte es ihnen.

Kinder gehören dazu ⇢ Es gehört zur jüdischen Kultur, dass die Kinder von klein auf mit dem Glauben vertraut gemacht werden. Dies geschieht in erster Linie innerhalb der eigenen Familie. Die Kinder sind ein wichtiger Bestandteil der gläubigen Gemeinschaft und haben, wie oben erwähnt, auch ihre Aufgaben bei den Festlichkeiten. Sie wachsen zu Hause in die Gebete, die Feste und den Hintergrund ihres Glaubens hinein. Sie sollen und dürfen Fragen stellen.

Wie wichtig dieser Glaubenseinfluss der Eltern ist, sehen wir an Timotheus. Paulus schreibt an ihn: „*Denn ich erinnere mich an den ungeheuchelten Glauben in dir, der zuvor schon gewohnt hat in deiner Großmutter Lois und in deiner Mutter Eunike; ich bin aber gewiss, auch in dir*“ (2. Timotheus 1,5). Das kann dort geschehen, wo Glaube von Generation zu Generation weitergegeben wird.

Beatrix Groß

4
Donnerstag

Und Aaron soll darauf verbrennen gutes Räucherwerk jeden Morgen, wenn er die Lampen zurichtet. Desgleichen wenn er die Lampen aufsetzt gegen Abend.

2. Mose 30,7.8

SEPTEMBER *Bibellese: 2. Mose 30,1-10*

Inzwischen sind wir in der Beschreibung des Heiligtums an dem Vorhang des Allerheiligsten angekommen. Neben der Festlegung zur Kleidung der Priester, zur Verarbeitung des Öls für den Leuchter und dem täglichen Opfer ging es auch um die Ausstattung dieses besonderen Ortes. Der Brandopferalter, das Waschbecken, der Tisch mit den Broten und der Leuchter sollten nicht irgendwie gestaltet werden. Gott hatte eine genaue Vorstellung und gab sie Mose als „Bauplan" mit.

Auch für den Räucheraltar gibt es exakte Vorgaben: Mit einer Fläche von 50 x 50 cm und einer Höhe von rund einem Meter war dieser Altar kleiner als der Brandopferalter. Neben dem Unterschied, dass er mit Gold (statt mit Bronze) überzogen war, war vor allem der Zweck ein anderer. Auf ihm wurden keine Opfer dargebracht, sondern es wurde Räucherwerk verbrannt. Jeden Morgen und jeden Abend, wenn Aaron die Lampe gereinigt und aufgefüllt hatte, sollte er zwei Handvoll einer ganz bestimmten Kräutermischung darauf verbrennen. Das Feuer zum Entzünden sollte vom Brandopferaltar geholt werden (3. Mose 16,12.13).

Gebet wie ein aufsteigender Wohlgeruch ⇢ Das ganze Heiligtum war erfüllt von einem Wohlgeruch, der durch das Zelt drang und auch außerhalb zu riechen war. Zur Zeit des Tempels soll man das Räucheropfer bis zum Toten Meer hinab wahrgenommen haben. Ein ganz besonderer Geruch, weil jeden Morgen und jeden Abend Räucherwerk entzündet wurde.

In Psalm 141,2 äußert David die Bitte: *„Lass dir mein Gebet gefallen wie das Räucheropfer, das man dir zu Ehren im Tempel verbrennt"* (HFA). In der Offenbarung ist die Rede von 24 Ältesten, die *„goldene Schalen voll Räucherwerk"* in den Händen halten. Für Johannes ist klar, dass dies *„die Gebete der Heiligen"* sind (Offenbarung 5,8).

Mit diesem Bild bekommt Gebet für mich einen weiteren wichtigen Aspekt. Ja, ich darf mit allen meinen Bitten und Anliegen zu Gott kommen. Ja, ich darf meine Sorgen mit Flehen vor ihm kundtun. Aber mein Gebet darf „breiter" sein. Mein Lobpreis und meine Anbetung sind für Gott ein Wohlgeruch. Ich darf in die *„Gebete der Heiligen"* einstimmen und mit ihnen gemeinsam den großen Gott ehren. Jeden Morgen und jeden Abend – und auch zwischendurch. Bist du dabei?

Daniel Aderhold

Und du sollst solches Sühnegeld nehmen von den Israeliten und es zum Dienst an der Stiftshütte geben.

2. Mose 30,16

Bibellese: 2. Mose 30,11-16

Eine Abgabe für das Heiligtum. Bei jeder Volkszählung sollte jeder Israelit, der 20 Jahre und älter war, eine Abgabe bezahlen. Äußerlich betrachtet handelte es sich dabei um eine Steuer für den praktischen Dienst der Priester in der Stiftshütte. Aber dieses Lösegeld – später wurde daraus die Tempelsteuer, die jährlich erhoben wurde – hatte eine wertvolle geistliche Bedeutung. In der Stiftshütte fand der Versöhnungsdienst für ganz Israel mit Gott statt. Diese Abgabe wurde deshalb auch als Sühnegeld bezeichnet, weil jeder Israelit die Bedeckung für seine Sünde brauchte. Auch war diese Abgabe eine Art Schutzgeld vor Plagen und Seuchen. Das Blut der Opfertiere, das die Priester zur Vergebung und Sühnung der Sünde des Volkes vor Gott benötigten, wird hier durch diese Abgabe ergänzt. Das Geld wurde gezahlt als Anerkennung des Rechts, das Gott auf jeden hat. Jeder Israelit war unter das Gesetz Gottes gestellt und zur Einhaltung verpflichtet. Beides, Blut und Geld, sollte die Erinnerung wachhalten, dass Sühne und Gehorsam für jeden Israeliten nötig waren.

Jesus, der Versöhner ⇢ Heute benötigen wir kein Tieropfer und kein Blutvergießen mehr, um von Gott als seine Kinder angenommen zu werden. Nur Jesus Christus war in der Lage, unsere Sünde zu sühnen. Paulus schreibt in 1. Timotheus 2,5.6: *„Denn es ist ein Gott und ein Mittler zwischen Gott und den Menschen, nämlich der Mensch Christus Jesus, der sich selbst gegeben hat als Lösegeld für alle.“* Für Gott hat das Blut Christi die Sünde vollkommen gesühnt und gleichzeitig hat er stellvertretend die Sünden aller Menschen getragen. Das Lösegeld ist für immer bezahlt und gilt für jeden, der Jesus im Glauben annimmt.

Es gibt keine Ausnahme ⇢ Das Lösegeld wurde in gleicher Höhe von dem Armen wie von dem Reichen erhoben. Alle Israeliten standen ohne Ausnahme auf derselben Stufe vor Gott. So ist es ebenfalls in Bezug auf unsere Erlösung: ob arm oder reich, gelehrt oder ungelehrt, jung oder alt, moralisch oder unmoralisch, ein nach unserer Schätzung großer oder kleiner Sünder – alle sind vor Gott vollkommen gleich. Alle tragen den Namen Sünder und werden umsonst gerechtfertigt durch seine Gnade, durch die Erlösung, die in Christus Jesus ist. Freuen wir uns heute neu darüber!

Helmut Trowitzsch

6
Samstag

Du sollst auch ein Becken aus Bronze machen mit einem Gestell aus Bronze zum Waschen und sollst es setzen zwischen die Stiftshütte und den Altar.

2. Mose 30,18

Bibellese: 2. Mose 30,17-21

Die Reinigung der Priester. Das Becken ist das letzte Stück der Ausstattung der Stiftshütte. Es bestand nicht aus Silber oder Gold, denn es stand nur im Vorhof der Stiftshütte. Dennoch hatte es auch eine wichtige Funktion: Beim Dienst der Priester im Zelt oder am Opferaltar sollten diese sich die Hände und Füße waschen. Wenn sie dies unterließen, würden sie sterben. Das Becken symbolisiert die Notwendigkeit der Reinigung. Ein Priester sollte also nicht in die Stiftshütte gehen oder seinen Opferdienst vollziehen, ohne sich vorher gewaschen zu haben. Das Kupferbecken ist die Stelle, an der sich Gott mit der alltäglichen Sünde eines Priesters befasste und dieser sich symbolisch von allem Unrecht sauber waschen sollte.

Wir benötigen tägliche Vergebung ⇢ Wie es dem alttestamentlichen Priester erging, so ergeht es auch uns Christen immer wieder. Jeden Tag neu, möglichst mehrmals am Tage, wollen wir uns von unserer Sünde reinigen lassen. Auf welche Weise geschieht das? Der Apostel Johannes schrieb: *„Wenn wir aber unsre Sünden bekennen, so ist er treu und gerecht, dass er uns die Sünden vergibt und reinigt uns von aller Ungerechtigkeit“* (1. Johannes 1,9). Interessant ist, dass man das Kupferbecken so blank polieren konnte, dass das verunreinigte Wasser sichtbar wurde und ersetzt werden musste. Wahrscheinlich haben die israelitischen Frauen dafür ihre fein polierten Kupferspiegel gespendet.

Das erinnert uns an die Bibel ⇢ Nämlich, dass sie uns einen Spiegel vorhält. Wenn wir die Bibel lesen, werden wir merken, wie Gott uns eigentlich haben möchte, und dass wir durch Sünde unrein geworden sind. Das zu erkennen, ist für uns schmerzlich und wir bereuen unser Versagen. Aber nur wer weiß, dass er schmutzig ist, wird auch etwas dagegen unternehmen. Von dem Waschbecken werden keine Maße genannt. Das weist darauf hin, dass es keine Grenze bei Gottes Geduld und seiner Gnade gibt, um uns zu reinigen. Paulus bezeugt uns mit Gewissheit, die wir auch haben dürfen, in Epheser 1,7: *„In ihm [Christus] haben wir die Erlösung durch sein Blut, die Vergebung der Sünden, nach dem Reichtum seiner Gnade.“*

Gehen wir zu ihm und lassen uns immer wieder reinigen.

Helmut Trowitzsch

Wer es herstellt, um seinen Duft selbst zu genießen, der wird aus dem Volk ausgestoßen und muss sterben.

2. Mose 30,38 (NGÜ)

Bibellese: 2. Mose 30,22-38

Ist die Bibel genussfeindlich? Im Gegenteil: Viele Texte heben hervor, dass Gott die ganze Schöpfung den Menschen zum Genuss gegeben hat. Just bei dem alttestamentlichen Autor, der wohl am pessimistischsten auf das Leben schaut, finden sich Sätze, wie man sie gar nicht in der Bibel erwarten würde: „*Es gibt nichts Besseres für den Menschen, als dass er isst und trinkt und seine Seele Gutes sehen lässt … Auch das sah ich, dass dies alles aus der Hand Gottes kommt*" (Prediger 2,24 ELB).

So spricht sich auch die heutige Bibellese nicht gegen das Genießen an sich aus. Was unser Text aufs Korn nimmt, ist das Wörtchen „selbst". Selbst, *für sich selbst* genießen zu wollen, was allein Gott zusteht – das geht nicht. Wie das Salböl für den Kult des Alten Bundes heilig war, also niemals zweckentfremdet werden durfte, so gibt es auch in unserer Lebenswelt als Christen „heilige" Dinge. Mit diesen Dingen sollen wir zwar umgehen. Wir sollen uns auch an ihnen erfreuen. Gott ist nicht egoistisch, er teilt gern all sein Gut(es) mit uns. David spricht für das ganze Volk Gottes, wenn er sagt: „*Wir werden gesättigt werden mit dem Gut deines Hauses, dem Heiligen deines Tempels*" (Psalm 65,5).

Worauf es ankommt ⇢ Das Heilige als heilig wahrzunehmen – darauf kommt es an. Die Feier des Abendmahls z. B. ist keine „Party auf fromm", wo es primär ums Wohlfühlen und Spaßhaben geht. Im Abendmahl wird uns gewärtig, was es Jesus gekostet hat, die Gemeinde möglich zu machen, zu der wir alle gehören dürfen. Welches unsagbare Leid er sich zugemutet hat, damit ich ewig zusammen mit meinen Schwestern und Brüdern ein Teil seines eigenen Organismus, seines *Leibes*, sein kann. Und ja, ich könnte vor Freude platzen, wenn mir das aufs Neue bewusst wird, während ich das Brot esse und den Kelch trinke.

Doch eben weil diese Freude etwas Heiliges ist, weil ich in diesen Augenblicken spüre, wie Gott selbst sich freut und die Braut(gemeinde) seines Sohnes feiert, wäre es abwegig, sich daraus einen bloßen Jux zu machen, indem man etwa mit „zeitgemäßen" Formen experimentiert und womöglich Brot und Wein durch Gummibärchen und Cola ersetzt. Auf heiligem Boden kennt Gott keinen Spaß. Deshalb spricht Paulus, wenn es ums Abendmahl geht, in 1. Korinther 11,29 nicht anders als Mose über den Missbrauch des Salböls!

Reimer Dietze

8
Montag

Außerdem habe ich vielen weiteren begabten Menschen Weisheit gegeben, damit sie alles anfertigen können, was ich dir aufgetragen habe.

2. Mose 31,6 (NGÜ)

SEPTEMBER *Bibellese: 2. Mose 31,1-11*

Dieses Kapitel beginnt damit, dass Gott einen Leiter für die Arbeiten bestimmt, die für das Heiligtum Israels durchgeführt werden sollten. Weisheit, Verstand und Können werden diesem Mann zugesprochen, vor allem aber *„habe [ich] ihn mit meinem Geist erfüllt"* (Vers 3). Begabung, Knowhow und selbst überragende Kunstfertigkeit genügen nicht, um am Heiligtum Gottes verantwortlich mitzuwirken. So unerlässlich diese Dinge sind – ohne den Heiligen Geist sind sie im Reich Gottes zu nichts zu gebrauchen. Das ist das Erste, was wir hier zu lernen haben.

Gemeinsam ⇢ Das andere ist: Das ganze enorme Potenzial des Leiters genügt bei Weitem nicht für die Fertigstellung des Heiligtums, in dem Gott seinem Volk begegnen will. Ein einzelner Mensch kann noch so außergewöhnlich begabt, einzigartig erfahren oder unübertroffen kompetent sein: Das Heiligtum zu bauen erfordert den vollen Einsatz vieler Menschen. Ohne weitblickende, umsichtige, durchdachte und verantwortliche Führung geht es nicht. Aber ebenso wenig ohne die Mitwirkung der *„vielen weiteren begabten Menschen"*. Der Text macht deutlich, dass beileibe nicht nur der Leiter an der Spitze von Gott ausgerüstet und bevollmächtigt ist: Auch die *„vielen"* anderen haben Weisheit von Gott empfangen. Sie sind nicht minder ertüchtigt, das Heiligtum Gottes zu bauen und auszustatten, es funktional herzurichten und schön zu gestalten.

Indem Gott viele Menschen fähig machte, alles anfertigen zu können, was er ihnen aufgetragen hatte, wurde die Stiftshütte Wirklichkeit. Doch dieses Zelt-Heiligtum war nur eine visionäre Vorwegnahme des Hauses, das er sich eigentlich bauen wollte: der durch Jesus zusammengerufenen Kirche aus Juden und Heiden, die nicht weniger ist als *„die Säule und Grundfeste der Wahrheit"* (1. Timotheus 3,15) und mit der Gott ewige „Wohngemeinschaft" haben möchte.

Auch dieses unvergängliche Haus wird nicht von wenigen Einzelnen gebaut, mögen sie auch Apostel, Propheten, Evangelisten, Hirten und Lehrer sein. Solche Menschen sind kostbare Gaben Gottes an seine Kirche, doch ihr Dienst ist nur in dem Maß zielführend, wie sie den *„vielen weiteren"* Raum zur Entfaltung geben. Chef im Haus Gottes ist er allein. Alle anderen sind Dienende, die im respektvollen Miteinander in die Tat umsetzen dürfen, was er ihnen *„gegeben"* hat.

Reimer Dietze

Haltet meine Sabbate; denn das ist ein Zeichen zwischen mir und euch von Geschlecht zu Geschlecht, damit ihr erkennt, dass ich der HERR bin, der euch heiligt.

2. Mose 31,13

Bibellese: 2. Mose 31,12-18

Unser Text beendet die vielen Anweisungen zum Bau der Stiftshütte. Sie steht für die Heiligkeit des Raumes; der Sabbat für die Heiligkeit der Zeit. Und es wird deutlich, dass die Heiligkeit der Zeit über der des Ortes steht. Der hebräische Text hebt das durch vielmalige Wiederholung des „Redens" hervor, durch den Zusatz „und du" sowie eine Einschränkung: „Er *sprach* zu Mose, sprach: *Und du, rede* zu den Söhnen Israels, *sprich: jedoch,* d.h. auch wenn ihr viel zu tun habt am Bau der Stiftshütte (kommt uns das bekannt vor?), meine Sabbate sollt ihr halten!"

Das Sabbatgebot ist öfter bezeugt als jedes andere Gebot im Alten Testament. Der Sabbat soll den Israeliten zeigen, dass Jahwe sie „heiligt", dass er sie besonders behandelt. Dreimal erscheint der Begriff hier, in den Versen 13,14 und 15. Der erste Gebrauch dieses zentralen biblischen Begriffs in der Bibel (1. Mose 2,3) bezieht sich nicht auf Orte, Personen oder Gegenstände, sondern auf die Zeit. Gott heiligte als Allererstes ein „Stück" Zeit! Zeit, die der Mensch mit seinem Schöpfer verbringen darf, in der er eingeladen ist, mit Gott zu *feiern*, so übersetzen jüdische Gelehrte das Verb in diesem Text, das unsere Lexika meist mit „ruhen" wiedergeben. Der siebte Tag ist Gottes Treffpunkt und Zeitpunkt mit dem Menschen! „Bei Gott sein" heißt, zur Ruhe zu kommen. Der siebte Tag als Ruhetag ist übrigens einzigartig in der Geschichte aller Kulturen. Er ist ein Geschenk Gottes an die Welt durch Israel.

Feiert Jesus! ⇢ Im Alten Bund gab Gott einen Tag, den er heiligte, an dem sein Volk ruhen und feiern sollte. Im Neuen Bund gab Gott seinen Sohn, in dem wir ruhen und feiern dürfen. Unsere Ruhe hängt nicht mehr an einem bestimmten Datum, sondern an unserer Beziehung zu Jesus. Es geht um das Prinzip, dass Gott Zeit mit uns verbringen möchte. Er weiß, dass wir immer wieder Zeiten der Erfrischung brauchen. Wer kennt noch das Lied: „Feiert Jesus"? Ja, „feiere" Jesus, nach deinem unangenehmen Telefonat, nach deinem Bügelberg, nach deiner Prüfung, dem lange gefürchteten Arzttermin, nach der Heimkehr von der Arbeit.

Er ruft uns heute zu: „Komm her zu mir, der du mühselig und beladen bist, und ich werde dir Ruhe geben!" Gott meint es gut mit uns, daher lasst uns ihn feiern! Denn: Ohne den Schöpfer ist das Geschöpf bald erschöpft.

Dr. Rudolf Fichtner

10
Mittwoch

Jakobus, Knecht Gottes und des Herrn Jesus Christus, an die zwölf Stämme in der Zerstreuung: Seid gegrüßt!

Jakobus 1,1

SEPTEMBER *Bibellese: Jakobus 1,1-12*

Vor Jahren meinte mein Doktorvater nicht ohne Ernst: „In Graz hat jeder Dackel seinen Titel." Auf einer großen Konferenz in den USA stellten sich viele leitende Pastoren vor, jeder mit etlichen Titeln. Gefragt, wer *er* denn sei, meinte ein Gast nur: „I'm a mess without Jesus!" – „Ich bin ein Wrack ohne Jesus!" Dabei hätte er so einiges auf seine Visitenkarte schreiben können: leitender Pastor der Rhema-Bibelkirche in Südafrika, Präsident der internationalen Föderation christlicher Kirchen, Ko-Vorsitzender des Nationalen Interreligiösen Rates Südafrikas, Buchautor, Bodybuilder mit einem 3. Platz bei der Mr-Universum-Wahl 1974. Einmal stand ein Fremder im Foyer unseres Seminars. Er suchte wohl Dienstangebote und gab mir eine Visitenkarte, wie ich sie noch nie gesehen hatte: Innen und außen eng bedruckt mit Ehrentiteln, akademischen Graden, Funktionen, persönlichen Leistungen und Leitungsämtern.

Nichts gegen Titel. Es gibt heute kaum ein christliches Seminar, das nicht akademische Grade oder gar Titel anbietet. Aber ihr Wert liegt letztlich nur darin, dass man sich weiterbildet und dadurch besser ausgerüstet wird, das Wort Gottes zu verstehen. Oder bessere Jobs erhält, um mehr für Gemeinde und Mission zu geben.

Was aber ist der wichtigste Titel? Was würden wir auswählen, wenn wir nur ein Wort auf unsere Karte schreiben dürften?

Jesus Christus – unsere Visitenkarte ⇢ Was schreibt Jakobus auf seine Visitenkarte? „*Jakobus, Sklave Gottes und des Herrn Jesus Christus.*" Was sollen die Menschen über ihn wissen? Er ist „*Knecht Gottes und des Herrn Jesus Christus*". Das genügt. Ähnlich sein Bruder, Judas. Der nennt sich „*Bruder des Jakobus*" und ebenfalls „*Knecht Jesu Christi*" (Judas 1). Beide hätten als „Herrenbrüder" Karriere machen können! Beide nennen sich aber nur „*Knecht Jesu*". Jakobus hätte so vieles auf seine Visitenkarte schreiben können: „Bruder Jesu", „Leiter der Gemeinde" in Jerusalem, eine der „*Säulen*" dort (Galater 2,9). „Chefunterhändler" beim Apostelkonzil, „der Gerechte" (wegen seiner Frömmigkeit), usw.

„Knecht Jahwes" zu sein ist in der Bibel Ehrentitel! Die Welt braucht keine Titelträger, sondern Hoffnungsträger, keine Miesmacher, sondern Mutmacher. Lasst uns stolz sein auf diesen Ehrentitel, stolz darauf, würdig zu sein, ein „*Knecht Gottes*" zu heißen!

Dr. Rudolf Fichtner

Alle gute Gabe und alle vollkommene Gabe kommt von oben herab, von dem Vater des Lichts, bei dem keine Veränderung ist noch Wechsel von Licht und Finsternis.

Jakobus 1,17

Bibellese: Jakobus 1,13-21

Meine Frau und ich haben drei Kinder, und alle unsere Kinder wissen, dass wir nicht zwangsläufig immer ihren Wünschen entsprechen werden, wenn sie uns um etwas bitten. Jedoch wissen sie auch, dass wir jederzeit das Beste für sie im Blick haben. Das gilt umso mehr für unseren Gott. Jakobus macht uns darauf aufmerksam, dass der gute und vollkommene Gott uns nur gute Gaben geben wird. Etwas sehr Ähnliches sagte Jesus in der Bergpredigt: Ein Vater gibt seinen Kindern keinen Stein, wenn sie ihn um Brot bitten (siehe Matthäus 7,9). Das Gegenteil ist vielmehr der Fall: Niemals wird Gott uns hinters Licht führen, wenn wir als seine Kinder vertrauensvoll zu ihm kommen.

Der Vater des Lichts ⇢ Unser Vater im Himmel ist ein Vater des Lichts, bei dem es keine Schatten gibt. Damit verdeutlicht Jakobus Gottes Treue und Zuverlässigkeit mit einer für uns existenziellen Schlussfolgerung: Gottes Wesen verändert sich nicht. So, wie er in der Vergangenheit war, wird er auch in Zukunft sein. Ein Gott, der sich uns voller Güte, Barmherzigkeit und Gnade zuwendet, wenn wir zu ihm kommen.

Voll Glauben und Hoffnung dürfen wir uns also mit allen unseren Anliegen an ihn wenden. Das bedeutet nicht, dass immer alle unsere Wünsche erfüllt werden. Gelegentlich scheint sogar das Gegenteil der Fall zu sein. Aber immer werden Gottes gute Absichten und Ziele für unser Leben durch sein Handeln zur Entfaltung kommen. Ganz anders verhält es sich mit der Sünde. Geben wir ihr in unserem Leben Freiraum, entfaltet sie ihre destruktive Kraft, worauf Jakobus in den Versen 13 und 14 aufmerksam macht. Schlussendlich führt sie in den Tod und damit in die Gottesferne.

Eine Frage von Leben und Tod ⇢ Nach Jakobus haben wir also die Wahl, wem oder was wir in unserem Leben Freiraum geben: der Sünde, die zum Tod führt, oder dem Vater des Lichts, der Gutes für uns vorbereitet hat und der uns durch Christus Jesus Leben schenkt. Eine unausweichliche Entscheidung, die am Ende über Leben und Tod entscheidet.

Marc Strunk

12
Freitag

Seid aber Täter des Worts und nicht Hörer allein; sonst betrügt ihr euch selbst.

Jakobus 1,22

Bibellese: Jakobus 1,22-27

„Just do it" – „Tu's einfach", mit diesem Slogan sorgte ein Sportartikelhersteller 1988 für Aufsehen. Sowohl Leistungs- als auch Hobbysportler fühlten sich animiert, ihre Sportbekleidung und Schuhe bei der Marke mit dem berühmten „Swoosh" zu kaufen. „Just do it" hat mich immer wieder ermutigt, eine Sache konkret anzugehen und zu erledigen und nicht in theoretischen Überlegungen stecken zu bleiben. Man könnte fast meinen, die Marketingexperten dieser Firma hätten bei Jakobus abgeschrieben. Denn vereinfacht gesagt bedeutet „Just do it" das, was wir im heutigen Leitvers lesen: *„Seid aber Täter des Wortes und nicht Hörer allein."*

Hören und umsetzen ⇢ Ich denke, ich habe in meinem Leben bereits weit über 1000 Predigten gehört. Mehrmals habe ich die Bibel gelesen sowie Hunderte von Büchern zu geistlichen Themen. Vielen geht es wahrscheinlich ähnlich. Wir wissen viel, aber wie viel davon setzen wir wirklich in unserem Alltag um? Ganz klar, wir haben kein Wissens-, sondern ein Umsetzungsproblem. Jakobus würde mir persönlich sagen: „Lebe doch endlich das, was du immer wieder gehört oder gelesen hast! Andernfalls" – und das hebt er sehr deutlich hervor – „hat all das Wissen für dich keinen Wert." Es geht nicht darum, viel zu wissen, sondern im Glaubensgehorsam das umzusetzen, was wir verstanden haben.

In einem Buch las ich, Gehorsam sei die Liebessprache Gottes. Ob dem wirklich so ist, sollen andere beurteilen. Aber ich habe verstanden, dass Gott sich sehr darüber freut, wenn ich seinen Willen nicht nur erkennen möchte, sondern ihn auch konkret umsetze.

Wir haben einen Helfer! ⇢ Persönlich wird mir dabei die Führung des Heiligen Geistes immer wichtiger. Mein theoretisches Wissen wird vom Geist Gottes genutzt, um Täter seines Wortes zu werden. Und genau hier schließt sich für mich der Kreis. Indem ich mich bewusst dem Wort Gottes aussetze, entsteht für den Heiligen Geist ein Raum, den er nutzen kann, um mir dabei zu helfen, das Gehörte durch sein Reden nicht nur konkret umzusetzen, sondern durch seine Kraft auch zu tun. Denn es gibt nichts Schöneres, als es einfach zu tun: „Just do it!"

Marc Strunk

Meine Brüder und Schwestern, haltet den Glauben an Jesus Christus, unsern Herrn der Herrlichkeit, frei von allem Ansehen der Person.

Jakobus 2,1

13
Samstag

SEPTEMBER

Bibellese: Jakobus 2,1-13

Eigentlich sollte es ganz klar sein: Gemeinde Jesu hat nichts mit Äußerlichkeiten und Status zu tun. Aber wenn es Jakobus für die ersten Christen wichtig war, dies nachdrücklich zu erwähnen, aufzurütteln und zurechtzurücken, dann ist das sicher auch für unsere Zeit relevant.

Jesus Christus, unser Herr der Herrlichkeit ⇢ Auffällig ist, dass Jakobus noch einmal explizit darauf hinweist, wer Jesus ist, obwohl das doch eigentlich klar sein sollte. Warum tut er das? Offensichtlich ist Erinnerung daran, an wen wir glauben, gelegentlich nötig, besonders an dieser Stelle, und Jakobus geht noch weiter. Eindringlich weist er darauf hin, dass Menschen, die an Jesus glauben, ihn lieben, seine Herrlichkeit sehen und anerkennen, so von ihm eingenommen sind, dass sie sich nicht blenden oder beeindrucken lassen werden von menschengemachten Statussymbolen oder auch vermeintlichem Einfluss.

Jesus als den Herrn der Herrlichkeit anzubeten und gleichzeitig bestimmte Menschen bevorzugt zu behandeln, weil das Vorteile bringen könnte, und sei es für die Gemeinde, das passt einfach nicht zusammen. Anbetung Jesu und Personenkult schließen sich aus. Jesus ist der, dem der sprichwörtliche Teppich ausgerollt werden soll, niemandem sonst!

Menschen herabsetzen – das geht gar nicht! ⇢ Jedem Menschen mit Höflichkeit und Respekt zu begegnen, den Gast willkommen zu heißen, zuvorkommend zu sein und das Hineinkommen in die Gemeinschaft leicht zu machen, das sind Verhaltensweisen, zu denen uns das Evangelium auffordert. Das darf aber nicht auf die (Einfluss-)Reichen beschränkt bleiben und dazu führen, weniger Privilegierte zur Seite zu schieben oder gar schlechter zu behandeln. Wo Jesus verehrt wird, spielt menschlicher „Glanz" keine Rolle. Herabsetzung hat in einer christlichen Gemeinschaft nichts verloren.

Mein Gebet ist, dass mein schnelles Ja hierzu sich auch in meinem Verhalten zeigt. Und deins?

Anke Karcher

....

14
Sonntag

So ist auch der Glaube, wenn er nicht Werke hat, tot in sich selber.

Jakobus 2,17

SEPTEMBER *Bibellese: Jakobus 2,14-26*

Es war für Martin Luther eine erlösende Erkenntnis, als er den Satz im Römerbrief las: „*Der Gerechte wird aus Glauben leben*" (Römer 1,17). Er verstand nämlich, dass die durch das Kreuz bewirkte Gnade das einzige „Heilsmittel" ist. Es sind nicht die eigenen Bemühungen, Gott zu gefallen, um sich auf diese Weise ein „Ticket" in den Himmel zu erarbeiten. Es ist ein unverdientes Geschenk, das eine herrliche Zukunft verspricht, die über den Tod hinausreicht.

Was Glaube beinhaltet ⇢ Bedeutet dies aber, dass man ein Leben als Christ bequem auf einem Sofa verbringen sollte, ähnlich einem Zuschauer, der das Theaterstück aus seinem Sitzplatz beobachtet? Mit der „Eintrittskarte" in einer und einem Mini-Fernglas in der anderen Hand, voller Erwartung auf die Aufführung? Zurückgelehnt und passiv? Natürlich nicht. Das Leben ist eine Live-Aufführung, die hier und jetzt gespielt wird. Und auf dieser Bühne des Lebens will der Glaube aktiv werden. *„Willst du nun einsehen ..., dass der Glaube ohne Werke nutzlos ist?"*, lesen wir in Jakobus 2,20. Glaube beinhaltet sowohl das Hören als auch die Reaktion darauf.

Das Alte Testament beschreibt, wie Josua nach Moses Tod die Führung des auserwählten Volkes in das verheißene Land übernahm. Die erste Herausforderung, die ihm bei dieser Aufgabe im Wege stand, war der Fluss, den er mit seinen Leuten überqueren sollte. Als er vor dem Jordan stand, hörte er Gott sagen: „Sobald ihr eure Füße in den Jordan stellt, wird das Wasser, das von oben herabfließt, wie ein Damm stehen bleiben" (siehe Josua 3,2-13). Es war ein großes Wagnis. Josua entschied sich jedoch, dem Wort Gottes zu folgen. Er hätte in seinem Zelt auf das Wunder warten können. Es wäre aber vergeblich gewesen. Der Glaube – das Vertrauen in Gottes Wort – bewegte ihn dazu, das Gehörte umzusetzen, wodurch das Unmögliche möglich wurde. Er setzte den Fuß ins Wasser, die Strömung des Flusses wurde angehalten und Hunderte von Menschen gelangten sicher an das andere Ufer.

Gott hält sein Versprechen ⇢ Ihm zu vertrauen, bedeutet, auf sein Wort hin selbst aktiv zu werden, loszugehen und aus dem Boot zu steigen. Der Zuschauerplatz ist nicht für die Menschen reserviert, die Jesus nachfolgen wollen. Sie haben eine wichtige Rolle auf der Bühne ihres Lebens zu besetzen.

Iwona Krawczyk

So ist auch die Zunge ein kleines Glied und rechnet sich große Dinge zu. Siehe, ein kleines Feuer, welch einen Wald zündet's an!

Jakobus 3,5

Bibellese: Jakobus 3,1-12

Worte haben Macht. Wer ein Buch liest, eine erbauliche Predigt hört oder aber auch in einen eskalierenden Streit gerät, spürt diese Macht der Sprache, sowohl im Positiven wie im Negativen. Durchschnittlich sprechen wir ca. 12 000 – 16 000 Worte am Tag. Was vermitteln sie? Worte können erbauen, ermutigen, heilen oder verletzen, zerstören und beleidigen. Sie entfalten Wirkung. Manche hängen tage- oder monatelang nach, lassen uns unruhig oder ruhig schlafen, führen in Resignation oder vermitteln Hoffnung.

Die Macht der Zunge ⇢ Jakobus, der den Glauben mit der Praxis in Verbindung bringt, macht dies in diesem Abschnitt deutlich. Er spricht von der Macht der Zunge, also unserer Worte. In drei sehr einprägsamen Bildern beschreibt er die Wirkungen der Zunge. Obwohl so klein, kann sie viel ausrichten. So vergleicht er sie mit einem Zaum, der das ganze Pferd lenkt, einem kleinen Ruder, das doch das ganze Schiff steuert, oder mit einem kleinen Feuer, das den ganzen Wald entzünden kann. Jakobus fordert uns deshalb auf, sorgfältig mit dem umzugehen, was wir sagen, und darauf zu achten, dass wir unsere Worte für das Gute einsetzen.

Worte der Hoffnung ⇢ Auch Salomo wusste um die heilsame Kraft der Worte. Er schreibt in Sprüche 16,24: *„Freundliche Reden sind Honigseim, süß für die Seele und heilsam für die Glieder."* Ja, Worte haben Macht. Worte, die Mut machen, richten innerlich und äußerlich auf. Sie können trösten und neue Hoffnung vermitteln. Indem wir andere segnen, sprechen wir ihnen Gottes Gegenwart, Nähe, Heilung und Schutz zu. In der Fürbitte machen wir uns eins mit der Not oder der Bitte des anderen. Wenn wir loben, richten wir den Blick zu Gott und danken ihm für seine Nähe und Hilfe. Das erbaut sowohl uns als auch unser Umfeld. Wir können uns immer wieder dafür entscheiden, durch das, was wir reden, einander wertschätzend zu begegnen. Im Beruf, in der Familie, in der Gemeinde oder der Arbeitsstelle, durch die Worte, die wir an andere richten. Bitten wir Gott darum, dass unsere Worte eine Spur des Segens hinterlassen.

Dietmar Schwabe

16
Dienstag

SEPTEMBER

Wer ist weise und klug unter euch? Der zeige mit seinem guten Wandel seine Werke in Sanftmut und Weisheit.

Jakobus 3,13

Bibellese: Jakobus 3,13-18

Eines meiner Lieblingszitate stammt von dem Schriftsteller Erich Kästner: „Es gibt nichts Gutes, außer man tut es." Der evangelische Theologe Adolf Schlatter schreibt in einem Kommentar: „Es kann nicht das Endziel unserer Bemühung sein, als gäbe es für uns nichts Größeres als den Erwerb von Erkenntnissen. Sind wir doch mal ehrlich: An Wissen fehlt es uns in der Regel nicht. Erst wenn das Wissen sich im Vollzug einer guten Lebensführung zeigt, wird Glaube ‚lebendig'. Diese ‚Werke' bekräftigen den Glauben an Jesus Christus."

Es geht hier nicht um Werkgerechtigkeit, sondern um sichtbare und wahrgenommene Konsequenz eines lebendigen Glaubens. Neid und Streit waren damals schon allgegenwärtig und bedrohten die Einheit der Gemeinde. Dies ist leider bis heute so.

Wie kann man dem begegnen? ⇢ Durch sanftmütige Weisheit. Sanftmut hat nichts mit Ergebenheit, Weichheit oder Nachgiebigkeit zu tun. Im Gegenteil: Sanftmut ist die Vereinigung von Kraft und Leidenschaft mit der Milde. Sie ist wie eine Salbe, die auf eine Wunde oder Entzündung aufgetragen wird, sie lindert den Schmerz und unterstützt den Prozess der Heilung. Weisheit hat mit Lebenserfahrung und Erfahrung zu tun. Es ist die Fähigkeit, entscheiden zu können, was zu tun oder zu lassen ist, was man suchen oder meiden soll. Neid und Streit, wovon Jakobus in den darauffolgenden Versen berichtet, sind Emotionen und Handlungen, die eine zerstörerische Dynamik entwickeln. Sanftmütige Weisheit setzt sich dem entgegen und wirkt deeskalierend. Sie muss nicht die eigene Meinung mit Zorn und Gewalt durchsetzen. Es ist auch keine falsche Nachgiebigkeit, sondern die Kraft, Ungerechtigkeit auch mal aushalten zu können und dennoch einen klaren und festen Standpunkt zu haben. Das bewahrt vor Kränkung.

Jesus sagt von sich, dass er *„sanftmütig und von Herzen demütig"* ist (Matthäus 11,29). Sanftmut ist ein wesentlicher Bestandteil der Frucht des Heiligen Geistes. Letztendlich geht es um folgende Fragen: Wie will ich mich gegenüber mir selbst, gegenüber meinen Mitmenschen und meiner Umwelt verhalten? Welche Haltung will ich in Konfliktsituationen einnehmen? Was ist mir tief in meinem Herzen wichtig? So kann ein friedvolles Miteinander gelingen. Ich wünsche uns darin viele gute Erfahrungen.

Dietmar Schwabe

Darum heißt es: „Gott widersteht den Hochmütigen, aber den Demütigen gibt er Gnade." So seid nun Gott untertan. Widersteht dem Teufel, so flieht er von euch.

Jakobus 4,6.7

Bibellese: Jakobus 4,1-10

Geistliche Autorität. Welch eine großartige und ermutigende Perspektive wird uns im heutigen Leitvers vor Augen gestellt! In all unseren Versuchungen und Kämpfen sind wir in der Lage, dem Widersacher in geistlicher Autorität entgegenzutreten. Wir haben die Zusage, dass er dann von uns ablassen muss. Wie bei Jesus, als er in der Wüste vom Teufel versucht wurde.

Wichtige Voraussetzungen ⇢ Allerdings ist diese Zusage an zwei Voraussetzungen geknüpft: Demut und Unterordnung. Diese Begriffe beschreiben Werte, die in der heutigen Zeit kaum mehr genannt werden. Oswald Sanders schreibt dazu in seinem Buch „Geistliche Leiterschaft": „In der Politik und in der Wirtschaft ist Demut eine Eigenschaft, die weder begehrt noch erlangt wird. Dort braucht und sucht man Ansehen und Publizität. Aber auf Gottes Werteskala ist die Demut sehr hoch eingestuft. Christus erklärte Nachfolge als Selbstverleugnung, von Selbstreklame hat er nie gesprochen."

Demut und Unterordnung bei Jesus ⇢ Jesus ist das perfekte Vorbild für ein Leben in Demut und Unterordnung. Er lebte und diente in vollkommener Abhängigkeit zu seinem himmlischen Vater. Trotz seines Erfolges war er frei von Selbstverwirklichung und Profilierungssucht. Sein höchstes Ziel war, dass Gottes Wille geschieht und Gott in allem die Ehre bekommt. Durch diese innere Haltung hatte Jesus absolute Autorität über die geistlichen Mächte. Gleichzeitig konnte der Heilige Geist uneingeschränkt durch ihn wirken.

Von Jesus lernen ⇢ Jesus fordert uns auf, Eigenschaften wie Sanftmut und Demut von ihm zu lernen: *„Nehmt auf euch mein Joch und lernt von mir; denn ich bin sanftmütig und von Herzen demütig; so werdet ihr Ruhe finden für eure Seelen"* (Matthäus 11,29). Mit dieser Herzenshaltung können wir den *„guten Kampf des Glaubens"* kämpfen (1. Timotheus 6,12). Wir werden den Teufel in die Flucht schlagen und den Sieg davontragen.

Horst Werner

Verleumdet einander nicht. Wer seinen Bruder verleumdet oder seinen Bruder verurteilt, der verleumdet und verurteilt das Gesetz.

Jakobus 4,11

Bibellese: Jakobus 4,11-12

Sich gegenseitig zu verurteilen, ist etwas Zerstörerisches, was leider zu oft unter uns passieren kann. Es geht so schnell aus unserem Munde und verletzt dann das Gegenüber. Im Griechischen steht das Wort „Katalalein“, was einfach heißt: „verlästern“. Es bedeutet gewöhnlich, schlecht von jemandem in seiner Abwesenheit zu sprechen, ihn zu kritisieren und zu verleumden, wenn er sich selbst nicht verteidigen kann.

Verleumdungen und Beleidigungen werden in der Bibel stets als Sünde gesehen. Der Psalmist sagt über den Gottlosen: *„Du sitzest und redest wider deinen Bruder; deiner Mutter Sohn verleumdest du“* (Psalm 50,20). Gott jedoch stellt sich dagegen: *„Wer seinen Nachbarn heimlich verleumdet, den bring ich zum Schweigen“* (Psalm 101,5). Vielen ist gar nicht recht bewusst, dass in der Bibel nur wenige Sünden so schonungslos verdammt werden wie die Sünde der Verleumdung. Jakobus verurteilt die Verleumdung aus zwei Gründen:

Wir übertreten das königliche Gesetz → Jakobus schreibt dazu: *„Wenn ihr das königliche Gesetz erfüllt nach der Schrift: ‚Liebe deinen Nächsten wie dich selbst‘, so tut ihr recht“* (Jakobus 2,8). Es liegt auf der Hand, dass niemand seinen Nächsten wie sich selbst lieben und ihn gleichzeitig verleumden kann. Die Bibel sagt klar, dass Gott Liebe ist. Wer also mit ihm erfüllt ist, begegnet seinen Mitmenschen in Liebe, besonders den Geschwistern im Glauben.

Es ist ein Eingriff in die Hoheitsrechte Gottes → Schlecht von unserem Nächsten zu reden, ihn zu kritisieren, zu verleumden und zu beleidigen, heißt, ein Urteil über ihn zu fällen, obwohl kein Mensch das Recht hat, einen anderen Menschen zu richten. Dieses Recht kommt ausschließlich Gott zu, denn er ist der oberste Richter über Tod und Leben. Das Negative bei anderen hat manchmal eine faszinierende Wirkung. Man kommt so richtig in Fahrt, wenn man mit jemandem darüber tratscht. Man gibt es ja nur als „vertrauliches Gebetsanliegen“ weiter und das Gewissen ist beruhigt. Erfahrungsgemäß geht es aber „vertraulich“ reihum weiter, zieht immer weitere Kreise und immer mehr Leute werden damit befleckt. Es befleckt die Seele und das Verhältnis untereinander. Da brauchen wir Reinigung durch das Blut Jesu und seine Gnade, damit wir – statt zu verleumden – loben und segnen!

Cyrille Tchamda

Und [ihr] wisst nicht, was morgen sein wird. Was ist euer Leben? Dunst seid ihr, der eine kleine Zeit bleibt und dann verschwindet.

Jakobus 4,14

Bibellese: Jakobus 4,13-17

Die Aussage widerstrebt uns, denn wir wollen gerne wissen, was morgen sein wird. Unser Kalender zeigt es an. Unsere Planungen reichen nicht nur bis morgen, sondern oft haben wir Dinge auf Jahre hinaus schon festgelegt. Wir überlegen, was in fünf oder zehn Jahren sein wird, und arbeiten darauf hin. Der heutige Textabschnitt wendet sich gegen den selbstsicheren Übermut, als hätten wir die Zukunft und den Erfolg in unseren Händen, ohne Gott einzubeziehen.

Die Gegenwart umarmen ⇢ Wenn wir das Morgen nicht kennen, rückt das Heute in den Fokus. Unser Leben ist flüchtig und dennoch kostbar. Weil die Lebensspanne eine kleine Zeit ist, zählt unser Heute mehr als die Pläne von Morgen. Wenn wir nur in der Zukunft leben, verpassen wir es, die Gegenwart zu genießen und den Moment Gottes am heutigen Tag zu entdecken. Ich ertappe mich manchmal dabei, dass ich in Zukunftsträumen schwelge und mir die schönen kommenden Zeiten ausmale. Dabei stehe ich aber in der Gefahr, die Chancen und den Auftrag, den Gott heute für mich hat, zu übersehen.

Fragen wir uns: „Wo segnet mich Gott gerade, wo hat er mir heute eine offene Tür gegeben?" Wenn wir am heutigen Tag Gottes Möglichkeiten ausschöpfen, schafft dies die Voraussetzung für das, was Gott in der Zukunft geplant hat. Deshalb können wir das Heute umarmen und etwas bewegen. Dunst zu sein, wie der Vers es beschreibt, erscheint zunächst wenig, aber er erfrischt und befeuchtet das Land, sodass Fruchtbares entstehen kann.

Wie Gott will oder wie ich will? ⇢ Es ist wichtig, nicht ohne Gott loszulaufen. *„Dagegen solltet ihr sagen: Wenn der Herr will, werden wir leben und dies oder das tun"* (Vers 15). Sind wir uns dieser Abhängigkeit bewusst? Sie öffnet einen vertrauensvollen Raum der Intimität mit unserem Schöpfer, wo wir unseren Tag und unsere nächsten Pläne Gott hinlegen. Es ist wichtig, den Moment der Stille zu suchen und Jesus und den Heiligen Geist einzuladen, uns auf seinem Weg zu führen. Jesus hat uns zugesagt, dass wir seine Stimme hören. Unser Übermut, alles im Griff haben zu wollen, um die Zukunft zu gestalten, braucht die Demut, zu sagen: „Nicht wie ich will, sondern wie Gott will." So wird unser Leben ein Segen: *„Befiehl dem HERRN deine Wege und hoffe auf ihn, er wird's wohlmachen"* (Psalm 37,5).

Werner Fraas

20
Samstag

Euer Gold und Silber ist verrostet und ihr Rost wird gegen euch Zeugnis geben und wird euer Fleisch fressen wie Feuer. Ihr habt euch Schätze gesammelt ...!

Jakobus 5,3

 Bibellese: Jakobus 5,1-6

Der Fokus unseres Lebens sollte nicht auf vergängliche, sondern auf unvergängliche Dinge gerichtet sein. In drastischen Bildern beschreibt Jakobus, wie kurzlebig das Haschen nach irdischem Besitz und Reichtum ist. Selbst Gold, das edelste Metall, beschreibt er als rostend. Die Bibel verurteilt Besitz nicht, sie tadelt jedoch den falschen Umgang damit. Vor allem sollen wir unser Herz nicht an materielle Dinge hängen. Jakobus ist hier wie auch an anderen Stellen ganz nah an dem, was uns Jesus in der Bergpredigt mitgibt: *„Denn wo dein Schatz ist, da ist auch dein Herz“* (Matthäus 6,21).

Woran hängt unser Herz? ⇢ Ich liebe Sicherheiten. Deshalb spüre ich sehr wohl, wie dieses Wort mich aufrüttelt, und frage mich: „Wem vertraust du mehr? Hängst du an den Dingen, die du hast? Was wäre, wenn sie morgen alle weg wären?“ Da muss ich schlucken, denn ich entdecke in mir die Gefahr, irdische Schätze zu sammeln. Wie wichtig ist es, dass Gott hier so deutliche Worte spricht, die uns auffordern, eine innere Besinnung zuzulassen und eine ehrliche Bewertung vorzunehmen. Bedeutung hat, was Gott wichtig ist. Wertvoll und bleibend ist, was wir an Segenspuren im Leben von Menschen hinterlassen. Am Ende zählt, wie sehr wir Gott und Menschen geliebt haben, dass die Liebe Motivation und Antrieb für unser Handeln war. Jesus fordert uns auf, unser Herz an seine Sache zu hängen: *„Trachtet zuerst nach dem Reich Gottes und nach seiner Gerechtigkeit, so wird euch das alles zufallen“* (Matthäus 6,33).

Großzügig geben ⇢ Wir begegnen gerne großzügigen Menschen. Sie strahlen etwas aus, weil sie das, was sie an Gaben haben – ob es Finanzen oder Fähigkeiten sind – gerne mit anderen teilen. Menschen, die sich nur um sich selbst drehen, finden wir eher abstoßend. Jakobus kritisiert egoistisches Denken, wenn Menschen ihr „Herz mästen“ und sich auf Kosten und zum Nachteil von anderen bereichern. Seien wir großzügig mit den Schätzen, die Gott uns gegeben hat, teilen wir unsere Gaben und Begabungen. Ermutigen und stärken wir andere, indem wir weitergeben, was wir haben. Sprechen wir Gutes über das Leben von anderen, und zwar mit einer bescheidenen Haltung. So kommt die gute Nachricht von Jesus an. *„Umsonst habt ihr's empfangen, umsonst gebt es auch“* (Matthäus 10,8).

Werner Fraas

So seid nun geduldig, Brüder und Schwestern, bis zum Kommen des Herrn.

Jakobus 5,7

Bibellese: Jakobus 5,7-12

Die erwartete Wiederkunft des Herrn ist wie eine Klammer, die den Jakobusbrief als Ganzes umschließt. Der Glaube soll sich im Blick auf das erneute Kommen des Herrn bewähren; dies geschieht durch Geduld und durch rechtes Handeln.

Gott ist geduldig ⇢ Das mit „geduldig" übersetzte Wort setzt sich im Griechischen aus zwei Wörtern zusammen: *lang* und *Geduld*. Jakobus verbindet den nötigen Langmut mit Ausdauer. Geduldig sein ist nach dem Alten Testament zunächst eine Eigenschaft Gottes, etwa, wenn er seinen berechtigten Zorn zurückstellt und Gnade walten lässt. Doch auch der Mensch soll sich darum bemühen, geduldig und langmütig zu sein. Mit Blick auf den Jakobusbrief bedeutet dies zunächst: Es gilt, in der Bedrängnis auszuharren und auf die Ankunft des Herrn zu warten. Das Wissen um seine Nähe, das Wissen, dass am Ende sein Gericht wahrhaftig und gerecht sein wird, diese große Hoffnung und Gewissheit bildet den beherrschenden Horizont unseres Lebens. Das hoffende Warten auf die Zukunft wird zur konsequenten Haltung für die Gegenwart.

Klagt nicht übereinander, damit ihr nicht gerichtet werdet ⇢ Überraschend führt Jakobus hier einen neuen Gedankengang ein, statt direkt in den darauffolgenden Versen das vorherige Thema mittels der dort angeführten biblischen Beispiele zu vertiefen. Erinnern wir uns noch einmal daran, dass Geduld bedeutet, den berechtigten Zorn zurückzustellen. Jedes vorschnelle Murren und Seufzen gegen die Brüder soll verstummen. Der Langmut Gottes mit den Menschen soll nun zum Langmut der Christen mit ihren Mitmenschen werden.

Klagen übereinander schwächen die Beziehungen zu den Glaubensgeschwistern. Häufig nimmt es das Richten ein, was nur Gott zukommt. Ein solches Verhalten steht jedoch im Kontrast zur Stärkung der Herzen und zum endzeitlich begründeten Langmut. Wir dürfen wissen: Da Gott am Ende der Zeiten Recht schaffen wird, brauchen wir es uns nicht selber zu verschaffen, um uns durchzusetzen. Vielmehr gilt es angesichts der Hoffnung auf die baldige Wiederkehr Christi, Streitereien beizulegen. Als Vorbild *„des Leidens und der Geduld"* nennt Jakobus *„die Propheten, die geredet haben in dem Namen des Herrn"* (Vers 10). Das beinhaltet, den anderen höher als sich selbst zu achten und so den Frieden zu suchen und zu wahren. Gott helfe uns dazu.

Samuel Franz

22
Montag

Und das Gebet des Glaubens wird dem Kranken helfen, und der Herr wird ihn aufrichten; und wenn er Sünden getan hat, wird ihm vergeben werden.

Jakobus 5,15

SEPTEMBER *Bibellese: Jakobus 5,13-20*

Vor einiger Zeit kam ich ein Restaurant und sah einen Tisch mit mehreren Leuten, die ihre Köpfe gesenkt hatten. „Toll", dachte ich, „die beten miteinander!" Erst beim näheren Hinsehen erkannte ich, dass alle auf ihr Handy starrten.

Wie steht es mit Gebet in unserem Leben? ⇢ Jakobus ermutigt uns, zu beten. In allen Situationen dürfen wir zu Gott im Gebet kommen. Wenn jemand krank ist, soll er speziell die Ältesten rufen und mit Öl gesalbt werden. In diesem Zusammenhang ist Sensibilität in Bezug auf Sünde und sie einander zu bekennen ebenfalls heilsam. Sünde muss nicht die Ursache einer Krankheit sein, aber wenn der Heilige Geist Dinge anspricht, sollten wir auf jeden Fall darauf reagieren. Gott will Menschen in Not aufrichten und heilen, davon bin ich hundertprozentig überzeugt.

Das Gebet des Glaubens spielt dabei anscheinend eine wichtige Rolle. Elia ist uns darin ein Beispiel. In der heutigen Bibellese wird uns gezeigt, dass sein Gebet dafür sorgte, dass es dreieinhalb Jahre nicht regnete. Erst nachdem Elia abermals gebetet hatte, regnete es wieder. In 1. Könige 18 sehen wir, wie er betete. Er sagte nicht einfach: „Lieber Gott, mach bitte, dass es wieder regnet!" Wir finden Elia im Gebet und in der Erwartung. Sieben Mal ließ er seinen Knecht nach Wolken Ausschau halten. Erst beim siebten Mal erschien eine Wolke in der Größe einer Hand. Wegen solch einer Wolke packt man nicht einmal sein Picknick ein, um einen Ausflug zu beenden. Aber Elia veranlasste es, dem König ausrichten zu lassen: „Mach dich bereit, der Regen kommt!" Wie oft hab ich schon gebetet und nichts ist passiert? Elias Verhalten ermutigt uns, nicht aufzugeben, im Glauben weiter zu beten. Gott wird aufrichten.

Mit Gott erlebt ⇢ In meinen Unterlagen habe ich eine ärztliche Überweisung ins Krankenhaus, die ich nie einlöste. Ich hatte eine schwere Lungenentzündung und mein Arzt meinte, ich solle ins Krankenhaus gehen. Vorher wollte ich noch, dass meine Ältesten für mich beten. Wie wichtig ist es, zu einer Gemeinde zu gehören und Älteste in Rufbereitschaft zu haben. Sie kamen und stellten sich an mein Krankenbett. Gebete des Glaubens wurden gesprochen, ich wurde mit Öl gesalbt. Ein paar Stunden später ging es mir wieder so gut, dass ich nie ins Krankenhaus musste.

Markus Göhner

Der sich selbst für unsre Sünden dahingegeben hat, dass er uns errette von dieser gegenwärtigen, bösen Welt nach dem Willen Gottes, unseres Vaters.

Galater 1,4

Bibellese: Galater 1,1-10

Ich liebe Rettungsgeschichten. Viele dieser Geschichten gehen unter die Haut und brennen sich in unser Gedächtnis ein. Vielleicht erinnern sich einige noch an die 13 Fußball-Jungs und ihren Trainer, die 2018 aus der Tham-Luang-Höhle in Thailand gerettet wurden. Wer hat da nicht mitgefiebert? Einer der Rettungstaucher überlebte leider den Einsatz nicht. Es gibt Tausende solcher Rettungsgeschichten.

Die Beste ist jedoch Gottes Rettungsgeschichte. Paulus deutet immer wieder in seinen Briefen auf dieses Evangelium hin. *„Gnade sei mit euch und Friede von Gott, unserm Vater, und dem Herrn Jesus Christus“* (Vers 3), das ist wie die Unterschrift von Paulus. Wichtig dabei ist auch die Reihenfolge. Zuerst steht die Gnade. Wer sie erkennt und glaubt, erlebt den Frieden Gottes. Jesus hat den Himmel verlassen, um uns zu retten. Mit diesem Fokus auf das Evangelium startet Paulus den Galaterbrief. Das war besonders wichtig für die Galater. Denn es gibt auch ein anderes Evangelium, vor dem Paulus warnt: Jesus *plus* Werke. Das ist eine Sackgasse. Jesus plus nichts, das ist Rettung.

Hoffnungslos verloren, kein Ausweg? ⇢ Was mich an Rettungsgeschichten immer fasziniert, ist genau dieser Aspekt. Es braucht den Retter von außen. Jesus ist dein und mein Retter. Wir können nichts dazu tun, Gott hat diese Botschaft immer wieder benutzt, um Menschen zu erwecken und Reformationen zu beginnen. Es geschah bei Luther, als er diese Botschaft im Galaterbrief studierte. John Wesley erlebte diesen Frieden, nach dem er schon lange suchte, als er eine Predigt über den Galaterbrief hörte.

Tim Keller schreibt in seiner Einleitung zum Galaterbrief: „Für viele Christen ist ‚das Evangelium‘ in erster Linie etwas für Nichtchristen – eine Art religiöses ABC, das uns zeigt, wie man in das Reich Gottes hineinkommt. Sobald man bekehrt ist, braucht man sich nicht mehr mit dem Evangelium zu befassen, sondern braucht etwas für ‚Fortgeschrittene‘. Meinen wir. Aber in diesem kurzen Brief lässt Paulus die Bombe platzen, dass das Evangelium das A und O für das Leben der Christen ist. Es zeigt uns nicht nur den Weg in das Reich Gottes, sondern auch das Leben in diesem Reich. Das Evangelium – das ist die Art, wie Christus Menschen, Kirchen und soziale Gruppen verwandelt.“

Viel Gewinn beim Lesen des Galaterbriefs.

Markus Göhner

Denn ich habe es nicht von einem Menschen empfangen oder gelernt; sondern durch eine Offenbarung Jesu Christi.

Galater 1,12

Bibellese: Galater 1,11-24

Paulus eröffnet im heutigen Bibelvers ohne viele zusätzliche Worte sein Thema: Gott selbst hat sich ihm offenbart. Um die Schlagkraft dieses Verses zu begreifen, ist es wichtig, Paulus' innere Gesinnung – oder vielmehr deren Wandel – zu verstehen.

Der Versuch, Gott zu gefallen ⇢ Paulus hatte sein Leben tatsächlich ja schon vorher Gott gewidmet. Zumindest hatte er das geglaubt. Er war äußerst gebildet in den heiligen Schriften und sehr bemüht, diese zu befolgen und umzusetzen. So schreibt er: *„[Ich] übertraf im Judentum viele meiner Altersgenossen in meinem Volk weit und eiferte über die Maßen für die Überlieferungen meiner Väter"* (Vers 14). Voller Ehrgeiz versuchte er, aus sich heraus ein Leben zu führen, dass Gott gefällt.

Doch das ist keinem Menschen möglich. Nicht Paulus (damals noch Saulus), und auch nicht uns. Er dachte, er würde Gerechtigkeit darin finden, die damals frisch gegründete Gemeinde Christi brutal zu verfolgen und zu zerstören. Das werden wahrscheinlich die wenigsten von uns so getan haben. Trotzdem neigen wir alle dazu, in diese Form von Selbstgerechtigkeit zu rutschen. Die gesamte Welt um uns herum erzählt uns tagtäglich von neuen Wegen der Selbstoptimierung. Wir müssen nur x oder y tun, dann werden wir richtig gut. Das spiegelt sich auch leider gerne in unserem Glaubensleben wider.

Eine bahnbrechende Erkenntnis ⇢ Doch dann begegnete der lebendige Gott Paulus ganz persönlich. Und sofort wurde diesem klar, dass niemand vor Gott gerecht sein kann, egal was man auch tut. Wir alle brauchen einen Erlöser, der uns gerecht macht. Wir alle brauchen Jesus! Das bedeutet nicht, dass wir nun tatenlos sind. Aber wir wissen: Nicht unser Tun bewirkt unsere Erlösung, sondern unsere Erlösung bewirkt unser Tun. Paulus machte diese Erkenntnis unter anderem durch seine Namensänderung sichtbar. Er war nicht mehr Saulus, der Große und Erhabene, sondern Paulus, der Kleine und Niedrige. Er wollte, dass jeder weiß, dass nicht sein Tun etwas bewegte, sondern Gott allein. *„Der uns einst verfolgte, der predigt jetzt den Glauben, den er einst zu zerstören suchte. Und sie priesen Gott um meinetwillen"* (Vers 23.24). Wie stark ist dieses Zeugnis: Menschen erkennen Gottes Tun in uns und preisen ihn! Das wünsche ich uns allen.

Elisabeth Haist

Und da sie die Gnade erkannten, die mir gegeben war, reichten Jakobus und Kephas und Johannes mir und Barnabas die rechte Hand und wurden mit uns eins.

Galater 2,9

Bibellese: Galater 2,1-10

Wir sind von Natur aus leicht beeindruckt von Menschen, die etwas geleistet haben. Das finden wir bewundernswert. Man sieht seine eigenen Schwächen und staunt über die Kraft, das Talent und die Fähigkeiten anderer. Mit denen will man Gemeinschaft haben. Vielleicht kann man ja etwas von ihnen lernen. Das eigene Netzwerk wird gerne erweitert mit „High-Performern", mit Leuten, die etwas bewirkt haben.

Gottes unverdientes Geschenk ⇢ Jakobus, Kephas (Petrus) und Johannes sahen im Dienst des Paulus jedoch etwas anderes. Sie erkannten die Gnade, die ihm die Kraft gab, seinen Dienst zu tun. Gnade ist per Definition das Gegenteil von Leistung. Sie ist ein unverdientes Geschenk Gottes – wir haben keinen Anspruch darauf. Man kann sie sich nicht erarbeiten. Doch wie wurde die Gnade sichtbar, die auf Paulus lag? In Vers 2 schreibt er: *„Ich zog aber hinauf aufgrund einer Offenbarung und legte ihnen, besonders denen, die das Ansehen hatten, das Evangelium dar, das ich predige unter den Heiden, auf dass ich nicht vergeblich liefe oder gelaufen wäre."*

Dieses Evangelium kennen wir aus seinen vielen Briefen. Es ist Gottes souveränes Handeln an uns, ohne dass wir etwas dazu tun könnten. Paulus sagte einmal: *„Daher will ich nun mit größter Freude und mehr als alles andere meine Schwachheiten rühmen, weil dann die Kraft von Christus in mir wohnt. … Denn gerade dann, wenn ich schwach bin, bin ich stark"* (2. Korinther 12,9.10 NGÜ).

Jeden Tag ⇢ Die Gnade Gottes brauchen wir nicht nur zur Errettung, sondern wir dürfen sie jeden Tag neu erleben. Jesus lädt uns ein: *„Kommt her zu mir, alle, die ihr mühselig und beladen seid"* (Matthäus 11,28). Er will uns Ruhe geben für unsere Seelen. Nehmen wir täglich sein Joch auf uns und lernen von ihm, denn er ist sanftmütig und von Herzen demütig. Wenn es um die Dinge Gottes geht, bleibt nicht viel Raum für Selbstdarstellung. Je mehr wir das verstehen und uns auf seine Gnade verlassen, je mehr bringt uns das in die Freiheit und schweißt uns als Christen zusammen. Dann können wir uns ungezwungen die „Hand der Gemeinschaft" reichen. Dann brauchen wir uns nicht mehr zu vergleichen und können Gräben überwinden. Gottes Gnade ist größer und macht frei – auch heute.

Markus Haist

26
Freitag

Wenn du, der du ein Jude bist, heidnisch lebst und nicht jüdisch, warum zwingst du dann die Heiden, jüdisch zu leben?

Galater 2,14

Bibellese: Galater 2,11-21

Wie kann das sein? Ist der Apostel Petrus ein von Menschenfurcht geplagter Heuchler, der sein Fähnchen nach dem Wind hängt? Öffentlich geht sein Amtsbruder Paulus mit ihm ins Gericht. Darf man denn in der Gemeinde so lieblos miteinander umgehen? Nun, wenn es um geistliche Wahrheiten geht, sind Kompromisse fehl am Platz. Und in Antiochia waren die Einheit und der Fortbestand der Gemeinde Jesu auf heidnischem Terrain gefährdet.

Wo das Miteinander durch falsches Verhalten untergraben wird, kommt es zu Spaltung. Die Gemeindeleiter müssen reagieren, denn nur die klare Verkündigung und Umsetzung der biblischen Lehre schenken uns die Freiheit der Kinder Gottes. Das steht weit über religiöser Gesetzlichkeit und frommen Lebensentwürfen. Falsches Verhalten muss korrigiert werden, persönlich in einem seelsorgerlichen Gespräch – und bei Verantwortungsträgern ebenso öffentlich, auch wenn das wehtut.

Das Miteinander steht auf dem Spiel ⇢ Der Konflikt zwischen den unbeschnittenen heidnischen Christen, die sich nicht an die jüdischen Speisevorschriften hielten, flammte immer wieder auf. Ihre Essgewohnheiten galten den Juden als unrein, mit ihnen setzte man sich nicht an einen Tisch! Dabei hatte doch ihr gemeinsamer Meister Jesus Christus sogar mit Zöllnern und Sündern gegessen. Ausgerechnet Petrus wendete sich von diesen Geschwistern ab – obwohl Gott ihm zuvor durch eine Vision gezeigt hatte, nichts mehr als unrein anzusehen. So hatte er den römischen Hauptmann Kornelius besucht, der sich daraufhin mit seinem ganzen Haus bekehrte.

Doch nun fällt Petrus wieder in alte Verhaltensmuster zurück. Wie die anderen Judenchristen zieht er sich von den Glaubensgeschwistern zurück und heuchelt Frömmigkeit. Das führt fast zu einer Gemeindespaltung und braucht Korrektur. Weil er früher selbst ein gesetzestreuer Pharisäer war, kennt Paulus die einengenden Vorschriften. Nun entfaltet er klare Glaubensgrundsätze zur Rechtfertigungslehre.

Jesus Christus befreit uns ⇢ Vom religiösen Leistungsdruck, von Menschenfurcht und Heuchelei. Im Galaterbrief macht Paulus unmissverständlich klar: Durch Werke des Gesetzes wird kein Mensch, weder Jude noch Heide, vor Gott gerecht. Der Glaube an Jesus Christus, der meine Schuld vergibt und mich erlöst, lässt mich in der Freiheit der Kinder Gottes leben.

Andrea Hammer

Seid ihr so unverständig? Im Geist habt ihr angefangen, wollt ihr's denn nun im Fleisch vollenden?

Galater 3,3

Bibellese: Galater 3,1-14

Paulus macht sich Sorgen um seine Leser, das wird aus den heutigen Versen sehr deutlich. Anscheinend geht er davon aus, dass man im Glauben gut anfangen und dann trotzdem verkehrt weitermachen kann. Was er den Galatern vorwirft, ist aber nicht, dass sie sich bewusst von Gott abgekehrt und einen sündigen Lebensstil gewählt hätten. Vielmehr scheint sich in ihrem Glauben etwas verschoben zu haben. Erst hatten sie Jesus vor Augen als den Gekreuzigten, der sein Leben für sie gegeben hat: Leben in der Sicherheit, dass ihre Rettung unverdient aus Gnade geschah. Dann wurde ihnen – so der Vorwurf des Paulus – das Einhalten der vermeintlich richtigen und wichtigen Regeln wichtiger. So wichtig, dass sie dem anscheinend ihr Heil zuschrieben. Paulus ruft sie auf, wieder aus Glauben zu leben.

Erkennbarer Glaube ⇢ Im Folgenden steht eine Liste davon, woran Glaube laut diesen Versen zu erkennen ist:

- Jesus vor Augen zu haben,
- im Vertrauen auf den Gekreuzigten zu leben (und nicht auf die eigene Fähigkeit, dem Herrn zu gefallen),
- den Heiligen Geist zu empfangen und erfahren zu haben.
- Diese Erfahrungen führen zu noch mehr Glauben und dem Bewusstsein, in allem vom Herrn abhängig zu sein,
- die Taten Gottes zu erkennen,
- durch den Glauben eine neue Identität zu haben,
- zu wissen, dass der Glaube einen gerecht macht vor Gott und nicht die eigenen Taten (denn das ist unmöglich),
- Gott zu gehorchen und zu tun, was er von Menschen verlangt.

Hier wird schnell ersichtlich: Glaube ist viel mehr als das Fürwahrhalten von dogmatischen Aussagen. Schauen wir uns diese Liste betend an und bitten Gott, das in uns zu bewirken, was an unserem Glauben noch fehlt. Denn wir sind nicht nur in der Errettung von der Gnade Jesu abhängig, das gilt auch für das Leben in der Nachfolge Christi.

Was mich an dieser Stelle fasziniert, ist, wie Paulus ganz selbstverständlich die Galater an den Empfang des Heiligen Geistes erinnert. Er setzt voraus, dass das eine sichere Erfahrung gewesen ist, die sie im Rückblick mit der Phase oder dem Zeitpunkt in ihrem Leben in Verbindung bringen können, als sie zum Glauben an Jesus gekommen waren. Die Frage ist, wem wir lieber folgen: Satzungen und Regeln oder der Dynamik des Heiligen Geistes?

Helene Wuhrer

28
Sonntag

Denn wenn das Erbe durch das Gesetz erworben würde, so würde es nicht durch Verheißung gegeben; Gott aber hat es Abraham durch Verheißung frei geschenkt.

Galater 3,18

 Bibellese: Galater 3,15-22

Nach der strengen Anrede in den vorangehenden Versen („O ihr unverständigen Galater") spricht Paulus seine Leser jetzt an mit *„Brüder und Schwestern"* (Vers 15). Ihre Rettung stellt er also nicht infrage, so streng er sie auch ermahnt. Er möchte sie auch weiterhin mit diesem Ehrentitel ansprechen können, deswegen ist es wichtig, dass sie in der Gnade bleiben.

Gottes Verheißungen bleiben ⇢ Auch in den heutigen Versen bleibt die Kernaussage dieselbe wie bei der obigen Ermahnung: Gottes Erbe wird durch die Verheißung frei geschenkt und kann nicht verdient werden. Paulus beginnt seine Erklärungen mit einem Vergleich: Die Zusage – Verheißung – Gottes steht fest und wird nicht verändert, so, wie ein Testament nicht geändert werden kann, nachdem es bestätigt wurde. Nicht erst mit Jesus kam der Gedanke in die Welt, dass Gott aus Gnade rettet aufgrund von Glauben, und dass Gesetzeswerke das niemals erreichen könnten. Damit begann Gott schon lange Zeit, bevor er das Gesetz gegeben hatte. Er schloss mit Abraham einen einseitigen Bund, in dem er seinen Segen zusagte, ohne von Abraham eine Gegenleistung zu erwarten.

Die Verheißung, die Gott damals machte, steht unumstößlich fest und gilt in Jesus auch für uns. Paulus wiederholt diese Botschaft immer und immer wieder – es einmal geglaubt und begriffen zu haben, reicht nicht. Der Drang, sich selber beweisen (und retten) zu wollen, steckt so tief im Menschen, dass eine solche Wiederholung notwendig ist. Die Galater hatten gut begonnen (allem Anschein nach besser als viele von uns heute) – und brauchten diese Erinnerung, selbst nach einer ausführlichen Ermahnung.

Die Aufgabe des Gesetzes ⇢ Danach widmet Paulus sich der Frage nach dem Wert und der Funktion des Gesetzes. Dabei bleiben seine Erklärungen nicht nur für uns manchmal ein bisschen rätselhaft. Simpel ausgedrückt dient das Gesetz nicht dazu, Menschen „besser" zu machen, sondern „schlechter". Es lässt sie einsehen, wie verloren sie sind, wie sehr sie der Rettung aus Gnade bedürfen (siehe Römer 7,7). So führt und leitet es zu Christus und der Gnade aus Glauben.

Helene Wuhrer

Denn ihr seid alle durch den Glauben Gottes Kinder in Christus Jesus.

Galater 3,26

Bibellese: Galater 3,23-29

In einer Welt der Individualisierung ist das ein betörender Gedanke. Egal, was oder wer wir sind, durch den Glauben an Jesus Christus sind wir alle Gottes Kinder! Da zählt nicht, was man hat oder kann. Oder wie angesehen man ist. Mehr noch, wir sind sogar Erben des Reiches Gottes, heißt es weiter.

Wie oft und wie leicht denken wir in Kategorien und sortieren Menschen in Schubladen. Paulus bricht das auf, indem er sagt, dass es nicht Grieche noch Jude, nicht Sklave noch Freie, nicht Mann noch Frau zur Unterscheidung gibt, sondern *„ihr seid allesamt einer in Christus Jesus"* (Vers 28). Aus Kategorien- und Schubladendenken entstehen Vorurteile, die uns daran hindern, uns als Geschwister, als Kinder Gottes, auf Augenhöhe zu begegnen. Wozu Vorurteile führen können, macht folgende kleine, bekannte Geschichte deutlich.

Frechheit! ⇢ Eine ältere Frau kauft sich in einem Schnellrestaurant eine Suppe. Sie trägt den dampfenden Teller an einen der Stehtische und hängt ihre Handtasche darunter. Dann geht sie noch einmal zur Theke, um einen Löffel zu holen. Als sie zurückkehrt, sieht sie am Tisch einen dunkelhaarigen Mann, der ihre Suppe löffelt. „Typisch Ausländer, was fällt dem ein!", denkt die Frau empört. Sie drängt sich neben ihn, sieht ihn wütend an und taucht ihren Löffel ebenfalls in die Suppe. Sie sprechen kein Wort, aber nach dem Essen holt der Mann für sie beide Kaffee und verabschiedet sich dann höflich. Erstaunt bedankt sich die Frau mit einem Lächeln. Als sie ebenfalls gehen will, findet sie ihre Handtasche nicht. „Also doch ein hinterhältiger Betrüger – das hätte man sich gleich denken können!" Mit rotem Gesicht schaut sie sich um. Er ist verschwunden. Aber am Nachbartisch sieht sie ihre Handtasche hängen. Und einen Teller Suppe, inzwischen kalt geworden.

Gekleidet in Christus ⇢ *„Denn ihr alle, die ihr auf Christus getauft seid, habt Christus angezogen"*, heißt es in unserem Bibeltext in Vers 27. Lasst uns heute einmal bewusst unsere – vielfach unbewussten – Kategorien und Schubladen ablegen und für unsere Geschwister danken und beten. Denn wir tragen alle dieselbe Kleidung: Christus!

Werner Happe

Weil ihr nun Kinder seid, hat Gott den Geist seines Sohnes gesandt in unsre Herzen, der da ruft: Abba, lieber Vater!

Galater 4,6

 Bibellese: Galater 4,1-7

Abba ist eine sehr vertrauliche, ja zärtliche Ansprache. „Papa" nennen Kinder ihren Vater. Die Betonung liegt auf „ihren". Jeder Mann kann theoretisch ein Vater sein, aber jeder Mensch hat seinen eigenen Vater, einen Erzeuger im biologischen Sinne, der in der Regel im Idealfall auch der „Papa" ist: Versorger, Beschützer, Vorbild, liebevoller Kümmerer. Unser Text spricht von eben dieser Kindschaft. Der Vater ist ein liebevolles Gegenüber für sein Kind. Durch die Geburt Jesu, sein Leben und sein Sterben auf Golgatha erlöste Gott die Welt und bietet uns Menschen an, seine Kinder zu werden. Durch das Erlösungswerk Jesu können wir *„die Kindschaft"* empfangen (Vers 5). Nur weil wir Kinder sind, konnte Gott den Geist seines Sohnes in unsere Herzen senden, der uns rufen lässt: *„Abba, lieber Vater!"*

Väterbilder ⇢ Gott als Vater zu erkennen ist das Werk Jesu und die Gabe des Heiligen Geistes. Was aber ist mit denen, deren Vaterbild gestört oder gar zerstört ist, weil sie ihren irdischen Vater gar nicht oder nicht als positives, liebevolles Gegenüber erfahren haben? Wie sollen sie Gott als liebevollen Vater erkennen oder gar anerkennen? In der Nachkriegsgeneration, der ich angehöre, war es vielfach schwierig, das Vaterbild positiv zu besetzen. Auch die Folgegenerationen hatten und haben es in ihrer jeweiligen Zeit und in ihrem Umfeld schwer. So setzt sich ein Nicht-Vaterbild oder ein negatives Vaterbild fort. Daher legte Paulus großen Wert darauf, von Erlösung und Heilung zu sprechen: *„Ich sage aber …"* (Vers 1).

Hier hilft nur Heilung ⇢ Jede Generation braucht Heilung. Diese ist möglich, weil Jesus in diese Welt kam und durch Sterben, Tod und Auferstehung die Welt aus dem Gesetz des Negativen befreit hat. Jede Generation besteht seitdem aus „Kindern", die geliebt sind. Als solche haben wir die Kindschaft empfangen und damit auch den gesandten Heiligen Geist, der in unseren Herzen Erkenntnis schafft und uns rufen lässt: „Abba" – Papa, Papi, eigentlich „Väterchen". Es ist wahr, aus uns heraus könnten wir es nicht. Es braucht Gebet um Erkenntnis.

Das ist der heutige Aufruf: Betet für die „Kinder", damit sie erkennen, dass sie die Kindschaft empfangen haben. Jesu Erlösung und der Heilige Geist schenken uns Gewissheit. Danke, Vater für die Liebe zu uns Menschen! Amen.

Werner Happe

Meine Kinder, die ich abermals unter Wehen gebäre, bis Christus in euch Gestalt gewinne!

Galater 4,19

Bibellese: Galater 4,8-20

Geburten sind etwas Schönes und Gewaltiges. Ich erinnere mich noch sehr gut an die Geburt meiner Kinder. Aber während des Gebärens ist es gerade für die Frau nicht einfach. Wir Männer versuchen, unsere Frauen dabei zu unterstützen. Doch die Geburt ist ja erst der Anfang. Neues Leben ist entstanden und steht nun davor, sich zu entwickeln. Das Ziel ist, dass aus dem Säugling ein selbstbestimmtes und selbstverantwortliches Wesen wird. Das Kind soll ein Mensch werden, der seine Berufung findet und sein Potenzial entfaltet. Gleichzeitig ist er dazu bestimmt, ein Segen für andere Menschen zu sein. Das gilt sowohl für jeden Christen als auch für ganze Gemeinden.

Ein guter Anfang ⇢ In den Gemeinden im südlichen Galatien lief da etwas schief. Sie hatten gut angefangen, als sie die gute Nachricht der Erlösung allein durch Jesus Christus und allein aus Gnade im Glauben annahmen. Ja, im Glauben und in der Gnade empfingen sie die Kraft des Heiligen Geistes. Doch dann kamen welche, die ihnen erklärten: „Euch fehlt noch etwas. Ihr kennt nur das halbe Evangelium. Ihr braucht Jesus *und* das Gesetz."

Neustart ⇢ Paulus als guter Leiter musste da eingreifen, deshalb schrieb er den Galaterbrief. Mit diesem ältesten Brief des Neuen Testaments korrigierte er ein falsches Glaubensfundament. Dabei handelt er aus Liebe sowie in einem Liebes- und Verantwortungsverhältnis. Er nennt die Christen der Region Galatien *„meine Kinder"*. Und er sagt: „Wir haben nur eine Chance, wir müssen noch mal zurück auf Start." Paulus schreibt, dass er sie noch einmal gebären muss. Noch mal auf null und einen Neustart wagen. Als guter Leiter eröffnet Paulus den Christen im südlichen Galatien das Ziel: „Bis Christus in euch Gestalt gewinnt. Als Christen lebt ihr nicht aus eigener Kraft, sondern durch den Christus, der in euch wohnt."

Christus in uns ⇢ Dieser Christus in uns ist der Heilige Geist, der durch uns seine Liebe zu den Menschen bringen will. Denn die Menschen brauchen keine Religion und keine Moral. Sie brauchen die Begegnung mit dem lebendigen Gott. Diese Begegnung möchte Gott durch dich und mich wirken. Nachdem ich den Heiligen Geist kennenlernte, betete ich mit neuem Mut und Kühnheit für Kranke und Menschen in Not. So habe ich bereits einige echte Wunder sehen und Menschen zu Jesus führen dürfen.

Markus Jerominski

2
Donnerstag
OKTOBER

Aber das Jerusalem, das droben ist, das ist die Freie; das ist unsere Mutter.

Galater 4,26

Bibellese: Galater 4,21-31

Ich liebe die Stadt Jerusalem. Sechs Jahre durfte ich dort leben und arbeiten. Ich habe es genossen. Doch diese Stadt zeigt gleichzeitig viel Religion, sowohl jüdisch, christlich als auch islamisch. Paulus verweist hier jedoch auf das himmlische Jerusalem. Er nimmt wie Jesus etwas und deutet es anders.

Ein ungewöhnlicher Vergleich ⇢ Paulus nennt das irdische Jerusalem ein Sklavenhaus und das himmlische Jerusalem die Mutter der Freiheit. Das wirkt doch seltsam. Er erzählt die Geschichte von Abraham und dessen Frau Sarah und seiner Magd Hagar. Damit beschreibt er aber auch Abrahams Söhne Isaak und Ismael. Und dann stellt er den Sinaibund, den Gott mit seinem Volk Israel durch Mose schloss, dem neuen Bund gegenüber.

Der neue Bund ⇢ Durch Jesus Christus gegründet und durch ihn für uns Christen gehalten. Jetzt können wir in Freiheit leben. Diese Freiheit ist eine doppelte Freiheit. Erstens ist sie die Freiheit von der Macht der Sünde und des Todes. Jetzt sind wir frei, mit Gott als Vater in Beziehung zu leben. Zweitens ist es die Freiheit zur Liebe. Wir sind befreit, Gott und Menschen, ja sogar unsere Feinde zu lieben. Aber nicht durch eigene Kraft, sondern durch Jesus Christus, der in uns lebt, durch seinen Heiligen Geist.

Die Basis ⇢ Viele Jahre nach meiner Bekehrung habe ich erkannt, dass das Evangelium die Botschaft der Gnade ist. Gnade funktioniert ohne jede eigene Leistung und eigenes Abmühen. Dann erlebte ich die Kraft des Heiligen Geistes und wurde hungrig nach immer mehr von Gott. Dabei kehrte ich aber heimlich zu einem verdrehten Christentum zurück, wo viel von den eigenen Bemühungen und eigenen Gebeten abhing. Durch eine Krise in unserer Gemeinde gab es für uns einen Neustart zurück zum einfachen Evangelium. Wir entdeckten neu das „allein durch Christus“ und das „allein aus Gnade“ sowie das „allein aus Glauben“. Bei einer Abendmahlsfeier wurde mir ganz bewusst, dass wir im Neuen Bund leben. Denn der Kelch ist der neue Bund in Jesu Blut. Das Ziel dieses Bundes ist das neue Jerusalem, das als Braut Christi kommt und dessen Mitte Gott Vater ist und sein Sohn Jesus. Das gibt Freiheit und ist die Grundlage für unser Leben als Christen, in dem wir von Jesus Christus von innen nach außen verändert werden.

Markus Jerominski

Zur Freiheit hat uns Christus befreit! So steht nun fest und lasst euch nicht wieder das Joch der Knechtschaft auflegen!

Galater 5,1

3
Freitag
Tag d. Dt. Einheit

Bibellese: Galater 5,1-15

OKTOBER

Heute erinnern wir uns an die Zeit, als Deutschland geteilt war. Die Mauer, die mitten durch Berlin ging, war ein deutliches Zeichen der Trennung zwischen Ost und West. Viele Menschen im Osten sahen sich unterdrückt und unfrei und sehnten sich vor allem nach Meinungs-, Presse- und Reisefreiheit.

Freiheit ⇢ Ähnlich wie bei der Wiedervereinigung Deutschlands hat auch Christus uns von einer tiefgreifenden Trennung befreit – von der Spaltung zwischen Gott und den Menschen. Durch seinen Opfertod am Kreuz hat er die Mauer der Sünde niedergerissen und uns den Weg zur Gemeinschaft mit Gott eröffnet. In Christus sind wir frei von der Macht der Sünde und haben Zugang zu Gottes Gnade und Liebe. Aber was bedeutet diese Freiheit für uns im Alltag? Aus unserer heutigen Bibellese wird deutlich, dass unsere Freiheit in Christus keine Lizenz ist, egoistisch zu handeln oder unsere eigenen Interessen über alles zu stellen. Vielmehr sollen wir unsere Freiheit dazu nutzen, einander in Liebe zu dienen.

Der Tag der Deutschen Einheit erinnert uns daran, dass Freiheit nicht selbstverständlich ist. Sie muss verteidigt und geschützt werden. Ähnlich ist es auch mit unserer geistlichen Freiheit. Wir müssen wachsam sein und darauf achten, dass wir nicht wieder in alte, sündige Verhaltensmuster zurückfallen. Des Weiteren wird uns an diesem geschichtlichen Tag erneut bewusst, dass Freiheit Verantwortung mit sich bringt. Als freie Bürgerinnen und Bürger tragen wir Verantwortung für unser Land und seine Zukunft. Ähnlich tragen auch wir als freie Kinder Gottes Verantwortung für unser geistliches Leben und das Wohl unserer Mitmenschen.

Eine neue Identität ⇢ Der Tag der Deutschen Einheit ist auch ein Tag des Feierns und des Dankens für die erreichte Freiheit. Ähnlich sollten auch wir als Christen immer wieder innehalten und Gott für unsere geistliche Freiheit danken. Er hat uns aus der Knechtschaft der Sünde befreit und uns eine neue Identität als seine geliebten Kinder geschenkt. Das ist ein Grund zur Freude und zum Danken! Neben der Freude und Dankbarkeit über unsere gewonnene Freiheit in Christus können wir heute ein Stück dieser Verantwortung leben, indem wir dafür beten und danach streben, dass auch andere Menschen die Befreiung erfahren dürfen, die nur Jesus Christus schenken kann.

Marcus Kaiser

Wenn wir im Geist leben, so lasst uns auch im Geist wandeln.

Galater 5,25

Bibellese: Galater 5,16-26

Unser heutiger Bibelvers erinnert uns daran, dass unser Leben als Christen von der Kraft des Heiligen Geistes geprägt sein soll, und dass wir danach streben sollten, immer mehr Gott ähnlich zu werden. Es ist wichtig, zu verstehen, dass dies nicht aus eigener Kraft geschehen kann. Es ist vielmehr das Werk des Heiligen Geistes in uns. Die Frucht des Geistes zeigt uns auf praktische Weise auf, welche Ergebnisse das geistliche Wachstum in unserem Leben hervorrufen möchte. Diese Ergebnisse sind ein Zeichen dafür, dass der Heilige Geist in unserem Leben am Werk ist und uns verändert. Aber wie können wir diese Veränderung aktiv fördern?

Auf dem Weg → Zunächst einmal ist es wichtig, zu erkennen, dass geistliches Wachstum ein Prozess ist. Es geschieht nicht über Nacht oder auf Knopfdruck. Es erfordert Zeit und Geduld sowie die Bereitschaft zur Zusammenarbeit mit dem Heiligen Geist. Wir dürfen darauf vertrauen, dass Gott an uns arbeitet und uns dabei hilft, seine Absichten für unser Leben zu verwirklichen. Ein wichtiger Aspekt beim geistlichen Wachstum ist die Gemeinschaft mit anderen Gläubigen. Die Gemeinschaft mit anderen Christen gibt uns Unterstützung und Ermutigung auf unserem Weg des geistlichen Wachstums. Wir können voneinander lernen und einander helfen.

Gebet spielt ebenfalls eine entscheidende Rolle. Durch das Gebet treten wir bewusst vor Gott und suchen seine Gegenwart. Wir bitten um seine Führung und um die Kraft des Heiligen Geistes. Wenn wir unsere Beziehung zu Gott durch Gebet vertiefen, öffnen wir uns für seine Arbeit in unserem Leben. Ein weiterer wichtiger Schritt auf dem Weg zum geistlichen Wachstum ist die regelmäßige Beschäftigung mit Gottes Wort. Es gibt uns Orientierung und zeigt uns den Weg zum Leben nach Gottes Willen. Wenn wir regelmäßig darin lesen und darüber nachdenken, werden unsere Gedanken erneuert und unser Handeln entsprechend verändert.

Schließlich dürfen wir auch nicht vergessen, dass geistliches Wachstum oft mit Herausforderungen verbunden ist. Es bedeutet manchmal das Loslassen alter Gewohnheiten oder Denkweisen sowie die Überwindung von Hindernissen auf unserem Weg. Aber gerade diese Herausforderungen können dazu beitragen, dass unser Glaube gestärkt und unsere Beziehung zu Gott tiefer wird.

Marcus Kaiser

Lasst uns aber Gutes tun und nicht müde werden; denn zu seiner Zeit werden wir auch ernten, wenn wir nicht nachlassen.1

Galater 6,9

5
Sonntag
Erntedank

Bibellese: Galater 6,1-10

Für den heutigen Bibeltext steht in einigen Übersetzungen als Überschrift: „Mahnung zur Brüderlichkeit.“ Es ist wahrlich eine Fülle von Ermahnungen in diesem Text für die Gemeinde und auch für uns ganz persönlich. Als Erstes fällt mir auf, dass der Apostel uns in Vers 2 auffordert, Lastenträger für andere zu sein. Das fällt unserer alten Natur besonders schwer. Aber in unserem Leitvers werden wir aufgefordert, zu säen und dabei nicht müde zu werden.

Gedanken zum Erntedankfest ⇢ Uns ist es klar, dass wir Gott immer wieder neu danken können und sollen, da wir jedes Jahr in unserem Land eine relativ gute Ernte haben. Denn wenn wir dann nach Asien, Afrika oder Südamerika blicken, können wir unserem Herrn nur aus tiefstem Herzen danken, dass es uns so gut geht. Und um Ernte geht es ebenfalls in unserem Leitvers. Hier finden wir eine wunderbare Ermutigung: Wir werden die Ernte einbringen. Lasst uns deshalb nicht müde werden und aufgeben.

Es lohnt sich ⇢ Als Mitglied bei den Gideons bin ich oft mit Bus und Bahn unterwegs, um Bibeln zu verschenken. Vor einiger Zeit saßen ein etwa 12-jähriges Mädchen und eine Frau mir im Bus gegenüber. Innerlich betete ich, ob ich dem Mädchen oder der Frau eine Bibel anbieten sollte. Kurz zuvor hatte ein junger Mann nämlich die Bibel mit sehr hässlichen Worten abgelehnt. Deshalb war ich ein wenig frustriert. Aber innerlich bekam ich die Weisung, dem Mädchen die Bibel anzubieten. Sie nahm diese gerne an.

Und dann kam etwas ganz Unerwartetes. Die Frau sprach das Mädchen an mit den Worten: „In dem Buch, das der Mann dir gerade geschenkt hat, steht das Wichtigste für dein ganzes Leben.“ Dann evangelisierte sie in ganz einfacher Weise. Sie sprach mit dem Mädchen über Jesus und eine Lebensentscheidung für ihn. Ich konnte es kaum fassen, denn ich kannte diese Frau ja gar nicht. Hier erfüllte sich genau das, was im Leitvers angesprochen wird: Lasst uns nicht müde werden, zu säen, denn die Ernte ist uns sicher. Diese Ernte konnte ich wenige Minuten nach dieser Bibelübergabe erleben.

Das Gesetz des Säens und Erntens ist ein göttliches Versprechen. Deshalb lasst uns nicht müde werden. Es lohnt sich, für ihn zu wirken. Auf uns wartet eine herrliche Belohnung.

Georg Kämpgen

6
Montag

OKTOBER

Denn in Christus Jesus gilt weder Beschneidung noch Unbeschnittensein etwas, sondern eine neue Schöpfung.

Galater 6,15 (SCH)

Bibellese: Galater 6,11-18

Der Apostel Paulus musste den Galatern klarmachen, dass sie als wiedergeborene Christen nicht mehr unter dem Gesetz des Alten Testaments lebten. Es war für die Christen in Galatien nicht leicht, dieses zu akzeptieren. Sie meinten, beides laufe parallel. Aber dann sind wir nicht in der Freiheit, zu der Christus uns berufen hat. Das musste Paulus immer wieder schreiben. Die Erlösung durch Christus ist ein Leben in Freiheit, weil er uns befreit hat. Die Befreiungstat Jesu ist keine soziale oder politische Befreiung, wie es heute manchmal behauptet wird, sondern die Befreiung von der Macht der Sünde, von der Angst vor der Hölle und vom Aberglauben. Das heißt, wir stehen unter seiner Gnade.

Eine neue Schöpfung ⇢ Das Gesetz des Geistes hat uns befreit. Wir müssen nicht mehr Tiere opfern, sondern sind durch Jesu Leiden und Sterben freigekauft und eine neue Schöpfung. Diese wunderbare Tatsache beinhaltet aber auch eine heilige Verpflichtung, die da heißt: „*Wandelt im Geist*" (Galater 5,16). Darum muss unsere Beziehung zu Jesus im täglichen Leben sichtbar sein.

Wie sieht der Alltag aus? ⇢ Unser altes Wesen steht jedoch der Frucht des Geistes diametral entgegen. In dem Punkt „*Wandelt im Geist*" stoße ich leider immer wieder an meine Grenzen. Hier ein Erlebnis aus jüngster Zeit: Aus Altersgründen musste ich mein Haus verkaufen und bezog eine Eigentumswohnung. Viele Handwerker waren bei den Arbeiten notwendig. Eine Firma bestätigte schriftlich, die Arbeiten in der nächsten Woche durchzuführen. Aus einer Woche wurden vier Wochen, und immer wieder kamen neue Argumente und Entschuldigungen wie Krankheit des Personals, Lieferschwierigkeiten bei der Beschaffung der Ware, defekter LKW, falsch gelieferte Ware, sodass die Arbeiten nicht durchgeführt wurden. Nach mehr als acht Wochen platzte mir der Kragen und ich sagte dem Chef der Firma in ziemlich groben und hässlichen Worten die Meinung. Bei der Auftragserteilung hatte ihm allerdings erzählt, dass ich Christ bin, und ihm eine Taschenbibel geschenkt. Er hatte nicht erwartet, dass ich so aus der Haut fahre. Nun musste ich mich für meine Worte entschuldigen. Glücklicherweise war die Sache dann erledigt.

Der Wandel im Geist ist das Geheimnis eines siegreichen Lebens. Lasst uns danach streben.

Georg Kämpgen

Als ich aber diese Worte hörte, setzte ich mich nieder und weinte und trug Leid tagelang und fastete und betete vor dem Gott des Himmels.

Nehemia 1,4

7
Dienstag

Bibellese: Nehemia 1,1-11

OKTOBER

Heute beginnen wir mit einem neuen Buch – Nehemia. Gleichzeitig ist es aber auch die Fortsetzung des Buches Esra. In Nehemia lesen wir von der dritten Rückkehrwelle aus dem Exil. Die Bücher erzählen von wiederkehrender Hoffnung und Enttäuschung. Am Ende des Buches Nehemia steht das Fazit, dass das Volk eine ganzheitliche geistliche Erneuerung benötigt, um Gott wirklich lieben und dienen zu können.

Es wird Zeit, zu beten → Nehemia wird berichtet, dass die Mauern Jerusalems zerstört sind. Dies erschüttert ihn so sehr, dass er tagelang trauert. Wir kennen das aus unserem eigenen Leben: Wir erhalten Nachrichten, die uns aus der Bahn werfen können oder einfach belasten. Wie bei Nehemia darf unsere Reaktion sein, dass wir zu Gott kommen und ihm unsere Situation darlegen. Manchmal können die Lebensereignisse so stark sein, dass wir das Gebet vergessen und zuerst versuchen, die Herausforderung selbst zu lösen. Als meine Frau und ich einmal von einer Dienstreise zurückkamen, fanden wir einen Wasserschaden in der Wohnung vor. Nach kurzer Umorganisation wussten wir: „Jetzt müssen wir beten. Für diese Situation brauchen wir Gott!“ Denn wer nicht betet, der drückt damit aus, dass er Gott nicht braucht. Bonhoeffer sagte: „Beten heißt, sich Gott anvertrauen.“

Gunst bei Gott und Menschen → Nehemias Gebet beinhaltet Lob und Dank, Buße, Bitte und Hingabe. Wie er dürfen wir wissen, zu wem wir kommen – zu unserem Schöpfer, Erlöser und liebenden Vater. Wie im Vaterunser beschrieben, ist es gut, dass wir unsere Sünden bekennen und im Vertrauen, dass Gott uns hört, aktiv unseren Teil in seinem Plan wahrnehmen. Nehemia bat um Gunst beim König. Der Autor Matthew Henry sagte einmal zu diesem Thema: „Gunst bei Menschen gibt uns Kraft und Ermutigung, wenn wir sehen, dass sie durch die Gnade Gottes kommt.“

Wir dürfen vor Gott treten, ihn loben, ihm konkrete Bitten darlegen und Ausschau halten, welche Türen er öffnet oder wie er uns gebraucht, um Türen für uns oder andere Menschen zu öffnen. Das kann privat, beruflich oder in der Gemeinde sein. So heißt es in Epheser 2,10: *„Denn wir sind sein Werk, geschaffen in Christus Jesus zu guten Werken, die Gott zuvor bereitet hat, dass wir darin wandeln sollen.“* Möge Gott dich und mich tragen, ermutigen und kraftvoll in seinem Reich gebrauchen!

Christian Kasch

Da sprach der König zu mir: Was begehrst du denn? Da betete ich zu dem Gott des Himmels.

Nehemia 2,4

Bibellese: Nehemia 2,1-10

Ungefähr vier Monate waren seit Nehemias erstem Gebet vergangen. Wir sehen, dass Gott nicht immer gleich antwortet. Dennoch wurde Nehemias Glaube dadurch beständiger. In unserer schnelllebigen Zeit können wir es manchmal kaum aushalten, wenn sich etwas verzögert, aber Geduld ist ein Teil der Frucht des Geistes. Gott ist eben kein Dienstleister.

Wie antworten wir? ⇢ Man könnte denken, dass Nehemia seinen Beruf professionell ausführte und sich nichts von dem anmerken ließ, was ihn beschäftigte. Aber der König sah, wie es Nehemia erging. Wie reagieren wir darauf, wenn wir auf das angesprochen werden, was uns beschäftigt? Gerade wenn wir in Hektik oder wie Nehemia beruflich beschäftigt sind, gibt es Standardfloskeln, die jeder kennt. „Mir geht's gut, danke der Nachfrage." Oder: „Gut, wie geht es dir denn?"

Dieser Text fordert uns heraus, diese Art der Antworten zu überdenken. Nehemias Reaktion ist keine Floskel, sondern der innige Wunsch, die offenen Türen Gottes zu entdecken.

Anders als gedacht ⇢ Eine kleine Geschichte: Eine Gruppe strandete auf einer Insel. Sie beteten, dass Gott sie durch einen Hubschrauber retten möge. Es kam ein Schiff vorbei, aber sie lehnten diesen Lösungsweg ab, da ihr Wunsch anders aussah. Vielleicht wollte Nehemia auch einen anderen Weg nehmen, aber er erkannte die Chance, die der König ihm gab, und wandte sich direkt im Gebet an Gott. Uns wird nicht mitgeteilt, was Gott antwortete oder wie lange Nehemia gebetet hatte – vermutlich war es ein Stoßgebet mit der Bitte um Leitung. Aber die weitere Geschichte bezeugt, dass Gott hier gewirkt hat.

Gott sah Nehemia, und er sieht uns in unseren Situationen. Vielleicht öffnet er Türen, von denen wir es gar nicht erwarten. Hier gebrauchte er einen heidnischen König, damit seine Stadt wieder aufgerichtet wird.

Er hört uns ⇢ Diese Andacht ist natürlich kein Aufruf, traurig durch die Welt zu laufen, sondern soll ermutigen, sich der Leitung des Heiligen Geistes zu öffnen. Das Leben ist oft wie ein Labyrinth und Gott schaut von oben zu. Durch den Heiligen Geist bekommen wir die Impulse, die uns helfen, die nächsten Wege zu erkennen. Arno Backhaus sagte einmal: „Gebet wird an seiner Tiefe gemessen, nicht an seiner Länge." Auch heute hört Gott ein aufrichtiges Stoßgebet.

Christian Kasch

Und sie sprachen: Auf, lasst uns bauen! Und sie stärkten ihre Hände zum guten Werk.

Nehemia 2,18

Bibellese: Nehemia 2,11-20

Der Anblick von Zerstörung – hat er uns schon einmal so sehr betroffen gemacht, dass wir weinen mussten? Lässt uns das Leid anderer in Tränen ausbrechen? Wie viel Mitgefühl kann ein Mensch für seinen Nächsten aufbringen? Was bewirken die vielen Bilder zerstörter Häuser und leidtragender Menschen, die täglich in den Nachrichten zu sehen sind?

Betroffen ⇢ Alles ändert sich schlagartig, wenn man persönlich betroffen ist. Die Gefangenschaft der Bevölkerung Jerusalems und der Anblick der zerstörten Mauern machten Nehemia sichtbar traurig. Er wollte etwas ändern und dazu brauchte er Unterstützung. Die bekam er vom König Artaxerxes. Es konnte nicht sein, dass die geliebte Stadt Jerusalem in Trümmern lag und sich niemand an den Aufbau wagte. Nehemia sah sich beauftragt, die Stadt wieder aufbauen zu lassen. Zunächst erkundete er die Sachlage, um mit den gewonnenen Erkenntnissen zu starten. Die vielbesungene Stadt Jerusalem sollte nicht mehr dem Spott der Feinde ausgeliefert sein.

Ermutigt ⇢ Nehemia zeichnet aus, dass er ein Bild von der Zukunft hatte. Er blieb nicht beim Anblick und der Trauer hängen, sondern suchte nach Möglichkeiten, wie die schlimme Situation geändert werden kann. Es ging nicht nur um kleine Risse, die beseitigt werden mussten, sondern um zerstörte Mauern und verbrannte Tore. Die Stadt war schutzlos und verlassen. Wer bei solch einem Anblick den Mut aufbringt, einen Wiederaufbau zu starten, der kann damit rechnen, dass er belächelt und verspottet wird. Nehemia ließ sich davon nicht beeindrucken.

Vor dem Trümmerhaufen ⇢ Vielleicht haben einige gerade einen persönlichen „Trümmerhaufen" vor sich. Was jahrelang mühevoll aufgebaut wurde und Freude bereitet hat, geht aus irgendeinem Grund gerade kaputt oder ist bereits zerstört worden. Nehemia wandte sich in seiner Trauer an seinen Gott. Von ihm bekam er Trost und Mut, die zerstörte Stadt wieder aufzubauen. Mit tatkräftiger Unterstützung ging er an die Arbeit.

Auch unsere „Trümmerhaufen" sind dem Herrn nicht unbekannt. In der Hinwendung zu ihm gibt er Hilfe und stellt Helfer bereit, die beim Aufbauen helfen können. Für unseren Gott ist nichts unmöglich, denn er kennt sich mit „Trümmerhaufen" seit der Erschaffung der Erde aus. Deshalb dürfen wir in der Kraft Gottes mutig sein und wieder aufbauen.

Artur Kern

10
Freitag

Neben ihnen bauten die Männer von Jericho. Und daneben baute Sakkur, der Sohn Imris.
Nehemia 3,2

OKTOBER

Bibellese: Nehemia 3,1-32

Mein Geburtsort ist eine über 2000 Jahre alte Stadt, in der es noch viele historische Gebäude gibt. Eine Stadtmauer schützte für mehrere Jahrhunderte die Bewohner der Stadt. Wurde die Mauer von Feinden beschossen, machte man sich schnell daran, sie schnellstmöglich zum Schutz gegen weitere feindliche Angriffe aufzubauen. Heute werden diese alten Bauwerke als Denkmäler gepflegt und erinnern an alte Zeiten.

Aufbau ⇢ Der Schutz durch die Mauern war für Jerusalem nicht mehr gegeben, aber lebensnotwendig. Niemand wollte sich darum kümmern, sie wieder aufzubauen. Doch Nehemia entwickelte einen Plan, der tatkräftig umgesetzt wurde. Die Mauer wurde in Abschnitte eingeteilt und Arbeitern zugeordnet, die in direkter Nähe des Abschnitts wohnten. So wurde aus dem allgemeinen ein persönliches Interesse. Wer für den Schutz der Stadt sorgte, baute gleichzeitig den eigenen Schutz auf. Seite an Seite wurde so in kurzer Zeit die Mauer wieder aufgebaut und der Schutz wieder hergestellt. Mauern bieten Schutz nach außen und Sicherheit für die Bewohner.

Unter den verschiedenen Arbeitern waren nicht nur handwerklich begabte Männer, die es gewohnt waren, Mauern zu bauen. Für Priester, Salbenbereiter, Goldschmiede, Oberste über Bezirke und auch für die Leviten war der Bau einer Mauer nicht die tägliche Beschäftigung. Aber sie brachten sich für die Sicherheit aller Bewohner ein. Jeder wurde gebraucht. Gemeinsam wollten sie wieder aufbauen.

Ungute Mauern ⇢ Mauern trennen aber auch. Wie oft lassen wir zu, dass Mauern aufgebaut werden, die uns von unserem Nächsten, den wir lieben sollen, trennen? Mauern, die man möglicherweise auch noch mit einem Bibelvers begründet. „Theologisch“ begründete Mauern, die zu getrennten Wegen führen. Mauern, die uns persönlich eingrenzen und für den Nächsten unnahbar werden lassen.

In solchen Fällen ist es angebracht, Mauern einzureißen. Gottes Plan für uns ist größer. Wenn wir uns selbst einmauern, kann Gottes Plan nicht umgesetzt werden. Selbst wenn die Mauer, die man um sich empfindet, nicht selbst aufgebaut wurde, sondern durch Verletzungen entstanden ist, haben wir ein Mittel, mit der sie eingerissen werden kann. Durch Vergebung bekommen wir Zugang zueinander und können miteinander Gottes Reich bauen. Sind wir uns der Wirkung unserer Mauern bewusst?

Artur Kern

Aber wir bauten die Mauer und schlossen sie bis zur halben Höhe. Und das Volk gewann neuen Mut zu arbeiten.

Nehemia 3,38

Bibellese: Nehemia 3,33 - 4,5

Inmitten von Anfeindungen und Spott behalten die Juden nicht nur den Fokus, sondern auch ihren Mut. Das beeindruckt mich sehr. Und ich glaube, dass Nehemias Herz maßgeblich zu der Stimmung im Volk beigetragen hat.

Nehemia – ein Vorbild ⇢ Als er von der Zerstörung Jerusalems erfuhr, traf es Nehemia sehr. Schon da bekommen wir einen Einblick in seine Verbundenheit mit Gott und Liebe zu seinem Volk. Nehemia ist nicht nur motiviert, die Stadtmauern Jerusalems wieder aufzubauen, nein, er ist inspiriert! Und diese Inspiration führt dazu, dass ihm die Entmutigungsversuche, die Missgunst und der Spott von Sanballat und Tobija nichts ausmachen. Fast im Gegenteil, denn die spitzen Worte dieser Männer treiben Nehemia ins Gebet und ins Handeln (Vers 36).

An der Stelle halte ich inne und frage mich, wie ich in solchen Situationen reagiere. Es ist so leicht, den Fokus zu verlieren. Es geschieht so schnell, sich entmutigen zu lassen. Wie kann ich also trotz Hindernissen und Spott wie Nehemia weitermachen? Und wie kann ich inmitten von Entmutigung ein Lichtblick für die Menschen um mich herum sein? Dafür nehme ich mir Nehemia zum Vorbild und lerne drei Dinge von ihm.

Verbinden. Beten. Weitermachen. ⇢ Erstens muss mein Herz mit Gott verbunden sein. Dann schlägt es für die Dinge, die ihm wichtig sind, und ich werde gefüllt mit seiner Inspiration. Zweitens reagiere ich auf Probleme mit Gebet. Bevor ich die Worte meiner Feinde ein Nest in meinem Herzen und meinen Gedanken bauen lasse, bringe ich sie sofort zu meinem Herrn. Und drittens mache ich einfach weiter mit dem, was ich angefangen habe. Ich glaube, dass dieser Moment des Weitermachens entscheidend ist. Es ist eine Entscheidung, die etwas in Bewegung bringt. Aber nicht immer wird es dann leichter: Als Sanballat und Tobija sehen, dass die Arbeit an der Stadtmauer voranschreitet, werden sie noch zorniger. Und es gesellen sich gleich noch mehr feindliche Völker zu ihnen. Mit dem Erfolg wird auch der Widerstand größer.

Verbinden, beten, weitermachen – diese Strategie rüstet unser Herz für den Kampf aus. Und auch wenn der Widerstand dadurch nicht kleiner, sondern womöglich sogar größer wird, unser Fokus richtet sich dadurch auf Gott, auf seinen Plan und auf sein Reich. Also: Verbinden. Beten. Weitermachen.

Julia Schmidt

12
Sonntag

Wo ihr nun die Posaune tönen hört, dort sammelt euch zu uns. Unser Gott wird für uns streiten.

Nehemia 4,14

OKTOBER

Bibellese: Nehemia 4,6-17

„Unser Gott wird für uns streiten" - dieser Vers ist sicher vielen bekannt. Immer, wenn ich ihn hörte, wurden großartige Dinge dabei gesagt: „Gott wird sich für mich einsetzen. Er wird für mich kämpfen. Er wird mich beschützen und mich vor meinen Feinden verteidigen." Es kann dabei ein Bild von Passivität und Aktivität entstehen: Wenn ich passiv werde, weil ich nicht mehr kann, dann wird Gott aktiv.

Alles im Griff? ⇢ Aber die Situation ist hier eine ganz andere. Das Volk könnte aktiver nicht sein. Ich bin überwältigt von ihrer Hingabe und ihrem Mut. Die Juden wollen die Stadtmauer fertigstellen, und das trotz der Bedrohung. Sie lassen sich nicht einschüchtern. Mit verstärkten Kräften setzen sie ihre Arbeit fort: Die einen bewachen, die anderen bauen, wieder andere machen irgendwie beides gleichzeitig. Sie gehen noch nicht mal nach Hause und schlafen in ihrer Arbeitskleidung. Wow. Zielgerichtet bauen sie, komme, was wolle. Ganz ehrlich, das ist unglaublich. Sie scheinen alles im Griff zu haben, und doch sagt Nehemia: *„Unser Gott wird für uns streiten."* Aber ist das dann überhaupt noch notwendig?

Ich liebe es, dass Nehemia, obwohl er anscheinend alles im Griff hat, dieser Gedanke nicht in den Sinn kommt. Ich denke, er weiß, wie abhängig er und das Volk von Gott sind. Seine ehrliche und demütige Gottesfurcht hilft ihm, das Volk gut durch diese Situation zu navigieren. Er bildet sich nichts auf seine Erfolge ein. Denn alles, was er tut, tut er aus Liebe zu Gott. Und diese Liebe will er auch im Rest des Volkes wieder aufblühen lassen. Mich ermutigt, dass Nehemia nicht davon ausgeht, die Wiederherstellung der Stadtmauer würde ohne Widerstände einhergehen. „Aber wenn ich es doch für den Herrn tue, muss er das einfach segnen und jedes Hindernis aus dem Weg räumen!" Solch eine fordernde Haltung nimmt Nehemia nicht ein. Er krempelt die Ärmel hoch und haut rein. Und er erwartet dasselbe von Gott – weil sie ein Team sind.

Wenn die Posaune ertönt ⇢ Zwischen Ziegelsteinen und Schwertern arbeitet das Volk fokussiert und konzentriert. Und sie sind wachsam: Sobald die Posaune ertönt, wird es ernst. Auch ich will aktiv und wachsam sein. Wenn ich dann das Warnsignal höre, will ich bereit sein, alles zu geben. Und während ich das tue, weiß ich, dass Gott an meiner Seite kämpft.

Julia Schmidt

Und es erhob sich ein großes Geschrei des Volks und ihrer Frauen gegen ihre jüdischen Brüder.

Nehemia 5,1

13
Montag
OKTOBER

Bibellese: Nehemia 5,1-13

Das war eine Schande, die buchstäblich zum Himmel schrie. Reiche Landsleute nahmen überhöhte Zinsen von ihrem eigenen Volk. Und man darf annehmen, dass sie mitbekommen hatten, dass ihre Schuldner ihre Kinder versklaven ließen, um das geliehene Geld zurückzuzahlen. Was für eine Blamage. Da kam man aus dem Exil – ähnlich wie damals aus Ägypten – war ein Volk, wollte gemeinsam den Tempel wieder aufbauen, das Lob Gottes errichten, die Nation Gottes wieder aufblühen lassen und wollte sich gleichzeitig an den Armen bereichern.

Wie konnte das passieren? ⇢ Das hat man sich in der Geschichte schon öfters gefragt. Gottes Volk ist da nicht ausgenommen. Wie kann man sich an den Ärmsten der Armen bereichern? Wie kann man es zulassen, dass man den Feinden in die Hände spielt und Kinder nicht nur ausgenutzt werden, sondern von ihren Eltern getrennt aufwachsen? Wie konnte man nachts gut schlafen, obwohl man doch wusste, dass den Töchtern Israels Gewalt angetan wurde? Man betete den einzig wahren Gott an und war sich dessen bewusst, dass er durch ihr Verhalten verhöhnt wurde. Wie gut, dass das Volk aufschrie!

Als Georg Müller die Waisenheime in England gründete, galten in vielen Teilen Europas auch unter Christen Straßenkinder, die unschuldig ihre Eltern verloren hatten, als schmutzig und kriminell. Das ist gerade mal 200 Jahre her. Christen konnten nicht verstehen, warum hungrige Kinder, wenn ihr Betteln nicht zum Erfolg führte, aus Verzweiflung stahlen. In meiner Heimatstadt Winnenden war es Pfarrer Friedrich Jakob Heim, der 1823 ein Rettungshaus gründete, um verelendete Kinder aufzunehmen.

Was brachte den Perspektivwechsel? ⇢ Nehemia hatte selbst schon im Vorfeld Sklaven wieder freigekauft, um ihnen das Leben als Gottes Kinder zu ermöglichen. Er hatte das richtige Herz dafür. Er war ein reicher Mann mit dem Herzen auf dem richtigen Fleck. Er prangerte die erbarmungslosen Edlen des Volkes an und stellte sie bloß. Wie ermutigend, dass sich die Beschuldigten dazu entschlossen, einen Schuldenerlass zu geben. Manchmal überlege ich mir: „Herr, wo bin ich so blind? Auf welchem Gebiet werden die nachfolgenden Generationen einmal sagen: Wie konnten sie nur? Bitte schenke uns Einsicht und den Mut, etwas zu ändern, wo wir falschliegen, auf dass viele Menschen dadurch Freiheit erlangen!“

Andreas Klöpfer

....

14
Dienstag

Denn die früheren Statthalter, die vor mir gewesen waren, hatten das Volk schwer belastet ... Ich aber tat nicht so um der Furcht Gottes willen.

Nehemia 5,15

OKTOBER

Bibellese: Nehemia 5,14-19

Nehemia hätte wie alle anderen Statthalter vor ihm das Recht gehabt, vom Volk die ihm zustehenden Einnahmen zu verlangen. Er war jedoch ein reicher Mann und auf diese Einkünfte nicht angewiesen, obwohl man ihm es nicht übel genommen hätte. Er verzichtete nicht nur auf seinen Lohn, sondern setzte seinen Besitz ein, um das Ziel zu erreichen, die Mauer zu bauen. Seine Angestellten halfen beim Bauwerk und er kümmerte sich um ihr Auskommen, anstatt sich auf Kosten anderer selbst zu bereichern.

Die Furcht Gottes ⇢ *„Ich aber tat nicht so um der Furcht Gottes willen."* Hier spricht Nehemia über seine Motivation. Die Furcht Gottes ist manchmal ein schwer zu verstehender Begriff. Johannes schreibt in 1. Johannes 4,18: *„Furcht ist nicht in der Liebe, sondern die vollkommene Liebe treibt die Furcht aus."* Wie können wir in der Furcht Gottes leben und Gott von ganzem Herzen lieben? Widerspricht sich das nicht? Da hilft es auch nicht, wenn wir von Ehrfurcht sprechen, einem abgemilderten Begriff. Da steckt immer noch das Wort Furcht drin.

Wer in der Liebe Gottes lebt, sich von ihm geliebt weiß und ihn von Herzen liebt, der braucht keine Angst zu haben. *„Darin ist die Liebe vollendet, auf dass wir die Freiheit haben, zu reden am Tage des Gerichts"* (1. Johannes 4,17). Wenn wir einmal vor unserem himmlischen Vater stehen werden, brauchen wir keine Angst davor zu haben, ihm zu begegnen. Solange wir in diesem Liebesverhältnis stehen, fürchten wir uns nicht vor Gott. Sollten wir aber dieses verlassen, haben wir allerdings allen Grund, uns zu fürchten.

In der Liebe und der Furcht Gottes bleiben ⇢ Nehemia bat Gott, dass er an seinen Verzicht, seinen Einsatz für Gottes Sache, an die Liebe zu seinem Volk denken sollte. Er hoffte auf seinen Lohn. Es ist merkwürdig, dass er alles aufzählt. Ob Jesus ihn nicht eher gefragt hätte, es nicht publik zu machen und im Stillen auf den Lohn zu hoffen? Hätten wir keine schriftliche Überlieferung, würden wir dieses gute Beispiel nicht kennen. Ein leuchtendes Vorbild unter Gottes Leitern in der Bibel. Sein Vorbild leitet uns heute noch an und zeigt uns einen guten Weg.

Gebet ⇢ Herr, hilf mir, solche Herzenshaltungen zu haben. Auf Rechte zu verzichten, dich von ganzem Herzen zu lieben und lieber mehr zu geben als zu nehmen.

Andreas Klöpfer

Denn sie alle wollten uns furchtsam machen und dachten: Ihre Hände werden schon ablassen von dem Werk, und es wird nicht vollendet werden!

Nehemia 6,9 (SCH)

Bibellese: Nehemia 6,1-14

Als persönlicher Statthalter wurde Nehemia auf seine Bitte hin vom persischen König für begrenzte Zeit nach Jerusalem geschickt. Er erhielt die notwendigen Vollmachten, um die Mauern Jerusalems wieder aufzubauen, die von den Eroberern sämtlich zerstört worden waren. Trotz aller Intrigen und Ablenkungsmanöver seiner Gegner, die dachten: *„Ihre Hände werden schon ablassen von dem Werk, und es wird nicht vollendet werden!"*, konnten unter der weisen Führung Nehemias schließlich die Mauern der Stadt wieder aufgebaut werden. Dies sollte den Juden wieder ein gemeinsames Ziel und neue Hoffnung sowie Trost geben. In diesem Zusammenhang ist interessant, was der Name „Nehemia" bedeutet, nämlich „Der Herr hat getröstet".

Aus dem Leben ⇢ Dieses Geschehen erinnert mich an eine Begebenheit in meiner Jugendzeit: Unabhängig voneinander hatten sich zwei Brüder in Jugendfreizeiten für den Herrn Jesus entschieden. Freimütig erzählten sie von ihrem Glauben an den Sohn Gottes. Doch schon bald gab es Gegenstimmen und Prophezeiungen, sogar Anfeindungen wie in unserem Leitvers: „Lasst die beiden erst mal erwachsen werden, dann wird sich das schon geben." Doch auch nach mehr als sechs Jahrzehnten hat sich das nicht gegeben. Inzwischen hatten die beiden zusammen mit einigen anderen einen Hauskreis und später eine Gemeinde gegründet. Trotz vieler teilweise unverschämter Äußerungen und Verleumdungen von Gegnern hielten sie durch und freuen sich bis heute über das Werk des Herrn in ihrem Dorf und in der Umgebung.

Er wird es vollenden ⇢ Das darf auch uns Mut machen, die wir mithelfen können, durch die Kraft des Heiligen Geistes das Reich Gottes zu bauen und den Namen unseres Heilands zu verherrlichen. Dabei wollen wir nicht den Rat des weisen Schriftgelehrten Gamaliel vergessen: *„Lasst von diesen Menschen ab und lasst sie gewähren! Denn wenn dieses Vorhaben oder dieses Werk von Menschen ist, so wird es zunichtewerden; ist es aber von Gott, so könnt ihr es nicht vernichten"* (Apostelgeschichte 5,38.39). Gamaliels Schüler Paulus schrieb später an die Philipper: *„Weil ich davon überzeugt bin, dass der, welcher in euch ein gutes Werk angefangen hat, es auch vollenden wird bis auf den Tag Jesu Christi"* (Philipper 1,6).

Ludwig Seelinger

16
Donnerstag

OKTOBER

Und stellt Wachen aus den Einwohnern Jerusalems auf, jeden auf seinen Posten, und zwar jeden gegenüber seinem Haus!

Nehemia 7,3 (SCH)

Bibellese: Nehemia 6,15 - 7,4

In unserem Vers geht es sicherlich um den Schutz der Stadt Jerusalem vor den Feinden. Die Mauern der Stadt waren inzwischen fertig geworden, die Türflügel eingesetzt. Torhüter, Sänger und Leviten wurden in ihren Dienst gestellt. Nun galt es, Wachen aufzustellen, jeden auf seinen Posten. Hier werden zwei Namen genannt: Nehemias Bruder Hanani und Hananja, der Oberste des Tempelbezirks, von dem gesagt wird, er sei ein zuverlässiger und gottesfürchtiger Mann. Solche Personen brauchte man nicht nur zur Zeit Nehemias.

Wachsam sein ⇢ Erinnert uns dies nicht auch an die Gemeinde des Herrn Jesus heute, wo jeder auf seinem Platz Dienst tun soll? Auch wenn sich oft eine gewisse Unverbindlichkeit breitmachen sollte, wollen wir auf unserem Platz und in jedem Dienst zu aller Zeit mit Gebet und Flehen im Geist bleiben. In Ausdauer und Fürbitte für alle Heiligen sollen wir deshalb wachen. Dazu dürfen wir als Kinder Gottes *„die ganze Waffenrüstung“* anziehen, wie es der Apostel Paulus an die Gläubigen zu Ephesus schreibt (Epheser 6,11). Auch die Gemeinde in Korinth fordert er dazu auf, zu wachen, *„fest im Glauben“* zu stehen und stark zu sein (1. Korinther 16,13).

Noch ein weiterer Aspekt zum Wachen und Warten: Unser Herr Jesus ermahnt seine Jünger und somit auch uns heute, Menschen zu sein, die ihren Herrn erwarten. Wenn er dann kommt und sie wachend vorfindet, sind sie *„glückselig“* zu nennen (Lukas 12,37).

Schon beim Propheten Jesaja finden wir interessante Aussagen zu diesem Thema: *„Wächter, ist die Nacht bald hin? Der Wächter aber sprach: Der Morgen kommt, doch noch ist es Nacht“* (Jesaja 21,11.12). Diese Prophezeiung kann sehr wohl auf unsere Zeit bezogen werden. Unser Heiland ist gekommen; doch wenn wir heute in unsere Welt schauen, sehen wir die Nacht um uns herum. Deshalb lesen wir im Sendschreiben an die Gemeinde Sardes: *„Werde wach und stärke das andre … Wenn du nicht wachen wirst, werde ich kommen wie ein Dieb“* (Offenbarung 3,2.3).

Er kommt! ⇢ In diesem Sinne möchte ich uns allen Mut machen, wach zu bleiben und auf den wiederkommenden Herrn und Heiland Jesus Christus zu warten. In einem alten Lied heißt es: „Bald kommt der Herr, Halleluja! Sein ist das Reich, Halleluja! Seid bereit, vor ihm zu stehn, seid bereit, seine Herrlichkeit zu sehn.“

Ludwig Seelinger

Und mein Gott gab mir ins Herz, dass ich die Vornehmen und die Vorsteher und das Volk versammelte, um sie zu verzeichnen nach Geschlechtern.

Nehemia 7,5

17
Freitag

Bibellese: Nehemia 7,5-73

OKTOBER

Unser Gott ist ein lebendiger Gott, der zu uns spricht. Der Heilige Geist ist es, der in uns lebt. *„Meine Schafe hören meine Stimme, und ich kenne sie und sie folgen mir"*, lesen wir in Johannes 10,27. Indem wir Zeit mit Gott verbringen, lernen wir ihn kennen und können uns seiner Stimme öffnen. Nehemia hatte die Stimme Gottes in seinem Herzen vernommen und war bereit, das Gehörte in die Tat umzusetzen. Wie erleben wir das in unserer heutigen Zeit, in unserem Alltag, in unserer Freizeit?

Auftrag Gottes ⇢ Nehemia hatte Gott in seinem Herzen gehört und einen Auftrag bekommen. Immer wieder lesen wir in der Bibel davon, dass die großen Glaubenshelden ihren Auftrag lebten und ausführten. Aber auch für uns hat Gott einen Auftrag, und es ist so wichtig, dass wir diesen Auftrag kennen und ihn erfüllen. Wenn wir in unserer Bestimmung leben, sind wir ausgefüllt und zufrieden. Gott gibt uns für unseren Auftrag auch die notwendigen Begabungen, da dürfen wir ihm vertrauen. Ich wünsche jedem von uns, dass wir in dem Vertrauen auf Gott beginnen, unseren Auftrag zu leben. Es beginnt mit kleinen Schritten, denn Gott überfordert uns nicht. Er versorgt uns, öffnet uns zur rechten Zeit Türen. Er zeigt uns den Weg, den wir gehen sollen.

Persönliches Erleben ⇢ Es war in Barcelona, als mein Mann und ich den Dom besichtigten. Mir fiel eine Frau auf, die auf der Kirchenbank mit geschlossenen Augen kniete. „Jesus liebt diese Frau", ging mir durch meinen Kopf. Und der nächste Gedanke war: „Sag ihr das!" Sofort fielen mir Argumente ein, warum dass eine schlechte Idee ist: „Versteht sie überhaupt Deutsch oder Englisch? Sie betet doch, da kann ich nicht stören …" Und schon war die Gelegenheit vorbei.

Ich versprach Jesus: „Wenn ich sie in dem großen Gebäude noch mal sehe, werde ich sie ansprechen." Wir stellten uns dann an, um den Kirchturm zu besteigen. In dem Moment kam sie mit ihrem Mann von dem Turm herunter. Ich gab meinem Herzen einen Stoß und sprach sie auf Englisch an. Ich sagte ihr, dass Jesus sie liebt. Sie bedankte sich bei mir und schon musste ich in der Schlange Richtung Kirchturm weitergehen. Durch dieses Erlebnis wurde nicht nur sie, sondern auch ich selbst gesegnet.

Regina Siebold

18
Samstag

Und seid nicht bekümmert; denn die Freude am HERRN ist eure Stärke.

Nehemia 8,10

OKTOBER

Bibellese: Nehemia 8,1-12

Zu Nehemias Zeiten hatten die meisten Menschen keinen Zugang zum geschriebenen Wort. Bücher für jedermann oder Zeitschriften gab es noch nicht. Es war ein besonderes Ereignis, aus dem Buch des Gesetzes vorgelesen zu bekommen. Die Menschen waren angerührt vom Wort Gottes. So heißt es in der heutigen Bibellese: *„Denn alles Volk weinte, als sie die Worte des Gesetzes hörten"* (Vers 9). Anscheinend hatte das Wort Gottes ihnen die Augen für ihr Fehlverhalten und ihre Versäumnisse geöffnet.

Nachrichten ⇢ Heute leben wir in einer Zeit der Informationsflut. Wir lesen, hören und sehen so viele Nachrichten. Da sich negative Informationen besser verkaufen, kommen von den Medien kaum positive Beiträge. Das macht vielen oft Angst und verunsichert sie. Social Media macht es möglich, dass wir zu jeder Zeit mit Neuigkeiten konfrontiert werden. Nachrichten, die von der Familie, der Gemeinde, unserem Arbeitsumfeld oder aus dem Weltgeschehen kommen.

Genauso haben wir die Möglichkeit, zu jeder Zeit in der Bibel zu lesen, sie zu hören und Nachrichten von der Bibel App zu bekommen. Gott sagt jeden Tag von Neuem zu uns, dass wir geliebt und überfließend gesegnet sind. Mehr als 365-mal steht in der Bibel: „Fürchtet euch nicht." Diese Wahrheit sollten wir über jedes momentane Gefühl der Traurigkeit oder Angst stellen. Es ist so wichtig, auf Jesus zu schauen und nicht auf die Probleme um uns her.

Die Freude am Herrn ist unsere Stärke ⇢ Freude ist eine Frucht des Heiligen Geistes, heißt es in Galater 5. Wenn wir Jesus unser Leben anvertraut haben und mit ihm, dem Vater und dem Heiligen Geist in Beziehung leben, wächst die Frucht der Freude in unserem Leben. Im Psalm 16,11 lesen wir: *„Du zeigst mir den Weg, der zum Leben führt. Du beschenkst mich mit Freude, denn du bist bei mir; aus deiner Hand empfange ich unendliches Glück"* (HFA). Nach dem unendlichen Glück streben die Menschen. Sie sind bereit, dafür einiges zu investieren, in Kauf zu nehmen. „Hauptsache ich, Hauptsache mir geht es gut", ist ein Motto unserer Zeit. Die Wahrheit ist aber, dass man sich Freude nicht kaufen kann. Sie ist ein Geschenk unseres wunderbaren Gottes. Diese Freude am Herrn gibt uns die Stärke, die wir brauchen, um die guten Werke, *„die Gott zuvor bereitet hat"*, zu tun (Epheser 2,10).

Regina Siebold

Und die ganze Gemeinde derer, die aus der Gefangenschaft wiedergekommen waren, machte Laubhütten und wohnte darin.

Nehemia 8,17

Bibellese: Nehemia 8,13-18

Das Buch Nehemia ist weitläufig vor allem durch die engagierte und sehr praktisch orientierte Leitung des Nehemia bekannt, die zur umfassenden Sanierung und Renovierung der Jerusalemer Stadtmauer führte. Kapitel 8 nimmt uns mit in eine Begebenheit, als das gesamte Volk durch Esra das Gesetz des Mose vorgelesen bekommt, samt Auslegung durch die namentlich klar dokumentierten Leviten *„Jeschua, Bani, Scherebja, Jamin, Akkub, Schabbetai, Hodija, Maaseja, Kelita, Asarja, Josabad, Hanan, Pelaja“* (Vers 7).

Ein fröhliches Fest ⇢ Am zweiten Tag dieses Festes beginnt unsere heutige Bibellese. Esra liest von Gottes Ansage, dass sein Volk Israel zum Gedenken an die Wüstenwanderung in Laubhütten feiern soll. Das Gehörte wird unmittelbar umgesetzt. Die unterschiedlichen Baumaterialien mit Zweigen von Ölbaum, Balsam, Palme, Myrte und verschiedenen Laubbäumen finden sich im Laubhüttenfest als letztes Fest nach der Ernte. Es schließt sich eine 7-tägige Feier mit anschließender Versammlung an. Ich freue mich sehr, dass die Tradition des Laubhüttenfestes in der jüdischen Gemeinschaft mit zunehmender Beliebtheit gefeiert wird.

Mitten im Leben ⇢ Als Familie erleben wir seit unserer Eheschließung 2002, dass wir in Sachen persönlichem Fuhrpark immer wieder Gottes Freundlichkeit und Gunst erfahren. Als 7-köpfige Familie brauchen wir tatsächlich zwei Autos: einen Bus, in den alle reinpassen, und dann einen Kombi für die tagtäglichen Besorgungen und Fahrten mit den Kindern. Als der Kombi zunehmend Reparaturen benötigte, begann ich, zu recherchieren, um einen würdigen Nachfolger zu finden. Eines Morgen wurde ich vom Heiligen Geist mit dieser Ansage geweckt: „Heute kaufst du dein Auto.“ Ich klickte in die üblichen Onlineseiten und ein besonderes Modell stach mir so richtig ins Auge. Da ich ein inneres Drängen spürte, rief ich den Besitzer an. Am Ende des Tages hatte ich den Kombi aus der Anzeige gekauft – und obendrein noch einen Bus, von dem ich lange Jahre geträumt hatte und der schon auf dem gleichen Hof für uns kaufbereit abgestellt war. In den Jahren nach dem Kauf hatten wir keine nennenswerten Reparaturen mehr.

Gottes klaren Impulsen zu folgen, lohnt sich. Auch heute dürfen wir gesegnet sein in der Begegnung mit dem lebendigen Gott!

David Sindhu

20
Montag

Steht auf! Lobet den HERRN, euren Gott, von Ewigkeit zu Ewigkeit! Und man lobe seinen herrlichen Namen, der erhaben ist über allen Preis und Ruhm!

Nehemia 9,5

OKTOBER

Bibellese: Nehemia 9,1-15

Der heutige Bibelabschnitt nimmt uns mit hinein in ein großes Bußgebet des Volkes Israel. Sie sonderten sich von allem fremden Volk ab und riefen zum Herrn. Die namentlich aufgeführten Leviten schrien in Vertretung für das Volk zu Gott.

- Sie feierten ihn als Schöpfer des Himmels, der Erde und allem, was darauf ist, der Meere und allem, was darinnen ist.
- Sie dankten für die Berufung Abrams, der aus Ur in Chaldäa nach Kanaan geführt wurde und auf dieser Reise seinen neuen Namen Abraham erhielt.
- Sie dankten Gott für seine Treue, dass er seine Zusagen eingehalten hat, das Land Kanaan Abrahams Nachkommen zu geben.
- Das Elend der Vorväter in der Sklaverei in Ägypten und ihr Schreien am Schilfmeer wird ebenfalls erwähnt, genau wie die Erinnerungen an die zehn Plagen, die dazu führten, dass der damals amtierende Pharao das Volk Israel aus Ägypten ziehen ließ.
- Das Wunder der Meeresteilung mit damit einhergehender Niederlage der ägyptischen Streitmacht kommt zur Sprache.
- Gottes Führung durch die Zeit der Wüstenwanderung, als Wolkensäule und nachts als Feuersäule, wird voller Ehrfurcht und Dankbarkeit genannt.
- Gottes Begegnung mit Mose auf dem Berg Sinai sowie das Erhalten von Gesetzen, Satzungen und Geboten wird in Erinnerung gebracht.

Gestern, heute und in Ewigkeit → Während ich diese Andacht schreibe, bin ich voller Dankbarkeit meinem König Jesus, meinem himmlischen Papa und dem mächtigen Heiligen Geist gegenüber. Mit dem Volk Israel weiß ich mich in besonderer Weise verbunden, weniger in Bezug auf die Nationalität als mehr in geistlicher Verwandtschaft.

Als Camppastor bei den Royal-Rangers erlebte ich einen besonderen Abend, nachdem Gott mich auf einen jungen Burschen aufmerksam gemacht hatte, den er zu seiner Ehre gebrauchen wollte. Im Rahmen der Predigt baute ich den Jungen mit ein, der in einfachen Worten das Evangelium von Jesus Christus erklärte. Ich ermutigte ihn, einen klaren Aufruf zur Lebensübergabe zu machen. Viele Kinder folgten diesem Angebot und dank guter Vorbereitung standen ausreichend Leiter zur Stelle, die nach dem gemeinsamen Übergebet persönlich, seelsorgerlich und auch prophetisch diesen Kindern dienten.

Jesus Christus, derselbe gestern, heute und in Ewigkeit!

David Sindhu

Aber du bist ein Gott, der vergibt, gnädig, barmherzig, geduldig und von großer Güte und verließest sie nicht.

Nehemia 9,17

Bibellese: Nehemia 9,16-25

„Unverdient gut!" Das pflegte ein alter Freund oft zu antworten, wenn man ihn fragte, wie es ihm ginge. Eine gute Antwort, die wenigstens einen Anstoß zum Nachdenken, manchmal eine offene Tür zu einem Gespräch gab. Hier in unserm heutigen Text bekennen die Israeliten die Sünden ihrer Väter und Leiter. Und auch sie bekennen: Es geht ihnen wirklich unverdient gut. Trotz der vielen und schrecklichen Sünden ihres Volkes hatte Gott sie dennoch über viele Jahre in der Wüste geführt und auch versorgt. Trotz ihrer Halsstarrigkeit hatte er ihnen das gute Land gegeben, in das sie jetzt aus Babylon zurückgekehrt waren.

Gnade, damals und heute ··› Auch im Alten Testament ist Gott ein gnädiger Gott. Und auch heute ist unser Gott *„ein Gott, der vergibt, der gnädig, barmherzig, geduldig und von großer Güte ist."* Er führte sein Volk trotz ihrer Sünde durch die Wolkensäule in der Wüste – und er wird heute auch dich und mich trotz unserer Sünde durch seinen Geist führen. 40 Jahre lang versorgte Gott sein Volk trotz allem mit Manna in der Wüste – und er wird auch uns trotz allem mit allem versorgen, was wir brauchen. Gott hat sein Volk trotz ihrer vielen Sünden nicht verlassen – und er wird auch uns trotz unserer Sünden nicht verlassen.

Die Auswirkungen der Gnade ··› Ich weiß nicht, wie diese Wahrheiten auf uns wirken. Einige könnten befürchten, dass solch eine Gnade wie ein Freibrief zur Sünde wäre. Dem ist jedoch nicht so, wie der Apostel Paulus in Römer 6 ausführlich erklärt. Und so erlebe ich es auch. Überwältigt von der Gnade Gottes, die ich trotz meiner vielen Sünden erfahren habe, habe ich nur noch den einen Wunsch: möglichst wenig zu sündigen und möglichst nahe am Herzen dieses großartigen Gottes zu leben. Gottes Gnade ist wahrlich kein Freibrief zur Sünde.

Beim Volk Israel war nach vielen Generationen irgendwann auch die Geduld Gottes zu Ende, und die Konsequenzen haben sie gespürt. Nach Jahrtausenden der Vorbereitung hat Jesus Christus, der Sohn Gottes, am Kreuz die Konsequenzen auch meiner Sünde gespürt. Doch gerade deshalb darf ich mich am Kreuz festklammern und auch heute mit Gottes Gnade – seiner völlig unverdienten Gunst – rechnen. Du auch. Und falls wir uns gerade in „Babylon" aufhalten, dürfen wir zurückkehren.

Hugh Smith

22
Mittwoch

OKTOBER

So schrien sie dann wieder zu dir, und du erhörtest sie vom Himmel und errettetest sie nach deiner großen Barmherzigkeit viele Male.

Nehemia 9,28

Bibellese: Nehemia 9,26-37

Manchmal, wenn ich oder andere mich zur Eile drängen, frage ich mich, ob das denn wirklich nötig ist. Schließlich habe ich in Jesus Christus das ewige Leben – warum soll ich es eilig haben? Es hilft sehr, sich die Perspektive der Ewigkeit immer wieder vor Augen zu halten. Hier in unserem Text bringen die Israeliten ein Bußgebet vor Gott, das in wenigen Sätzen Jahrhunderte ihrer Geschichte zusammenfasst. Besonders das Buch der Richter fällt mir dabei ein. Da kann man immer und immer wieder lesen, wie das Volk von Gott abfiel, in große Not geriet, zu Gott schrie, und er sie wieder durch einen Richter rettete. Das wiederholte sich in fast jeder Generation. Die Israeliten hier im Bußgebet erinnern sich daran, dass Gott ihnen *„viele Male"*, trotz ihrer Sünde, geholfen hat. Und sie berufen sich darauf, wenn sie Gott jetzt um Hilfe und Befreiung bitten.

Gott sieht die Dinge anders ⇢ So oft sind wir auf unsere momentane Situation fokussiert. Die Not, die wir erleben oder auch nur empfinden, beschäftigt uns. Gott soll helfen, und zwar schnell. Er hat jedoch eine ganz andere Perspektive, denn er existiert außerhalb von Zeit und Raum. Die Israeliten fassten in ihrem Gebet Jahrhunderte ihrer Geschichte zusammen – aber Gott kann selbst die Zukunft in Jahrhunderten oder auch Millennien zusammenfassen. Deshalb sieht er die Dinge so anders als wir – und deshalb hat er es nie eilig. Er kommt zwar immer rechtzeitig. Aber rechtzeitig nach seinem Plan, nicht nach meinem.

Gott gewinnt ⇢ Wir wissen nicht die Einzelheiten unserer Zukunft. Doch durch die Bibel können wir genug wissen, um zur Ruhe zu kommen: Am Ende gewinnt Gott. Das steht unumstößlich fest, seit Jesus Sünde, Tod und Teufel besiegt hat. Es mag viele Aufs und Abs geben, bevor dieser endgültige Sieg sichtbar wird – aber er kommt. Selbst wenn ich seinen sichtbaren Sieg zu meinen Lebzeiten auf Erden nicht erleben sollte, ich bin dabei, wenn Jesus wiederkommt. Und ich werde seinen Sieg mit Millionen anderen feiern.

Kein Mensch und keine Umstände können uns diese Freude nehmen. Gott *hat* dir und mir geholfen, und er *wird* uns helfen. Ich wünsche uns immer wieder diesen großen Überblick, diese himmlische Langzeitperspektive auf unser eigenes Leben und unsere ewige Zukunft. Wir müssen es nicht eilig haben.

Hugh Smith

Sie schließen sich ihren Brüdern, den Edlen, an und verpflichten sich unter Eid und Schwur, zu wandeln im Gesetz Gottes.

Nehemia 10,30

23
Donnerstag

OKTOBER

Bibellese: Nehemia 10,1-32

Nehemia ist für mich ein großes Vorbild in Fürbitte und Hingabe an seinen Gott. Voller Treue und Loyalität führt er seinen Auftrag in Jerusalem aus. Als die Mauer wieder aufgebaut ist, versammelt sich das Volk Israel, um aus dem Gesetzbuch des Mose zu hören. Das ganze Volk hört die Weisungen Gottes und Esra ruft einen Festtag aus. Er ermutigt sie, sich an Gott zu freuen, denn die Freude am Herrn ist ihre Stärke. So kommt es dazu, dass sich das ganze Volk von allem Fremden trennt. Sie bekennen alle ihre Sünden vor Gott und kehren um von ihren falschen Wegen, um ihrem Gott zu folgen.

Neuausrichtung ⇢ Im heutigen Bibelabschnitt lesen wir, dass die Obersten des Volkes, die Leviten und die Priester eine Vereinbarung mit ihrem Gott schließen. Das ganze Volk schließt sich ihnen an. So heißt es in Vers 30: *„Sie schließen sich ihren Brüdern, den Edlen, an und verpflichten sich unter Eid und Schwur, zu wandeln im Gesetz Gottes, das durch Mose, den Knecht Gottes, gegeben ist, und alle Gebote, Rechte und Satzungen des Herrn, unseres Herrschers, zu halten und zu tun."*

Das ganze Volk richtet sich neu auf Gott aus. Es bekennt sich dazu, alles zu halten, was er ihren Vätern schon vor langer Zeit geboten hatte. Was für ein gewaltiges Ereignis! Esra und Nehemia sind von Gott außerordentlich begabte Männer, sie führen das ganze Volk neu in Gottes Gegenwart und verpflichten es zum Gehorsam ihm gegenüber. Diese Menschen erkannten ihre Schuld, bekannten sie vor ihrem Gott und verpflichteten sich, ihm in allem Gehorsam zu leisten.

In Gottes Nähe ⇢ Wie gut tut es, sich immer wieder Gottes Reflexion über unser eigenes Leben anzuhören, Sünde zu bekennen und sich dann wieder ganz neu auf Jesus auszurichten. Wir können hier eine Menge lernen und sehen, wie Gott treu zu seinem Volk steht. Im Gehorsam liegt das Gelingen. Wir haben das Vorrecht, dass wir gestärkt und geführt durch den Heiligen Geist zu unserem Gott kommen dürfen. Uns ist verheißen, dass Jesus alle Schuld auf sich genommen hat und uns Leben im Überfluss schenken wird, wenn wir im Gehorsam zu ihm leben. Das begeistert mich! Deshalb möchte ich jeden ermutigen, die Nähe Gottes zu suchen und aus seiner Kraft zu leben. Er will uns auf mächtige Weise gebrauchen und uns für unseren Nächsten zum Segen setzen.

Nicole Tode

24
Freitag
OKTOBER

Dort sind die heiligen Geräte und die Priester, die da dienen, und die Torhüter und Sänger. So wollen wir es im Haus unseres Gottes an nichts fehlen lassen.

Nehemia 10,40

Bibellese: Nehemia 10,33-40

Es ist eine wahrhaftige Erweckung, die im Buch Nehemia beschrieben wird: Die Hauptstadt liegt in Trümmern und wird unter großem Einsatz befestigt und durch die wieder aufgebaute Mauer beschützt. Dann wird das Gesetzbuch Gottes verlesen und öffentliche und von Herzen kommende Buße des Volkes entsteht. Jerusalems Fürsten, Leviten und Priester versiegeln den neu geschlossenen Bund. Das übrige Volk verpflichtet sich mit einem Eid, das Gesetz Gottes zu halten und danach zu leben.

Erweckung führt zum Geben ⇢ So weit, so gut. Wie oft waren auch wir schon in der Situation, dass wir Gott erlebten und ihm – betrübt über unser Fehlverhalten – unsere Treue wieder neu versprochen haben? Und wie oft bleiben dann doch tiefgreifende Veränderungen aus, weil wir im Ungefähren bleiben, anstatt den „Preis zu zahlen"?

Zu Nehemias Zeit, im 5. Jahrhundert vor Christus, war dies anders. Hier war Buße eine tatsächliche Umkehr zu Gott, die ganz praktisch dazu führte, Gott *„die Erstlinge"* der Ernte, alle *„Erstgeburt"* und *„den Zehnten"* zu geben (Vers 36-39). Das Erste der natürlichen Erträge des Landes, der menschlichen und tierischen Nachkommen und weiterer Produkte – all das gehörte ins *„Hause unseres Gottes"* (Vers 38). Der zehnte Teil ging direkt an die Leviten, die wiederum ihren Zehnten ebenfalls ins Haus Gottes brachten. Dabei ist sowohl beim Zehnten und noch klarer beim Ersten ausgedrückt, dass Gott von seinen Kindern nicht irgendetwas verdient und gehört, sondern das Beste. Die Herzenshaltung: *„So wollen wir es im Haus unseres Gottes an nichts fehlen lassen"*, wird dadurch ganz konkret auf Produkte und Rhythmen des Gebens festgeschrieben. Die Dankbarkeit Gott gegenüber wird mit Großzügigkeit beantwortet, trotzdem bleiben dem Volk 90 Prozent zur eigenen Verwendung.

Gott gehört das Beste ⇢ In vielen Gemeinden ist der Zehnte oder das Spenden oder – noch allgemeiner ausgedrückt – die verbindliche Unterstützung ein „rotes Tuch", über das man wenig spricht, sich aber viel ärgert. Heute können wir neu lernen: Ist unser Herz voll, soll es ins konkrete Geben übergehen. Als Zeichen unserer Herzenshaltung, unser Bestes für den besten Gott zu geben, der uns im Überfluss beschenkt und in dessen Haus wir unser Leben lang bleiben werden.

Stefan Uhlig

Und das Volk segnete alle die Männer, die bereit waren, in Jerusalem zu wohnen.

Nehemia 11,2

Bibellese: Nehemia 11,1-36

Jerusalem – zuerst erwähnt beim Treffen von Abram und Melchisedek (1. Mose 14,18-20), 1000 v. Chr. zur Hauptstadt Israels gemacht von König David, der 33 Jahre von dort aus regierte. 500 Jahre später zerstört vom babylonischen Weltreich, und dann, in der Zeit von Nehemia und Esra, wieder befestigt und aufgebaut. Jerusalem – die Stadt Gottes mit dem Tempel und dem Zionsberg.

Bis heute ist diese Stadt faszinierend und ohne Vergleich: Begegnungsort von Antike und Moderne sowie Zentrum von großen Weltreligionen. Wer einmal dort war, wird die Welt mit anderen Augen sehen. In Sacharja 12,2.3 wird Jerusalem als *„Taumelbecher"* und *„Laststein"* von Gott beschrieben, und so wird sich in dieser Stadt auch das Schicksal der Welt mitentschieden, bevor dann eines Tages *„das neue Jerusalem"* vom Himmel herabkommt (Offenbarung 21,2).

Im Zerstörten wohnen ⇢ In Nehemia 11 wird beschrieben, wie das Volk sowohl nach Jerusalem als auch in die Städte Judas verteilt wurde. Jerusalem mag die Hauptstadt gewesen sein, war aber zum damaligen Zeitpunkt wohl eher ein Trümmerhaufen. Trotzdem mussten die Obersten dort wohnen. Vom übrigen Volk wurden per Los Menschen bestimmt, die ebenfalls nach Jerusalem zogen. Und dann gab es eine dritte Gruppe von Freiwilligen, die sich für Jerusalem entschieden und dafür vom Volk gesegnet wurden. Diese Freiwilligkeit kam aus der Liebe zu dem Ort, den Gott als seine Wohnung gewünscht und auserwählt hatte. Daher war es ein Beweis dessen, dass sie in gewisser Weise die Gedanken und das Herz Gottes verstanden hatten. *„Wünschet Jerusalem Frieden! Es möge wohlgehen denen, die dich lieben"* (Psalm 122,6). In den Tagen seiner Zerstörung war Jerusalem für diese Menschen genauso wertvoll wie in denen seiner Blüte und Pracht.

Mein Herz für sein Haus ⇢ Haben wir die Sicht für Gottes Wirken im Kleinen und Unscheinbaren? Spüren wir, wie sein Herz schlägt für das Ausgestoßene? Wir dürfen uns wieder neu entscheiden, das Törichte, Schwache und Geringe zu lieben, wenn wir darin Gottes Erwählung wissen. Schauen wir mit Gottes Augen auch heute diesen Tag an, und machen wir unsere Entscheidungen an seinen Entscheidungen fest.

Stefan Uhlig

Und es wurden an diesem Tage große Opfer dargebracht, und sie waren fröhlich, denn Gott hatte ihnen eine große Freude gemacht.

Nehemia 12,43

Bibellese: Nehemia 12,22-43

Zum Thema Lobpreis habe ich in Predigten häufig den Gedanken gehört, dass es leicht sei, Gott in guten Zeiten zu loben. Die Herausforderung bestünde jedoch darin, ihn in schlechten Zeiten zu loben. Heute möchte ich dem ersten Teil widersprechen: Meiner Ansicht nach fällt es uns gar nicht so leicht, Gott in guten Zeiten zu loben.

Ein großes Fest ⇢ Im heutigen Bibeltext finden sich viele Anweisungen für ein gewaltiges Fest, das in dem Wiederaufbau der Stadtmauer Jerusalems begründet war und Gott zu Ehren gefeiert wurde. Für die damaligen Israeliten war dies gewiss ein außergewöhnliches Ereignis. Vielleicht kennen wir auch ein solch ein besonderes Ereignis aus unserem Leben. Der Abschluss einer Ausbildungsphase, der Beginn einer Partnerschaft, ein Neuanfang in einer fremden Stadt – es gibt viele Dinge, über die wir uns freuen und für die wir Gott dankbar sind. Aber wie drücken wir diese Dankbarkeit aus? Die Israeliten priesen Gott mit einem Fest, das kaum übersehen werden konnte.

Licht unter dem Scheffel ⇢ Ich bin immer wieder erstaunt, mit welcher Hingabe Sportfans von ihrem Lieblingsverein und deren Spielen berichten. Auf mich wirkt das manchmal mitreißend, weil sie so begeistert erzählen, oder auch abschreckend, wenn ich sehe, in welchen emotionalen Zustand ein Spiel des geliebten Vereins die Fans versetzen kann. Welche Richtung es auch ist – auf jeden Fall erzeugt es eine Reaktion in mir.

Wie ist das bei besonderen Ereignissen aus meinem Leben mit Gott? Lasse ich meine Umgebung daran teilhaben oder danke ich Gott alleine, sodass niemand etwas von meiner Dankbarkeit Gott gegenüber mitbekommt? Es geht bestimmt nicht jeden Tag, aber wenn wir tiefste Dankbarkeit für etwas empfinden, was Gott in unserem Leben gewirkt hat, dann lohnt es sich, wie bei den Israeliten, diese Dankbarkeit auch vor unserem Umfeld auf unsere Art auszudrücken. Wenn wir diese Momente nur für uns behalten, lassen wir das Licht, das Gott uns gibt, unter dem Scheffel stehen. Ich bin überzeugt davon, dass ein authentisches Teilen unserer Lebenserfahrungen mit Gott unser Umfeld nicht reaktionslos lässt, sondern einen Prozess in unseren Mitmenschen auslöst. Das ist meiner Ansicht nach ein wichtiger Teil dabei, Gott in den guten Zeiten zu loben.

Peter Seeling

Und sie versahen den Dienst ihres Gottes und den Dienst der Reinigung und den der Sänger und Torhüter nach dem Gebot Davids und seines Sohnes Salomo.

Nehemia 12,45

Bibellese: Nehemia 12,44-47

In der heutigen Bibellese geht es um Dienste und die Entlohnung für diese Tätigkeiten. Auch unsere Gemeinden heute leben von vielen verschiedenen Diensten, in denen sich Menschen mit ihren Gaben einbringen.

Viele Dienste, viele Gesichter ⇢ In unserer Ortsgemeinde gibt es sehr verschiedene Dienste. Da sind beispielsweise die ganz offensichtlichen wie Predigt, Begrüßung oder Lobpreis. Es gibt jedoch auch solche, die eher hinter den Kulissen laufen, wie der Reinigungsdienst oder der Kaffeedienst. Dazu gibt es noch Dienste, die auch parallel zum eigentlichen Gottesdienstgeschehen stattfinden, wie die Arbeit mit den Kindern oder in einer Bibelklasse. Auch abseits vom Geschehen an den Sonntagen bringen sich Menschen in die Gemeinde ein, beispielsweise bei Frauentreffen oder durch eine Hauskreisleitung. Und das sind nur einige der Dienstbereiche, die meiner Frau und mir beim Lesen dieser Bibelstelle spontan eingefallen sind. Dabei hatten wir sofort Bilder von Menschen vor Augen, die diese Dienste ausführen.

Jeder Dienst ist wichtig ⇢ In der Bibellese ist fest geregelt, welchen Lohn die Sänger und Torhüter erhalten. Bei uns in der Gemeinde ist das nicht so eindeutig. Natürlich wird der Pastor bezahlt und es werden auch immer wieder Menschen durch eine Anstellung freigesetzt, damit sie ihre Aufgaben im besonderen Maße ausfüllen können. Doch auch auf andere Weise werden Dienste wertgeschätzt, sei es durch Dank, Lob oder andere Formen der Anerkennung. Dabei geschieht es immer wieder, dass die Menschen in den unterschiedlichen Bereichen unterschiedliche Anteile an dieser Form des Lohns erhalten. So haben wir persönlich in Leitungspositionen von Arbeitszweigen oft den Dank der Gemeindeleitung oder einzelner Gemeindemitglieder bekommen. In unserer Ausübung des Putzdienstes aber, den wir lange Zeit genau so häufig wie unsere Leitungsdienste ausübten, wurde uns so gut wie nie dafür gedankt, da dieser Dienst eben nicht so präsent ist wie Leitungstätigkeiten.

Durch die heutige Bibellese werden wir daran erinnert, wie viele Gesichter die Dienste damals hatten und heute noch haben. Ihnen allen steht ein Anteil zu, denn sie alle dienen mit ihrem Handeln Gott und auch jedem Einzelnen, der die Gemeinde besucht.

Peter und Malena Seeling

28 Dienstag

Weil sie den Israeliten nicht entgegenkamen … und gegen sie Bileam dingten, dass er sie verfluchen sollte; aber unser Gott wandte den Fluch in einen Segen.

Nehemia 13,2

Bibellese: Nehemia 13,1-9

Worte haben Macht. Sie können mitunter mehr verletzen als ein Schnitt mit dem Küchenmesser. Wie viel zerstörerische Worte kann so manch ein Kind nie vergessen: „Du wirst es nie zu etwas bringen!" „Du bist aber auch zu nichts nütze!" „Du Missgeburt, du unerwünschtes Kind!" Schlimme Worte, die ein Leben für immer prägen können. In der Welt des Internets und von Social Media herrscht solch eine große Not, wenn Kinder sich gegenseitig mobben und bloßstellen. Die Verzweiflung mancher Kinder und Teenager endet manchmal sogar im Suizid.

Die Moabiter hassten die Kinder Israels. Da sie ihnen mit körperlicher Gewalt nichts anhaben konnten, kauften sie den Zauberer Bileam, der sie durch die Worte seines Fluchs vernichten sollte. Sie wussten um die zerstörerische Kraft der Worte. Der Apostel Jakobus schrieb einmal: *„Aber die Zunge kann kein Mensch zähmen, das aufrührerische Übel, voll tödlichen Gifts"* (Jakobus 3,8).

Gott verwandelt Fluch in Segen ⇢ Christus hat für uns jedoch die Macht der Zunge besiegt: Als er am Kreuz die Erlösung für uns vollbracht hat, ist er auch gleichzeitig für uns zum Fluch geworden, damit wir vor jedem Fluch geschützt sind, von jeder Verfluchung befreit sind und unter den Segen Gottes kommen. In Galater 3,14 heißt es: *„Auf dass der Segen Abrahams zu den Heiden komme durch Christus Jesus und wir den verheißenen Geist empfingen durch den Glauben."* Und in Epheser 1,3: *„Gelobt sei Gott, der Vater unseres Herrn Jesus Christus, der uns gesegnet hat mit allem geistlichen Segen im Himmel durch Christus."*

Die Macht des Kreuzes Jesu ist auch der Garant für den Schutz bei jedem Fluch, der gegen Gottes Geheiligte gerichtet ist. *„Wie ein Vogel dahinfliegt und eine Schwalbe enteilt, so ist ein unverdienter Fluch: Er trifft nicht ein"* (Sprüche 26,2). Als David von einem Zeitgenossen verflucht wurde, betete er darum, dass Gott diesen Fluch in Segen umwandeln möge. David wusste um die Geschichte mit Bileam. Er fürchtete keinen Fluch, denn er wusste, dass der Segen Gottes stärker war. So musste auch Bileam trotz aller Bereitschaft, Israel zu schaden, vor dessen Feinden bekennen: *„Daher hilft kein Zaubern gegen Jakob und kein Wahrsagen gegen Israel"* (4. Mose 23,23).

Mario Wahnschaffe

Da brachte ganz Juda den Zehnten vom Getreide, Wein und Öl in die Vorratskammern.

Nehemia 13,12

Bibellese: Nehemia 13,10-22

Eines der ersten Prinzipien, das ich als kleiner Junge in Bezug auf Geld lernte, war: „Meine Mutter sagt: Über Geld reden wir nicht." Über Geld redet man nicht. Lange Zeit war Geld für mich so eine Art Mischung aus: „Das ist eine schmutzige Angelegenheit. Das ist eine Sache, die Angst einflößt, über die man nichts Genaues weiß. Geld hat man oder man hat es nicht."

Kirche und Geld ⇢ Dieses Prinzip „Über Geld redet man nicht!" fand ich auch in vielen deutschen Kirchen und Freikirchen wieder. So hörte ich in deutschen Gottesdiensten nichts über biblische Finanzverwaltung, las aber in der Bibel davon oder hörte etwas darüber in englischsprachigen Gemeinden. Irgendwie haben besonders wir Deutschen ein verkrampftes Verhältnis zu Geld und Kirche. Besonders meine internationalen Freunde, etwa aus russischsprachigen Ländern, konnten nie nachvollziehen, dass wir in unserer Kirche solch defensive Opferansprachen hielten. Das hat jedoch mit unserer deutschen Kirchengeschichte zu tun, seitdem die katholische Kirche besonders durch Tetzel predigen ließ: „Wenn das Geld im Opferkasten klingt, die Seele aus dem Feuer springt." Durch die Irrlehre der damaligen Zeit und die Angst der Deutschen um ihr Seelenheil wurde eine ganze Generation getäuscht und der Petersdom zu Rom gebaut.

Aber auch in jüngerer Zeit haben Freikirchen von sich reden gemacht, dass Spendengelder veruntreut worden sind. Dementsprechend wird in der Kirche ebenfalls peinlich geschwiegen, wenn Menschen in Schulden und die damit verbundenen Folgeprobleme fallen. Im Jahr 2014 waren 6,67 Millionen Privatpersonen in Deutschland überschuldet. Die Caritas Schuldnerberatung veröffentlichte, dass laut einer Studie der Universität Mainz überschuldete Menschen häufiger krank sind.

Gott geben, was Gott gehört ⇢ Nehemia schweigt nicht über diese Problematik und spricht den Missstand offen in der jüdischen Gemeinde an, da die Leviten ihren Dienst nicht tun konnten und Gott nicht mehr die erste Priorität im Leben der Gemeinde Israels hatte. Der Zehnte ist keine Rückzahlung meiner Schuld. Der Zehnte ist eine Anerkennung, dass ich Gott alles schulde: meine Vergangenheit, Gegenwart und Zukunft. Der Zehnte ist ein Bekenntnis des Vertrauens: „Herr, du wirst dich meiner annehmen, mich beschützen und mich versorgen."

Mario Wahnschaffe

30
Donnerstag

OKTOBER

Zu dieser Zeit sah ich auch Juden, die Frauen genommen hatten aus Aschdod, Ammon und Moab.

Nehemia 13,23

Bibellese: Nehemia 13,23-31

Aus der Perspektive unserer Zeit ist dieser Bibelabschnitt nicht leicht zu verstehen. Er wirkt sogar eher befremdlich, wenn wir unter anderem in Vers 30 lesen: „*So reinigte ich sie von allem Ausländischen.*“ Gerade in unserer globalen Welt mit multikulturellen Gesellschaften, wo viel über Willkommenskultur gesprochen wird, wollen wir doch als Nachfolger Jesu Vorbilder sein, Annahme und Wertschätzung leben anstatt Ausgrenzung und Abwertung.

Kompromisse ⇢ Nehemia, der nach zwölf Jahren Dienst als Statthalter in Jerusalem für eine unbekannte Zeit an den persischen Königshof zurückgekehrt war, kommt erneut nach Jerusalem. Was er dabei in der Stadt sieht, stimmt ihn zutiefst traurig. Faule Kompromisse hatten Einzug gehalten. Der Dienst im Tempel wurde nicht mehr richtig ausgeübt. Die Leviten waren weggelaufen, weil sie nicht mehr versorgt wurden. Der Sabbat wurde nicht mehr gehalten. Etliche jüdische Männer hatten Frauen anderer Völker geheiratet, obwohl Gott ihnen verboten hatte, Mischehen einzugehen. Dabei ging es Gott nie um die Abwertung von Menschen anderer Völker, sondern vielmehr um die Identität und die Zukunft seines Volkes. Außerdem zeigt das von Nehemia angeführte negative Vorbild von König Salomo einen weiteren wichtigen Aspekt: Salomo ließ sich auf andere Götter ein und folgte seinem Gott nicht mehr mit ungeteiltem Herzen.

Nicht jeder Kompromiss ist schlecht. Einigen sich zwei Menschen mit unterschiedlichen Sichtweisen auf einen Kompromiss, haben zwar beide auf einen Teil ihres Standpunktes verzichtet, dafür aber einen Streit beigelegt oder möglicherweise sogar einen Abbruch der Verbindung verhindert. Ja, die Lösung ist bei einem Kompromiss nicht optimal, aber der Wert des gemeinsamen Vorwärtsgehens wiegt schwerer.

Kompromisse sind jedoch schlecht und zerstörerisch, wenn sie uns von Gottes wunderbaren Absichten und seiner Nähe abbringen. Genau aus diesem Grund sind wir zu einer kompromisslosen Nachfolge aufgerufen. Es gibt keinen anderen Weg zu Gott als nur durch Jesus allein. Bei uns zu Hause klebte an einer Schrankwand ein Aufkleber mit der Aufschrift: „Sei ganz *sein* oder lass es ganz sein!“ Kompromisse in unserer Beziehung zu Gott sind oft schleichend und rauben uns letztendlich die Kraft. Deshalb: Machen wir ganze Sache mit ihm – ohne Kompromisse!

Stefan Weise

Da wurden die Gemeinden im Glauben gefestigt und nahmen täglich zu an Zahl.

Apostelgeschichte 16,5

31
Freitag
Reformationstag

Bibellese: Apostelgeschichte 16,1-15

OKTOBER

Im Glauben gefestigt und täglich werden es mehr! Ich liebe solche Sätze in der Apostelgeschichte. Kurze Fakten, nüchtern, aber in ihrem Inhalt so mitreißend. Was hier beschrieben ist, wünscht sich doch jeder, der Gott von Herzen liebt, oder? Das ist Zurüstung nach innen und Wachstum nach außen. Die an Jesus Gläubigen werden innerlich gestärkt und im Glauben auf einem guten Fundament gegründet, sodass Schwierigkeiten und Gegenwind sie nicht gleich umhauen können. Aber damit nicht genug: Diese Entwicklung ist so kraftvoll, dass sich das Evangelium ausbreitet. Menschen im Umfeld der Christen und deren Städten werden förmlich angezogen. Sie hören, sehen und erleben Gott. Das Ergebnis? Die Menge von Gläubigen wächst rasant an. Wie stark ist das denn!

Das riecht nach Erweckung ⇢ Nach Aufbruch, nach Reformation. Daran wird heute am Reformationstag erinnert. Reformation bedeutet Erneuerung, Umgestaltung und Verwandlung. Das entspricht zutiefst dem Herzen Gottes. Er will uns Menschen neu machen, umgestalten und in sein wunderbares Bild verwandeln, weil er uns so sehr liebt. Gott ist der, der seine Gemeinde und auch ganze Städte und Regionen erwecken und reformieren will. Die Frage ist, lassen wir das zu? Erweckung und Wachstum – auf jeden Fall! Aber Reformation, also Veränderung? Das kostet uns etwas. Erweckung beginnt mit Reformation und führt uns in eine Reformation – des Herzens, der Gedanken und des Lebens.

Paulus begibt sich auf die zweite Missionsreise und nimmt Timotheus mit. Sie hören auf Gottes Rufen und setzen sich in Bewegung. Aber sie laufen nicht in Eigenregie. Sie sind abhängig von Gottes Führung. In den Versen 6 und 7 lesen wir gleich zweimal, dass sie vom Heiligen Geist gehindert werden, ihre Reisepläne umzusetzen. Aufgrund eines Traumes von Paulus machen sie sich stattdessen nach Mazedonien auf, um dort die froh machende Botschaft von Jesus weiterzugeben. Das Ergebnis? Sie werden Zeugen einer Reformation von Lydia, der Purpurkrämerin, und ihrer ganzen Familie.

Reformation heute ⇢ Gott ist derselbe wie damals. Er will erneuern und Menschen zu sich ziehen. In diese Rettungsmission will er seine Kinder einbinden, die sich von ihm erwecken und reformieren lassen und sich dann mit ihm auf den Weg machen – in Abhängigkeit vom Heiligen Geist. Sind wir dabei?

Stefan Weise

Du aber bist ein Gott der Vergebung, gnädig und barmherzig, langsam zum Zorn und groß an Gnade.

Nehemia 9,17 (ELB)

Es geschah aber, als wir zum Gebet gingen, da begegnete uns eine Magd, die hatte einen Wahrsagegeist und brachte ihren Herren viel Gewinn ein.

Apostelgeschichte 16,16

1
Samstag

Bibellese: Apostelgeschichte 16,16-24

NOVEMBER

Paulus und Silas waren aufgrund einer Vision nach Mazedonien gereist, um das Evangelium zu verkünden. Dort trafen sie zur Gebetszeit auf die Geschäftsfrau Lydia, die sich bekehrte und taufen ließ. Die beiden folgten ihrer Einladung und blieben noch Gäste in ihrem Haus. Als sie wieder zu einer Gebetsveranstaltung gingen, stießen sie auf eine Frau mit einem Wahrsagegeist, die sie dann heilten. In der Apostelgeschichte wird immer wieder deutlich, dass Gebet etwas bewirkt. Vor allem breitete sich das Evangelium aus.

Einige Beispiele

- Die Jünger beten um den Empfang des Heiligen Geistes. Zu Pfingsten werden sie im Heiligen Geist getauft und aufgrund der Predigt von Petrus entscheiden sich 3000 Menschen für Jesus (Kapitel 1und 2).
- Die Gemeinde betet um Freimütigkeit, das Evangelium in der Kraft des Heiligen Geistes zu verkünden, begleitet durch Zeichen und Wunder (Kapitel 4,23-31).
- Petrus weckt Tabita von den Toten auf, nachdem er gebetet hat. Durch dieses Wunder glauben daraufhin viele an Jesus (Kapitel 9,40-42).
- Der erste bekehrte Heide Kornelius bekommt durch das Gebet eine Vision, durch die er mit Petrus in Kontakt kommt, der ebenfalls eine Vision im Gebet empfängt – so bringt Petrus das Evangelium zu den Heiden (Kapitel 10).
- Herodes Agrippa lässt Jakobus töten und nimmt Petrus gefangen. Die Gemeinde fängt an, unaufhörlich zu beten. Herodes stirbt einige Zeit später aufgrund seiner Überheblichkeit und die Botschaft Gottes breitet sich immer weiter aus. (Kapitel 12).
- Paulus betet für den Vater des Publius, der Fieber hatte und an der Ruhr litt. Dieser wird durch das Gebet gesund, das zur Folge hat, dass weitere Kranke der Insel Malta geheilt werden (Kapitel 28,8.9).

Lasst uns beten! ⇢ Könnte es sein, dass die Gemeinde Jesu dazu ermutigt wird, zu beten? Lasst uns eine Kirche sein, die regelmäßig zusammenkommt, um zu beten. Eine betende Gemeinschaft rechnet mit der Kraft aus der Höhe, um das Evangelium, begleitet von Zeichen und Wundern, zu verkünden. Eine betende Kirche lässt sich nicht durch Schwierigkeiten stoppen, sondern sucht gerade dann in Einheit die Gegenwart Gottes. Lasst uns zusammen beten. Mal schauen, was passiert.

Matthias Wiebe

2
Sonntag

Um Mitternacht aber beteten Paulus und Silas und lobten Gott. Und es hörten sie die Gefangenen.

Apostelgeschichte 16,25

NOVEMBER *Bibellese: Apostelgeschichte 16,25-40*

Paulus und Silas kommen ins Gefängnis, weil sie ein von Dämonen besessenes Mädchen geheilt haben. Und was tun sie? Anstatt in Panik zu geraten, loben sie Gott. Ihr Lobpreis löst ein Erdbeben aus. Erdbeben sind in dieser Region nichts Ungewöhnliches. Doch Gott löste das Erdbeben genau im richtigen Moment aus und befreite Paulus, Silas und die anderen Gefangenen.

Das Besondere in dieser Geschichte ist jedoch nicht das Erdbeben, sondern dass Paulus und Silas Gott loben, obwohl ihnen großes Unrecht widerfahren ist. Sie waren öffentlich gedemütigt und ausgepeitscht worden. Die meisten von uns würden am liebsten aufschreien: „Was glaubt ihr, was ihr da tut?" Und im Gefängnis würden wir sehr wahrscheinlich keine Hymnen singen und beten – es sei denn, wir beten für einen schnellen Ausweg. Paulus und Silas war auch nicht bewusst, dass Gott sie durch das Erdbeben befreien würde. Trotz allem haben sie sich nicht selbst bemitleidet, sondern ihren Fokus auf Gott gerichtet.

Hoffnung – auch in dunklen Stunden ⇢ Von Silas und Paulus können wir lernen, Gott in den dunkelsten Stunden unseres Lebens zu vertrauen und uns nicht vom Kurs abbringen zu lassen. Sie waren auf einer Mission. Sie verkündeten die gute Nachricht von Jesus. Schon in den vorherigen Kapiteln wurde deutlich, dass Paulus dieser Mission gehorsam war, kostete es, was es wolle. Am Ende der Geschichte lernte eine ganze Familie Jesus als ihren Retter kennen. Sind wir bereit, durch Schwierigkeiten zu gehen, damit andere Menschen Jesus kennenlernen können?

Wir können Gott auch in ungerechten Situationen vertrauen und ihn loben, wenn wir unseren Blick auf Jesus richten, der die dunkelste Stunde seines Lebens am Kreuz erlebte. Dort starb er für deine und meine Sünde. Er hat die absolute Verlassenheit von seinem himmlischen Vater und Menschen erfahren, damit wir Hoffnung in hoffnungslosen Situationen haben dürfen. Das Erlösungswerk Jesu ist der Grund, Gott jederzeit anzubeten – auch am heutigen Tag.

Matthias Wiebe

Diese aber waren freundlicher als die in Thessalonich; sie nahmen das Wort bereitwillig auf und forschten täglich in der Schrift, ob sich's so verhielte.

Apostelgeschichte 17,11

3
Montag

Bibellese: *Apostelgeschichte 17,1-15*

NOVEMBER

Paulus befindet sich auf seiner zweiten Missionsreise. Gemeinsam mit Silas, Timotheus und weiteren Gläubigen verkündigt er in verschiedenen Städten des heutigen Griechenlands die gute Botschaft. Die Reaktionen seiner Zuhörer fallen dabei sehr unterschiedlich aus.

Offenheit für Gottes Wort damals ⇢ Auf dieselbe Botschaft wird in Thessalonich mit Abweisung, in Beröa jedoch mit Annahme reagiert. Woran liegt das? Hatte Paulus in Thessalonich einfach einen schlechten Tag? Nein – im heutigen Leitvers können wir sehr deutlich sehen, dass es an der Bereitschaft der Zuhörer liegt, wie wirksam sich das Wort Gottes entfalten kann. Weil die Menschen in Beröa offen für die Worte des Paulus waren und weil sie das Gehörte prüften, konnte die gute Nachricht in ihnen wirksam werden und letztlich auch viele von ihnen zum Glauben führen. Dagegen prallte dieselbe Nachricht, die Paulus zuvor in Thessalonich verkündigt hatte, bei vielen der dortigen Zuhörer auf Verschlossenheit.

Menschen, die nicht bereit sind, ihre bisherigen Denkmuster einer Prüfung zu unterziehen, geraten leicht in eine ablehnende Haltung gegenüber allem Neuen; und wie tragisch ist es, wenn dabei auch die Botschaft der Erlösung abgelehnt wird. In der Apostelgeschichte lesen wir bis zum Ende, dass es unter den Hörern der guten Nachricht immer beide Arten von Reaktionen gab: *„Die einen ließen sich überzeugen von dem, was er sagte, die andern aber glaubten nicht"* (Apostelgeschichte 28,24). Schon Jesus bereitete seine Jünger auf diese Reaktionen vor: *„Wenn die Einwohner eure Botschaft nicht hören wollen, dann schüttelt beim Fortgehen den Staub von euren Füßen als Zeichen, dass ihr diesen Ort dem Gericht überlasst"* (Lukas 9,5 NLB).

Offenheit für Gottes Wort heute ⇢ Lasst uns deshalb offen sein für Gottes Wort – sowohl, wenn wir es in der Bibel lesen, dass es unsere alten Denkmuster verändern darf – als auch, wenn wir es durch prophetische Dienste hören. Lasst es uns gewissenhaft prüfen und wenn es sich gemäß der Bibel verhält, wollen wir daran glauben und uns daran orientieren. Beginnen wir noch heute damit! Gott schenke dir und mir ermutigende Erlebnisse dabei.

Rüdiger Wied

4
Dienstag

Der Gott, der die Welt gemacht hat und alles, was darin ist, er, der Herr des Himmels und der Erde, wohnt nicht in Tempeln, die mit Händen gemacht sind.

Apostelgeschichte 17,24 (ELB)

NOVEMBER *Bibellese: Apostelgeschichte 17,16-34*

Die Zehn Gebote beginnen folgendermaßen: *„Ich bin der HERR, dein Gott, der ich dich aus dem Land Ägypten, aus dem Sklavenhaus, herausgeführt habe. Du sollst keine andern Götter haben neben mir“* (2. Mose 20,2.3). Er ist der Gott, den Pharao einst herausgefordert hatte, als er sich nicht vor ihm beugen wollte. Der Gott, der sich durch Zeichen und Wunder mächtig erwiesen hat und aus diesem Kampf als eindeutiger Sieger hervorging.

Der eine Gott ⇢ Paulus ist in Athen und findet dort den ausgeprägten Götzenkult der Griechen, der bis heute Geschichtsbücher füllt und immer wieder auch Resonanz in vielen Kulturen gefunden hat. Als Paulus von den Athenern herausgefordert wird, Stellung zu beziehen, ergreift er die Gelegenheit, ihnen den *einen* Gott vorzustellen als den, der die Welt und alles Sichtbare erschaffen hat. Als den, durch den die gefallene Welt wiederhergestellt wurde. Und als den, dem die Welt am Ende zur Rechenschaft verpflichtet ist. Nein, wenn es um Gott geht, gibt es kein „sowohl als auch“, keine unverbindliche Beliebigkeit, in der jeder nach seinen eigenen Vorlieben und Vorstellungen selig wird.

Unsere Gegenwart ist wie kaum eine Zeit zuvor geprägt von der Haltung: „Jeder, wie er will.“ Das Bekenntnis zur Wahrheit, wie sie uns in der Bibel vorgestellt wird, wird schnell zur diskriminierenden Intoleranz erklärt. Sollten wir dann vielleicht doch lieber schweigen und alles so laufen lassen, wie es eben läuft? Wenn Gott so gedacht hätte, gäbe es kein Kreuz, an dem sein geliebter Sohn Jesus für unsere Sünden gestorben ist. Es gäbe keine Erlösung und keine Hoffnung. Der Sündenfall wäre das unwiederbringliche Ende gewesen.

Gottes Aber ⇢ Sosehr hat er, der die Welt geschaffen hat, diese geliebt, dass er seinen einzigen Sohn dahingegeben hat, damit du und ich – und mit uns die vielen, die sonst verloren wären – gerettet und mit einer ewigen Hoffnung beschenkt werden. Diesem Gott zu glauben, ist nicht nur Hoffnung für eine ewige Zukunft, das macht auch etwas Wunderbares mit unserem Leben im Jetzt. Es bewahrt uns vor und in Ängsten. Es zeigt uns, wie wir sinnvoll leben können. Es befähigt uns, andere zu ermutigen. Es gibt uns Halt, wenn wir Kämpfe zu bestehen haben. Es lohnt sich, diesen Gott kennenzulernen und ihm zu vertrauen.

Jürgen Wolf

Und er hielt sich ein Jahr und sechs Monate dort auf und lehrte unter ihnen das Wort Gottes.

Apostelgeschichte 18,11

Bibellese: Apostelgeschichte 18,1-11

Jesus war durch und durch erfüllt mit dem Wort Gottes. Bereits als zwölfjähriger Junge saß er unter den Theologen im Tempel und setzte sie durch seine Kenntnis des Wortes in Erstaunen. Später, als der Feind ihn versuchte, stellte er sich ihm mit dem Wort entgegen: *„Der Mensch lebt nicht vom Brot allein, sondern von einem jeden Wort, das aus dem Mund Gottes geht"* (Matthäus 4,4). Wie sehr das Wort Gottes Jesu Leben und Handeln ausmachte, sehen wir immer wieder, wenn er über sich sagte, dass seine Worte und Taten nicht aus ihm selbst stammten, sondern dass er sie von seinem Vater hörte und sah.

Das Wort bewahren ⇢ In Johannes 1,14 lesen wir, wie sehr das Wort Jesu ganze Persönlichkeit ausmachte: *„Und das Wort wurde Fleisch und wohnte unter uns."* In einer Phase seines Dienstes, als viele seiner Zuhörer sich von Jesus abwandten und er seinen Jüngern die Entscheidung überließ, auch wegzugehen, bekennt Petrus: *„Wohin sollten wir gehen? Du hast Worte des ewigen Lebens"* (Johannes 6,68). Jesus war, was er sagte, und er sagte, was er war. Seine Identität war zutiefst verankert im Wort seines Vaters. Eines seiner Hauptanliegen für seine Nachfolger bestand darin, dass sie sein Wort bewahrten und durch sein Wort geprägt wurden. Paulus schloss sich dem an und lehrte das Wort. Timotheus trug er auf: *„Predige das Wort"* (2. Timotheus 4,2).

Im Wort wachsen ⇢ Unsere Identität besteht darin, dass wir uns durch unseren Glauben an Jesus Kinder Gottes nennen dürfen. Das sollte aber nicht zu einer oberflächlichen „Mir kann ja nichts mehr passieren"-Mentalität führen, sondern in uns eine ganz große Liebe zum Wort Gottes bewirken. Wenn es das Anliegen des Paulus war, das Wort Gottes zu lehren, dann ging es ihm darum, dass wir etwas lernen. Wissen aus der Bibel macht aus Menschen zwar keine Christen. Aber je mehr wir als Christen die Bibel studieren und das Wort Gottes kennenlernen, desto besser sind wir geschützt vor Irrtümern und desto stärker werden wir befähigt, Versuchungen zu widerstehen. Jesus sagt am Ende der Bergpredigt, wer sein Wort hört und tut, der verschafft seinem Leben ein gutes Fundament, durch das er in den Herausforderungen bewahrt bleibt. Ein neuer Hunger nach Gottes Wort war immer wieder Auslöser von Erweckung. Das gilt auch heute für unser persönliches Leben.

Jürgen Wolf

6
Donnerstag
NOVEMBER

Als aber Paulus den Mund auftun wollte, sprach Gallio zu den Juden: Wenn es um einen Frevel oder ein Verbrechen ginge, ... so würde ich eure Klage anhören.

Apostelgeschichte 18,14

Bibellese: Apostelgeschichte 18,12-23

Eine größere Spende der mazedonischen Gemeinde führte dazu, dass Paulus sich ganz der Verkündigung in Korinth widmen konnte. Das hatte Auswirkungen: Menschen kamen zum Glauben! Andere aber lehnten die Botschaft ab und wurden Paulus gegenüber sogar feindlich gesinnt. Er scheint sich zunächst mehr mit diesen als mit den frisch Bekehrten beschäftigt zu haben. So wollte er fliehen und von nun an anderen Nationen dienen. Ein Traum unterbricht sein Vorhaben. Jesus nimmt ihm darin die Angst vor dem Widerstand und verspricht ihm, dass niemand in dieser Stadt Hand an ihn legen wird. Paulus bleibt und verkündigt daraufhin für ein Jahr und sechs Monate weiter das Evangelium.

Von wem oder was lasse ich mich unterbrechen? ⇢ Dann kommt es erneut zu einem großen Aufruhr und Paulus wird vor den neuen Prokonsul Gallio geschleppt. Bevor er seinen Mund öffnen kann, fällt ihm dieser ins Wort und weist die Sache ab. Auch hier wird keine Hand an Paulus gelegt – was für eine Erfüllung der persönlichen Verheißung Jesu!

Schauen wir noch einmal darauf, dass Paulus sich nach seiner kraftvollen Verkündigung mehr mit dem Widerstand als mit den segensreichen Auswirkungen beschäftigte. Er traf seine Entscheidung zunächst aufgrund seiner Enttäuschungen und Ängste. Er war im Begriff, sich davon ausbremsen zu lassen. Aber er ließ sich von Jesus zum Bleiben motivieren. Was ihm wohl durch den Kopf ging, als er dann doch wieder vor dem Richterstuhl stand? Welche Rede er sich wohl zurechtgelegt hatte? Er kam jedenfalls nicht zu seinen Ausführungen, weil letztlich Jesus zu seinem Wort stand.

Was sind meine Enttäuschungen? Meine Ängste? ⇢ Jesus ließ sich auf die Gefühlslage des Paulus ein. Er erwartete nicht von ihm, dass er seine Ängste beiseiteschiebt und einfach so weitermacht. Jesus zeigte seine Perspektive auf den Dienst des Paulus an diesem Ort. Ich bin Jesus dankbar, dass er auch bei mir immer wieder eingreift und mich auf Kurs hält. Schließlich beruft er nicht nur, sondern kümmert sich um die Berufenen und ihre Berufung. Er motiviert uns und baut uns auf. Er hat immer einen guten Weg mit uns, weil er selbst der Weg ist.

Matthias Wölfle

Als ihn Aquila und Priszilla hörten, nahmen sie ihn zu sich und legten ihm den Weg Gottes noch genauer aus.

Apostelgeschichte 18,26

7
Freitag

Bibellese: Apostelgeschichte 18,24-28

NOVEMBER

Allzeit Lernende! Dieser Bibelabschnitt begeistert mich: Da ist einer, Apollos, redegewandt und bestens über das Alte Testament informiert. Und zwei offensichtlich einfache Hauskreisleiter wussten dennoch in einer bedeutenden Angelegenheit mehr – was die Person Jesus betrifft. Ich bewundere alle drei. Apollos, der trotz Eloquenz und biblischem „Know-how" realisierte, dass auch seine Erkenntnis Stückwerk ist. Aquila, der Zeltmacher, und seine Ehefrau Priszilla haben den vollmundig Auftretenden nicht bloßgestellt, sondern ihn freundlich zu sich nach Hause eingeladen. Erst dann, und mit einer gesunden Portion an Selbstvertrauen, vermittelten sie ihre offensichtlich detailliertere Überzeugung zur Person Jesu. Chapeau!

Zuhören ⇢ Einander aktiv zuhören – eine Gabe, die die wenigsten unter uns mal eben einfach so „im Gepäck" haben. Für mich war, ist und bleibt es eine Lebensaufgabe. Wahrscheinlich meinem Lebensalter geschuldet, kommen dennoch zunehmend Menschen auf mich zu. Da stehen dann Glaubens-, Alltags- und teils auch existenzielle Fragen zur Disposition. Und natürlich freue ich mich, wenn ich ein wenig „Marschverpflegung auf die Reise" geben kann. Das i-Tüpfelchen jedoch ist ein anderes: Aus so gut wie jedem Gespräch darf auch ich etwas lernen und mitnehmen. Manchmal bin ich gefühlt der Beschenkte. Jesus hat einfach immer recht: *„Geben ist seliger als nehmen"* (Apostelgeschichte 20,35).

Schwäche verleiht Nähe ⇢ So manche, auch in Predigten vermittelte Lehrmeinung musste ich schon korrigieren. Erstaunlich, wie positiv Korrekturen und/oder Entschuldigungen auch in diese Richtung dankend auf- und angenommen werden. Und natürlich durfte und wollte ich vorsichtiger werden, langsam, über die Jahre. Unsere Nächsten brauchen nicht den Alleskönner, der sicher oft großen Respekt, aber auch unangenehme Distanz erfährt. Authentizität und Offenheit hingegen öffnen Herzen und Ohren.

Das Resümee der in unserem Bibeltext geschilderten Begegnung jedenfalls war gigantisch: Apollos konnte nun noch vollmächtiger Jesus anhand des Alten Testaments bezeugen. Doch damit nicht genug, eine weitere Bereicherung folgt. Davon morgen mehr.

Michael Zimmermann

Und als Paulus ihnen die Hände auflegte, kam der Heilige Geist auf sie und sie redeten in Zungen und weissagten.

Apostelgeschichte 19,6

 Bibellese: Apostelgeschichte 19,1-7

Erneut der Schlüssel „zuhören": Gewaltiges, sogar Übernatürliches geschieht. Doch nur, weil eine ganze Gruppe von zwölf an Jesus gläubigen Menschen einem Einzelnen – Paulus – ihre Ohren öffnet, ja sich dazu auch noch etwas von ihm sagen lässt. Auffallend ist ebenfalls, dass Paulus offensichtlich nicht die Ernsthaftigkeit der Jesusnachfolge der Zuhörer infrage stellte. Er selbst schreibt – an anderer Stelle – unmissverständlich: *„Denn ihr seid alle durch den Glauben Gottes Kinder in Christus Jesus"* (Galater 3,26).

Was Glauben bereichern möchte ⇢ Nicht primär Moral, sondern vielmehr Apostel (Bote, Gesandter) von Gottes Vollmacht und Gnade! Die Taufe des Johannes, mit der die Gruppe Jünger bereits getauft waren, steht für: „Ja, ich bringe mein Leben mit Gott und Menschen in Ordnung – nach bestem Wissen und Gewissen." Die Taufe, die Jesus angeordnet hat, drückt aus: „Ich gehöre zu und folge Jesus, der (auch) für mich, meine Defizite und Schwächen, gestorben und auferstanden ist."

Zugegeben: Der Unterschied zwischen beiden kann im Alltag eines Christen manchmal recht verschwommen sein oder wirken. Dennoch, dieser vermeintlich feine Unterschied machte sich hier sofort bemerkbar: Nach Taufe und Gebet unter Handauflegung des Apostels fingen die Jünger an, in anderen Sprachen zu reden und weissagten, was bedeutet: Sie dienten einander prophetisch, übernatürlich!

Menschenwort oder Gottes Weisheit? ⇢ Eine unserer Töchter diente als Krankenschwester in Kolumbien. Einem sehr anspruchsvollen Dienst folgten ernste, gesundheitliche Nöte. Tagelanges Fieber bis über 41°C. Das gefürchtete Denguefieber wurde diagnostisch ausgeschlossen. Wir wussten von nichts, doch Jesus sandte mir eines Nachts einen Traum: Ich hielt unsere Tochter hochfiebrig in meinen Armen, so meine Empfindung als gelernter Krankenpfleger. Die Rückfrage beim Hausarzt ermutigte uns, unsere Tochter nach Hause zu holen. Auf unsere Kosten, da die Organisation sich auf die bereits erfolgten Untersuchungen stützte. Die hier ärztlich verordnete Untersuchung im Tropeninstitut Tübingen diagnostizierte dann doch das Denguefieber, was in Deutschland ordentlich therapiert werden konnte. Wie gut nur, dass Jesus Mittel und Wege hat, die unsere menschlichen weit übersteigen!

Michael Zimmermann

Und sie haben ihn überwunden durch des Lammes Blut und durch das Wort ihres Zeugnisses und haben ihr Leben nicht geliebt bis hin zum Tod.

Offenbarung 12,11

Bibellese: freie Textwahl

Wenn ich von Christenverfolgung höre – und als Leiter von AVC – Aktion für verfolgte Christen und Notleidende bin ich damit praktisch täglich konfrontiert – kommen verschiedene Gefühle und Gedanken hoch. Mitleid mit den verfolgten Brüdern und Schwestern. Wut auf ihre Verfolger und Folterknechte. Unverständnis gegenüber der allgemeinen Gleichgültigkeit und Ignoranz im Westen im Blick auf diese weltweite Problematik. Entschlossenheit, den Verfolgten beizustehen. Und die Frage: „Wie schlimm ist Verfolgung eigentlich?"

Eine scheinbar merkwürdige Frage ⇢ Natürlich sind Verfolgung mit Diskriminierung, Vertreibung, Folter und Mord schlimm, extrem schlimm. Aber: Bei meinen Projektbesuchen und Treffen mit verfolgten Christen in ihren Heimatländern erlebe ich die andere Seite. Dort, wo Verfolgung herrscht, begegne ich Entschlossenheit, einem festen Glauben und einem Gemeindewachstum, wie ich es von Deutschland her nicht kenne. Die Geschichte des Volkes Israel bestätigt diesen Gedanken. Israel in seiner Gesamtheit war immer wieder vom Herrn abgefallen und hatte sich an Götzen gehängt. Nur in größter Not besannen sie sich auf den Gott ihrer Väter. Wenn Not und Verfolgung also zu einer erneuerten Beziehung zum Herrn und einem veränderten, fruchtbaren Leben führt, wäre sie dann nicht schon fast erstrebenswert? Was ist mir wichtiger: ein bequemes Leben oder ein erfülltes Leben mit Gott?

Wie sieht das bei mir aus? ⇢ Die Worte unseres Partners aus dem Irak, der unter Saddam Hussein in der Todeszelle saß und Furchtbares erlebt hat, stimmen nachdenklich und sind Herausforderung für uns. Der Pastor sagte: „Ich brauche Menschen, die bereit sind, ihr Leben zu geben. Dann kann auch im Irak wieder Neues entstehen." Bin ich bereit, zu überwinden und mein Leben nicht zu lieben bis in den Tod? Bin ich bereit, mein Leben einzusetzen, dass auch in Deutschland Neues geschehen kann? Wenn ich auf das Ziel – hier und im Jenseits – schaue, welche Antwort finde ich auf die Frage: „Wie schlimm ist Verfolgung eigentlich?"

Eduard Schmidt

Gott ließ durch Paulus ganz erstaunliche Wunder geschehen.

Apostelgeschichte 19,11 (HFA)

Bibellese: Apostelgeschichte 19,8-22

Ist das echt? Diese Frage treibt die Menschen immer wieder um, wenn sie nach dem Ursprung von Ereignissen oder Werten suchen, mit denen ihnen Glück und Gesundheit versprochen werden und viel Geld kassiert wird. Zu der Zeit, die uns im heutigen Bibeltext beschrieben wird, war es ganz extrem so, dass den Menschen Heilmittel oder Talismane gegen Geld angeboten wurden, die ihnen Heilung, Glück oder Zufriedenheit im Leben bringen sollten. Ephesus war eine Hochburg des Glaubens an solche Glücksbringer.

Nun war Paulus hier angekommen und hatte ganz unerschrocken von der wahren Freiheit und Rettung durch Jesus Christus gepredigt. Das spaltete die Gesellschaft. Während die einen diese Freiheit erlebten, indem sie Jesus ihr Leben anvertrauten, wollten die anderen an dem festhalten, was sie bisher kannten. So fingen sie an, die gute Nachricht von dem verändernden Evangelium zu verspotten und lächerlich zu machen.

Paulus ließ sich nicht von seinem Auftrag abhalten → Gott hatte Paulus außergewöhnliche Fähigkeiten verliehen. Nicht nur sein direktes Gebet für Kranke ließ Krankheiten weichen oder Gebundene frei werden. Selbst wenn er gar nicht persönlich da war, sondern nur seine Kleidungsstücke, Handtücher und Ähnliches auf die Kranken gelegt wurden, brachte diese Handlung schon die Heilung oder Befreiung. Das war eine neue Dimension der Begegnung der Menschen mit Gottes Kraft. Hier zeigte sich, was echt war.

Menschen, die an Jesus gläubig geworden waren, erkannten die Verwirrung durch die Geisterbeschwörungsbücher und verbrannten diese öffentlich. Nun waren Bücher in der damaligen Zeit sehr wertvoll. Der Buchdruck war noch nicht erfunden, so mussten Bücher alle aufwendig mit der Hand geschrieben werden. Der Wert der verbrannten Bücher ist in der Bibel mit 50 000 Silberstücken angegeben. Ein Silberstück entsprach dem Tagelohn eines Arbeiters. Wenn man das auf heutige Werte umrechnet, so sind das bei einfacher Arbeit für etwa 80 EUR Tageslohn mal 50 000 4 Millionen Euro. Das ist ein erstaunlicher Wert und brachte seinerzeit die Gesellschaft in Ephesus auf.

Das neue Leben in Jesus Christus ist unbezahlbar echt → Die Menschen damals haben das erlebt, aber nicht nur sie. Jeder, der sich auf Jesus verlässt, kann das auch heute noch erleben. Es lohnt sich, das auszuprobieren.

Thomas Siebold

Es erhob sich aber um diese Zeit eine nicht geringe Unruhe über den Weg.

Apostelgeschichte 19,23

Bibellese: Apostelgeschichte 19,23-40

Es gab durchaus geteilte Meinungen über den Weg, den Paulus hier verkündete. Gestern lasen wir von Menschen, die eine grundlegende Befreiung und Heilung in ihrem Leben erfuhren und daher die teuren Zaubereibücher vernichteten. Sie hatten erlebt, dass deren Inhalt nicht weiterhalf.

Heute nun zettelt Demetrius eine große Revolte an, denn er befürchtete, dass sein Geschäft mit den Andenken an den Tempelbesuch der Göttin Artemis ruiniert werden könnte. Zu diesem Tempel pilgerten viele Leute, weil sie Lösung ihrer Probleme oder Heilung von Krankheiten erhofften. Demetrius fertigte silberne Tempelchen an, die man als „Glücksbringer" – bestimmt viel zu teuer – kaufen konnte.

Was hilft wirklich? ⇢ Auch heute gibt es einen Drang der Menschen nach Hilfe und Heilung. Ob es Fahrten an heilige Orte sind oder das Kaufen von besonderer Medizin ist, worauf die Menschen unserer Zeit ihre Hoffnung setzen, hier wird viel Geld investiert, und nicht selten bleibt die Enttäuschung als einziges Ergebnis. Andere Menschen füllen ihr Leben mit sportlicher Betätigung oder mit besonderer Ernährung, um das Ziel ihres Lebens, nämlich Glück, Erfüllung und Anerkennung zu erreichen.

Worauf setzen wir unsere Hoffnung? ⇢ Die Liederdichterin Eleonore Fürstin Reuß (1835-1903) hat aus ihrer Beobachtung Folgendes geschrieben: „Ich bin durch die Welt gegangen, und die Welt ist schön und groß, / und doch ziehet mein Verlangen mich weit von der Erde los. / Ich habe die Menschen gesehen, und sie suchen spät und früh, / sie schaffen und kommen und gehen, und ihr Leben ist Arbeit und Müh. / Sie suchen, was sie nicht finden in Liebe und Ehre und Glück, / und sie kommen belastet mit Sünden und unbefriedigt zurück. / Es ist eine Ruh vorhanden für das arme, müde Herz; / sagt es laut in allen Landen: Hier ist gestillet der Schmerz. / Es ist eine Ruh gefunden für alle, fern und nah, / in des Gotteslammes Wunden, am Kreuze auf Golgatha."

Jesus Christus selbst lädt ein: *„Kommt alle her zu mir, die ihr euch abmüht und unter eurer Last leidet! Ich werde euch Ruhe geben. Vertraut euch meiner Leitung an und lernt von mir, denn ich gehe behutsam mit euch um und sehe auf niemanden herab. Wenn ihr das tut, dann findet ihr Ruhe für euer Leben"* (Matthäus 11,28.29 HFA). Darauf dürfen wir auch heute vertrauen.

Thomas Siebold

12
Mittwoch

Es saß aber ein junger Mann mit Namen Eutychus in einem Fenster und sank in einen tiefen Schlaf, weil Paulus so lange redete.

Apostelgeschichte 20,9

NOVEMBER *Bibellese: Apostelgeschichte 20,1-16*

„Schlafen oder brennen", so könnte eine mögliche Überschrift für diese Verse und Andacht lauten. Vielleicht haben wir folgenden Witz schon einmal gehört: Ein Busfahrer und ein Pfarrer stehen zusammen vor Petrus am Himmelstor. Ohne Beanstandungen darf der Busfahrer hindurchgehen, der Pfarrer jedoch nicht. Dieser beschwert sich: „Warum darf der Busfahrer durch und ich nicht?" Petrus erklärt: „Bei deinen Predigten haben die Leute meistens geschlafen, bei seinem Fahrstil haben alle im Bus gebetet!"

Im Obergemach ⇢ Ich hoffe sehr, dass die Leute in unseren Gottesdiensten nicht einschlafen. Auf jeden Fall ist es eine sehr einzigartige Geschichte, die wir hier lesen. In Vers 8 heißt es: *„Und es waren viele Lampen in dem Obergemach"*. Bei dem Wort Obergemach denke ich sofort an das Obergemach der Jünger, in dem sie sich versammelten, um auf den Heiligen Geist zu warten. Einer der Eckpunkte unseres Glaubens ist die Taufe im Heiligen Geist, die Krafterfüllung des Himmels. Ich erinnere mich gut an eine Andacht von Reinhard Bonnke zu diesen Versen, in der er daran erinnerte, dass nur, weil es einen Gottesdienst gibt, es nicht bedeutet, dass alle „brennen".

In diesem Obergemach gab es viele Lampen, aber hat jeder der Anwesenden für Jesus gebrannt? Es war kurz bevor Paulus seine berühmten Abschiedsworte an die Ältesten von Ephesus richtete. Diese Geschichte zeigt, dass unsere Hauptaufgabe darin besteht, unsere Leiter, Mitarbeiter und Gemeinden am Brennen zu halten und dass wir gerade in diesen Zeiten geistlich nicht einschlafen. Eutychus in dieser Geschichte – übersetzt der Glückliche – war wahrhaftig ein Glücklicher. Er wurde von den Toten auferweckt!

Die Selbstverständlichkeit des Glaubens ⇢ Fast wie nebenbei wird von dieser Totenauferweckung berichtet. Die Antwort des Paulus: *„Macht kein Geschrei"* (Vers 10), zeugt von seinem großen Glauben, den er durch eine Begegnung mit Jesus erlebt und sein Leben lang treu ausgelebt hat. Eine starke Ermutigung an uns alle, selbst in scheinbar unlösbaren Situationen Gott zu vertrauen und mit einer Selbstverständlichkeit – wie Paulus – den Glauben an Christus zu leben. Möge Jesus unseren Alltag so erfüllen, dass wir derartigen Situationen mit der gleichen Selbstverständlichkeit des neutestamentlichen Glaubens entgegentreten.

Florian Fürst

Aber ich achte mein Leben nicht der Rede wert, wenn ich nur meinen Lauf vollende und das Amt ausrichte, das ich von dem Herrn Jesus empfangen habe.

Apostelgeschichte 20,24

Bibellese: Apostelgeschichte 20,17-38

Die letzten Worte von Menschen sind oft die eindrücklichsten, sagt man. Einmal bei Google eingeben, kann man die letzten Worte berühmter Persönlichkeiten nachlesen, manchmal wirklich tragische Geschichten. Eine der großen Fragen ist auch immer, was ein Mensch als „Message", als seine Lebensbotschaft hinterlässt.

Auch wenn die Worte des Paulus an die Ältesten in Ephesus in unserer heutigen Bibellese nicht die allerletzten waren, liest man hier von von einer „Message", die er in dem Bewusstsein, bald zu sterben, an die Gemeinde in Ephesus weitergibt. Er schreibt diese Zeilen in dem Wissen, die Leiter und Mitarbeiter der Gemeinde nicht mehr zu sehen, und das verleiht diesen Worten einen stärkeren Ausdruck und einen tiefere Bedeutung: *„Aber ich achte mein Leben nicht der Rede wert, wenn ich nur meinen Lauf vollende und das Amt ausrichte, das ich vom Herrn Jesus empfangen habe, zu bezeugen das Evangelium von der Gnade Gottes."* Was für ein Vers, was für ein Statement, das auch uns helfen kann, unseren Marathonlauf für den Herrn Jesus zu laufen!

Worauf richten wir uns aus? ⇢ Paulus, der große Apostel, schreibt, dass er sein Leben *„nicht der Rede wert"* achtet. Es ging ihm nicht um Ruhm, Ehre und Ansehen, darum, sein eigenes Leben zu bewahren oder sein eigenes Reich zu bauen. Sein Anliegen war einzig und allein, das Werk vollenden zu können, zu dem Gott ihn berufen hatte. Ein Fokus, der ihm und auch uns Ausdauer, Durchhaltevermögen und Kraft gibt. Den Fokus nicht nach links oder rechts im Vergleich zu anderen Leitern und Gemeinden zu schwenken, sondern auf das eigene Amt, die eigene Berufung auszurichten oder zu vollenden. Das ist genau der Fokus, der unsere Herzen und Gedanken vor Stolz, Neid, Enttäuschung bewahren kann.

Den Lauf vollenden ⇢ Ebenso hilft uns dieser Fokus, auch unser Leben und unseren Dienst so auszurichten, dass die Hauptsache die Hauptsache bleibt – Leben, Kirche und Dienst so zu bauen, dass Menschen Jesus kennenlernen. Predigen wir das Evangelium durch unsere Lebens- und Dienstzeit hindurch. Paulus, ein Mann Gottes, der sowohl großartige Dinge wie auch tiefe Enttäuschungen erlebte, hinterließ uns mit diesen Versen einen Schlüssel, der auch uns helfen kann, den Lauf zu vollenden!

Florian Fürst

14
Freitag

Als wir uns nun von ihnen losgerissen hatten und abgefahren waren, kamen wir geradewegs nach Kos und am folgenden Tag nach Rhodos und von da nach Patara.

Apostelgeschichte 21,1 (LUT 1984)

NOVEMBER

Bibellese: Apostelgeschichte 21,1-14

Unterwegs mit Gott: In unserer Bibellese begleiten wir den Apostel Paulus und sein Team schon einige Zeit auf seiner dritten Missionsreise. Von der Hafenstadt Milet, in der sie Glaubensgeschwister aus Ephesus getroffen hatten, geht es über verschiedene Stationen zurück Richtung Jerusalem. Die Begegnung mit den Geschwistern aus Ephesus war sehr intensiv und emotional – es muss eine ganz besondere Liebe und Herzlichkeit, ja Freundschaft bestanden haben. Und doch hieß es, wieder aufzubrechen und weiterzuziehen.

Schon mal losgerissen? ⇢ Gab es auch für dich schon mal einen Ort und eine Gemeinschaft, wo du dich buchstäblich losreißen musstest, um deiner Berufung entsprechend weiterzuziehen? Wo sich dein Herz und deine Seele schwertaten, den nächsten Schritt zu gehen und dem Geheiß des Geistes zu folgen?

Die Seele muss mit ⇢ Diese Erfahrung habe ich schon mehrfach gemacht. Der Geist ist willig, die Entscheidung zum Gehorsam und die Bereitschaft zum Gehen ist da – doch die Seele? Die tut sich schon mal schwer. Das Loslassen ist dann ein echter Angang, und es mischen sich auch mal Tränen in diese Phase. Ist das nun Schwäche? Oder weibliche Sentimentalität? Ich glaube nicht. Natürlich erlebt jeder Mensch Abschiede auf eine ganz eigene Weise und nicht jede/r reagiert gleich emotional. Doch wo echte Liebe die Herzen verbindet, da tun Abschiede halt weh. Die Seele kann nicht so schnell von A nach B springen, und das versteht unser Schöpfer und himmlischer Vater besser, als wir selbst es tun. Doch weil er uns kennt, gibt er uns alle Hilfestellung, die wir brauchen! In der Bibel finden wir einige Anweisungen speziell für unsere Seele, damit auch diese auf dem Weg der Nachfolge hinterherkommt.

So zum Beispiel mit folgendem Psalmwort: „*Lobe den Herrn, meine Seele*“ (Psalm 103). Auch hier ist der Geist willig, Gott zu loben, doch die eigene Seele braucht einen eigenen Befehl, sich diesem Entschluss anzuschließen. Wir reißen uns damit los von anderen Dingen, die unsere Seele festhalten wollen, und folgen dem Auftrag Gottes. Und ja, es wird der Moment kommen, an dem auch die Seele wieder voll dabei ist und wir *aus ganzem Herzen, ganzer Seele und ganzem Verstand* handeln.

Selbst wenn die Seele manchmal etwas hinterherhinkt – lasst uns mit Gott unterwegs bleiben!

Katrin Loescher-Samel

Und nach diesen Tagen machten wir uns fertig und zogen hinauf nach Jerusalem.

Apostelgeschichte 21,15

Bibellese: Apostelgeschichte 21,15-26

Der Apostel Lukas berichtet hier vom Ende der dritten Missionsreise. Er war mit Paulus und anderen Begleitern lange unterwegs und sie hatten erlebt, wie kraftvoll sich das Evangelium von Jesus Christus ausbreitete. Viel Grund zum Jubeln!

Eine deutliche Botschaft ··➝ Doch da gab es noch etwas anderes: In Cäsarea, ihrer letzten Reisestation vor Jerusalem, bekam Paulus von einem Propheten namens Agabus eine deutliche Botschaft. Diese prophetische Ansage wurde sogar mit einer symbolischen Handlung demonstriert – Paulus würde in Jerusalem von den Juden wie mit einem Gürtel gebunden und überliefert werden. Ihm wurden damit Gefangennahme und Anklage vor Gericht angekündigt. Es war nicht das erste Mal, dass Paulus eine derartige Botschaft erhielt. Schon in Tyrus, zwei Stationen früher, war er ähnlich gewarnt worden. Doch weder die Prophetien noch eindringlichen Bitten der Geschwister brachten ihn von seinem Entschluss ab, nach Jerusalem zurückzukehren.

Wissend dem Leiden entgegengehen? ··➝ War es bei seinem und unserem Herrn nicht ähnlich? Auch Jesus wusste vom bevorstehenden Verrat, von Gefangennahme bis hin zu Leiden und Kreuzigung. Nicht nur Petrus hatte aus Liebe und Sorge versucht, ihn vor Gefahr zu schützen und von dem schweren Weg abzubringen. Doch Jesus wie auch Paulus wusste, dass der bevorstehende Weg dem Willen Gottes entsprach. Brutto. Die Ankündigungen dienten hier also nicht als Warnung zur Vermeidung. Stattdessen sollten sie helfen, sich auf Gottes Willen einzustellen und ein ganzes Ja dazu zu finden, so schwer der Weg auch werden würde. Wir lesen im Bericht von Gethsemane, wie unser Herr um dieses Ja gerungen hat. Auch bei Paulus wird es dieses Ringen gegeben haben, bis er sagen konnte: „Ich bin bereit, für den Namen des Herrn Jesus zu sterben“ (siehe Vers 13). Dann zog er hinauf nach Jerusalem, Gottes vielleicht noch unbegreiflichem, aber klarem Willen folgend.

Die wenigsten unter uns befinden sich in solch einer todernsten Lage, aber wir wissen nicht, wie und wann wir Ähnliches erleben werden. Gäbe es nicht Gottes Zusage, dass er uns auch dann beisteht und hilft, wäre es nur furchtbar. Doch mit ihm und seinem Geist als Helfer wird es möglich sein, ein ganzes Ja zu seinem Willen zu finden und, wenn es sein soll, *„nach Jerusalem“* zu ziehen. Gott helfe uns.

Katrin Loescher-Samel

16
Sonntag
Volkstrauertag

Als aber die sieben Tage zu Ende gingen, sahen ihn die Juden aus der Provinz Asia im Tempel und erregten das ganze Volk, legten die Hände an ihn und schrien ...

Apostelgeschichte 21,27.28

NOVEMBER *Bibellese: Apostelgeschichte 21,27-40*

Das Leiden Jesu. Jemand prägte das Wort: Der Weg des Lammes ist der Weg der Lämmer. Unser Herr ist einen sehr schweren Weg gegangen. Er ertrug Leiden, die unser Leid weit übersteigen. Er hat gelitten, wie kein Mensch leiden kann. Wenn wir den Anspruch erheben, seine Nachfolger zu sein, dann gleicht unser Weg dem seinen. Wir können uns, wenn es sein muss, nicht weigern, indem wir versuchen, dem Leiden aus dem Weg zu gehen.

Paulus, ein Vorbild für uns ⇢ Auf dem Weg nach Damaskus erlebte Saulus eine radikale Bekehrung. Er war buchstäblich am Boden zerstört. Der junge, stolze und selbstbewusste Mann war völlig zerbrochen. Das strahlende Licht vom Himmel traf ihn so, dass er erblindete und geführt werden musste. Der Herr sandte Ananias zu ihm, der mit ihm betete, und Saulus bekam sein Augenlicht wieder. Über ihn wird zu Ananias gesagt: *„Denn dieser ist mein auserwähltes Werkzeug, dass er meinen Namen trage vor Heiden und vor Könige und vor das Volk Israel"* (Apostelgeschichte 9,15.16). Saulus, der später Paulus genannt wurde, erfuhr dies in seinem Leben in Wahrheit. Betrachten wir seinen Leidenskatalog in 2. Korinther 11,23-33, fragt man sich: „Wie kann ein Mensch das ertragen, ohne daran zu zerbrechen?"

Die letzte Etappe des Dienstes ⇢ Hier in Jerusalem beginnt nun mit seiner Gefangennahme die letzte und schwerste Wegstrecke, die er zu gehen hat. Mit brutaler Gewalt überfallen seine Feinde ihn. Ihr Hass kennt keine Grenzen. Er beraubt sie der Fähigkeit, die Fakten zu prüfen. In blinder Wut glauben sie der Lüge und wollen das blutige Werk vollenden. Diesmal ist es die römische Staatsmacht, die ihm das Leben rettet. Trotz seiner Haft kann er noch einen kurzen gesegneten Dienst tun.

Und heute? ⇢ Auch heute werden Christen in dieser Welt verfolgt, das Ausmaß nimmt ständig zu. Es macht uns traurig, wenn wir sehen und hören, wie unsere Glaubensgeschwister bedrängt und sogar mit dem Tod bedroht werden. Das sollte uns immer wieder anspornen, im Gebet für sie einzutreten, und wo es möglich ist, uns für sie tatkräftig einzusetzen.

Walter Ollech

Denn du wirst für ihn vor allen Menschen Zeuge sein von dem, was du gesehen und gehört hast.

Apostelgeschichte 22,15

Bibellese: Apostelgeschichte 22,1-21

Paulus, der Gefangene: Nun ist Paulus seiner Freiheit beraubt. Er befindet sich in den Händen der Römer, in einer Art Schutzhaft. Sein eigenes Volk trachtet ihm nach dem Leben. Es herrscht große Unklarheit über seine Person. Viel Volk hat sich eingefunden. Die Menge schreit und fordert sein Leben. Paulus bittet den diensthabenden Offizier um das Wort, das ihm auch gewährt wird. Er versucht nicht, seine Gegner von der Richtigkeit seiner Lehre zu überzeugen. Er führt nicht die Stichhaltigkeit seiner Theologie ins Feld. Er schildert schlicht und einfach seine Erfahrungen mit Jesus, der ihm auf dem Weg nach Damaskus begegnet war.

Voller Überzeugung ⇢ Wir sehen, wie Gott das Leben eines Menschen verändern kann, der sich ihm völlig übergibt. Nach außen hatte Paulus vor seinem Volk und Glaubensgenossen ein korrektes Leben geführt. Trotz seines jugendlichen Alters war er ein Eiferer für die Religion und das Gesetz gewesen, als strenger Pharisäer, der die Vorschriften peinlichst befolgte. Dazu hatte er sich der Bekämpfung der jungen Christengemeinde verschrieben, was ganz im Sinn seiner Vorgesetzten gewesen war. Er hatte die Christen bis aufs Blut verfolgt, sie in die Kerker gebracht und den Gerichten zugeführt. Auch am Tod des Glaubenszeugen Stephanus hatte er sich aktiv beteiligt. Er hatte sich an seinen Erfolgen gefreut und eine steile Karriere angestrebt, in der vollen Überzeugung, dass er damit einen Dienst für Gott tat.

Das verwandelte Leben ⇢ Die Begegnung mit Jesus veränderte sein Leben von einer Minute auf die andere. Im Licht Gottes sah er, dass alles, was er bisher als Gewinn verbucht hatte, Verlust war, später nannte er es Kot. Aus einem fanatischen Verfolger der Gemeinde wurde ein entschiedener Nachfolger Jesu. Mit brennender Liebe trat er in den Dienst dessen, den er mit aller Kraft verfolgt hatte. Zwei Fragen bestimmten von Anfang an sein Leben: „Wer bist du?“ Christus zu erkennen, das war sein ständiges Bestreben: *„Ihn möchte ich erkennen und die Kraft seiner Auferstehung“* (Philipper 3,10). Die zweite Frage war: „Herr, was soll ich tun?“ Das soll auch unser Bemühen sein: Jesus zu erkennen und seinen Willen zu tun!

Walter Ollech

18
Dienstag

Als sie ihn aber zum Geißeln festbanden, sprach Paulus ...: Ist es erlaubt bei euch, einen Menschen, der römischer Bürger ist, ohne Urteil zu geißeln?

Apostelgeschichte 22,25

Bibellese: Apostelgeschichte 22,22-30

In was für einer misslichen Lage befindet sich Paulus hier: Sein eigenes Volk ist gegen ihn und fordert seinen Tod. Die Römer greifen ein und hart durch. Nun soll er gefesselt werden und es steht die Folter bevor.

Was gilt es, zu tun? ⇢ Natürlich weiß ich, dass es Menschen gibt, die keinerlei Problem damit haben, auf ihr Recht zu pochen. Mir persönlich fällt es allerdings leichter, für das Recht anderer und für meinen Glauben einzustehen als für mich. Aber auch ganz allgemein: Wenn wir ehrlich sind, wissen wir Christen doch, wie wir uns zu verhalten haben. Immerhin lehrte Jesus, im Falle einer Ungerechtigkeit auch noch die andere Wange hinzuhalten. Und nicht zuletzt starb er selbst einen ungerechtfertigten Tod am Kreuz. Oder nicht?

Wenn ich also diese Geschichte durch diese Brille sehe, erwarte ich als Nächstes einen stumm leidenden Paulus. Einen Mann Gottes, der unter aller Pein nicht einmal mit dem Auge zuckt – das Herz erfüllt mit der Wärme des Martyriums für seinen Herrn Jesus.

Eine unerwartete Reaktion ⇢ Paulus ist geübt in Demut und kennt seinen Platz im Reich Gottes. Davon zeugen diese Worte aus Philipper 1,21: *„Denn Christus ist mein Leben, und Sterben ist mein Gewinn."* Er weiß aber auch: Demut nicht nur um der Demut willen. Im heutigen Leitvers erkennen wir, dass Paulus genau um seine Rechte weiß und wie diese zu nutzen sind. Er hat kein Problem damit, für seinen Herrn zu leiden und zu sterben – doch nur, wenn es notwendig ist. Hier ist es das jedoch nicht.

Und so pocht er auf sein Recht als römischer Staatsbürger – auf eine gerechte Behandlung und einen ordentlichen Prozess. Jesus und Paulus geben uns zwei Grundsätze, die kaum konträrer wirken könnten und doch im Einklang miteinander stehen. Es ist wichtig, in Demut zu leben. Auch darin, dass wir nicht immer auf unser Recht bestehen, sondern das eine oder andere Mal bereit sind, den Kürzeren zu ziehen. Doch es gibt ebenso Situationen, in denen es gut ist, sein Recht geltend zu machen. Paulus' Beharren sorgte nicht dafür, dass er einfach freigelassen wurde. Tatsächlich folgten diesem Vorfall Monate und Jahre von Gefangenschaft und Prozessen. Doch für ihn wurden all die Anhörungen zu Chancen, das Evangelium in weitere Teile des Reiches und vor die Autoritäten zu bringen.

Andreas Nothnagel

In der folgenden Nacht aber stand der Herr bei ihm und sprach: Sei getrost! Denn wie du für mich in Jerusalem Zeuge warst, so musst du auch in Rom Zeuge sein.

Apostelgeschichte 23,11

Bibellese: Apostelgeschichte 23,1-11

Durchhalten: Als Daniel in der Löwengrube war, Schadrach, Meschach und Abed-Nego im Feuerofen landeten, war dies nicht das Resultat einer Gebetserhörung. Keineswegs stand dies auf ihrer „Dies muss ich erleben, bevor ich sterbe“-Liste. Ihr Entschluss, Gott nachzufolgen, ihn anzubeten und ihre Knie vor keinen Götzen zu beugen, brachte sie in diese menschlich gesehen ausweglose Situation. Gerade hier erlebten sie Gottes Eingreifen, Schutz und Bewahrung. Ein Blick zu den Glaubenshelden in Hebräer 11 zeigt, wie kraftvoll Glaube sein kann, der vertraut, ohne zu sehen. Die Bibel berichtet ausgewogen, dass nicht jeder dieser Helden Bewahrung im Irdischen erfuhr. Doch allen gilt Gottes Zusage: Sie werden ans Ziel kommen – mit uns.

Auch heute fordert uns Schmerz heraus ⇢ Paulus litt unter dem äußeren Druck. Er musste sich vor dem Hohen Rat verteidigen und wurde im Anschluss in eine Kaserne gebracht. Auch heute müssen mancherorts Christen Verfolgung und Schmerz ertragen. Andere leiden unter gemeindeinternen Zurechtweisungen oder auch einem übergriffigen Umgang durch Geschwister. Als Folge formt sich im Herzen ein menschlich unlösbares Knäuel von Bitterkeit und Groll. Und mancher kann sich selbst wiederum seinen „Fehltritt“ nicht vergeben und verstrickt sich in Selbstanklage und Selbstmitleid.

Sei getrost! ⇢ Jesus bestätigt seinem Boten Paulus, dass dessen Gang nach Jerusalem trotz der ernsten und beirrenden Folgen, die wir im heutigen Bibeltext lesen können, richtig war. Paulus musste in Jerusalem vor der Volksmenge und dem Hohen Rat die Sache Jesu bezeugen; aber schon bald *musste* er auch noch nach Rom als Zeuge Jesu kommen. Deshalb hieß es: „*Sei getrost*“ bzw. „Sei guten Mutes! Denn obwohl du selbst die Wirrungen deiner Situation nicht lösen kannst, obwohl selbst andere dich verlassen haben, darfst du, Paulus, wissen: Dein Gott kann und wird dich nach Rom bringen.“

Derselbe Gott spricht auch dir und mir zu, mitten in unseren Entmutigungen, in unserem Schmerz, in unserem Leid: „Sei getrost!“ Getrost, weil Jesus die Welt bereits überwunden hat. Guten Mutes, weil er unseren Schmerz kennt und uns verheißt, einmal alle unsere Tränen abzuwischen und einen Ort ohne Schmerz und Leid für uns vorzubereiten (siehe Offenbarung 21,4).

Samuel Franz

20
Donnerstag

Die gingen zu den Hohenpriestern und Ältesten und sprachen: Wir haben uns durch einen Eid gebunden, nichts zu essen, bis wir Paulus getötet haben.

Apostelgeschichte 23,14

NOVEMBER *Bibellese: Apostelgeschichte 23,12-35*

Eine kinoreife Situation, in der Paulus sich da befindet. Er ist gefangen, doch 40 aufgebrachten Juden ist das nicht genug. Sie planen eine Verschwörung, um ihn zu töten, und bekräftigen das mit einem Eid. Gott greift ein, durch eine Botschaft an Paulus und durch Menschen. Ein junger Mann zeigt Mut und Verantwortungsbewusstsein, indem er die Verschwörungspläne gegen Paulus dem römischen Wachverantwortlichen erzählt. Damit verhindert er einen Mord. Als die Verschwörung gegen Paulus bekannt wird, ergreifen die römischen Soldaten Maßnahmen, um ihn zu schützen. Sie rüsten sich mit Waffen und begleiten ihn unter dem Schutz einer großen Truppe nach Cäsarea. Gott nutzte die römischen Soldaten, um seinen Plan für Paulus zu erfüllen und ihn sicher ans Ziel zu bringen.

Gottes Wege ⇢ Aus dieser Geschichte können wir wichtige Lektionen für unser eigenes Leben ziehen:

1. Sie zeigt uns, dass Gottes Präsenz Zuversicht auslöst und er uns auch in den gefährlichsten Situationen beisteht. Mich berührt die Fürsorge Gottes, die wir hier in der Apostelgeschichte lesen: Der Herr steht Paulus bei und spricht ihm einerseits Trost und Mut zu. Andererseits eröffnet er ihm einen Ausblick in die Zukunft. Er ließ Paulus wissen, dass so, wie er in Jerusalem Jesus bezeugt hatte, es auch in Rom tun würde.
2. Ferner können wir erkennen, dass Gott manchmal ganz natürliche andere Menschen benutzt, um uns zu helfen und zu schützen. Es ist weise, auf Gottes Führung zu achten und aufmerksam für diejenigen zu sein, die uns in schwierigen Zeiten beistehen wollen.

Mein Gebet für heute ⇢ Himmlischer Vater, wir danken dir, dass du uns niemals im Stich lässt. Du bist bei uns in allen Lebenslagen, auch in Zeiten der Gefahr und Bedrohung. Hilf uns, fest im Glauben zu stehen und darauf zu vertrauen, dass du einen guten Plan für unser Leben hast. Öffne unsere Augen für die Menschen um uns herum, die uns zur Seite stehen wollen, und schenke uns den Mut, für dich einzustehen, auch wenn sich Menschen gegen dich und uns verschworen haben. In Jesu Namen beten wir. Amen.

Roland Renz

Darin übe ich mich, allezeit ein unverletztes Gewissen zu haben vor Gott und den Menschen.

Apostelgeschichte 24,16

21
Freitag

Bibellese: Apostelgeschichte 24,1-21

NOVEMBER

Wenn ein Kind das Laufen lernt, zieht sich der Prozess oft über Wochen und Monate, bis es dann einigermaßen sicher und ohne Hilfe laufen kann. Laufen, stolpern, hinfallen, sich auch mal wehtun, wieder aufstehen und weiterlaufen, so sieht dieser Prozess meistens aus. Wir wissen, dass stolpern und hinfallen zu jedem Lernprozess dazugehören. Vermutlich würden wir jedes Kind und jeden, der für die Schule oder ein Instrument übt, ermutigen, nicht aufzugeben, sondern weiterzuüben und das Ziel im Blick zu haben. Und doch fällt es uns Erwachsenen oft so schwer, genau das ebenso für uns selbst zu akzeptieren.

Hinfallen gehört dazu – auch in der Nachfolge ⇢ Immer wieder stoße ich bei Menschen, die neu im Glauben sind, auf diese Erwartung, sofort alles richtig machen zu müssen, sobald man sein Leben Jesus gegeben hat. Und auch langjährige Christen leiden oft genug unter einem plagenden schlechten Gewissen und dem Gefühl, sich immer wieder an den gleichen Themen abzumühen und dabei Gott möglicherweise nicht gerecht zu werden. Das kann herausfordernd und belastend sein.

Im Neuen Testament wird gesagt, dass wir zu einem neuen Menschen werden, wenn wir zu Jesus gehören. Der Geist Gottes in uns macht uns neu. Aber das bedeutet eben keine Perfektion von heute auf morgen. Selbst Paulus, der sonst mit seinem Selbstbewusstsein nicht hinterm Berg hält, sagt an mehreren Stellen, dass er noch nicht vollkommen sei, das Ziel noch nicht erreicht habe. Und hier in der Stelle in Apostelgeschichte eben auch, dass er sich darin übt, *„ein unverletztes Gewissen“* zu haben. Das ermutigt mich, das „sich üben“ auch in meinem Leben wieder ernster zu nehmen.

Gottes Gnade steht über meinem Versagen ⇢ Wir dürfen wissen, wir sind eine neue Schöpfung durch den Geist Gottes in uns. Er ist es, der uns verändert und uns befähigt, Gottes Willen zu erkennen, und der uns auf Sünde in unserem Leben hinweist. Nicht, um uns in Scham und Schuld zu führen, sondern um uns näher zu Jesus zu bringen. Wir dürfen als Nachfolger Jesu wachsen, uns von ihm verändern lassen und uns in einem unverletzten Gewissen üben. Aber vor allem dürfen wir als geliebte Kinder Gottes seine Gnade immer wieder neu annehmen und nach dem Hinfallen wieder aufstehen, unsere Königskrone richten – und weiterüben.

Nora Mengel

22
Samstag

Als aber Paulus von Gerechtigkeit und Enthaltsamkeit und von dem zukünftigen Gericht redete, erschrak Felix und antwortete: Für diesmal geh!

Apostelgeschichte 24,25

NOVEMBER *Bibellese: Apostelgeschichte 24,22-27*

Man liest leicht darüber hinweg, wenn in einem biblischen Erzähltext fast wie nebenbei große (theologische) Konzepte gestreift werden. Das ist womöglich gerade deswegen der Fall, eben weil darauf nicht weiter eingegangen wird, wie z.B. auch in unserem Text. Paulus sprach zum Statthalter Felix über *„Gerechtigkeit und Enthaltsamkeit und von dem zukünftigen Gericht“*. Es lässt aufhorchen, dass Felix deswegen erschrak. Doch weshalb tat er das? Hätte Paulus etwa auch über Gnade, Erwählung oder Frömmigkeit sprechen können? Für den Apostel wäre auch dies ein Leichtes gewesen, diese Themen hätten ebenso exzellente missionarische Anknüpfungsmöglichkeiten geboten.

Paulus weiß Bescheid ⇢ Ohne ihm die Inspiration des Heiligen Geistes abzusprechen, vermute ich jedoch, dass Paulus mit seiner Rede über Gerechtigkeit, Enthaltsamkeit und das zukünftige Gericht bewusst Themen im Blick auf diejenigen wählte, die hier vor ihm saßen. Er wusste Bescheid über Felix und dessen jüdische Frau Drusilla (eine Tochter des älteren Herodes Agrippa). Diese hatte sich offenbar recht bereitwillig unter Mitwirkung des zyprischen Magiers Atomos von ihrem Ehemann, dem syrischen König Azizus von Emesa, rauben lassen, um sich mit Felix, dem römischen Statthalter Judäas, zu verheiraten. So nutzte Paulus die Gelegenheit, in der Felix und Drusilla ihm zuhörten, um den Finger in die Wunden in ihren Biografien zu legen. Gerechtigkeit, Enthaltsamkeit und ein zukünftiges Gericht erwiesen sich vor diesem Hintergrund als besonders konfrontative Themen. Paulus verkündete dabei sicher keine Botschaft ohne Hoffnung und Möglichkeit zur Umkehr, doch muss er in solcher Klarheit und Schärfe gesprochen haben, dass sogar ein hartgesottener Statthalter wie Felix (die Geschichtsforschung weiß einiges über ihn zu berichten) erschrak.

Paulus wird uns hier wieder mal zum Vorbild. Informiert spricht er deutlich und offen, ohne Missstände zu beschönigen. Zugleich sehen wir in den folgenden Versen, dass Felix ihn wiederholt zu sich kommen ließ, wenn auch aus gemischten Motiven. Paulus wusste also auch um die Grenzen und Wirkungsweisen seiner Inhalte und ebenso seiner Rhetorik – bei Paulus nie zu unterschätzen. Seine Worte sollten möglichst keine Brücken und Gesprächsfäden abreißen. Gelingt uns dies auch?

Mathias Nell

Ist aber nichts an dem, wessen sie mich verklagen, so darf mich ihnen niemand preisgeben. Ich rufe den Kaiser an!

Apostelgeschichte 25,11

Bibellese: Apostelgeschichte 25,1-12

Eine spannende Sache, dass Paulus sich auf den Kaiser beruft. Denn wie steht es denn mit richterlichen Angelegenheiten im Neuen Testament für die, die Jesus nachfolgen? Die Grundlinie ist auch hier wieder mal: „Sei bereit, einzustecken und Unrecht zu erdulden." Wir denken an Paulus' eigene, frühere Worte: „*Warum lasst ihr euch nicht lieber Unrecht tun? Warum lasst ihr euch nicht lieber übervorteilen?*" (1. Korinther 6,7). Jesus verordnete für den Gerichtsfall sogar: „*Und wenn jemand mit dir rechten will und dir deinen Rock nehmen, dem lass auch den Mantel*" (Matthäus 5,40).

Doch Paulus weicht dem Gerichtsverfahren aus, das der neue Statthalter Festus – nach allem, was wir historisch über ihn greifen können, ein überaus charakterstarker und verständiger Mann – ihm anbietet. Drückt sich Paulus etwa davor, Unrecht durch die römische Justiz zu erdulden? Das wäre ja so, als ob er Wasser predigen und Wein trinken würde – Paulus doch nicht.

Wenn schon … ⇢ Paulus ist niemand, der Leid und das Ertragen von Unrecht scheut, das hat er bereits vielerorts bewiesen. Und auch vor Porcius Festus will Paulus dem möglichen Prozess in Jerusalem nicht wirklich ausweichen. Er möchte ihn jedoch andernorts stattfinden lassen, auf weitaus größerer Bühne, die zugleich – und das wird der große innere Motor des Paulus seit Langem sein – wohl eines der wichtigsten, prophetisch angekündigten Ziele seines Dienstes ist: Sein Prozess soll vor dem Kaiser persönlich stattfinden.

… denn schon ⇢ Damit ist Paulus auch schon lange klar, wie seine Mission früher oder später für ihn enden würde: mit dem Tod. Schon vor seinem Kommen nach Jerusalem hatte er gesagt: „*Denn ich bin bereit, nicht allein mich binden zu lassen, sondern auch zu sterben in Jerusalem für den Namen des Herrn Jesus*" (Apostelgeschichte 21,13). Er war also durchaus bereit, Unrecht zu erleiden. Doch es sollte alles auf eine Weise geschehen, die im größtmöglichen Einklang mit dem stand, wie er seine Berufung und seine Ziele von Gott her verstand. Zudem wusste er um Gottes prophetisches Reden. Er ließ die Dinge darin nicht passiv über sich ergehen, sondern gestaltete sie aktiv mit, sodass diese Prophezeiungen sich auch erfüllten.

Es braucht eben beides: Gottes Tun und unseres. Auch hierin wird Paulus wieder zum Vorbild.

Mathias Nell

24
Montag

Agrippa sprach zu Festus: Ich möchte den Menschen auch gerne hören. Er aber sprach: Morgen sollst du ihn hören.

Apostelgeschichte 25,22

NOVEMBER *Bibellese: Apostelgeschichte 25,13-27*

Paulus und die Obrigkeit – heutzutage wäre es sicher eine Verfilmung wert, zumindest eine Schlagzeile in der Presse. Schon als Kind las ich diese biblische Geschichte mit größter Spannung und Aufmerksamkeit. Heute kann ich Paulus anders sehen, verstehen und mitempfinden, was es bedeutet, in eigener Sache sprechen zu dürfen. Als ich Flüchtlinge aus verschiedenen Nationen zum BAMF (Bundesamt für Migration und Flucht) begleitete, erlebten wir einige solcher Situationen. Den Satz zu hören: „Jetzt ist dir gestattet, in eigener Sache zu sprechen“, und dabei auch noch den richtigen Übersetzer zu haben, bedeutete für viele, es nun geschafft zu haben, die Gründe ihrer Verfolgung endlich schildern zu können. All das hat der Apostel Paulus auch durchgemacht.

Doch Paulus nutzt dann gar nicht die Gelegenheit, um alles zu erzählen, was er Gutes getan hat, sondern predigt pures Evangelium – seinem gottgegebenen Auftrag entsprechend. Da er das immer wieder und bei allen Gelegenheiten tat, selbst vor Königen bis hin zum Kaiser, weckte dies auch eine gewisse Neugierde, wie wir in unserem Leitvers lesen. So wollte auch König Agrippa gerne diesen Menschen einmal selber hören.

Der Beistand ⇢ Wenn wir das so lesen, was denken wir dann? „Ja, Paulus – der war ja auch ein Apostel!“ Was würden wir in solch einer Situation machen? Ich durfte selbst erleben, dass man bei Anhörungen nur durch Gebet und die Kraft des Heiligen Geistes etwas bewirken kann. Wir haben den *paracletos*, einen Beistand, der uns das rechte Wort zur richtigen Zeit gibt. Wie mag es Paulus in alldem ergangen sein? Eventuell gab es eine schlaflose Nacht, weil er wusste: „Morgen stehe ich vor Festus oder dann vor König Agrippa.“ Als ich für Geflüchtete vor dem Verwaltungsgericht als Zeuge auftrat und vorher erfuhr, dass ein gefürchteter Richter an diesem Tag die Verhandlung führen sollte, hatte ich in der Tat schlaflose Nächte und wusste: „Wenn der Herr nicht selber eingreift, ist alles verloren.“

Ich möchte uns ermutigen, darauf zu vertrauen, dass uns der Heilige Geist das richtige Wort schenkt, wenn wir Rede und Antwort stehen müssen. Es sind nicht unsere Worte, die überzeugen, sondern die Weisheit Gottes, die Gott selbst in uns hineinlegt, wenn wir ihn darum bitten. Der Herr schenke uns die richtigen Worte!

Ralf Kühnast

Um ihnen die Augen zu öffnen, damit sie sich bekehren von der Finsternis zum Licht und von der Herrschaft des Satans zu Gott.

Apostelgeschichte 26,18 (SCH)

Bibellese: Apostelgeschichte 26,1-23

Welch eine machtvolle Predigt von Paulus! Aber nicht an einem schönen Sonntag in einem warmen Gemeindesaal mit anschließendem leckeren Kaffee – nein, als Gefangener, Verfolgter nach einer vielleicht schlaflosen Nacht mit Zweifel und Angriffen. „Was soll ich sagen vor König Agrippa und vor Festus? Habe ich es richtig gemacht, mich auf den Kaiser zu berufen? Wie kann ich diese Botschaft – meinen Auftrag von Gott – richtig ausführen? Wie kann ich Könige und Herrscher von meiner Unschuld überzeugen?“ Solche und andere Fragen bewegten vermutlich auch Paulus.

Nachdem Agrippa ihm gestattet, in eigener Sache zu sprechen, legt er los. Voll Heiligen Geistes, sodass Agrippa ihm nachher bestätigt: „Es fehlt nicht viel, dass ich auch Christ werde.“ Das wünschen wir uns doch, dass durch unser Zeugnis Menschen zum lebendigen Glauben kommen. In unserem Leitvers lesen wir den Grund, warum manche leider nicht glauben. Da gibt es eine Finsternis, die sie nicht sehen lässt. Da gibt es die Macht des Satans, die sie gefangen hält. Doch Paulus hatte den Auftrag, den Menschen die Augen zu öffnen. Und er tat es.

Ein Wort vom Himmel ···› Als ich einen ägyptischen Geflüchteten in einem deutschen Abschiebegefängnis besuchen sollte und wir nur noch einige Stunden hatten, um ihm irgendwie zu helfen, erlebte ich genau so eine Situation wie Paulus. Vom obersten Gericht bis zum koptischen Landesbischof über Politiker hatten wir alle Möglichkeiten genutzt – keine weitere Chance: eine für eine für mich heute noch unbeschreibliche Situation. Da saß ich mit ihm im Knast und wir konnten „nur“ noch beten und ihn dem Schutz und Beistand Gottes anbefehlen. Ich sprach ihm dann ein Wort des Glaubens und der Hoffnung zu, das der Heilige Geist mir schenkte, und musste ihn loslassen. Er wurde unter Polizeibegleitung nach Ägypten geflogen und konnte im Land tatsächlich als koptischer Christ untertauchen, trotz Haft- und Suchbefehl der ägyptischen Behörden. Wie das geschehen konnte, weiß ich bis heute nicht. Ich weiß nur: Unser Herr ist treu und ihm ist nichts unmöglich.

Paulus hatte den Auftrag von Gott, Menschen die Augen für Gottes Reich zu öffnen. Auch wir sind berufen, den Menschen von Gottes Vergebung weiterzusagen, damit sie von der Finsternis zum Licht finden und Befreiung erleben können.

Ralf Kühnast

26
Mittwoch

Agrippa aber sprach zu Paulus: Es fehlt nicht viel, so wirst du mich noch überreden und einen Christen aus mir machen.

Apostelgeschichte 26,28

 Bibellese: Apostelgeschichte 26,24-32

Paulus lässt sich nicht verunsichern, das ist immer wieder schön zu lesen. Er ist angeklagt von den Juden und darf seine Verteidigungsrede persönlich vor König Agrippa halten. Der Statthalter Festus hält Paulus für wahnsinnig, doch dieser steht zu seiner Überzeugung und führt seine Verteidigungsrede weiter.

Entscheidungen ⇢ Paulus spricht König Agrippa direkt an und fordert ihn heraus, ein Bekenntnis abzulegen oder sogar eine Entscheidung zu treffen, da er sich schon viel mit den Lehrfragen und Ansichten der Juden befasst hat. Eigentlich steht er vor der Entscheidung, an Jesus, „den Messias" der Juden, zu glauben. Paulus fordert König Agrippa heraus: „Du glaubst doch auch den Schriften der Juden, die den Messias ankündigen." Der König braucht gar nicht zu antworten. Paulus sagt ihm auf den Kopf zu: „Ich glaube, dass du es glaubst." Dennoch ist die Voraussetzung, dass auch König Agrippa eine persönliche Glaubensentscheidung trifft.

Jeder von uns trifft seine Entscheidungen anders. Dem einem fällt es gar nicht schwer, sich für oder gegen etwas zu entscheiden, andere müssen darüber lange nachdenken. Und dann kann es immer noch Jahre dauern, bis eine Entscheidung getroffen wird. Manchmal ist man versucht, eine Entscheidung lange vor sich herzuschieben. Ja, und manchmal fehlt nicht viel und wir treffen eine Entscheidung. König Aprippa sagte: *„Es fehlt nicht viel, so wirst du mich noch überreden."* Was ihm fehlte, um eine Entscheidung zu treffen, wissen wir nicht. Was mir persönlich in solchen Situationen fehlt, weiß ich. Ich gehe dann los und suche im Gebet Antworten. Und dann bin ich sehr dankbar für jeden Impuls, Hinweis oder auch nur für Frieden oder sogar Unfrieden im Herzen, was immer mir bei einer Entscheidung hilft.

Gott ist bei uns ⇢ Vielleicht plagen wir uns gerade mit etwas herum, bei dem wir eine Entscheidung treffen müssen. Was ich sicher weiß, ist, dass Gott uns darin nicht alleine lässt und uns dabei hilft. Denn er verspricht uns, wenn wir suchen, werden wir finden, wenn wir anklopfen, wird uns geöffnet werden. So dürfen wir auch heute erwarten, dass er uns Antworten auf unsere Fragen gibt und uns geöffnete Türen auf unserem Weg mit Jesus schenkt.

Klemens Walser

Und Julius verhielt sich freundlich gegen Paulus und erlaubte ihm, zu seinen Freunden zu gehen und sich pflegen zu lassen.

Apostelgeschichte 27,3

Bibellese: Apostelgeschichte 27,1-12

Wie gut, dass Julius sich freundlich gegeben über Paulus zeigte. Ich glaube, diese Freundlichkeit war mit dafür verantwortlich, dass alle Menschen, die mit Paulus unterwegs waren, gerettet wurden. Im weiteren Verlauf lesen wir, dass sie Schiffbruch erleiden. Paulus bekommt eine Offenbarung von Gott und die gesamte Mannschaft mit Passagieren lässt sich auf die prophetischen Eindrücke des Paulus ein, obwohl dieser als Gefangener an Bord geht. So werden alle gerettet, und nur die Schiffsladung und das Schiff werden zerstört, wie Paulus es offenbart bekommt.

Jesus sagte in einer seiner Reden: *„Denn wer euch einen Becher Wasser zu trinken gibt deshalb, weil ihr Christus angehört, wahrlich, ich sage euch: Er wird nicht um seinen Lohn kommen“* (Markus 9,41). Auf die Freundlichkeit des Julius reagierte Gott und ließ es nicht unbelohnt. Er griff ein und rettete alle Menschen auf diesem Schiff.

Gott ist ein Belohner ⇢ Vor einiger Zeit vermietete ein Geschäftsmann seine Räumlichkeiten an eine Freikirche. Es dauerte nicht lange, da kamen Kirchenvertreter aus der Volkskirche zu ihm und baten ihn, die Freikirche wieder vor die Tür zu setzen. Immer wieder wurde er angefeindet, weil er seine Räumlichkeiten solch einer Kirche am Ort zur Verfügung stellte. Er ließ sich nicht beeindrucken und stand zu seiner Entscheidung. Es kam zwar nie zu einem Besuch in der Freikirche, da er kein Kirchgänger war. Eines Tages jedoch lag dieser Mann im Sterben und seine Frau rief den Pastor aus der Freikirche. Der Geschäftsmann bekam auf dem Sterbebett noch die Möglichkeit, Jesus Christus als seinen Herrn und Retter anzunehmen.

Bei Julius war es die Freundlichkeit gegenüber Paulus. Bei diesem Geschäftsmann waren es die Räumlichkeiten, die er der Gemeinde Jesu zur Verfügung gestellt hatte. Egal, was es ist, und sei es nur ein Glas Wasser, Gott wird so etwas nicht unbelohnt lassen. Gibt es vielleicht jemanden, dem wir heute ein Glas Wasser reichen können? Lassen wir Gottes Freundlichkeit sichtbar werden.

Klemens Walser

28
Freitag

Doch nun ermahne ich euch: Seid unverzagt; denn keiner von euch wird umkommen, nur das Schiff wird untergehen.

Apostelgeschichte 27,22

NOVEMBER *Bibellese: Apostelgeschichte 27,13-26*

Ausweglose Situationen kennen wir vermutlich alle. Paulus befindet sich in Gefangenschaft und wird auf einem Schiff nach Rom gebracht. Wenn das schon nicht die angenehmste Lage ist, so verschärft sich seine Situation noch einmal um einiges, als das Schiff, auf dem er unterwegs ist, in einen Sturm gerät, aus dem es kein Entrinnen zu geben scheint.

Die erfahrene Besatzung des Schiffs tut am Anfang alles, um die Situation zum Guten zu wenden. Aber als alles nichts hilft, kommen Resignation und Hoffnungslosigkeit auf. Genau in diese Situation hinein spricht Paulus und ermahnt die Besatzung, „*unverzagt*" zu sein, weil Gott sie retten wird. In der Neuen Genfer Übersetzung steht hier: „*Lasst den Mut nicht sinken!*"

Der Unterschied ⇢ Stürme und hoffnungslose Zeiten gehören zu unserem Leben dazu. Immer mal wieder laufen die Dinge nicht so, wie wir es uns wünschen. Manchmal sind wir selber dafür verantwortlich, manchmal sind es äußere Umstände, denen wir einfach so ausgesetzt sind. Paulus erlebte dasselbe wie die Matrosen – er saß im selben Boot. Doch anders als sie bewahrt er Ruhe und Hoffnung. Und nicht nur das, sondern er wird zum Ermutiger, der in der ausweglos scheinenden Lage den anderen neuen Mut und Hoffnung zuspricht.

Während alle anderen von ihrer Angst bestimmt ihren Blick auf die Umstände gerichtet haben, wird für Paulus seine Beziehung zu Gott zum entscheidenden Unterschied. In Form eines Engels nimmt Gott ihm seine Angst und zeigt Paulus auf, dass er und seine Situation in Gottes Hand liegen. Gottes guter Plan mit ihm wird sich erfüllen – egal, welche Stürme gerade toben. Paulus findet Ruhe im Wissen darum, dass Gott weiterhin Herr der Lage ist, und im Vertrauen auf dessen Zusage, dass er es gut machen wird.

Das gilt auch uns ⇢ Diese Zusage Gottes finden wir übrigens nicht nur in den Worten des Engels an Paulus, sondern Gott spricht uns das genauso zu – in unsere Lebenssituation, in unsere schwierigen Zeiten, in unsere Stürme hinein. In Römer 8,28 lesen wir: „*Wir wissen aber, dass denen, die Gott lieben, alle Dinge zum Besten dienen.*" Im Vertrauen darauf, dass Gott es gut machen wird, dürfen auch wir bei ihm die Ruhe im Sturm finden und für andere um uns herum zu Ermutigern und Hoffnungsbringern werden.

Jens Robert Schade

[Da] sprach Paulus zu dem Hauptmann und zu den Soldaten: Wenn diese nicht auf dem Schiff bleiben, könnt ihr nicht gerettet werden.

Apostelgeschichte 27,31

Bibellese: Apostelgeschichte 27,27-44

Schon häufiger haben mein Mann und ich teils mehrtägige Fahrten auf Segel- oder Motorschiffen unternommen, da wir in Schleswig-Holstein, dem Land zwischen zwei Meeren, leben. Dabei gab es einmal auch eine brenzlige Situation, als wir aufgrund des extremen Wetters unseren Zielhafen zum Schutz von Passagieren und Schiff nicht anlaufen konnten. Unser Kapitän entschied in dieser prekären Lage, dass wir unsere Reise sicherer per Bus fortsetzen sollten, was sich dann für alle Beteiligten als großer Segen erwies.

Der Eigner des Schiffs, auf dem Paulus und seine Freunde nach Rom segelten, schätzte die Wetterlage falsch ein und sie gelangten in eine lebensbedrohliche, ausweglose Situation. Die Schiffsleute hatte die Warnung des Paulus zuvor ignoriert und sich in diese Seenotlage manövriert. Als die Matrosen den Ernst der Lage sahen, versuchten sie, nur ihr eigenes Leben zu retten. Dieses egoistische Verhalten stand dem Ethos der Seeleute völlig entgegen. Da Paulus zuvor eine Zusage von Gott bekommen hatte, dass er ihm alle Mann an Bord „schenkt" und alle gerettet werden sollen, vereitelte er durch den Hauptmann diesen Fluchtversuch. Paulus vertraute auf die Verheißung Gottes und war nicht nur auf sein eigenes Wohl bedacht.

Gottes Wort rettet uns ⇢ Wenn wir auf Gottes Wort, auf seine Zusagen achten, setzt es häufig auch Segen für andere frei. Unser Gott ist ein Retter-Gott. Seine Verheißung, dass alle, die auf dem Schiff waren, gerettet werden, erfüllte sich letztendlich. Schon öfters habe ich im übertragenen Sinn erlebt, wie Gott mich rettete, wo mir Schiffbruch drohte oder die Stürme des Lebens mich über Bord werfen wollten. Umso kostbarer sind mir in diesen Zeiten die Zusagen Gottes, seine Verheißungen geworden, die mich getragen und aus der Misere herausgerettet haben. Wie Paulus sagte: „*Keinen Ausweg sehend, aber nicht ohne Ausweg*" (2. Korinther 4,8 ELB).

Vor Jahren redete Gott ganz konkret zu uns und ermutigte uns, einen Ortswechsel vorzunehmen. Dieses klare Reden Gottes pflanzte sich tief in unser Herz und wir bewahrten es in unserem Inneren. Als wir dann Gegenwind erlebten und durch stürmische Zeiten gehen mussten, erinnerten wir uns an seine Zusage, hielten Kurs und merkten, dass sein Zuspruch sich bewahrheitete und uns schließlich ans sichere Ufer brachte.

Marion Jaensch

30
Sonntag
1. Advent

Er aber schlenkerte das Tier ins Feuer, und es widerfuhr ihm nichts Übles.

Apostelgeschichte 28,5

 Bibellese: Apostelgeschichte 28,1-10

Nach der abenteuerlichen Schiffsreise wurden die Männer freundlich empfangen. Sicherlich waren sie froh, in Sicherheit zu sein. Doch schon passierte wieder das nächste Unglück: Als Paulus eine Menge Reisig zusammenraffte und auf das Feuer legte, kam infolge der Hitze eine Giftschlange heraus und hängte sich an seine Hand. Er jedoch schüttelte sie einfach ab. Nun rechneten die Einwohner der Insel mit dem Schlimmsten. Sie erwarteten, dass er anschwellen oder plötzlich tot umfallen würde. Doch nichts dergleichen geschah.

Ich frage mich, was Paulus wohl in dem Moment dachte, als all das geschah. Er hatte ja zuvor auf dem Schiff einen Engel gesehen, der ihm zugesagt hatte, dass er vor den Kaiser gebracht werden würde. Als Paulus nichts passierte, glaubten die Inselbewohner schließlich, er sei ein Gott.

Aber was hat diese Geschichte mit uns zu tun? ⇢ Das Leben mit Jesus ist kein Spaziergang. Man könnte sogar sagen, wir gehen von „Abenteuer“ zu „Abenteuer“ zu „Abenteuer“. Wie Paulus hier eine Reise tat, so ist auch unser Leben eine Reise, auf der wir mit den unterschiedlichsten Umständen konfrontiert werden. Aber einer Sache können wir uns sicher sein: Jesus hält alles in seiner Hand. Er hat die Kontrolle nicht verloren, auch wenn die Umstände in unserem Leben manchmal so scheinen, als ob es so wäre.

Paulus passierte nicht das, was nach natürlichen Umständen hätte passieren müssen. Das Gift der Schlange hatte keine Wirkung auf ihn. Gott bewahrte sein Leben und seine Gesundheit, weil er einen Plan mit ihm hatte. In Markus 16,17.18 lesen wir: *„Die Zeichen aber, die folgen werden denen, die da glauben, sind diese: In meinem Namen werden sie Dämonen austreiben, in neuen Zungen reden, Schlangen mit den Händen hochheben, und wenn sie etwas Tödliches trinken, wird's ihnen nicht schaden; Kranken werden sie die Hände auflegen, so wird's gut mit ihnen.“* Am Ende der Geschichte war Paulus bereits wieder im Heilungsdienst unterwegs.

Der Herr kommt! ⇢ Heute feiern wir den ersten Advent. Advent bedeutet „Ankunft“. Deswegen lasst uns feiern, dass Jesus bald wiederkommt. Er war, ist und bleibt erhoben über jede Macht und Kraft und Herrschaft, nicht nur in diesem Zeitalter, sondern für alle Ewigkeit. Auch in deinem und meinem Leben.

Mareike Schulz

Von dort kamen die Brüder, die von uns gehört hatten, uns entgegen bis Forum Appii und Tres-Tabernae. Als Paulus sie sah, dankte er Gott und gewann Zuversicht.

Apostelgeschichte 28,15

Bibellese: Apostelgeschichte 28,11-22

Paulus war bereits auf dem Weg nach Rom. Er war unschuldig und hatte daher ein reines Gewissen. Er wurde herzlich von seinen Glaubensgeschwistern empfangen, denen er drei Jahre zuvor bereits einen Brief geschrieben hatte (siehe Römer 1,9-15). Schon damals hatte er sich nach Gemeinschaft mit diesen Geschwistern gesehnt. Nun geht sein Wunsch endlich in Erfüllung. Dies war für ihn eine sehr große Freude und Ermutigung für den schwierigen Weg, der nun vor ihm lag.

Und wir? ⇢ Eine der größten Freuden, die wir auf der Erde erleben können, ist die Gemeinschaft mit Glaubensgeschwistern. Gleich am Anfang der Bibel sehen wir Gottes Absicht für uns Menschen: *„Und Gott der HERR sprach: Es ist nicht gut, dass der Mensch allein sei; ich will ihm eine Hilfe machen, die ihm entspricht“* (1. Mose 2,18). Gemeinschaft war keine „menschliche“ Erfindung, sondern Gottes Idee! Er selbst lebt in vollkommener Gemeinschaft mit dem Sohn und dem Heiligen Geist. Einsamkeit hingegen verursacht seelischen und körperlichen Stress. In der Zeit vor Weihnachten erleben viele Menschen diesen Schmerz besonders ausgeprägt.

Wie oft befand ich mich in meinem eigenen Leben in sehr großen Herausforderungen und empfing Trost von mir nahestehenden Geschwistern. Geschwister, die mich anriefen, mir ein Lied vorsangen, mir einen Brief geschrieben haben oder mich besuchten. „Koinonia“ – wir sind geschaffen zur Gemeinschaft mit Gott, aber auch mit anderen Menschen. Wir brauchen einander.

Alles, was Gott geschaffen hat, ist gut ⇢ Die weltweite Gemeinde ist eine Familie. Sie ist der Leib Christ. Die Gemeinde funktioniert nur gemeinsam gut!

- Wo haben wir (als Gemeinde) die Möglichkeit, Gemeinschaft zu leben beziehungsweise zu fördern?
- Wo haben wir persönlich uns möglicherweise zurückgezogen, weil wir von anderen Menschen verletzt wurden?
- Wo können wir Ermutigung leben und Menschen helfen, die sich in schwierigen Umständen befinden?
- Was können wir dazu beitragen, dass Menschen außerhalb der Gruppe in die Gemeinschaft integriert werden?

Unsere Gemeinschaft auf dieser Erde ist lediglich ein Schatten der vollkommenen Gemeinschaft, die wir erst im Himmel erleben werden. Und dennoch: Sie ist es wert, dafür zu kämpfen!

Mareike Schulz

2
Dienstag

Denn das Herz dieses Volkes ist verstockt, und mit den Ohren hören sie schwer, und ihre Augen haben sie verschlossen.

Apostelgeschichte 28,27 (SCH)

Bibellese: Apostelgeschichte 28,23-31

Dieser Vers erinnert mich daran, dass unsere Welt seit Jahren so aussieht: taub für das Reden Gottes. Wie oft sind wir taub, wenn es um die Stimme unseres Herrn geht. Wir leben in einer lauten Welt und rennen so vielen Dingen hinterher. So vielem, das keine Bedeutung für die Ewigkeit hat.

Wenn das Herz verstockt ist ⇢ Ein verstocktes Herz hört nicht auf die Stimme, die uns in die Gemeinschaft mit Gott ruft. Man schaltet lieber den Fernseher ein oder beschäftigt sich mit dem Handy, um dem Lärm der Welt zu entfliehen. Können wir sehen, wohin das führt? Es führt ins Verderben. Unser Kopf ist überlastet, unser Körper findet keine Ruhe und keinen Ausgleich. Wir verlernen, entspannt und ruhig zu werden und Zeiten in Stille auszuhalten. Denn in dieser Stille könnten wir Gott begegnen. Wir könnten feststellen, dass uns etwas festhält und von ihm trennt.

Vielleicht ist uns das sogar bewusst. Dennoch will man manchmal Dinge einfach nicht aufgeben, nicht auf das verzichten, woran man so sehr hängt. Wir rennen wohl lieber in unser Unglück, in Verzweiflung und in Unbarmherzigkeit. Schnell ist vergessen, was Jesus für uns hat: Heilung. Erneuerung. Kraft. Gnade. Bedingungslose Liebe.

Die gute Nachricht für dich und mich ⇢ Gott wartet auf uns, und zwar mit offenen Armen. Er wird sich gnädig zu uns stellen, wenn wir umkehren und ihn als König über unser Leben stellen, ihn um Vergebung bitten und uns neu von seinem Geist erfüllen lassen. Denn Jesus heilt diejenigen, die zerbrochenen Herzens sind. Er stellt wieder her, macht ganz neu, ganz heil.

Sehnsucht ⇢ Ich sehne mich immer wieder nach einer Berührung des Heiligen Geistes, nach einer neuen Erfüllung meines Herzens mit Liebe und Sanftmut. Ich sehne mich nach einer neuen Begegnung mit Gott, danach, ihn noch mehr kennenzulernen. Ich möchte nicht am Ende meines Lebens vor ihm stehen und sein Wort, die Bibel, nicht kennen. Ich möchte mein Leben ihm widmen, für ihn alles geben. Auch dann, wenn mich das etwas kostet. Denn ihn hat es sein Leben gekostet, mich frei zu machen, zu erlösen und mich auf den Weg des Lebens zu führen. Mein Gebet ist deshalb: „Danke, Jesus, dass du alles möglich machen wirst. Danke, dass du mich zu dir gerufen hast und dass du dich mir zeigen willst. Amen."

Michelle Lago Koulouri

Zu dir, o HERR, will ich rufen; denn das Feuer hat die Auen der Steppe verzehrt, und die Flamme hat alle Bäume des offenen Feldes versengt!

Joel 1,19 (SCH)

Bibellese: Joel 1,1-20

In unserem Alltag geschieht es sehr schnell, dass wir uns mit zu vielen Dingen beladen. Viele arbeiten länger, als die Sollzeit vorgibt. Manche betätigen sich länger im Garten oder handwerklich in der Garagenwerkstatt, anstatt sich auszuruhen, wie vielleicht vom Arzt empfohlen. Oft rennt man durch die Straßen und hetzt von einem Termin zum nächsten. Viele suchen einen Ausgleich zwischen Hobby und Leidenschaft, zwischen Arbeit, Verein und Sport, zwischen Gemeinde und Familie. Und doch sind da häufig mehr Termine, als sie zeitlich schaffen können. Wenn dann alles zu viel wird und sie fast zusammenbrechen, suchen sie Ruheoasen.

Wenn wir wirklich nicht mehr von alleine weiterkommen, rennen wir und flüchten. Mauern werden aufgebaut und man lässt nicht zu, dass diese fallen. Die Lasten dieser Welt wie Verfolgung, Krieg, Armut, die vielen Notleidenden bedrücken uns. Wir denken, dass es uns ja viel besser geht als ihnen, und hechten weiter von Zeit zu Zeit, Ort zu Ort, Erlebnis zu Erlebnis. Manch einer ist immer auf der Suche nach einem neuen Abenteuer, nach dem Kick. Viele können wirkliche Stille kaum noch aushalten. Wirkliche Ruhe kann man nicht empfinden, weil man dieser Ruhe keine Chance gibt.

Zu dir, HERR, will ich rufen ⇢ Im heutigen Leitvers sehen wir eine Alternative: Wir können in Jesu Arme laufen, in seiner Gegenwart Ruhe und Frieden finden. Bei ihm erkennen wir, dass er der Herr über allem ist. Ohne ihn können wir nichts tun. Wir dürfen aber unseren Herrn anrufen in Not, in Freude, in Kummer, in Dankbarkeit, in Zweifel und in Erkenntnis seiner Herrlichkeit. Jesus selbst hat es uns vorgelebt: Er suchte sich einen ruhigen Platz, um mit seinem Vater zu reden. Selbst als viele Menschen ihm folgten und ganz nah bei ihm sein wollten, zog er sich zu seinem Vater zurück.

Auch wir dürfen lernen, dass die Welt sich ohne uns weiterdreht. Wir dürfen lernen, Gott zu vertrauen und in unserem Leben nicht nur zu rennen, sondern auch Pausen einzulegen, Luft zu holen und zu genießen. Wir dürfen uns zu Jesus wenden und bei ihm Ruhe, inneren Frieden und neue Kraft finden. Denn erst dann können wir wieder durchstarten. Erst dann sind wir vorbereitet auf das Reden Gottes in unserem Alltag, geschult, auf seine Stimme zu hören, und sensibel für das Wirken des Heiligen Geistes.

Michelle Lago Koulouri

4
Donnerstag
DEZEMBER

Zerreißt eure Herzen und nicht eure Kleider und kehrt um … Denn er ist gnädig, barmherzig, geduldig und von großer Güte, und es reut ihn bald die Strafe.

Joel 2,13

Bibellese: Joel 2,1-17

Die Herzen zerreißen und nicht die Kleider – wie geht das? Klar, es geht um eine echte Herzensumkehr und nicht um ein theatralisches äußeres Signal – aber wie kommen wir dahin? Ich wurde plötzlich an eine Begebenheit erinnert.

An einem Abend vor vielen Jahren ⇢ Eine Beziehung war in eine tiefe Krise gekommen und ich hatte Beratung gesucht. Eine Anregung war, die Person zu einem leckeren Essen einzuladen und das Gespräch ganz neu zu suchen. Ich hatte alles vorbereitet, das Essen und auch mich selbst und wartete auf meinen Gast. Doch die Zeit verging und niemand kam. Erst war da Hoffnung: „Wie wird er Abend wohl laufen? Werden wir uns wieder annähern können?" Dann Sorge: „Ist etwas passiert?" Dann Ärger: „Wurde der Termin vergessen? Ist unsere Beziehung der anderen Person so unwichtig?" Und dann kam die Wut – aber niemand sonst …

Am Ende stand ich in der Küche, hatte alles weggeräumt, was ich so liebevoll und hoffnungsvoll vorbereitet hatte, wusch die letzten Sachen ab und schüttete dabei Gott mein Herz aus: „Herr, du siehst, wie ich mich fühle, was ich mir für Mühe gegeben habe und XY ist einfach nicht gekommen, hat mich vergessen und keinen Wert auf meine Gesellschaft gelegt. Sieh meinen Schmerz, meine Trauer und meine Wut – es tut so weh …"

Plötzlich hörte ich in meinem ganzen Klage-Karussell eine sanfte Stimme in mir fragen: „Weißt du eigentlich, wie oft *ich* etwas für *dich* vorbereitet habe und du bist nicht gekommen?" Mir fielen so viele Begebenheiten ein, wo ich den Impuls, Gott zu suchen, verdrängt und lieber meine eigenen Pläne verfolgt hatte. Der Gedanke, dass Gott sich etwas Schönes für mich ausgedacht hatte und ich einfach nicht gekommen war, traf mich so tief im Innern, wie ich es selten erlebt habe. Ich bat Gott von Herzen um Vergebung und fing wieder ganz neu an, seine Nähe zu suchen.

Herzensbegegnungen ⇢ Ich wünsche uns allen immer wieder neu solche Herzensbegegnungen, in denen Gott selber den Finger auf die Wunde legt und zeigt, worauf es wirklich ankommt. Dann sehen wir auch, dass seine Sehnsucht nach uns so viel größer ist, als wir uns vorstellen können. Denn, egal ob unverschuldet oder selbst verschuldet in einer Not, es gilt immer noch: *„Denn er ist gnädig, barmherzig, geduldig und von großer Güte, und es reut ihn bald die Strafe."*

Christine Neumerkel-Wilckens

Da eiferte der HERR um sein Land und verschonte sein Volk.

Joel 2,18

5
Freitag

Bibellese: *Joel 2,18-27*

DEZEMBER

Joel 2 beginnt mit der Warnung vor dem schrecklichen Gericht Gottes. Das Heer, das es vollstrecken soll, ist nahe. Es scheint, als ob Gottes Geduld mit seinem Volk endgültig aufgebraucht und die Vernichtung beschlossene Sache ist. Aber dann lesen wir in Vers 12: „*Doch auch jetzt noch, spricht der HERR, kehrt um zu mir von ganzem Herzen mit Fasten, mit Weinen, mit Klagen!*"

Aber dann kommt die Wende: „*Da eiferte der HERR um sein Land und verschonte sein Volk.*" In den nachfolgenden Versen wird Gottes Gnadenzusage für sein Volk, wenn sie ehrlich zu ihm umkehren, beschrieben. Er wird sie trösten, versorgen, wird ihre Feinde vertreiben und alles wiedergutmachen – bis hin zur Erstattung des Schadens, der erst durch die Strafaktion entstanden ist!

Einblick in Gottes Herz ⇢ Es bewegt mich immer wieder, wie sehr Gott uns in seinem Wort in sein Herz schauen lässt. Er wirbt um sein Volk, mahnt und ruft zur Umkehr. Wenn sie nicht hören wollen und weiter ins Verderben laufen, entbrennt sein Zorn, er kündigt sein Strafgericht an und setzt in Bewegung, was er angedroht hat. Doch unter seinem Zorn und seinem Schmerz brennt immer noch das Feuer seiner Liebe. Er sehnt sich danach, sich ihrer zu erbarmen und sie zu sich zurückzuziehen. Ich wurde an die Stelle in Klagelieder 3,33 erinnert, wo es heißt: „*Denn nicht von Herzen plagt und betrübt er die Menschen.*" Und in Jeremia 31,20 lesen wir: „*Ist nicht Ephraim mein teurer Sohn und mein liebes Kind? Denn sooft ich ihm auch drohe, muss ich doch seiner gedenken; darum bricht mir mein Herz, dass ich mich seiner erbarmen muss, spricht der HERR.*"

Eine Zeit der Gnade ⇢ Mir macht dieses „*Doch auch jetzt noch …*" Mut. Solange wir noch auf der Erde sind, ist Gnadenzeit. Es gibt niemanden, der zu weit weg ist, sodass Gott ihn nicht hören könnte. Selbst mitten im Strafgericht wartet Gott noch auf ein Zeichen der Reue und Buße, denn er möchte viel lieber segnen als verderben. Wir sollten Gottes Zorn nicht auf die leichte Schulter nehmen und glauben, dass er seine Gerichtsdrohungen nicht umsetzen würde. Doch auf der anderen Seite steht seine Liebe zu uns. Und aus dieser Liebe heraus hat Jesus unsere Schuld auf sich genommen und uns den Weg zum Vater freigemacht. So dürfen wir umkehren und leben! Danke, Jesus!

Christine Neumerkel-Wilckens

6
Samstag

Und eure Söhne und Töchter sollen weissagen, eure Alten sollen Träume haben, und eure Jünglinge sollen Gesichte sehen.

Joel 3,1

DEZEMBER

Bibellese: Joel 3,1-5

Ein kurzer Text – mit gewaltigen Absichten und Zeitabschnitten. Zunächst fallen mir die Absichtserklärungen Gottes auf. Mehrfach heißt es von Gott: „Ich will!" Er ist bereit und willig, etwas zu tun. Und ganz wichtig: Er *will* seinen Geist auszugießen. Er beschreibt hier durch den Propheten Joel bereits eine Zeit nach dem Leben und Wirken Jesu auf Erden. Auch danach würden die Gläubigen nicht auf sich allein gestellt sein müssen.

Jesus greift diese Verheißung und Willenserklärung des Vaters auf. So lesen wir in Apostelgeschichte 1,4.5: *„Und als er mit ihnen beim Mahl war, befahl er ihnen, Jerusalem nicht zu verlassen, sondern zu warten auf die Verheißung des Vaters, die ihr – so sprach er – von mir gehört habt; denn Johannes hat mit Wasser getauft, ihr aber sollt mit dem Heiligen Geist getauft werden nicht lange nach diesen Tagen."*

Gott will und wir sollen → Es fallen mir die Aussagen ins Auge, in denen es um das geht, was wir sollen. *„Eure Söhne und Töchter sollen weissagen, eure Alten sollen Träume haben, und eure Jünglinge sollen Gesichte sehen."* Und ganz wichtig: *„Wer des HERRN Namen anrufen wird, der soll errettet werden"* (Joel 3,5). Joel sieht die Ausgießung des Geistes Gottes voraus und die völlige Erneuerung des Volkes Gottes. Gott gießt seinen Geist aus auf *„alles Fleisch"*, ohne jegliche Unterschiede von Alter, Geschlecht und Stand (Vers 1). Dieses Neue kommt nicht durch menschliches Bemühen, Revolutionen oder Kriege, sondern durch die Ausgießung des Heiligen Geistes.

Der Apostel Petrus sieht diese Verheißung am Pfingsttag als erfüllt an. Der Heilige Geist ist Gottes wunderbare Gabe an seine Kinder. Dieser Geist ist nach wie vor aktiv darin, Jesus Christus zu verherrlichen. Er schenkt den Gläubigen Gewissheit, dass sie Gottes Kinder sind. Und er gibt seinerseits wiederum wunderbare und wichtige Gaben und Kraft, Gottes Auftrag auszuführen. Der Heilige Geist ist Gottes notwendige Gabe an uns. *Er will* sie uns zukommen lassen und *wir sollen* in Kooperation mit dem Geist Gottes stehen.

Sind wir immer wieder bereit dazu, uns neu erfüllen und beschenken zu lassen? Und uns dann auch gebrauchen zu lassen? Wir brauchen nicht entmutigt und niedergeschlagen zu sein. Geben wir nicht auf! Hoffnung und Ausrüstung stehen zur Verfügung.

Christoph Schaal

Denn siehe, in jenen Tagen und zur selben Zeit, da ich das Geschick Judas und Jerusalems wenden werde, will ich alle Völker zusammenbringen.

Joel 4,1.2

7
Sonntag
2. Advent

Bibellese: Joel 4,1-8

Dieser Beginn erinnert mich an den Vers in Galater 4,4: *„Als aber die Zeit erfüllt war, sandte Gott seinen Sohn."* Zwei bedeutsame Zeitpunkte Gottes in seiner Heilsgeschichte mit den Menschen. Einer Geschichte, die Relevanz für jeden Menschen hat. Mit Jesu Geburt begann eine Epoche, die wir als Gnadenzeit bezeichnen können: Gott sandte seinen eigenen Sohn, um sich des größten menschlichen Problems anzunehmen und Rettung zu ermöglichen. Jesus ist gekommen, um zu suchen und zu retten, was verloren ist.

Das Geschenk der Gnade ⇢ Gott machte sich in Jesus Christus, seinem Sohn, auf die Suche nach verlorenen Söhnen und Töchtern. Er wollte uns Menschen nicht im Schlamassel stecken und untergehen lassen. Sondern er wollte und will, dass Menschen gerettet werden, zu seinen Kindern werden und das ewige Leben in ihm haben. Dieses Geschenk Gottes geschah aus seiner freien Entscheidung und ist komplett durch ihn möglich geworden. Es ist unverdient, wir können nichts dazu beitragen, außer dass wir das Geschenk annehmen und unser Leben vertrauensvoll in seine Hände legen.

In diesem Zeitraum der Gnade, angefangen bei der Geburt Jesu bis zu diesem Zeitpunkt, von dem wir bei Joel lesen, ist die Zeit des Heils. Aber nun wird in Vers 2 das Gericht Gottes über die Nationen eingeläutet. Ein Gericht, das sich mit der Frage beschäftigt, wie diese Nationen mit seinem Volk Israel umgegangen sind. Es wird uns vor Augen geführt, dass es eben auch ein „zu spät" geben kann. Ein Zeitpunkt, in dem man „den Bus verpasst hat". Oder wie wir es bei Noah lesen, die Tür zur Rettung geschlossen wird. Wir müssen uns bewusst machen, dass nach einem Ausschlagen der Gnade nur noch Gericht bleibt. Es gibt ein „zu spät".

Heute ⇢ Für einen vor Gericht Angeklagten, der den angebotenen Freispruch ablehnt, bleibt nur der Schuldspruch. Dazu soll es nicht kommen! Deshalb ist es für jeden Menschen wichtig, Gottes Angebot anzunehmen. Schieben wir die entsprechende Entscheidung nicht länger auf, legen wir unser Leben vertrauensvoll in seine Hände. Auch für langjährige Christen gilt dieses Wort: *„Darum, wie der Heilige Geist spricht: Heute, wenn ihr seine Stimme hört, so verstockt eure Herzen nicht"* (Hebräer 3,7.8).

Machen wir unsere Herzen ganz neu weich, offen und bereit, zu hören und zu gehorchen.

Christoph Schaal

8
Montag

Und ich will ihr Blut nicht ungesühnt lassen. Und der HERR wird wohnen zu Zion.

Joel 4,21

DEZEMBER

Bibellese: Joel 4,9-21

Im Buch Joel werden tiefgründige Ideen zu menschlicher Sünde und Versagen in unserer Welt betrachtet, die verheerende Zerstörung auslösen. Es geht um Gottes Sehnsucht, denen gnädig zu sein, die ihre Sünde zugeben und bekennen. All das führt zu unserer Hoffnung, dass Gott eines Tages das Böse in unserer Welt endgültig besiegen wird. Und dass er uns seine heilende Anwesenheit schenkt, um alles neu zu machen. Im letzten Abschnitt von Joels Botschaft zeigt uns Gott, welchen Plan er mit seiner Schöpfung am Ende der Tage hat.

Gottes Gnade schafft Hoffnung ⇢ Es ist eine beeindruckende Geschichte: der Prophet Joel, der Israel zur Einsicht bringt. Wir können beobachten, wie die Sünde zur Katastrophe und zum göttlichen Gericht führt, aber es zeigt uns vor allem die Barmherzigkeit Gottes gegenüber seinem Volk. Joel sieht in den ganzen vergangenen Ereignissen ein Bild für die Zukunft.

Was heißt das für uns? Wir, die Gemeinde Christi, stehen als neues Volk Gottes auch unter dieser Zusage. Wie das Volk Israel verfehlen auch wir oft das Ziel. Wenn wir in den Spiegel des Wortes Gottes schauen, entdecken wir viele schwarze Flecken der Sünde und des Versagens. Es gibt aber Hoffnung! Gott steht zu seinem Bund und zu seinem Volk, er ruft uns auf zur Buße und Umkehr und lädt uns zu einer tiefen persönlichen Beziehung zu sich ein. Alles, was durch die Feinde zerstört worden ist, will Gott wiederherstellen, weil er uns lieber retten möchte, statt uns zu verdammen. „*Und der HERR wird wohnen zu Zion*" – Gott wohnt bei seinem Volk. Diese Verheißung gilt heute, sie gilt auch dir und mir.

Ein Gott, der sieht ⇢ Wir haben einen treuen Gott, der nicht nur zuschaut, wenn Dinge passieren, sondern einen Gott, der handelt und in die Geschichte eingreift. Sein Volk wird gereinigt sein, und er selbst wird als ein Beweis höchster Gunst in ihrer Mitte wohnen. Welch ein Geschenk! Jesus, der Sohn Gottes kam in unsere Welt, um für unsere Sünden zu bezahlen. Er starb am Kreuz von Golgatha, damit wir frei von Schuld sind. Aber das ist noch nicht alles. Er ist barmherzig, das heißt: Er hat liebevoll seinen Blick auf uns gerichtet und wird uns vergeben, wenn wir erneut versagen, aber von Herzen Buße tun und umkehren. Ja, so ist unser Gott!

Stefania Saltaleggio

Und sie machte sich auf, sie und ihre Schwiegertöchter, und kehrte aus dem Gebiet von Moab zurück.

Rut 1,6 (ELB)

Bibellese: Rut 1,1-14

Eine Zeit der Prüfung für den Gläubigen: Im heutigen Bibeltext geht es um einen Mann namens Elimelech, der in Israel, dem Land der Bestimmung, lebte. Als die Richter regierten und Israel noch keinen König hatte, brach eine Hungersnot aus. *„Jeder tat, was recht war in seinen Augen"* (Richter 21,25). Elimelech trifft eine Entscheidung, die für ihn, seine Frau Noomi und seine beiden Söhnen weitreichende Folgen hat.

Unter Druck ⇢ Ein falscher Schritt kann uns genau in die Schwierigkeiten bringen, die wir vermeiden wollen. So geschieht es, dass Elimelech unter dem Druck der Umstände das Land des Herrn in der Hoffnung verlässt, in Moab ein besseres Leben zu finden. Auch seine Frau und seine beiden Söhne werden durch seinen Mangel an Glauben beeinflusst. Nach kurzer Zeit in der neuen Heimat stirbt Elimelech. Die beiden Söhne heiraten entgegen dem Gesetz des Herrn zwei moabitische Frauen, Rut und Orpa. Zehn Jahre vergehen, doch dann sterben auch die beiden Söhne. Noomi bleibt als einsame, kinderlose Witwe mit ihren beiden Schwiegertöchtern in einem fremden Land zurück. Sie war in Einsamkeit geraten – aber der Herr hatte sie nicht verlassen.

Wiederherstellung ⇢ In unserem heutigen Leitvers heißt es: *„Und sie machte sich auf, sie und ihre Schwiegertöchter, und kehrte aus dem Gebiet von Moab zurück."* Was bewegte Noomi dazu, zurückzukehren? War es das Leid, die Verluste, die sie erlitten hatte? Oh nein! Es war die gute Nachricht des Herrn, die sie zurückzog. Als sie davon gehört hatte, *„dass der HERR sich seinem Volk zugewandt habe, um ihnen Brot zu geben"* (Vers 6), machte sie sich auf und kehrte zurück.

Leid wird uns nicht dazu bewegen, zum Herrn zurückzukehren, obwohl es uns lehrt, wie bitter es ist, vom Weg abzukommen. Wie beim Gleichnis vom verlorenen Sohn, wo es nicht das Elend, der Mangel oder der Hunger in fernem Land waren, die ihn nach Hause führten. Es war vielmehr die Erinnerung an den Überfluss im Haus des Vaters und an die Gnade des Vaterherzens, die ihn sagen ließ: *„Ich will mich aufmachen und zu meinem Vater gehen"* (Lukas 15,18). So war es auch bei Noomi. Im Land Moab, wo ihr alles genommen worden war, hörte sie von der Güte des Herrn im Land Juda. So fasste sie Mut, ließ die Vergangenheit hinter sich und machte sich auf, um zum Herrn zurückzukehren.

Stefania Saltaleggio

Voll zog ich aus, aber leer hat mich der HERR wieder heimgebracht.

Rut 1,21

Bibellese: Rut 1,15-22

Noomi klagte über den Verlust ihres Mannes und ihrer beiden Söhne, die in Moab gestorben waren. Als Witwe war ihre Lebensperspektive gewichen und alles schien ihr genommen worden zu sein. Sollte das wirklich alles gewesen sein?

Warum? ⇢ Die Stürme unseres Lebens können uns manchmal alles abverlangen. Wenn unsere Lebenspläne durch Verlust oder Scheitern durchkreuzt werden, begegnen uns häufig Fragen, auf die wir jedoch selten eine Antwort finden. Häufig hört man: „Warum hat Gott das zugelassen?" Ließen sich jedoch die tiefen Dimensionen göttlichen Handelns immer mit dem Verstand erklären, hätten wir sicher einen Grund weniger, um ihm bis aufs Äußerste zu vertrauen. Den tieferen Sinn hinter allem, was passiert, lässt Gott uns dennoch häufig erst in der Rückschau erkennen.

Billy Graham sagte einmal: „Aus der Niederlage kann das Beste im menschlichen Wesen hervorgehen. Wenn Christen Stürmen der Widrigkeiten gegenüberstehen, können sie sich mit noch mehr Schönheit erheben. Sie sind wie Bäume, die auf Bergkämmen wachsen – vom Wind gepeitscht, dennoch Bäume, in denen wir das stärkste Holz finden."

Wie der besondere Klang entsteht ⇢ Es ist kein Geheimnis, dass im exklusiven Geigenbau idealerweise Hölzer verwendet werden, die als Baum im wahrsten Sinne des Wortes „kämpfen" mussten. Wenig Sonne, karger Boden und viel Konkurrenz durch andere Bäume lassen das Holz nur unter großen Anstrengungen wachsen. Im Endprodukt hört man den Unterschied im Klang, der selten und begehrt ist. Wenn wir dieses Bild auf unser Leben übertragen, dürfen wir erkennen, dass widrige Umstände nicht das Ende sein müssen, sondern das Potenzial der persönlichen Reife und tieferem Sinn in sich tragen.

Noomis Geschichte beginnt zwar mit einer Klage, entwickelt sich dann aber durch Gottes Eingreifen zu etwas, was Noomi sich damals in ihrem Kummer nie hatte träumen lassen. In den folgenden Andachten werden wir Zeuge der unfassbaren Barmherzigkeit Gottes, wie er sowohl für Noomi als auch ihre Schwiegertochter Rut sorgte, sodass sie schließlich Teil seines Heilsplanes wurden. Auch am heutigen Tage dürfen wir Gott im Prozess vertrauen, ohne alles verstehen zu müssen. Er hat nicht aufgehört, sein vollkommenes Werk an uns zu tun und wird gewiss zur rechten Zeit helfen.

Daniel Schabelsky

11
Donnerstag

DEZEMBER

Boas sprach zu ihr, als Essenszeit war: Komm hierher und iss vom Brot und tauche deinen Bissen in den Essigtrank!

Rut 2,14

Bibellese: Rut 2,1-17

Die heutige Geschichte beschreibt nicht nur, dass sich eine Liebe zwischen Boas und Rut anbahnte, sondern auch, wie es geschah und was beiden dabei wichtig war. Als Noomi und Rut in Israel ankamen, waren sie beide mittellos. Also machte Rut sich auf, um etwas zu essen zu besorgen. In Israel war es damals üblich und auch im Gesetz vorgeschrieben, dass arme Menschen die Nachlese und den Rand eines Feldes einsammeln durften. Genau das tat Rut und geriet so auf das Feld eines Mannes namens Boas, einem entfernten Verwandten von Noomis verstorbenem Mann. Boas kam nun während der Erntezeit zu seinem Feld und sah Rut, wie sie die Nachlese aufsammelte. *„Zu wem gehört das Mädchen?“*, fragte er seine Schnitter (Vers 5). Sie erklärten ihm, dass Rut Moabiterin und mit Noomi gekommen sei.

Etwas wird sichtbar ⇢ Dieser Hinweis setzte etwas bei Boas in Bewegung. Er kannte nämlich den Hintergrund von Noomis Schicksal und wusste um die Fürsorge, die Rut ihrer Schwiegermutter zukommen ließ. Kurzum, er sah nicht nur ihre äußere Gestalt, sondern auch ihr inneres Wesen. So sprach Boas sie an und gewährte ihr, immer auf diesem Feld die Nachlese sammeln zu dürfen und ebenfalls von dem Wasser der Arbeiterinnen zu trinken. Boas zeigte Rut also seine Gunst, auf die sie mit Dankbarkeit und Demut reagierte. Es war für sie nicht selbstverständlich, dass man ihr überhaupt etwas gestattete. Sie forderte auch nichts ein, sondern war dankbar für das, was man ihr gab.

Dieser besondere Charakterzug von Rut hinterließ gewiss einen tiefen Eindruck bei Boas. Hinzu kam, dass sie sich entschieden hatte, an den Gott Israels zu glauben. Offensichtlich reagierte Boas auf diese Eigenschaften Ruts. Zur Mittagsstunde lud er sie zum Essen ein. So bahnte sich leise eine Liebe an.

Wie ist das heute bei uns? ⇢ Was ist uns wichtig in Bezug auf Liebe und Partnerschaft? Nach meiner Erfahrung sind charakterliche Eigenschaften und ein gemeinsamer Glaube für das Zusammenleben das Wichtigste. Der gemeinsame Glaube darf allerdings nicht nur ein Lippenbekenntnis sein und auch nicht zu einer Rechthaberei mit Bibelversen führen. Wenn sich aber beide Partner Ruts Demut zum Vorbild nehmen, eher geben, statt zu fordern und Lernende im Wort Gottes bleiben, so liegt, wie ich meine, ein großer Segen auf der Partnerschaft.

Hans-Peter Mumssen

12
Freitag

Der Mann steht uns nahe; er gehört zu unsern Lösern.

Rut 2,20

DEZEMBER

Bibellese: Rut 2,18-23

Diese Worte sagte Noomi zu Rut, als sie erfuhr, wie freundlich Boas mit Rut umgegangen war. Doch was bedeutete es überhaupt, ein Löser zu sein?

Der Löser ⇢ Im mosaischen Gesetz lesen wir Folgendes: „*Wenn dein Bruder verarmt und etwas von seinem Besitz verkauft, so soll sein nächster Verwandter kommen und einlösen, was sein Bruder verkauft hat*" (3. Mose 25,25). Ein Löser würde also im Fall von Noomi die Ländereien ihres Mannes wieder zurückkaufen, die damals während der Hungersnot verkauft werden mussten. Allerdings bedeutet es im Falle von Rut noch mehr, da sowohl Noomis Mann als auch ihre beiden Söhne gestorben waren. Der Name der Familie wäre also ausgestorben. Deshalb war der nächste Verwandte, der Noomi auslöste, gleichzeitig verpflichtet, ihren Namen zu erhalten, indem er Rut zur Frau nahm.

Diese Regeln erscheinen uns zunächst sehr fremd, besonders die der sogenannten „Schwagerehe". Sie machen aber deutlich, dass schon im alten Israel niemand einfach nur für sich leben sollte. Man war sowohl finanziell als auch in Bezug auf Nachkommenschaft für seine Familienangehörigen mitverantwortlich. Die finanzielle Mitverantwortung gilt zum Teil auch heute noch, jedoch nicht, den Namen einer Familie zu erhalten und die damit eventuell verbundene Vielehe. Das ist gewiss auch gut so. Wenn aber Menschen sich nicht mehr mitverantwortlich für das Schicksal anderer sehen, besonders, wenn es sich um Familienangehörige handelt, verlieren wir ein Stück den Zusammenhalt.

In Beziehung zueinander ⇢ Alles, was Gott geschaffen hat, existiert nicht nur für sich allein. In der Physik nennt man das „Wechselwirkung". Ob Materie oder Energie, alles reagiert aufeinander und steht so in Beziehung zueinander. Wir alle wissen um die Erdanziehungskraft, kennen Magnetismus und elektrische Kräfte. Genauso hat Gott auch uns erschaffen – in Beziehung zu sich und zu anderen. Niemand lebt nur für sich selbst. Selbst Gott lebt nicht für sich selbst, sondern schickt uns ebenfalls einen Löser, der für unsere Schuld einsteht: Jesus Christus. Er heilt nicht nur unsere Beziehung zu Gott, sondern auch die zu unserem Nächsten. Die Frage ist, ob auch wir dazu bereit sind, uns mit Menschen zu versöhnen, die uns etwas schuldig sind. Vielleicht ist heute ein guter Tag, den ersten Schritt zu gehen.

Hans-Peter Mumssen

Sie sprach zu ihr: Alles, was du mir sagst, will ich tun.

Rut 3,5

Bibellese: Rut 3,1-18

Die markante Story von Rut und Noomi geht weiter. Die Moabiterin Rut hielt ihr Versprechen und blieb völlig selbstlos treu an der Seite ihrer jüdischen, von Leid getroffenen Schwiegermutter. Rut hatte damals zu Noomi gesagt: „*Dein Gott ist mein Gott*" (Rut 1,16). In der Zwischenzeit waren beide von Moab nach Israel gezogen, genau gesagt nach Bethlehem. Noomi wurde sofort zum Stadtgespräch, worauf sie konterte: „*Nennt mich nicht Noomi, sondern Mara; denn der Allmächtige hat mir viel Bitteres angetan*" (Vers 20).

Gottes Plan, unser Vertrauen, Handeln und Gehorchen ⇢ Auch wenn Noomi Gottes Handeln nicht nachvollziehen konnte (wie oft geht es uns ähnlich), verfolgte der Herr *seine perfekten Pläne* und Noomi *vertraute* ihm weiterhin. Beide Frauen kamen in Kontakt mit Boas, einem Verwandten von Noomis verstorbenem Ehemann. Boas ist Rut gegenüber wohlwollend eingestellt. Das erkennt Noomi und *handelt* dann ganz konkret. Sie gibt Rut präzise Anweisungen, wie sie Boas begegnen soll. Sie sollte auf das warten, was er daraufhin zu ihr sagte. Rut *gehorcht*. Boas lobt sie und macht ihr einen jüdischen Heiratsantrag, muss aber noch etwas klären. So endet das dritte Kapitel.

Hier gäbe es viel zu interpretieren, wie etwa Boas (der Löser) als ein Sinnbild für Jesus, den Messias. Dass Boas als Jude einen Ehebund mit einer Nicht-Jüdin eingeht, kann man als Bild auf Jesus und seine Gemeinde, die auch aus Nicht-Juden besteht, nehmen. Bleiben wir aber einfach beim Text selbst, entdecken wir das elementare Zusammenspiel von Gottes Plänen, unserem Vertrauen, dem praktischen Handeln und konkretem Gehorsam.

Praktisch ⇢ Auf unseren Alltag heruntergebrochen ermutigt uns die Geschichte, Gott völlig ernst zu nehmen, z.B. in seiner Allmacht. Gibt es etwas, womit wir gerade hadern? Vielleicht sind wir verbittert gegen Gott und Vertrauen fällt uns schwer. Denken wir doch an Noomi und entscheiden wir uns, Gott wieder zu vertrauen. Vielleicht beten wir auch schon lange für etwas oder jemanden, der Gott noch nicht kennt. Lassen wir uns vom Geist leiten. Wenn er es uns zeigt, kann es schon morgen sein, dass wir in ein konkretes Gespräch über Jesus kommen. Oder der Herr redet durch sein Wort oder durch einen Bruder zu uns. Dann heißt es, einfach zu gehorchen.

Helmut Kühn

14
Sonntag
3. Advent

Noomi ist ein Sohn geboren; und sie nannten ihn Obed. Der ist der Vater Isais, welcher Davids Vater ist.

Rut 4,17

DEZEMBER *Bibellese: Rut 4,1-22*

Das Buch Rut beginnt dramatisch mit dem plötzlichen Tod von Noomis Mann Elimelech und ihren beiden Söhnen. Noomi ist gegen Gott verbittert. So traurig die Geschichte aber auch ist, es gibt ein „Happy End“: Ihre Schwiegertochter Rut heiratet nämlich später und wird die Großmutter des Königs David, von dem Jesus Christus abstammt, der Sohn Gottes, dessen feierliche Geburt mit dem heutigen 3. Advent in greifbare Nähe rückt. Doch wie ist es zu dem erwähnten glücklichen Ende gekommen?

Auf Gehorsam folgt Segen ⇢ Rut war ihrer gottesfürchtigen Schwiegermutter gehorsam. Einer der Verwandten von Noomis Ehemann, Boas, wurde auf sie aufmerksam und wollte sie heiraten. Aber es gab noch einen anderen „Löser“, dessen Name allerdings nicht erwähnt wird. Der Rat der Ältesten trifft sich, wie bei allen wichtigen Rechts- und Geschäftsangelegenheiten, im Tor der Stadt, und Boas bietet dem anderen Löser an, das Land Elimelechs und dessen Söhne zu kaufen sowie Rut als Frau zu nehmen. Dieser lehnt jedoch ab. Boas besiegelt den Vertrag mit der Abgabe eines Schuhs und darf Rut zur Frau nehmen. Zur Freude von Noomi und der anderen Frauen gebiert Rut ihrem Mann bald einen Sohn, den die Frauen Obed nennen („der Dienende“ – der Noomi bis ins Alter dienen wird). Dieser Obed ist der Großvater Davids, der später König in Israel wurde. Wer hätte gedacht, dass eine Moabiterin innerhalb einer so tragischen Geschichte die Urgroßmutter von David werden würde?

Was war diesem Segen vorausgegangen? Eine Frau, die inmitten traurigster Umstände an den Gott Israels *glaubte* und den Menschen *gehorchte,* die Gott in ihr Leben gestellt hatte (Noomi und Boas).

Ausblick ⇢ Eine persönliche Beziehung zu Jesus, dem Sohn Gottes, bewahrt uns nicht immer vor harten Schicksalsschlägen. Wie hilfreich ist es da, wenn man sich an Menschen wenden kann, die ernsthaft an den Gott Israels glauben, an echte Christen. Es lohnt sich, auf ihren Rat zu hören und ihn umzusetzen. Sie kennen den König aller Könige, dessen erste Ankunft wir in wenigen Tagen feiern. Wenn er wiederkommen wird in Herrlichkeit, wird alles Leid vorbei sein. Darauf dürfen wir uns heute schon freuen.

Helmut Kühn

Wenn ich sehe die Himmel, deiner Finger Werk, den Mond und die Sterne, die du bereitet hast: was ist der Mensch, dass du seiner gedenkst?

Psalm 8,4.5

Bibellese: Psalm 8

Wenn wir in den Sternenhimmel schauen, sehen wir unzählige Sterne – über 100 Milliarden Galaxien mit je 100 Milliarden Sternen. Ein überwältigender Anblick, der uns klein erscheinen lässt. Ähnlich drückte sich vor Jahrtausenden David im heutigen Psalm aus, der uns dazu auffordert, unsere Bedeutung im Universum zu erkennen.

Was ist der Mensch? ⇢ Diese Frage lädt uns ein, tiefer zu schauen, denn inmitten der Schöpfung stehen wir als Ebenbild Gottes, als Träger des göttlichen Wesens. Wie der goldene Glanz einer Krone schmückt Gott uns mit Herrlichkeit und Würde, damit wir seine Liebe und seine unverwechselbare Spur in dieser Welt widerspiegeln. Darin liegt unser ganzes Wesen, unsere Verantwortung und unsere Fähigkeit, das Bild Gottes in seiner ganzen Pracht zu tragen und der Welt zu zeigen. Diese Wahrheit erinnert uns daran, dass wir mehr sind als bloße Materie – wir sind von Gott berufen und von unschätzbarem Wert. Ein Gedanke, der nicht nur in der Bibel, sondern darauf aufbauend auch in unserem Grundgesetz verankert ist: „Die Würde des Menschen ist unantastbar."

Wenn wir heute oder morgen verschiedenen Menschen begegnen – auf der Straße, bei der Arbeit, in der Gemeinde, so trägt jeder von ihnen das Ebenbild Gottes in sich, hat einen unschätzbaren Wert und eine einzigartige Würde. Wer diese Perspektive bewusst einnimmt, dessen Umgang mit anderen wird von Respekt und Mitgefühl geprägt sein. Denn es ist ein gekröntes Haupt. Machen wir uns einmal bewusst, dass jeder Mensch, dem wir begegnen, kaum geringer ist als Gott, von ihm geschaffen und mit Würde bekleidet.

Gekrönte Verantwortungsträger ⇢ Auch wir sind berufen, Verantwortung zu übernehmen Gott vertraut uns seine Geschöpfe an – Tiere, Pflanzen, unsere Umwelt (Verse 7.8). Das zeigt uns, wie sehr er uns achtet und uns als Partner in seiner Schöpfung sieht. Die Bibel vermittelt uns das Prinzip der Schöpfungsverantwortung, das uns auffordert, für die Welt, in der wir leben, Sorge zu tragen.

Wir sind Gott etwas wert, trotz 100 Milliarden Galaxien. Er gibt uns Verantwortung. Diese gründet nicht in unserer Größe, sondern in seiner Liebe zu uns. Der Blick in den Himmel kann uns daran erinnern: Gott schätzt uns. Weil er uns liebt, sind wir in diesem großen Universum nicht zu klein, um etwas zu bewirken.

Jonathan Schirmer

16
Dienstag

Lobet den HERRN, der zu Zion wohnt; verkündigt unter den Völkern sein Tun!

Psalm 9,12

DEZEMBER

Bibellese: Psalm 9

Im heutigen Leitvers werden wir ermutigt, dem Herrn zu singen und seine Taten unter den Völkern zu verkünden. David spricht von Zion, dem Ort, wo Gott wohnt. Was bedeutet das für uns heute? Zion, ein besonderer Ort – das erinnert uns daran, dass Gott nicht mehr an einen bestimmten Ort gebunden ist, denn durch Jesus Christus können wir ihn an jedem Ort anbeten. Unser Herz ist zu seinem heiligen Tempel umgestaltet worden, in dem wir ihm nahe sein können. Das bedeutet, dass wir überall, wo wir sind, die Möglichkeit haben, Gott anzubeten und sein Werk zu verkünden. Der Tempel des Herzens ist immer dabei.

Mehr als Worte oder E-Mails ⇢ Gottes Werk zu verkünden ist mehr, als Worte zu sprechen oder E-Mails zu schreiben. Es geht darum, sein Wirken in unserem Leben und in der Welt zu erkennen und danach zu leben. Wenn wir von Gottes Liebe, von seiner Gnade und Fürsorge berührt sind, wird es aus uns herausströmen. Wir werden gerne davon „singen" – sei es durch Worte, reden oder schreiben. Vielleicht haben wir schon erlebt, wie Gott uns in schwierigen Zeiten getröstet und gestärkt hat. Wie David können auch wir davon berichten.

Unser Vers zeigt auf, dass Gottes Liebe nicht nur uns gilt, sondern allen Menschen. Er möchte, dass alle seine Liebe und Güte erfahren. Wir haben die große Chance, mit unserem Leben und mit Worten Gottes Liebe zu den Menschen zu bringen, die ihn noch nicht kennen. Davon zu singen ist eine besonders schöne Möglichkeit. Der ganze Psalm 9 spricht von Gottes Gerechtigkeit und seiner souveränen Herrschaft über die Völker. Das erinnert uns daran, dass Gott der Herr über alles ist, auch über die Herausforderungen und Ungerechtigkeiten unserer Welt. Er ist es, der am Ende alles richten wird und uns Hoffnung und Trost inmitten der Schwierigkeiten schenkt.

Gottes Liebe weitergeben ⇢ Ich möchte uns heute ermutigen, ob wir nun in Not oder in Freude sind, von Gottes Liebe zu singen und sie mit anderen zu teilen. Sei es laut oder leise, traurig oder fröhlich, Gottes Geist wohnt in unserem Herzenstempel und will uns helfen, seine Taten zu verkünden, wo immer wir sind. Haben wir heute schon von Gottes Güte und Gerechtigkeit gesungen? Wie es in einem Lied heißt: „Komm und lobe den Herrn, meine Seele, sing! … 10 000 Gründe gibst du mir dafür."

Jonathan Schirmer

HERR, warum stehst du so ferne,
verbirgst dich zur Zeit der Not?

Psalm 10,1

Bibellese: Psalm 10

„Gott, wo bist du? Warum greifst du jetzt nicht ein?" Es ist gar nicht so unwahrscheinlich, dass wir das schon einmal gebetet haben. In einer schweren, herausfordernden Situation kann es geschehen, dass man zu Gott schreit, damit er eingreift, etwas ändert und uns nicht dort lässt, wo wir sind. Aber verbirgt Gott sich denn wirklich zur Zeit der Not? Ist er wirklich ganz fern, nicht zugänglich, ja beinahe stumm für uns? Die Bibel lehrt uns etwas anderes. Dennoch fühlt es sich eben manchmal so an, als wäre unser allmächtiger Gott gerade dann fern, wenn wir seine Nähe besonders gut gebrauchen könnten.

Gott schauen, heißt, sich zu ihm umdrehen ⇢ Dass wir manchmal in großer Not sind, lässt sich nicht leugnen. Auch als Kinder Gottes leben wir noch in einer gefallenen Welt, in der Gottes Reich bereits angebrochen, aber eben noch nicht vollendet ist. Das ist herausfordernd. Häufig ist es die erste Reaktion, sich bei Gott zu beschweren, warum er denn gerade jetzt nicht spricht, wir sein Wirken gerade jetzt nicht sehen. Gott bricht bei unserer Beschwerde zwar kein Zacken aus der Krone, aber für uns ist es doch so viel besser, nicht verzweifelt schreien zu müssen. Oft erscheint uns unsere Not viel größer als unser Gott. Wir sind so beschäftigt damit, unsere Probleme anzuschauen, dass wir uns auf sie und nicht auf Gott fokussieren. Bildlich gesprochen starren wir unser Problem an und merken gar nicht, dass Jesus doch hinter uns steht und alles sieht. Dass er uns den Rücken stärkt und uns begegnen möchte, wenn wir uns denn endlich umdrehen und unsere Augen auf ihn richten.

Der Frevler ⇢ Frevler sind wir hoffentlich nicht. Aber David selbst antwortet auf die Frage nach Gott mit dem Gedanken, dass dieser fern ist, weil die Frevler ihr Unwesen treiben. Natürlich meint David hier, dass Gott sich nicht zeigt, weil so viele von Gottes Volk nicht mehr zu ihm gehören wollen, sich abwenden von ihm. Durch Jesus ist das nicht mehr der Grund und Gottes Abwesenheit auch nicht mehr der Fall in unserem Leben. Aber manchmal neigen wir selbst dazu, uns wie ein Frevler zu benehmen, der meint, ohne Gott wäre er besser dran. Lasst uns Gott anschauen, seine Macht anerkennen, damit wir in der Not genau wissen, in welche Richtung wir schauen müssen.

Julia Kuschan

18
Donnerstag
DEZEMBER

Von David, vorzusingen. Ich traue auf den HERRN. Wie sagt ihr denn zu mir: Flieh wie ein Vogel auf die Berge!

Psalm 11,1

Bibellese: Psalm 11

Es ist immer mal schön, sich vorzustellen, wie David seine Psalmen tatsächlich gesungen hat. Psalm 11 ist so eine Stelle, in der es sich besonders anbietet. David singt natürlich zu Gott, wen er aber im Text anspricht, wissen wir nicht. Vielleicht sind es seine Berater, seine Freunde, kluge Menschen eben, die schon auf seiner Seite stehen. Menschen, die prinzipiell auch an Gott glauben. Und trotzdem sagen sie ihm, er solle fliehen, weil die Feinde kommen.

Und genau vor diesen Beratern steht David und singt ihnen zu, dass er sein Vertrauen auf den Herrn setzt und nicht flüchten muss. Er trifft eine Entscheidung des Glaubens. Menschlich gesehen wäre es sicher klug, vor den Feinden zu fliehen, sich zu verstecken, bis die Luft wieder rein ist. Aber David ist nicht mit menschlicher Kraft unterwegs, sondern hofft auf Gottes Kraft. Er weiß, dass Gott ihn beschützt, ihn segnet, ihn bewahrt. Sein Herz ist voller Glauben und seine Entscheidungen spiegeln das wider.

Verrückte Entscheidungen → Als Christen sind wir ja ein ganz besonderes Grüppchen. Wir glauben Dinge, die für die meisten Menschen unvorstellbar sind. Totenauferstehungen, Gebetserhörungen, der Stimme von jemandem folgen, den man nicht sehen kann – schon das klingt sehr sonderbar für die, die Jesus noch nicht kennen. Aber dabei bleibt es ja nicht. Ich weiß nicht, wie es dir geht, aber ich habe schon so manche „verrückte" Entscheidung getroffen, weil ich wusste, dass Gott mit mir ist und ich auch gehört hatte, dass das eben sein Plan ist.

Es ist zwar gut, mit weisen Beratern im Leben unterwegs zu sein und den Rat von nahestehenden Menschen nicht abzulehnen, aber manchmal gibt uns Gott für eine besondere Sache noch ein bisschen mehr Glauben ins Herz, damit wir auch eine verrückte Entscheidung im Glauben treffen können. Letztendlich bedeutet dieses „verrückte Entscheidungen treffen" ja einfach, wirklich für Gott und nicht mehr für sich selbst zu leben. Wenn ich höre und lese, was Gott möchte, dann ist es ganz egal, was andere sagen. Ich traue auf den Herrn. Das heißt nicht, dass wir unseren Kopf ausschalten – der darf dabei sein, aber er gibt nicht den Ton an.

Gibt es eine verrückte Entscheidung, die wir heute für Gott treffen wollen?

Julia Kuschan

Weil die Elenden Gewalt leiden und die Armen seufzen, will ich jetzt aufstehen, spricht der HERR, ich will Hilfe schaffen dem, der sich danach sehnt.

Psalm 12,6

Bibellese: Psalm 12

Betrachten wir die Situation, die uns in diesem Psalm geschildert wird: Die Zahl der Gläubigen hatte abgenommen und es herrschte Lug und Trug im Volk. Großspurige Leute hatten das Sagen. Die Lage der kleinen Leute wird so beschrieben: Die Elenden erlitten Gewalt und die Armen seufzten.

Hochmut kommt vor dem Fall ⇢ Bei diesem Text wurde ich an das Dritte Reich erinnert. Das Volk wurde damals unter anderem dazu angehalten, sich mit „Heil Hitler" zu grüßen, in der Nationalhymne „Deutschland, Deutschland über alles" zu singen und sich als die Herrenrasse zu betrachten. Viele Juden wurden umgebracht und der 2. Weltkrieg wurde begonnen. Diese Überheblichkeit konnten viele gläubige Menschen nicht gutheißen. Sie wurden als Gegner des Regimes angesehen und entsprechend behandelt. Sie wurden benachteiligt, etliche kamen ins Gefängnis, einige wurden sogar umgebracht (Paul Schneider, Dietrich Bonhoeffer u.a.). Viele Gläubige ahnten, dass dieser Größenwahn nicht lange weitergehen konnte. Und so kam es auch: Die Kriegsniederlage und der Zusammenbruch des Reichs erfolgten schließlich im Jahr 1945.

Zurück zu der Situation in unserem Psalm. In Vers 5 lesen wir von Großmäuligen, die behaupten: *„Durch unsere Zunge sind wir mächtig, uns gebührt zu reden!"* Zur Aufgeblasenheit der Oberen kam hinzu, dass im Volk viele ein doppeltes Spiel spielten, indem sie sich gegenseitig belogen. Die Frommen konnten da nicht mitmachen. Sie wurden als Gegner angesehen, man machte ihnen Schwierigkeiten, sie wurden verfolgt. Aber sie flehten zu Gott, und es zeigte sich: Gott hörte die Klagen der Gläubigen.

Gott greift ein ⇢ In unserem Leitvers lesen wir Gottes Antwort: *„Ich will Hilfe schaffen dem, der sich danach sehnt."* Er führte es so, dass die Bedrängnis abnahm und die Gläubigen nicht mehr in Angst und Schrecken leben mussten. Das bedeutete auch: Der Hochmut der Ungläubigen schwand. Viele Bibelstellen bezeugen uns, dass Hochmut Gott sehr missfällt, z.B.: *„Denn Gott widersteht den Hochmütigen, aber den Demütigen gibt er Gnade"* (1. Petrus 5,5). Wenn wir Schwierigkeiten begegnen, lasst uns demütig bleiben. Und lasst uns, wenn die Umstände auch hoffnungslos aussehen, nicht vergessen: Der Weg nach oben ist frei! Wir dürfen beten! Unsere Gebete bleiben nicht ungehört. Der Herr hört. Die Hilfe kommt.

Karl Schanz

20
Samstag

Wie lange soll ich sorgen in meiner Seele und mich ängsten in meinem Herzen täglich? Wie lange soll sich mein Feind über mich erheben?

Psalm 13,3

DEZEMBER *Bibellese: Psalm 13*

Wie lange noch? Die Frage nach der Zeit ist eine uns allen sehr bekannte. Kinder fragen, wie lange die Fahrt in den Urlaub noch dauert oder wie viele Tage es noch bis zu ihrem Geburtstag und den ersehnten Geschenken sind. Teenager fragen sich, wie lange es noch dauert, bis sie endlich volljährig sind, um mehr Freiheiten genießen zu dürfen. Junge Erwachsene fragen sich, wie lange die Ausbildung oder das Studium noch dauert. Oder auch, wie lange es noch dauert, bis der ersehnte Lebenspartner kommt. Und auch später hört das Fragen nach der Zeit nicht auf.

David, der Psalmist, befand sich in Bedrängnis – eine schwierige Situation. Er kannte die Frage gut: „Wie lange noch?" Genauer gesagt: „Wie lange soll ich mich noch Tag für Tag sorgen? Wie lange noch darf mein Feind mich bedrängen?" Bei uns sieht das dann manchmal so aus: „Wie lange noch soll ich bei dieser schwierigen Arbeitsstelle mit den anstrengenden Kollegen oder dem herrischen Chef aushalten? Wie lange muss ich warten, bis ich eine passende Stelle gefunden habe? Wie lange noch, bis der Konflikt in der Familie endlich gelöst ist? Wie lange noch, bis die finanzielle Situation sich klärt? Wie lange noch, bis ich geheilt werde (oder mein Partner, mein Kind)? Wie lange noch, bis Gott mich in meine Berufung hineinführt? Wie lange noch, bis du, Gott, mein Gebet erhörst?"

Die Antwort ⇢ Wenn wir in Psalm 13 weiterlesen, sehen wir, dass David keine Antwort auf sein „Wie lange noch?" erhält. Doch im Gebet wächst aus seiner Verzweiflung Vertrauen. Es ist nicht die Antwort auf seine Fragen, die David Zuversicht gibt, sondern allein die Zuwendung zu Gott schenkt ihm so viel Hoffnung, dass er sich über ihn und seine Pläne freuen kann. In Vers 6 lesen wir dann: *„Ich traue aber darauf, dass du so gnädig bist; mein Herz freut sich, dass du so gerne hilfst. Ich will dem HERRN singen, dass er so wohl an mir tut."*

Nicht die Antwort gibt inneren Frieden, sondern die Gewissheit, dass der Herr wohl an mir tut. In dem Lied „Der Sieg gehört dir allein" geht es genau darum: „Und jede Angst leg ich vor dich hin. Durch die Nacht sing ich dir: Mein Gott, der Sieg gehört dir allein." Vielleicht ist das heute ein Lied für uns. Fassen wir alle Sorgen in Worte an Gott und erleben wie bei David, dass aus Verzweiflung Vertrauen entsteht.

Rebecca Öttinger

Aber sie sind alle abgewichen und allesamt verdorben; da ist keiner, der Gutes tut, auch nicht einer.

Psalm 14,3

Bibellese: Psalm 14

Heute, am 4. Advent, wird die vierte Kerze des Adventskranzes angezündet. Es wird heller mit der wachsenden Erwartung, dass Jesus, Gottes Sohn, wirklich Mensch wurde. Licht in der Finsternis, Hoffnung in einer verlorenen, ungerechten Gesellschaft.

Auch nicht einer … ⇢ Voller Gnade und Wahrheit kam Jesus, weil für uns alle das gilt, was David in hier in Psalm 14 erkannte und Paulus in Römer 3,12 zitierte: „*Aber sie sind alle abgewichen und allesamt verdorben; da ist keiner, der Gutes tut, auch nicht einer.*“ Auch nicht *einer* bedeutet, dass wir zuerst bei uns anfangen müssen. Keiner von uns ist von Natur aus gut, noch tun wir von uns aus durch und durch Gutes. Genau deshalb brauchen wir Gnade, und nur mit dieser Erkenntnis können wir die Schönheit der Gnade erkennen.

Die Schönheit der Gnade ⇢ Kyle Idleman schreibt in seinem Buch „#grace“: „Wir werden den Wert der Gnade nur so weit ermessen können, wie wir anerkennen, dass wir auf sie angewiesen sind. Je klarer ich sehe, wie hässlich meine Sünde ist, desto besser kann ich erkennen, wie schön Gottes Gnade ist.“ Durch die Bibel erkennen wir von vorn bis hinten unsere Fehlerhaftigkeit gegenüber Gottes Heiligkeit, genauso wie Gottes Werben um uns und seinen Heilsplan. Wie oft habe ich mich schon ertappt, dass ich mich innerlich mit anderen verglich und mir dachte: „So schlimm wie diese Person bin ich ja gar nicht …“, oder auch dabei, wie ich mir die „kleinen“ Sünden schönredete.

Vielleicht ist uns eine der folgenden Aussagen schon begegnet: „Meine Zeit mit Gott vernachlässige ich schon seit Tagen zugunsten von Zeiten bei sozialen Medien oder Streaming-Diensten.“ – „Ich stelle Dinge anders dar, als sie sind, um mehr Anerkennung zu bekommen.“ – „Der Jähzorn bei der Arbeit oder in der Familie ist doch normal.“ – „Ach, wie gut, dass ich mich mit all den genannten Beispielen nicht identifizieren kann.“ Dabei stumpft nicht nur das Gewissen ab, sondern man wird blind für die Schönheit und Kraft von Gottes Gnade. Echte Demut hat nichts mit Minderwertigkeit zu tun, sondern mit dem Bewusstsein um Erlösung. David betete für die Rettung aus Zion. Wir dürfen sehen, wie in Jesus der Retter kam. Lasst uns heute beten: „Herr, lass mich die Schönheit deiner Gnade in meinem Zerbruch sehen!“

Rebecca Öttinger

22
Montag

Ein Psalm Davids. HERR, wer darf weilen in deinem Zelt? Wer darf wohnen auf deinem heiligen Berge?

Psalm 15,1

DEZEMBER

Bibellese: Psalm 15

Frage und Motiv. Nicht hinter jeder Frage stehen edle Motive und Absichten. Jesu Zeitgenossen stellten ihm häufig Fragen und er beantwortete auch nicht alle, zumindest nicht sofort. Die Religiösen wollten ihn mit Fangfragen zu Fall bringen. Doch er durchschaute ihre Boshaftigkeit und überführte sie oft mit einer Gegenfrage, die sie nicht beantworten konnten oder wollten.

Fragen zu stellen, ist legitim und in der Regel auch gewollt. Gerade im Konfliktgespräch fasziniert es mich, wenn mein Gegenüber mir mit klugen und geschickten Fragestellungen Zeit einräumt, damit ich mir selbst eine Antwort geben kann. Das vermittelt mir Wertschätzung und bewegt mich zum ernsthaften Nachdenken und zu einer tieferen Selbstreflexion. Gerade Leiter sollten im Dialog mit ihren Mitarbeitern und Anvertrauten diese Form der Gesprächskultur einüben.

Antwort mit Verzug → Ich vermute, dass David auf seine Fragen, die er dem Herrn vorlegte, keine spontane Antwort erhielt. Im Zusammenhang mit dem vorherigen Psalm befand er sich womöglich in einer sehr verzweifelten Lage. So lässt Gottes Antwort eine zeitliche Verzögerung vermuten. Auch beim aufsteigenden Neid wegen des scheinbaren Wohlergehens des Gottlosen (siehe Psalm 73) musste der Psalmist Asaf erst unter zeitlicher Mühe ins Heiligtum Gottes gelangen, um das Ende des Gottlosen richtig zu begreifen. Gerade in der Not eines Menschen erweisen sich Schnellschuss-Antworten, mögen sie auch noch so richtig sein, oft nicht als wahrhaftig und hilfreich. Ja, Gottes Antwort kommt – aber nicht immer sofort.

Selbstprüfung → In Psalm 15 finden wir nach drei bejahenden Aussagen über das Wesen derer, die im Zelt des Herrn „*weilen*" und auf seinem „*heiligen Berg wohnen*" dürfen, in den restlichen Versen acht verneinende Aussagen. So stellt uns dieser Psalm 15 wieder einmal das Lebensmuster des Gerechten vor Augen, während wir im Psalm zuvor das der Gottlosen betrachten können. Unser Herr stellt in seinem Wort oft diese beide Seiten gegenüber. Das Leben des Gerechten ist doch um ein Vielfaches vorzüglicher. Lassen wir gerade heute wieder den Ruf zur ernsthaften Selbstprüfung in unserem Leben zu.

Rolf Schmid

Ich habe den HERRN allezeit vor Augen; er steht mir zur Rechten, so wanke ich nicht.

Psalm 16,8

Bibellese: Psalm 16

Das Auge – unser wichtigstes Sinnesorgan. Mit ihm nehmen wir Lichtreize auf, die uns durch komplexe Prozesse das Sehen ermöglichen. Das Auge ist unser Fenster nach draußen. 70% aller Sinnesrezeptoren des menschlichen Körpers liegen in den Augen. *„Das Auge sieht sich niemals satt"* (Prediger 1,8), denn es will alles sehen, verstehen und bewerten – besonders das direkte Umfeld. Dafür blind zu sein, ist schier unerträglich. Schon am ersten Schöpfungstag befahl Gott, dass es Licht werde. Damit wurde von Anfang an die Voraussetzung für das Sehen geschaffen. Gott selbst sah alles an, was er gemacht hatte, *„und siehe, es war sehr gut"* (1. Mose 1,31).

Die richtige Sicht ⇢ In meinem frühen Berufsleben ereignete sich etwas für mich Unvergessliches. Nach beamtenrechtlichen Spielregeln sollte ich eine höherwertige Stelle erhalten. Diese wurde mir aber seitens meines Vorgesetzten verwehrt, was ich damals nicht verstand und womit ich innerlich sehr haderte. Mein Arbeitskollege und damals bester Freund bekam den Posten. Dadurch hatte ich auch noch größte Mühe mit unserer Beziehung. Ein Jahr später öffnete sich für mich ganz unerwartet eine neue berufliche und viel attraktivere Perspektive, zu der ich ohne die Rückstellung nicht gekommen wäre. Mein Leben bekam eine total andere Zielrichtung und Lebenserfüllung. Preis dem Herrn! Ich hatte zuvor einfach nur die falsche Sichtweise eingenommen, gepaart mit einem mangelnden Gottvertrauen.

Das Geheimnis ⇢ David lüftet uns das Geheimnis zur wahren Sichtweise. Sie lässt uns trotz aller leidvollen und schmerzhaften Erfahrungen immer wieder zuversichtlich sein. So bekennt David: „Ich habe den Herrn allezeit vor Augen, weil er zu meiner Rechten ist!" Den Herrn mit unseren geistlichen Augen allezeit an unserer Seite zu sehen, das ist ein großes Privileg. Es bedeutet nicht nur Schutz vor den Fallen in unserem Leben, sondern löst zugleich tiefe Freude und beständigen Jubel in unserer Seele aus (Vers 9). Da auch die Augenlust zum Einfallstor für Sünde werden kann, tun wir gut daran, immer wieder unsere Blickrichtung auf den treuen Herrn an unserer Seite zu festigen und zu bekennen: Der Herr steht fest an meiner Seite!

Vor diesem Hintergrund entfaltet sich die Menschwerdung Jesu Christi ganz neu: Er kam zu uns, um bei uns zu sein.

Rolf Schmid

24
Mittwoch
Heiligabend

DEZEMBER

Du, Tochter Zion, freue dich sehr ... Siehe, dein König kommt zu dir, ein Gerechter und ein Helfer, arm und reitet auf einem Esel, auf einem Füllen der Eselin.

Sacharja 9,9

Bibellese: Sacharja 9,9-10

Als Jesus zur Welt kam, wurde parallel in Rom Kaiser Augustus als Friedensbringer bejubelt. Denn er hatte dem Jahrhundert der Römischen Bürgerkriege endlich ein Ende gesetzt. Man sprach deshalb von der „Pax Augusta" – eine durch Kaiser Augustus begründete Friedensphase. Aber: Augustus sorgte für Frieden nach innen, doch nur deshalb, weil er nach außen brutale Eroberungskriege führte. Für die Römer war er der Fürst des Friedens, für alle anderen hingegen – auch für die Juden – ein Fürst des Schreckens.

Ein ganz anderes Königtum ··› Und nun kommt Jesus zur Welt. Nicht in Rom, sondern in Bethlehem. Nicht in einem Palast, sondern in einem Stall. Er wächst auf – nicht im Kreise der Eliten, sondern im Kreise der Einfachen und Armen. Er übt keine Herrschaft aus, sondern Dienerschaft. Und dann zieht er unter dem Jubel der Massen in Jerusalem ein. Diese Szene sieht der Prophet Sacharja vor seinem inneren Auge bereits 500 Jahre im Voraus; und er schreibt: *„Siehe, dein König kommt zu dir ... arm und reitet auf einem Esel."* Welch ein Kontrast zum Kaiser! Was für ein Angriff auf die damalige Machtstruktur! Jesus definiert neu, was Herrschaft bedeutet. In ihm begegnet uns ein anderes Königtum. Dieser König herrscht, indem er dient. Er triumphiert, indem er sich hingibt.

Schalom ··› Mit seiner Prophezeiung im heutigen Leitvers trifft Sacharja schließlich die unstillbare Sehnsucht eines jeden Menschen: Es soll Friede sein. Echter Friede. Auf der ganzen Erde. Für jeden Menschen. Für alle. Ein Friede im Außen. Aber auch ein Friede tief im Inneren. Diesen Frieden wird König Jesus ein für alle Mal herstellen, wenn er zum zweiten Mal wiederkommen wird.

Was dies bedeutet, können wir uns kaum ausmalen. Denn für das hebräische Wort „Schalom" gibt es im Deutschen im Grunde keine angemessene Übersetzung. „Schalom" ist nicht nur die Abwesenheit von Krieg. Es ist die Anwesenheit von Gerechtigkeit. Ein Mensch, der den „Schalom" Gottes erlebt, erlebt sowohl äußerlich als auch innerlich tiefes Glück, ein Leben in allertiefster Geborgenheit, Gesundheit und Sicherheit – ein Zustand, der keine Wünsche offenlässt. Das ist es, was Gott uns in Jesus anbietet. Das ist es, woran wir denken, wenn wir Heiligabend feiern. Unser König kommt. Sein Friede kommt.

Benjamin Sawadsky

Ein Gebet Davids. HERR, höre die gerechte Sache, merke auf mein Schreien, vernimm mein Gebet von Lippen ohne Falsch.

Psalm 17,1

Bibellese: Psalm 17

Psalm 17 ist ein Hilfeschrei. David schreit zu Gott und verlässt sich auf dessen Hilfe, so wie ein Kind sich auf das Eingreifen seiner Eltern verlässt. Charles Spurgeon, der bekannte englische Prediger aus dem 19. Jahrhundert, schrieb dazu: „Ein Schrei ist das Erste, was aus unserm Munde kommt, und in mancher Beziehung der natürlichste aller menschlichen Töne. Es liegt eine Macht in dem Schrei des Kindes, die das Herz seiner Eltern erobert."

Die Sache auf eigene Faust regeln? ⇢ Warum genau schrie David zu Gott? Was genau hat ihn so verängstigt? Wir können es kaum mit Sicherheit sagen. Aber einst musste David sieben Jahre lang vor dem amtierenden König Saul fliehen. Dieser ärgerte sich nämlich über die wachsende Beliebtheit Davids und trachtete ihm voller Eifersucht nach dem Leben. In dieser Zeit bot sich David gleich mehrmals die Gelegenheit, Saul zu besiegen. Doch er widerstand der Versuchung, die Sache Gottes auf eigene Faust zu regeln. Stattdessen überließ er Gott, dem gerechten Richter, das finale Urteil. Vielleicht bildete diese Erfahrung aus dem Leben Davids den Hintergrund für sein Gebet.

Wenn Angst sich verwandelt ⇢ Schreien wir vielleicht derzeit in einer Sache zu Gott um Hilfe? Verängstigt uns irgendetwas? Welche Sorge lässt uns nicht zur Ruhe kommen? Anstatt die Dinge auf eigene Faust zu regeln, dürfen wir darauf vertrauen, dass Gott einschreiten und gerecht urteilen wird. Nehmen wir unsere Angst und verwandeln sie in einen Hilfeschrei. Der Schotte Alexander Maclaren sagte es so: „Ängste, die zu Gebeten geworden sind, sind bereits mehr als zur Hälfte überwunden." Oder mit den Worten von Paulus ausgedrückt: *„Sorgt euch um nichts, sondern in allen Dingen lasst eure Bitten in Gebet und Flehen mit Danksagung vor Gott kundwerden"* (Philipper 4,6).

Gott sieht uns ⇢ In diesen Tagen ruhen wir in der Gewissheit, dass Gott selbst in seinem Sohn Jesus diese Welt betreten und alle Ängste, Sorgen und Nöte in seine Hand genommen hat. Er sieht auch dich und mich. Er kennt auch unseren Schrei. Und er wird eingreifen als Richter über alle Ungerechtigkeit, sodass wir letztlich mit David bekennen können: *„Ich aber will schauen dein Antlitz in Gerechtigkeit, ich will satt werden, wenn ich erwache, an deinem Bilde"* (Psalm 17,15).

Benjamin Sawadsky

26
Freitag
2. Weihnachtstag

Denn mit dir kann ich Wälle erstürmen und mit meinem Gott über Mauern springen.

Psalm 18,30

DEZEMBER

Bibellese: Psalm 18

Ein schöner Satz: „Mit meinem Gott kann ich über Mauern springen." Macht Mut. Zu finden ist er in der Bibel, im Alten Testament in Psalm 18,30. Gerne wird er als Trauspruch genommen: „Mit meinem Gott kann ich über Mauern springen." Die Mauern werden dabei psychologisch verstanden: Sie stehen für Barrieren, die sich zwischen einem Paar auftürmen können. Sie sind überwindbar – mit Gottes Hilfe.

Schwer verdaulich ⇢ Schaut man sich den Psalm jedoch als Ganzes an, bleiben einem diese schönen Worte sehr wahrscheinlich im Halse stecken. Der komplette Vers lautet nämlich so: „Mit dir kann ich die Feinde angreifen; mit dir, mein Gott, kann ich über Mauern springen." Hier geht es ursprünglich nicht darum, Paare füreinander zu ermutigen. Hier geht es um Politik – sogar um Krieg. Der Beter des Psalms lobt Gott für dessen Hilfe im Kampf gegen die Feinde. Im weiteren Verlauf redet sich der Psalmbeter regelrecht in einen Blutrausch hinein.

Wir feiern die Geburt Jesu. Wie passen dann diese Verse dazu? Dieser Psalm wurde vor dem Hintergrund des Kampfes um die Stadt Jerusalem geschrieben, in dessen Verlauf David König und das Königreich Israel gegründet wurde. Die Bewohner der Stadt litten unter diesem Kampf. Oft werden in der Bibel militärische Siege als Wille Gottes beschrieben und Kriege ziehen sich durch das Alte Testament.

Gottes Gegenentwurf ⇢ Fast als Gegenentwurf dazu kommt Gott persönlich auf diese Welt. Nicht als großer Krieger, der den Römern so richtig einheizt. Nicht als Machthaber einer großen Streitmacht. Als Kind, ungeschützt und verletzlich, mit einer Botschaft im Gepäck: „Ich bin nicht gekommen, um den großen Krieg anzuzetteln, sondern um das Reich Gottes auf diese Erde zu bringen, Recht zu schaffen und die Brücke zu schlagen zwischen Menschen und Gott." Und hier passt der Psalm sehr gut rein. Mit der Gewissheit, dass mir vergeben ist und ich mich Kind Gottes nennen darf, kann ich den Feind in die Schranken weisen und mit meinem Gott über die Mauern springen, die uns im Leben begegnen.

Tobias Kuhn

Die Himmel erzählen die Ehre Gottes, und die Feste verkündigt seiner Hände Werk.

Psalm 19,2

27
Samstag

Bibellese: *Psalm 19*

DEZEMBER

Vielleicht haben wir schon einmal einen klaren Sternenhimmel betrachtet, fernab von Stadtlichtern, und einfach nur gestaunt. Ich jedenfalls bin von dem Blick in den Nachthimmel immer wieder aufs Neue überwältigt. Manchmal wird beim Beobachten einiges in Perspektive gerückt, wenn man hinaufblickt in das Universum und die Weiten betrachtet und sich bewusst wird, welch kleiner Teil das Leben hier ist. Vielleicht löst es eine Demut aus – zu sehen, dass sich nicht alles um einen selbst dreht, und sich zu überlegen, ob es nicht doch mehr gibt. Wie groß und mächtig muss dieser Schöpfer sein!

Schöpfung ohne Schöpfer? ⇢ Über Tausende von Jahren haben sich Menschen schon Gedanken zu diesem Thema gemacht. Seit jeher wurde geforscht, um mehr über das Universum zu erfahren und viele sind dadurch zu dem Schluss gekommen, dass es eine höhere Macht geben muss. So sagte Isaac Newton, der englische Physiker, Mathematiker und Astronom des 17. Jahrhunderts: „Die wunderbare Einrichtung und Harmonie des Weltalls kann nur nach dem Plan eines allwissenden und allmächtigen Wesens zustande gekommen sein. Das ist und bleibt meine letzte und höchste Erkenntnis."

Die Frage, ob es einen Gott gibt, lässt sich wissenschaftlich nicht beantworten. Und wenn ein Wissenschaftler behauptet, es dennoch zu können, so überschreitet er seine Grenzen. Es ist für mich beim Betrachten des Himmels, beim Staunen über die Natur und Geschöpfe, schwierig, Atheist zu werden und erst recht zu bleiben. Mir ist bewusst, wenn ich von Geschöpfen rede, dass es bereits ein Bekenntnis zu einem Schöpfer beinhaltet.

„Ich glaube an Gott, den Vater, den Schöpfer des Himmels und der Erde", so beginnt das Apostolische Glaubensbekenntnis. Dass Gott der Schöpfer ist, ist auf den ersten Seiten der Bibel zu lesen: „Und Gott sprach … und es wurde." In den Psalmen wird Gott immer wieder als Schöpfer gepriesen. Der heutige Tagesvers greift es auch wieder auf: *„Die Himmel erzählen die Ehre Gottes, und die Feste verkünden seiner Hände Werk."* So können wir den heutigen Tag mit einem dankbaren und staunenden Herzen über Gottes Schöpfung in Angriff nehmen!

Tobias Kuhn

....

28
Sonntag

Jene verlassen sich auf Wagen und Rosse; wir aber denken an den Namen des HERRN, unsres Gottes.

Psalm 20,8

DEZEMBER

Bibellese: Psalm 20

Auf was oder wen verlassen wir uns? Viele Menschen vertrauen auf falsche Versprechen. Zur Zeit des Königs David bestimmten Pferde und schnelle Kampfwagen die Kriege und deren Ausgang. Wer mehr Soldaten hatte, hatte die Aussicht auf den Sieg. Wenn wir in die Geschichte Israels schauen, sehen wir, was geschehen ist, wenn sie sich auf Gott verlassen haben, und was geschah, wenn sie eigene Ziele und Pläne verfolgten.

Heute verlassen sich Menschen auf Geld, Statussymbole, Medizin, Macht und auch immer wieder auf Waffen oder militärische Abschreckung. Welch trügerische Hoffnung. Jegliche Hoffnung, die in Politiker oder Herrscher dieser Welt gesetzt wurde, ist noch immer auf irgendeine Weise enttäuscht worden. Ein altes Sprichwort fällt mir dazu ein: „Die Herren dieser Welt gehen, unser Herr kommt!"

Gott ist verlässlich ⇢ König David hatte in verschiedenen Lebenssituationen erlebt, dass er sich auf Gott verlassen konnte. Denken wir an den Riesen Goliath oder den immerwährenden Kampf mit den Philistern. Die entscheidenden Siege erlebte David immer dann, wenn er sich voll und ganz auf Gott und dessen Kraft verließ. In Momenten, in denen David jedoch auf seine eigenen Gefühle und Gedanken baute, auf seine eigene Macht und Stärke, musste er leidvoll erfahren, wohin dies führte.

Auf wen verlassen wir uns? ⇢ Die entscheidende Frage für unser Leben ist, worauf wir uns verlassen. Sind wir darauf festgelegt, unsere eigenen Ziele und Wünsche in den Vordergrund zu stellen? Verfolgen wir unsere eigenen Pläne, die zu Reichtum, Glück oder Zufriedenheit führen sollen? Oder sind wir immer wieder bereit, uns der Führung des Heiligen Geistes anzuvertrauen? Wer, wenn nicht unser Vater im Himmel, weiß, was wir benötigen? Er hat uns so viel durch unseren Herrn Jesus geschenkt. Wer, wenn nicht er, weiß, welche Wege für uns gut und richtig sind?

Ich wünsche uns für den heutigen Tag, dass wir bei allem, was wir tun, nach Gottes Willen fragen. Wir wollen ihm vertrauen, dass er die richtigen Gedanken und Wege für uns hat. Er zeigt uns seine Treue und Verlässlichkeit! Und wir dürfen danken, wie es in Psalm 20,6 geschrieben steht: *„Dann wollen wir jubeln, weil er dir hilft."*

Ulrich Schaub

Denn ich höre von der Liebe und dem Glauben, die du hast an den Herrn Jesus und zu allen Heiligen.

Philemon 5

Bibellese: Philemon 1,1-7

Drei Männer: ein Sklavenhalter, ein Sklave und ein Gefangener. Das sind die drei Protagonisten des Philemonbriefs. Der Anlass war eine schwierige Angelegenheit: Der Sklave Onesimus war seinem Herrn Philemon davongelaufen. So etwas konnte mit dem Tode bestraft werden. Mittendrin Paulus, der in Rom in Gefangenschaft ist. Dort hatte Onesimus ihn aufgesucht.

Der Brief selber gibt uns wenig konkrete Anhaltspunkte, was genau vorgefallen war und wieso Onesimus sich ausgerechnet an Paulus wandte. In Apostelgeschichte 28 finden wir zumindest Genaueres über die Umstände der Inhaftierung von Paulus. Er befand sich in einer Art Untersuchungshaft und wartete auf den Prozess vor dem römischen Kaiser. Es war wohl eine Art Wohnung, in der er unter Bewachung eines Soldaten Besuch empfangen konnte. Und einer dieser Besucher kam aus der Stadt Kolossä – ein entlaufener Sklave.

Wie lange Onesimus bei Paulus blieb, wissen wir nicht. Aber eins wird durch den Philemonbrief deutlich: Er wurde Christ. Der Gefangene Paulus hat dem Sklaven Onesimus den Weg zu Jesus gezeigt – den Weg in die wirkliche Freiheit. Onesimus wagte den Schritt und entschied sich für Christus. Auch wenn die Beziehung nun zu Gott geklärt und in Ordnung war – die Beziehung zwischen Onesimus und Philemon war es (noch) nicht. Das ist der Hintergrund und Anlass, warum sich Paulus hinsetzte und diesen kurzen, persönlichen Brief verfasste. Er will Onesimus, den er inzwischen schätzen gelernt hat, nicht einfach so zurückschicken. Vielmehr ergreift er Fürsprache für ihn und schreibt an Philemon.

Worte haben Wirkung ⇢ Paulus bringt in seinen Worten große Wertschätzung und tiefe Dankbarkeit zum Ausdruck. Auch wenn zwischen Rom und Kolossä etliche Hundert Kilometer liegen, erkennt der Apostel das Wirken Gottes im Leben des Philemon. Dieser hat sich Gott und dessen Handeln zur Verfügung gestellt. Und genau das benennt Paulus auch.

Worte haben Macht und entfalten ihre Wirkung. Manches Mal sofort, ein anderes Mal erst später. Wir können nicht alle Probleme durch unsere Worte sofort und auf der Stelle lösen. Das war bei Paulus auch nicht der Fall. Aber unser Gegenüber im Lichte Gottes zu sehen und ihm oder ihr wertschätzende Worte entgegenzubringen, ist ein guter Anfang und wird Dinge verändern. Es beginnt mit uns.

Daniel Aderhold

30
Dienstag

Damit du ihn auf ewig wiederhast, nicht mehr als einen Sklaven, sondern als einen, der mehr ist als ein Sklave: ein lieber Bruder ... im Herrn.

Philemon 1,15.16

DEZEMBER

Bibellese: Philemon 1,8-18

In der gestrigen Tagesandacht haben wir schon festgestellt, dass der Philemonbrief wenig bis keine Details über die Hintergründe verrät. Wir wissen etwas um die Beziehung der drei Hauptakteure und können feststellen, dass der Glaube an Jesus Christus sie eint. Aber die Vorgeschichte bleibt im Dunkeln.

Der Name „Onesimus" bedeutet zwar „nützlich", aber Paulus schreibt, dass die Person Onesimus „*unnütz*" war (Vers 11). Vermutlich hat er sich vor der Arbeit effektiv gedrückt. Und als wäre das nicht genug, ließ er sich wohl auch noch etwas zuschulden kommen. In Vers 18 schreibt Paulus: „*Wenn er aber dir geschadet hat oder etwas schuldig ist, das rechne mir an.*" Vielleicht hatte Onesimus sich an Philemons Eigentum vergriffen und war daraufhin geflohen. Vielleicht war er auch ganz einfach abgehauen und schuldete seinem Herrn die Arbeitskraft.

Zahllose Sklaven versuchten damals, aus ihren bedrückenden Verhältnissen zu fliehen. Die riesige Metropole Rom übte eine natürliche Anziehungskraft auf Flüchtlinge aus. Es gibt Schätzungen, dass etwa ein Drittel aller Einwohner dieser Millionenstadt (ehemalige) Sklaven waren. Und Onesimus war nun ein Teil von ihnen mit einer ungewissen Perspektive. Bis er Paulus begegnete und die Umkehr zu Jesus Christus alles veränderte. Er, der früher „*unnütz*" war, wird nun von Paulus als „*sehr nützlich*" (Vers 11) beschrieben.

Eine andere Sicht ⇢ Als Philemon diesen Brief las, wird er vermutlich an dieser Stelle erstaunt aufgesehen haben. Onesimus – jetzt sehr nützlich? Auf diese andere Sicht musste er sich erst einmal einlassen. Dort, wo Menschen sich begegnen, kann es zu Missverständnissen und Enttäuschungen kommen. Dann ist es für uns einfach und bequem, bei unserer Sicht der Dinge zu bleiben. Wie schnell passiert es mir, dass ich Menschen aufgrund einer negativen Begegnung in eine Schublade stecke und sie damit eingrenze. Hier brauche ich, brauchen wir eine andere Sicht.

Für Paulus war klar: Wo Christus Beziehungen wiederherstellt, tun wir gut daran, im anderen nicht nur den Mitarbeiter, Nachbarn, Familienangehörigen usw. zu sehen – sondern ein Kind Gottes und damit unseren Bruder oder unsere Schwester. Eine andere Sicht, die sicherlich herausfordernd, aber auf jeden Fall ein Gewinn für die Beziehungen in unserem Leben ist.

Daniel Aderhold

Die Gnade des Herrn Jesus Christus sei mit eurem Geist!

Philemon 1,25

Bibellese: Philemon 1,19-25

Wie es wohl ausging zwischen Onesimus und Philemon? Wir wissen es nicht. Aber dass wir diesen Brief vorliegen haben, lässt vermuten, dass Philemon Onesimus vergeben hat und ihm als Bruder begegnet ist. Diese 25 Verse sind von den damaligen Christen aufbewahrt, abgeschrieben und an die nächste Generation weitergeben worden. Wenn Philemon nach der Lektüre dieses Briefes wütend über die Worte des Paulus gewesen wäre, hätte er den Brief vermutlich vernichtet. Auf jeden Fall hätte er ihn ganz sicher niemandem zu lesen gegeben, denn damit hätte er sich ja selbst bloßgestellt als jemand, den der Wunsch des Apostels nicht interessiert.

Aber der Brief ist uns erhalten geblieben. Philemon muss ihn also anderen zu lesen gegeben haben – vermutlich den Mitchristen der Gemeinde in Kolossä. Vielleicht hat er ihn sogar zu Paulus nach Rom zurückgeschickt. Immerhin ist das ein Wunsch, den Paulus so quasi zwischen den Zeilen andeutet: „*Ich bin sicher, du wirst sogar noch mehr tun als das, worum ich dich bitte*" (Vers 21 NGÜ).

Ohne Garantie – aber mit Hoffnung ⇢ Dass die Sache zwischen Philemon und Onesimus gut ausgehen würde, dafür hatte Paulus beim Schreiben und Absenden des Briefes keine Garantie. Er tat, was er für richtig hielt – und vertraute auf Gottes Wirken und seine Gnade.

Das Jahr 2025 geht mit diesem Tag zu Ende. Vieles haben wir in den letzten 365 Tagen erlebt, haben unsere Erfahrungen gemacht. Vielleicht geht es dir wie mir: Ich habe nicht bei allem, was ich getan oder wo ich mit Menschen gesprochen habe, sofort ein Ergebnis gesehen. Manche gute Tat, manches gute Wort ist wie ein Same, der seine Zeit braucht. Wir haben keine Garantie, dass wir das Ergebnis sehen werden oder gar, dass es uns zu hundert Prozent gefällt. Aber ich will für die Vergangenheit und die Zukunft auf Gottes Wirken vertrauen. Bis es so weit ist, weiß ich, dass die „*Gnade des Herrn Jesus Christus*" mir für das Heute gilt.

In der Übersetzung des Neuen Testaments von Roland Werner klingt Vers 25 so: „*Die freundliche Zuwendung vom Herrn, Jesus, dem Messias, erfülle euren Geist!*" Wie gut, dass unser Herr uns freundlich zugewandt bleibt – auch am Ende dieses Jahres. Mich lässt das dankbar zurückblicken – und mit Hoffnung nach vorne schauen.

Daniel Aderhold

Autorenliste

Deutschland

	Name	Ort	Datum
A	**Aderhold**, Daniel	*Erzhausen*	27.05. / 04.09. / 29.12. / 30.12. / 31.12.
	Adler, Knut	*Vechelde*	30.07. / 31.07.
	Angerbauer, Hans-Jürgen	*Seelbach*	18.03. / 19.03.
	Angerbauer, Sabine	*Seelbach*	20.03. / 21.03.
	Appiah-Gyan, Dr. Palmer	*Freiburg*	28.04. / 29.04.
	Arthur, Dr. Kingsley	*Berlin*	14.08. / 15.08.
B	**Baden**, Torben	*Neuenkirchen*	16.07.
	Banholzer, Herbert	*Denkendorf*	23.06.
	Barron, Sylvia	*Blaubeuren*	30.04. / 01.05.
	Barth, Melanie	*Neuenkirchen*	26.01.
	Becker, Michael	*Langenfeld*	08.05. / 09.05.
	Berchtold, Birgit		16.02.
	Besenreuther, Xenia	*Blaubeuren-Asch*	06.01.
	Bieker, Gerhard	*Marsberg*	13.02. / 14.02.
	Blana, Björn	*Leer*	27.01. / 28.01.
	Bläsius, Benjamin	*Roth*	08.03.
	Bösch, Katharina	*Mosambik*	08.07.
	Bracken, Bettina von	*Tostedt*	18.08. / 19.08.
	Braman, Joshua	*Bamberg*	17.04.
	Brandtner, Matthias	*Pforzheim*	20.04. / 21.04.
	Braun, Elisabeth	*Neumarkt*	15.03.
	Braun, Helmut	*Neumarkt*	16.03.
	Bregy, Peter	*Erzhausen*	02.01. / 03.01.
	Brenner, Marc	*Allmersbach im Tal*	17.06. / 18.06.
	Brenner, Sven	*Leimen*	24.06.
	Briem, Manuel	*Lörrach*	13.01. / 14.01.
	Brückmann, Bernd	*Köln*	20.08.
	Brunner, Hubertus		20.02.
	Buch, Kai	*Worms*	31.01. / 01.02.
	Burg, Sascha	*Ahrensburg*	23.08. / 24.08.
C	**Clark**, Dr. Paul	*Lindau*	25.08. / 26.08.
	Claus, Andreas	*Altensteig*	27.08. / 28.08.
	Crisan, Eugen	*Urbach*	28.06.
D	**Dallmann**, Daniel	*Lörrach*	04.01. / 05.01.
	Dietze, Reimer	*Erzhausen*	07.09. / 08.09.
	Dockter, Heinz	*Burgau*	24.03.
	Dongus, Manuel		29.06.
	Dörflinger, Thomas	*Bad Säckingen*	21.06.
	Dunn, Steven	*Moosburg*	11.01. / 12.01.
	Dünnebier, Jutta	*Hammelburg*	29.08. / 30.08.
E	**Egleder**, Heinz	*Lübeck*	23.05. / 24.05.

	Eichberger, Andreas	*Bad Driburg*	23.01. / 24.01.
	Ellwanger, Bernd	*Waiblingen*	31.08.
	Endörfer, Sven	*Müllheim*	01.09.
F	**Fetzer**, Nadia	*Karlsruhe*	02.09.
	Fichtner, Dr. Rudolf	*Erzhausen*	09.09. / 10.09.
	Fraas, Werner	*Landau*	19.09. / 20.09.
	Frank, Benjamin	*Mainz*	07.01.
	Frank, Mirjam	*Mainz*	08.01.
	Franz, Samuel	*Ansbach*	21.09. / 19.11.
	Fürst, Florian	*Neumarkt*	12.11. / 13.11.
	Fuß, Oliver	*München*	12.08. / 13.08.
G	**Gäbler**, Hanjo	*Elmshorn*	13.03. / 14.03.
	Giehl, Pamela	*Schorndorf*	22.04. / 23.04.
	Glaser, Dirk	*Bietigheim-Bissingen*	11.08.
	Glups, Hendrik	*CC Tostedt*	16.08. / 17.08.
	Göhner, Markus	*Crailsheim*	22.09. / 23.09.
	Greco, Daniele	*Erzhausen*	21.08. / 22.08.
	Groß, Beatrix	*Neuenkirchen*	03.09.
H	**Haist**, Elisabeth	*Uetzingen*	24.09.
	Haist, Markus	*Uetzingen*	25.09.
	Hammer, Andrea	*Bremen-Marßel*	26.09.
	Hampel, Dieter	*Thum-Jahnsbach*	06.02. / 07.02.
	Happe, Werner	*Vlotho*	29.09. / 30.09.
	Harter, Hans	*Sulz*	15.01. / 16.01.
	Helbig, Katharina	*Landau*	18.05. / 19.05.
	Holthuis, Friedhelm	*Wuppertal*	01.01.
	Hutter, Dr. Wolfgang	*Laupheim*	17.01. / 18.01.
I	**Ingwer**, Richard und Kitty	*Naher Osten*	03.07.
	Inhoff, Thomas	*Karlsruhe*	15.04. / 16.04.
J	**Jaensch**, Lars	*Kiel*	09.01. / 10.01.
	Jaensch, Marion	*Kiel*	29.11.
	Jäger, Rosine	*Köln*	17.03.
	Jerominski, Markus	*Titisee-Neustadt*	01.10. / 02.10.
	Jordan, Günter	*Elmshorn*	13.05.
	Justus, Jürgen	*Albershausen*	25.06.
K	**Kaiser**, Marcus	*Hamburg*	03.10. / 04.10.
	Kämpgen, Georg	*Duisburg*	05.10. / 06.10.
	Kappel, Jörg	*Erzhausen*	09.08. / 10.08.
	Kappel, Rita	*Reinheim*	28.07. / 29.07.
	Karcher, Anke	*Erzhausen*	13.09.
	Kasch, Christian	*Erzhausen*	07.10. / 08.10.
	Kaupp, Günther	*Mannheim*	01.04.
	Keller, Ben	*Darmstadt*	25.01.
	Kern, Artur	*Troisdorf*	09.10. / 10.10.
	Kierner, Peter	*Erzhausen*	16.05. / 17.05.
	Klöpfer, Andreas	*Winnenden*	13.10. / 14.10.

	Knitz, Acima *Bensheim*	26.05.
	Knospe, Michael *Plüderhausen*	22.06.
	Kollmann, Bernd *Rieseby*	26.04. / 27.04.
	Krawczyk, Iwona *Griesheim*	14.09.
	Krebs, Bernd *Niefern-Öschelbronn*	21.01. / 22.01.
	Krebs, Heinz *München*	07.04. / 08.04.
	Krebs, Matthias *Krefeld*	11.04. / 12.04.
	Kressin, Sebastian *Lübeck*	10.04.
	Krüger, Dr. Horst *Aachen*	08.02. / 09.02. / 10.02.
	Krüger, Richard *Erzhausen*	06.05. / 07.05.
	Krumbacher, Christian *Trossingen*	19.06.
	Kühn, Helmut *Bad Gandersheim*	13.12. / 14.12.
	Kuhn, Tobias *Duisburg*	26.12. / 27.12.
	Kühnast, Ralf *Lippstadt*	24.11. / 25.11.
	Kuschan, Julia *Zwickau*	17.12. / 18.12.
L	**Lago Koulouri**, Michelle *Rüsselsheim*	02.12. / 03.12.
	Lehne, Christian-Jonathan *Norden*	09.04.
	Leistner, Reinhard *Velbert*	09.07.
	Lenhart, Fred *Eickhorst*	19.01. / 20.01.
	Leppert, Michael *Freiburg*	13.04. / 14.04.
	Liebrecht, Matthias *Mali*	04.07.
	Liedtke, Paul *Bielefeld*	02.04.
	Loescher-Samel, Katrin *Elmshorn*	14.11. / 15.11.
	Lohmann, Edmund *Berlin*	06.04.
	Lütjohann, Martin *Horb*	04.04. / 05.04.
	Lütke, Björn *Frankreich*	13.07.
M	**Mann**, Anna *Sonnenbühl*	08.08.
	Mantei, Karsten *Portugal*	06.07.
	Martini, Steffen *Mittlerer Osten*	12.07.
	Massar, Andrea-Mara *Celle*	17.07. / 18.07.
	Mayr, Wolfgang *Dillingen*	22.07. / 23.07.
	Mengel, Nora *Bremen*	21.11.
	Mierich, Michael *Büdingen*	04.05. / 05.05.
	Mulholland, Alexander *Tübingen*	25.05.
	Müller, Ina *Thailand*	05.07.
	Mumssen, Angela *Elmshorn*	11.05. / 12.05.
	Mumssen, Hans-Peter *Elmshorn*	11.12. / 12.12.
N	**Nell**, Mathias *Stuttgart*	22.11. / 23.11.
	Neumerkel-Wilckens, Christine *Elmshorn*	04.12. / 05.12.
	Ngoei, Philip *Denkendorf*	26.06.
	Nothnagel, Andreas *Hamburg*	18.11.
O	**Obst**, Manfred *Gotha*	10.05.
	Oertel, Gerhard *Weiterstadt-Braunshardt*	14.05. / 15.05.
	Oesterling, Reinhard *Geislingen*	20.06.
	Ollech, Walter *Nordhorn*	16.11. / 17.11.
	Olpen, Febe *Düsseldorf*	07.06.

	Öttinger, Rebecca	*Wiesbaden*	20.12. / 21.12.
P	**Pauliks**, Janita	*Grimma*	28.03. / 29.03.
	Pauliks, Rainer	*Grimma*	30.03. / 31.03.
	Pfitzer, Markus	*Euskirchen*	02.05. / 03.05.
	Poller, Matthias	*Hildesheim*	21.05. / 22.05.
R	**Reichör**, Lukas	*Frankreich*	02.07.
	Reichör, Manuel	*Frankreich*	15.07.
	Reiser, Harald	*Sigmaringendorf*	26.03. / 27.03.
	Renz, Roland	*Müllheim*	20.11.
	Riener, Tommes	*Kenia*	11.07.
	Roth, Tobias	*Rüsselsheim-Königstädten*	20.05.
	Ruchelka, Marion	*Winsen*	09.03.
	Ruchelka, Thomas	*Hamburg*	10.03.
	Rückert, Andreas	*Dresden*	11.02. / 12.02.
	Rückert, Ekkehardt	*Dresden*	24.07. / 25.07.
S	**Saltaleggio**, Stefania	*Erkrath*	08.12. / 09.12.
	Sawadsky, Benjamin	*Achim*	24.12. / 25.12.
	Schaal, Christoph	*Singen*	06.12. / 07.12.
	Schabelsky, Daniel	*Erzhausen*	10.12.
	Schade, Jens Robert	*Bad Berka*	28.11.
	Schanz, Karl	*Darmstadt*	19.12.
	Schaub, Ulrich	*Rödinghausen*	28.12.
	Schirmer, Jonathan	*Stuttgart*	15.12. / 16.12.
	Schittek, Gottfried	*Südafrika*	14.07.
	Schmid, Rolf	*Müllheim*	22.12. / 23.12.
	Schmidt, Andrea	*Winnenden*	01.08.
	Schmidt, Eduard	*Nidda*	09.11.
	Schmidt, Julia	*Hannover*	11.10. / 12.10.
	Schmiegel, Esther	*Sachsenheim*	03.04.
	Schröder, Mark	*Leipzig*	24.04. / 25.04.
	Schulte, Ulrich	*Schwanewede*	19.07. / 20.07.
	Schulz, Mareike	*Paderborn*	30.11. / 01.12.
	Schulze, Daniel	*Bad Kreuznach*	26.07. / 27.07.
	Schwabe, Dietmar	*Erzhausen*	15.09. / 16.09.
	Seeling, Peter & Malena	*Euskirchen*	26.10. / 27.10.
	Seelinger, Ludwig	*Groß-Umstadt*	15.10. / 16.10.
	Seidt, Günther	*Neubrandenburg*	25.03.
	Siebeneich, Micha		27.06.
	Siebold, Regina	*Erzhausen*	17.10. / 18.10.
	Siebold, Thomas	*Erzhausen*	10.11. / 11.11.
	Siegel, Benjamin		30.06.
	Sindhu, David	*Kirchberg*	19.10. / 20.10.
	Smith, Hugh	*Verl-Kaunitz*	21.10. / 22.10.
	Stein, Albert	*Hannover*	04.08. / 05.08.
	Steinkamp, Karin	*Lauda-Königshofen*	12.06.
	Steinkamp, Michael	*Lauda-Königshofen*	13.06.

Strohbehn, Dr. Ulf *Finnland* .... 07.07.
Strunk, Marc *Erzhausen* .... 11.09. / 12.09.
T **Tchamda**, Cyrille *Brensbach* .... 18.09.
Teickner, Angelika *Hannover* .... 04.02. / 05.02.
Thalmann, Martin *Ibbenbüren* .... 02.08. / 03.08.
Thalmann, Petra *Ibbenbüren* .... 21.07.
Tode, Nicole *Ahrensbök* .... 23.10.
Tomazsewski, Siegfried *USA* .... 28.05. / 29.05.
Trowitzsch, Helmut *Eberswalde* .... 05.09. / 06.09.
Tumat, Amy *Winnenden* .... 01.07.
Turkat, Christian *Elmshorn* .... 02.02. / 03.02.
U **Uhlig**, Stefan *Winnenden* .... 24.10. / 25.10.
Unterberger, Sabine .... 06.03.
Uphoff, Frank *Velbert* .... 08.06. / 09.06.
Uphoff, Petra *Velbert* .... 10.06. / 11.06.
V **Vogt**, Johannes *Weil der Stadt* .... 22.03. / 23.03.
Volkmann, Claudia *Zeven* .... 15.06. / 16.06.
W **Wahnschaffe**, Mario *Bonn* .... 28.10. / 29.10.
Walser, Klemens *Geesthacht* .... 26.11. / 27.11.
Warzecha, Egbert *Bonn* .... 06.08. / 07.08.
Weise, Stefan *Wiesbaden* .... 30.10. / 31.10.
Wentland, Gabriele *Hamburg* .... 11.03. / 12.03.
Wenzel, Stefan *Dietzenbach* .... 14.06.
Werner, Horst *Erzhausen* .... 17.09.
Wert, Tom .... 10.07.
Wiebe, Matthias *Achim* .... 01.11. / 02.11.
Wied, Rüdiger *Velbert* .... 03.11.
Wolf, Jürgen *Hagen* .... 04.11. / 05.11.
Wölfle, Matthias *Böblingen* .... 06.11.
Wuhrer, Helene *Niederlande* .... 18.04. / 19.04. / 27.09. / 28.09.
Z **Zeiser**, Jonas *Erzhausen* .... 29.01. / 30.01.
Zimmermann, Michael *Böblingen* .... 07.11. / 08.11.

Österreich

Abasolo, Mark *Hollabrunn* .... 15.02.
Bergmair, Anton *Bad Reichenhall* .... 17.02.
Borchert, Rudolf *Spittal* .... 18.02.
Bota, Tobias *Salzburg* .... 19.02.
Dungl, Nicole *Wien* .... 21.02.
Graf, Markus *Graz* .... 22.02.
Gratz, Florian Alois *Lenzing* .... 23.02.
Jung, Edwin *Braunau* .... 24.02.
Kaufmann, Oskar *Bürmoos* .... 25.02.
Kisslinger, Gerhard *Wien* .... 26.02.
Knirsch, Gottfried *Klagenfurt* .... 27.02.
Kristanell, Irmgard *Neunkirchen* .... 28.02.

Lambert, Fred *Wels* .... 01.03.
Marosch, Markus *Innsbruck* .... 02.03.
Plonner, Petra *Leoben* .... 03.03.
Schweiger, Alfred *Schladming* .... 04.03.
Sinning, Philip *Schwarzach* .... 05.03.
Winter, Klaus *Bad Ischl* .... 07.03.

Schweiz

Affolter, Oliver *Wädenswil* .... 03.06. / 04.06.
Gygli, Markus *Aarau* .... 30.05. / 31.05.
Hofmann, Marco *Zofingen* .... 05.06. / 06.06.
Strack, Daniel *Flawil* .... 01.06. / 02.06.

Bibelleseplan

Psalm 1	01.08.	Andrea Schmidt
Psalm 2	02.08.	Martin Thalmann
Psalm 3	03.08.	Martin Thalmann
Psalm 4	04.08.	Albert Stein
Psalm 5	05.08.	Albert Stein
Psalm 6	06.08.	Egbert Warzecha
Psalm 7	07.08.	Egbert Warzecha
Psalm 8	15.12.	Jonathan Schirmer
Psalm 9	16.12.	Jonathan Schirmer
Psalm 10	17.12.	Julia Kuschan
Psalm 11	18.12.	Julia Kuschan
Psalm 12	19.12.	Karl Schanz
Psalm 13	20.12.	Rebecca Öttinger
Psalm 14	21.12.	Rebecca Öttinger
Psalm 15	22.12.	Rolf Schmid
Psalm 16	23.12.	Rolf Schmid
Psalm 17	25.12.	Benjamin Sawadsky
Psalm 18	26.12.	Tobias Kuhn
Psalm 19	27.12.	Tobias Kuhn
Psalm 20	28.12.	Ulrich Schaub
freie Textwahl	09.11.	Eduard Schmidt
2. Mose 1,1-22	07.01.	Benjamin Frank
2. Mose 2,1-10	08.01.	Mirjam Frank
2. Mose 2,11-25	09.01.	Lars Jaensch
2. Mose 3,1-12	10.01.	Lars Jaensch
2. Mose 3,13-22	11.01.	Steven Dunn
2. Mose 4,1-17	12.01.	Steven Dunn
2. Mose 4,18-31	13.01.	Manuel Briem
2. Mose 5,1-14	14.01.	Manuel Briem
2. Mose 5,15-23	15.01.	Hans Harter
2. Mose 6,1-13	16.01.	Hans Harter
2. Mose 6,14-30	17.01.	Dr. Wolfgang Hutter
2. Mose 7,1-13	18.01.	Dr. Wolfgang Hutter
2. Mose 7,14-25	19.01.	Fred Lenhart
2. Mose 7,26-8,11	20.01.	Fred Lenhart
2. Mose 8,12-15	21.01.	Bernd Krebs
2. Mose 8,16-28	22.01.	Bernd Krebs
2. Mose 9,1-7	23.01.	Andreas Eichberger
2. Mose 9,8-12	24.01.	Andreas Eichberger
2. Mose 9,13-35	25.01.	Ben Keller
2. Mose 10,1-20	26.01.	Melanie Barth
2. Mose 10,21-29	27.01.	Björn Blana
2. Mose 11,1-10	28.01.	Björn Blana

2. Mose 12,1-20	29.01.	Jonas Zeiser
2. Mose 12,21-28	30.01.	Jonas Zeiser
2. Mose 12,29-51	31.01.	Kai Buch
2. Mose 13,1-16	01.02.	Kai Buch
2. Mose 13,17-22	02.02.	Christian Turkat
2. Mose 14,1-18	03.02.	Christian Turkat
2. Mose 14,19-31	04.02.	Angelika Teickner
2. Mose 15,1-21	05.02.	Angelika Teickner
2. Mose 15,22-27	06.02.	Dieter Hampel
2. Mose 16,1-21	07.02.	Dieter Hampel
2. Mose 16,22-36	08.02.	Dr. Horst Krüger
2. Mose 17,1-16	09.02.	Dr. Horst Krüger
2. Mose 18,1-12	10.02.	Dr. Horst Krüger
2. Mose 18,13-27	11.02.	Andreas Rückert
2. Mose 19,1-15	12.02.	Andreas Rückert
2. Mose 19,16-25	13.02.	Gerhard Bieker
2. Mose 20,1-3	14.02.	Gerhard Bieker
2. Mose 20,4-6	15.02.	Mark Abasolo
2. Mose 20,7	16.02.	Birgit Berchtold
2. Mose 20,8-11	17.02.	Anton Bergmair
2. Mose 20,12	18.02.	Rudolf Borchert
2. Mose 20,13	19.02.	Tobias Bota
2. Mose 20,14	20.02.	Hubertus Brunner
2. Mose 20,15	21.02.	Nicole Dungl
2. Mose 20,16	22.02.	Markus Graf
2. Mose 20,17	23.02.	Florian Alois Gratz
2. Mose 20,18-21	24.02.	Edwin Jung
2. Mose 20,22-26	25.02.	Oskar Kaufmann
2. Mose 21,1-11	08.08.	Anna Mann
2. Mose 21,12-36	09.08.	Jörg Kappel
2. Mose 21,37 - 22,14	10.08.	Jörg Kappel
2. Mose 22,15-30	11.08.	Dirk Glaser
2. Mose 23,1-13	12.08.	Oliver Fuß
2. Mose 23,14-19	13.08.	Oliver Fuß
2. Mose 23,20-33	14.08.	Dr. Kingsley Arthur
2. Mose 24,1-11	15.08.	Dr. Kingsley Arthur
2. Mose 24,12-18	16.08.	Hendrik Glups
2. Mose 25,1-9	17.08.	Hendrik Glups
2. Mose 25,10-22	18.08.	Bettina von Bracken
2. Mose 25,23-30	19.08.	Bettina von Bracken
2. Mose 25,31-40	20.08.	Bernd Brückmann
2. Mose 26,1-14	21.08.	Daniele Greco
2. Mose 26,15-25	22.08.	Daniele Greco
2. Mose 26,26-30	23.08.	Sascha Burg
2. Mose 26,31-37	24.08.	Sascha Burg
2. Mose 27,1-8	25.08.	Dr. Paul Clark

2. Mose 27,9-21	26.08.	Dr. Paul Clark
2. Mose 28,1-14	27.08.	Andreas Claus
2. Mose 28,15-30	28.08.	Andreas Claus
2. Mose 28,31-38	29.08.	Jutta Dünnebier
2. Mose 28,39-43	30.08.	Jutta Dünnebier
2. Mose 29,1-14	31.08.	Bernd Ellwanger
2. Mose 29,15-28	01.09.	Sven Endörfer
2. Mose 29,29-37	02.09.	Nadia Fetzer
2. Mose 29,38-46	03.09.	Beatrix Groß
2. Mose 30,1-10	04.09.	Daniel Aderhold
2. Mose 30,11-16	05.09.	Helmut Trowitzsch
2. Mose 30,17-21	06.09.	Helmut Trowitzsch
2. Mose 30,22-38	07.09.	Reimer Dietze
2. Mose 31,1-11	08.09.	Reimer Dietze
2. Mose 31,12-18	09.09.	Dr. Rudolf Fichtner
Josua 24,14-18	07.06.	Febe Olpen
Rut 1,1-14	09.12.	Stefania Saltaleggio
Rut 1,15-22	10.12.	Daniel Schabelsky
Rut 2,1-17	11.12.	Hans-Peter Mumssen
Rut 2,18-23	12.12.	Hans-Peter Mumssen
Rut 3,1-18	13.12.	Helmut Kühn
Rut 4,1-22	14.12.	Helmut Kühn
1. Könige 1,1-31	24.04.	Mark Schröder
1. Könige 1,32-40	25.04.	Mark Schröder
1. Könige 1,41-53	26.04.	Bernd Kollmann
1. Könige 2,1-12	27.04.	Bernd Kollmann
1. Könige 2,13-27	28.04.	Dr. Palmer Appiah-Gyan
1. Könige 2,28-46	29.04.	Dr. Palmer Appiah-Gyan
1. Könige 3,1-15	30.04.	Sylvia Barron
1. Könige 3,16-28	01.05.	Sylvia Barron
1. Könige 4,1-20	02.05.	Markus Pfitzer
1. Könige 5,1-14	03.05.	Markus Pfitzer
1. Könige 5,15-32	04.05.	Michael Mierich
1. Könige 6,1-13	05.05.	Michael Mierich
1. Könige 6,14-38	06.05.	Richard Krüger
1. Könige 7,1-12	07.05.	Richard Krüger
1. Könige 7,13-26	08.05.	Michael Becker
1. Könige 7,27-51	09.05.	Michael Becker
1. Könige 8,1-11	10.05.	Manfred Obst
1. Könige 8,12-40	11.05.	Angela Mumssen
1. Könige 8,41-53	12.05.	Angela Mumssen
1. Könige 8,54-66	13.05.	Günter Jordan
1. Könige 9,1-9	14.05.	Gerhard Oertel
1. Könige 9,10-28	15.05.	Gerhard Oertel
1. Könige 10,1-13	16.05.	Peter Kierner
1. Könige 10,14-29	17.05.	Peter Kierner

1. Könige 11,1-13	18.05.	Katharina Helbig
1. Könige 11,14-25	19.05.	Katharina Helbig
1. Könige 11,26-43	20.05.	Tobias Roth
1. Könige 12,1-19	21.05.	Matthias Poller
1. Könige 12,20-33	22.05.	Matthias Poller
1. Könige 13,1-10	23.05.	Heinz Egleder
1. Könige 13,11-22	24.05.	Heinz Egleder
1. Könige 13,23-34	25.05.	Alexander Mulholland
1. Könige 14,1-20	26.05.	Acima Knitz
1. Könige 14,21-31	27.05.	Daniel Aderhold
1. Könige 15,1-15	28.05.	Siegfried Tomazsewski
1. Könige 15,16-24	01.06.	Daniel Strack
1. Könige 15,25-34	02.06.	Daniel Strack
1. Könige 16,1-14	03.06.	Oliver Affolter
1. Könige 16,15-34	04.06.	Oliver Affolter
1. Könige 17,1-7	05.06.	Marco Hofmann
1. Könige 17,8-16	06.06.	Marco Hofmann
1. Könige 17,17-24	11.06.	Petra Uphoff
1. Könige 18,1-20	12.06.	Karin Steinkamp
1. Könige 18,21-40	13.06.	Michael Steinkamp
1. Könige 18,41-46	14.06.	Stefan Wenzel
1. Könige 19,1-8	15.06.	Claudia Volkmann
1. Könige 19,9-18	16.06.	Claudia Volkmann
1. Könige 19,19-21	17.06.	Marc Brenner
1. Könige 20,1-21	18.06.	Marc Brenner
1. Könige 20,22-30	19.06.	Christian Krumbacher
1. Könige 20,31-43	20.06.	Reinhard Oesterling
1. Könige 21,1-16	21.06.	Thomas Dörflinger
1. Könige 21,17-29	22.06.	Michael Knospe
1. Könige 22,1-28	23.06.	Herbert Banholzer
1. Könige 22,29-40	24.06.	Sven Brenner
1. Könige 22,41-54	25.06.	Jürgen Justus
Nehemia 1,1-11	07.10.	Christian Kasch
Nehemia 2,1-10	08.10.	Christian Kasch
Nehemia 2,11-20	09.10.	Artur Kern
Nehemia 3,1-32	10.10.	Artur Kern
Nehemia 3,33 - 4,5	11.10.	Julia Schmidt
Nehemia 4,6-17	12.10.	Julia Schmidt
Nehemia 5,1-13	13.10.	Andreas Klöpfer
Nehemia 5,14-19	14.10.	Andreas Klöpfer
Nehemia 6,1-14	15.10.	Ludwig Seelinger
Nehemia 6,15 - 7,4	16.10.	Ludwig Seelinger
Nehemia 7,5-73	17.10.	Regina Siebold
Nehemia 8,1-12	18.10.	Regina Siebold
Nehemia 8,13-18	19.10.	David Sindhu
Nehemia 9,1-15	20.10.	David Sindhu

Nehemia 9,16-25	21.10.	Hugh Smith
Nehemia 9,26-37	22.10.	Hugh Smith
Nehemia 10,1-32	23.10.	Nicole Tode
Nehemia 10,33-40	24.10.	Stefan Uhlig
Nehemia 11,1-36	25.10.	Stefan Uhlig
Nehemia 12,22-43	26.10.	Peter Seeling
Nehemia 12,44-47	27.10.	Peter Seeling
Nehemia 13,1-9	28.10.	Mario Wahnschaffe
Nehemia 13,10-22	29.10.	Mario Wahnschaffe
Nehemia 13,23-31	30.10.	Stefan Weise
Joel 1,1-20	03.12.	Michelle Lago Koulouri
Joel 2,1-17	04.12.	Christine Neumerkel-Wilckens
Joel 2,18-27	05.12.	Christine Neumerkel-Wilckens
Joel 3,1-5	06.12.	Christoph Schaal
Joel 4,1-8	07.12.	Christoph Schaal
Joel 4,9-21	08.12.	Stefania Saltaleggio
Sacharja 9,9-10	24.12.	Benjamin Sawadsky
Johannes 1,1-18	26.02.	Gerhard Kisslinger
Johannes 1,19-28	27.02.	Gottfried Knirsch
Johannes 1,29-42	28.02.	Irmgard Kristanell
Johannes 1,43-51	01.03.	Fred Lambert
Johannes 2,1-12	02.03.	Markus Marosch
Johannes 2,13-25	03.03.	Petra Plonner
Johannes 3,1-21	04.03.	Alfred Schweiger
Johannes 3,22-36	05.03.	Philip Sinning
Johannes 4,1-26	06.03.	Sabine Unterberger
Johannes 4,27-42	07.03.	Klaus Winter
Johannes 4,43-54	08.03.	Benjamin Bläsius
Johannes 5,1-18	09.03.	Marion Ruchelka
Johannes 5,19-29	10.03.	Thomas Ruchelka
Johannes 5,30-47	11.03.	Gabriele Wentland
Johannes 6,1-15	12.03.	Gabriele Wentland
Johannes 6,16-21	13.03.	Hanjo Gäbler
Johannes 6,22-40	14.03.	Hanjo Gäbler
Johannes 6,41-59	15.03.	Elisabeth Braun
Johannes 6,60-71	16.03.	Helmut Braun
Johannes 7,1-13	17.03.	Rosine Jäger
Johannes 7,14-32	18.03.	Hans-Jürgen Angerbauer
Johannes 7,33-44	19.03.	Hans-Jürgen Angerbauer
Johannes 7,45-53	20.03.	Sabine Angerbauer
Johannes 8,1-11	21.03.	Sabine Angerbauer
Johannes 8,12-30	22.03.	Johannes Vogt
Johannes 8,31-45	23.03.	Johannes Vogt
Johannes 8,46-59	24.03.	Heinz Dockter
Johannes 9,1-41	25.03.	Günther Seidt
Johannes 10,1-21	26.03.	Harald Reiser

Johannes 10,22-42	27.03.	Harald Reiser
Johannes 11,1-16	28.03.	Janita Pauliks
Johannes 11,17-45	29.03.	Janita Pauliks
Johannes 11,46-57	30.03.	Rainer Pauliks
Johannes 12,1-11	31.03.	Rainer Pauliks
Johannes 12,12-36	01.04.	Günther Kaupp
Johannes 12,37-50	02.04.	Paul Liedtke
Johannes 13,1-20	03.04.	Esther Schmiegel
Johannes 13,21-38	04.04.	Martin Lütjohann
Johannes 14,1-14	05.04.	Martin Lütjohann
Johannes 14,15-31	06.04.	Edmund Lohmann
Johannes 15,1-8	07.04.	Heinz Krebs
Johannes 15,9-17	08.04.	Heinz Krebs
Johannes 15,18-27	09.04.	Christian-Jonathan Lehne
Johannes 16,1-15	10.04.	Sebastian Kressin
Johannes 16,16-33	11.04.	Matthias Krebs
Johannes 17,1-5	12.04.	Matthias Krebs
Johannes 17,6-19	13.04.	Michael Leppert
Johannes 17,20-26	14.04.	Michael Leppert
Johannes 18,1-27	15.04.	Thomas Inhoff
Johannes 18,28-40	16.04.	Thomas Inhoff
Johannes 19,1-15	17.04.	Joshua Braman
Johannes 19,16-24	18.04.	Helene Wuhrer
Johannes 19,25-42	19.04.	Helene Wuhrer
Johannes 20,1-18	20.04.	Matthias Brandtner
Johannes 20,19-31	21.04.	Matthias Brandtner
Johannes 21,1-14	22.04.	Pamela Giehl
Johannes 21,15-25	23.04.	Pamela Giehl
Apostelgeschichte 1,1-11	29.05.	Siegfried Tomazsewski
Apostelgeschichte 1,12-14	30.05.	Markus Gygli
Apostelgeschichte 1,15-26	31.05.	Markus Gygli
Apostelgeschichte 2,1-13	08.06.	Frank Uphoff
Apostelgeschichte 2,14-36	09.06.	Frank Uphoff
Apostelgeschichte 2,37-47	10.06.	Petra Uphoff
Apostelgeschichte 3,1-11	26.06.	Philip Ngoei
Apostelgeschichte 3,12-26	27.06.	Micha Siebeneich
Apostelgeschichte 4,1-12	28.06.	Eugen Crisan
Apostelgeschichte 4,13-22	29.06.	Manuel Dongus
Apostelgeschichte 4,23-31	30.06.	Benjamin Siegel
Apostelgeschichte 4,32-37	01.07.	Amy Tumat
Apostelgeschichte 5,1-16	02.07.	Lukas Reichör
Apostelgeschichte 5,17-33	03.07.	Richard und Kitty Ingwer
Apostelgeschichte 5,34-42	04.07.	Matthias Liebrecht
Apostelgeschichte 6,1-7	05.07.	Ina Müller
Apostelgeschichte 6,8-15	06.07.	Karsten Mantei
Apostelgeschichte 7,1-16	07.07.	Dr. Ulf Strohbehn

Apostelgeschichte 7,17-29	08.07.	Katharina Bösch
Apostelgeschichte 7,30-53	09.07.	Reinhard Leistner
Apostelgeschichte 7,54-60	10.07.	Tom Wert
Apostelgeschichte 8,1-25	11.07.	Tommes Riener
Apostelgeschichte 8,26-40	12.07.	Steffen Martini
Apostelgeschichte 9,1-9	13.07.	Björn Lütke
Apostelgeschichte 9,10-22	14.07.	Gottfried Schittek
Apostelgeschichte 9,23-31	15.07.	Manuel Reichör
Apostelgeschichte 9,32-43	16.07.	Torben Baden
Apostelgeschichte 10,1-20	17.07.	Andrea-Mara Massar
Apostelgeschichte 10,21-33	18.07.	Andrea-Mara Massar
Apostelgeschichte 10,34-48	19.07.	Ulrich Schulte
Apostelgeschichte 11,1-18	20.07.	Ulrich Schulte
Apostelgeschichte 11,19-30	21.07.	Petra Thalmann
Apostelgeschichte 12,1-17	22.07.	Wolfgang Mayr
Apostelgeschichte 12,18-25	23.07.	Wolfgang Mayr
Apostelgeschichte 13,1-12	24.07.	Ekkehardt Rückert
Apostelgeschichte 13,13-41	25.07.	Ekkehardt Rückert
Apostelgeschichte 13,42-52	26.07.	Daniel Schulze
Apostelgeschichte 14,1-18	27.07.	Daniel Schulze
Apostelgeschichte 14,19-28	28.07.	Rita Kappel
Apostelgeschichte 15,1-21	29.07.	Rita Kappel
Apostelgeschichte 15,22-29	30.07.	Knut Adler
Apostelgeschichte 15,30-41	31.07.	Knut Adler
Apostelgeschichte 16,1-15	31.10.	Stefan Weise
Apostelgeschichte 16,16-24	01.11.	Matthias Wiebe
Apostelgeschichte 16,25-40	02.11.	Matthias Wiebe
Apostelgeschichte 17,1-15	03.11.	Rüdiger Wied
Apostelgeschichte 17,16-34	04.11.	Jürgen Wolf
Apostelgeschichte 18,1-11	05.11.	Jürgen Wolf
Apostelgeschichte 18,12-23	06.11.	Matthias Wölfle
Apostelgeschichte 18,24-28	07.11.	Michael Zimmermann
Apostelgeschichte 19,1-7	08.11.	Michael Zimmermann
Apostelgeschichte 19,8-22	10.11.	Thomas Siebold
Apostelgeschichte 19,23-40	11.11.	Thomas Siebold
Apostelgeschichte 20,1-16	12.11.	Florian Fürst
Apostelgeschichte 20,17-38	13.11.	Florian Fürst
Apostelgeschichte 21,1-14	14.11.	Katrin Loescher-Samel
Apostelgeschichte 21,15-26	15.11.	Katrin Loescher-Samel
Apostelgeschichte 21,27-40	16.11.	Walter Ollech
Apostelgeschichte 22,1-21	17.11.	Walter Ollech
Apostelgeschichte 22,22-30	18.11.	Andreas Nothnagel
Apostelgeschichte 23,1-11	19.11.	Samuel Franz
Apostelgeschichte 23,12-35	20.11.	Roland Renz
Apostelgeschichte 24,1-21	21.11.	Nora Mengel
Apostelgeschichte 24,22-27	22.11.	Mathias Nell

Apostelgeschichte 25,1-12	23.11.	Mathias Nell
Apostelgeschichte 25,13-27	24.11.	Ralf Kühnast
Apostelgeschichte 26,1-23	25.11.	Ralf Kühnast
Apostelgeschichte 26,24-32	26.11.	Klemens Walser
Apostelgeschichte 27,1-12	27.11.	Klemens Walser
Apostelgeschichte 27,13-26	28.11.	Jens Robert Schade
Apostelgeschichte 27,27-44	29.11.	Marion Jaensch
Apostelgeschichte 28,1-10	30.11.	Mareike Schulz
Apostelgeschichte 28,11-22	01.12.	Mareike Schulz
Apostelgeschichte 28,23-31	02.12.	Michelle Lago Koulouri
Galater 1,1-10	23.09.	Markus Göhner
Galater 1,11-24	24.09.	Elisabeth Haist
Galater 2,1-10	25.09.	Markus Haist
Galater 2,11-21	26.09.	Andrea Hammer
Galater 3,1-14	27.09.	Helene Wuhrer
Galater 3,15-22	28.09.	Helene Wuhrer
Galater 3,23-29	29.09.	Werner Happe
Galater 4,1-7	30.09.	Werner Happe
Galater 4,8-20	01.10.	Markus Jerominski
Galater 4,21-31	02.10.	Markus Jerominski
Galater 5,1-15	03.10.	Marcus Kaiser
Galater 5,16-26	04.10.	Marcus Kaiser
Galater 6,1-10	05.10.	Georg Kämpgen
Galater 6,11-18	06.10.	Georg Kämpgen
Titus 1,1-9	01.01.	Friedhelm Holthuis
Titus 1,10-16	02.01.	Peter Bregy
Titus 2,1-10	03.01.	Peter Bregy
Titus 2,11-15	04.01.	Daniel Dallmann
Titus 3,1-8	05.01.	Daniel Dallmann
Titus 3,9-15	06.01.	Xenia Besenreuther
Philemon 1,1-7	29.12.	Daniel Aderhold
Philemon 1,8-18	30.12.	Daniel Aderhold
Philemon 1,19-25	31.12.	Daniel Aderhold
Jakobus 1,1-12	10.09.	Dr. Rudolf Fichtner
Jakobus 1,13-21	11.09.	Marc Strunk
Jakobus 1,22-27	12.09.	Marc Strunk
Jakobus 2,1-13	13.09.	Anke Karcher
Jakobus 2,14-26	14.09.	Iwona Krawczyk
Jakobus 3,1-12	15.09.	Dietmar Schwabe
Jakobus 3,13-18	16.09.	Dietmar Schwabe
Jakobus 4,1-10	17.09.	Horst Werner
Jakobus 4,11-12	18.09.	Cyrille Tchamda
Jakobus 4,13-17	19.09.	Werner Fraas
Jakobus 5,1-6	20.09.	Werner Fraas
Jakobus 5,7-12	21.09.	Samuel Franz
Jakobus 5,13-20	22.09.	Markus Göhner